认证人员基础知识系列教材

质量管理方法与工具

（第二版）

中国认证认可协会　组编

ZHILIANG GUANLI FANGFA YU GONGJU

中国教育出版传媒集团
高等教育出版社·北京

内容提要

本书基于对认证人员知识体系的研究编写而成，旨在推动认证人员能力建设，是认证人员基础知识系列教材之一。

全书分十二章，包括概述、质量管理工具的统计理论基础、质量管理的基础方法与工具、战略分析方法与工具、过程策划方法与工具、风险评估方法与工具、质量设计方法与工具、过程控制方法与工具、检验及准入方法与工具、质量评价方法与工具、质量改进系统方法与工具、质量管理方法与工具的未来展望。

本书可作为认证人员培训教材、高等院校管理类及相关工科类专业的本专科教学用书和研究生的教学参考书，亦可供企业、科研机构等其他组织人员培训和自学使用。

图书在版编目(CIP)数据

质量管理方法与工具 / 中国认证认可协会组编. 2 版. -- 北京 : 高等教育出版社, 2025. 3. -- ISBN 978-7-04-063875-2

Ⅰ. F273.2

中国国家版本馆 CIP 数据核字第 202557NL25 号

策划编辑 雷 芳 **责任编辑** 余 红 **封面设计** 张文豪 **责任印制** 高忠富

出版发行	高等教育出版社	**网　　址**	http://www.hep.edu.cn
社　　址	北京市西城区德外大街 4 号		http://www.hep.com.cn
邮政编码	100120	**网上订购**	http://www.hepmall.com.cn
印　　刷	上海新艺印刷有限公司		http://www.hepmall.com
开　　本	787 mm×1092 mm 1/16		http://www.hepmall.cn
印　　张	28.75	**版　　次**	2019 年 9 月第 1 版
字　　数	693 千字		2025 年 3 月第 2 版
购书热线	010 - 58581118	**印　　次**	2025 年 3 月第 1 次印刷
咨询电话	400 - 810 - 0598	**定　　价**	108.00 元

物 料 号　63875-00

认证人员基础知识系列教材编审委

主　任：黄继先

副主任：王　茜

委　员：（按姓氏笔画排序）

王晓冬　王　梅　王　靖　方立德　布　宁
乐　为　冯　军　刘卫军　刘　江　刘宗德
苏慎之　李庆麟　李宣庆　张艳芬　张　颖
陈　华　陈国栋　赵国祥　信海红　娄　丹
韩光辉　薄昱民　冀晓东

《质量管理方法与工具》（第二版）

主　编：信海红

副主编：王　茜　郭　冉

参　编：（按姓氏笔画排序）

王宝军　尹凤军　李　明　郝　静　聂　斌
梁　凯

序

当今世界正经历百年未有之大变局，新一轮科技革命与产业变革重构全球经济格局。合格评定作为国家质量基础设施建设的重要组成部分，已成为推动高质量发展、增强国际竞争力的重要支撑。我国正处于全面建设社会主义现代化国家的关键阶段，国家在《质量强国建设纲要》中对认证认可如何发挥作用做了战略部署，国家市场监督管理总局对全面提升认证认可公信力和专业化水平提出了更高要求，打造一支专业化能力强、综合素质高的认证认可行业人员队伍成为摆在行业面前的重要任务。在此背景下，中国认证认可协会（CCAA）组织行业内具有丰富实践经验和较高理论水平的专家、高校教师等，系统、完整地编写了“认证人员基础知识系列教材”，旨在为行业人才培养注入新动能，为认证事业高质量发展筑牢根基。

我国的认证认可制度于20世纪90年代从国外引入，经过30多年，我国在学习、借鉴国外经验和做法的基础上，结合我国的实际情况，逐步建立起了中国的认证认可制度体系，积累了大量的实践经验。与其他任何领域一样，认证认可工作要创新发展，需要一定的理论支撑，无论什么认证认可制度都需要遵守相同的基本方法和技术。这些基本方法都是以功能为特征的，关于这些功能的研究成果和实践总结，构成了认证认可的基本理论和学科体系。现阶段，我们在这方面还存在一定的欠缺，亟待加强和提升。

中国认证认可协会作为认证认可的行业组织，始终致力于认证人员能力建设。通过回顾总结多年认证人员管理经验，我们认识到行业人才培养需要建立系统的知识体系，需要推进认证认可基础理论普及，更好地推动认证人员职业资格制度建设。在充分开展国际国内调研的基础上，中国认证认可协会从认证认可学科建设的角度出发，发挥专业优势和组织优势，系统编写了“认证人员基础知识系列教材”（系列教材），共计6本。本系列教材分为三个板块，一是通用层面的《合格评定基础》和《审核概论》，二是专业层面的《管理体系认证基础》《产品认证基础》和《服务认证基础》，三是应用层面的《质量管理方法与工具》。

本系列教材覆盖了认证人员国家职业资格制度的知识要求，可作为认证人员基础知识培训教材，同时，我们也希望能为探索推动认证学科建设提供基本理论支撑。本系列教材也可作为高等院校管理类、相关工科类本专科教学用书和研究生教学参考书，还可供企业、科研机构等其他组织人员培训和自学使用。

本系列教材在编写过程中得到很多专家的指导、帮助与支持，在此一并致以诚挚的感谢。

黄继先

前 言

质量管理方法与工具是在质量管理基本原理指导下，通过成功实践的经验积累总结出来的科学、经济、有效地解决质量问题的通用方法与技术。质量管理方法与工具对实现组织产品、服务、过程、体系等客体的质量运行的稳定性、规范性并获得较高的效率起到了明显的推动作用。

为促进我国认证认可工作水平的提高，考虑到认证认可学科建设的需要，中国认证认可协会(CCAA)组织专家团队，分析了我国高质量发展及强化质量基础设施建设等新形势给我国认证认可发展带来的机遇和挑战，通过研讨和提炼认证认可领域对质量管理方法与工具的需求，编著认证人员能力建设的基础知识系列教材，本书是其中之一。

本书在编写过程中遵循了以下原则：

第一，力求概念界定清楚，突出基础和应用，通用性强，基本覆盖认证认可领域对质量管理方法与工具的需求。

第二，既保证各类方法与工具之间的脉络及逻辑关系清晰，又保证各部分相对独立，便于各领域认证人员选择相应章节学习。

第三，涉及复杂的质量管理方法与工具，有一定的理论深度，理论体系完整并与实践相结合，能满足高等院校相关专业本科生、研究生学习的需要。

本书基于过程方法和 PDCA 循环的思想，将质量管理方法与工具进行了归类并加以系统化，内容主要包括概述、质量管理工具的统计理论基础、质量管理的基础方法与工具、战略分析方法与工具、过程策划方法与工具、风险评估方法与工具、质量设计方法与工具、过程控制方法与工具、检验及准入方法与工具、质量评价方法与工具、质量改进系统方法与工具、质量管理方法与工具的未来展望。本书在各个章节中不同程度地提供质量管理方法及工具的应用案例，附录给出统计技术相关的附表，各章提炼了学习要点和小结方便读者学习。

认证人员基础知识系列教材《合格评定基础》《审核概论》《管理体系认证基础》《产品认证基础》《服务认证基础》中所涉及的有关质量管理方法与工具的知识，均在本书相关章节有所体现，用于认证人员知识技能的拓展延伸。

本书由中国认证认可协会认证人员基础知识系列教材编写团队完成。主要编写人员如下（以章节顺序为序）：河北大学信海红（第一章第一节、第二节，第五章），中国质量认证中心李明（第一章第三节、第五节，第十章，第十一章），上海埃比埃斯技术检验有限公司梁凯（第一章第四节，第四章、第六章），江苏检验检疫质量研究中心尹凤军（第二章，第九章，附录），中国认证认可协会王茜、郭冉（第三章第一节），中国认证认可协会郝静（第十二章第一节、第二节、第三节、第四节、第五节），河北大学王宝军（第三章第二节、第三节，第八章），天津大学聂斌（第七章，第十二章第六节）。本书由主编信海红统稿。

本书编写过程中，得到了认证认可行业相关专家、机构和部分高校的大力支持，在此一并表示感谢。由于编写时间及编写人员水平有限，质量管理的方法与工具在高质量发展及新兴产业不断衍生的新形势下如何创新还有待于继续深化研究，书中难免会有不足和尚需完善之处，欢迎广大读者提出宝贵意见。咨询意见和建议请反馈至本书编委会指定邮箱：xlcs@ccaa.org.cn，以便今后的进一步修改和完善。

编 者

目 录

第一章 概 述

学习要点

- ◆ 质量管理方法与工具的内涵、作用、应用条件及存在的问题；
- ◆ 质量管理方法与工具在认证认可中的作用；
- ◆ 认证认可人员学习和掌握质量管理方法与工具应明确的基本问题；
- ◆ 质量管理方法与工具的发展历程；
- ◆ 质量管理方法与工具分类、选择及组合使用的原则、框架模型；
- ◆ 质量管理方法与工具常用的应用软件。

第一节 质量管理方法与工具的内涵及作用

一、质量管理方法与工具的内涵

质量管理方法与工具是在质量管理的基本原理指导下，通过成功实践的经验积累总结出来的能科学且经济有效地解决质量问题的通用方法与技术。质量管理方法与工具对实现组织产品、服务、过程、体系等客体质量运行的稳定性、规范性并获得较高的效率起到明显推动作用。目前，质量管理方法与工具的应用水平也已成为影响组织竞争力的核心要素之一。方法论是一种以解决问题为目标的体系或系统，通常涉及对问题阶段、任务、工具、方法技巧的论述，因此从性质上来看质量管理方法与工具从属于质量管理的方法论范畴。

质量管理方法与工具作为源于质量领域中的重要实施方法，在推动我国质量管理的深入及质量水平的提升方面发挥了重要的作用。随着质量管理学科的发展及“大质量观”的出现，质量管理方法与工具的内涵也发生了深刻的变化。首先，世界质量管理的发展经历了质量检验阶段、统计质量控制阶段和全面质量管理阶段，其中，以统计技术为基本特征的统计质量控制（SQC）及其后的包括统计质量控制在内的全面质量管理（TQM）两个阶段，对质量管理的实际意义已从强调生产制造中的质量控制拓展到产品形成的全过程，涉及组织的各部门。特别是在全面质量管理中的管理方法多样性的理念驱动下，所有有利于提高质量的科学方法及手段均可以纳入质量工作中。因此，质量管理方法与工具也不局限于传统的质量统计技术，多种管理方法、工具及一些系统化改进模式也被纳入质量管理中，传统的“老七种工具”“新七种工具”以及其他的质量统计技术也仅仅作为质量管理方法与工具中的一个重要组成部分而存在。其次,将ISO 9000族标准作为质量管理在组织中推行的方法在实践领域中不断延伸拓展。大质量观的出现,从产品、服务、工程领域的质量延伸到了环境、职业健康和安全、能源、信息等领域的质量,质量管理体系已经作为基础标准和基础方法在上述领域中延伸拓展,并在食品、汽车、医药等行业中衍生出行业的质量管理体系标准。此外,随着卓越绩效评价准则以及质量奖的推行,质量内涵延伸到经营管理质量,质量管理方法及传统的质量管理工具也在各领域、各行业中不断渗透并和其他领域的管理方法与工具相互借鉴及融合,质量管理方法与工具的应用范围得到广泛的拓展,内涵不断扩大。随着质量管理学科的发展和宏观质量管理的兴起,质量管理方法与工具在质量提高工作中的各领域、各行业不断被实践并得到深入发展,也从微观的质量管理向宏观的质量管理拓展。

由此可见,质量管理方法与工具的内涵相比传统的质量管理方法与工具以及目前组织推广的在质量领域中应用的统计技术发生了本质的变化。它不再局限于微观组织的质量管理领域,已成为认证认可实施及提升工作的方法论及重要的技术手段。质量管理方法与工具也不再是组织中质量工程师及技术人员的专利,已成为致力于提高质量的广大公众以及宏观和微观的各领域人员均可应用的问题解决技术,正如美国质量学会的观点:几乎在所有领域,每个专业人员要取得成功,都必须了解先进的质量手段和方法。事实上,每个组织都需要运用质量的原则,否则他们就会被那些成功运用这些原则的人所超越。

二、质量管理方法与工具的作用及在组织中应用的基本前提

(一)质量管理方法与工具的作用

1. 质量管理方法与工具能使组织获得效益

质量管理方法与工具是解决质量问题的基本手段和方式,蕴含着大量的科学原理及思想。质量管理方法与工具也是一门高技术科学,它能促进管理的提高和技术的进步,提高工作和过程运行效率,减少成本和费用。

2. 质量管理方法与工具是竞争制胜的法宝

质量管理方法与工具中的统计技术,其实质是对数据资料的科学收集、处理和分析,进而提炼出有用的信息。信息是解决问题和管理决策的基础,是竞争制胜的法宝。目前,国际上科技、生产和市场的竞争无不与统计技术有关。

3. 质量管理方法与工具促进组织过程及结果的改进与创新

质量管理方法与工具辅助策划、运行、检查及改进,并在组织环境分析、识别评估风险、预测变异趋势、分析异常因素及产生原因方面优势突出。在出现好的情况时,可以帮助及时总结经验;在出现异常时帮助及时找出问题的根源,及时处理,防止同样情况再发生。只有检查与改进结合使用,质量管理方法与工具的优势才能进一步展示出来,才能实现改进的目标。

4. 质量管理方法与工具是组织现代化管理水平的重要标志

随着互联网经济及信息化的发展,我国经济结构的调整以及国外竞争对手的威胁,各类组织遇到的最大挑战就是通过质量谋求生存。质量管理方法与工具在产品生命周期中的各阶段能否被恰当地应用,将成为一个组织现代化管理水平的重要标志。经济发达国家多年的实践也证实了这一点。

(二)质量管理方法与工具在各类组织中应用的基本前提

1. 组织的基础管理工作扎实

组织职责权限清晰,各类过程基本稳定,人、机器、材料、方法、测量、环境(5M1E分析

法）等因素已经进行了标准化，有正常的管理秩序。

2. 人员接受过培训

组织的人员特别是管理人员、技术人员、核心技能操作人员均接受过质量管理方法与工具的系统培训，具有灵活应用各种质量管理方法与工具的能力。

3. 具备应用质量管理方法与工具的能力和条件

如具备收集信息的检查表、调查表、各类运行和绩效评价的记录表格、质量管理工具应用必备的软件。

三、我国各类组织采用质量管理方法与工具存在的主要问题

（一）管理者存有疑虑

管理者对质量管理方法与工具的重视程度决定应用质量管理方法与工具的质量。组织的管理者常认为质量管理方法与工具中的统计技术深奥、不易掌握，对运用质量管理方法与工具缺乏信心，没有切实感受到质量管理方法与工具应用带来的好处。只有管理者重视质量管理方法与工具应用的培训，才能使组织各层次的人员都具有相关的知识，知道如何操作，并且编制必要的指导性文件或作业指导书，规范质量管理方法与工具的应用及管理。如在企业中各项业务的技术人员及管理人员不仅应对生产中的各环节、各生产车间、各种质量管理方法与工具有所了解，而且应对生产工艺、设备修理与管理等工程技术有所了解。这些人员应接受正式的、系统的培训，详尽了解质量管理方法与工具的基本知识，不仅能自己正确应用，还能指导员工正确应用。员工的主要任务是正确应用质量管理方法与工具，如过程方法、排列图、直方图，培训重点是了解如何利用现场的信息资料用好质量管理方法与工具，明确该做什么、怎么做。

（二）缺乏系统的质量管理方法与工具的策划和需求分析

质量管理方法与工具运用的关键是对策划和需求的分析，这比其应用更为重要。只要能解决实际问题，容易的质量管理方法与工具要优先采用，而不是研究其高深的理论，更不能盲目应用无效的方法与工具。若对使用质量管理方法与工具的培训工作做得不到位，也会导致应用产生诸多问题，如方法及工具的选用不正确，收集信息和数据的方法不恰当，员工不会正确操作使用。这些现象在各类组织中大量存在，影响了质量管理方法与工具应用的有效性。所以，要使过程及活动的科学性和可测量性提高，学好质量管理方法与工具、提升应用水平，对于提高质量有重要的现实意义。

（三）统计数据及信息资料质量低下，数据及非数据资料分析薄弱

数据资料及非数据资料是质量管理方法与工具应用中最为重要的资源，这些数据本身的质量直接影响质量管理方法与工具应用的水平。任何虚假的、不完整的信息数据资料都不能反映客观真实的情况，在此基础上进行的汇总分析均会导致错误的结论。因此，为了获得有效信息，只有通过培训使员工认识到数据、信息及各类原始资料质量的重要性，并学会分析这些信息，才能充分挖掘其中隐含的大量有用的信息，为组织各类、各层次的决策、改进提供依据。

（四）把方法与工具看成目的，忽视结果分析与改进

一些组织出于顾客的压力、获取认证证书和评奖的需要，被动地使用质量管理方法与工具，没有和组织的各项业务及具体实践相结合，甚至采用倒推的方法在质量管理方法与工具

应用方面做文章，为了使用工具而使用工具，忽视了质量管理方法与工具应用的真正目的。

第二节　质量管理方法与工具在认证认可中的作用

一、我国认证认可的基本形势

党的十八大以来，在以习近平同志为核心的党中央坚强领导下，我国质量事业实现跨越式发展，质量强国建设取得历史性成效。全民质量意识显著提高，质量管理和品牌发展能力明显增强，产品、工程、服务质量总体水平稳步提升，质量安全更有保障，一批重大技术装备、重大工程、重要消费品、新兴领域高技术产品的质量达到国际先进水平，商贸、旅游、金融、物流等服务质量明显改善；产业和区域质量竞争力持续提升，质量基础设施效能逐步彰显，质量对提高全要素生产率和促进经济发展的贡献更加突出，人民群众质量获得感显著增强。

早在“十三五”时期，认证认可检验检测列入国家战略性新兴产业分类，为推进质量强国建设、实现全面建成小康社会战略目标作出了积极贡献。但放眼全球，我国目前质量与先进国家的差距很大程度上是质量基础设施的差距，联合国贸易发展组织、联合国工业发展组织、世界贸易组织（WTO）和国际标准化组织（ISO）先后提出质量基础设施的概念，且不断强化这个概念，质量基础设施包含计量、标准、认证认可、检验检测一个完整的技术链条，不仅为国家发展和质量提升提供了技术支撑，更是保障国民经济有序运行、社会可持续发展、促进科技创新的基础。2022 年 8 月，国家市场监管总局印发《“十四五”认证认可检验检测发展规划》，明确了“十四五”时期认证认可检验检测发展的总体要求、发展目标、发展任务和保障措施。按照“坚持党的领导、坚持系统观念、坚持市场主导、坚持统筹兼顾、坚持多元共治”的基本原则，加快构建统一管理、共同实施、权威公信、通用互认的认证认可检验检测体系，努力实现“市场化改革取得新进展、国际化发展实现新突破、专业化提升达到新水平、集约化整合形成新格局、规范化发展呈现新面貌”等发展目标。2023 年 2 月，中共中央、国务院印发了《质量强国建设纲要》，提出了构建高水平质量基础设施，优化质量基础设施管理、加强质量基础设施能力建设、提升质量基础设施服务效能是质量基础设施建设的重要任务。计量、标准、认证认可、检验检测这个技术链条亟待全面提升其服务能力和服务水平，加强质量基础设施建设助推经济提质增效升级已经成为共识。

《“十四五”市场监管现代化规划》提出构建现代化市场监管体系，完善国家质量基础设施，在优化营商环境、加强市场秩序综合治理、促进市场循环、服务高质量发展、强化消费者权益保护等多方面，明确认证认可检验检测领域的工作措施。认证认可检验检测工作大有可为，面临难得的发展机遇。

同时，认证认可检验检测工作存在供给能力不适应需求、社会公信力不足、品牌影响力不强、国际话语权有待提升等问题，必须按照立足新发展阶段、贯彻新发展理念、构建新发展格局、推动高质量发展的要求，着力补短板、强弱项、固优势、促提升，推动认证认可检验检测走高质量发展之路，为经济社会高质量发展提供有力支撑。

二、质量管理方法与工具在认证认可中的作用

为保证各类管理体系有效运行，识别和管理许多相互关联和相互作用的过程至关重要。管理体系中的诸多要求如组织环境分析、领导作用、策划、支持、运行、绩效评价及改进等都与质量管理方法与工具有着密切关联。一个组织在产品生命周期中的各阶段及各过程、PDCA展开的各环节，如不能恰当地应用质量管理方法与工具，这个组织的管理体系就不能认为是完备和有效的，质量管理体系一直所倡导的“以顾客为关注焦点”“过程方法”“循证决策”“改进”等原则也就难以实现。

认证认可领域，存在大量的合格评定的标准要求及评定程序要求。组织通过质量管理方法与工具的应用，可以有效解决策划要求的实现、目标达成并实施有针对性的改进，因此合格评定人员在评定过程中通过自己掌握的质量管理方法与工具的知识，对组织达成策划要求及目标要求的控制能力有准确的判断，可减少评定人员评价的模糊性、盲目性，多快好省地取得评定工作效果。

质量管理方法与工具是现代质量管理的重要组成部分，是质量管理发展的必然产物，不仅在质量管理学科发展和应用中发挥着重要的作用，在认证认可领域各类管理体系及产品和服务质量控制中的应用，对于提高合格评定过程的有效性也发挥着重要的作用。

三、认证认可人员学习和掌握质量管理方法与工具应明确的基本问题

（一）明确我国质量管理方法与工具在实践中应用的现状

我国质量管理跨越了统计质量管理阶段，统计技术的应用一直是各组织普遍存在的一个薄弱环节，造成了统计技术在质量管理中的作用远未充分发挥、质量管理很难深入持久的局面。随着组织产品和服务的复杂化、多元化以及质量升级的需求，原有的、传统的、经典的质量统计技术已无法满足产品的全生命周期质量控制的需求，多种管理分析方法与工具、风险管理方法与工具、系统化改进方法以及其他领域中的方法与工具也不断纳入组织的质量管理中来。随着质量内涵的不断扩大，质量管理标准化方法从质量领域不断延伸到环境、职业健康安全、服务、能源各个领域，随着各类认证工作的推广以及在组织中的应用，各类评定标准的要求在组织的达成均需要科学方法的支持，经验型、粗放型管理无法提供有力的支撑来确保满足这些系统化的要求。因此，组织中无论是与质量形成相关的人员，还是认证认可人员均需要了解质量管理方法与工具的相关知识。

（二）质量管理方法与工具应用场合及应用效果

质量管理方法与工具是由被认可的机构及接受认证的组织使用的基本方法和技术工具，认证认可领域的管理人员，组织认可评审人员，认证的审核、检查人员均需要了解和掌握本领域所需要的质量管理方法与工具，为开展机构的管理、评审、认证、检查进行知识储备，并在第三方机构认可评审及组织的审核、检查中运用相关知识，快速获得掌握拟评组织的贯彻管理体系标准、服务标准的状况和管理水平，提高认证认可的科学性、有效性及评定水平。

（三）要学会质量管理方法与工具就要掌握其涉及的基础知识

质量管理方法与工具涉及的基础知识包括统计技术中研究的随机现象、数据分布规律、大数定律、统计推断等。研究证明，有大量随机现象的平均值才具有稳定性，即取样在一定数量之上，统计结果才具有比较准确的结论。认证认可评价过程中的结论依据统计技术的

判定准则，即应用小概率事件实际不可能发生原理进行判定。小概率事件一般在一次试验中是不会发生的，如果发生，则认为原假设不成立，就有理由认为这个事件不是一个小概率事件，即认为现象是异常的，应该采取措施予以解决。

（四）质量管理方法与工具及评价工作给组织带来增值效应

如果把认证认可人员资格准入考试作为质量强国系统工程的一个组成部分，通过国家宏观层面的政策引导、第三方机构及认证认可人员提供的增值服务，可以提高各类认证的有效性，推进认证认可工作的深入持久。对组织而言，通过外力可以助推质量管理方法与工具在组织中的应用，实现拟认证的组织、维持并进行等级提升的认证组织重视质量管理方法与工具的使用，并与结果分析和改进有效结合，保证改进的效果。

可以看出，随着市场需求对质量水平要求的提升，质量管理方法与工具在认证认可领域中应用的需求会进一步增加。为助推我国经济高质量发展，规范认证认可行业人员的职业行为、提高执业水平是提升认证认可工作水平的根本，是促进行业有序发展的核心。因此，为使我国从事认证认可的人员能尽快适应新形势、新要求，中国认证认可协会建立了认证认可职业资格准入考试制度，并将质量管理方法与工具的内容纳入，根据不同的认证认可领域，选择重点应用的质量管理方法和工具，并在考试中占有规定的比例。

第三节 质量管理方法与工具的发展历程和应用现状

一、质量管理方法与工具的发展历程

方法与工具为目的服务，质量管理方法与工具伴随着质量管理的发展而产生、应用和发展，其内容与形式也受不同时期人类科学技术水平的影响。

在质量管理发展初期（1200—1799 年），工匠与行会盛行。由于受到当时科技发展水平的制约，质量管理领域并没有数学意义上“复杂”或“先进”的质量管理方法与工具的出现，相反，其是以相对直观、简单的形式存在。最典型的方法与工具就是“标志与印封”，手工业者或行会用这种简单的形式区别生产者，实现可追溯性以及提供产品信息和质量保证。

18 世纪中叶，始于欧洲的工业革命导致了工厂的诞生。19 世纪后期，F. W. 泰勒的科学管理制度促进了工厂的专业化分工，在极大提高劳动生产率的同时，也催生了专业化的检验部门，这为当今质量部门的成形奠定了基础，也标志着质量管理进入了产品检验时代（1800—1899 年）。站在质量管理方法与工具的角度，由于当时主要的应用场景在于如何有效实施对产品、工序的检验、检查以保证产品质量，于是产生了相关的审核活动，这些活动是现今第二方、第三方审核的雏形。此外，由于当时进行生产工序控制所应用的方法往往根植于代代相传的手工实践，检验员、监督者在如何收集和分析数据以确保过程更具有效性方面明显缺乏认知，这种局限性导致没有系统性的质量管理方法与工具得到开发和应用，所使用的多是在物理意义上进行产品检验的方法与工具如各种仪器，在管理方法方面，更多的是如何使检验员更能够“集中精力”地完成那些需要耗费精力和体力的检验工作。

第二次世界大战爆发后，单纯的质量检验手段已无法满足美国政府对军工产品的质量要求，部分数理统计专家尝试应用统计方法对生产过程进行工序控制，取得了显著效果，保证和改善了军工产品的质量，这标志着质量管理进入了“过程控制时代”。该时代也是质量管理方法与工具得到显著发展的阶段，有诸多的方法与工具应运而生，其中最有代表性的方法与工具：一是美国“统计质量控制之父”W. A. 休哈特提出的统计过程控制（SPC）理论及相应的方法与工具载体——控制图。SPC 方法至今在汽车、制药、钢铁、电子等行业得到广泛的运用且自身也在不断演进发展。二是统计抽样检验。20 世纪初叶，H. F. 道奇与 H. G. 罗米格联合发表了关于统计抽样检验理论的一篇经典论文，标志着统计抽样检验方法的诞生。我国有关统计抽样的 GB/T 2828 系列标准，其理论基础也同样基于道奇所提出的统计抽样理论。

第二次世界大战结束后，随着社会生产力的不断提升，企业面临的主要问题不再是如何确保产品“合格”，而是如何确保所设计和生产的产品能够满足日益个性化的市场需求，这将涉及市场、设计、制造、物流、售后服务等企业运营的不同环节。在这个大的背景下，全面质量管理（TQM）的理念应运而生。TQM 强调组织全员的参与，依靠科学管理的理论、程序和方法，将企业努力的方向调整到满足市场需求的轨道上。在 1946 年 10 月，来自 25 个国家的 64 位代表在伦敦召开大会，决定成立一个新的国际标准化机构——ISO（国际标准化组织），这标志着质量管理进入了“全面质量管理与标准化阶段（1946—1990 年）”。这个阶段产生和应用的质量管理方法与工具可以说是层出不穷，最典型的是日本“QC（新老）七种工具”，而恰恰是这（新老）七种工具，反映了质量管理的重心从对产品规格的保证向组织运作满足市场需求的转变。“老七种工具”的提法起源于日本科学技术联盟（JUSE），在 20 世纪 70 年代备受日本工业界推崇，并很快在日本的工厂企业现场质量管理中发挥了巨大作用。“老七种工具”有调查表、分层法、直方图、散点图、排列图、因果图、控制图，适用于生产现场、施工现场、服务现场质量问题的解决和改进。随后，日本质量管理专家从运筹学、系统工程、价值工程等管理科学中吸取有益的方法后，又提出了质量管理新七种工具。“新七种工具”包括系统图、关联图、亲和图、矩阵图、矩阵数据解析法、PDPC 法及网络图。“新七种工具”已不再局限于生产现场的应用，而广泛适用于各职能管理人员做出科学的决策，包括数据的收集整理、关键问题的明确、目标和手段的制订、方案的制订等，而这些恰恰是整个组织的运营满足市场需求所需要的。

进入 20 世纪 90 年代，随着人类文明的进步和全球贸易的发展，企业逐渐意识到要实现可持续发展，不能仅仅考虑产品层面和市场需求，还要全面综合考虑和满足相关方的需求和期望，如环境保护、员工权益保障等。这使得以美国波多里奇质量奖评奖准则为代表的“大质量观”得到了全社会的认同，质量管理逐渐进入以综合满足相关方的需求和期望、追求可持续发展为主要目标的“大质量时代（1990 年至今）”。与此同时，科学技术，特别是计算机、网络、信息技术得到了迅猛发展，使得人们获取、处理数据和信息的能力大大提升。在这一大的背景下，质量管理方法与工具的发展也进入了新的阶段。一方面，与企业的战略、项目管理等方面相关的方法与工具不断得到应用和发展，系统化、结构化的质量管理方法与工具得到开发和运用，如由摩托罗拉公司 1986 年开发并实施的六西格玛（6 Sigma）管理，将质量改进与公司的战略目标紧密结合，通过多种质量管理方法与工具的结构化运用，实现流程与产品质量的显著提升。另一方面，随着计算机算力的不断提升，一些需要复杂运算的质量管理方法与工具得到运用，如与产品可靠性设计相关的方法与工具、仿真优化（如蒙特卡罗模拟),对大数据进行数据挖掘以深入研究顾客行为模式,实现了产品和服务的改进等。当然,有些方法特别是与大数据、区块链相关的方法与工具,目前尚未完全形成体系,但相信在不久的将来,这些方法与工具会在质量管理的发展历程中发挥巨大的作用。

需要说明的是,有很多质量管理方法与工具,特别是基于统计技术的质量管理方法与工具如方差分析、假设检验,严格意义上是一些统计方法,只是在被应用到质量管理领域时,被称为质量管理方法与工具。质量管理方法与工具的产生与发展,与质量管理的发展历程紧密相关,也受特定历史时期人类科学技术发展水平的影响,总体上,呈现出由简单到复杂(数学意义上),由局部到系统化和结构化的内在规律。

二、质量管理方法与工具的应用现状

当今,质量管理方法与工具的应用情况呈现出以下几个方面的特点。

(一) 结构化、集成化的趋势

如前文所述,质量管理方法与工具不再单独被使用,而是以某种模式或逻辑被组合应用。典型的示例如起源于摩托罗拉的六西格玛管理方法,应用该方法进行流程改进以实现质量绩效大幅提升共需要五个相互关联的阶段,即定义、测量、分析、改进和控制。在每一个阶段中,为实现该阶段特定的目的,需要组合应用一系列的特定方法与工具。例如在分析阶段,根据所分析的潜在原因(X)与结果(Y)数据类型的不同,可能会应用到方差分析、回归分析、假设检验、卡方检验等一系列方法与工具,最终将潜在原因的范围缩小到少数的几个。品管圈活动中的 QC STORY、在汽车行业得到广泛应用的 8D 方法也都是结构化的方法与工具,都是基于对一系列方法与工具的应用分析来解决问题。此外,越来越多的企业在市场与研发环节中集成运用质量管理方法与工具,并将这些环节有机地联系起来。最典型的做法是在市场端运用质量功能展开(QFD)方法,识别关键的质量特性,在此基础上,运用 TRIZ 理论,创造性地解除 QFD 所识别出的特性矛盾,进而通过实验设计(DOE)或仿真的方法确定最佳的产品特性搭配以及制程上工艺参数的搭配。

(二) 特定行业的驱动效应明显

在当今的质量管理领域有一个基本的共识,即"顾客决定了供应商的质量管理水平",这也反映了供应链为满足其顾客的要求而进行的不懈努力。站在质量管理方法与工具的角度来看,某些特定行业对质量管理方法与工具的应用和推广起到了至关重要的作用。这方面最为典型的是汽车行业,在整个汽车供应链中,得到广泛应用的是汽车行业质量管理的五大工具,即统计过程控制(SPC)、测量系统分析(MSA)、潜在失效模式与后果分析(FMEA)、质量先期策划(APQP)以及生产件批准程序(PPAP)。因为汽车行业的供应链呈现供应链长、涵盖行业面广、涉及企业数量众多等方面的特点,随着这五大工具在整个汽车行业供应链上的广泛推广,大量此方面的专业人才得到了培养,随着人员的流动,在客观上传播和带动其他非汽车行业对相关方法与工具的应用,例如,在电子、服装、制药、化工等行业内的众多企业,已在应用统计过程控制(SPC)以及潜在失效模式与后果分析(FMEA)等方法与工具。

(三) 广泛应用计算机以及专业软件辅助计算与分析

很多质量管理方法与工具涉及相对复杂的数学运算或图形绘制,在没有计算机辅助的时代,其推广和应用受到了一定的限制。但如今,这方面的制约几乎不复存在,随着计算机技术和软件行业的发展，质量管理方法与工具的应用进入了一个全新的阶段。企业通过应用 Office 软件系列中的 Excel 乃至 Minitab、JMP 等质量领域的专业软件，可以轻松实现数据的计算、图形的绘制。同时，在冶炼、化工、制药等行业，已经实现了将部分质量管理方法与工具如 SPC，内嵌至生产过程设备中进行实时在线的数据分析与过程监控。

（四）在服务业领域不断得到应用

质量管理方法与工具以往的应用场景主要集中在制造业，现今随着服务业的迅猛发展，质量管理方法与工具在服务业领域也得到了广泛的应用，众多面向服务业的质量管理方法与工具不断涌现。例如“服务蓝图”“关键时刻”“神秘顾客”等方法与工具可以协助服务业内的企业深入分析自身的服务流程，识别影响顾客感受的关键环节与服务特性，更为客观真实地评价自身的服务水平，从而推动服务业内的企业质量管理水平的提升。这也是质量管理方法与工具自身顺应时代发展趋势而不断演进的反映。

第四节　质量管理方法与工具的分类和选择

一、质量管理方法与工具分类原则

随着社会生产力的发展，产品日益多样化，人们对产品和服务的质量要求越来越高，质量成为市场竞争焦点。产品和服务质量的形成伴随着大量的信息，这些信息是进行管理决策及技术方案形成的重要依据。通过质量管理方法与工具来有效地采集、分析数据是“循证决策”的基础。这些质量管理方法与工具既能单独使用，又可以根据组织的不同要求整合使用，帮助组织进行群体作业并为决策者提供有价值的信息，提高组织的运作效率，防范风险，提高组织竞争力并赢得市场。那么了解它们分类的原则以及各类方法与工具之间的关系，有助于认证认可人员及组织的相关人员更好地将其运用到工作实践中，推动管理体系有效运行，提高产品和服务质量。

质量管理方法与工具分类原则如下：

（一）根据分析数据的性质分类

（1）定性数据分析工具。如因果图、分层图、PEST 分析和 SWOT 分析。

（2）定量数据分析工具。如 BSC 与战略地图（BSCI）、实验设计、可靠性设计。

（二）根据产品（服务或项目）实现的过程特点分类

该原则结合 PDCA 的质量管理方法，较为系统，所以本书采用了该分类原则。

（1）战略分析方法与工具，如 PEST 分析、SWOT 分析、BCG 矩阵、BSC 与战略地图（BSCI）、标杆管理。

（2）过程策划方法与工具，如过程方法、流程框架设计、流程分析工具、服务蓝图、BPR 业务流程重组。

（3）风险识别及评估方法与工具，如风险管理框架、FMEA 失效模式与影响分析、风险矩阵、故障树、HRA 人因可靠性分析。

(4) 项目策划及质量设计方法与工具,如 WBS 任务分解法、QFD 质量功能展开。

(5) 过程控制相关的方法与工具,如 SPC 统计过程控制、MSA 测量系统分析、控制计划。

(6) 检验及准入方法与工具,如计量型抽样检验、散料抽样检验。

(7) 质量评价方法与工具,如符合性评价模型、成熟度的典型评价方法。

(三) 根据质量管理方法与工具形成和应用的历史时期分类

(1) QC“老七种”工具。QC“老七种”工具包括调查表、分层法、因果图、排列图、散点图、直方图、控制图。

(2) QC“新七种”工具。QC“新七种”工具包括关联图、亲和图、矩阵图、系统图、网络图、矩阵数据分析法、PDPC 法。

随着科技和信息技术的不断发展,数据及信息资料采集的种类和方式也发生了根本性的变化。数据及信息资料采集的口径规范化、标准化,数据采集的范围和深度要求变得极其重要,所以这些传统分类目录下的工具逐步变成了基础类工具。

二、质量管理工具的组合使用及选择

现代企业管理中质量已经被纳入了企业核心竞争力和企业形象的范畴,尤其是在精益思想的指导下,质量管理方法与工具已被广泛应用于企业运作的各个环节之中。前人的研究和实践也为后人指明了方向,为提高企业的产品质量和服务质量作出了巨大的贡献。

质量管理方法与工具在应用范围上有各自的侧重点,不仅可以单独使用,而且各种方法与工具之间也相互联系、相互作用,通过联合使用可以达成更好的效果。

(一) 质量管理方法与工具应用遵循的原则

(1) 质量管理方法与工具的选择不能采取“以一概全”的策略。目前并不存在一种或一组方法与工具适用于质量及风险管理中的任何情形,其选择依赖于数据及信息资料获取的难易、过程的复杂性、人员的可接受性及偏好等多方面的因素。不同的质量管理工具适用于不同的质量风险管理情形。例如,虽然可以将一个或一组工具进行标准化,降低应用过程的复杂性、培训的负担,简化了操作流程,但这必将牺牲质量风险管理的客观性和准确性。因此,只有所选的质量管理方法与工具适用于质量风险问题阐述和质量风险评估目的,才能最大程度地发挥质量风险管理的效果。

(2) 质量管理方法与工具的选择应确保现有问题阐述、数据及期望的输出三者之间的兼容性。以风险管理方法与工具为例,当工艺知识有限或风险问题阐述较为明确时,应使用较为简单的风险管理方法与工具;当工艺知识更为详细或风险问题说明更为复杂时,应当使用更为复杂的风险管理方法与工具,所得的风险评估输出结果也更详细。以当前流行的失效模式与后果分析(FMEA)为例,只有当相关风险数据足以支持风险属性(可能性、严重性和可探测性)赋值时,才可依靠这一工具作出有效、准确的风险评估的输出。而上述风险属性的任一方面不能被准确赋值时,则风险评估结果的可靠性将大打折扣。

(二) 质量管理方法与工具应用选择前的分析与确认

在选择质量管理方法与工具之前,应进行初步的质量问题识别,以此作为选择的前提条件。具体确认内容如下:首先明确初步质量问题阐述;其次明确质量问题分析的范围;最后确认可用于支持质量问题的数据集合。

在初步应用识别时，可以考虑使用较为简便的方法。一般来说，可以通过非正式方式如无组织的小组讨论，也可以通过有组织的集体讨论并使用支持性统计方法与工具如鱼骨图。

一旦质量问题阐述、分析评估范围和质量数据等得以明确，则可以正式开始质量管理方法与工具的选择流程。在具体操作中，可将下述9个指导性问题作为选择的基本思路，通过对每个问题的准确回答来筛选和确定一个或一组最佳的管理工具。

（1）分析的目的是什么？

（2）评估的范围是什么？是否很大、复杂且（或）关键？

（3）所需评估的问题的性质是什么？是有形的危害还是对质量系统规程的偏差或不符等？

（4）是否对风险及其原因非常清楚？是否还有实质性未知信息？

（5）导致风险的原因是相互独立的还是相互关联的？

（6）现有的样本数据能否体现总体？产品、工艺或系统目前处于哪一个生命周期阶段？

（7）现有的质量数据是定性的还是定量的？

（8）现有的方法或数据是否可以拥有评估诸如可能性、严重性以及可检测性等风险的关键属性？

（9）分析评估结果需递交的对象是谁？

以常用风险管理组合工具选择为例，画出考虑不同因素选择不同风险管理方法与工具（见表1-1），可举一反三地说明如何灵活运用质量管理方法与工具。

表1-1　风险管理组合工具选择

考虑因素	FMEA	FTA	QFD	HRA	COSO
如果风险数据或产品/工艺理解有限	×	√	√	√	√
如果风险数据或产品/工艺理解完善	√	√	√	√	√
如果风险问题阐述较为简单	√	√	√	√	√
如果风险问题阐述非常复杂	√	√	×	√	√
如果希望对风险进行排序	√	×	×	×	√
如果检测风险的能力有限	×	√	√	×	×
如果风险数据主要是定量的	×	√	√	√	√
如果风险数据主要是定性的	√	√	×	√	√
如果需要风险控制措施有效性的证明	√	×	×	×	×
如果风险识别存在挑战或者隐藏的风险需要被揭露	×	√	√	√	×

综上所述，质量管理方法与工具，作为质量数据信息分析过程的关键载体，其选择的适当与否将极大地影响应用效果。因此，质量管理方法与工具的选择不能采取“以一概全”的策略，而应确保所选的方法与工具适用于所面临的风险问题，且与信息数据和期望风险评估输出相兼容。此外，方法与工具的选择过程应当遵循标准化的基本思路和决策流程，同时应在选择过程中保持一定的灵活性，确保可以选出一个或一组最佳的方法与工具。

三、面向产品生命周期的质量管理方法与工具框架模型

质量管理方法与工具是对信息数据进行分析统计的有效载体，为了让使用者更明晰地

理解方法与工具之间的系统性和逻辑性，更好地将其应用于管理实践，通常对质量管理方法与工具的整体框架设计采用过程方法，以产品和服务实现过程为主线，通过采用 PDCA 循环建立面向产品生命周期的质量管理方法与工具框架模型，将质量管理方法与工具和过程控制紧密地结合，实现全生命周期精准管理。

生命周期的概念应用很广泛，特别是在政治、经济、环境、技术、社会等诸多领域经常出现，其基本含义可以通俗地理解为“从摇篮到坟墓”的整个过程。对于某个产品而言，就是从自然中来、回到自然中去的全过程，即包括制造产品所需要的原材料的采集、加工等生产过程，也包括产品贮存、运输等流通过程，还包括产品的使用、报废或处置等回到自然中的过程，从而构成一个完整的产品生命周期。为了使产品的价值最大化，需要对生命周期各个阶段进行有效的控制，控制活动的展开依据策划（P）、实施（D）、检查（C）、改进（A）的闭路循环进行管控。如产品开发阶段如何有效地识别市场需求，并通过逐级展开转化为产品、工艺、生产等需求信息；产品定型研制、批量生产阶段如何利用风险防控、过程控制方法与工具保证质量要求、产品要求符合预期；产品销售阶段如何采集、分析市场反馈信息，推动持续改进活动的开展。为使生各阶段的输出最大价值的在其生命周期中释放，需要对产品的策划、研发、生产、交付等不同阶段引入具有针对性的质量管理方法与工具以确保输出满足输入的要求，这一点在很多成功企业的实践中得到印证。

综上所述，运用 PDCA 循环的展开方式对质量管理方法与工具的应用进行建模，可以提高风险分析与评价、过程控制的有效性，对提高组织绩效并不断持续改进有重要的支持作用。质量管理方法与工具框架模型如图 1-1 所示。

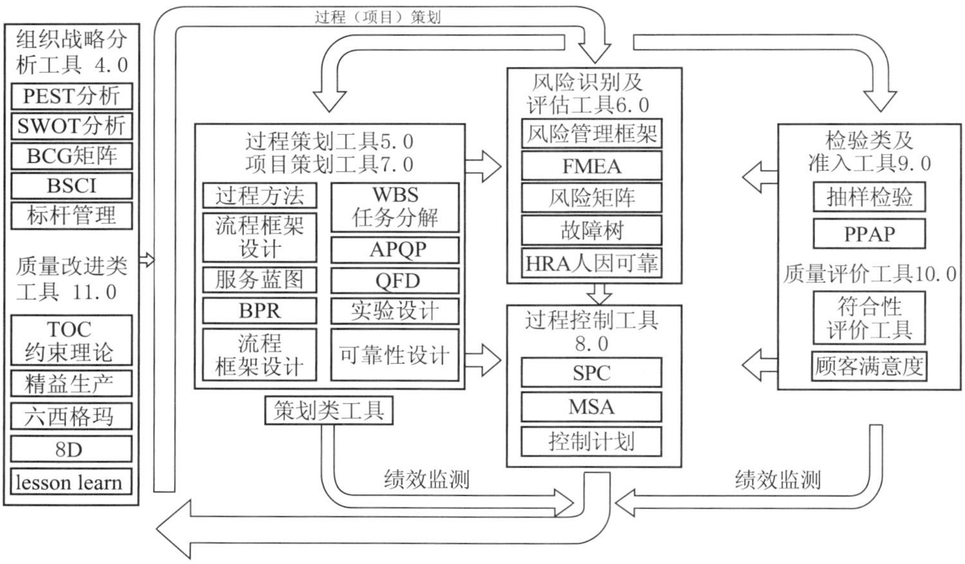

图 1-1　质量管理方法与工具框架模型图

图注：

P：策划类方法与工具，包括组织战略分析（4.0）、过程策划（5.0）、项目策划（7.0）、风险识别及评估方法与工具（6.0）。

D：实施类方法与工具，包括过程控制方法与工具（8.0）、检验及准入类方法与工具（9.0）。

C：检查评价类方法与工具，包括质量评价方法与工具（10.0）。

A：改进类方法与工具，包括质量改进方法与工具（11.0）。

第五节　质量管理方法与工具的应用软件

一、典型的商业软件

在质量管理领域，为进行数据的运算、分析以及相关图形的绘制而得到广泛应用的商业软件主要有 Office 系列中的 Excel，还有 Minitab 及 JMP。鉴于广大读者对 Excel 并不陌生，本书重点对 Minitab 和 JMP 这两款专业软件做简要介绍。

（一）Minitab

Minitab 统计分析软件是由美国宾夕法尼亚州立大学于 1972 所开发的产品。学校开发该软件的初衷是想让学生更加容易地学习统计学，时至今日，已发展成为质量管理领域以及教育领域知名的专业软件。该软件在全球 100 多个国家，4 800 多所高校中得到广泛使用，软件 Minitab 版本不断动态更新升级，引入了创新成果和增强功能，现以应用较为广泛的 Minitab18 为例，介绍其主要功能。

Minitab18 的主界面如图 1-2 所示。

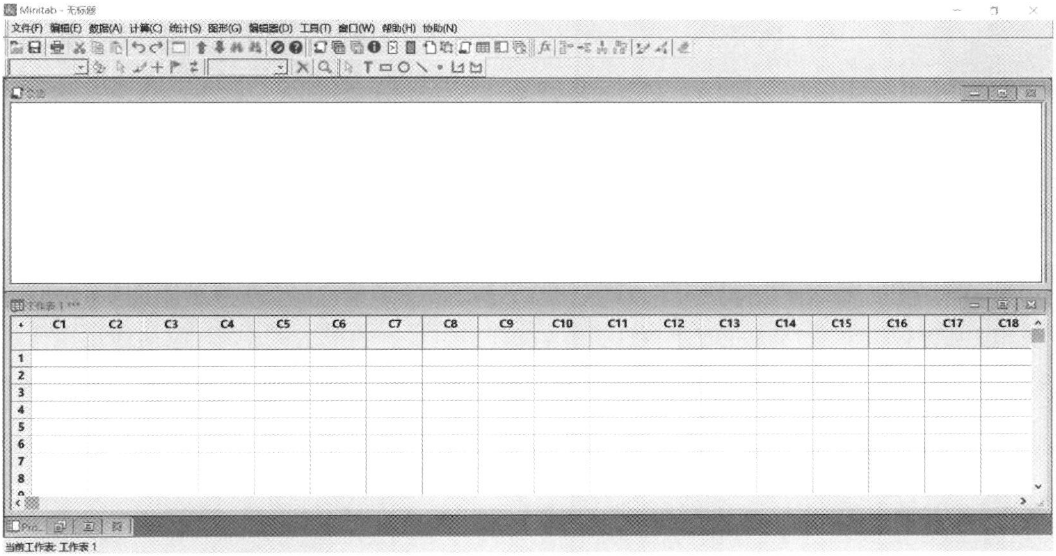

图 1-2　Minitab18　主界面

该软件的界面共分为以下三个部分：

（1）菜单：包括文件、编辑、数据、计算等 11 个菜单，其中统计和图形两个菜单是 Minitab 核心功能之所在。

（2）会话：位于菜单之下，当使用 Minitab 进行数学运算时，运算的结果会出现在“会话”部分。

(3) 工作表:位于 Minitab 软件最下方,是用于输入数据的界面,看起来与 Excel 有些类似,但与 Excel 不同之处在于,其界面内的单元格不能进行合并、拆分等操作,仅用于数据的输入。

Minitab 软件拥有强大的统计运算功能,集成在“统计”菜单中,且有“质量方法与工具”子菜单,包含了运行图、能力分析等方法与工具,如图 1-3 所示。

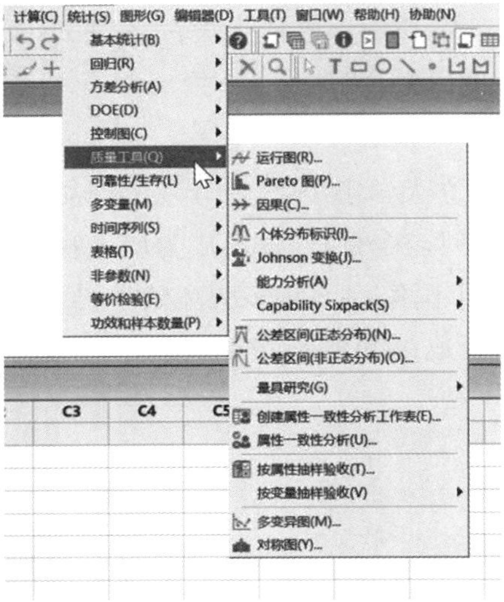

图 1-3 Minitab18 质量工具菜单

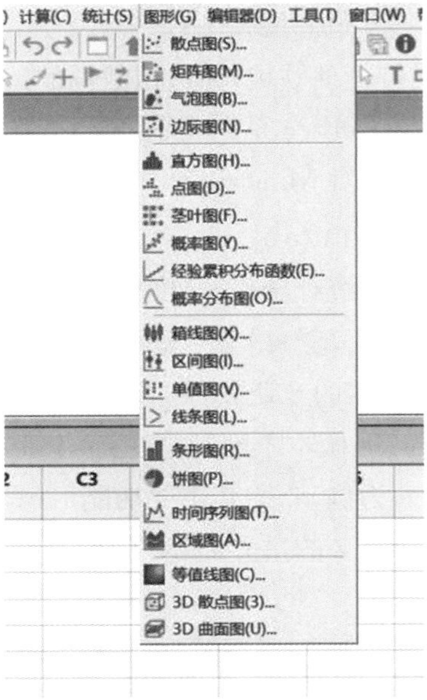

图 1-4 Minitab18 图形菜单

Minitab 还拥有丰富的图形功能,包含了柱形图、直方图、散点图等质量分析常用的图形,集成在“图形”菜单中,如图 1-4 所示。

Minitab 软件应用便捷,无需学习复杂的程序语言或命令,只需拥有基本的统计知识即可使用,且与 Office 系列软件的兼容性良好,被许多世界一流的公司采用,包括通用电气、福特汽车、通用汽车、3M、霍尼韦尔、LG 等。

(二) JMP

JMP 是 SAS(全球知名的软件公司之一)于 1989 年推出的一种交互式可视化统计分析的软件,截至本书编写时,该软件的最新版本是 JMP14(如图 1-5、1-6 所示)。JMP 特别强调以统计方法的实际应用为导向,交互性和可视化能力强,使用方便,尤其适合非统计专业背景的数据分析人员使用,在同类软件中有较大的优势。

JMP 软件的核心功能包括数据采集、数据清洗、数据可视化、基本数据分析等,还可以进行文本挖掘,即通过对单词和短语的提取或可视化,解释文本中潜藏的信息。JMP 还有比较强大的实验设计(DOE)以及统计建模功能,被广泛应用在质量管理、流程优化、产品研发等领域,可以说,JMP 和 Minitab 是质量管理专业软件中有着重要地位的两款软件。

JMP 与 Minitab 的操作类似,但有更好的交互性和图形显示(如图 1-7 所示)。

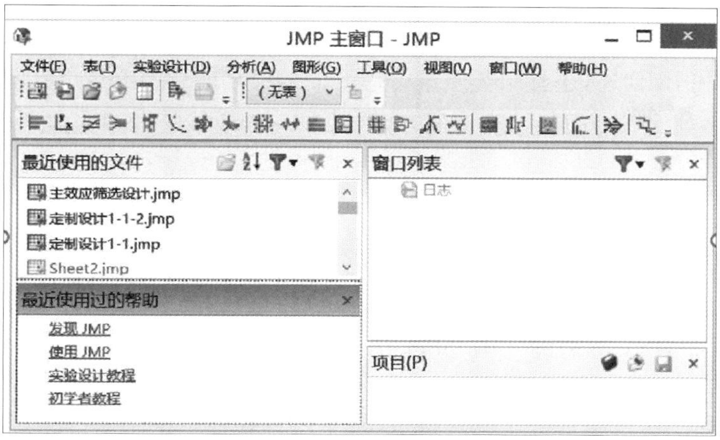

图 1-5　JMP14 主窗口

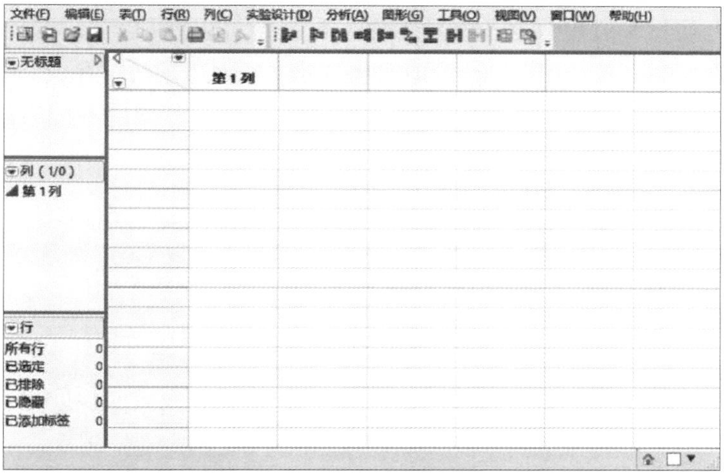

图 1-6　JMP 数据输入界面

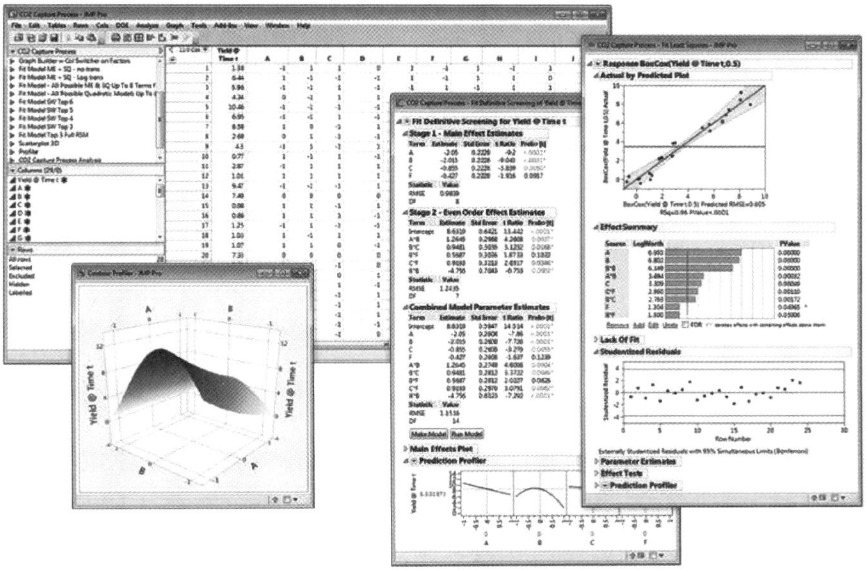

图 1-7　JMP 数据与图形交付示意图

二、特定领域的软件

除 Minitab 和 JMP 外，还有两类质量管理方面的应用软件有必要介绍说明，一类是特定领域的应用软件，如 SPC 方面、风险管理方面，另外一类是某些大型企业所引用的特定质量管理的软件平台。

（一）特定领域的应用软件

在统计过程控制（SPC）方面，最有代表性的软件是美国盈飞无限（Infinity QS）公司推出的 ProFicient 软件，该软件提供了丰富的 SPC 方法与工具，为一线操作员、工程师、质量团队和管理人员提供其工作所需的实时 SPC 数据，以帮助其评估当前操作，采取适宜的纠正措施。

ProFicient 的用户可以选择手动数据采集、半自动数据采集或全自动数据采集模式。其自带的数据连接器和数据交换进程组合允许用户从公司局域网、供应商的任何数据源或系统中，采集并整合质量和过程数据。移动工作人员甚至可以使用其最喜欢的移动设备进行数据采集。在数据采集时，ProFicient 可即时生成或更新质量图表、看板和报告。丰富的报告种类、多样的统计分析方法与工具和超过 300 种控制图充分支持不同时间维度内各项数据的监控及分析。该软件输出结果的示例如图 1-8 所示。

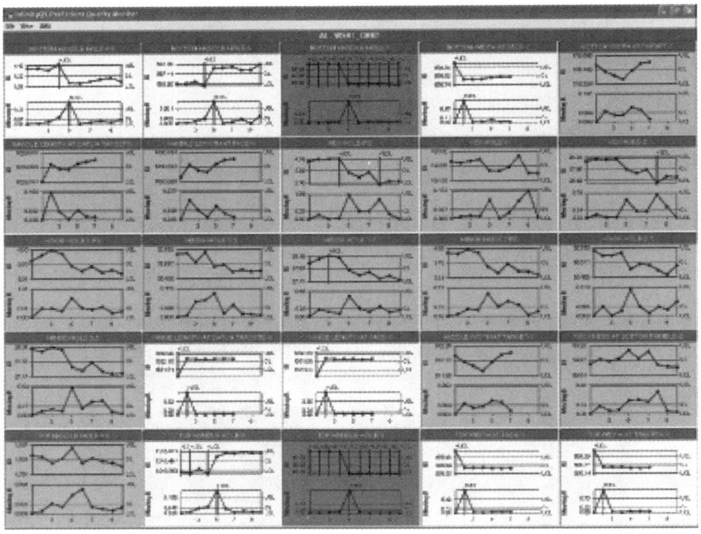

图 1-8　ProFicient 输出结果示例

在风险管理领域，由总部位于德国沃斯的 APIS 公司所开发的 IQ-RM/FMEA 是典型的代表，该软件的用户已超过 1 500 家，主要涉及航空航天、国防、能源、汽车医疗工业等领域。本书编写时，该软件的最新版本为 6.5。

IQ-RM/FMEA 软件以项目形式进行文件管理，具备需求管理、FMEA 分析、措施追踪、设计评审、风险统计分析、团队协同等功能。该软件能够将需求、DFMEA、PFMEA 以及控制计划有机联系起来，这也是该软件一个非常重要的特点。软件界面的示例如 1-9 所示。

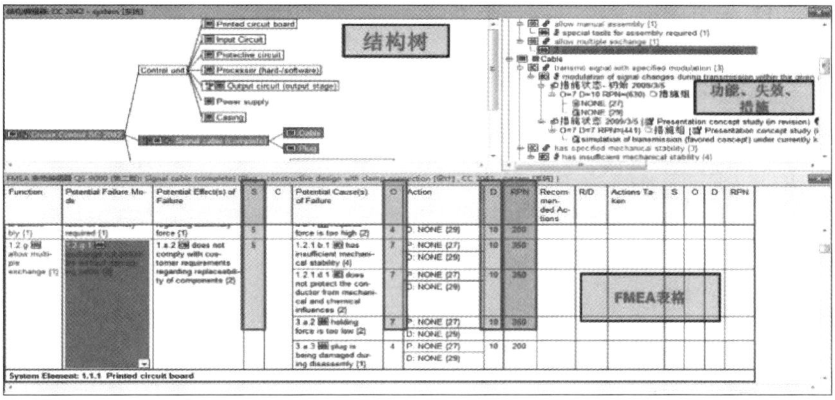

图 1-9 IQ-RM/FMEA 界面示例

（二）大型企业所应用的质量管理平台

对于众多的大型企业而言，应用 ERP 是有效管理资源，支撑其运营管理的重要手段之一。目前，国内外主流的 ERP 品牌包括 SAP、INFOR、ORACLE、用友、金蝶等。大部分 ERP 系统均开发了质量管理的模块，不同于单机版的质量软件主要用于统计分析或图形绘制，ERP 系统中的质量管理模块更具备连接不同层级、部门与质量相关的数据流，支撑决策的平台意义。现以 SAP 为例，作如下说明：

质量管理（QM）模块是 SAP 的重要组成部分，涉及从进料检验到最终产成品出货过程中的大部分环节，并与 SAP 其他模块的运行有机地整合在一起，构成了一个整体。运用质量管理模块，可以避免数据重复录入，确保从进料检验到产成品出货检验相关数据的连贯性。有关进料检验的软件界面示例如图 1-10 所示。

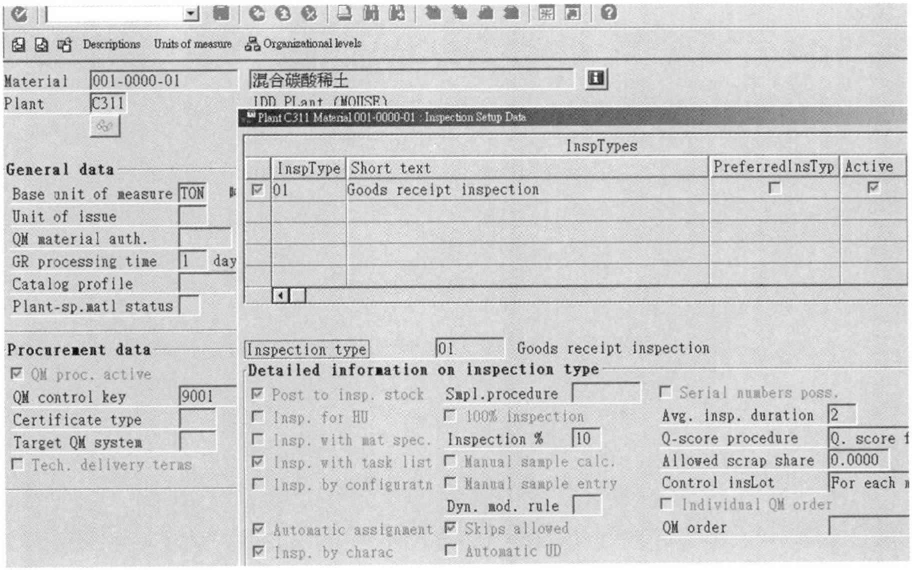

图 1-10 SAP 进料检验界面示例

SAP 的质量管理模块也有着丰富的统计图表功能，可以为使用者提供直观的质量方面的相关信息，如图 1-11 所示。

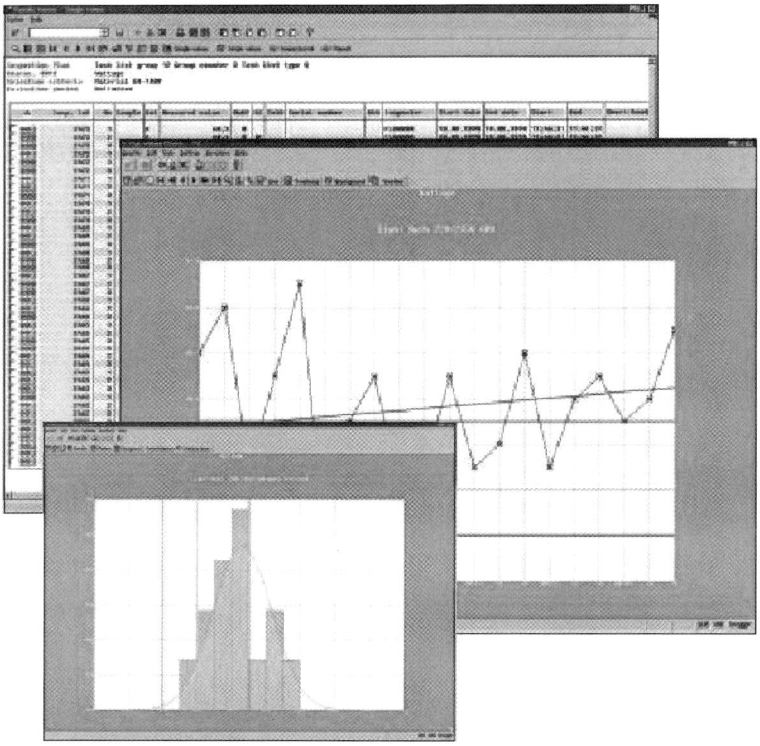

图 1-11　SAP 统计图表界面示例

本章小结

质量管理方法与工具的产生于19世纪后期的工厂制专业化分工，并伴随质量检验、过程质量控制及全面质量管理阶段的发展而发展。质量管理方法与工具的内涵不断扩展和深化，特别是20世纪90年代的“大质量观”驱动，质量管理方法与工具从最初的产品、服务、工程质量领域的应用，延伸到了环境、职业健康和安全、能源、信息及经营管理领域，质量管理方法与工具也呈现由简单到复杂，由局部化到系统化和结构化的内在规律，成为组织提高竞争力、改进与创新并获取效益的重要手段，这也是组织管理水平现代化的重要标志。

组织在运用质量管理方法与工具中应具备以下条件：能够良好地管理基础工作、人员接受过培训、具备相应的物质条件。目前我国在质量管理方法与工具应用中还存在领导推动力不强、应用的策划缺乏系统性、数据与资料收集和统计分析工作薄弱以及应用形式化等问题。

目前中国经济由高速增长阶段转向高质量发展阶段，强化质量基础设施建设是高质量发展的重要技术支撑，认证认可是质量基础设施建设的一个重要组成部分，因此在认证认可领域中，通过评定过程，推动质量管理方法与工具在组织各类管理体系及服务体系中的应用，对提高合格评定过程的有效性发挥着重要的基础性作用，也是我国新形势下提高认证认可人员以及组织相关人员素质的重要途径。

目前质量管理方法和工具有多种分类及选择方法，考虑到其使用贯穿于产品生命周期的各个阶段，并依据过程方法在PDCA循环各阶段均可应用，因此将其分为策划类方法与工具、实施类方法与工具、检查评价类方法与工具、改进类方法与工具四大类。

质量管理方法与工具中涉及大量的数据资料和非数据资料，为了便于这些方法的高效率运用，目前开发出多种应用软件可供选择，如典型商用软件中的Minitab软件、JMP软件，以及在特定领域中应用的专用软件。其中在质量管理领域中最为常用的Minitab软件可以基本实现一些数据化方法及工具的应用，一些特定领域中的专用软件也是在此基础上开发的。

思考题

1. 质量管理方法与工具在认证认可领域中的作用是什么？认证认可人员学习质量管理方法与工具需要明确哪些基本问题？
2. 质量管理方法与工具的演变历程？
3. 新老七种工具在应用层面的实质性区别是什么？
4. 质量管理方法与工具如何分类？
5. 质量方面的专业软件，其核心价值是什么？应用的必要条件有哪些？

第二章 质量管理工具的统计理论基础

学习要点

- ◆ 质量特性数据的类型及质量波动的特性；
- ◆ 三种常用的离散型随机变量的分布；
- ◆ 正态分布的概念及其性质；
- ◆ 中心极限定理的概念及其应用；
- ◆ 正态总体的四类常用统计量的抽样分布；
- ◆ 正态总体参数的无偏估计及其置信区间；
- ◆ 显著性检验的概念及正态总体均值、标准差的检验步骤；
- ◆ 方差分析和回归分析。

第一节 质量特性数据的分类及特征

一、质量特性数据的类型

质量特性数据是指用来描述产品功能指标或性能指标的数据，一般分为计量值数据和计数值数据。计量值数据是指可以连续取值的数据，也称为连续型数据，如长度、重量、压力。计数值数据是指只能按 0，1，2 等数列取值计数的数据，也称为离散型数据。计数值数据又可分为计件值数据和计点值数据。计件值数据，如总体中合格品数。计点值数据，如表示个体上的缺陷数、质量问题点数，如钢结构表面的焊渣、焊疤的数量等。

二、质量波动

产品质量特性波动是指产品质量的特性值参差不齐的现象。从统计学角度来看，可以把产品质量波动分为正常波动和异常波动两类。

正常波动是由偶然因素或随机因素（随机原因）引起的产品质量波动。这些因素在生产过程中大量存在，对产品质量经常产生影响，但其造成的质量特性值波动往往较小。如原材料的成分和性能上的微小差异，机器设备的轻微振动，温湿度的微小变化，操作方面、测量方面、检测仪器的微小差异。对这些波动的随机因素的消除，在技术上难以达到，在经济上代价又很大。因此，一般情况下在生产过程中是允许这些波动存在的，所以称为正常波动，公差就是承认这种波动的产物。仅有正常波动的生产过程称为过程处于统计控制状态，简称受控状态或稳定状态。

异常波动是由异常因素或系统因素（系统原因）引起的产品质量波动。这些因素在生产过程中并不大量存在，对产品质量不经常产生影响，但一旦存在，对产品质量的影响就比较显著。如原材料不符合规定要求、机器设备带病运转、操作者违反操作规程、测量工具的系统误差等。这些因素引起的质量波动大小和作用方向一般具有周期性和倾向性，因此，异常波动比较容易查明、预防和消除，又由于异常波动对质量特性的影响较大，一般来说生产过程中是不允许其存在的。有异常波动的生产过程称为过程处于非统计控制状态，简称失控状态或不稳定状态。

质量管理的一项重要工作，就是要找出产品质量的波动规律，把正常波动控制在合理范围内，消除系统原因引起的异常波动。

第二节　典型的概率分布

一、随机变量及其分布的概念

（一）随机现象

在一定条件下，并不总是出现相同结果的现象称为随机现象。随机现象的特点有两个：①随机现象的结果至少有两个；②哪一个结果出现，人们事先并不知道。

例 2-1　随机现象的一些例子：

（1）一天内进入某超市的顾客人数。

（2）一位顾客在超市排队等候付款所用的时间。

（3）一棵麦穗上生长着的麦粒数。

（4）新产品在未来市场的占有率。

（5）一台电视机从开始使用到发生第一次故障的时间。

（6）加工某机械轴的误差。

（7）一罐午餐肉的质量。

（二）随机变量

表示随机现象结果的变量称为随机变量。常用大写字母 X，Y，Z 等表示随机变量，它们的取值用相应的小写字母 x，y，z 等表示。随机变量分为离散型随机变量和连续型随机变量。

假如一个随机变量仅取数轴上有限个点或可列个点，则称此随机变量为离散型随机变量，如图 2-1 所示。

假如一个随机变量的所有可能取值在一个区间$(-\infty, +\infty)$，则称此随机变量为连续型随机变量，如图 2-2 所示。

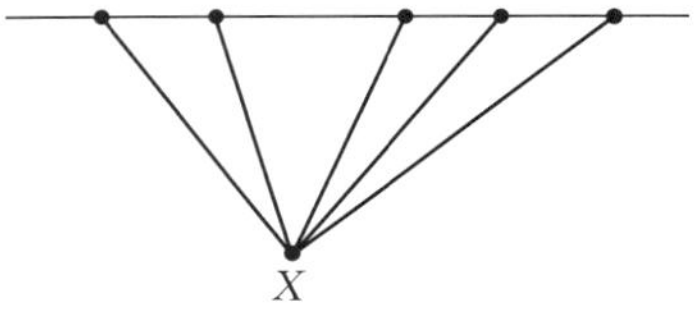

图 2-1　离散型随机变量的可能取值

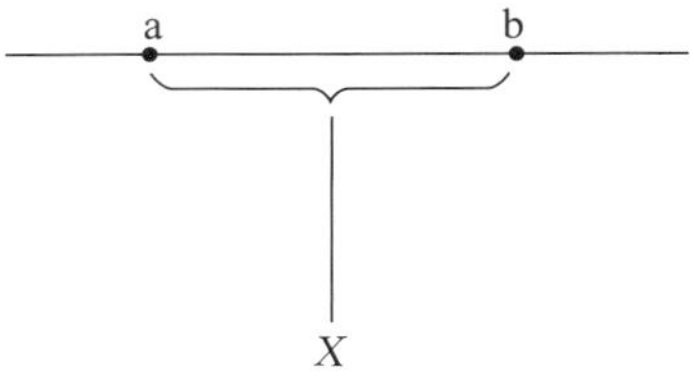

图 2-2　连续型随机变量的可能取值

例 2-2　产品的质量特性是表征产品性能的指标，产品的性能具有随机性，所以其质量特性就是随机变量。例如：

(1) 设 X 是一只铸件上的瑕疵数，则 X 是一个离散型随机变量。

(2) 一台电视机的寿命 X，则 X 是一个连续型随机变量。

(3) 检验一个产品，结果可能是合格品，也可能是不合格品，则 X 是只能取 0(表示不合格)或 1(表示合格)两个值的随机变量。

(三) 随机变量的分布

随机变量的取值是随机的，但其存在规律性，这个规律性可以用分布来描述，分布包含两方面的内容：

(1) X 可能取哪些值，或在哪个区间上取值。

(2) X 取这些值的概率是多少，或 X 在任一区间上取值的概率是多少。

二、常用的离散分布

离散型随机变量的分布可以用分布列表示，例如，随机变量 X 仅取 n 个值：$x_1, x_2, \cdots, x_n$，X 取 x_1 的概率为 p_1，取 x_2 的概率为 p_2，…，取 x_n 的概率为 p_n，见表 2-1。

表 2-1　随机变量取值

X	x_1	x_2	…	x_n
P	p_1	p_2	…	p_n

设离散型随机变量 X 所有可能取的值为 $x_k(k=1, 2, \cdots)$，X 取各个可能值的概率，即事件$\{X=x_k\}$的概率，为

$$P\{X=x_k\}=p_k,\ k=1, 2, \cdots \tag{2.1}$$

其中 $p_k \geqslant 0,\ \sum_{k=1}^{\infty} p_k=1,\ k=1, 2, \cdots$。

下面介绍三种重要的离散型随机变量的分布。

(一) 二项分布

设试验 E 只有两个可能结果：A 及 $\bar{A}$，则称 E 为伯努利(Bernoulli)试验。设 $P(A)=p(0<p<1)$此时 $P(\bar{A})=1-p$。将实验 E 独立重复地进行 n 次，则称这一串重复的独立试验为 n 重伯努利试验。

"重复"是指在每次试验中 $P(A)=p$ 保持不变；"独立"是指各次试验的结果互不影响，即若以 C_i 记为第 i 次试验的结果，C_i 为 A 或 $\bar{A}$，$i=1, 2, \cdots, n$。

“独立”是指：

$$P(C_1C_2\cdots C_n)=P(C_1)P(C_2)\cdots P(C_n) \tag{2.2}$$

例如，E 是抛一枚硬币观察得到正面或反面，A 表示得正面，这是一个伯努利试验，如将硬币抛 n 次，就是 n 重伯努利试验。又如抛一颗骰子，若 A 表示得到“1 点”，$\overline{A}$ 表示得到“非 1 点”，将骰子抛 n 次，就是 n 重伯努利试验。

以 X 表示 n 重伯努利试验中事 A 发生的次数，X 是一个随机变量，我们来求它的分布律。X 所有可能取的值为 $0, 1, 2, \cdots, n$。各次试验是相互独立的，因此事件 A 在指定的 k $(0\leqslant k\leqslant n)$ 次试验中发生，在其他 $n-k$ 次试验中 A 不发生（例如在前 k 次试验中 A 发生，而后 $n-k$ 次试验中 A 不发生）的概率为：

$$\underbrace{p\cdot p\cdot\cdots\cdot p}_{k个}\cdot\underbrace{(1-p)\cdot(1-p)\cdot\cdots\cdot(1-p)}_{n-k个}=p^k(1-p)^{n-k} \tag{2.3}$$

这种指定的方式共有 $\binom{n}{k}$ 种，它们是两两互不相容的，故在 n 次试验中 A 发生 k 次的概率为 $\binom{n}{k}p^k(1-p)^{n-k}$，记 $q=1-p$，即

$$P\{X=k\}=\binom{n}{k}p^k(1-p)^{n-k},\ k=0,1,2\cdots,n \tag{2.4}$$

显然 $P\{X=k\}\geqslant 0,\ k=0,1,2\cdots,n$

$$\sum_{k=0}^{n}P\{X=k\}=\sum_{k=0}^{n}\binom{n}{k}p^kq^{n-k}=(p+q)^n=1$$

注意到 $\binom{n}{k}p^kq^{n-k}$ 刚好是二项式 $(p+q)^n$ 的展开式中出现 p^k 的那一项，我们称随机变量 X 服从参数为 n, p 的二项式分布，并记为 $X\sim b(n, p)$。

特别，当 $n=1$ 时二项分布(2.4)化为：

$$P\{X=k\}=p^kq^{1-k},\ k=0,1$$

这就是(0-1)分布。

例 2-3 按规定，某种型号的电子元件，使用寿命超过 1 500 小时则为一级品。已知某一大批产品的一级品率为 0.2，现在从中随机地抽查 20 只。问 20 只元件中恰有 k 只$(k=0, 1, \cdots, 20)$为一级品的概率是多少？

这是不放回抽样。但由于这批元件的总数很大，抽查的元件的数量相对于元件的总数来说又很小，因而可以当作放回抽样来处理，这样做会有一些误差，但误差不大。我们将检查一只元件看它是否为一级品看成是一次试验，检查 20 只元件相当于做 20 重伯努利试验。以 X 记 20 只元件中一级品的只数，那么，X 是一个随机变量，且有 $X\sim b(20, 0.2)$，由(2.4)式即得所求概率为：

$$P\{X=k\}=\binom{20}{k}(0.2)^k(0.8)^{20-k},\ k=0,1,\cdots,20$$

将计算结果如表 2-2 所示。

表 2-2　计算结果

$P\{X=0\}=0.012$	$P\{X=4\}=0.218$	$P\{X=8\}=0.022$
$P\{X=1\}=0.058$	$P\{X=5\}=0.175$	$P\{X=9\}=0.007$
$P\{X=2\}=0.137$	$P\{X=6\}=0.109$	$P\{X=10\}=0.002$
$P\{X=3\}=0.205$	$P\{X=7\}=0.055$	
当 $k\geqslant 11$ 时，$P\{X=k\}<0.001$		

(二) 超几何分布

超几何分布也是统计学上一种离散概率分布。它描述了由有限个物件中抽出 n 个物件，成功抽出指定种类的物件的次数（不放回）。之所以称为超几何分布，是因为其形式与“超几何函数”的级数展式的系数有关。

超几何分布记作 $X\sim H(N, n, M)$，其中 M，N，n 是超几何分布中的参数。

产品抽样检查中经常遇到一类实际问题，假定在 N 件产品中有 M 件不合格品，即不合格率为 $p=\frac{M}{N}$。

在产品中随机抽 n 件做检查，发现 k 件不合格的概率为：$p(X=k)=\frac{C_M^k C_{N-M}^{n-k}}{C_N^n}$，$k=0, 1, 2, \cdots, \min\{n, M\}$。也可以写作 $P=\frac{\binom{M}{k}\binom{N-M}{n-k}}{\binom{N}{n}}$（与上式不同的是 M 可为任意实数，而 C 表示的组合数，M 为非负整数）。C_b^a 为古典概型的组合形式，a 为下限，b 为上限，此时称随机变量 X 服从超几何分布。需要注意的是：

(1) 超几何分布的模型是不放回抽样。

(2) 超几何分布中的参数是 M，N，n，上述超几何分布记作 $X\sim H(N, n, M)$。

(三) 泊松分布

设随机变量 X 所有可能取的值为 0，1，2，…，而取各个值的概率为

$$P\{X=k\}=\frac{\lambda^k e^{-\lambda}}{k!},\ k=0, 1, 2, \cdots \tag{2.5}$$

其中 $\lambda>0$ 是常数。则称 X 服从参数为 λ 的泊松分布，记为 $X\sim\pi(\lambda)$。

具有泊松分布的随机变量在实际应用中是很多的。例如，一本书一页中的印刷错误数；某地区在一天内邮递遗失的信件数；某医院在一天内的急诊病人数；某地区在一个时间间隔内发生交通事故的次数；在两个时间间隔内某种放射性物质发出的经过计数器的 α 粒子数等都服从泊松分布。泊松分布也是概率论中的一种重要分布。

三、常用的连续分布

(一) 连续分布

一般，如上文的随机变量那样，如果对于随机变量 X 的分布函数 $F(x)$，存在非负函数

$f(x)$，使对于任意实数 x 有

$$F(x)=\int_{-\infty}^{x} f(t)\mathrm{d}t \tag{2.6}$$

则称 X 为连续型随机变量，其中 $f(x)$ 称为 X 的概率密度函数，简称概率密度。

由(2.6)式，据数学分析的知识可知连续型随机变量的分布函数是连续函数。

由定义知道，概率密度 $f(x)$ 具有以下性质：

(1) $f(x)\geqslant 0$；

(2) $\int_{-\infty}^{\infty} f(x)\mathrm{d}x=1$；

(3) 对于任意实数 x_1，$x_2(x_1\leqslant x_2)$，

$$P\{x_1<X\leqslant x_2\}=F(x_2)-F(x_1)=\int_{x_1}^{x_2} f(x)\mathrm{d}x$$

(4) 若 $f(x)$ 在点 x 处连续，则有 $F'(x)=f(x)$，即密度函数为分布函数的一阶导数。

（二）正态分布

若连续型随机变量 X 的概率密度为

$$f(x)=\frac{1}{\sqrt{2\pi}\sigma}\mathrm{e}^{-\frac{(x-\mu)^2}{2\sigma^2}},\quad -\infty<x<\infty \tag{2.7}$$

其中 μ，$\sigma(\sigma>0)$ 为常数，称 X 服从参数为 μ，σ 的正态分布或高斯分布，记为 $X\sim N(\mu,\sigma^2)$。

$f(x)\geqslant 0$，且 $\int_{-\infty}^{\infty} f(x)\mathrm{d}x=1$，即说明了正态分布曲线在 x 轴上方，与 x 轴形成的面积为 1。

$f(x)$ 的图形如图 2-3 所示，它具有以下性质：

(1) 曲线关于 $x=\mu$ 对称。这表明对于任意 $h>0$ 有

$$P\{\mu-h<X<\mu\}=P\{\mu<X\leqslant\mu+h\}$$

(2) 当 $x=\mu$ 时取到最大值

$$f(\mu)=\frac{1}{\sqrt{2\pi}\sigma}$$

概率密度以及 μ 变化对正态分布的影响如图 2-3 所示。

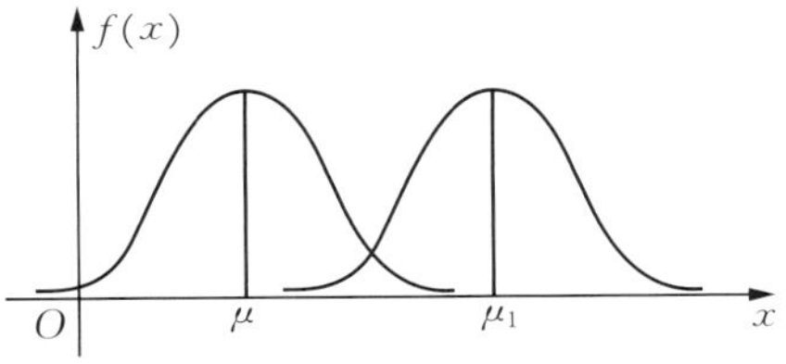

图 2-3　概率密度以及 μ 变化对正态分布影响的示意图

x 离 μ 越远，$f(x)$ 的值越小。这表明对于同样长度的区间，当区间离 μ 越远时，X 落在

这个区间上的概率越小。

在 $x=\mu\pm\sigma$ 处有拐点。曲线以 Ox 轴为渐近线。

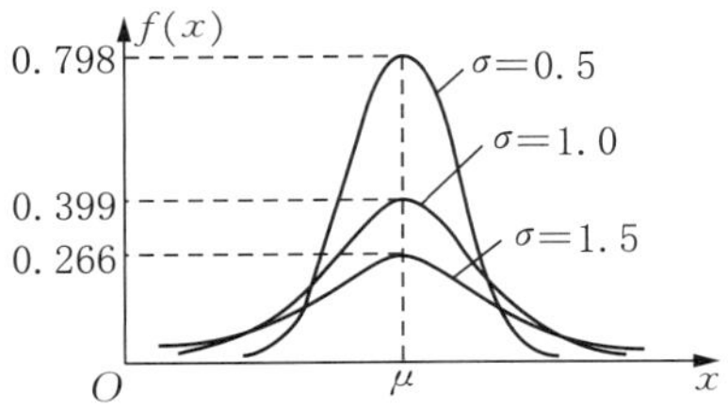

图 2-4　σ 变化对正态分布的影响示意图

另外，如果固定 σ，改变 μ 的值，则图形沿着 Ox 轴平移，而不改变其形状，如图 2-3 所示，可见正态分布的概率密度曲线 $y=f(x)$ 的位置完全由参数 μ 所确定。μ 称为位置参数。

如果固定 μ，改变 σ，由于最大值 $f(\mu)=\dfrac{1}{\sqrt{2\pi}\sigma}$，可知当 σ 越来越小时，图形变得越尖，因而 X 落在 μ 附近的概率越大，如图 2-4 所示。

由(2.6)式得 X 的分布函数如图 2-5 所示，分布函数的计算公式

$$F(x)=\frac{1}{\sqrt{2\pi}\sigma}\int_{-\infty}^{x}\mathrm{e}^{-\frac{(x-\mu)^2}{2\sigma^2}}\mathrm{d}t \tag{2.8}$$

特别，当 $\mu=0$，$\sigma=1$ 时称随机变量 X 服从标准正态分布。其概率密度和分布函数分别用 $\varphi(x)$，$\Phi(x)$ 表示，即有

$$\varphi(x)=\frac{1}{\sqrt{2\pi}}\mathrm{e}^{-t^2/2} \tag{2.9}$$

$$\Phi(x)=\frac{1}{\sqrt{2\pi}}\int_{-\infty}^{x}\mathrm{e}^{-t^2/2}\mathrm{d}t \tag{2.10}$$

由正态分布的对称性知

$$\Phi(-x)=1-\Phi(x) \tag{2.11}$$

如图 2-6 所示。

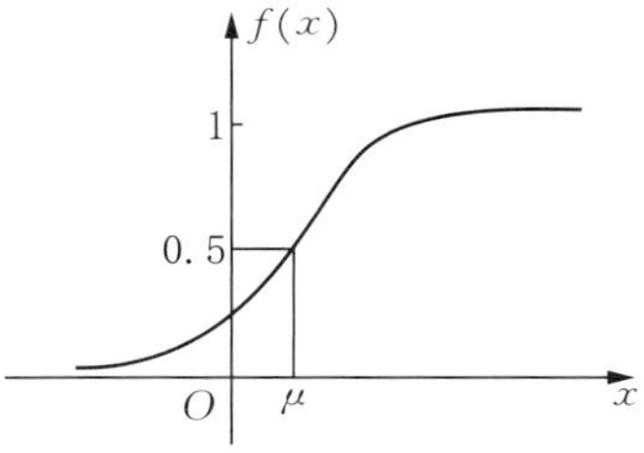

图 2-5　X 的分布函数示意图

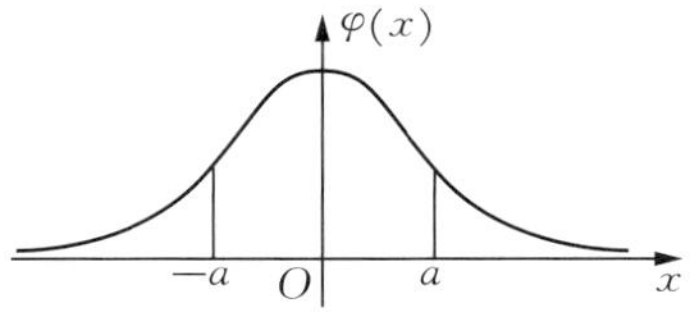

图 2-6　正态分布对称性示意图

人们已经编制了 $\Phi(x)$ 的函数表，可供查用。

一般，若 $X\sim N(\mu,\sigma^2)$，只要通过一个线性变换就能将它化为标准正态分布。

引理　若 $X\sim N(\mu,\sigma^2)$，则 $Z=\dfrac{X-\mu}{\sigma}\sim N(0,1)$

在自然现象和社会现象中，大量随机变量都服从或近似服从正态分布。例如，一个地区男性成年人的身高、测量某零件长度的误差、海洋波浪的高度、半导体器件中的热噪声电流或电压等，都服从正态分布。

四、中心极限定理

在客观实际中有许多随机变量，它们是由大量相互独立的随机因素所产生的综合影响形成的，而其中每一个因素在总的影响中所起的作用都是微小的，这种随机变量往往近似地服从正态分布。本节介绍三个常用的中心极限定理。

定理一（独立同分布的中心极限定理）。设随机变量 $X_1, X_2, \cdots, X_n$ 相互独立，服从同一分布，具有数学期望和方差：$E(X_k)=\mu$，$D(X_k)=\sigma^2>0(k=1, 2, \cdots n)$，则随机变量之和 $\sum_{k=1}^{n}X_k$ 的标准量

$$Y_n=\frac{\sum_{k=1}^{n}X_k-E(\sum_{k=1}^{n}X_k)}{\sqrt{D(\sum_{k=1}^{n}X_k)}}=\frac{\sum_{k=1}^{n}X_k-n\mu}{\sqrt{n}\sigma}$$

的分布函数 $F_n(x)$ 对于任意 x 满足

$$\lim F_n(x)=\lim P\left\{\frac{\sum_{k=1}^{n}X_k-n\mu}{\sqrt{n}\sigma}\leqslant x\right\}=\int_{-\infty}^{x}\frac{1}{\sqrt{2\pi}}e^{-t^2/2}dx=\varphi(x) \quad (2.12)$$

$$\overline{X}\overset{\text{近似地}}{\sim}N(\mu, \sigma^2/n) \quad (2.13)$$

这就是说，均值为 μ，方差为 $\sigma^2>0$ 的独立同分布的随机变量 $X_1, X_2, \cdots, X_n$ 的算术平均 $\overline{X}=\frac{1}{n}\sum_{k=1}^{n}X_k$，当 n 充分大时近似地服从均值为 μ，方差为 σ^2/n 的正态分布。

定理二（李雅普诺夫定理）。设随机变量 $X_1, X_2, \cdots, X_n$ 相互独立，它们具有数学期望和方差

$$E(X_k)=\mu_k, \ D(X_k)=\sigma_k^2>0, \ k=1, 2, \cdots$$

记 $B_n^2=\sum_{k=1}^{n}\sigma_k^2$，则随机变量之和 $\sum_{k=1}^{n}X_k$ 的标准化变量

$$Z_n=\frac{\sum_{k=1}^{n}X_k-E(\sum_{k=1}^{n}X_k)}{\sqrt{D(\sum_{k=1}^{n}X_k)}}=\frac{\sum_{k=1}^{n}X_k-\sum_{k=1}^{n}\mu_k}{B_n}$$

的分布函数 $F_n(x)$ 对于任意 x 满足

$$\lim F_n(x)=\lim P\left\{\frac{\sum_{k=1}^{n}X_k-\sum_{k=1}^{n}\mu_k}{B_n}\leqslant x\right\}=\int_{-\infty}^{x}\frac{1}{\sqrt{2\pi}}e^{-t^2/2}dt=\varphi(x) \quad (2.14)$$

$$Z_n = \frac{\sum_{k=1}^{n} X_k - \sum_{k=1}^{n} \mu_k}{B_n}$$

当 n 很大时，近似地服从正态分布 $N(0, 1)$。

定理三（棣莫弗—拉普拉斯定理）。设随机变量 $\eta_n (n=1, 2, \cdots)$ 服从参数为 n，$p(0<p<1)$ 的二项分布，则对于任意 x，有

$$\lim P\left\{\frac{\eta_n - np}{\sqrt{np(1-p)}} \leqslant x\right\} = \int_{-\infty}^{x} \frac{1}{\sqrt{2\pi}} \mathrm{e}^{-t^2/2} \mathrm{d}t = \varphi(x) \tag{2.15}$$

这个定理表明，当 n 充分大时，正态分布是二项分布的极限分布，可以利用（2.15）式来计算二项分布的概率。

中心极限定理表明，在一般条件下，当独立随机变量的个数不断增加时，可以不必考虑和式中的随机变量服从什么分布，其和的分布均趋于正态分布。

在实际问题中，如果研究的是大样本问题，我们就可以利用中心极限定理来进行近似计算，对总体中的参数进行估计和推断，因此中心极限定理在质量管理领域应用广泛。

例 2-4 抽样检验产品质量时，如果发现次品个数多于 10 个，则拒绝接受这批产品。设某批产品的次品率为 10%，问至少应该抽取多少个产品检查，才能保证拒绝该产品的概率达到 0.9?

设至少应该抽取产品 n 个，ξ 为其中的次品数。又设

$\xi_i = \begin{cases} 1, 第\ i\ 次抽得次品; \\ 0, 第\ i\ 次抽得正品, \end{cases} (i=1, 2, 3, \cdots 1\,000)$ 则 $\xi = \sum_{i=1}^{1\,000} \xi_i$。

由于随机变量的数学期望和方差为 $E\xi_i = P = 0.1$，$D\xi_i = p(1-p) = 0.1 \times 0.9 = 0.09$。所以 ξ 的数学期望和方差为 $E(\xi) = nE\xi_i = 0.1n$；$D(\xi) = 0.09n$。

由中心极限定理，得 $P\{10 \leqslant \xi \leqslant n\} \approx \Phi(3\sqrt{n}) - \Phi\left(\frac{100-n}{3\sqrt{n}}\right)$。

由于 n 充分大时 $\Phi(3\sqrt{n}) \approx 1$，

$\therefore \quad P\{10 \leqslant \xi \leqslant n\} \approx 1 - \Phi\left(\frac{100-n}{3\sqrt{n}}\right) \geqslant 0.9$，即 $\Phi\left(\frac{100-n}{3\sqrt{n}}\right) \geqslant 0.9$。

查标准正态分布表，得 $\frac{n-100}{3\sqrt{n}} \geqslant 1.28$。

解得 $n \geqslant 147$。

所以至少应检验 147 件产品才能保证拒绝该产品的概率达到 0.9。

第三节　统计量与抽样分布

一、统计量

样本是进行统计推断的依据。在应用时，往往不是直接使用样本本身，而是针对不同的

问题构造样本的适当函数，利用这些样本的函数进行统计推断。

定义 设 $X_1, X_2, \cdots, X_n$ 是来自总体 X 的一个样本，$g(X_1, X_2, \cdots, X_n)$ 是 $X_1, X_2, \cdots, X_n$ 的函数，若 g 中不含未知参数，则称 $g(X_1, X_2, \cdots, X_n)$ 是样本的统计量。

因为 $X_1, X_2, \cdots, X_n$ 都是随机变量，而统计量 $g(X_1, X_2, \cdots, X_n)$ 是随机变量的函数，所以统计量是一个随机变量。

设 $x_1, x_2, \cdots, x_n$ 是相对于样本 $X_1, X_2, \cdots, X_n$ 的样本值，则称 $g(x_1, x_2, \cdots, x_n)$ 是 $g(X_1, X_2, \cdots, X_n)$ 的观察值。

下面列出几个常用的统计量。

设 $X_1, X_2, \cdots, X_n$ 是来自总体 X 的一个样本，$x_1, x_2, \cdots, x_n$ 是这一样本的观察值。定义

样本平均值

$$\overline{X} = \frac{1}{n}\sum_{i=1}^{n} X_i \tag{2.16}$$

样本方差

$$S^2 = \frac{1}{n-1}\sum_{i=1}^{n}(X_i - \overline{X})^2 = \frac{1}{n-1}\left(\sum_{i=1}^{n} X_i^2 - n\overline{X}^2\right) \tag{2.17}$$

样本标准差

$$S = \sqrt{S^2} = \sqrt{\frac{1}{n-1}\sum_{i=1}^{n}(X_i - \overline{X})^2} \tag{2.18}$$

样本 k 阶(原点)矩

$$A_k = \frac{1}{n}\sum_{i=1}^{n} X_i^k,\ k = 1, 2, \cdots \tag{2.19}$$

样本 k 阶中心矩

$$B_k = \frac{1}{n}\sum_{i=1}^{n}(X_i - \overline{X})^k,\ k = 2, 3, \cdots \tag{2.20}$$

它们的观察值分别为

$$\overline{x} = \frac{1}{n}\sum_{i=1}^{n} x_i. \tag{2.21}$$

$$s^2 = \frac{1}{n-1}\sum_{i=1}^{n}(x_i - \overline{x}) = \frac{1}{n-1}\left(\sum_{i=1}^{n} x_i^2 - n\overline{x}^2\right) \tag{2.22}$$

$$s = \sqrt{\frac{1}{n-1}\sum_{i=1}^{n}(x_i - \overline{x})^2} \tag{2.23}$$

$$a_k = \frac{1}{n}\sum_{i=1}^{n} x_i^k,\ k = 1, 2, \cdots \tag{2.24}$$

$$b_k = \frac{1}{n}\sum_{i=1}^{n}(x_i - \overline{x})^k,\ k = 2, 3, \cdots \tag{2.25}$$

这些观察值分别称为样本均值、样本方差、样本标准差、样本 k 阶(原点)矩以及样本 k 阶中心矩。

统计量的分布称为抽样分布,在使用统计量进行统计推断时常需要知道它的分布。当总体的分布函数已知时,抽样分布是确定的,然而求出统计量的精确分布,一般来说较为困难。本节介绍来自正态总体的几个常用统计量的分布。

二、抽样分布

(一) χ^2 分布

设 X_1, X_2, …, X_n 是来自总体 $N(0, 1)$的样本,则统计量

$$\chi^2 = X_1^2 + X_2^2 + \cdots X_n^2 \tag{2.26}$$

服从自由度为 n 的 χ^2 分布,记为 $\chi^2 \sim \chi^2(n)$。

此处,自由度是指(2.26)式右端包含的独立变量的个数。

$\chi^2(n)$分布的概率密度为

$$f(y)=\begin{cases}\dfrac{1}{2^{n/2}\Gamma(n/2)}y^{n/2-1}\mathrm{e}^{-y/2}, & y>0\\ 0, & \text{其他}\end{cases} \tag{2.27}$$

$f(y)$的图形如图 2-7 所示。

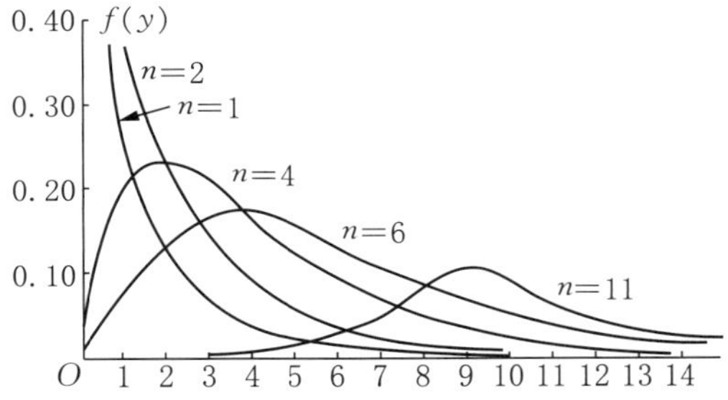

图 2-7 $\chi^2(n)$分布的概率密度示意图

χ^2 分布的可加性如下:

设 $\chi_1^2 \sim \chi^2(n_1)$, $\chi_2^2 \sim \chi^2(n_2)$,并且 χ_1^2, χ_2^2 相互独立,则

$$\chi_1^2 + \chi_2^2 \sim \chi^2(n_1 + n_2) \tag{2.28}$$

χ^2 分布的数学期望和方差若 $\chi^2 \sim \chi^2(n)$,则

$$E(\chi^2) = n,\ D(\chi^2) = 2n \tag{2.29}$$

(二) t 分布

设 $X \sim N(0, 1)$, $Y \sim \chi^2(n)$,且 X, Y 相互独立,则称随机变量

$$t = \frac{X}{\sqrt{Y/n}} \tag{2.30}$$

服从自由度为 n 的 t 分布。记为 $t \sim t(n)$。

t 分布又称学生氏分布。$t(n)$分布的概率密度函数为

$$h(t)=\frac{\Gamma[(n+1)/2]}{\sqrt{\pi n}\,\Gamma(n/2)}\left(1+\frac{t^2}{n}\right)^{-(n+1)/2}, \quad -\infty<t<\infty \tag{2.31}$$

t 分布的概率密度 $h(t)$的图形如图 2-8 所示，图形关于 $t=0$ 对称，当 n 充分大时其图形类似于标准正态变量概率密度的图形。

$$\lim h(t)=\frac{1}{\sqrt{2\pi}}\mathrm{e}^{-t^2/2} \tag{2.32}$$

故当 n 足够大时 t 分布近似于 $N(0, 1)$分布。但对于较小的 n，t 分布与 $N(0, 1)$分布相差较大(见附录二和附录三)。

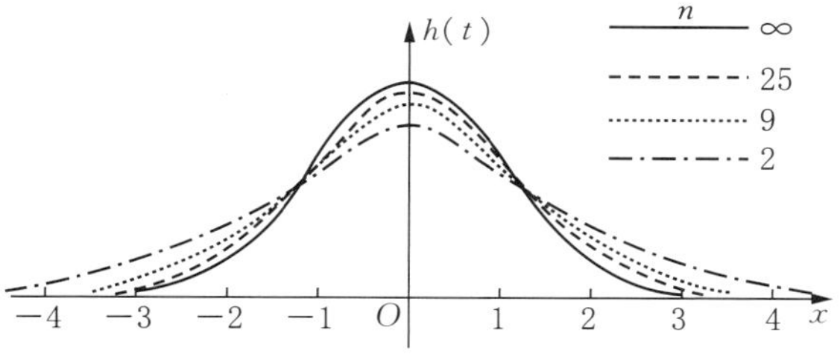

图 2-8　*t* 分布的概率密度示意图

(三) F 分布

设 $U \sim \chi^2(n_1)$, $V \sim \chi^2(n_2)$，且 U, V 相互独立，则称随机变量

$$F=\frac{U/n_1}{V/n_2} \tag{2.33}$$

服从自由度为(n_1, n_2)的 F 分布，记为 $F \sim F(n_1, n_2)$。

$F(n_1, n_2)$分布的概率密度为

$$\psi(y)=\begin{cases}\dfrac{\Gamma[(n_1+n_2)/2](n_1/n_2)^{n_1/2}y^{(n_1/2)-1}}{\Gamma(n_1/2)\Gamma(n_2/2)[1+(n_1y/n_2)]^{(n_1+n_2)/2}}, & y>0\\ 0, & \text{其他}\end{cases} \tag{2.34}$$

$\psi(y)$的图形，如图 2-9 所示。

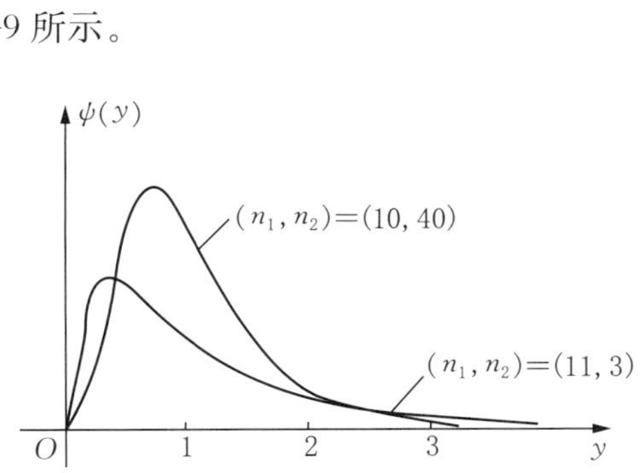

图 2-9　$F(n_1, n_2)$分布的概率密度示意图

由定义可知，若 $F \sim F(n_1, n_2)$，则

$$\frac{1}{F} \sim F(n_2, n_1) \tag{2.35}$$

（四）正态总体的样本均值与样本方差的分布

设总体 X（不管服从什么分布，只要均值和方差存在）的均值为 $\overline{X}$，方差为 s^2，X_1，X_2，…，X_n 是来自总体 X 的一个样本，$\overline{X}$，s^2 分别是样本均值和样本方差，则

$$E(\overline{X}) = \mu,\ D(\overline{X}) = \sigma^2/n \tag{2.36}$$

$$E(s^2) = \sigma^2 \tag{2.37}$$

第四节　基础统计方法

一、参数估计

统计推断的基本问题可以分为两大类，一类是估计问题，另一类是假设检验问题。本节讨论总体参数的点估计和区间估计。

（一）点估计

点估计问题的一般提法如下：设总体 X 的分布函数 $F(x;\theta)$ 的形式为已知，θ 是待估参数。X_1，X_2，…，X_n 是 X 的一个样本，x_1，x_2，…，x_n 是相对的一个样本值。点估计问题就是要构造一个适当的统计量 $\hat{\theta}(X_1, X_2, \cdots, X_n)$，用它的观察值 $\hat{\theta}(x_1, x_2, \cdots, x_n)$ 作为未知数 θ 的近似值。我们称 $\hat{\theta}(X_1, X_2, \cdots, X_n)$ 为 θ 的估计量，称 $\hat{\theta}(x_1, x_2, \cdots, x_n)$ 为 θ 的估计值。在不致混淆的情况下统称估计量和估计值为估计，并且都简记为 $\hat{\theta}$。估计量是样本的函数，因此对于不同的样本值，θ 的估计值一般是不相同的。

（二）无偏性概念

由于估计量 $\hat{\theta}$ 是样本的函数，即使是从同一总体中获得的不同样本，所得到的估计值也不一定相同，所以 $\hat{\theta}$ 是一个随机变量，评价其优劣不能从一个估计值去评判，而应该从其平均来评定。

设 $\hat{\theta}$ 是参数 θ 的一个估计量，如果 $\mathrm{E}(\hat{\theta}) = \theta$，则称 $\hat{\theta}$ 是参数 θ 的无偏估计。

无偏估计的条件 $\mathrm{E}(\hat{\theta}) = \theta$ 等价于

$$\mathrm{E}(\hat{\theta} - \theta) = 0$$

其中 $\hat{\theta} - \theta$ 是估计量 $\hat{\theta}$ 与真值 θ 的偏差，此种偏差是随机的，它可大可小，可正可负。无偏估计的含义是：每次使用 $\hat{\theta}$ 估计 θ 是会有偏差的，但多次使用它，偏差的平均为零。无偏性是一个重要的概念，在实际中人们常选用无偏估计。

对任何总体来说，总有：

(1) 样本均值 $\bar{x}$ 是总体均值 μ 的无偏估计，因为 $\mathrm{E}(\bar{x}) = \mu$；

(2) 样本方差 s^2 是总体方差 σ^2 的无偏估计，因为 $E(s^2)=\sigma^2$；

(3) 样本标准差 s 不是总体标准差的无偏估计，因为总有 $E(s)\neq\sigma$，所以 s 是 σ 的有偏估计。

(三) 正态总体参数的无偏估计

设 $x_1, x_2, \cdots, x_n$ 是来自正态总体 $N(\mu, \sigma^2)$ 的一个样本，现将参数 μ、σ^2 和 σ 的常用的无偏估计分述如下。

(1) 正态均值 μ 的无偏估计有两个，一个是样本均值 $\bar{x}$，另一个是样本中位数 $\tilde{x}$，即

$$\hat{\mu}=\bar{x}=\frac{1}{n}(x_1+x_2+\cdots+x_n)$$

$$\hat{\mu}=\tilde{x}=\begin{cases}x_{(\frac{n+1}{2})}, & n\text{ 为奇数}\\ \dfrac{1}{2}\left[x_{(\frac{n}{2})}+x_{(\frac{n}{2}+1)}\right], & n\text{ 为偶数}\end{cases}$$

当样本量 n 为 1 或 2 时，上述两个无偏估计相同；当 $n\geqslant3$ 时，它们一般就不同。理论和实践都表明：在估计正态均值 μ 时，用样本均值 $\bar{x}$ 总比用样本中位数 $\tilde{x}$ 要更有效些，因为样本均值 $\bar{x}$ 使用了样本中全部信息，而样本中位数 $\tilde{x}$ 只用了样本中部分信息，但样本中位数 $\tilde{x}$ 计算简单快捷，故在实际中 $\tilde{x}$ 也常被使用。

(2) 正态方差 σ^2 的无偏估计常用的只有一个，就是样本方差 s^2，即

$$\hat{\sigma}^2=s^2=\frac{1}{n-1}\sum_{i=1}^{n}(x_i-\bar{x})^2$$

理论研究表明，它在 σ^2 所有无偏估计中是最有效的。

(3) 正态标准差 σ 的无偏估计有两个，一个是对样本极差 $R=x_{(\max)}-x_{(\min)}$ 进行修偏而得，另一个是对样本标准差 s 进行修偏而得，具体估计是

$$\hat{\sigma}_R=R/d_2=(x_{(\max)}-x_{(\min)})/d_2$$

$$\hat{\sigma}_s=s/c_4=\sqrt{\frac{1}{n-1}\sum_{i=1}^{n}(x_i-\bar{x})^2}\Big/c_4$$

其中 d_2 与 c_4 是与样本无关而与样本量 n 有关的常数。

(四) 区间估计

对于一个未知量，人们在测量或计算时，常不以得到近似值为满足，还需估计误差，即要求知道近似值的精确程度(亦即所求真值所在的范围)。类似地，对于未知参数 θ，除了求出它的点估计 $\hat{\theta}$，我们还希望估计一个范围，并希望知道这个范围包含参数 θ 真值的可信程度。这样的范围通常以区间的形式给出，同时给出此区间包含参数 θ 真值的可信程度。这种形式的估计被称为区间估计，这样的区间即所谓置信区间。置信区间的定义如下。

置信区间　设总体 X 的分布函数 $F(x;\theta)$ 含有一个未知数 θ，$\theta\in\Theta$(Θ 是 θ 可能取值的范围)，对于给定值 $\alpha(0<\alpha<1)$，若由来自 X 的样本 $X_1, X_2, \cdots, X_n$ 确定的两个统计量 $\underline{\theta}=\underline{\theta}(X_1, X_2, \cdots, X_n)$ 和 $\bar{\theta}=\bar{\theta}(X_1, X_2, \cdots, X_n)$ $(\underline{\theta}<\bar{\theta})$，对于任意 $\theta\in\Theta$ 满足

$$P\{\underline{\theta}(X_1, X_2, \cdots X_n)<\theta<\bar{\theta}(X_1, X_2, \cdots, X_n)\}\geqslant 1-\alpha \tag{2.38}$$

则称随机区间$(\underline{\theta}, \bar{\theta})$是$\theta$的置信水平为$1-\alpha$的置信区间，$\underline{\theta}$, $\bar{\theta}$分别称为置信水平为$1-\alpha$的双侧置信区间的置信下限和置信上限，$1-\alpha$称为置信水平。

当X是连续型随机变量时，对于给定的α，按要求$P\{\underline{\theta}<\theta<\bar{\theta}\}=1-\alpha$求出置信区间。而当$X$是离散型随机变量时，对于给定的$\alpha$，常常找不到区间$(\underline{\theta}, \bar{\theta})$使得$P\{\underline{\theta}<\theta<\bar{\theta}\}=1-\alpha$。此时去找区间$(\underline{\theta}, \bar{\theta})$使得$P\{\underline{\theta}<\theta<\bar{\theta}\}$至少为$1-\alpha$，且尽可能地接近$1-\alpha$。

(2.38)式的含义如下：若反复抽样多次（各次得到的样本的容量相等，都是n）。每个样本值确定一个区间$(\underline{\theta}, \bar{\theta})$，每个这样的区间要么包含$\theta$的真值，要么不包含$\theta$的真值。按伯努利大数定理，在这么多的区间中，包含$\theta$真值的约占$100(1-\alpha)\%$，不包含$\theta$真值的约仅占$100\alpha\%$。例如$\alpha=0.01$，反复抽样1 000次，则得到的1 000个区间中不包含θ真值的约仅为10个。

寻求未知参数θ的置信区间的具体做法如下：

寻求一个样本$X_1, X_2, \cdots, X_n$和θ的函数$W=W(X_1, X_2, \cdots, X_n; \theta)$，使得$W$的分布不依赖于$\theta$以及其他未知参数，称具有这种性质的函数$W$为枢轴量。

对于给定的置信水平$1-\alpha$，定出两个常数a, b使得

$$P\{a<W(X_1, X_2, \cdots, X_n; \theta)<b\}=1-\alpha$$

若能从$a<W(X_1, X_2, \cdots, X_n; \theta)<b$得到与之等价的$\theta$的不等式$\underline{\theta}<\theta<\bar{\theta}$，其中$\underline{\theta}=\underline{\theta}(X_1, X_2, \cdots, X_n)$, $\bar{\theta}=\bar{\theta}(X_1, X_2, \cdots, X_n)$都是统计量。那么$(\underline{\theta}, \bar{\theta})$就是$\theta$的一个置信水平为$1-\alpha$的置信区间。

函数$W(X_1, X_2, \cdots, X_n; \theta)$的构造，通常可以从$\theta$的点估计着手考虑。常用的正态总体的参数的置信区间可以经由上述步骤推得。

二、显著性检验

（一）显著性检验的概念

1. 问题的提出

在客观世界中，事物总是千差万别的，我们找不到任何两个绝对相同的事物。事物之间的差异总是客观存在的，不过有时差异小（非显著性差异），有时差异大（显著性差异）。显著性检验就是判断两个或多个被比较对象有无显著性差异的统计技术。如果两个事物经过判断，有显著性差异，则说明两者有本质区别；如果经过判断，无显著性差异，则说明两者无本质区别。

2. 显著性检验的类型

显著性检验有两大类。一类是总体分布已知，对未知参数的检验，这类检验被称为参数性检验。例如，本节讨论的正态分布总体均值μ的检验、方差σ^2的检验，二项分布总体不合格品率P的检验。另一类是非参数性检验，例如，本节讨论的总体分布的正态性检验与正态样本可疑值的判断和检验。

3. 小概率原理

当提出假设H_0后，如何根据样本所提供的信息判断H_0的真伪，其推理方法基于人们

实践中广泛采用的一条原理——小概率原理。小概率原理就是,如果一个事件 A 发生的可能性很小,则认为该事件一般不会发生。例如,火炮膛炸、掉弹,火车越轨,飞机失事等都是小概率事件。

显著性检验中,根据样本构造检验统计量,再由检验统计量构造一个事件 A,使得当 H_0 成立时,事件 A 为小概率事件。因而,据小概率原理,事件 A 一般不会发生。反之,如果事件 A 一旦发生,就有理由拒绝假设 H_0。

4. 显著水平

将事件认定为小概率事件须设立一个标准,为此引入显著水平 α 的概念。所谓显著水平 α,就是小概率原理中衡量小概率的标准。当事件 A 发生的概率不超过 α 时,则认为事件 A 为小概率事件。显著水平 α 到底多大较为合适要基于对不同的检验问题进行规定。不过,在一般的假设检验中,α 常取 1%～5%。

5. 两类错误

假设检验是根据样本所提供的信息来对总体的分布或分布中的未知参数作出判断。样本有随机性,使得对总体的判断不可能百分之百的正确,可能犯下述两类错误。

(1) 第 1 类错误。当假设 H_0 成立时,由于样本的随机性,检验后作出拒绝 H_0 的判断,这种错误称为第 1 类错误,亦称为“弃真”错误。犯第 1 类错误的可能性,称为第 1 类风险,记为 α。

(2) 第 2 类错误。当假设 H_0 不成立时,由于样本的随机性,检验后作出接收 H_0 的判断,这种错误称为第 2 类错误,亦称为“存伪”错误。犯第 2 类错误的可能性,称为第 2 类风险,记为 β。

显著性检验中,只预先限制第 1 类风险,即显著水平 α;在第九章统计抽样中,标准型抽样方案预先限制两类风险 α 和 β。

(二) 正态总体均值的检验

1. 单个总体双侧检验的情形

例 2-5 已知目标距离 500 米,用某测距机进行 5 次独立重复测量,其实测结果为:501、498、506、402、495,试问该测距机是否存在系统测量误差(给定显著水平 $\alpha=5\%$)?

(1) 提出假设。假定总体 X 服从正态分布 $N(\mu,\sigma^2)$,样本为 $(X_1, X_2, \cdots, X_n)$,给定显著水平 $\alpha>0$,检验假设

$$H_0: \mu=\mu_0 \tag{2.39}$$

(2) 建立检验统计量。先求均值 μ、标准差 σ 的估计

$$\hat{\mu}=\overline{X}=\frac{1}{n}\sum_{i=1}^{n}X_i \tag{2.40}$$

$$\hat{\sigma}=S=\sqrt{\frac{1}{n-1}\sum_{i=1}^{n}(X_i-\overline{X})^2} \tag{2.41}$$

建立检验统计量,令 $$T=\frac{\overline{X}-\mu_0}{S/\sqrt{n}} \tag{2.42}$$

当 H_0 成立时,T 服从自由度 $v=n-1$ 的 t 分布。

(3) 查临界值。由 t 分布分位数表,查取临界值 $t_{1-\frac{\alpha}{2}}(v)$,使得

$$P\{T<t_{1-\frac{\alpha}{2}}(v)\}=1-\frac{\alpha}{2} \tag{2.43}$$

于是

$$P\{|T|>t_{1-\frac{\alpha}{2}}(v)\}=\alpha \tag{2.44}$$

为小概率事件。

(4) 判断。若 $|T|>t_{1-\frac{\alpha}{2}}(v)$，则拒绝 H_0，即认为 $\mu\neq\mu_0$；若 $|T|<t_{1-\frac{\alpha}{2}}(v)$，则接收 H_0，即认为 $\mu=\mu_0$。

例 2-5(续)　H_0：$\mu=500$，$\alpha=5\%$，X 服从正态分布 $N(\mu,\sigma^2)$，5 次测量值为 (501，498，506，492，495)。

(1) 求 μ，σ 的估计。

$$\hat{\mu}=\bar{x}=\frac{1}{5}(501+498+506+492+495)=498.4，\hat{\sigma}=s=5.41$$

(2) 检验统计量。

$$T=\frac{\bar{x}-\mu_0}{S/\sqrt{n}}=\frac{498.4-500}{5.41/\sqrt{5}}=0.66$$

(3) 查临界值。由 t 分布分位数表，自由度 $v=n-1=4$，$\alpha=5\%$，查取临界值为

$$t_{1-\frac{\alpha}{2}}(v)=t_{0.975}(4)=2.78$$

(4) 推断。因为 $|T|<2.78$，所以接收 H_0，即认为该测距机无系统测量误差。

2. 单个总体单侧检验的情形

例 2-6　设有一批灯泡，规定寿命不小于 2 000 小时，今任意抽取 20 只灯泡，测得其平均寿命 $\bar{x}=1\,832$ 小时，标准差 $s=497$ 小时，试问这批灯泡的平均寿命是否符合要求？给定显著水平 $\alpha=5\%$。

(1) 提出假设。H_0：$\mu\geqslant\mu_0$　(2.45)

(2) 建立检验统计量。$T=\dfrac{\bar{X}-\mu_0}{S/\sqrt{n}}$，当 $\mu=\mu_0$ 时，T 服从自由度 $v=n-1$ 的 t 分布。

(3) 查临界值。由自由度 v 查 t 分布分位数表，求得临界值 $t_\alpha(v)$，使得

$$P\{T<t_\alpha(v)\}=\alpha \tag{2.46}$$

上述事件为小概率事件。

(4) 推断。若 $T<t_\alpha(v)$，则拒绝 H_0，即认为 $\mu<\mu_0$；若 $T>t_\alpha(v)$，则接收 H_0，即认为 $\mu\geqslant\mu_0$

例 2-6(续)　H_0：$\mu\geqslant2\,000$，$\alpha=5\%$，$X\sim N(\mu,\sigma^2)$，$n=20$，$\bar{x}=1\,832$，$s=497$

(1) 求检验统计量的值。$T=\dfrac{\bar{x}-\mu_0}{s/\sqrt{n}}=\dfrac{1\,832-2\,000}{497/\sqrt{20}}=-1.51$

(2) 查临界值。由 t 分布分位数表，自由度 $v=n-1=19$，$\alpha=5\%$，查取临界值

$$t_\alpha(v)=t_{0.05}(19)=-1.73$$

事实上，$t_{0.05}(v)=-t_{0.05}(v)$，所以，可以先查 $t_{0.95}(v)$ 的值，然后求得 $t_{0.05}(v)$ 的值。

(3) 推断。因为 $T>t_{\alpha}(v)$，所以接收 H_0，即认为这批灯泡平均寿命符合要求。

3. 两个总体的情形

例 2-7 对两批炮弹用同一门火炮进行弹道试验，各射击 5 发，测得平均初速和标准差的估计分别为：$\bar{x}_1=604$，$s_1=3.0$；$\bar{x}_2=605$，$s_2=4.0$（单位：米/秒）。假定这两批炮弹初速标准差相等。试问：这两批炮弹的平均初速有无显著差异？给定显著水平 $\alpha=5\%$。

(1) 提出假设。已知总体 X_1 服从正态分布 $N(\mu_1,\sigma_1^2)$，总体 X_2 服从正态分布 $N(\mu_2,\sigma_2^2)$，它们相互独立，且具有未知的公共标准差 $\sigma_1=\sigma_2=\sigma$。

X_1 的样本为 $(X_{11},X_{12},\cdots,X_{1n_1})$，$X_2$ 的样本为 $(X_{21},X_{22},\cdots,X_{2n_2})$，给定显著水平 $\alpha>0$，检验假设 $H_0: \mu_1=\mu_2$

(2) 建立检验统计量。求 μ_1、μ_2 及 σ_1、σ_2 的估计：

$$\hat{\mu}_1=\overline{X_1}=\frac{1}{n_1}\sum_{j=1}^{n_1}X_{1j},\ \hat{\sigma}_1=s_1=\sqrt{\frac{1}{n_1-1}\sum_{j=1}^{n_1}(X_{1j}-\overline{X_1})^2}$$

$$\hat{\mu}_2=\overline{X_2}=\frac{1}{n_2}\sum_{j=1}^{n_2}X_{2j},\ \hat{\sigma}_2=s_2=\sqrt{\frac{1}{n_2-1}\sum_{j=1}^{n_2}(X_{2j}-\overline{X_2})^2}$$

求公共标准差 σ 的估计：$\hat{\sigma}=s=\sqrt{\dfrac{(n_1-1)s_1^2+(n_2-1)s_2^2}{n_1+n_2-2}}$ (2.47)

建立检验统计量，令 $T=\dfrac{\overline{X_1}-\overline{X_2}}{S\sqrt{\dfrac{1}{n_1}+\dfrac{1}{n_2}}}$ (2.48)

当 H_0 成立时，T 服从自由度 $v=n_1+n_2-2$ 的 t 分布。

(3) 查临界值。由 t 分布分位数表，查取临界值，$t_{1-\frac{\alpha}{2}}(v)$，使得

$P\{T<t_{1-\frac{\alpha}{2}}(v)\}=1-\dfrac{\alpha}{2}$，于是 $P\{|T|>t_{1-\frac{\alpha}{2}}(v)\}=\alpha$ 为小概率事件。

(4) 推断。若 $|T|>t_{1-\frac{\alpha}{2}}(v)$，则拒绝 H_0，即认为 $\mu_1\neq\mu_2$；若 $|T|<t_{1-\frac{\alpha}{2}}(v)$，则接收 H_0，即认为 $\mu_1=\mu_2$

例 2-7（续） $H_0: \mu_1=\mu_2$，$\alpha=5\%$，$X_1\sim N(\mu_1,\sigma^2)$，$X_2\sim N(\mu_2,\sigma^2)$

$$n_1=5,\ \overline{x_1}=604.0,\ s_1=3.0$$
$$n_2=5,\ \overline{x_2}=605.2,\ s_2=4.0$$

(1) 求公共标准差的估计值。$\hat{\sigma}=s=\sqrt{\dfrac{(n_1-1)s_1^2+(n_2-1)s_2^2}{n_1+n_2-2}}=3.54$

(2) 求检验统计量的值。$T=\dfrac{\overline{x_1}-\overline{x_2}}{S\sqrt{\dfrac{1}{n_1}+\dfrac{1}{n_2}}}=\dfrac{604.0-605.2}{3.54\sqrt{\dfrac{2}{5}}}=-0.54$

(3) 查临界值。由 t 分布分位数表，自由度 $v=n_1+n_2-2=8$，$\alpha=5\%$，查得临界值

$$t_{1-\frac{\alpha}{2}}(v)=t_{0.975}(8)=2.31$$

(4) 推断。因为 $|T|<2.31$，所以接收 H_0，即认为两批炮弹的初速无显著差异。

（三）正态总体标准差的检验

1. 单个总体的情形

例 2-8 某反坦火箭弹进行立靶密集度试验，射击一组 7 发，测得方向坐标如下（单位：米）

$$4.20 \quad 4.00 \quad 4.20 \quad 3.90 \quad 3.80 \quad 1.80 \quad 2.80$$

若战术指标要求标准差不超 0.80（米），给定显著水平 $\alpha=5\%$，试检验该火箭弹有无达到战术要求？

（1）提出假设。假定总体 X 服从正态分布 $N(\mu,\sigma^2)$，样本为 $(X_1, X_2, \cdots, X_n)$，给定显著水平 $\alpha>0$，检验假设 $H_0: \sigma\leqslant\sigma_0$ （2.49）

（2）建立检验统计量。先求标准差 σ 的估计 $\hat{\sigma}=s=\sqrt{\dfrac{1}{n-1}\sum\limits_{i=1}^{n}(X_i-\overline{X})^2}$ （2.50）

建立检验统计量 $\chi^2=\dfrac{(n-1)s^2}{\sigma_0^2}$ （2.51）

当 $\sigma=\sigma_0$ 时，χ^2 服从自由度为 $v=n-1$ 的 χ^2 分布。

（3）查临界值。据 χ^2 分布分位数表，自由度 $v=n-1$，查临界值 $\chi^2_{1-\alpha}(v)$，使得

$$P\{\chi^2<\chi^2_{1-\alpha}(v)\}=1-\alpha \tag{2.52}$$

于是

$$P\{\chi^2>\chi^2_{1-\alpha}(v)\}=\alpha \tag{2.53}$$

为小概率事件。

（4）推断。若 $\chi^2>\chi^2_{1-\alpha}(v)$，则拒绝 H_0，即认为 $\sigma>\sigma_0$；若 $\chi^2<\chi^2_{1-\alpha}(v)$，则接收 H_0，即认为 $\sigma\leqslant\sigma_0$

例 2-8（续） $H_0: \sigma\leqslant 0.80$，$\alpha=5\%$，7 次射击坐标如下：

$$4.20,\ 4.00,\ 4.20,\ 3.90,\ 3.80,\ 1.80,\ 2.80$$

（1）标准差 σ 的估计为

$$\hat{\sigma}=S=\sqrt{\frac{1}{n-1}\sum_{i=1}^{n}(x_i-\overline{x})^2}=0.90$$

（2）检验统计量的值为

$$\chi^2=\frac{(n-1)S^2}{\sigma_0^2}=\frac{(7-1)\times 0.90^2}{0.80^2}=7.59$$

（3）查临界值为

$$\chi^2_{1-\alpha}(v)=\chi^2_{0.95}(6)=12.59$$

（4）查临界值为

因为 $\chi^2<12.59$，所以接收 H_0，即认为满足战术要求 $\sigma\leqslant 0.80$。

2. 两个总体的情形

例 2-9 用 A、B 两种方法加工发动机轴径，每种方法各取 7 根轴，测得样本标准差分别为：$S_A=0.006$(mm)，$S_B=0.004$(mm)，给定显著水平 $\alpha=5\%$，试检验这两种加工方法的精度（指标准差）是否有显著差异？

(1) 提出假设。假定总体 X_1 服从正态分布 $N(\mu_1, \sigma_1^2)$,样本为($X_{11}, X_{12}, \cdots, X_{1n_1}$);总体 X_2 服从正态分布 $N(\mu_2, \sigma_2^2)$,样本为($X_{21}, X_{22}, \cdots, X_{2n_2}$)。$X_1$、$X_2$ 相互独立,给定显著水平 $\alpha>0$,检验假设 $H_0: \sigma_1^2=\sigma_2^2$

(2) 建立检验统计量。求 σ_1^2、σ_2^2 的估计 $\hat{\sigma}_1^2=s_1^2=\frac{1}{n-1}\sum_{j=1}^{n_1}(X_{1j}-\overline{X}_1)^2$,

$$\hat{\sigma}_2^2=s_2^2=\frac{1}{n_2-1}\sum_{j=1}^{n_2}(X_{2j}-\overline{X}_2)^2 \tag{2.54}$$

建立检验估计量 $F=\frac{s_1^2}{s_2^2}$. (2.55)

这里规定 $s_1^2>s_2^2$,即使得 $F>1$,当 H_0 成立时,统计量 F 服从第一自由度 $v_1=n_1-1$,第二自由度 $v_2=n_2-1$ 的 F 分布。

(3) 查临界值。由 F 分布分位数表,$v_1=n_1-1$, $v_2=n_2-1$,查得临界值 $F_{1-\frac{\alpha}{2}}(v_1, v_2)$,使得

$$P\{F<F_{1-\frac{\alpha}{2}}(v_1, v_2)\}=1-\frac{\alpha}{2} \tag{2.56}$$

于是

$$P\{F>F_{1-\frac{\alpha}{2}}(v_1, v_2)\}=\frac{\alpha}{2} \tag{2.57}$$

为小概率事件。

(4) 推断。若 $F>F_{1-\frac{\alpha}{2}}(v_1, v_2)$,则拒绝 H_0,即认为 $\sigma_1^2\neq\sigma_2^2$;若 $F<F_{1-\frac{\alpha}{2}}(v_1, v_2)$,则接收 H_0,即认为 $\sigma_1^2=\sigma_2^2$。

例 2-9(续) H_0: $\sigma_A^2=\sigma_B^2$, $\alpha=5\%$, $n_1=n_2=7$, $S_A=0.006$, $S_B=0.004$

(1) 求检验统计量的值。$F=\frac{S_A^2}{S_B^2}=\frac{0.006^2}{0.004^2}=2.25$

(2) 查临界值。$F_{1-\frac{\alpha}{2}}(v_1, v_2)=F_{0.975}(6, 6)=5.82$

(3) 推断。因为 $F<0.82$,所以接收假设 H_0,即认为 $\sigma_A^2=\sigma_B^2$,两种方法的加工精度无显著差异。

三、方差分析

方差分析(Analysis of Variance,简称 ANOVA)是通过比较因素的方差与试验误差的方差,来检验因素对试验指标的影响是否显著。其实质是假定多个总体方差相等的情况下,判断它们的均值是否相等。方差分析可以判断随机因素和人为因素(被考察的因素)对试验结果的影响。在试验中,这两类因素通常是混杂在一起作用于试验结果的,通过方差分析就可以将两类因素造成的差异、波动从混杂中分离开来,分别给予定量描述,从而确定因素对试验指标的影响程度。方差分析是一种因素分析方法,分为单因素方差分析和多因素方差分析,广泛应用于优化设计、理化分析、绩效考核中。

(一) 单因素方差分析

在一项试验中,若只有一个因素的水平在改变,而其他因素的水平固定不变,试验的目

的在于比较因素各水平上指标之间的差别，这就叫做单因素试验问题。

1. 问题的提出

例 2-10 有四种产品：A_1：国外同类产品；A_2：本厂产品；A_3：国内甲厂产品；A_4：国内乙厂产品。在 A_1、A_2、A_3、A_4 四种产品中分别取出 6 个产品，做了 300 小时的连续磨损老化试验，得到磨损量数据见表 2-3。

表 2-3 磨损量数据表 （单位：mm）

A 的水平	试验数据 y_{ij}	和	均值
A_1	12 14 15 13 16 12	82	13.7
A_2	20 18 19 17 15 16	105	17.5
A_3	26 19 26 28 23 25	147	24.5
A_4	24 25 18 22 27 24	140	23.3

试问这四种产品的磨损量有无显著差异？

其中，试验指标是磨损量，记为 Y，是试验要达到的目的；因素是产品，记为 A，是指影响该指标的可控因素，A_1、A_2、A_3、A_4 分别代表产品 A 的四个水平。本例考察了产品这一个因素，故称此试验为单因素试验。

单因素试验数据分析分为直观分析法与方差分析法两种方法。

直观分析法的基本思想是直接比较四种产品的平均磨损量。由表 2-3 可知，A_1 的均值 13.7 最小，A_3 的均值 24.5 最大。因而判定品种 A_1 最好，A_3 最差。这种方法虽然简单易行，但有时会出差错。倘若对本厂产品再取 6 个进行同样的试验，得到平均磨损量为 20.0 mm。那如何解释同是本厂产品的两个不同平均磨损量 17.5 mm 和 20.0 mm 呢？事实上，除了品种，还有一些其他因素（统称为试验误差）对磨损量有影响。直观分析法的弊端就在于不能合理区别可控因素和试验误差对试验指标的影响。

方差分析的基本思想是将试验数据的总波动分解为可控因素引起的波动和试验误差引起的波动，然后比较它们的平均波动，构造方差比，建立 F 检验统计量，判定因素的影响是否显著。这种方法虽然也可能产生误判，但是误判的可能性（概率）可以预先指定，做到心中有数。

2. 方差分析的一般方法

为了给出方差分析法的一般计算公式，可抽出表 2-3 的具体内容，形成单因素试验数据见表 2-4。

表 2-4 单因素试验数据表

	1　2　3　…　n	和	平均
1	y_{11}　y_{12}　…　y_{1n}	T_1	$\overline{T}_1$
2	y_{21}　y_{22}　…　y_{2n}	T_2	$\overline{T}_2$
⋮	⋮		⋮
k	y_{k1}　y_{k2}　…　y_{kn}	T_k	$\overline{T}_k$
和		T	$\overline{T}$

表中各符号定义如下：

$$\begin{cases} T_i = \sum_{j=1}^{n} y_{ij} \\ \overline{T}_i = \frac{T_i}{n} = \frac{1}{n}\sum_{j=1}^{n} y_{ij} \\ T = \sum_{i=1}^{k} T_i = \sum_{i=1}^{k}\sum_{j=1}^{n} y_{ij} \\ N = kn \end{cases} \tag{2.58}$$

（1）总波动平方和 S_T 及其自由度 f_T。N 个数据 y_{ij} 的总波平方和为：

$$S_T = \sum_{i=1}^{k}\sum_{j=1}^{n}(y_{ij} - \overline{T})^2 = \sum_{i=1}^{k}\sum_{j=1}^{n} y_{ij}{}^2 - CT \tag{2.59}$$

式中 CT 称为修正项，其计算式如下：

$$CT = \frac{T^2}{N} \tag{2.60}$$

S_T 反映了试验数据相对于数据均值离散程度（即波动）的大小。

S_T 的自由度为

$$f_T = N - 1 \tag{2.61}$$

（2）因素 A 引起的波动平方和 S_A 及其自由度 f_A。因素 A 各水平下数据均值 $\overline{T}_i$（$i = 1, 2, \cdots, k$）互不相同，它们之间的差异主要是因素 A 的水平变化所致。这些均值之间的离差平方和叫作因素 A 引起的波动平方和，记为 S_A。其计算公式如下：

$$S_A = \sum_{i=1}^{k}\sum_{j=1}^{n}(\overline{T}_i - \overline{T})^2 = \frac{1}{n}\sum_{i=1}^{k} T_i^2 - CT \tag{2.62}$$

S_A 的自由度为

$$f_A = K - 1 \tag{2.63}$$

（3）误差引起的波动平方和 S_e 及自由度 f_e。考察因素 A 的第 i 水平的 n 个数据

$$y_{i1},\ y_{i2},\ \cdots y_{in}$$

它们亦互不相同，这些差异是由除了因素 A 的其他试验误差引起的，称因素 A 在同一水平下，n 个数据之间的离差平方和为误差引起的波动平方和，记为 S_e。

其计算公式为：

$$S_e = \sum_{i=1}^{k}\sum_{j=1}^{n}(y_{ij} - \overline{T}_i)^2 \tag{2.64}$$

S_e 的自由度为

$$f_e = N - K \tag{2.65}$$

(4) 分解公式。引起数据总波动 S_T 的原因一个是来自因素 A 的水平不同导致的波动 S_A,还有就是除因素 A 以外的其他试验误差 S_e。因此有 $S_T = S_A + S_e$。

相应的自由度分解公式为

$$f_T = f_e + f_A \tag{2.66}$$

为计算方便,通常用分解公式来计算误差波动平方和及自由度,即

$$\begin{cases} S_e = S_T - S_A \\ f_e = f_T = f_A \end{cases} \tag{2.67}$$

(5) 方差分析

将上面的计算公式整理后的方差分析表见表 2-5。

表 2-5　单因素方差分析表

来源	波动平方和 S	自由度 f	均方差 V	F 值
A	$S_A = \dfrac{1}{n}\sum_{i=1}^{k} T_i^2 - CT$	$f_A = k - 1$	$V_A = \dfrac{S_A}{f_A}$	$F = \dfrac{V_A}{V_e}$
e	$S_e = S_T - S_A$	$f_e = f_T - f_A$	$V_e = \dfrac{S_e}{f_e}$	
T	$S_T = \sum_{i=1}^{k}\sum_{j=1}^{n_i} y_{ij}^2 - CT$	$f_T = N - 1$		

在表 2-5 中,均方差 V 等于波动平方和除以自由度,也即平均波动。F 值是两个均方差 V_A 与 V_e 之比。倘若 F 值较大,则认为因素 A 对试验指标的影响相对于试验误差的影响来说是显著的;倘若 F 值较小,则认为因素 A 的影响是不显著的。前面曾指出,这种方法有时也会产生误判。在实际问题中,人们比较关心的是:本来因素 A 的影响不显著,误判为影响显著的可能性有多大?为此,可以预先指定这种误差的概率不超过小概率 $\alpha(0<\alpha<1)$,据 F 检验表,由第一自由度 $f_1 = f_A$ 和第二自由度 $f_2 = f_e$ 查出临界限 $F_{f2}^{f1}(1-\alpha)$。若 $F > F_{f2}^{f1}(1-\alpha)$,则判定因素 A 的影响是显著的;若 $F \leqslant F_{f2}^{f1}(1-\alpha)$,则判定因素 A 的影响不显著。预先指定的小概率 α 为显著水平,通常 α 取 0.05 或 0.01,并作如下规定:

$F > F_{f2}^{f1}(0.99)$时,因素 A 高度显著,记为(**);

$F_{f2}^{f1}(0.99) \geqslant F > F_{f2}^{f1}(0.95)$时,因素 A 显著,记为(*);

$F \leqslant F_{f2}^{f1}(0.95)$时,因素 A 不显著。

例 2-10(续)　用方差分析法判定四种产品的磨损量有无显著差异。

由数据表 2-3,知 $k = 4$, $n = 6$, $N = 4 \times 6 = 24$。

(1) 修正项 CT:

$$CT = \frac{T^2}{N} = \frac{1}{24}(82 + 105 + 147 + 140)^2 = 9\,361.50$$

(2) 总波动平方和 S_T:

$$S_T = \sum_{i=1}^{4}\sum_{j=1}^{6} y_{ij}^2 - CT = (12^2 + 14^2 + \cdots + 27^2 + 24^2) - 9\,361.50 = 592.50$$

$$f_T = N - 1 = 23$$

(3) 因素 A 引起的波动平方和 S_A:

$$S_A = \frac{1}{n}\sum_{i=1}^{4} T_i^2 - CT = \frac{1}{6}(82^2 + 105^2 + 147^2 + 140^2) - 9\,361.50 = 464.83$$

$$f_A = k - 1 = 3$$

(4) 误差引起的波动平方和 S_e:

$$S_e = S_T - S_A = 592.50 - 464.83 = 127.67$$

$$f_e = f_T - f_A = 20$$

(5) 方差分析表见表 2-6。

表 2-6　例 2-10 的方差分析表

来源	波动平方和 S	自由度 f	均方差 V	F 值
A	464.83	3	154.94	24.49**
e	127.67	20	6.38	
T	592.50	23		

注:本节数字带“ ** ”者表示“高度显著”(即显著水平 $\alpha = 1\%$)。

因为 $F > F_{20}^{3}(0.99)$,所以因素 A 高度显著。这说明各种产品的磨损量有高度显著差异,或者说有明显差别。

3. 不等重复试验的情形

假定在因素 A 的每一水平下,进行 n 次重复试验,这种情形称为等重复试验,但在实际问题中,由于客观条件限制,可能出现不等重复试验的情形。如在例[2-10]中,倘若国外同类产品(A_1)只有两个,本厂品(A_2)可以再多取几个,如取 10 个,而对于国内甲厂(A_3)、乙厂(A_4)产品,仍各取 6 个做试验。这样就出现了不等重复试验的情形,其方差分析表见表 2-7。

表 2-7　不等重复试验的方差分析表

来源	波动平方和 S	自由度 f	均方差 V	F 值
A	$S_A = \sum_{i=1}^{k}\frac{1}{n_i}T_i^2 - CT$	$f_A = k - 1$	$V_A = \frac{S_A}{f_A}$	$F = \frac{V_A}{V_e}$
e	$S_e = S_T - S_A$	$f_e = f_T - f_A$	$V_e = \frac{S_e}{f_e}$	
T	$S_T = \sum_{i=1}^{k}\sum_{j=1}^{n_i} y_{ij}^2 - CT$	$f_T = N - 1$		

(二) 双因素方差分析

多因素试验中最简单的是双因素试验。试验中有时不仅要考虑因素对响应的影响,而且要考虑两个因素之间不同的水平搭配对响应的影响,即交互作用对响应的影响。考虑交互作用是否存在是双因素试验方差分析与单因素方差分析一个很大的区别，它有助于在进行双因素试验和分析时得出更为精确的结论。

为了方便考虑问题，先讨论双因素试验方差分析中无交互作用的情况。如果交互作用的影响很小，也可看作无交互作用。

1. 双因素无重复试验的方差分析

设两因素 A、B，A 有 r 个水平：$A_1, A_2, \cdots, A_r$；B 有 s 个水平：$B_1, B_2, \cdots, B_S$。A、B 的每一个组合水平（A_i、B_j）下，做一次试验，试验结果记为 Y_{ij}（$i=1, 2, \cdots, r$；$j=1, 2, \cdots, s$）（Y_{ij} 相互独立）列于表 2-8 中。

表 2-8　双因素无重复试验数据表

因素 A	因素 B						
	B_1	B_2	…	B_j	…	B_S	和
A_1	Y_{11}	Y_{12}	…	Y_{1j}	…	Y_{1s}	$Y_{1.}$
A_2	Y_{21}	Y_{22}	…	Y_{2j}	…	Y_{2s}	$Y_{2.}$
…	…	…	…	…	…	…	…
A_i	Y_{i1}	Y_{i2}	…	Y_{ij}	…	Y_{is}	$Y_{i.}$
…	…	…	…	…	…	…	…
A_r	Y_{r1}	Y_{r2}	…	Y_{rj}	…	Y_{rs}	$Y_{r.}$
和	$Y_{.1}$	$Y_{.2}$	…	$Y_{.j}$	…	$Y_{.s}$	$Y_{..}$

表中各符号定义如下：

$$\begin{cases} Y_{i.} = \sum_{j=1}^{s} Y_{ij} \\ Y_{.j} = \sum_{i=1}^{r} Y_{ij} \\ Y_{..} = \sum_{i=1}^{r}\sum_{j=1}^{s} Y_{ij} \\ N = rs \end{cases} \tag{2.68}$$

定义 N 个数据 Y_{ij} 的总波平方和为

$$\begin{aligned} S_T &= \sum_{i=1}^{r}\sum_{j=1}^{s}(Y_{ij}-\bar{Y})^2 \\ &= \sum_{i=1}^{r}\sum_{j=1}^{s}Y_{ij}^2 - CT \end{aligned} \tag{2.69}$$

式中 CT 称为修正项，其计算式如下：

$$CT = \frac{Y_{..}^2}{N} \tag{2.70}$$

将 S_T 分解，得

$$S_T = S_A + S_B + S_e \tag{2.71}$$

其中

$$S_A = s\sum_{i=1}^{r}(\overline{Y}_{i.} - \overline{Y})^2 = \frac{1}{s}\sum_{i=1}^{r}\overline{Y}_{i.}^2 - CT$$

$$S_B = r\sum_{j=1}^{s}(\overline{Y}_{.j} - \overline{Y})^2 = \frac{1}{r}\sum_{i=1}^{s}\overline{Y}_{.j}^2 - CT$$

$$S_e = S_T - S_A - S_B$$

S_A，S_B 分别为因素 A、因素 B 效应的平方和，S_e 为误差平方和。

和单因素的分析类似，这里 S_T 的自由度为 $rs-1$，S_A 的自由度为 $r-1$，S_B 的自由度为 $s-1$，S_E 的自由度则为

$$(rs-1)-(r-1)-(s-1)=(r-1)(s-1).$$

将上面的计算公式进行整理，得到表 2-9。

表 2-9　双因素无重复方差分析表

方差来源	波动平方和	自由度	均方差	F 值
因素 A	S_A	$f_A = r-1$	$V_A = S_A/f_A$	$F_1 = V_A/V_e$
因素 B	S_B	$f_B = s-1$	$V_B = S_B/f_B$	$F_2 = V_B/V_e$
误差 e	S_E	$f_e = (r-1)(s-1)$	$V_e = S_e/f_e$	
总和 T	S_T	$f_T = rs-1$		

对给出的 α 值，可查 F 检验表，得出 $F_{f_e}^{f_A}(1-\alpha)$、$F_{f_e}^{f_B}(1-\alpha)$。

若 $F_1 > F_{f_e}^{f_A}(1-\alpha)$，判定因素 A 的影响是显著的。

若 $F_2 > F_{f_e}^{f_B}(1-\alpha)$，判定因素 B 的影响是显著的。

例 2-11　使用 4 种燃料，3 种推进器做火箭射程试验，每一组合情况做一次试验，所得火箭射程列在表 2-10 中，试分析各种燃料(A_i)与各种推进器(B_j)对火箭射程有无显著影响($\alpha = 0.05$)。

表 2-10　各种组合下的火箭射程　　(单位：n mile)

A_i	B_j			
	B_1	B_2	B_3	$Y_{i.}$
A_1	582	562	653	1 797
A_2	491	541	516	1 548
A_3	601	709	392	1 702
A_4	758	582	487	1 827
$Y_{.j}$	2 432	2 394	2 048	$Y_{..} = 6\,874$

这是双因素试验，不考虑交互作用。

这里，$r=4,\ s=3,\ rs=12$

$$S_T=582^2+\cdots+487^2-\frac{6\,874^2}{12}=111\,342$$

$$S_A=\frac{1}{3}\times(1\,797^2+1\,548^2+1\,702^2+1\,827^2)-\frac{6\,847^2}{12}=15\,759$$

$$S_B=\frac{1}{4}\times(2\,432^2+2\,379^2+2\,048^2)-\frac{6\,874^2}{12}=22\,385$$

$$S_E=S_T-S_A-S_B=111\,342-15\,759-22\,385=73\,198$$

S_T、S_A、S_B、S_e 的自由度分别为 11、3、2、6，列出方差分析表（见表 2-11）。

表 2-11　火箭射程方程分析表

方差来源	波动平方和	自由度	均方差	F 值
燃料 A	15 759	3	5 253	0.43
推进器 B	22 385	2	11 192.5	0.92
误差 e	73 198	6	12 199.7	
总和 T	111 342	11		

对于给出的 $\alpha=0.05$，查表，得 $F_{0.95}(3,\ 6)=4.76$，$F_{0.95}(2,\ 6)=5.14$。

因为 $F_1=0.43<4.76$，$F_2=0.92<5.14$，故不同的燃料、不同的推进器对火箭射程均无显著影响。

2. 双因素有重复试验的方差分析

设两因素 A、B，A 有 r 个水平：A_1，A_2，…，A_r；B 有 S 个水平：B_1，B_2，…，B_s，为研究交互作用的影响，在 A、B 的每一个组合水平（A_i、B_j）下重复做 k 次（$k\geqslant2$）试验，试验结果记为 Y_{ijk}（$i=1,\ 2,\ \cdots,\ r$；$j=1,\ 2,\ \cdots,\ s$；$k=1,\ 2,\ \cdots,\ t$）列于表 2-12 中。

表 2-12　双因素等重复试验数据表

因素 A	因素 B				
	B_1	B_2	…	B_S	和
A_1	$Y_{111}\ Y_{112}\cdots Y_{11t}$ ($Y_{11\cdot}$)	$Y_{121}\ Y_{122}\cdots Y_{12t}$ ($Y_{12\cdot}$)	…	$Y_{1s1}\ Y_{1s2}\cdots Y_{1st}$ ($Y_{1s\cdot}$)	$Y_{1\cdot\cdot}$
A_2	$Y_{211}\ Y_{212}\cdots Y_{21t}$ ($Y_{21\cdot}$)	$Y_{221}\ Y_{222}\cdots Y_{22t}$ ($Y_{22\cdot}$)	…	$Y_{2s1}\ Y_{2s2}\cdots Y_{2st}$ ($Y_{2s\cdot}$)	$Y_{2\cdot\cdot}$
…	…	…	…	…	…
A_r	$Y_{r11}\ Y_{r12}\cdots Y_{r1t}$ ($Y_{r1\cdot}$)	$Y_{r21}\ Y_{r22}\cdots Y_{r2t}$ ($Y_{r2\cdot}$)	…	$Y_{rs1}\ Y_{rs2}\cdots Y_{rst}$ ($Y_{rs\cdot}$)	$Y_{r\cdot\cdot}$
和	$Y_{\cdot1\cdot}$	$Y_{\cdot2\cdot}$	…	$Y_{\cdot s\cdot}$	$Y_{\cdots}$

试问：A、B 与 $A\times B$ 对试验指标 Y 是否有显著影响？对于显著因素，显著差异存在于

哪些水平对中？交互作用显著时，A 与 B 的哪些水平搭配较好？

表中各符号定义如下：

$$\begin{cases} Y_{ij\cdot} = \sum_{k=1}^{t} Y_{ijk} \\ Y_{i\cdot\cdot} = \sum_{j=1}^{s}\sum_{k=1}^{t} Y_{ijk} \\ Y_{\cdot j\cdot} = \sum_{i=1}^{r}\sum_{k=1}^{t} Y_{ijk} \\ Y_{\cdots} = \sum_{i=1}^{r}\sum_{j=1}^{s}\sum_{k=1}^{t} Y_{ijk} \\ N = rst \end{cases} \tag{2.72}$$

定义 N 个数据 Y_{ijk} 的总波平方和为

$$S_T = \sum_{i=1}^{r}\sum_{j=1}^{s}\sum_{k=1}^{t}(Y_{ijk} - \bar{Y})^2 = \sum_{i=1}^{r}\sum_{j=1}^{s}\sum_{k=1}^{t} Y_{ijk}^2 - CT \tag{2.73}$$

式中 CT 称之为修正项，其计算式如下：

$$CT = \frac{Y_{\cdots}^2}{N}$$

分解，得

$$S_T = S_A + S_B + S_{A\times B} + S_E \tag{2.74}$$

其中

$$S_A = st\sum_{i=1}^{r}(\bar{Y}_{i\cdot\cdot} - \bar{Y})^2 = \frac{1}{st}\sum_{i=1}^{r} Y_{i\cdot\cdot}^2 - CT \tag{2.75}$$

$$S_B = rt\sum_{j=1}^{s}(\bar{Y}_{\cdot j\cdot} - \bar{Y})^2 = \frac{1}{rt}\sum_{j=1}^{s} Y_{\cdot j\cdot} - CT \tag{2.76}$$

$$S_{A\times B} = t\sum_{i=1}^{r}\sum_{j=1}^{s}(\bar{Y}_{ij\cdot} - \bar{Y}_{i\cdot\cdot} - \bar{Y}_{\cdot j\cdot} + \bar{Y})^2 = \frac{1}{t}\sum_{i=1}^{r}\sum_{j=1}^{s} Y_{ij\cdot}^2 - \frac{1}{st}\sum_{i=1}^{r} Y_{i\cdot\cdot}^2 - \frac{1}{rt}\sum_{j=1}^{s} Y_{\cdot j\cdot}^2 + CT \tag{2.77}$$

$$S_e = \sum_{i=1}^{r}\sum_{j=1}^{s}\sum_{k=1}^{t}(Y_{ijk} - \bar{Y}_{ij\cdot})^2 \tag{2.78}$$

S_A，S_B 分别为因素 A 和 B 的效应平方和，$S_{A\times B}$ 为因素 A，B 的交互效应平方和，S_e 为误差平方和。

自由度也可做相应分解，即

$$f_T = f_A + f_B + f_{A\times B} + f_e \tag{2.79}$$

其中 $f_T = rst - 1$，$f_A = r - 1$，$f_B = s - 1$，$f_{A\times B} = (r-1)(s-1)$，$f_e = rs(t-1)$

将上面的计算公式整理为方差分析表(见表 2-13)。

表 2-13　双因素有重复方差分析表

方差来源	波动平方和	自由度	均方差	F 值
因素 A	S_A	$f_A=r-1$	$V_A=S_A/f_A$	$F_1=V_A/V_e$
因素 B	S_B	$f_B=s-1$	$V_B=S_B/f_B$	$F_2=V_B/V_e$
$A\times B$	$S_{A\times B}$	$f_{A\times B}=(r-1)(s-1)$	$V_{A\times B}=S_{A\times B}/f_{A\times B}$	$F_3=V_{A\times B}/V_e$
误差 e	S_E	$f_e=rs(t-1)$	$V_e=S_e/f_e$	
总和 T	S_T	$f_T=rst-1$		

对显著水平 α,查 F 分布表,
$F_{1-\alpha}(r-1,\ rs(t-1))$、$F_{1-\alpha}(s-1,\ rs(t-1))$和 $F_{1-\alpha}((r-1)(s-1),\ rs(t-1))$。
若 $F_1>F_{1-\alpha}(r-1,\ rs(t-1))$,则因素 A 有显著影响;
若 $F_2>F_{1-\alpha}(s-1,\ rs(t-1))$,则因素 B 有显著影响;
若 $F_3>F_{1-\alpha}((r-1)(s-1),\ rs(t-1))$,则交互作用 $A\times B$ 有显著影响。

例 2-12　对例 2-11 中燃料(A)和推进器(B)的每种组合(A_i, A_j)做两次试验,得火箭射程如表 2-14 所示,试分析燃料(A),推进器(B)和它们的交互作用($A\times B$)对火箭的射程是否有显著影响($\alpha=0.05$)。

表 2-14　各种组合下的火箭射程　　(单位:n mile)

A_i	B_j			
	B_1	B_2	B_3	$Y_{i..}$
A_1	582　526	562　412	653　608	3 343
A_2	491　428	541　505	516　484	2 965
A_3	601　583	709　732	392　407	3 424
A_4	758　715	582　510	487　414	3 466
$Y_{.j.}$	4 684	4 553	3 961	$Y_{...}=13\ 198$

这是双因素考虑交互作用的试验,$r=4$, $s=3$, $t=2$, $rst=24$

$$S_T=582^2+526^2+\cdots+487^2+414^2-\frac{13\ 198^2}{24}=263\ 830$$

$$S_A=\frac{1}{6}\times(3\ 343^2+\cdots+3\ 466^2)-\frac{13\ 198^2}{24}=26\ 168$$

$$S_B=\frac{1}{8}\times(4\ 684^2+4\ 553^2+3\ 961^2)-\frac{13\ 198^2}{24}=37\ 098$$

$$S_{A\times B}=\frac{1}{2}\times[(582+526)^2+\cdots+(487+414)^2]-\frac{13\ 198^2}{24}-26\ 168-37\ 098=176\ 869$$

$$S_e=263\ 830-26\ 168-37\ 098-176\ 869=23\ 695$$

列出方差分析表(见表 2-15)。

表 2-15 火箭射程方差分析表

方差来源	波动平方和	自由度	均方差	F 值
因素 A	26 168	3	8 723	$F_1=4.42$
因素 B	37 098	2	18 549	$F_2=9.39$
交互作用 $A\times B$	176 869	6	29 478	$F_3=15.93$
误差 e	23 695	12	1 975	
总和 T	263 830	23		

在给定显著性水平 $\alpha=0.05$ 下，查表得

$F_{0.95}(3,\ 12)=3.49$，$F_{0.95}(2,\ 12)=3.89$，$F_{0.95}(6,\ 12)=3.00$

$F_1=4.42>3.49$，$F_2=9.39>3.89$，$F_3=15.93>3.00$

说明燃料、推进器和它们的交互作用对火箭射程都有显著影响，尤其以交互作用的影响更为显著。

四、回归分析

生产管理和科学研究经常遇到各种不同的变量，并且一些变量之间存在一定的关系，这种关系，一般说来可分为确定性和非确定性两类。确定性关系的特点是变量之间的关系可以用函数关系来表达，例如，在电阻一定的条件下，电路中的电流强度 I 与电压 V 之间的关系可以用函数的关系 $I=V/R$ 来表示。对于非确定性关系，例如，人的血压 Y 与年龄 X 的关系，一般来说，年龄愈大者血压越高，但是年龄相同的，血压不一定相同。变量之间这种既有关，又不能由一个或几个变量之值完全确定出另一个变量之值的关系称为相关关系。回归分析正是研究和处理变量之间的相关关系的一个数理统计方法。

回归分析是通过对两个或多个变量的大量观测，收集数据，建立变量间的数学模型（统计规律），利用此模型解决预测和控制问题。

（一）一元线性回归分析

回归分析有一元回归与多元回归之分，亦有线性回归与非线性回归之分，本节介绍一元线性回归。

1. 数学模型

设试验指标为 y，因素为 x，倘若不存在试验误差时，y 为 x 的线性函数，即

$$y=\alpha+\beta x \tag{2.80}$$

今对 x 在水平 x_1，x_2，$\cdots x_n$ 上进行试验，由于存在试验误差，使得相应的 y 的试验数据表现为随机变量 y_1，y_2，$\cdots y_n$。设

$$y_i=\alpha+\beta x_i+\varepsilon_i,\ i=1,\ 2,\ \cdots,\ n \tag{2.81}$$

式中 α，β 是未知参数，ε_i 是第 i 次试验中的误差，是不可观测的随机变量；y_i 是试验数据，是可观测的随机变量。

不失一般性，可以进一步假定：

(1) $\varepsilon_1, \varepsilon_2, \cdots, \varepsilon_n$ 相互独立;

(2) $\varepsilon_1, \varepsilon_2, \cdots, \varepsilon_n$ 均服从正态分布 $N(0, \sigma^2)$。

一元线性回归所要解决的问题是:

判别 x 与 y 之间是否存在线性关系,这等价于检验下述假设

$$H_0: \beta = 0 \tag{2.82}$$

若 x 与 y 之间存在线性关系,则求出这种关系

$$\hat{y} = a + bx \tag{2.83}$$

式中 a, b 分别是的 α, β 估计,我们称(2.83)式为回归方程。

给定 $x = x_0$,求 $y_0 = \alpha + \beta x_0 + \varepsilon_0$ 的预测区间。

2. 回归方程的建立

我们假定 $y = \alpha + \beta x$, α, β 为未知参数,所谓建立回归方程,就是根据试验结果 $\{(x_i, y_i) = 1, 2, \cdots n\}$ 求 α, β 的估计。我们使用最小二乘法,求 α, β 的估计

$$Q = \sum_{i=1}^{n} [y_i - (a + bx_i)]^2 \tag{2.84}$$

称之为残差平方和。据 $Q(a, b) = \min$,求 a, b

$$\begin{cases} a = \bar{y} - b\bar{x} \\ b = \dfrac{\sum\limits_{i=1}^{n} x_i y_i - n\bar{x}\bar{y}}{\sum\limits_{i=1}^{n} x_i^2 - n\bar{x}^2} = \dfrac{\sum\limits_{i=1}^{n}(x_i - \bar{x})(y_i - \bar{y})}{\sum\limits_{i=1}^{n}(x_i - \bar{x})^2} \end{cases} \tag{2.85}$$

$$\text{式中}\begin{cases} \bar{x} = \dfrac{1}{n}\sum\limits_{i=1}^{n} x_i \\ \bar{y} = \dfrac{1}{n}\sum\limits_{i=1}^{n} y_i \end{cases} \tag{2.86}$$

为了书写简便,引入下述符号

$$\begin{cases} l_{xx} = \sum\limits_{i=1}^{n}(x_i - \bar{x})^2 = \sum\limits_{i=1}^{n} x_i^2 - \dfrac{1}{n}\left(\sum\limits_{i=1}^{n} x_i\right)^2 \\ l_{yy} = \sum\limits_{i=1}^{n}(y_i - \bar{y})^2 = \sum\limits_{i=1}^{n} y_i^2 - \dfrac{1}{n}\left(\sum\limits_{i=1}^{n} y_i\right)^2 \\ l_{xy} = \sum\limits_{i=1}^{n}(x_i - \bar{x})(y_i - \bar{y}) = \sum\limits_{i=1}^{n} x_i y_i - \dfrac{1}{n}\left(\sum\limits_{i=1}^{n} x_i\right)\left(\sum\limits_{i=1}^{n} y_i\right) \end{cases} \tag{2.87}$$

$$\text{则}\begin{cases} a = \bar{y} - b\bar{x} \\ b = \dfrac{l_{xy}}{l_{xx}} \end{cases} \tag{2.88}$$

而所求回归方程为

$$\hat{y}=a+bx \tag{2.89}$$

不难看出，此方程的等价形式为

$$\hat{y}-\bar{y}=b(x-\bar{x}) \tag{2.90}$$

此说明回归直线通过数据的散布中心$(\bar{x},\ \bar{y})$，且斜率为 b。

3. 回归方程的显著性检验

回归方程建立以后，必须对回归方程的有效性进行检验，通常有两种方法：其一，相关分析法；其二，方差分析法，这两种方法是等价的。

（1）相关分析。相关系数的计算

$$r=\frac{l_{xy}}{\sqrt{l_{xx}l_{yy}}} \tag{2.91}$$

相关系数绝对值的大小，度量了 x，y 之间线性相关的程度。$|r|>r_{\alpha}$，即 x，y 线性相关，回归直线有效。否则，线性无关，回归直线无效。若$|r|>r_{0.01}$，则认为高度显著线性相关；$r_{0.05}<|r|<r_{0.01}$，则认为显著线性相关；$|r|<r_{0.05}$，则认为线性无关。

（2）方差检验法

方差检验法检验自变量和因变量之间的线性关系是否显著。具体方法是将回归平方和 S_R 同残差平方和 S_e 加以比较，应用 F 检验来分析二者之间的差异是否显著，如果显著，两个变量之间存在线性关系；如果不显著，两个变量之间不存在线性关系。表 2-16 给出了回归直线的方差分析。

表 2-16　回归直线的方差分析表

来源	S	f	V	F
R	$S_R=\sum_{i=1}^{n}(\hat{y}_i-\bar{y})^2=bL_{xy}$	1	$V_R=S_R$	$F_R=\dfrac{V_R}{V_e}$
e	$S_e=\sum_{i=1}^{n}(y_i-\hat{y}_i)^2=L_{yy}-bL_{xy}$	$n-2$	$V_e=\dfrac{S_e}{n-2}$	
T	$S_T=\sum_{i=1}^{n}(y_i-\bar{y})^2=L_{yy}$	$n-1$		

F_R 服从自由度为$(1,\ n-2)$的 F 分布。在给定的显著性水平 α 下，从 F 分布表中查得 $F_{1-\alpha}(1,\ n-2)$。若 $F<F_{0.95}(1,n-2)$，则称 x 与 y 没有明显的线性关系，回归方程不可信；若 $F_{0.99}(1,\ n-2)\geqslant F\geqslant F_{0.95}(1,\ n-2)$，则称 x 与 y 有显著的线性关系，用"*"表示；若 $F>F_{0.99}(1,\ n-2)$，则称 x 与 y 有十分显著的线性关系，用"**"表示。

4. 预测问题

（1）一般提法。预测问题就是给定自变量 $x=x_0$，以一定的置信水平 $1-\alpha$，预测因变量 y 的取值范围。

（2）预测区间。区间中点：$\hat{y}(x_0)=a+bx_0$　(2.92)

区间半径：$\delta=\sqrt{F_{n-2}^{1}(1-\alpha)V_e\left[1+\dfrac{1}{n}+\dfrac{(x_0-\bar{x})^2}{l_{xx}}\right]}$ (2.93)

预测区间：$a+bx_0\pm\delta=(a+bx_0-\delta,\ a+bx_0+\delta)$ (2.94)

此说明自变量 $x=x_0$ 时，有 $1-\alpha$ 的把握可以预测因变量 y 在区间$(a+bx_0-\delta,\ a+bx_0+\delta)$范围内。

5. 应用实例

例 2-13 对某种零件的某部位进行化学铣，技术要求为 1.5 ± 0.1 mm。生产中积累的不同腐蚀时间 x 下的腐蚀深度 y 的 32 组资料见表 2-17。

(1) 试求 x 关于 y 的线性回归方程；

(2) 检验回归方程的显著性；

(3) 求 $x_0=870$ s 时，腐蚀深度 y_0 的置信度为 0.95 的置信区间；

(4) 要求 $1.4\leqslant y\leqslant 1.6$，腐蚀时间 x 应控制在什么范围内？

表 2-17 某零件某部位化学铣试验资料表

序号	腐蚀时间 x/s	腐蚀深度 y/mm	$x'=x-860$	$y'=(x-860)\times 100$	x'^2	$x'y'$	y'^2
1	885	1.59	25	9	625	225	81
2	828	1.46	− 32	− 4	1 024	128	16
3	835	1.40	− 25	− 10	625	250	100
4	835	1.45	− 25	− 5	625	125	25
5	839	1.43	− 21	− 7	441	147	49
6	836	1.48	− 24	− 2	576	48	4
7	842	1.43	− 18	− 7	324	126	49
8	847	1.47	− 13	− 3	169	39	9
9	847	1.50	− 13	0	169	0	0
10	849	1.42	− 11	− 8	121	88	64
11	850	1.46	− 10	− 4	100	40	16
12	852	1.52	− 8	2	64	− 16	4
13	851	1.55	− 9	5	81	− 45	25
14	856	1.47	− 4	− 3	16	12	9
15	859	1.45	− 1	− 5	1	5	25
16	859	1.52	− 1	2	1	− 2	4
17	860	1.50	0	0	0	0	0
18	864	1.48	4	− 2	16	− 8	4
19	865	1.54	5	4	25	20	16
20	867	1.57	7	7	49	49	49
21	869	1.55	9	5	81	45	25

续 表

序号	腐蚀时间 x/s	腐蚀深度 y/mm	$x'=x-860$	$y'=(x-860)\times 100$	x'^2	$x'y'$	y'^2
22	870	1.52	10	2	100	20	4
23	870	1.57	10	7	100	70	49
24	873	1.48	13	−7	169	−91	49
25	874	1.51	14	1	196	14	1
26	879	1.55	19	5	361	95	25
27	881	1.54	21	4	441	84	16
28	882	1.53	22	3	484	66	9
29	884	1.56	24	6	576	144	36
30	888	1.57	28	7	784	196	49
31	891	1.55	31	5	961	155	25
32	892	1.58	32	8	1 024	256	64
合计			59	20	10 329	2 350	856

(1) 简化计算，令

$x'=x-860$

$y'=(x-860)\times 100$

(2) 求回归方程

$$l_{x'x'}=\sum_{i=1}^{n}x_i'^2-n(\bar{x}')^2=10\,329-\frac{1}{32}\times 59^2=10\,220.218\,8$$

$$l_{x'y'}=\sum_{i=1}^{n}x_i'y_i'-n\bar{x}'\bar{y}'=2\,350-\frac{1}{32}\times 59\times 20=2\,313.125$$

$$l_{y'y'}=\sum_{i=1}^{n}y_i'^2-\frac{1}{n}\left(\sum_{i=1}^{n}y_i'\right)^2=856-\frac{1}{32}\times 20^2=843.5$$

$$b'=\frac{L_{x'y'}}{L_{x'x'}}=\frac{2\,313.125}{10\,220.218\,8}=0.226\,3$$

$$\therefore\quad b=\frac{1}{100}b'=0.002\,263$$

$$a=\bar{y}-b\bar{x}=\left(1.50+\frac{1}{100}\times\frac{20}{32}\right)-0.002\,263\times\left(\frac{59}{32}+860\right)=-0.444\,3$$

其回归方程为

$\hat{y}=-0.444\,3+0.002\,263x$

(3) 显著性检验

$$S_T = l_{yy} = \left(\frac{1}{100}\right)^2 l_{y'y'} = 0.084\ 35$$

$$S_R = b \times L_{xy} = \left(\frac{1}{100}\right)^2 b' \times L_{x'y'} = 0.052\ 346$$

$$S_e = S_T - S_R = 0.084\ 35 - 0.052\ 346 = 0.032\ 004$$

列出方差分析表，可以看出回归方程具有十分显著的线性关系（见表 2-18）。

表 2-18　方差分析表

方差来源	偏差平方和	自由度	方差	F 值	显著性
回归 残差	0.052 346 0.032 004	1 30	0.052 346 0.001 067	49.08	**
总和	0.084 35	31			

相关系数 $r = \dfrac{2\ 313.125}{\sqrt{1.020\ 218\ 8 \times 0.084\ 35}} \approx 0.787\ 8$

对于给定的 $\alpha = 0.01$，由 F 分布表得到 $F_{0.99}(1, 30) = 7.56$，因 $F = 49.08 > 7.56$，故所求回归方程在显著水平 0.01 下显著。又对 $\alpha = 0.01$，由相关系数表查得 $r_{0.01}(30) = 0.449$，因为 $r = 0.787\ 8 > 0.449$，所以 99%的把握认为腐蚀深度 y 与腐蚀时间 x 之间存在线性关系。

（4）预测与控制

$x_0 = 870$ s 时，腐蚀深度 y_0 的估计值为：

$$\hat{y}_0 = a + bx_0 = -0.444\ 3 + 0.002\ 263 \times 870 = 1.524\ 71$$

区间半径为：

$$\delta = \sqrt{F_{n-2}^{1}(1-\alpha)V_e\left[1 + \frac{1}{n} + \frac{(x_0 - \bar{x})^2}{l_{xx}}\right]}$$

$$= \sqrt{F_{0.95}(1, 30) \times 0.001\ 067 \times \left[1 + \frac{1}{32} + \frac{(870 - 861.84)^2}{10\ 220.218\ 8}\right]}$$

$$= 0.067\ 95$$

$x_0 = 870$ s 时，腐蚀深度 y_0 的置信度为 0.95 的置信区间为：

$$a + bx_0 \pm \delta = (a + bx_0 - \delta,\ a + bx_0 + \delta) = (1.456\ 76,\ 1.592\ 66)$$

要求 $1.4 \leqslant y \leqslant 1.6$，确定腐蚀时间 x 的控制范围。为此，解方程组

$$\begin{cases} -0.444\ 3 + 0.002\ 263x_1 - 0.067\ 95 = 1.4 \\ -0.444\ 3 + 0.002\ 263x_2 + 0.067\ 95 = 1.6 \end{cases}$$

得 $x_1 = 845.006\ 6$，$x_2 = 873.331\ 9$

即将腐蚀时间控制在 844 s～874 s 的范围内，一般能有 95%以上的产品合格。

（二）多元线性回归分析

在解决实际问题时，与某一变量 y 有关系的变量不止一个，而是多个变量，如有 m 个：$x_1, x_2, \cdots, x_m$，研究变量 y 与变量 $x_1, x_2, \cdots, x_m$ 之间是否有线性关系的问题称为多元线性回归问题。多元线性回归分析的方法与一元线性回归的基本相同，其计算可借助于常用统计软件 SPSS、SAS 或 MINITAB 进行。

例 2-14 铝合金化学铣切工艺中，为了便于生产操作，需要对腐蚀速度进行控制，因此要考察腐蚀液温度（℃）、腐蚀液含铝量（g/L）、碱的质量浓度（g/L）对腐蚀速度的影响。做了 44 次试验之后，所得数据见表 2-19。

表 2-19 铝合金化学铣切工艺试验数据表

试验号	温度 x_1（℃）	含铝量 x_2（g/L）	碱含量 x_3（g/L）	腐蚀速度 y（mm/s）
1	73	12	200	0.024 0
2	73	21	200	0.023 5
3	75	30	200	0.024 0
4	75	36	200	0.024 5
5	75	42	200	0.019
6	75	48	200	0.018 5
7	79	12	200	0.032
8	79	21	200	0.030
9	79	30	200	0.029
10	79	36	200	0.027 5
11	79	42	200	0.025 0
12	79	48	200	0.022 5
13	83	12	200	0.037 0
14	83	21	200	0.036 0
15	83	30	200	0.035 5
16	83	36	200	0.032 5
17	83	42	200	0.030 5
18	83	48	200	0.027 0
19	87	12	200	0.044 0
20	87	21	200	0.042 5
21	87	30	200	0.042 0
22	87	36	200	0.039 0
23	87	42	200	0.036 0
24	87	48	200	0.032 5
25	77	19	150	0.023 0
26	77	19	175	0.025 0
27	77	19	200	0.026 5
28	77	19	225	0.028 5
29	77	19	250	0.029 0

续　表

试验号	温度 x_1(℃)	含铝量 x_2(g/L)	碱含量 x_3(g/L)	腐蚀速度 y(mm/s)
30	81	27	150	0.028 5
31	81	27	175	0.029 5
32	81	27	200	0.031 0
33	81	27	225	0.031 5
34	81	27	250	0.032 0
35	85	35	150	0.034 5
36	85	35	175	0.035 5
37	85	35	200	0.037 0
38	85	35	225	0.039 0
39	85	35	250	0.040 5
40	89	43	150	0.037 5
41	89	43	175	0.038 0
42	89	43	200	0.040 0
43	89	43	225	0.043 0
44	89	43	250	0.045 0

运用 MINITAB 软件对上表中的数据进行回归分析得到以下结果。

回归方程为：

腐蚀速度 = −0.094 8 + 0.001 49 温度 − 0.000 225 含铝量 + 0.000 060 碱的质量浓度。

回归系数表见表 2-20。

表 2-20　回归系数表

自变量	系　数	系数标准误	T	P
常量	−0.094 809	0.004 549	−20.84	0.000
温度	0.001 489 26	0.000 052 81	28.20	0.000
含铝量	−0.000 224 76	0.000 023 04	−9.76	0.000
碱的质量浓度	0.000 060 00	0.000 009 73	6.17	0.000

$$S = 0.001\ 537\ 71 R - Sq = 95.4\% R - Sq(\text{调整}) = 95.1\%$$

方差分析见表 2-21。

表 2-21　方差分析表

来源	自由度	SS	MS	F	P
回归	3	0.001 972 16	0.000 657 39	278.02	0.000
残差	40	0.000 094 58	0.000 002 36		
总和	43	0.002 066 74			

本章小结

生活中存在很多随机现象，我们可以用随机变量分布研究其存在的规律性。常用的离散型分布有二项分布、超几何分布、泊松分布等；常用的连续型分布有连续分布和正态分布等。在实际中许多随机变量是由大量相互独立的随机因素的综合影响所形成的，每一个因素在总影响中所起的作用都是微小的。当研究大样本问题时，我们可以利用中心极限定理来对总体中的参数进行估计和推断。

样本是统计推断的依据，在应用时，往往不是直接使用样本本身，而是针对不同问题构造样本函数来进行统计推断。在使用统计量进行统计推断时常需要知道其分布，主要有 χ^2 分布、t 分布、F 分布及正态总体的样本均值与样本方差的分布。

对于一个未知量常使用无偏估计测算，但只能得到近似值，还需估计误差，即所求真值所在的范围。事物之间的差异总是客观存在的，可以通过显著性检验判断两个或多个被比较对象有无显著性差异。在试验中随机因素和人为因素通常混杂在一起作用于试验结果，方差分析可以判断两种因素对实验结果的影响。在生产管理和科学研究中，经常遇到各种不同的变量，它们之间存在着确定性或非确定性的关系，可以利用回归分析来解决预测和控制问题。

思考题

1. 简述质量特性数据的类型及质量波动的特性。
2. 举出三种常用的离散型随机变量的分布在实际生活中的例子。
3. 阐述正态分布的概念及其性质。
4. 理解三种常用的中心极限定理的区别。
5. 简述 χ^2 分布、t 分布、F 分布及正态总体的样本均值与样本方差的分布。
6. 简述无偏性的概念及三类无偏性估计。
7. 置信区间是什么？置信水平又是什么？
8. 简述显著性检验的概念，正态总体均值、标准差的检验步骤有哪些步骤？
9. 方差分析的基本思想及其应用条件是什么？
10. 回归分析是如何解决预测和控制问题的？

第三章 质量管理的基础方法与工具

学习要点

◆ 合格评定抽样调查原则、步骤、抽样误差及抽样的基本方式；

◆ 调查表、头脑风暴法的概念、用途及应用步骤；

◆ 分层法的概念、分层标志及应用步骤；

◆ 排列图、因果图和对策表的概念、应用步骤及注意事项；

◆ 直方图的概念、应用步骤和常见形态分析；

◆ 散布图的概念、应用步骤及相关回归分析；

◆ 矩阵数据分析法的概念及应用步骤；

◆ 关联图、系统图、过程决策分析图、亲和图、矩阵图及 KT 决策的概念、应用步骤、主要用途；

◆ 网络图的概念、构成、绘制、时间参数的计算及优化。

第一节 质量调查的基础方法与工具

一、抽样调查方法

合格评定活动中涉及大量的检查、评审、审核、检测活动，由于这些活动都要在计划要求的时限内完成，合格评定人员不可能对评定范围内的事物或活动进行全面的调查取证，因此合格评定的这些活动的过程也是一个抽样调查的过程，通过抽取样本来证实被评定的对象是否符合要求，由于样本的分布并不完全等同于总体的分布，依据样本对总体的推断获得的结论必然存在风险，为确保合格评定结论的可靠性，提高合格评定的有效性，必须通过合理的抽样降低误判的风险，因此，合格评定的人员必须掌握合理抽样这一基本的调查方法。

（一）合格评定抽样调查的原则

为了做到合理抽样，降低抽样风险，在抽取样本时必须遵循如下原则。

1. 明确抽样的对象和总体

抽样的对象和总体通常由合格评定的内容决定，如检查合同管理情况时，要先了解在规定的合格评定范围内合同的类型、数量、标的等情况，这是确定抽样数量和分层抽样的前提。

2. 抽取样本要独立和随机

合格评定人员在抽样时，不能让受评定方提供样本，要在了解总体情况的基础上，在不受干扰的情况下独立、随机地选取样本，确保样本反映的信息客观公正和可信。

3. 抽取的样本必须具有代表性

为了保证合格评定活动的系统性和完整性，合格评定人员要全面了解被评定对象的基本情况和特征，对评定对象的抽样方案进行科学的策划，选定的样本要具有代表性，才能使通过样本获取的信息最大限度地反映总体情况。要使样本具有代表性，可以考虑以下几点：

（1）考虑合格评定的范围分层抽样。合格评定的范围内，可能覆盖一定的时间阶段，针对不同的客体如产品、服务、过程、体系等，要在不同的时段分层抽取足够数量的样本，使样本覆盖合格评定的范围。如管理体系审核中覆盖了多类产品和服务，应按照一定的比例分层抽样，确保每一类产品和服务都要抽到。

（2）关注合格评定的关键方面。如在合格评定范围内，应关注关键的岗位、关键的设备、关键的合同、关键过程中的活动、关键的检测项目、关键的产品和服务、关键的记录等，并将其作为抽样的重点。

（3）样本要保证一定数量。抽取样本的分布越接近总体分布，样本的代表性就越强，误判的风险就越小。这就要求抽取的样本要具有一定的数量，抽样数量越多，样本的分布与总体的分布越接近，才能充分说明样本的代表性，样本量的大小要根据受审对象的规模大小和允许的评定时间来确定。如果按照策划的样本量调查后发现不合格，为了降低审核或检查的风险，可考虑适当增加抽样量，以确认所发现的不合格是属于偶然的个别问题，还是系统性问题。因此合格评定的调查取证活动要做到特定抽样和随机抽样相结合。抽取的样本的分布越接近总体分布，样本的代表性就越强，误判的风险就越小。

4. 抽取样本要适度均衡

应避免在一个部门或过程中抽样过多，而另一个部门或过程抽样过少，应保持抽样量的相对均衡，这样才更准确地反映合格评定对象总体的真实情况。

5. 抽取样本方案确定后不能随意扩大抽样

合格评定人员要明确按样本寻找符合合格评定要求的客观证据，而不是如果没有发现问题就无原则地加大抽样数量，直到发现不符合。

合格评定的结论很多建立在样本的基础上，客观上存在风险，但是通过合理的抽样调查可使抽样风险降到最低。

为了保证合格评定结论的客观性、公正性和可信性，需要采用科学的抽样调查技术，本节会介绍几种常用的获取资料的调查方法及抽样调查方法。

（二）合格评定抽样调查的步骤

1. 确定调查的总体

确定调查的总体，也就是明确调查的全部对象及其范围，这是抽样调查的前提和基础。

2. 设计抽样调查方案

设计抽样调查方案是对调查的全过程进行策划，主要包括调查目的和要求、调查对象、调查内容、调查方法、样本抽取技术、资料的收集和整理方法等。

设计抽样调查方法及样本抽取技术前，要先明确抽样框架及个体编号规则，抽样框架确定就是要求被调查者提供抽样所用被调查对象的详细名单和台账。若没有现成名单和台账，可由调查人员自己编制。个体编号规则的确定就是对调查总体中的个体进行编号。

3. 实施抽样调查并进行数据的采集

选择调查样本时，首先要确定采用随机抽样还是非随机抽样，其次要确定具体的抽样技术，如是采用分层抽样还是系统抽样等，最后要确定样本的数量。在上述问题确定后，按预定的要求选择调查的样本，并对选定的样本运用不同的调查方法逐个进行调查，取得第一手资料。

4. 数据的处理与分析

实地调查结束后，即进入调查资料的整理和分析阶段，针对调查内容进行全面的分析工作，并通过样本的情况推断总体的结果。

5. 确定调查的信度和效度

信度是指测验结果的一致性、稳定性及可靠性，一般多以内部一致性表示该测验信度的高低。信度系数愈高，表示该测验的结果愈一致、稳定与可靠。系统误差对信度没什么影响，系统误差总是以相同的方式影响测量值，因此不会造成不一致性。反之，随机误差可能导致不一致性，从而降低信度。信度指标多以相关系数表示，具体评价方法大致可分为三类：稳定系数（跨时间的一致性），等值系数（跨形式的一致性）和内在一致性系数（跨项目的一致性）。

效度即有效性，是指测验的准确性、有用性，指所测量到的结果反映所要考察内容的准确程度，测量结果与要考察的内容越吻合，则效度越高；反之，则效度越低。效度分为三种类型：内容效度、准则效度和结构效度。

（三）抽样调查中的统计误差

统计误差是指在统计调查中，调查资料与实际情况间的偏差，即抽样估计值与被估计的未知总体参数之差。

1. 统计推断中误差的来源

（1）登记误差。登记误差也称为调查误差或工作误差，是指在调查过程中，由各种主观或客观的原因而引起的误差。例如，指标含义不清、口径不同而造成的误差；由于被调查者提供不实的资料，或在登记、计算、抄写上有差错而出现的误差。这种登记误差不论是在抽样调查还是在其他形式的调查中都有可能产生。调查的范围越广，规模越大，内容越复杂，产生登记误差的可能性就越大。

（2）代表性误差。代表性误差指抽样调查中的样本不足以代表总体时依然用这部分样本去推断总体所产生的误差。代表性误差产生的主要原因：一是违反随机原则，如有意识多选好的样品或差的样本进行调查而造成的系统性误差。系统性误差和登记性误差一样，都是抽样组织工作造成的，应该采取措施预防误差发生或将其减小到最低程度；二是遵循了随机原则，因会抽到各种不同的样本而产生的随机性误差。随机性误差在抽样推断中是不可避免的，是偶然的代表性误差。

（3）抽样误差。抽样误差是指在遵循随机原则下，不包括登记误差和系统性误差在内的，用样本指标代表总体指标而产生的不可避免的误差。总体平均数是确定的，而样本平均数是随机变量，因而抽样误差也是一个随机变量。抽样误差越小，说明样本的代表性越高；反之，样本的代表性越低。同时，抽样误差还可说明样本指标与总体指标的相差范围，因此，它是推断总体指标的依据。抽样误差是统计推断中无法避免的，但可以计算其数量界限，并通过抽样设计程序加以控制，因此也是可控制的误差。

抽样误差分为抽样实际误差和抽样平均误差。抽样实际误差是指在一次具体的抽样调查中，由随机因素引起的样本指标与总体指标之间的离差，即样本平均数与总体平均数之间的绝对离差，但总体指标数值是未知的，因此，抽样实际误差是无法计算的。同时，抽样实际误差仅仅是一系列可能出现的误差数值之一，因此，抽样实际误差没有概括所有可能产生的抽样误差。

抽样平均误差是指抽样平均数的标准差。从一个总体中可能抽取很多个样本，因此样本指标如样本平均数将因样本的不同而有不同的取值，它们对总体指标如总体平均数的离差有大有小，即抽样误差是个随机变量。抽样平均误差则是反映抽样误差的一般水平的一个指标，但所有可能样本平均数的平均数等于总体平均数，因此，不能用简单算术平均数的方法来求抽样平均误差，而应采取标准差的方法来计算抽样平均误差。

2. 影响抽样误差的因素

（1）抽样单位的数目。在其他条件不变的情况下，样本数目越多，抽样误差越小，反之越大。原因是样本数目增多，样本的分布越接近总体分布，增多到总体数目就变成了全面调查。

（2）总体标志的变异程度。在其他条件不变的情况下，总体标志的变异程度越小，抽样误差越小，反之越大。这是因为总体的变异程度小，总体各单位标志值之间差异小，样本指标与总体指标之间的差异也小；如果总体各单位标志值相等，则标志变动度为零，样本指标等于总体指标，此时不存在抽样误差。

（3）抽样方法的选择。不重复抽样比重复抽样的抽样误差小。

（4）抽样组织方式不同。不同的抽样组织方式所抽中的样本，对总体的代表性也不同。抽样误差也不同。

（四）调查中抽样的基本方式

合格评定调查中，抽样技术是按照随机原则从总体中抽取样本进行调查，并根据样本指标来推断总体指标的方法。为了正确反映客观情况，必须借助科学的抽样方法，下面介绍几种常用的抽样方法。

1. 简单随机抽样

简单随机抽样是指从总体中抽取 n 个抽样单元构成样本，并保证 n 个抽样单元所有可能的组合都有相等的被抽到的概率。为了实现随机抽样，常用以下几种做法。

（1）抽签、抓阄法。将总体各抽样单元进行编号，做成签或阄，按事先确定的抽样数目从充分混合的签或阄中抽取，进而组成样本。例如，从 60 件产品中随机抽取 5 件组成样本，把 60 件产品从 01 开始编号一直到 60 号，然后用抽签或抓阄的办法，任意抽 5 张，若抽到 4，10，18，32，50，就把这 5 个编号的产品拿出来组成样本。

（2）随机数表法。随机数表是一种事先按随机原则将 0，1，2，3，…，9 十个数字编制的有一系列数字的表，表中每个数字出现的可能性都相同，表上数字组成的各种多位数（如二位数、三位数）也都有相同的出现机会，这种随机数表是统计数表的一种。根据这种表，在总体单位编好号码的条件下，随机点出数表中的任意一个号码，然后再按事先规定的顺序，依次确定选中号码，对照号码抽取样本单位。

（3）随机数骰子法。它是利用随机数骰子获得随机数并据以进行简单随机抽样的方法。国家标准 GB 10111-88 推荐的随机数骰子是一种正 20 面体骰子，一套 6 个，具有不同颜色，各面上刻有 0～9 的数字各 2 个。用它可产生一位，二位，……，六位随机数。使用时，根据需要选取 m 个骰子，规定各种颜色骰子所表示的位数。例如：用红骰子代表个位上的数字，黄骰子代表十位上的数字，蓝骰子代表百位上的数字，……。

简单随机抽样的优点是方法简单，对较大件产品，特别是已经有产品编号或有单位包装的产品等，较适用此种方法。缺点是总体的单位数太多，抽样手续繁杂。总体单位数无法确定时，无法编号和作签，就不能用这种方法。

2. 系统随机抽样

系统随机抽样也称机械抽样或等距抽样，即将总体中要抽取的产品按某种标志排列，并按一套规则随机抽取 1 个或 1 组产品的抽样方法。常用的系统随机抽样方法如下。

(1) 按时间顺序抽取。每隔一定时间抽取 1 个单位产品，直到抽足样本量。如在生产线上每隔 5 分钟抽取 1 个产品进行质量检验。

(2) 按空间顺序抽取。每隔一定空间距离抽取 1 个样本单位，直到抽足样本量。如每隔 10 个产品抽取 1 个产品进行质量检验；再如检验电线的疵点时，可每隔 20 米取 1 米的电线进行检验等。

(3) 按产品编号顺序抽取。如 50 件产品抽 5 件组成样本。首先将 50 件产品编为 01～50 号，然后用抽签或随机数表法确定 1～10 号中的某件产品入选为样本单位，以此类推直至从 41～50 号产品中抽完最后一个样品，这些样品最终组成样本。

系统随机抽样的优点是组织工作简单，只要第一个单位产品一经确定，其余应抽单位产品也随之确定。但要注意确定间隔时不要与现象本身周期性变化相重合，避免出现系统性偏误。如一台织布机每隔 50 米就出现一段疵布，而检验人员取样时正好每隔 50 米取一段检验，这样一来就会得出错误的结论。

3. 分层随机抽样

分层随机抽样是将总体单位按某些重要标志分割成互不重叠的层，在每层中采用简单随机抽样或其他抽样方法抽取若干个样本个体，由各层的样本个体组成一个样本。分层随机抽样可按等比抽样，也可按不等比进行抽样。若有甲、乙、丙三个工人生产同种产品，其中甲生产了 50 件，乙生产了 30 件，丙生产了 20 件，现在要抽取 10 件样品，按等比抽样时，应从甲、乙、丙三个工人生产的同种产品中分别抽取 5、3、2 件产品组成样本。

由于分层抽样事先按科学进行分组，且按比例抽取，这样就保证了抽取样品在总体中的均匀分布，代表性较强，抽样误差较小，缺点是抽样组织过程较烦琐。

4. 整群随机抽样

整群随机抽样是将总体分成若干个互不重叠的群，每个群由若干个体组成，再从总体中抽取若干个群，抽出的群中所有的个体组成样本。该抽样法在实施时，常以某种标志(公司、工厂、车间、班组、工序或一段时间内生产的一批零件等)分成若干个群，然后随机抽取若干个群，由抽中群的所有个体组成样本。例如，在连续大量生产产品的工序上，每隔 5 小时抽 1 小时生产的产品组成样本进行检查。

整群抽样的优点是实施方便，容易抽取，但由于样本只采自个别群体，而不能均匀地分布在总体中，因而样本的代表性差，样本量也相对较大。

二、调查表法

（一）概念

调查表又叫检查表、统计分析表，是用来系统地收集资料和积累数据，确认事实并对资料进行粗略整理和分析的图表。

（二）用途

为了反映过程和结果的现状，通过调查表中设置的项目，有目的地搜集数据和信息，用于汇总、统计、数据处理和分析，调查表在过程、产品和服务改进、解决问题方面较为直观、方便。

（三）应用步骤

（1）确定收集资料的具体目的（将要解决的问题）。

（2）确定表格所需记录的内容。

（3）编制用于记录资料的表格。表格应包括收集人、收集地点、收集时间等项目。

（4）通过收集和记录某些资料来试用表格。

（5）根据需要，评审并修订表格。

（四）类别

根据表格应用的目的不同，表格的体现形式也不一样，常用的调查表有不合格项目调查表、不合格位置调查表、不合格分布调查表等。另外对于项目多的设备保养、现场工作状况等资料的收集，还可以采用检查点检表的形式，在指导操作的同时收集信息。下面介绍两种常用的调查表。

1. 不合格项目调查表

不合格项目调查表是将不合格产品按其出现的类别、原因、工序等情况进行分类记录而形成的表格，能够直观地反映出不合格产品的分类情况，帮助我们了解各种不合格产品发生的频次，为后续改善工作提供依据，见表 3-1。

表 3-1　不合格项目调查表

日期：2024 年 5 月 16 日		
品名：	工厂名：	
工序：最终检查	部门：加工部	
检查者：		
检查总数：500　　批号：20240516　　合同号：20240506		
备注：全数检查		
不合格种类	检查结果	小计
表面缺陷	* * * * * * * * * * * * * * * *	16
砂眼	* * * *	4
加工不合格	* *	24
形状不合格	* *	2
其他	* * * *	4
总计		50

2. 不合格位置调查表

不合格位置调查表是将不合格产品的外观不符合项按其出现的位置在图上直观的表示而形成的表格，能够反映出不合格产品在哪个位置出现哪种不合格项比较多，为后续改善工作提供依据，见表 3-2。

表 3-2　不合格位置调查表

型　号		检查部位	外　表
工　序		检查日	2024 年 5 月 11 日
检查目的	喷漆缺陷	检查件数	500 台

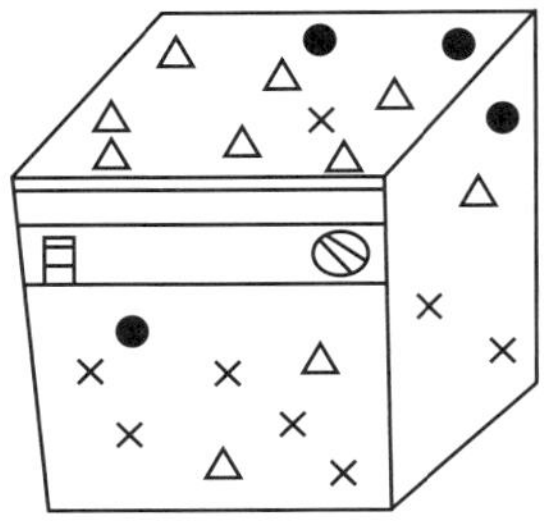

三、头脑风暴法

（一）概念

头脑风暴法，又称畅谈法、集思法、脑力激荡法，是指采用会议的形式，引导每个参加会议的人围绕某个中心议题，充分解放思想，激发灵感，在头脑中掀起风暴，毫无顾忌，畅所欲言地发表独立见解的一种方法。

（二）用途

使用头脑风暴法可引导小组成员创造性地思考问题，产生或澄清大量观点、问题或议题。头脑风暴法可以用来识别过程中存在的质量问题并寻求解决的办法，还可用来识别潜在的改进质量的机会。绘制因果图、系统图、亲和图时，应用该方法比较普遍。

（三）应用步骤

1. 准备阶段

（1）确定要讨论的课题。会议的组织者要明确课题并进行相关调查，如课题的现状、存在的问题、需要解决的问题和要实现的目标。

（2）确定主持人。主持人必须对课题有充分的了解，并具有一定的组织能力和引导能力。

（3）选择参加人员。人数以 5～15 人为宜。除选择专业内人员参加外，还应考虑专业外人员参加，以便从各方面寻找解决问题的途径。

2. 创造性思维产生的阶段

主持人向参与者公布课题及相关内容，以便参与者明确讨论的主题和解决问题的方向；

要求参与者大胆地进行自由联想，尽可能多地提出设想。在该过程中，要求参与者坚持头脑风暴的会议规则。

(1) 参与者是平等的，无领导与被领导之分；

(2) 明确头脑风暴会议的主题，紧紧围绕主题目标展开讨论；

(3) 与会的每位参与者依次发表意见；

(4) 参与者可以互相补充各自的观点，但不能评论，更不能批驳别人的观点；

(5) 当面毫无遗漏地如实记录每个参与者的观点；

(6) 将每个参与者的观点重复一遍；

(7) 会议持续到无人发表意见为止。

3. 整理阶段

将每个人的观点重复一遍，以使每个参与者都知道全部观点内容。去掉重复的、无关的观点，对各种见解进行评价、论证，最后集思广益，按问题进行归纳。

整理归纳时，可以应用亲和图法。

四、分层法

(一) 概念

分层法又叫分类法、分组法，就是把收集来的原始数据按照一定的目的和要求加以分类整理，以便进行比较分析的一种方法。

(二) 分层标志

分层时，分层标志的选择很重要。要根据分层的目的，按照一定的标志加以区分，使同一层次内的数据波动幅度尽可能小，而层与层之间差别尽可能大，否则就起不到归类汇总的作用。我们通常用人、机、料、法、环、时间等作为分层的标志。

(1) 按操作者分层：可按年龄、工级、班组和性别等分层。

(2) 按机器分层：可按设备类型、新旧程度、不同生产线和工具类型等分层。

(3) 按原材料分层：可按供应商、批号、成分、规范等分层。

(4) 按操作方法分层：可按工艺要求、操作参数、操作方法和生产速度等分层。

(5) 按测量因素分层：可按测量设备、测量方法、测量人员、取样方法和环境条件等分层。

(6) 按加工环境分层：可按压力、照明度、清洁度、温度、湿度等分层。

(7) 按时间分层：按不同的班次、日期等分层。

(8) 其他：如可按地区、使用条件、部门、不合格类别等分层。

(三) 应用步骤

(1) 明确调查的对象。

(2) 收集数据或意见。

(3) 将收集到的数据或意见根据不同目的选择分层标志。

(4) 整理数据，按层归类。

(5) 画分层归类图表。

(6) 比较分析与最终推论。

第二节　质量数据资料分析的基础工具

一、两图一表

排列图、因果图和对策表，通常称为两图一表，在质量管理中应用普遍，是解决质量问题时我们经常采用的方法。

(一) 排列图

排列图是建立在帕累托原则之上的，即 80%的结果源于 20%的原因。排列图的目的是比较不同的缺陷类型所导致的结果或对顾客的影响，以便找出最重要的需要优先解决的问题。

1. 概念

排列图又叫做帕累托图，它是将质量改进项目发生频数由高到低进行排列的一种图，是为寻找主要问题或影响质量的主要因素所使用的图。

2. 应用步骤

(1) 明确分析对象，收集某时间段内的数据，并确定缺陷项。

(2) 将各项缺陷的频数按从大到小的顺序排列，计算各自占总缺陷数的比例(%)和累计比例(%)。

(3) 将横坐标按从大到小的顺序，依次列出各种缺陷项，将量值最小的 1 个或几个项目归并成“其他”项，放在最右端，数量可超过倒数第 2 项。

(4) 以左侧纵坐标为缺陷发生频数，右侧纵坐标为比例(%)。左边总频数的刻度与右边总频率的刻度(100%)高度相等。

(5) 在横坐标上的每个缺陷处，画出与其发生频数对应的柱形图。

(6) 由左至右累加每个缺陷项的比例，画出累计频率曲线。

表 3-3 和图 3-1 是某种服务过程输出缺陷排列图作图和分析的一个例子。

表 3-3　某顾客服务过程输出缺陷排列图计算表

缺陷类型	发生频数 (2024 年 1 月—10 月)	累计缺陷数	比例(%)	累计比例(%)
A:顾客等待时间长	51	51	51	51
B:迟于规定时间回复	25	76	25	76
C:回复不准确	13	89	13	89
D:遗漏顾客信息	7	96	7	96
E:账单错误	2	98	2	98
F:收费错误	2	100	2	100
合　计	100		100	

图 3-1 是根据表 3-3 做出的排列图。

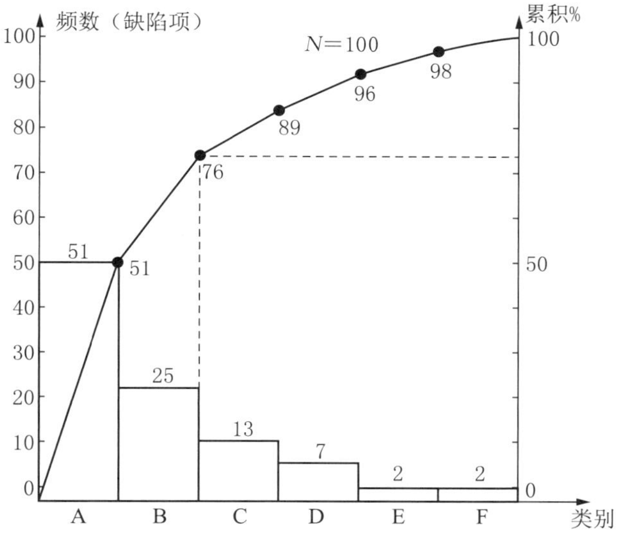

图 3-1　顾客服务流程缺陷的排列图

从图 3-1 可以看出，占发生频数总数的 80%左右的缺陷是 A 类缺陷，即顾客等待时间长和迟于规定时间回复。因此，项目需要改善的过程关键输出变量应该是：顾客等待时间和回复时间。

3. 注意事项

（1）纵坐标的高度与横坐标的宽度之比以 3∶2 为好，防止图形过宽或过长。

（2）横坐标上的分类项目不要太多，以 4～6 项为宜。

（3）主要因素不能过多，一般找出 1～2 项主要因素即可，最多 3 项。如发现所有因素出现的频数差不多，有必要考虑重新确定分层原则，再行分层。

（4）不太主要的项目很多时，可以把最次要的几个项目合并为“其他”项，排列在柱形条最右边。

（5）在排列图上通常把累积比率分为三类：在 0～80%的因素为 A 类因素，即主要因素；在 80%～90%的因素为 B 类因素，即次要因素；在 90%～100%的因素为 C 类因素，即一般因素。

（6）在采取措施后，未能验证其效果的话，则要重新画出排列图，进行比较。

（二）因果图

1. 概念

因果图又称为石川馨图或鱼刺图，是一种用于分析质量特性（结果）与可能影响质量特性的因素（原因）的一种工具。它是揭示过程输出缺陷或问题与其潜在原因之间关系的图表，也是表达和分析其因果关系的重要工具和文档。该图广泛应用于制造业和服务业中。其图形结构如图 3-2 所示。

2. 应用步骤

（1）确定质量特性（结果），并将其填入因果图右侧的方框中。

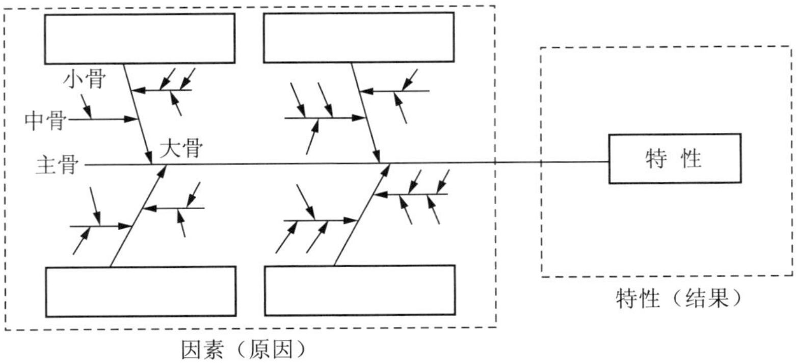

图 3-2　因果图的结构

(2) 确定其可能原因的主要类别，画出因果图的各个“主枝”。一般来说，对制造类的问题，可以采用的典型分类方法是：人员、机器设备、材料、方法、测量和环境，即 5M1E 分类法。

(3) 采用头脑风暴法，将产生问题的所有可能原因，按其不同的分类填入各个主枝中。根据需要，可在各个主枝上继续分枝。位于各个分枝上的是下一层次的原因。

(4) 找出影响质量问题的关键因素（以 3～5 个为宜），用圆圈“○”或方框“□”框起来，作为实施质量改进措施的重点考虑对象。

(5) 注明画图者、参加讨论分析人员、时间等可供参考的事项。

3. 注意事项

(1) 因果图的应用目的具有单一性，一个质量问题只能画一张因果图。

(2) 可以采用头脑风暴法分析原因与结果。

(3) 因果关系的层次要分明，对最末层次的原因，应寻求至可以直接采取具体措施为止。

(4)“关键因素”一定要确定在末端因素上。

图 3-3 为制造业因果图示例。

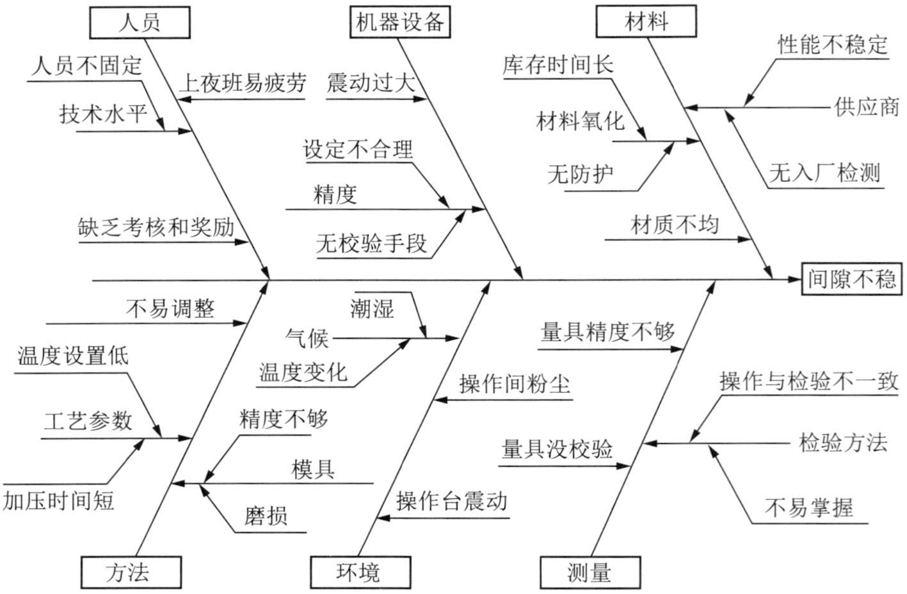

图 3-3　制造业因果图示例

（三）对策表

1. 概念

对策表也叫做措施计划表。其内容一般包括重要原因、现状、对策、目标、措施、完成地点、完成时间和负责人等。它既是改进措施计划实施的表格，又是检查改进措施计划是否完成的依据。

2. 应用步骤

（1）确定要纠正的重要原因；

（2）明确重要原因的现状，需采取的对策及措施，完成的人员及完成时间等；

（3）将上述内容制成表格。

3. 注意事项

（1）对策表的内容必须包括：为什么制定对策（why）；做到什么程度，即目标值（what）；在哪里进行（where）；由谁来做（who）；何时进行和完成（when）；怎样来进行和完成（how），即回答5W1H的问题。

（2）对策和措施必须具体，并有可操作性。

（3）目标最好用定量化数据表达，在无法量化时也应用肯定性语言表示。

二、直方图

（一）概念

直方图是频数直方图的简称，就是将数据按其顺序分成若干间隔相等的组，在横坐标上以组距为底边，以落入各组的频数为高的若干长方形排列的图。直方图常用于了解数据的分布情况，是一组数据的图形表示，这种展示数据的方法可以清晰体现数据的分散程度和中心趋势，并与要求的分布进行比较。

（二）应用步骤

1. 收集数据

收集数据时，应采用随机的原则进行抽取，保证数据的代表性。作直方图的数据至少50个以上，一般取100个左右。

如某加工厂规定的产品尺寸规范为30～60 mm，今按随机抽样方式抽取60个样本，其测定值见表3-4，试绘制直方图。

表3-4　尺寸测量值 x　　单位：mm

38	42	48	45	40	41	39	40	41	38
38	39	44	38	39	36	37	37	31	27
38	37	37	33	40	30	36	28	38	32
45	41	35	31	36	31	34	36	37	33
34	32	35	34	32	34	21	29	37	32
30	35	35	34	36	31	31	39	36	35

2. 找出数据中的最大值(X_{max})与最小值(X_{min})

为了查找方便，可以找数据表各列(或各行)数据的最大值与最小值，进而再从中找出全体数据的最大值和最小值。由此可得 $X_{max}=48$，$X_{min}=21$。

3. 求极差(R)

$$极差(R)=数据最大值(X_{max})-最小值(X_{min})$$

本例中：$R=48-21=27$

4. 决定组数

根据数据的个数进行分组，分组的原则可参照表 3-5。

表 3-5　直方图数据分组表

数据数	组数	数据数	组数
≤50	5～7	101～250	7～12
51～100	6～10	≥251	10～20

确定组数时要注意：若组数过多或过少，都不能真实的体现数据的分布状态。组数过少时，数据集中在少数组内，将会掩盖数据分布的本质与意义；组数过多时，作出的直方图会过于分散或呈缺齿状。

5. 求组距(h)

$$h=R/k=(X_{max}-X_{min})/k$$

为便于计算平均数及标准差，组距常取为 2、5 或 10 的倍数。本例中：$h=27/7=3.86$ mm，组距取 4 mm。

6. 求各组界限

为避免数据落在组界上，组界值的末位数应取测量单位的 1/2。例如，测量单位为 0.001 mm，组界的末位数应取 0.001/2 = 0.000 5 mm。分组界限应能把最大值和最小值包括在界内。在决定组界时，可先从第一组起，一般参考以下方法来确定：第一组下界限可取为 $X_{min}-(h/2)$，本例中 $h/2=2$ mm。下界限也可取 X_{min} − 测量单位/2，本例测量单位为 1 m，故可取下限为 $X_{min}-0.5=20.5$，而上限则为 24.5 mm。

第一组的上界限值就是第二组的下界限值，第二组的下界限值加上组距就是第二组的上界限值，也就是第三组的下界限值……以此类推，可定出各组的组界。

7. 求组中点

每组的上下界限相加除以 2 即为组中值，它作为各组数据的代表值。

8. 作频数分布表

将所有原始数据，按其数值大小归入相应的组中，并统计各组的数据个数，即频数 f。各组频数填好后检查一下其总数是否与数据个数相符，避免重复或遗漏，见表 3-6。

表 3-6 频数分布表

组号	组 界	组中值	频数
1	20.5～24.5	22.5	1
2	24.5～28.5	26.5	2
3	28.5～32.5	30.5	12
4	32.5～36.5	34.5	18
5	36.5～40.5	38.5	19
6	40.5～44.5	42.5	5
7	44.5～48.5	46.5	3
合 计			60

9. 画直方图

（1）以横轴表示质量特性值的变化，纵轴表示频数。

（2）将各组的组界分别标在横轴上，各组界应为等距分布。

（3）以各组内的次数为高，组距为宽，在每一组上画成矩形，则完成直方图。

（4）在图的右上角记入相关数据履历（数据总数 n，平均值 x，标准差等），算出规范的上、下限。

（5）填入必要事项：产品名称、工序名称、时间、制作日期、制作者等。

画好的直方图如图 3-4 所示。

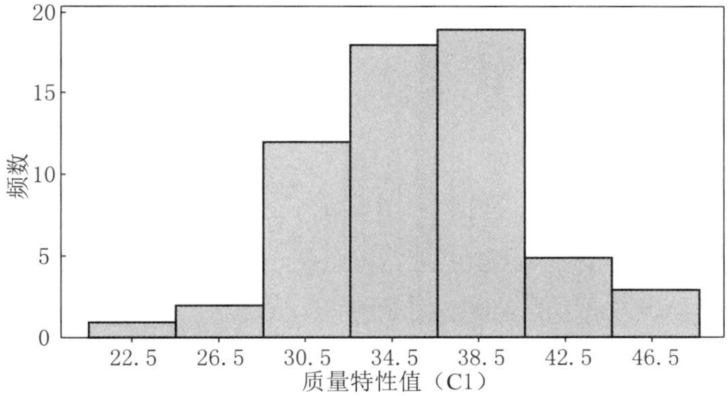

图 3-4 直方图

（三）常见形态分析

1. 直方图的常见类型

如图 3-5 所示，直方图通常有以下几种类型。

（1）标准型（对称型）。数据的平均值与最大值和最小值的中间值相同或接近，平均值附近数据的频数最多，频数从中间值开始向两边缓慢下降，平均值左右对称。这种形状也是最常见的。

（2）锯齿型。作频数分布表时，若分组过多，会出现此种形状。另外，当测量方法有问题或读错测量数据时，也会出现这种形状。

(3) 偏峰型。数据的平均值位于中间值的左侧(或右侧),从左至右(或从右至左),数据分布的频数增加后突然减少,形状不对称。当下限(或上限)受到公差等因素限制时,由于心理因素,往往会出现这种形状。

(4) 陡壁型。平均值远左离(或右离)直方图的中间值,频数自左至右减少(或增加),直方图不对称。当工序能力不足,使用经过全数检验后合格的产品数据,或过程中存在自动反馈调整时,常出现这种形状。

(5) 平顶型。当几种平均值不同的分布混在一起,或过程中某种要素缓慢劣化时,常出现这种形状。

(6) 双峰型。靠近直方图中间值的频数较少,两侧各有一个"峰"。当有两种不同的平均值相差大的分布混在一起时,常出现这种形状。

(7) 孤岛型。在标准型的直方图的一侧有一个"小岛"。出现这种情况是夹杂了其他分布的少量数据,比如工序异常、测量错误或混有另一分布的少量数据。

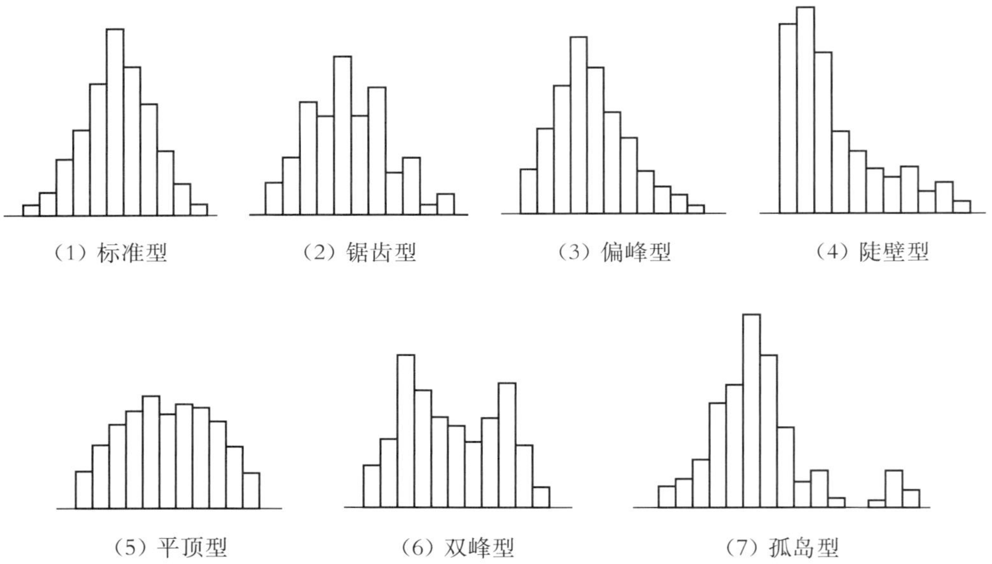

图 3-5　直方围的常见类型

2. 直方图与公差限的比较

当加工的产品有尺寸公差规定要求时,要将公差限用两条线在直方图上表示出来,并与直方图的分布进行比较。典型的五种情况如图 3-6 所示。

(1) 当直方图符合公差要求时:

(a) 现在的状况不需要调整,因为直方图充分满足公差要求。

(b) 直方图能满足公差要求,但不充分。这种情况下,应考虑减少波动。

(2) 当直方图不满足公差要求时:

(c) 必须采取措施,使平均值接近规格的中间值。

(d) 要求采取措施,以减少变差(波动)。

(e) 要同时采取(c)和(d)的措施,既要使平均值接近规格的中间值,又要减少波动。

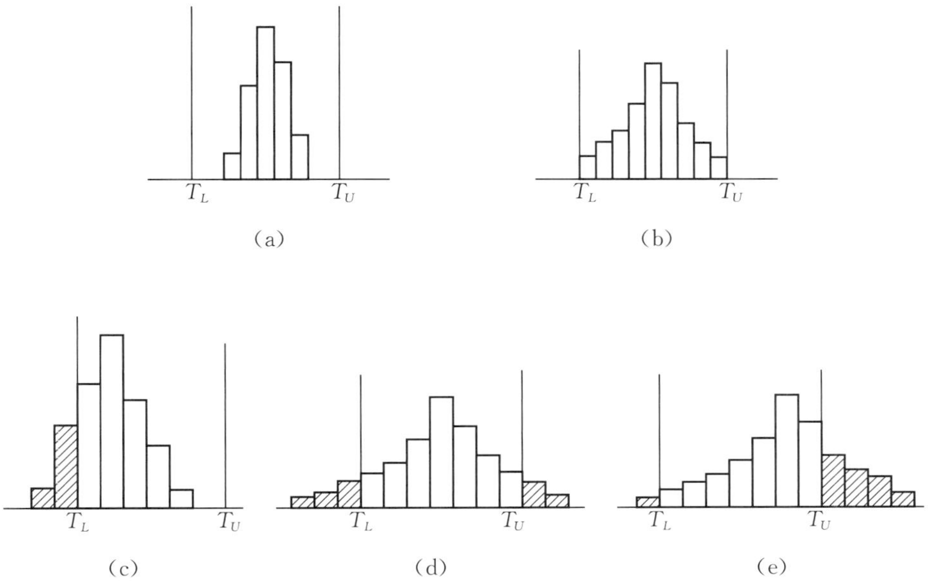

图 3-6　直方图和公差限

三、散布图

（一）概念

散布图也称为散点图，是用来分析研究两个对应变量之间是否存在相关关系的一种作图方法。它通过将两种对应的变量的数据点绘在平面坐标上，判断两组变量之间是否存在相关关系及相关的程度。

（二）应用步骤

(1) 明确研究对象，收集成对的数据(x_1, y_1)，(x_2, y_2)……整理成数据表。收集的数据一般要在 30 组以上。

(2) 在坐标纸上建立平面直角坐标系。为便于分析相关关系，两个坐标数值的最大值与最小值之间的范围应基本相等。

(3) 把数据组(x, y)分别标在平面直角坐标系相应的位置上。两个数据重复时以 * 表示，三个及以上数据重复时以⊙表示。

(4) 当散布图上出现明显偏离其他数据点的异常点时，应查明原因，以便决定是否删除或校正。

(5) 必要时，可将相关资料注记在散布图上。

绘出散布图后，应对其观察和分析，来判断两个变量之间的相关关系。依散布图的方向、形状，有以下几种关联形式：

① 强正相关。y 随着 x 的增大而增大，且点子分散程度小，如图 3-7(a)所示；

② 弱正相关。y 随着 x 的增大而增大，且点子分散程度大，如图 3-7(b)所示；

③ 强负相关。y 随着 x 的增大而减小，且点子分散程度小，如图 3-7(c)所示；

④ 弱负相关。y 随着 x 的增大而减小，且点子分散程度大，如图 3-7(d)所示；

⑤ 不相关。x 与 y 无明显规律，如图 3-7(e)所示；

⑥ 非线性相关。x 与 y 呈曲线变化关系，如图 3-7(f)所示。

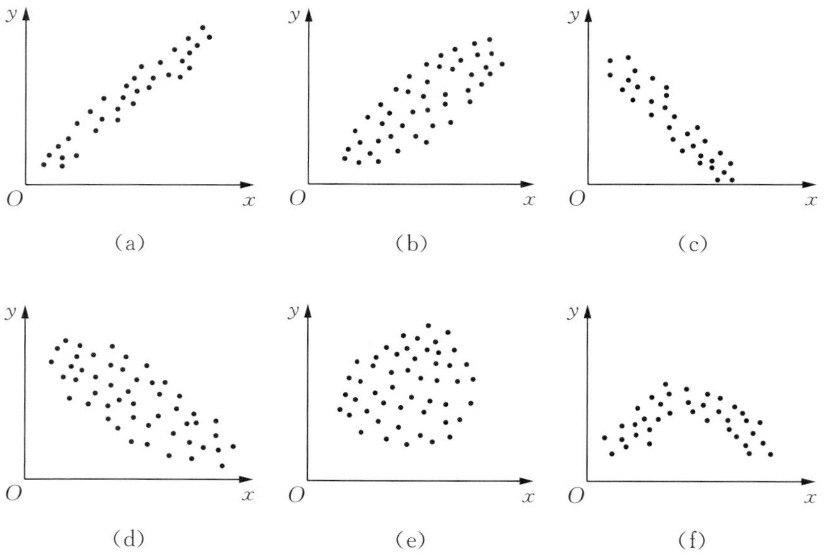

图 3-7　散布图的典型形式

已知热处理淬火温度(x)与硬度(y)的 30 炉实测数据见表 3-7，试用散布图分析淬火温度和硬度的相关关系。

表 3-7　热处理淬火温度和硬度的数据表

序号	x/℃	y/HRC	序号	x/℃	y/HRC	序号	x/℃	y/HRC
1	840	45	11	830	44	21	830	40
2	880	48	12	860	51	22	840	46
3	860	48	13	860	54	23	850	44
4	910	57	14	880	55	24	840	48
5	850	49	15	890	57	25	870	49
6	850	51	16	910	59	26	860	46
7	860	50	17	920	56	27	880	53
8	890	52	18	900	58	28	890	54
9	900	53	19	920	58	29	820	43
10	910	58	20	870	63	30	890	56

将表 3-7 中的数据以(x，y)成对地描在平面直角坐标系中，得到散布图(如图 3-8 所示)。由此散布图可以看出，y 随着 x 的增大而增大，如果标注的点基本上集中在某一直线附近，即热处理淬火温度和硬度具有强正相关关系。

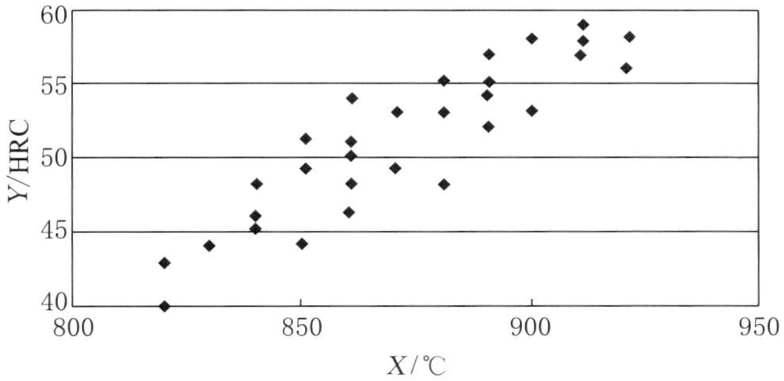

图 3-8　热处理淬火温度和硬度散布图

（三）相关回归分析

散布图只能定性地、近似地表明两个变量之间是否存在线性相关关系，为了能定量地、精确地度量两变量之间的线性相关程度，需要计算它们的相关系数。

1. 相关系数的定义

相关系数是用来描述两个变量间线性关系的密切程度的一个数量指标，定义为：

$$r=\frac{\sum_{i=1}^{n}(x_i-\bar{x})(y_i-\bar{y})}{\sqrt{\sum_{i=1}^{n}(x_i-\bar{x})^2\sum_{i=1}^{n}(y_i-\bar{y})^2}}=\frac{l_{xy}}{\sqrt{l_{xx}l_{yy}}}$$

式中，

x 的平均值　$\bar{x}=\frac{1}{n}\sum_{i=1}^{n}x_i$，

y 的平均值　$\bar{y}=\frac{1}{n}\sum_{i=1}^{n}y_i$，

x 的偏差平方和　$l_{xx}=\sum_{i=1}^{n}(x_i-\bar{x})^2$，

y 的偏差平方和　$l_{yy}=\sum_{i=1}^{n}(y_i-\bar{y})^2$，

x 与 y 的偏差平方和　$l_{xy}=\sum_{i=1}^{n}(x_i-\bar{x})(y_i-\bar{y})=\sum_{i=1}^{n}x_iy_i-n\bar{x}\bar{y}$。

x 的偏差平方和 l_{xx} 可以反映数据 x_1，x_2，…，x_n 的散布大小，y 的偏差平方和 l_{yy} 可以反映数据 y_1，y_2，…，y_n 的散布大小。从 l_{yy} 的计算公式可知其大于 0，但 l_{xy} 可正可负，r 的符号和 l_{xy} 的符号一致。

计算上例中热处理淬火温度和硬度的相关系数：

根据前面公式计算，得

$$\bar{x}=\frac{1}{n}\sum_{i=1}^{30}x_i=872$$

$$\bar{y}=\frac{1}{n}\sum_{i=1}^{30}y_i=51.5$$

$$l_{xx}=\sum_{i=1}^{30}(x_i-\bar{x})^2=23\ 480$$

$$l_{yy}=\sum_{i=1}^{30}(y_i-\bar{y})^2=917.5$$

$$l_{xy}=\sum_{i=1}^{n}(x_i-\bar{x})(y_i-\bar{y})=\sum_{i=1}^{n}x_iy_i-n\bar{x}\bar{y}=3\,790$$

$$r=\frac{\sum_{i=1}^{n}(x_i-\bar{x})(y_i-\bar{y})}{\sqrt{\sum_{i=1}^{n}(x_i-\bar{x})^2\sum_{i=1}^{n}(y_i-\bar{y})^2}}=\frac{l_{xy}}{\sqrt{l_{xx}l_{yy}}}\approx 0.816\,6$$

2. 相关系数的意义

相关系数 r 在 $-1\sim+1$ 之间取值，有

$$-1\leqslant r\leqslant +1$$

类似散布图，相关系数 r 的变化可分为 5 种情况：

(1) $r\approx 1$，x 与 y 强正相关；

(2) $0<r<1$，x 与 y 弱正相关；

(3) $r=0$，x 与 y 无关；

(4) $-1<r<0$，x 与 y 弱负相关；

(5) $r\approx -1$，x 与 y 强负相关。

该例中热处理火温度和硬度之间属于弱正相关。

3. 相关系数 r 的假设检验

由于随机误差的影响，变量之间即使不存在线性相关关系，也能得出不为零的相关系数，所以仅依赖相关系数尚不能最后决定两变量是否线性相关，还需要进行假设。

统计检验的思路是：先假设两变量线性无关（即 $r=0$），如果通过对试验结果的假设检验，否定假设，则判定两变量线性相关。利用表 3-8 相关系数检验表来检验两变量 x 和 y 是否线性相关，其步骤是：

(1) 计算相关系数。

(2) 由显著性水平 $\alpha=5\%$（或 1%）和自由度 $p=n-2$，从表 3-8 中查出临界值 r_α。

表 3-8　相关系数的临界值表

$n-2$	α		$n-2$	α		$n-2$	α	
	5%	1%		5%	1%		5%	1%
1	0.997	1.000	16	0.468	0.590	35	0.325	0.418
2	0.950	0.990	17	0.456	0.575	40	0.304	0.393
3	0.878	0.959	18	0.444	0.561	45	0.288	0.372
4	0.811	0.917	19	0.433	0.549	50	0.273	0.354
5	0.754	0.874	20	0.423	0.537	60	0.250	0.325
6	0.707	0.834	21	0.413	0.526	70	0.232	0.302
7	0.666	0.798	22	0.404	0.515	80	0.217	0.283
8	0.632	0.765	23	0.396	0.505	90	0.205	0.267
9	0.602	0.735	24	0.388	0.496	100	0.195	0.254
10	0.576	0.708	25	0.381	0.487	125	0.174	0.228
11	0.553	0.684	26	0.374	0.478	150	0.159	0.208
12	0.532	0.661	27	0.367	0.470	200	0.138	0.181
13	0.514	0.641	28	0.361	0.463	300	0.113	0.143
14	0.497	0.623	29	0.355	0.456	400	0.095	0.123
15	0.482	0.606	30	0.349	0.449	1 000	0.062	0.081

(3) 比较绝对值 r 和 r_α 的大小。如果 $|r|<r_\alpha$，则以 $1-\alpha$ 的危率(即判断错误的概率)可判断 x 和 y 线性相关，否则认为 x 和 y 线性无关。

4. 回归分析

由表 3-8 可知，淬火温度和硬度不是一条光滑的直线，在实际工作中，大多数情况下自变量 x 和因变量 y 的关系往往也不会是绝对的线性关系。即使存在这种绝对的线性关系，往往也会存在随机误差，使得数据不能正确反映两者的函数关系。我们可以利用最小二乘法，根据试验数据，对变量 x 和 y 之间的回归直线 $y=a+bx$ 中的两个参数 a 和 b 进行估计，其估计值如下：

$$b=\frac{l_{xy}}{l_{xx}}$$

$$a=\bar{y}-b\bar{x}$$

求上例的线性回归方程为

$$b=\frac{l_{xy}}{l_{xx}}=\frac{3\,790}{23\,480}\approx 0.161\,4$$

$$a=\bar{y}-b\bar{x}=51.5-0.161\,4\times 872\approx 89.25$$

即硬度和火温度间的线性回归方程为

$$y=-89.25+0.161\,4x$$

当 x 和 y 的关系如图 3-7(f)所示，不是线性相关时，这属于曲线回归的问题，不能采用上述公式进行回归，这里不再赘述。

四、矩阵数据分析法

(一) 概念

矩阵数据分析法是通过矩阵图把各因素之间的关系用一定量来表达，即在其交点上可以标出数值资料，把多种质量因素或多个变量之间的对应关系，定量地加以表达，从而对大量数据进行预测、计算整理分析的方法。它是多参量解析法的一种方法，这种方法也称为“主成分分析法”。它是一种将多个变量化为少数综合变量的一种多元统计方法，利用此法可从原始数据中获得许多有益的信息，但是这种方法需要借助电子计算机来求解，且计算复杂，因此在品质管理活动中应用较少。

(二) 应用步骤

(1) 确定需要分析的各个方面。

(2) 组成数据矩阵。

(3) 确定对比分数。

(三) 主要用途

矩阵数据分析法可以应用于产品实现整个过程(如产品市场调查、产品设计、工序控制)的各个方面。

(1) 用于预测。

(2) 用于工序质量分析。

(3) 用于了解产品设计过程中顾客的满意程度。

第三节 质量非数据资料分析的基础工具

一、关联图

(一) 概念

关联图就是对关系复杂而相互纠缠的问题,依据原因—结果或目的—手段等关系,在逻辑上用箭头把各要素之间的因果关系连接起来,理清复杂问题、整理语言文字资料的一种图形。

关联图适用于分析整理各种复杂因素交织在一起的问题。经多次修改、绘制,可以明确解决问题的关键,准确把握重点。

(二) 应用步骤

(1) 明确分析的问题用图形圈起来。

(2) 组织有关人员,针对问题充分讨论,提出导致存在问题的有关因素。

(3) 用明确的语言标示引起问题的因素名称。

(4) 明确问题与因素之间的因果关系。将图中"因素"用线圈圈出,"问题"用方框框出,并用箭线连接起来。箭头绘制原则:原因→结果,手段→目的。

(5) 对图形进行整理,尽量减少或消除交叉箭头。

(6) 寻找并确认重要原因。在关联图上找末端原因,末端原因就是可以直接采取措施的原因,在图中表现为箭头只出不进。经确认的重要原因用特殊标记加以体现。在关联图中箭头只进不出的是问题,箭头有进有出的是中间因素。

(三) 主要用途

(1) 制订各种管理计划。

(2) 制订各种方针目标。

(3) 制订各种改进措施。

(4) 分析各方面的原因。

(5) 改进企业的日常管理活动。

图 3-9 是同时对某零件外径和内径尺寸超差两个问题绘制的关联图。

二、系统图

(一) 概念

系统图又称树图,是把要实现的目标与需要采取的措施或手段系统地展开并绘制成的图,以明确问题的重点,寻找最佳手段或措施。

在计划与决策过程中,为了达到某种目的,就需要选择和考虑某种手段;而为了采取这

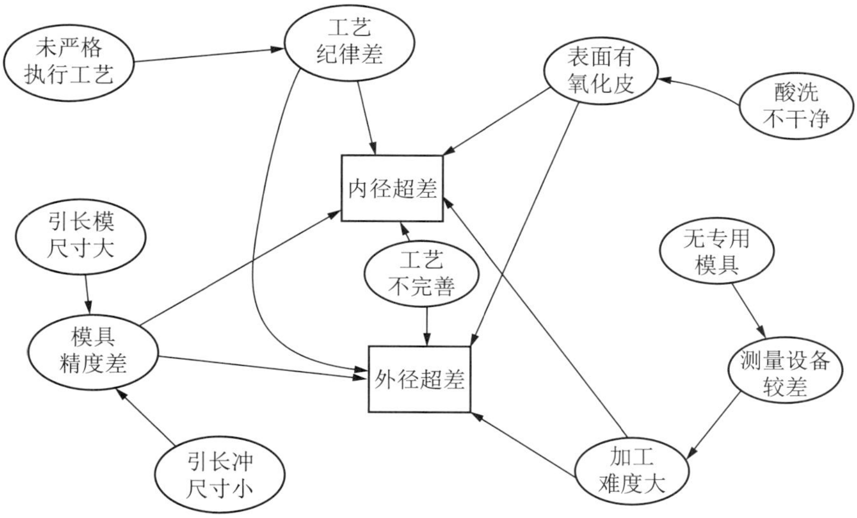

图 3-9　某零件外径和内径尺寸超差两个问题绘制的关联图

一手段，又需要考虑下一级的相应手段。这样，上一级手段就成为下一级手段的行动目的。如此把要达到的目的和所需的手段按顺序层层展开，直到可以采取措施为止，并绘制成树图，就能对问题有一个全面的认识，然后从图形中找出问题的重点，发现实现预定目标的最理想途径。

（二）种类

1. 因素展开型系统图

把构成系统对象的因素加以系统地展开，又称组成因素展开图（如图 3-10 所示）。组织结构图是其中的一种。

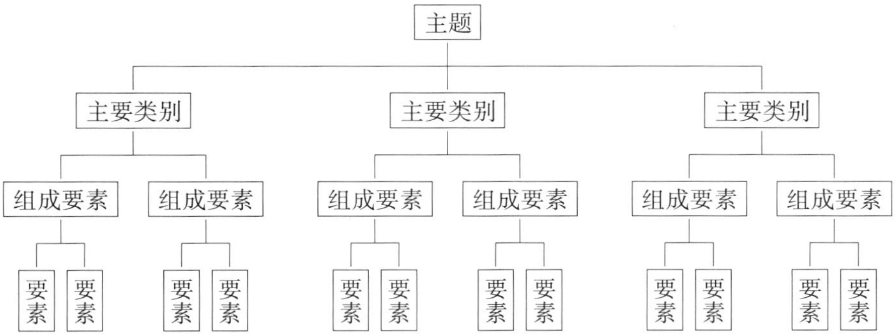

图 3-10　因素展开型系统图

2. 措施展开型系统图

把解决问题或实现目的、目标的手段和措施系统地展开，又称方法展开型系统图（如图 3-11 所示）。

（三）应用步骤

1. 明确具体的目的或目标

把应用系统图最终要达到的目的或目标明确地记录下来，并安排在明显的位置，使任何

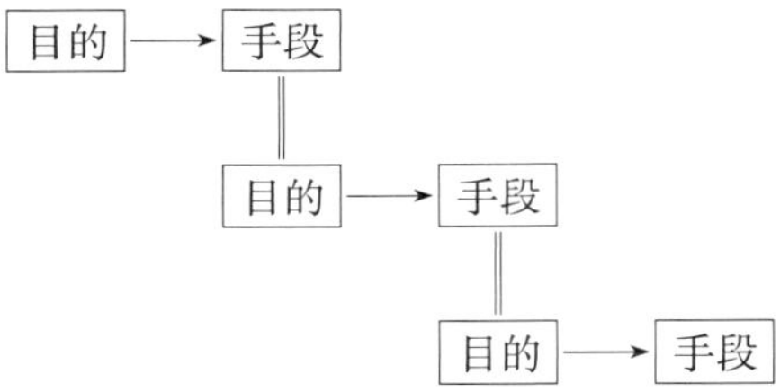

图 3-11　措施展开型系统图

人都能一目了然。对达到目的、目标过程中存在的制约事项，必须予以指明。

2. 提出手段和措施

为了达到预定的目的、目标，提出某种手段、措施，有以下几种方法可供参考：

(1) 从所要达到的目的或目标开始，依次提出下一水平的手段和措施。

(2) 先从提出最基础、初级的手段、措施开始，逐级向上提出较高水平的手段和措施，直至达到目的。

(3) 不管水平的高低，按随意想到的方式，提出手段、措施。

至于采用哪种方法，要视具体情况而定，不能一概而论。

3. 对措施、手段进行评价

所提出的手段、措施不一定符合实际，在实施前应对每项手段、措施是否适当进行评价。

4. 形成目标手段的树状展开图

对评价后的手段、措施进行系统化，分别按目的一手段的关系，用线连起来。

5. 核查目的

检查每个层级所用手段能否保证各级目的或目标实现，直至最终目标实现。

6. 制订实施计划

把系统图最低一级的手段更加具体化，并确定其具体的实施内容、日期和负责人等。

(四) 主要用途

(1) 新产品研制过程中设计质量的展开。

(2) 制订质量保证计划，质量保证活动的展开。

(3) 与因果图结合起来使用。

(4) 目标、方针、实施事项的展开。

(5) 明确部门职能、管理职能。

(6) 对解决企业有关质量、成本、交货期等问题的创意进行展开。

三、过程决策程序图

(一) 概念

过程决策程序图法(Process Decision Program Charts，简称 PDPC 法)是在进行质量管理活动时，为了达成目标或解决问题，总是事先设计好方案，预测可能出现的问题及相应的对策或处理程序，以便把事物引向理想的结果。但是，随着内外部环境的变化，当初拟订的计划不一定行得通，往往需要临时改变计划，特别是解决困难的问题时，修改计划的情况更是屡屡发生。为了解决质量管理过程中出现的这种问题，我们需要借助于运筹学的一种方法——PDPC 法。

PDPC 法，是指为了完成某个任务或达到某个目标，在制订行动计划或进行方案设计时，预测可能出现的障碍和结果，并相应地提出多种应变计划的一种方法。这样在计划执行过程中遇到不利情况时，仍能按第二、第三或其他计划方案进行，以便达到预订的计划目标。在图 3-12 中，当 A 方案在 A2 步骤遇到困难时，可改用 B 方案；当工作刚开始时（A0），A1 就受到严重阻碍，只有使用 C 方案，而在 C2 步骤也很有可能受阻，则可实施 D 方案，也还能够实现理想目的 Z。

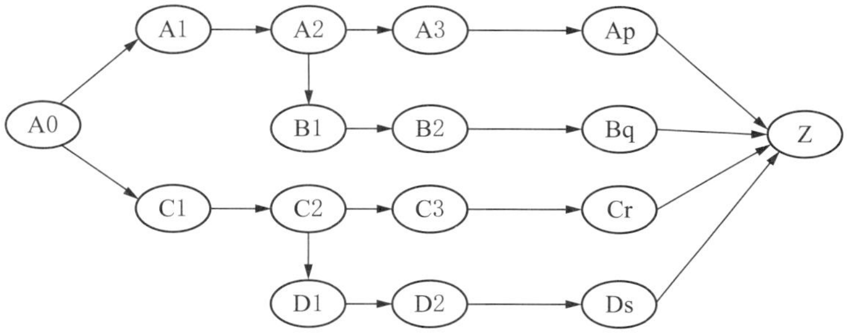

图 3-12　PDPC 法概念图

（二）应用步骤

（1）确定课题，召集有关人员讨论课题。

（2）从讨论中确定实现目标的手段、措施。

（3）对确定的措施，列举出预测的结果及遇到困难时应采取的措施和方案。

（4）按各研究措施的紧迫程度、所需工时、实施的可能性及难易程度决定各项措施实施的先后顺序，并用箭条将理想状态方向连接起来。

（5）落实实施负责人及实施期限。

（6）实施过程中，搜集信息，不断修订 PDPC 图。

（三）主要用途

利用 PDPC 法，可以从全局、从整体掌握系统状态以做出全局性判断，可按时间顺序把握系统的进展情况。在质量管理中，运用此方法可有助于在解决问题的过程中，恰当地提出所有可能的措施和手段，在实施过程中碰到困难时，能迅速采取对策，其具体用途如下：

（1）制订方针目标管理中的实施计划。

（2）制订研制项目的实施计划。

（3）对整个系统的重大事故进行预测。

（4）制订预防工序出现不良因素的措施。

图 3-13 是某设备维修改进团队应用 PDPC 法进行设备维修计划的安排。

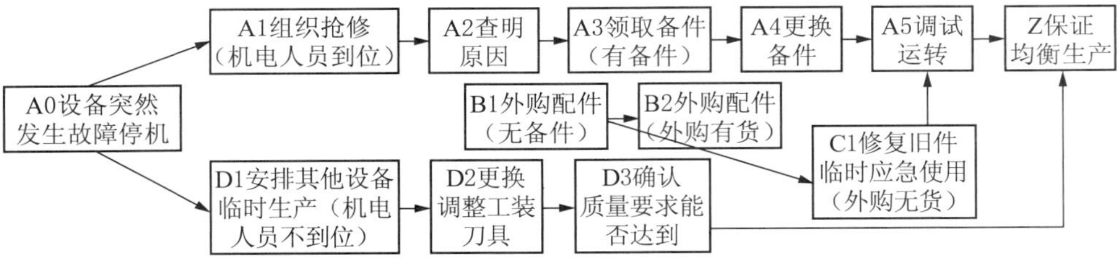

图 3-13　某设备维修改进团队 PDPC 法应用示例

四、网络图

（一）概念

网络图也称箭条图或矢线图，是安排和编制最佳日常计划，有效地实施进度管理的一种科学管理方法。它是把推进计划所必需的各项工作按时间顺序和从属关系，用网络形式表示的一种“矢线图”。一项任务或工程，可以分解为许多作业，这些作业在生产工艺和生产组织上相互依赖、相互制约，网络图可以把各项作业之间的依赖和制约关系清晰地表示出来。通过网络图，我们能找出影响工程进度的关键和非关键因素，从而进行统筹协调，合理地利用资源，提高效率与效益。

（二）网络图的构成

网络图是一张有向无环图，显示了所有活动的先后关系，也就是任务完成的先后顺序，由节点、作业路线与关键路线等构成。

1. 节点

节点表示某一项作业的开始或结束，不消耗资源，也不占用时间，只是时间的一个连接点，也叫事件。它标志着前面各项作业的结束，又标志着在其之后的各项作业的开始，通常用圆圈表示。

2. 作业

作业指任何消耗资源或时间的行动。在网络图中，作业活动用箭条表示，箭条所指的方向为作业前进的方向，箭条图上方的文字表示作业名称，箭条下方的数字表示作业活动所需的时间。

在网络图中，还有一种虚作业。虚作业，指作业时间为零的一种作业，以虚箭条表示，它不占用时间，其作用是把先后的作业连接起来，表明它们之间的先后逻辑关系，指明作业进行的方向。

3. 路线与关键路线

路线是网络图中从最初节点到最终节点的由各项作业连贯组成的一条路，图中从最初节点到最终节点可以有不同的路线，路线的长度是指完成该路上的各项作业持续时间的长度和。各项作业累计时间最长的那条路线，称为关键路线，它决定完成网络图上所有作业需要的最短时间。图 3-14 中用双箭线表示的那条路线是关键路线，路长为 31。

（三）网络图的绘制

针对某计划或项目，要先明确作业名称和作业的先后顺序，然后就可进行网络图的绘制。绘制时从第一道作业开始，以一支箭头代表一个作业，依作业先后顺序，由左向右绘制，

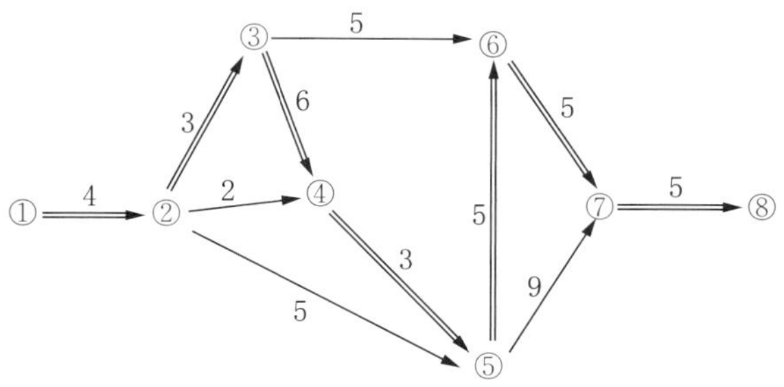

图 3-14　网络图

直到最后一道作业为止。在箭条与箭条的分界处接上圆圈,再在起始工作的箭尾处和终止作业的箭头处画上圆圈,就得到了一张网络图。

绘制网络图应遵守以下规定。

(1) 网络图中每一项作业都应有自己的节点编号,编号从大到小,不能重复。

(2) 网络图是有向的,从左至右排列,不应有回路程(死循环、闭环),即箭头不能从某一节点出发,最后又回到该节点上去。

(3) 任何两个相关事项之间只能有一支箭头,即一个作业,不允许有重复情况。

(4) 网络图只能有一个起始节点和一个终点节点。

(5) 网络图绘制时,不能有缺口,否则就会出现多起点或多终点的情况。

(四) 时间参数及计算

为了优化网络图,合理安排和调度人力、机器设备、物料和时间等资源,需要对网络图中的作业进行时间参数的计算,确定每项作业的时差及网络图的关键路线。

1. 事项时间值的计算方法

作业时间就是完成该作业所需的工时定额。以某工程项目网络图为例(如图 3-15 所示),根据网络图计算节点时间值,各作业的作业时间已标示于图中,求各节点最早开工时间和最晚开工时间。

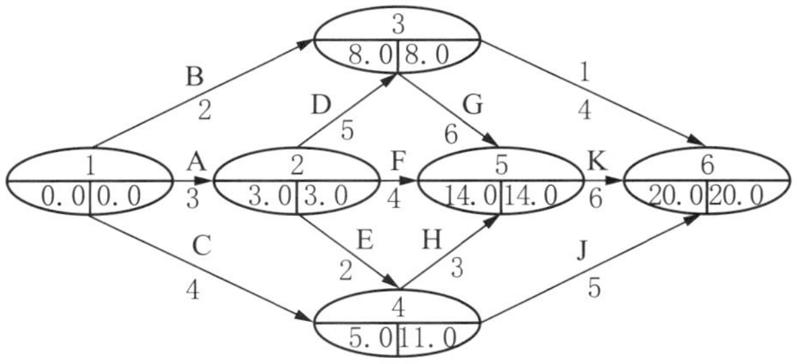

图 3-15　节点时间值计算示例

(1) 计算最早开工时间值。一个事项的最早开工时间等于从始点起到本事项止的最长路线上各道作业的工时之和。只有进入某一节点的全部作业全部完成后,从该节点开始的作业才能开工。始点事项的最早开工时间等于零,即 $t_E(1)=0$。

如果同时有几支箭头进入此节点,则选进入该节点的时间的最大值,否则,在此之前箭头事项是不可能开始的。

节点 1 从零开始，最早开工时间为 0，即 $t_E(1)=0$；

节点 2 的最早开工时间 $t_E(2)=t_E(1)+t(1,\ 2)=0+3=3$；

节点 3 的最早开工时间

$$t_E(3)=\max\begin{cases} t_E(2)+t(2,\ 3)=3+5=8 \\ t_E(1)+t(1,\ 3)=0+2=2 \end{cases}=8。$$

同理，可计算，得

$t_E(4)=5$，$t_E(5)=14$，$t_E(60)=20$。

(2) 计算节点最迟完工时间。一个事项最迟完工时间是指在这个时间里事项若不完成，就要影响随后各个作业按时开工，这个时刻为事项最迟必须完工时间，从最后一个节点开始依次反向计算。如果从此箭尾事项同时发出有几支箭头，则选计算出来的结果中的最小者。

节点 6 的最晚开工时间 $t_L(6)=t_E(6)=20$；

节点 5 的最晚开工时间 $t_L(5)=t_L(6)-t(5,\ 6)=20-6=14$；

节点 4 的最晚开工时间

$$t_L(4)=\min\begin{cases} t_L(5)+t(4,\ 5)=14-3=11 \\ t_L(61)+t(4,\ 6)=20-5=15 \end{cases}=11。$$

同理，可计算，得

$t_L(3)=8$，$t_L(2)=3$，$t_L(1)=8$。

2. 作业时间的计算

(1) 作业的最早开工时间 $Es(i,\ j)$。一个作业必须等待其之前的作业完工后才能开工，在此之前是不具备开工条件的，这个时刻就算为作业最早开工时间。

作业最早可能开工时间就是它的箭尾事项的最早可能开工时间。作业的最早开工时间

$$Es(i,\ j)=t_E(i)$$

(2) 作业的最早完工时间

$$E_F(i,\ j)=t_E(i)+t(i,\ j)$$

(3) 作业的最迟开工时间 $Ls(i,\ j)$。一个作业，如紧接其后有一个或几个作业，为了不影响随后作业如期开工，一个作业应有一个最迟必须开工的时间，这个时间称为作业的最迟开工时间。可以通过其箭头事项最迟必须完工时间减去本作业工时来确定这个时间。

$$Ls(i,\ j)=t_L(j)-t(i,\ j)$$

(4) 作业的最迟完工时间

$$L_F(i,\ j)=t_L(j)$$

(5) 作业的总时差

$$\begin{aligned} Ec(i,\ j)&=Ls(i,\ j)-Es(i,\ j)=Ls(i,\ j)-t_E(i) \\ &=t_L(j)-t(i,\ j)-Es(i,\ j) \end{aligned}$$

一个作业的完工时间可允许推迟多长时间而不影响整个工程或任务的完工时间，称为作业的总时差。该时差表明作业有多少机动时间可以利用，时差愈大，作业时间的潜力也愈大，愈可以将该作业的人力、物力暂时调去支援关键性作业。

作业时间和总时差的计算见表3-9。

3. 关键路线的确定

总时差为零的作业是关键作业，从表3-9中可看出，关键作业为A、D、G、K，因此关键路线为①→②→③→⑤→⑥。

表3-9　网络图作业时间计算表

作业代号 ①	节点号 ②	作业时间 ③	最早开工时间 ④	最早完成时间 ⑤=④+③	最迟开工时间 ⑥=⑦-③	最迟完成时间 ⑦	总时差 ⑧=⑥-④
A	(1，2)	3	0	3	0	3	0
B	(1，3)	2	0	2	6	8	6
C	(1，4)	4	0	4	7	11	7
D	(2，3)	5	3	8	3	8	0
E	(2，4)	2	3	5	9	11	6
F	(2，5)	4	3	7	10	14	7
G	(3，5)	6	8	14	8	14	0
H	(4，5)	3	5	8	11	14	6
I	(3，6)	4	8	12	16	20	8
J	(4，6)	5	5	10	15	20	10
K	(5，6)	6	14	20	14	20	0

（五）网络图的优化

网络计划的优化就是利用时差，不断改进网络计划的方法，达到工期最短，资源利用最有效和费用最少的一种方法。

从网络图上可以看出各工序的时差，时差越大，就表明机动时间越多，优化的潜力就越大。计算和利用时差，可为计划进度的安排提供可供选择的可能性，利用时差，可以进一步挖掘潜力，找到计划安排和资源分配的合理方案。

五、矩阵图

（一）概念

矩阵图法就是利用多元性思考去逐步明确问题的方法。矩阵图法就是在复杂的质量问题中，找出成对的质量因素，分别排列成行和列，在其交叉处表示其关系程度，据此找出存在哪些问题和问题的形态，从而找到解决问题的思路。

在分析质量问题的原因、整理顾客需求、分解质量目标时，将问题、需求、目标（设为X）放在矩阵图的左边，将问题的原因、由顾客需求转化来的质量特性、针对质量目标制定的质量措施（设为 Y）列在矩阵图的上方，用不同的符号表示它们之间关系的强弱，通常用◎表示关系密切，○表示有关系，△表示可能有关系（如图 3-16 所示）。通过在交叉点处给出行与列对应要素的关系及关系程度，可探讨二元排列中的问题和所在的形态，从二元关系中得到解决问题的着眼点。

在寻求问题的解决手段时，若目的（或结果）能够展开为一元性手段（或原因），则可用系统图法。若有两种以上的目的（或结果），则其展开用矩阵图法较为合适。

X	Y					
	Y_1	Y_2	…	Y_i	…	Y_n
X_1						
X_2						
…						
X_i						
…				○	着眼点	
X_n						

图 3-16　矩阵图的概念图

（二）种类

矩阵图法按其矩阵形式大体可分为 L 型、T 型、X 型、Y 型矩阵图（如图 3-17 所示）。

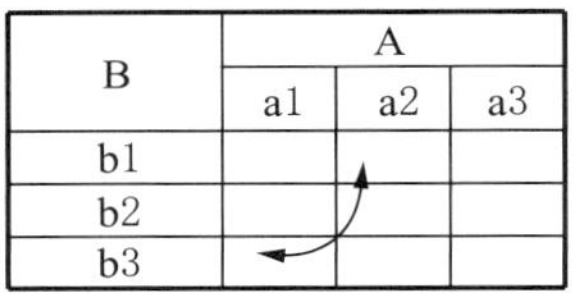

（1）L 型矩阵图

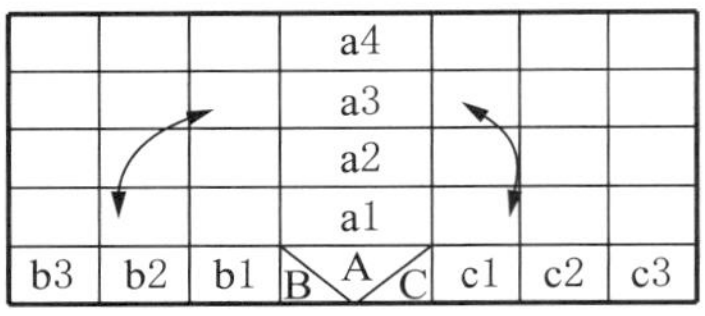

（2）T 型矩阵图

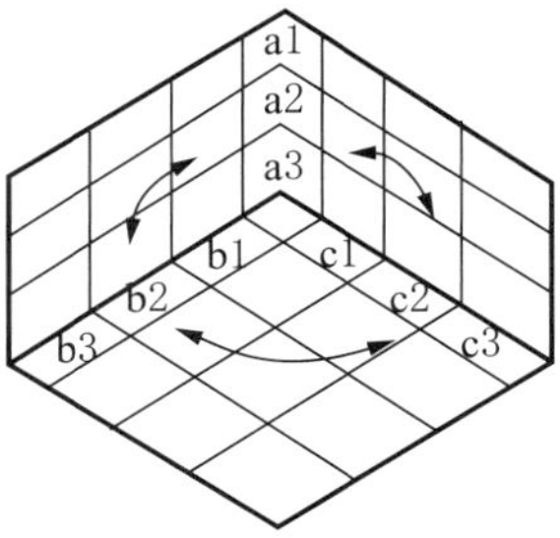

（3）Y 型矩阵图

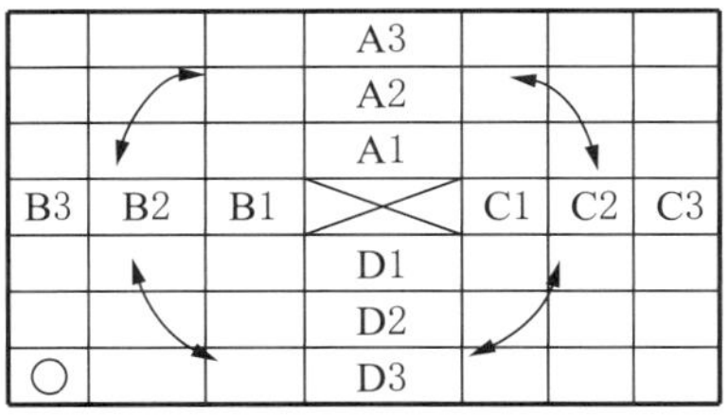

（4）X 型矩阵图

图 3-17　矩阵图的分类

1. L 型矩阵图

L 型矩阵图是最基本的矩阵图。它是把若干成对的事项（目的→手段，结果→原因）用行和列排列的二元表的形式表示的矩阵图。它是由 A 类因素和 B 类因素二元配置组成的矩阵图(如图 3-17(1)所示)。

2. T 型矩阵图

T 型矩阵图是由 A 类因素和 B 类因素组成的 L 型矩阵图和由 A 类因素和 C 类因素组成的 L 型矩阵图组合在一起的矩阵图。即表示 A 类因素分别与 B 类因素和 C 类因素相对应的矩阵图(如图 3-17(2)所示)。

3. Y 型矩阵图

Y 型矩阵图是由 A 类因素和 B 类因素、B 类因素和 C 类因素、C 类因素和 A 类因素组成三个 L 型矩阵图,即表示 A 和 B、B 和 C、C 和 A 三因素分别对应的矩阵图(如图 3-17(3)所示)。

4. X 型矩阵图

X 型矩阵图是由 A 类因素和 B 类因素、A 类因素和 C 类因素、B 类因素和 D 类因素、D 类因素和 C 类因素的 L 型矩阵图组合在一起的矩阵图。即表示 A 和 B、C，B 和 A、D，D 和 B、C，C 和 A、D 四对因素分别对应的矩阵图(如图 3-17(4)所示)。

除以上介绍的四种矩阵图外,还有一种三维立体的 C 型矩阵图,但实际使用过程中,通常将其分解成几张平面矩阵图联合分析。

(三) 应用步骤

(1) 明确研究对象,列出相关因素。

(2) 把成对因素排列成行和列,表示其对应关系。

(3) 选择合适的矩阵图类型。

(4) 在成对因素交点处表示其关系程度。

(5) 根据关系密切程度,确定必须控制的重点因素。

(6) 针对重点因素作对策表。

(四) 主要用途

(1) 确定产品的研制或改进的着眼点。

(2) 原材料、产品的质量功能展开。

(3) 确定产品质量特性与负责部门的关系。

(4) 调查产品实现过程的不良原因。

(5) 了解市场与产品的关联性分析,制订市场发展战略方案。

图 3-18 是针对封面印刷质量调查不合格品原因绘制的矩阵图。

六、亲和图

亲和图法是由日本的川喜田二郎(Kawakita Jiro)首创的一种方法,故又名 KJ 法。

(一) 概念

亲和图法就是针对某一问题,充分收集各种经验、知识、想法和意见等语言、文字资料,按其相互间的亲和性归纳整理这些资料,从复杂的现象中明确问题,从而解决问题的一种方法。

擦污	△							△					○	○				
异色污	◎	◎	◎	○	◎	◎		○	○	△	○	◎			△	○	○	△
同色污							△	○			○	○						
沾污	△	△								○								
黑点污	◎	◎	○		◎	◎									○	○	○	○
原因：现象 / 工序（发生源）	油	锈	头脸（自己）	头脸（他人）	烟垢	垃圾	凹坑	质地	油丝	油水	沉淀物	绒毛	手垢	厚纸	纸屑	黑色涂料	静电	尘埃
搅拌器	○	◎		○	○													
油筒		◎		◎														
原料			○			○												
作业			○															
开卷、卷取	○	○											○	○	○	○	◎	
泵架		○			○	○												
油墨辊		○					○			○	○					○		
导辊	○									○	○							
油缸					◎	◎					○							
压板	○	◎								○	○							
熟化	○	◎			◎	◎				○			○	○			○	
天棚		◎			◎	◎				○								
地面					◎	◎											○	
机架	○	◎			◎	◎				○								
管道	○	○			○	○				○								
冷却水	○									○	○							
喷雾	○	○								○		○				○		
水碾压机		◎			◎								○	○		○		
贴合	○	○			◎	◎				○	○						○	
消光	○				○	○				○				○				
滚筒	◎				◎	◎										○	○	
单刀	○					○											○	
剪切机	○																	
SE	○					○												○
地面																		○

注：◎表示关系密切；○表示有关系；△表示可能有关系。

图 3-18　追查封面印刷脏污原因矩阵图

亲和图接近关联图，但关联图用逻辑推理来明确因果关系，而亲和图则按情理性归类。

（二）应用步骤

1. 确定主题

选择那些杂乱无章的事物或处于混乱状态的思想作为研究的课题。

2. 收集语音文字资料

收集语音文字资料的方法有以下几种。

（1）直接观察法。即亲自到现场去看、去听，和问题直接接触，去掌握事实。

（2）面谈。找知情人个别谈话，掌握第一手资料。

（3）查阅资料。到图书馆、资料室以及专利馆查阅有关资料。

（4）运用头脑风暴法。头脑风暴法包括个人头脑风暴法和集体头脑风暴法，以便产生和澄清大量的意见、信息和反映。

3. 语言资料卡片化

将收集的语言资料，按内容进行逐个分类，并分别用独立的、简洁的语言写在卡片上。

4. 整理综合卡片

将数张卡片汇在一起后，再将卡片逐张展开，将那些内容相似或比较接近的卡片汇总在一起，编成一组，按顺序排列和进行编号并命名。对无法归入任何一组的卡片，可以独立地编为一组。

5. 作图

把归类过程图形化即形成亲和图。把整理好的卡片展开安排在使人容易理解的位置上并用适当的符号画出卡片之间的联系。

（三）主要用途

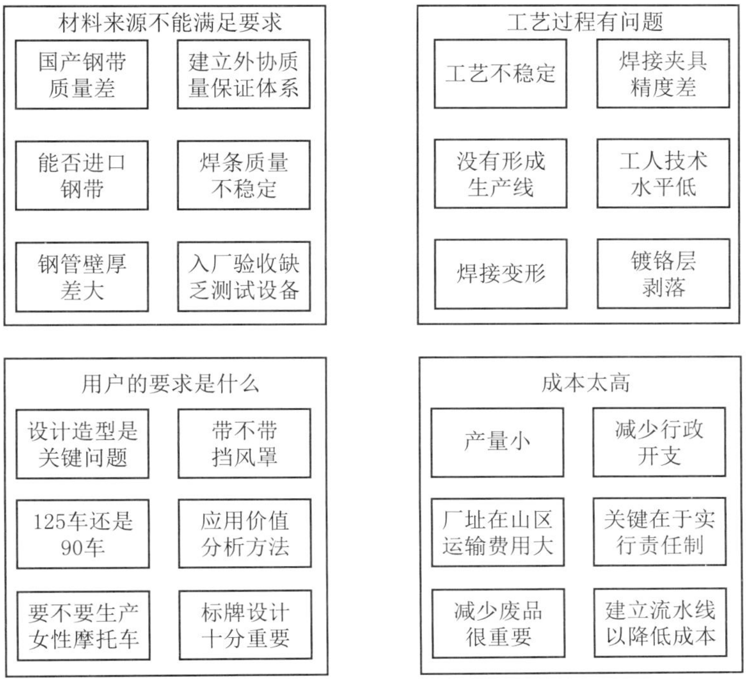

图 3-19　提高摩托车质量绘制的亲和图

(1) 归纳思想、认识事物。对未知的事物或领域,广泛收集实际资料,并从杂乱无章的资料中整理出事物的相互关系和脉络,就某件事情达成共识。

(2) 打破现状和可能的束缚。通过集思广益产生新的想法,并加以归纳整理。

(3) 参谋筹划。不同观点的人集中在一起,很难统一意见。最好能由相互理解的人组成计划小组。为共同的目标,小组成员提出自己的经验、意见和想法,然后将这些资料编成卡片并进行整理。

(4) 贯彻方针。向下级贯彻管理人员的想法和方针。通过亲和图可以帮助人们进行讨论,集思广益,从而将方针自然地贯彻下去。

图 3-19 是如何提高摩托车质量绘制的亲和图。

七、KT 决策法

(一) 概念

KT 决策法是一种思考系统,即就事情各自的程序,按照时间、场所等,明确区分发生问题的情形和没有发生问题的情形,由此找出原因和应该决定的办法。KT 决策法是最负盛名的决策模型,由美国人凯普纳(Kepner)和特雷高(Tregoe)两人合创研究发明的把发现问题分为界定问题和分析原因两步的方法。

(二) 应用步骤

(1) 准备一份含有行动方案和行动结果的决策声明。

(2) 确认战略需求(必需)、行动目标(期望)及限制条件(局限)。

(3) 对各项目标配以权重,逐一排序。

(4) 产生选择方案。

(5) 在客观基础上,对各选择方案进行打分。

(6) 计算各选择方案的加权分值,找出分值最高的前两项或前三项。

(7) 识别这些高分值方案的负面影响,并对这些影响发生的可能性(高、中、低)及严重性(高、中、低)进行评估。

(8) 根据上述评估结果,从这几项高分选择方案中做出最终、唯一的选择。

(三) 主要用途

KT 决策法可以提供没有偏见的决策分析。作为一项结构化的决策方法,它可对决策相关各要素一一进行识辨和排序。作为一项管理工具,KT 决策法的价值在于它能够有效限制误导决策的各项故意的或无意的偏见。这一决策方法可以广泛应用于各个领域,如市场调查、选址。

KT 决策法的使用者可以根据清晰明确的目标对各选择方案进行评估,从而优化最终决策结果。

本章小结

质量调查方法与工具包含了合格评定的基本方法抽样调查方法、调查表法、头脑风暴法、分层法；

数据资料分析的基础方法与工具，包含了排列图、因果图、直方图、散布图；

非数据资料分析的基础方法与工具，包含了关联图、矩阵图、系统图、亲和图、过程决策程序图、网络图和矩阵数据分析法，KT 决策法。

上述方法与工具简单直观、易于理解，适用范围广泛，不但涉及了获取资料实施调查的基本方法，也涵盖了质量管理的“老七种工具”中的调查表、分层法、排列图、因果图、直方图、散布图和“新七种工具”中的关联图、矩阵图、系统图、亲和图、过程决策程序图、网络图和矩阵数据分析法，“老七种工具”和“新七种工具”是质量管理中经典的质量管理方法与工具，不仅应用在质量管理领域，在其他管理领域中也均有应用。

本章对上述各种方法及工具的基本概念、涉及的种类、应用步骤、主要用途及注意事项等进行了不同程度的介绍，只有熟练掌握它们的适用范围及应用场合，才能在实践中灵活使用这些方法及工具、发挥其作用。

思考题

1. 什么是调查表？调查表一般分为哪些种类？
2. 检查表的实施步骤有哪些？
3. 简述常见类型的直方图并进行分析判断。
4. 某厂生产一零件，零件长度技术标准为 220 ± 20 mm，经抽样得 100 个数据（见表 3-10），请绘制出频数直方图并进行分析。

表 3-10　抽样数据

202	210	208	211	213	216	212	218	215	219
204	216	225	237	220	218	214	231	221	220
214	228	215	222	213	221	220	219	223	229
206	231	221	232	229	213	227	220	219	220
206	212	233	220	218	220	217	235	218	226
207	221	220	218	223	230	217	217	220	221
207	228	219	234	217	215	221	220	218	227

续 表

208	223	224	216	226	216	220	224	222	221
217	215	224	218	209	210	225	205	217	210
209	214	211	212	225	211	218	222	211	223

5. 绘制因果图的注意事项有哪些?

6. 分层法的实施步骤有哪些?

7. 某厂对三名焊工小张、小李、小王的焊接质量进行考察,并对焊接裂纹发生率作出了统计数据频数表(见表 3-11)。

通过裂纹发生率频数表考察确定其中一名担任某关键焊件的焊接工作。

表 3-11 裂纹发生率频数表

裂纹发生率(%)	小张	小李	小王
0.0～2.5	5	18	1
2.5～5.0	17	10	8
5.0～7.5	12	7	15
7.5～10.0	9	5	13
10.0～12.5	8	4	8
12.5～15.0	6	3	5
15.0～17.5	5	2	3
17.5～20.0	3	1	2
20.0～22.5	2	0	0
22.5～25.0	1	0	0
25.0～27.5	2	0	1
合计	70	50	56

8. 汽车厂对某一批产品车身质量问题调查结果如下:

油漆	油漆	座椅	其他	油漆	座椅	油漆	座椅	油漆	空调
油漆	油漆	其他	其他	油漆	座椅	油漆	座椅	油漆	空调
防锈	油漆	空调	座椅	空调	座椅	空调	其他	空调	空调
防锈	油漆	空调	座椅	空调	空调	空调	空调	空调	空调
防锈	油漆	空调	座椅	其他	空调	空调	空调	油漆	座椅
油漆	空调	空调	空调	空调	空调	其他	空调	座椅	座椅
空调	空调	防锈	空调	其他	空调	空调	空调	座椅	空调
空调	空调	防锈	其他	其他	其他	空调	油漆	空调	空调
空调	空调	油漆	油漆	空调	空调	空调	油漆	空调	空调
空调	空调	油漆	油漆	空调	空调	空调	油漆	空调	空调

(1) 制作频数分布表;

(2) 绘制排列图;

(3) 分析产品车身主要的质量问题。

9. 某零件加工厂随机抽取 90 个零件进行检测,次品原因调查结果:粗糙度不合格 46 件,圆度不合格 19 件,锥度不合格 12 件,碰伤不合格 8 件,其他不合格 5 件。利用 Mibitab 绘制排列图,并进行分析。

10. 试述散布图的应用步骤。

11. 某切割机切割皮带速度(cm/s)与切割长度(mm)有着密切关系,今测得数据见表 3-12。

试画出散布图,并计算出相关系数,检验相关性。如线性相关,求一元线性回归方程。

表 3-12 速度与长度数据表

速度	长度	速度	长度	速度	长度	速度	长度	速度	长度
8.1	1 043	5.8	1 027	7.9	1 035	8.0	1 036	6.5	1 025
8.0	1 040	7.0	1 020	8.1	1 035	7.6	1 024	6.3	1 020
7.7	1 030	7.6	1 028	6.3	1 015	8.0	1 026	5.2	1 010
5.5	1 013	7.5	1 022	9.0	1 052	8.5	1 029	6.0	1 010
7.4	1 039	6.8	1 025	7.0	1 038	8.0	1 041	8.0	1 030
6.9	1 025	6.7	1 020	7.1	1 021	7.5	1 015	7.2	1 029

12. 系统图分为哪两大类?如何与因果图和头脑风暴法结合使用?

13. 什么是关联图,其应用步骤是什么?

14. 试述 PDPC 法的实施步骤。

15. 试制作保证减少设备停机影响均衡生产的 PDPC 图,并用其指导小组工作。

A0 设想设备突然发生故障停机,A1 组织抢修人员到位,A2 领取备件,A3 更换备件,A4 调试运转交付保证均衡生产,B1 配件不全且无代用件,B2 外购配件,C1 外购无货,C2 修旧件应急,D1 机电人员不到位,D2 安排其他设备生产,D3 更换调整工装/刀具,D4 确认质量要求能否达到。

16. 试述网络图的绘制步骤及原则。

17. 矩阵图有哪些种类?主要用途是什么?

18. 什么是矩阵数据分析法?

19. 试述亲和图的绘制步骤。

第四章
战略分析方法与工具

学习要点

- ◆ 战略定义、分层及战略实现的影响因素;
- ◆ 战略管理与经营管理的区别;
- ◆ PEST、SWOT、波士顿矩阵分析的适用条件和应用步骤;
- ◆ 平衡计分卡体系的构成、各部分关系及“五步法”应用;
- ◆ 标杆管理的应用步骤。

第一节　概　述

一、战略

（一）战略的定义

战略一词最早是军事方面的概念，指军事将领指挥军队作战的谋略。战略在现代社会中被引入政治、经济、文化等各个领域中。在管理学中，针对一个组织的战略是指组织为适应未来环境的变化，对生产经营和持续，稳定发展中的全局性、长远性、纲领性目标的谋划和决策。组织战略是表明组织如何达到目标，完成使命的整体谋划，是提出详细行动计划的起点，但它又凌驾于任何特定计划的各种细节之上。战略反映了管理者对行动、环境和业绩之间关键联系的理解，用以确保已确定的使命、愿景、价值观的实现。

（二）战略的层次

战略是对组织各种战略的统称，其中既包括竞争战略，也包括营销战略、发展战略、品牌战略、融资战略、技术开发战略、人才开发战略、资源开发战略等。组织战略虽然有多种，但基本属性是相同的，都是对组织的谋略，都是对组织整体性、长期性、基本性问题的计谋。例如，企业竞争战略是对企业竞争的谋略，是对竞争整体性、长期性、基本性问题的计谋；企业营销战略是对企业营销的谋略，是对企业营销整体性、长期性、基本性问题的计谋；企业技术开发战略是对企业技术开发的谋略，是对企业技术开发整体性、长期性、基本性问题的计谋；企业人才战略是对企业人才开发的谋略，是对企业人才开发整体性、长期性、基本性问题的计谋。

总之，只要涉及的是组织整体性、长期性、基本性问题，就属于组织战略的范畴。但是如果根据组织的目标层次不同进行战略划分，一般应分为三个层次：总体战略、业务战略和职能战略。

1. 总体战略

总体战略又称公司战略，是企业最高层次的战略，是企业整体的战略总纲。在存在多个经营单位或多种经营业务的情况下，企业总体战略主要是指集团母公司或者公司总部的战略。总体战略的目标是确定企业未来一段时间的总体发展方向，协调企业下属的各个业务单位和职能部门之间的关系，合理配置企业资源，培育企业核心能力，实现企业总体目标。它主要强调两个方面的问题：一是“应该做什么业务”，即从公司全局出发，根据外部环境的变化及企业的内部条件，确定企业的使命与任务、产品与市场领域；二是“怎样管理这些业务”，即在企业不同的战略事业单位之间如何分配资源以及采取何种成长方向等，以实现公司整体的战略意图。

2. 业务战略

业务战略又称经营单位战略。现代大型企业一般同时从事多种经营业务，或者生产多种不同的产品，有若干个相对独立的产品或市场部门，这些部门即事业部或战略经营单位。各个业务部门的产品或服务不同，所面对的外部环境（特别是市场环境）也不相同，企业能够对各项业务提供的资源支持也不同，因此，各部门在参与经营过程中所采取的战略也不尽相同，各经营单位有必要制订指导本部门产品或服务经营活动的战略，即业务战略。

业务战略是企业战略业务单元在公司战略的指导下，经营管理某一特定的战略业务单元的战略计划，具体指导和管理经营单位的重大决策和行动方案，是企业的一种局部战略，也是公司战略的子战略，它处于战略结构体系中的第二层次。

业务战略着眼于企业中某一具体业务单元的市场和竞争状况，相对于总体战略有一定的独立性，同时是企业战略体系的组成部分。业务战略主要回答在确定的经营业务领域内，企业如何展开经营活动；在一个具体的、可识别的市场上，企业如何构建持续优势等问题。其侧重点在于以下几个方面：贯彻使命、业务发展的机会和威胁分析、业务发展的内在条件分析、业务发展的总体目标和要求等。

3. 职能战略

职能战略是为贯彻、实施和支持公司战略与业务战略而在企业特定的职能管理领域制订的战略。职能战略主要回答某职能的相关部门如何卓有成效地开展工作的问题，重点是提高企业资源的利用效率，使企业资源的利用效率最大化。其内容比业务战略更为详细、具体，其作用是使总体战略与业务战略的内容得到具体落实，并使各项职能之间协调一致，通常包括营销战略、人力资源战略、财务战略、生产战略、研发战略等方面。

简而言之，总体战略倾向于总体价值取向，以抽象概念为基础，主要由企业高层管理者制订；业务战略主要就本业务部门的某一具体业务进行战略规划，主要由业务板块领导负责；职能战略主要涉及具体执行和操作问题，主要由职能部门领导负责。

总体战略、业务战略与职能战略一起构成了企业战略体系。在企业内部，企业战略管理各个层次之间是相互联系、相互配合的。企业每一层次的战略都为下一层次战略提供方向，并构成下一层次的战略环境，每层战略又为上一级战略目标的实现提供保障和支持。所以，企业要实现其总体战略目标，必须将三个层次的战略有效地结合起来。

二、战略管理的内涵

（一）定义

战略作为过程展开，就是战略管理。战略管理是指对组织战略的管理，包括战略的分析与制订、评价与选择，以及实施与控制三个部分。因此，战略管理是组织高层管理人员为了组织长期的生存和发展，在充分分析组织外部环境和自身条件的基础上，确定和选择达到目标的有效战略，并将战略付诸实施和对战略实施过程进行控制和评价的一个动态管理过程。

战略管理是确定组织使命的输入，而使命则是组织生产经营的哲学定位，也就是经营观念。组织确定的使命为组织确立了一个经营的基本指导思想、原则、方向、经营哲学等，它不是组织具体的战略目标，或者是抽象地存在，不一定表述为文字，但影响经营者的决策和思维。这中间包含了组织经营的哲学定位、价值观定位以及组织形象定位：经营的指导思想是什么，如何认识这份事业，如何看待和评价市场、顾客、员工、伙伴和对手。只有在此基础之上我们方能根据组织外部环境和内部环境的分析建立并确定组织目标和方针，保证目标的正确落实并使组织使命最终得以实现。

（二）战略管理的特点

战略的有效制订直接关系到组织经营的可持续发展，在评估战略是否适宜时应考虑以下几方面：

(1) 管理对象的全局性。企业的战略管理是以企业的全局为对象，根据企业总体发展的需要而制订的，它所管理的是企业的总体活动，所追求的是企业的总体效果。虽然这种管理也包括企业的局部活动，但是这些局部活动是作为总体活动的有机组成在战略管理中出现的。具体地说，战略管理不是强调企业某一事业部或某一职能部门的重要性，而是通过制订企业的使命、目标和战略来协调企业各部门自身的表现，使这些部门对实现企业使命、目标、战略做出积极的贡献。这样也就使战略管理具有综合性和系统性的特点。

(2) 决策主体的高层性。战略管理主体是企业的高层管理人员，由于战略决策涉及一个企业运作的各个方面，虽然它也需要企业上下层管理者和全体员工的参与和支持，但企业的最高层管理人员介入战略决策是非常重要的。这不仅是由于他们能够统观企业全局，了解企业的全面状况，更重要的是他们具有对战略实施所需资源进行分配的权力。

(3) 资源配置的核心性。企业的资源，包括人力资源、实体财产和资金，或者在企业内部进行调整，或者从企业外部来筹集。在任何一种情况下，战略决策都需要在相当长的一段时间内致力于一系列的活动，而实施这些活动需要有大量的资源作为保证。因此，这就需要为保证战略目标的实现，对企业的资源进行统筹规划，合理配置。

(4) 时间安排的长远性。战略管理从时间上来说具有长远性，战略决策是对企业未来较长时期内，就企业如何生存和发展等进行统筹规划。虽然这种决策以企业外部环境和内部条件的当前情况为出发点，并且对企业当前的生产经营活动有指导、限制作用，但这一切是为了更长远的发展，是长期发展的起步。从这一点上来说，战略管理也是面向未来的管理，战略决策要以经理人员所期望或预测将要发生的情况为基础。在变化迅速和竞争激烈的环境中，企业要取得成功必须对未来的变化采取预应性的态势，这就需要企业做出长期性的战略计划。

（5）影响因素的综合性。战略管理需要考虑企业外部环境中的诸多因素。现今的企业都存在于一个开放的系统中，它们影响着这些因素，但更通常地是受这些不能由企业自身控制的因素所影响。因此在未来竞争的环境中，企业要使自己占据有利地位并取得竞争优势，就必须考虑与其相关的因素，这包括竞争者、顾客、资金供给者、政府等外部因素，以使企业的行为适应不断变化中的外部力量，使企业能够继续生存下去。

三、战略管理的流程

（一）战略分析

战略分析在于总结影响企业发展的关键因素，并确定在战略选择步骤中的具体影响因素，它包括以下三个主要方面：

（1）确定企业的使命和目标。把企业的使命和目标作为制订和评估企业战略的依据。

（2）对外部环境进行分析。外部环境包括宏观环境和微观环境。

（3）对内部条件进行分析。战略分析要了解企业自身所处的相对地位，具有哪些资源及战略能力；了解企业有关的利益相关者的利益期望，在战略制订、评价和实施过程中，这些利益相关者会有哪些反应。

（二）战略选择

战略选择阶段所要解决的问题是“企业向何处发展”。其步骤分为三步。

1. 制订战略选择方案

根据不同层次管理人员介入战略分析和战略选择工作的程度，将战略选择的方法分为三种形式：

（1）自上而下。先由企业最高管理层制订企业的总体战略，然后由下属各部门根据自身的实际情况将企业的总体战略具体化，形成系统的战略方案。

（2）自下而上。企业最高管理层对下属部门不做具体规定，但要求各部门积极提交战略方案。

（3）上下结合。企业最高管理层和下属各部门的管理人员共同参与，通过上下级管理人员的沟通和磋商，找出适宜的战略。

三种形式的主要区别在战略制订中对集权与分权程度的把握上。

2. 评估战略备选方案

评估战略备选方案通常使用两个标准：一是考虑选择的战略是否发挥了企业的优势，克服了劣势，是否利用了机会，将威胁削弱到最低程度；二是考虑选择的战略能否被企业利益相关者接受。

3. 选择战略

选择战略指最终的战略决策，即确定准备实施的战略。如果用多个指标对多个战略方案评价后产生不一致时，确定最终的战略可以考虑以下几种方法：

（1）把企业目标作为选择战略的依据。

（2）提交上级管理层审批。

（3）聘请外部机构。

（4）战略政策和计划。

（三）战略实施和控制

战略实施和控制就是将战略转化为行动。主要涉及以下一些问题：

（1）在企业内部各部门和各层次如何分配、使用现有的资源。

（2）为了实现企业目标，还需要获得哪些外部资源以及如何使用。

（3）为了实现既定的战略目标，有必要对组织结构做哪些调整。

（4）如何处理出现的利益再分配与企业文化的适应问题，如何通过对企业文化的管理来保证企业战略的成功实施。

四、战略管理与经营管理的区别

经营管理是指在组织内，为使生产、营业、劳动力、财务等各种业务，能按经营目的顺利地执行、有效地调整而所进行的系列管理、运营等活动。经营管理与战略管理的显著的区别有以下几个方面：

（1）关注点不同。战略管理具有外向性特征，是以不确定性、不连续的经营环境为前提，管理者注重监控企业外部环境的变化，制订有效的战略计划；经营管理是以较为稳定的经营环境为前提，将管理的重点放在日常经营活动。

（2）管理范围不同。战略管理重视企业的整体性综合管理，是对企业全局长远的发展目标、方向、任务、政策和资源调配的管理。经营管理重视企业职能型业务管理，是为使各职能部门的各种业务（如生产、营业、劳动力、财务）顺利开展而进行的管理。

（3）基本任务不同。战略管理的基本任务是根据组织外部环境和内部条件设定企业的战略目标，确定企业的使命，追求组织长期生存。经营管理的基本任务是合理地组织生产力，使供、产、销各个环节相互衔接，密切配合，人、财、物各种要素合理结合，充分利用，以尽量少的劳动消耗和物质消耗，生产出更多的符合社会需要的产品，着眼点放在短期的经营成果和利益上。

（4）反应机理不同。战略管理是一种预应式管理，管理人员要有战略思想和眼光；经营管理是一种因应式管理，只是对某个环境事态做出临时性的反应。

五、企业战略实现的影响因素

（一）企业远景规划的影响

使命、核心价值观和愿景是远景规划的三个组成部分，也是一个企业存在时最核心的部分。战略规划的过程中，使命和愿景始终指引着战略制订的方向和要求；而核心价值观引导着战略的思考方式以及执行策略。

（二）内外部环境的影响

外部环境包括宏观环境和产业环境。内部因素包括两个方面，第一是哈默尔和普拉哈拉德提出的企业核心竞争力,第二是企业文化。

企业文化对公司战略的影响主要包括以下几点。

(1) 决策风格。

(2) 阻止战略的转变。

(3) 克服对战略改变的阻碍。

(4) 主导价值观。

(5) 文化冲突。

(三) 企业任务目标的影响

企业目标主要包括企业盈利能力的目标、生产效率的目标、产品结构与产品形象的目标、市场竞争地位的目标。企业目标是有效测量战略实现程度的评价指标,一个可持续的适宜性战略应可测量,通过指标体系的评估不断对战略进行修正,使组织持续健康发展。为了使企业的战略得以实现,那么企业设定的目标应切实可行,所以在确定企业目标时必须符合以下要求:

(1) 企业目标应符合企业基本任务的要求。

(2) 企业目标必须明确、具体,并尽可能量化。

(3) 企业目标应有相应的策略和措施做保证。

第二节 宏观环境分析模型

一、宏观环境分析模型定义

宏观环境分析模型是分析企业外部宏观环境的一种方法。宏观环境又称一般环境,是指影响一切行业和企业的各种宏观力量、因素。对宏观环境因素作分析,不同行业和企业根据自身特点和经营需要,分析的具体内容会有差异,但一般都应对政治(political)、经济(economic)、社会(social)和技术(technological)这四大类影响企业的主要外部环境因素进行分析,称为 PEST 分析法。

二、PEST 分析的适用条件及应用程序

PEST 分析一般适用于在组织战略规划、市场规划、产品经营发展、研究报告撰写方面更为适宜。PEST 分析程序如下。

(一) 政治法律环境分析

政治环境包括一个国家的社会制度,执政党的性质,政府的方针、政策、法令等。不同的国家有着不同的社会性质,不同的社会制度对组织活动有着不同的限制和要求。即使社会制度不变的同一国家,在不同时期,由于执政党的不同,其政府的方针特点、政策倾向对组织活动的态度和影响也是不断变化的。

重要的政治法律变量有以下几点:

(1) 执政党性质。
(2) 政治体制。
(3) 经济体制。
(4) 政府的管制。
(5) 税法的改变。
(6) 各种政治行动委员会。
(7) 专利数量。
(8) 专利法的修改。
(9) 环境保护法。
(10) 产业政策。
(11) 投资政策。
(12) 国防开支水平。
(13) 政府补贴水平。
(14) 反垄断法规。
(15) 与重要大国关系。
(16) 地区关系。
(17) 对政府进行抗议活动的数量、严重性及地点。
(18) 民众参与政治行为。

(二) 经济环境分析

经济环境主要包括宏观和微观两个方面的内容。宏观经济环境主要指一个国家的人口数量及其增长趋势,国民收入、国民生产总值及其变化情况,以及通过这些指标能够反映的国民经济发展水平和发展速度。微观经济环境主要指企业所在地区或所服务地区的消费者的收入水平、消费偏好、储蓄情况、就业程度等因素。这些因素直接决定着企业目前及未来的市场大小。

重要的关键经济变量有以下几点:
(1) 国内生产总值(GDP)及其增长率。
(2) 贷款的可得性。
(3) 可支配收入水平。
(4) 居民消费(储蓄)倾向。
(5) 利率。
(6) 通货膨胀率。
(7) 规模经济。
(8) 政府预算赤字。
(9) 消费模式。
(10) 失业趋势。
(11) 劳动生产率水平。
(12) 汇率。
(13) 证券市场状况。

（14）外国经济状况。

（15）进出口因素。

（16）不同地区和消费群体间的收入差别。

（17）价格波动。

（18）货币与财政政策。

（三）社会文化环境分析

社会文化环境包括一个国家或地区的居民教育程度和文化水平、宗教信仰、风俗习惯、审美观点、价值观念等。文化水平会影响居民的需求层次；宗教信仰和风俗习惯会禁止或抵制某些活动的进行；价值观念会影响居民对组织目标、组织活动以及组织存在本身的认可度；审美观点则会影响人们对组织活动内容、活动方式以及活动成果的态度。

关键的社会文化因素有以下几点：

（1）妇女生育率。

（2）人口结构比例。

（3）性别比例。

（4）特殊利益集团数量。

（5）结婚率、离婚率。

（6）人口出生、死亡率。

（7）人口移进移出率。

（8）社会保障计划。

（9）人口预期寿命。

（10）人均收入。

（11）生活方式。

（12）平均可支配收入。

（13）对政府的信任度。

（14）对政府的态度。

（15）对工作的态度。

（16）购买习惯。

（17）对道德的关切。

（18）储蓄倾向。

（19）性别角色。

（20）投资倾向。

（21）种族平等状况。

（22）节育措施状况。

（23）平均教育状况。

（24）对退休的态度。

（25）对质量的态度。

（26）对闲暇的态度。

（27）对服务的态度。

(28) 污染控制。

(29) 对能源的节约。

(30) 社会活动项目。

(31) 社会责任。

(32) 对职业的态度。

(33) 对权威的态度。

(34) 城市、城镇和农村的人口变化。

(35) 宗教信仰状况。

(四) 技术环境分析

技术环境分析除了要考察与企业所处领域的活动直接相关的技术手段的发展变化,还应及时了解以下几个方面:

(1) 国家对科技开发的投资和支持重点。

(2) 该领域技术发展动态和研究开发费用总额。

(3) 技术转移和技术商品化速度。

(4) 专利及其保护情况,等等。

综上,PEST 的分析要素繁多,每个组织要依据本组织的具体情况,确定重点分析的要素。分析维度示例,分别如图 4-1 和表 4-1 所示。

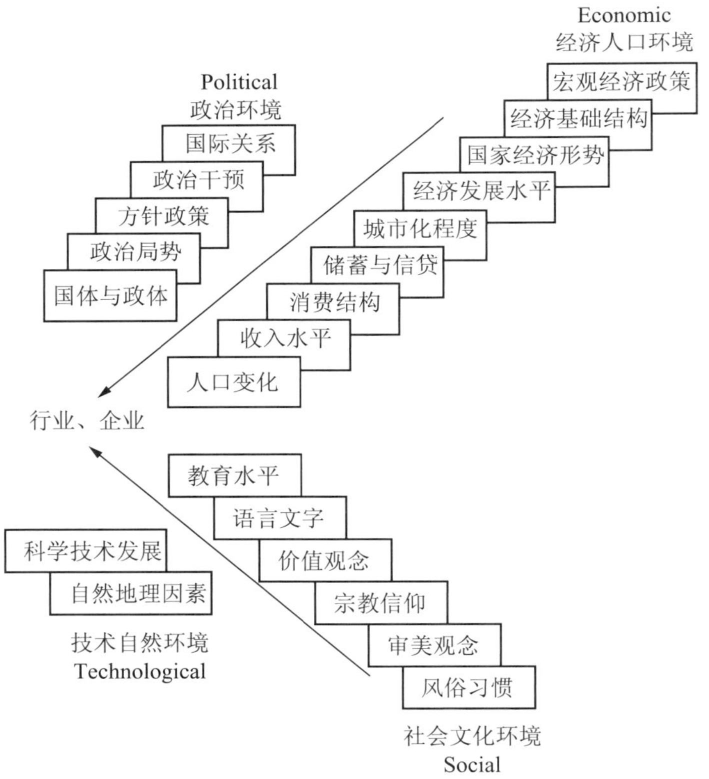

图 4-1 分析维度示例

表 4-1　分析维度示例

政治、政策和法律环境	经济环境	社会文化环境	技术环境
环保制度	经济增长	收入分布	政府研究开支
税收政策	利率与货币政策	人口统计 人口增长率 年龄分布	产业技术关注
国际贸易章程与限制	政府开支	劳动力与社会流动性	新型发明与技术发展
合同执行法 消费者保护法	失业政策	生活方式变革	技术转让率
雇用法律关系	征税	职业与休闲态度 企业家精神	技术更新速度与生命周期
政府组织和态度	汇率	教育	能源利用与成本
竞争规则	通货膨胀率	潮流与风尚	信息技术变革
政治稳定性	商业周期的所处阶段	健康意识 社会福利及安全感	互联网的变革
安全规定	消费者信心	生活条件	移动技术变革

三、某国外知名咖啡连锁店进入我国市场的 PEST 应用实践

（一）背景

某国外知名连锁咖啡店为能够有效地在我国继续开发并占领目标客户市场，精准实施营销战略，实现中国市场的长期可持续发展，特针对我国目前营商环境，委托第三方专业机构，从我国的政治环境、经济环境、社会环境、技术环境四个角度进行了宏观可行性分析。

（二）分析结果

P——政治（political）。

1. 稳定的政治环境

该咖啡店经营的是咖啡服务，并不涉及国家的垄断行业和稀缺资源。随着改革开放的深入，中国政府鼓励外资企业的进入。目前稳定的政治环境是国外咖啡经营商开拓市场的基础。

2. 知识产权保护

在我国某市，相关部门经过评选委员会讨论，评出了该市保护知识产权十大案件，该咖啡品牌遭受侵权案入选，体现了中国对知识产权保护的重视力度。

3. 该经营商重视在中国的公益活动

该公司董事长设立了以该公司咖啡品牌命名的中国教育项目，并捐赠 350 万美元用于实施这一项目。在今后的发展中，改善中国的教育状况是企业在承担社会责任方面的主要目标。公司希望通过成立这个“中国教育项目”，来提高中国贫困地区的教育状况。公司捐赠 100 万美元，与中国某基金会合作举办了“培训计划”，为来自各贫困省市的教师提供了培训活动，并且启动了“教师助学金”项目，支持师范院校的贫困学生们完成他们的学业。

E——经济(economic)。

1. 经济增长

我国目前经济处于高速发展的阶段,在这一阶段居民的收入增长得很快。居民收入的提高为该公司的发展提供了稳定的经济环境,有益于该公司咖啡品牌进行稳步的市场开拓。通过对市场数据分析得知咖啡的消费场所主要集中在咖啡馆和酒店等较高档的消费场所,该公司咖啡品牌的快速发展与中国人均收入和消费水平的提高密切相关。

2. 市场潜力巨大

在中国,平均每人每年的咖啡消费量是 4 杯,即使是在北京、上海这样的大城市,每人每年的消费量也仅有 20 杯。而在日本和英国,平均每人每天就要喝一杯咖啡。日本和英国都是世界著名的茶文化国家,目前已经发展成了巨大的咖啡市场。拥有强大茶文化的中国具有广阔的咖啡消费潜力,中国市场在公司内部被誉为“第二本土市场”。

3. 咖啡行业投资情况

一线城市依旧竞争激烈,开店运营成本高、风险大。二三线城市市场更为广阔,咖啡店成功率高。

S——社会(social)。

1. 越来越多人接受咖啡、喜欢咖啡

根据一项在 12 个内陆城市的调查,32%的城市居民喝咖啡。其中未婚青年男女多在咖啡店消费,家庭主妇及 35 岁以上的都市白领成为在家饮用咖啡增长最快的群体。

一些消费者虽然不喜欢喝咖啡,但顾客普遍喜欢咖啡店的氛围和环境,他们会在咖啡店里消费一些其他的附属产品,因此咖啡店潜在的消费群还是很多。

2. 顾客转向

随着咖啡文化的普及,消费者开始挑选咖啡的品牌,开始享受咖啡带来的乐趣。速溶咖啡已远远不能满足咖啡消费了,原豆咖啡的普及无疑是一个巨大的商机。“文化咖啡”是现在整个咖啡产业的主流理念,发展相当迅速。

T——技术(technological)。

1. 技术环境

全球顶级的咖啡豆、手工制作的浓缩咖啡和多款咖啡冷热饮料、新鲜美味的各式糕点食品以及丰富多样的咖啡机、咖啡杯不断出现。由于咖啡的口味固定,所以公司的内部生产技术变动相对较小,外部的技术竞争也相对稳定。

2. 信息技术的影响

信息技术的进步会提高公司连锁经营的管理效率,这样公司总部可以在短时间内迅速掌握世界上所有分店的管理现状,并加以有效的指导。因此,信息技术为企业的连锁管理搭建了高效的平台。

3. 移动支付

为了进一步提升移动支付水平,公司宣布和某知名移动支付公司进行合作。目前,顾客在购买脱脂拿铁和烤饼时必须使用手机,就如同其他店家的移动支付方案一样。而在采用了移动支付公司的定位技术之后,系统可以提醒出纳员是谁进入了商店,同时顾客的名字和照片会显示在商店设备的屏幕上。如果出纳员确定顾客本人和照片相符,那么就会把本次消费记在账上,在当月末,后台系统将不再向顾客发送账单,支付行为可以实现自动化。

4. 咖啡生命周期及成长性分析

由于公司进驻中国的市场还不长久，咖啡市场的发展依旧处在成长阶段，所以会吸引大量的投资者进入，加大竞争的压力，因此作为投资者，应该在应有的基础上，采取改善产品品质、寻找新的市场细分、改变广告的宣传重点、降价等一系列措施，以应对未来更加激烈的竞争，从而更好地占领市场。

通过有针对性的宏观层面的分析，该公司从战略和经营角度对前期中国市场及未来在中国市场的发展思路进行了清晰的分析，同时不断进行战略校准，从而保证了公司的发展。

第三节　态势分析法

一、态势分析法定义

态势分析法是通过分析企业的优势（strengths）、劣势（weaknesses）、机会（opportunities）和威胁（threats），将企业的战略与企业内部资源、外部环境有机地结合起来的一种科学的分析方法，该方法也称道斯矩阵或 SWOT 分析法，是由美国旧金山大学的管理学教授韦里克在 20 世纪 80 年代初提出的。优劣势分析主要着眼于企业自身的实力及其与竞争对手的比较，而机会和威胁分析将注意力放在外部环境的变化及对企业的可能影响上。SWOT 的分析内容示例见表 4-2。

表 4-2　SWOT 分析内容示例

	外部威胁	外部机会
外部环境	市场增长较慢 行业成本水平提高 竞争压力增大 新的竞争者进入行业 替代品销售额正逐步上升 用户讨价还价能力增强 用户偏好逐步改变 通货膨胀的影响	纵向一体化 市场增长迅速 互补产品销量增加 新的消费者加入 有开拓新市场的机会 有合并或重组的机会 在同行业中竞争业绩良好 拓展产品线满足用户需求
	内部优势	内部劣势
内部环境	知识产权 成本优势 竞争优势 特殊能力 产品创新 具有规模效益 良好的财务资源 高素质的管理人员 公认的行业领先者 客户的良好印象 适应力强的经营战略 其他	竞争劣势 设备老化 战略方向不明 竞争地位恶化 产品线范围太窄 技术开发滞后 营销水平低于同行业其他企业 管理不善 战略实施的历史纪录不佳 不明原因导致的利润率下降 资金周转困难 相对于竞争对手成本过高及其他

通过SWOT分析，可帮助企业把资源和行动聚集在自己的强项和有最多机会的地方，使企业战略变得明朗。

二、SWOT分析的适用条件及应用步骤

（一）适用条件

SWOT分析一般适用于企业战略制订、竞争对手分析等场合。

（二）分析步骤

1. 外部环境分析

可以通过PEST分析、五力分析等列出外部环境中存在的发展机会和威胁。

2. 内部环境分析

列出企业目前所具有的优势和劣势，可以从影响质量的因素如人员、设备、原材料、方法及测量等方面分析，也可以从产品研发能力、生产技术、成本、产量和效率、交付能力、销售服务等方面分析，并与竞争对手比较企业的优势和劣势。

（三）编制SWOT分析表格

将调查出的各种因素填入表中，由于涉及的因素众多，所以可以指定评价准则，并按轻重缓急或影响程度等排序方式编制SWOT分析表格，见表4-2，从而形成了优势-机会（SO）组合、优势-威胁（ST）组合、劣势-机会（WO）组合、劣势-威胁（WT）组合。不同的组合可以采取不同的对策，具体如下：

1. 优势-机会组合

这是一种最理想的组合，企业都希望凭借企业的长处和资源来最大限度地利用外部环境所提供的多种发展机会。但在竞争异常激烈的行业中，企业很难保持自己的优势不被竞争对手打破，所以要有危机意识，保持并创造新的优势。

2. 优势-威胁组合

企业应该利用自身的长处应对外部环境的威胁，但这并非意味着一个企业必须用其自身的实力来正面迎击外部环境的威胁，而是应该扬长避短、避实就虚，采用迂回的策略达到发挥优势而减少威胁的目的。

3. 劣势-机会组合

企业应通过外在的方式来弥补企业的弱点以最大限度地利用外部环境中的机会。如果不采取任何行动，实际上就是将机会拱手让给了竞争对手。

4. 劣势-威胁组合

如果企业无法回避这种状态，只有两种选择，要么破产倒闭，要么破釜沉舟，置之死地而后生。当然前者是我们不愿看到的，因此管理者在制订企业战略时就应设法努力减少威胁和弱点对企业造成的负面影响，扭转不利局面。事实上，企业要想摆脱不利境地，可以通过苦练内功，对内部进行优化整合，变弱点为长处来迎击外部环境的挑战。但这样做一则往往受到企业自身条件（如财力、人力和技术水平）的限制，二则竞争对手也不会留出充足的时间给你喘息的机会。因此，要想迅速扭转企业所面临的不利局面，一种较明智的战略选择是：通过合并重组，在短时间内迅速壮大企业的实力以抗衡外部威胁。

第四节　波士顿矩阵

一、波士顿矩阵的定义和发展背景

波士顿矩阵(英文缩写为 BCG)又称市场增长率—相对市场份额矩阵、波士顿咨询集团法、四象限分析法、产品系列结构管理法等,波士顿矩阵是由美国著名的管理学家、波士顿咨询公司创始人布鲁斯·亨德森于 1970 年首创的一种规划企业产品组合的方法。

波士顿矩阵的纵轴是市场增长率,也称行业增长率或市场吸引力,即行业的增长所带来的吸引能力;横轴是相对市场占有率,是市场占有率和市场上最大的竞争对手的市场占有率之比,将市场增长率和相对市场占有率的高低划为四个象限。

波士顿矩阵认为一般决定产品结构的基本因素有两个:市场引力与企业实力。市场引力包括企业销售量(额)增长率、目标市场容量、竞争对手强弱及利润高低等,其中销售增长率是反映市场引力的综合指标,是决定企业产品结构是否合理的外在因素。企业实力包括市场占有率,技术、设备、资金利用能力等,其中市场占有率是决定企业产品结构的内在要素,它直接显示出企业的竞争实力。

销售增长率与市场占有率相互影响,互为条件:市场引力大,市场占有高,说明产品发展的前景良好,企业也具备相应的适应能力,实力较强;市场引力大,而没有相应的高市场占有率,说明企业尚无足够实力,该种产品也无法顺利发展。相反,企业实力强,而市场引力小,则预示该产品市场前景不佳。

通过以上两个因素相互作用,会出现四种不同性质的业务(或产品)类型,形成不同的业务发展前景,不同发展前景的业务呈现出来的特点也不同(如图 4-2 所示)。

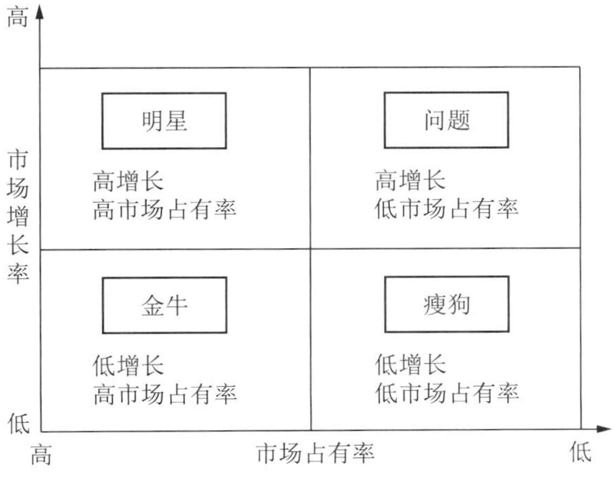

图 4-2　波士顿矩阵示意图

(一)明星产品

销售增长率和市场占有率"双高"的产品群被称为明星类产品,这类产品可能成为企业的金牛产品，需要加大投资以支持其迅速发展。应采用的发展战略是：积极扩大经营规模和市场机会，以长远利益为目标，提高市场占有率，加强竞争地位。发展战略及明星产品的管理与组织最好采用事业部形式，由在生产技术和销售两方面都很内行的经营者负责。

（二）瘦狗产品

销售增长率和市场占有率“双低”的产品群被称为瘦狗类产品，也称衰退类产品。其财务特点是利润率低、处于保本或亏损状态，负债比率高，无法为企业带来收益。对这类产品应采用撤退战略：首先减少批量，逐渐撤退，对那些销售增长率和市场占有率均极低的产品应立即淘汰；其次将剩余资源向其他产品转移；最后整顿产品系列，最好将瘦狗产品的相关部门与其他事业部合并，统一管理。

（三）问题产品

销售增长率高、市场占有率低的产品群，被称为问题类产品，前者说明市场机会大，前景好，后者则说明在市场营销上存在问题。其财务特点是利润率较低，所需资金不足，负债比率高。例如，在产品生命周期中处于引进期，因种种原因未能开拓市场的新产品即属此类问题的产品。对问题产品应采取选择性投资战略。因此，对问题产品的改进与扶持方案一般均列入企业长期计划中。对问题产品的管理组织，最好是采取智囊团或项目组织等形式，选拔有规划能力，敢于冒风险、有才干的人负责。

（四）金牛产品

销售增长率低、市场占有率高的产品群被称为金牛类产品或厚利产品，产品已经进入成熟期。其财务特点是销售量大，产品利润率高，负债比率低，可以为企业提供资金，而且由于增长率低，也无需增大投资。因而金牛产品可以成为企业回收资金，支持其他产品，尤其是明星产品投资的后盾。金牛产品适合用事业部制进行管理，其经营者最好是市场营销型人物。

二、波士顿矩阵分析的适用条件及步骤

（一）适用条件

波士顿矩阵将企业的不同业务组合到一个矩阵中，分析企业在不同业务中的地位，并针对企业的不同业务制订发展战略，以集中企业资源，提高企业在有限领域的竞争能力。针对经营的不同业务，企业可以采取三种不同的策略：一是发展策略，目的是扩大产品的市场份额，甚至不惜放弃近期利润来达到这一目标。此发展策略特别适用于问题业务，如果要使其成为明星业务，其市场份额必须有较大的增长。同样，此发展策略也适用于明星业务。二是稳定策略，目的是保持产品的市场份额，增加短期现金收入。稳定策略适用于金牛业务，因为这类产品能够为企业挣得大量的现金。此策略同样也适用于问题业务和瘦狗业务。三是撤退策略，目的在于出售或清理某些业务，以便把资源转移到更有潜力的领域。此策略适用于瘦狗业务和问题业务，因为这些业务常常是亏损的。

（二）分析步骤

（1）评价各项业务的前景。

波士顿矩阵是用“市场占有率”这一指标来表示发展前景的，数据可从企业经营分析系统中提取。

（2）评价各项业务的竞争地位。

波士顿矩阵是用“相对市场份额”这个指标来表示竞争力的，数据获取可通过市场调查

获得相对准确的数据，相对竞争地位以市场占有率表示，通常是以某种产品的市场份额与市场上最大竞争对手的份额比率表示。

（3）标明各项业务在波士顿矩阵图上的位置。

以二维坐标上的坐标点为圆心画一个圆圈，圆圈的大小表示企业每项业务的销售额，这样各项业务在各个象限的位置就能确定下来（如图 4-3 所示）。

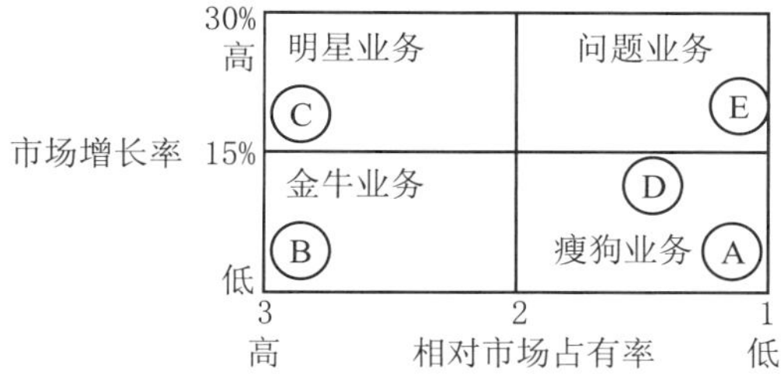

图 4-3　各项业务在波士顿矩阵图上的位置

依据图 4-3，公司可以诊断自己的业务组合是否健康，一个失衡的业务组合往往在问题业务和瘦狗业务中多，明星业务和金牛业务中少。例如，有三项的问题业务，不可能全部投资发展，只能选择其中的一项或两项，集中投资发展；只有一项金牛业务，说明财务状况是很脆弱的；有两项瘦狗业务，这是沉重的负担。

（4）确定纵坐标“市场增长率”的一个标准线，从而将“市场增长率”划分为高、低两个区域，一般情况下把该行业市场的平均增长率作为界分点，把多种产品的市场增长率（加权）平均值作为界分点。需要说明的是，高市场增长定义为扣除通货膨胀因素后销售额至少达到10％的年增长率。

（5）确定横坐标“相对市场份额”的一个标准线，从而将“相对市场份额”划分为高、低两个区。

布鲁斯认为，这个界分值应当取 2。他认为“任何两个竞争者之间，2 比 1 的市场份额似乎是一个均衡点。在这个均衡点上，无论哪个竞争者要增加或减少市场份额，都显得不切实际，而且得不偿失。这是一个通过观察得出的经验性结论”。在其另一篇文章中，布鲁斯说得更为明确：“明星的市场份额必须是仅次于它的竞争者的两倍，否则其表面业绩只是一种假象。”按照布鲁斯的观点，市场份额之比小于 2，竞争地位就不稳定，企业就不能回收现金，地位难保。但在实际的业务市场上，市场领先者市场份额是跟随其后的竞争者的 2 倍的情况极为少见。所以和上述确定市场增长率的标准线一样，由于评分等级过于宽泛，可能会造成两项或多项不同的业务位于一个象限中或位于矩阵的中间区域，难以确定应使用何种战略。所以在划分标准线的时候要尽量使用更多资料，审慎分析，将这些数字范围在运用中根据实际情况的不同进行修改，而且不能仅仅注意业务在波士顿矩阵图中现有的位置，还要注意随着时间推移历史的移动轨迹。每项业务都应该回顾它去年、前年甚至更前的时候是处在哪里，用以确定标准线时参考。

当企业处在高市场份额时，意味着企业的该项业务是所在行业的领导者，那么最大的竞争对手就是行业内排行第二的企业。

三、波士顿咨询集团法的应用法则

按照波士顿咨询集团法的原理，产品市场占有率越高，创造利润的能力越大；销售增长率越高，为了维持其增长及扩大市场占有率所需的资金亦越多。这样可以使企业的产品结构实现产品互相支持，从而实现资金良性循环。按照产品在象限内的位置及移动趋势的划分，形成了波士顿咨询集团法的基本应用法则。

第一法则：成功的月牙环。在企业所从事的事业领域内，各种产品的分布若显示月牙环形，这是成功企业的象征，因为盈利高的产品不止一个，而且这些产品的销售收入都比较高，还有不少明星产品。问题产品和瘦狗产品的销售量都很少。若产品结构显示散乱的分布，说明其事业内的产品结构未规划好，企业业绩必然较差。这时就应区别不同产品，采用不同策略。

第二法则：黑球失败法则。如果在金牛区域一个产品都没有，或者即使有，其销售收入也几乎近于零，可用一个大黑球表示。该种状况显示企业没有任何盈利高的产品，说明应当对现有产品结构进行撤退、缩小的战略调整，考虑向其他事业转移，开发新的事业。

第三法则：西北方向大吉。一个企业的产品在四个象限中的分布越是集中于西北方向，则显示该企业的产品结构中明星产品越多，越有发展潜力；相反，产品的分布越是集中在东南角，说明瘦狗类产品数量越多，说明该企业产品结构衰退，经营不成功。

第四法则：踊跃移动速度法则。从每个产品的发展过程及趋势看，产品的销售增长率越高，为维持其持续增长所需资金量也相对越大；而市场占有率越大，创造利润的能力也越强，持续时间也相对长一些。按正常趋势，问题产品经明星产品最后进入金牛产品阶段，标志了该产品从纯资金耗费到为企业提供效益的发展过程，但是这一趋势移动速度的快慢也影响到其所能提供的收益的大小。

如果某一产品从问题产品（包括从瘦狗产品）变成金牛产品的移动速度太快，说明其在高投资与高利润率的明星区域停留时间很短，因此对企业提供利润的可能性及持续时间都不会太长，总的贡献也不会大；相反，如果产品发展速度太慢，在某一象限内停留时间过长，该产品很快就会被淘汰。

波士顿矩阵应用中，组织的任务是通过四象限法的分析，掌握产品结构的现状及预测未来市场的变化，进而有效地、合理地分配企业经营资源。在产品结构调整中，企业的经营者不应在产品到了“瘦狗”阶段才考虑如何撤退，而应在“金牛”阶段时就考虑如何使产品造成的损失最低而收益最高。

第五节　平衡计分卡

一、平衡计分卡简介

（一）平衡计分卡的发展背景及内涵

平衡计分卡（Balanced Score Card，简称 BSC）最初是由哈佛商学院教授罗伯特·卡普兰和复兴方案公司总裁戴维·诺顿在对美国 12 家优秀企业进行为期一年的研究后创建的一套企业业绩评价体系，后来在实践中扩展为一种战略管理工具。1992 年，卡普兰和诺顿在《哈佛商业评论》上，发表了关于平衡计分卡的第一篇文章《平衡计分卡——业绩衡量与驱动的新方法》，改变了人们单从财务指标来衡量一家企业的业绩，而扩展到从包括财务（价值与目标）、客户（客户与评价）、内部流程（流程与标准），以及学习成长（学习与成长）四个方面来评价企业。1996 年，关于平衡计分卡的第一本专著《平衡计分卡：化战略为行动》出版，标志着这一理论的成熟，它由一个业绩衡量工具转变为战略实施工具。

传统的财务会计模式主要是衡量过去已经发生的事情，无法评估企业前瞻性的投资。在工业时代，注重财务指标的管理方法还是有效的，但在信息时代，传统的业绩管理方法并不全面，企业必须通过在客户、供应商、员工、组织流程、技术和革新等方面的投资，获得持续发展的动力。正是基于这样的认识，平衡计分卡打破了企业传统的只注重财务指标的业绩管理方法，指出企业应从客户、供应商、员工、内部流程四个角度审视自身的业绩。

财务（价值与目标）：为使股东满意，我们应该达到什么样的财务目标？

客户（客户与评价）：为达到我们的财务目标，我们应该给客户提供什么样的服务？

内部流程（流程与标准）：为使我们的客户和股东满意，我们应该在哪些内部流程上优化运作？

学习成长（学习与成长）：为达到我们的目标，我们的组织和员工应该如何学习和创新？

平衡计分卡具有绩效评价和战略实施的双重功能，是以绩效评价为特征的战略管理工具。卡普兰等专家在研究总结优秀企业成功经验时发现：财务绩效、满足客户需求、内部业务流程、学习与成长这四个方面是企业长期成功的关键因素，可以通过设立具体的关键绩效指标来评价这四个方面的绩效，以此来促进企业战略的实施以及业绩的增长。

平衡计分卡四个方面之间的关系是学习成长（学习与成长）保障和促进着企业内部流程（流程与标准）的正常运转；内部流程（流程与标准）是改进企业业绩的重点，它保障和促进企业能否满足客户需求；只有客户需求满足后，才能促进企业的财务绩效，最终体现出企业经营管理最直观的效果。由此可见，平衡计分卡四个方面互为因果、相互保障、依次促进。

（二）平衡计分卡的作用

首先，平衡计分卡是一个核心的战略管理与执行的工具。平衡计分卡是在对企业总体发展战略达成共识的基础上，通过科学的设计，将平衡计分卡四个层面的目标、指标，以及实施步骤有效地结合在一起的战略管理与实施体系。它的主要目的是将企业战略转化为具体的行动，创造企业战略执行力，构建企业的竞争优势。

其次，平衡计分卡是一种先进的绩效管理工具。平衡计分卡将战略分成四个不同层面的运作目标，并依此四个层面分别设计适量的绩效衡量指标，不但为企业提供了有效运作所必需的各种信息，克服了信息的庞杂性和不对称性，更重要的是，它为企业提供的这些指标具有可量化、可测度和可评估性，从而更有利于企业对战略执行进行全面系统的监控，促进企业战略与远景目标达成。

最后，平衡计分卡是企业各级管理者进行有效沟通的一个重要工具。它使企业所有员工能够理解企业战略与远景规划，并使员工及时给予有效的反馈。平衡计分卡通过四个不同的层面，将比较抽象、难以表达的公司战略用简单明了的语言表达出来，使每个人“由旁观者变成了主人”，使各个部门和各个岗位的目标同企业的战略目标达成一致，共同为企业战略目标的实现而努力。

（三）平衡计分卡体系构成及各部分关系

1. 平衡计分卡体系构成

平衡计分卡体系应包括四部分内容：战略地图；关键绩效指标（KPI）；行动计划；与战略、战略目标和指标跟踪回顾相配套的绩效考核体系。

（1）战略地图，是用来描述企业战略的一张图，包括两个内容：一是“价值与目标、客户与评价、流程与标准、学习与成长”四个层面的战略目标有多少、是什么；二是四个层面各个战略目标之间的关系、以及指标之间的因果驱动关系。

（2）关键绩效指标。根据战略目标导出的关键绩效指标，是战略目标实现的关键性指标。

（3）行动计划。在战略目标已经确立、关键绩效指标制订完成之后，对目标责任部门、责任人、完成时间节点等进行落实后形成的实施计划。

（4）与战略、战略目标和指标跟踪回顾相配套的绩效考核体系。制定与行动计划相配套的绩效考核制度，通过开展战略、战略目标和指标的跟踪回顾会议，监控企业战略、战略目标和指标的完成情况，根据评估的结果进行奖惩，以战略管理为核心，逐步搭建起相配套的绩效考核体系。

2. 平衡计分卡体系各部分之间的关系

“不能描述就不能衡量，不能衡量就不能管理”，平衡计分卡用战略地图，即战略目标和战略目标间的关系来“描述战略”，用战略目标、关键绩效指标和行动计划来“衡量战略”，用与战略、战略目标和指标跟踪回顾相配套的绩效考核体系来“管理战略”，搭建起企业战略管理、绩效管理和各级管理者有效沟通的广阔平台。平衡计分卡体系各部分之间的关系见表 4-3。

表 4-3　平衡计分卡体系

<table>
<tr><th>平衡计分卡的体系构成</th><th>具体表现</th><th>作用</th><th>综　述</th></tr>
<tr><td>战略地图</td><td>战略目标与战略目标间关系</td><td>概述战略</td><td rowspan="5">平衡计分卡是有效的战略管理、绩效管理和各级管理者有效沟通的工具</td></tr>
<tr><td>战略目标</td><td rowspan="3">从战略中提炼出要点得到战略目标，根据战略目标量化分解关键绩效指标，根据关键绩效指标量化分解下达计划</td><td rowspan="3">衡量战略</td></tr>
<tr><td>关键绩效指标</td></tr>
<tr><td>行动计划</td></tr>
<tr><td>绩效考核体系</td><td>监控战略、战略目标和指标，建立并完善相应的考核体系，确保战略落地</td><td>管理战略</td></tr>
</table>

（四）依平衡计分卡构建战略中心型组织的五大原则

管理大师罗伯特·卡普兰和戴维·诺顿博士从提出平衡计分卡理念开始还确定了“战略中心型组织”用于管理战略执行的五个基本原则：

1. 把战略转化为可操作的行动

根据逻辑关系完整架构的战略地图描述战略，为平衡计分卡的开发提供了坚实的基础，平衡计分卡则是新的战略管理系统的基石。

2. 使组织围绕战略协同化

传统上组织是围绕职能划分来设计的，例如，财务、制造、营销、服务、工程和采购。每一个职能部门都有自己的知识、语言和文化。职能间的壁垒是阻碍战略实施的一个主要障碍，因为大多数组织在跨职能部门间的沟通和协调上都存在很大的困难。

战略中心型组织可以打破这种障碍。管理层可以改变原来正式的报告结构，根据战略主题和优先次序在组织内各个分散的单元之间传达一致的信息，组织不必改变原来的组织架构，业务单元和共享服务部门通过共同的战略主题和目标，与公司战略紧密关联起来。通常有些组织会逐渐关注平衡计分卡的战略主题。但是所有成功的组织都全面、协调地运用平衡计分卡，从而确保整个公司的绩效大于组织内各个部分绩效的总和。

3. 让战略成为每一个人的日常工作

没有一个公司能够只依靠首席执行官和高管团队成功实施新的战略，而是需要组织中每一位员工的积极贡献。将战略从董事会转移给执行团队，再转给负责日常运营和客户服务的一线员工，并且需要所有的员工理解战略，每天的工作都围绕战略进行，这不是一个自上而下的指令，而是一个自上而下的沟通过程。

4. 使战略成为持续的流程

一般情况下组织管理流程围绕预算和运营计划建立，月度管理会议是来回顾和分析当期绩效与计划的差距，并制订消除差距的行动计划，有些组织认为这就是管理的全部，没有专门的会议让管理者讨论战略。有研究显示，85%的管理团队每个月花在讨论战略上的时间不到 1 小时。管理层的议程上从来都没有讨论战略的时间，因此，战略执行以失败而告终也就不足为奇了。战略中心型组织采用的则是完全不同的方法。

成功运用平衡计分卡的公司引入新的流程来管理战略，称为“双循环流程”，它将战术管理（包括财务预算和月度回顾会议）与战略管理融合成一个无缝的持续流程。战略管理流程是一个全新的流程，以前并不存在，因此每个组织在开发这个流程时都有自己特有的方法。实施过程中有以下三个重要的主题：

首先，组织开始将战略与预算流程连接起来。平衡计分卡为评估潜在的投资回报和行动方案提供了衡量标准。

其次，也是最重要的一步，就是建立战略回顾会议制度，通常每月或者每季度召开一次，主要讨论公司的平衡计分卡，以便更多的经理能够对战略发表意见。通过这种会议形式，新的力量被激发出来。

最后，战略管理的流程，即学习和适应战略的流程，是不断完善的。这就好比航海家在海上指引船只做长期航行，应该随时观察风向并及时调整航向。那些成功企业的管理者及时采纳了组织中新产生的创意和知识，不断改进他们的战略。战略不是一年发生一次的事件，而是一个持续的流程。

5. 高层领导推动变革

前面四个原则讲的都是平衡计分卡的工具、框架和支持流程，但建立战略中心型组织不仅需要流程和工具，最重要的前提是领导团队的积极推动和参与。战略需要组织的每个组成部分都进行转变，并且需要团队协作来协调这些改变。战略实施需要持续地关注和聚焦组织的变革行动方案以及绩效与目标的差距。如果高层团队不积极参与这一流程，变革就不会发生，战略也不会得到执行，那么也就错失了取得突破性绩效的机会。

要成功实施平衡计分卡，要先树立正确的认识，它不是一个“指标”项目，而是变革项目。刚开始需要集中精力进行动员，号召大家积极参与和支持这一项目。

当然，对于优秀的管理者，始终不会有"稳定的状态"，否则就会止步不前。然而，如果新的战略和文化过于嵌入管理系统中，有时也可能会阻碍公司未来的发展。由于竞争环境不断变化，所以战略也需要不断调整，以适应新的机会和威胁。战略必须是一个持续的流程。领导的艺术就在于在稳定和变化之间达成微妙的平衡。

二、平衡计分卡的应用

（一）平衡计分卡适用的组织

（1）管理质量高。管理达到程序化、规范化、精细化。平衡计分卡使企业战略的每层次都能有效地实施，最后达到预期的目标。

（2）信息度高。企业应提供自动化的方法，对纳入平衡计分卡解决方案中的所有数据加以收集与摘要，并使用现有的运营、分析及通信工具，使信息准确、可靠、及时、快捷。

（3）员工素质水平高。员工素质水平的情况影响平衡计分卡实施的效果，高层和中层员工的素质水平尤其关键。

（4）对战略目标的合理分解。对企业战略的合理分解，是平衡计分卡成功实施的关键。企业战略要进行层层分解，转化成一系列可衡量、可实施的具体目标，并在实施中期进行合理的调整与修正。

（5）战略导向型企业。战略导向型企业引进了战略管理理念，对战略的制订、分解及有效实施都有较为丰富的经验，这为平衡计分卡的运用奠定了良好的基础。

（6）竞争激烈、竞争压力大的企业。在竞争激烈、竞争压力大的企业中实施平衡计分卡，有助于加强实施的决心与力度，并有利于提高企业的整体实力和竞争优势。

（7）注重管理民主化的企业。注重管理民主化的企业，为实施平衡计分卡提供了畅通的渠道。只有当企业管理民主化时，才能使战略分解合理，使实施过程员工所遇到的问题能够及时反馈到高层，并得到解决。

（8）成本管理水平高的企业。成本管理水平高的企业，注重企业成本的有效控制，解决了财务指标的有效确定，并使企业力求在客户、内部业务流程、学习与成长的管理上得到突破。

（二）平衡计分卡应用步骤

平衡计分卡"五步法"，总结提炼出企业推进平衡计分卡的实战操作的五个步骤：一是从企业战略到部门目标；二是从部门目标到关键绩效指标；三是从关键绩效指标到行动计划；四是从行动计划到考核体系；五是绘制战略地图。"五步法"紧紧抓住平衡计分卡"不能描述就不能衡量，不能衡量就不能管理"的核心思想，以"描述战略""衡量战略""管理战略"为主线，结合了企业生产经营实际。

1. 从企业战略到部门目标

目标：找出战略目标。

说明：从企业战略中提炼出要点，得到价值与目标、客户与评价、流程与标准、学习与成长四个层面的战略目标。

2. 从部门目标到关键绩效指标

目标：找出关键绩效指标。

说明：从战略目标中提炼出要点，转化成可衡量的指标，即价值与目标、客户与评价、流程与标准、学习与成长四个层面的关键绩效指标。

3. 从关键绩效指标到行动计划

目标：编制行动计划。

说明：从关键绩效指标中提炼出要点，转化成什么组织、什么人、什么时候、干什么事，并配套人力、物力、财力等资源需求的行动计划。

4. 从行动计划到考核体系

目标：建立同战略、战略目标和指标跟踪回顾相配套的绩效考核体系。

说明：制定与行动计划相配套的绩效考核制度，通过召开战略、战略目标和指标的跟踪回顾会，监控企业战略、战略目标和指标的完成情况，根据评估的结果进行奖惩，以战略管理为核心，逐步搭建相配套的绩效考核体系。

5. 绘制战略地图

目标：描述战略，将平衡计分卡四个层面的战略目标及各个战略目标间的因果驱动关系用一张图来表示。

说明：做完前四步工作后就搭建一个平衡计分卡的战略管理平台，从战略、战略目标、关键绩效指标、行动计划、同战略、战略目标和指标跟踪回顾相配套的绩效考核体系，平衡计分卡完整体系初步成型，各战略目标间贯穿着严密的逻辑推理、因果驱动关系，但不够显性化会给平衡计分卡的日常管理和维护带来很大的不便，平衡计分卡本身也涉及更新问题，因此绘制战略地图，可以将平衡计分卡四个层面战略目标间内在严密的因果逻辑关系直观显性化地呈现出来。

（三）平衡计分卡的优点

（1）克服财务评估方法的短期行为。

（2）保持组织所有资源协调一致，并服务于战略目标。

（3）能有效地将组织的战略转化为组织各层的绩效指标和行动，解决了企业的战略规划操作性差的缺点。

（4）有利于各级员工对组织目标和战略的理解，保证了组织的年度计划和组织的长远发展方向得到有效的结合。

（5）有利于组织和员工的学习成长及核心能力的培养。

（6）使企业的战略成为一个持续的流程。

（四）平衡计分卡的缺点

1. 实施难度大

实施平衡计分卡要求企业有明确的组织战略，高层管理者具备分解和沟通战略的能力和意愿，中高层管理者具有指标创新的能力和意愿。因此管理基础差的企业不可以直接引入平衡计分卡，必须先提高自己的管理水平，才能循序渐进地引进平衡计分卡。

2. 指标体系的建立较困难

平衡计分卡对传统业绩评价体系的突破就在于它引进了非财务指标，克服了单一依靠财务指标评价的局限性。然而，如何建立非财务指标体系、如何确立非财务指标的标准以及如何评价非财务指标是必须考虑的。因此在运用平衡计分卡时，要求企业的管理层根据企业的战略、运营的主要业务和外部环境加以仔细斟酌。

3. 指标数量过多

平衡计分卡四维度绩效评价指标数量过多，因此指标间的因果关系很难做到真实、明确。如果指标之间不是呈完全正相关的关系，则在评价最终结果时难以选择哪个指标作为评价的依据，如果舍掉部分指标，则会导致业绩评价不完整。这都是在应用时要考虑的问题。

4. 各指标权重的分配比较困难

使用平衡计分卡，要在平衡计分卡四个不同层面之间分配权重，而且要在同一层面的不同指标之间分配权重，但平衡计分卡在权重的制订上并没有一个客观标准，这就使得权重分配有浓厚的主观色彩。

5. 部分指标的量化工作难以落实

尤其是对部分很抽象的非财务指标的量化工作非常困难，如客户指标中的客户满意程度和客户保持程度如何量化，再如员工的学习与发展指标及员工对工作的满意度如何量化等，在评价企业业绩时也不可避免地带有主观因素。

6. 实施成本大

平衡计分卡要求四个层面考虑战略目标的实施，并为每个层面制订详细而明确的目标和指标。除了要对战略深刻理解，还需要消耗大量精力和时间把它分解到部门，并找出恰当的指标，而落实到最后，指标可能会多达 15～20 个，在考核与数据收集时负担重。平衡计分卡的执行也是一个耗费资源的过程。一份典型的平衡计分卡需要 3～6 个月去执行，还需要几个月去调整结构，使其规范化，从而总的开发时间经常需要一年或更长。

（五）平衡计分卡的实施程序

1. 制订企业远景目标与发展战略

平衡计分卡贯穿于企业战略管理的全过程，把组织经营战略转化为一系列的目标和衡量指标。因此，平衡计分卡对企业战略有较高的要求，企业应在符合和保证实现企业使命的条件下，在充分利用环境中存在的各种机会和创造机会的基础上，确定企业同环境的关系，规定企业从事经营范围、成长方向和竞争对策，合理地调动企业结构和分配企业的全部资源，从而使企业获得竞争优势，制定出适合本企业成长与发展的企业远景目标与发展战略。企业战略要力求满足适合性、可衡量性、合意性、易懂性、激励性和灵活性。

2. 把组织经营战略转化为一系列的衡量指标

遵循 SMART 原则，即具体的（special）、可衡量的（measurable）、可达到的（attainable）、相关的（relevant）和有限时的（time-based）。

平衡计分卡是一个战略实施机制，它把组织的战略和一整套的衡量指标相联系，弥补了制订战略和实施战略间的差距，能使企业战略有效的实施。为了使企业战略有效实施，可逐步把组织战略转化为财务、客户、内部业务流程、学习与成长四个方面的衡量指标。

（1）定性数据。对指标体系中的定性数据需要设计调研问卷。为避免主观判断引起的失误，可以将定性指标分成 7 个档次（很好，好，较好，一般，较差，差，很差），分别对应 7～1 分。7～1 分表示不同的等级，等级之间只是对指标看法的程度不同。由于在赋值判断过程中已内含标准，所以可以直接计算评价值。用加权平均的方法对调查结果进行计算。

（2）定量数据。按照指标的释义和公司的具体情况收集定量指标的数据值，收集数据需要不同部门配合。由于各项定量指标的内容、量纲各不相同，直接综合在一起十分困难。因此，必须将这些指标进行无量纲化处理，将定量指标原值转化为评价值。

（3）确定平衡计分卡的评价指标的权重。可以通过专家打分确定权重，专家组成结构要合理，要有本企业的中高层管理人员、技术人员，也要有基层的技术和管理人员，还要有企业外的对本企业或本行业熟悉的专家，如行业协会的成员、大学或研究机构的成员。

（4）权重选择应根据不同行业、不同企业的特点打分。如高科技企业，技术更新快，因而学习创新成长性指标所占的权重就较大；对大型企业而言，运作流程的顺畅就显得很重要，因而该指标所占权重也相对较大；对银行等金融企业而言，财务指标事关重大，该指标的权重自然也较大，见表 4-4。

表 4-4　某公司的年度奖励制度中平衡计分卡各类指标的权重

指标构成	第一层指标权重%	具体指标内容	第二层指标权重%
财务	60	利润与竞争者比较	18
		投资者报酬率与竞争者比较	18
		成本降低与计划比较	18
		新市场销售成长	3
		现有市场销售成长	3
顾客	10	市场占有率	2.5
		顾客满意度调查	2.5
		经销商满意度调查	2.5
		经销商利润	2.5
内部运营	10	社区/环保指数	10
学习与成长	20	员工工作环境与满意度调查	10
		员工策略性技能水准	7
		策略性资讯供应情况	3
总计	100		100

3. 将战略与企业、部门、个人的短期目标挂钩

为了有效避免出现企业战略目标、部门计划目标、个人绩效考核目标的纵向矛盾，及各部门间计划的横向不和谐，实际操作过程中应注意以下几点：

（1）上级和员工一起制定目标。数据显示，这种制订目标的方法能使员工的工作绩效提高 10%～25%，因为这一过程能够帮助员工将精力集中在重要工作上，并促使员工对自己完成的工作负责。

（2）长短期目标并存并在每一个层次上保持一致。短期目标是实现长期目标的保障，各层级目标要保持一致，制订目标时还要说明实现目标的步骤。

（3）预期的结果必须在员工的控制之中。因为可能会有标准被污染的情况，上级和员工必须留出特定的时间来对目标进行回顾和评估。

（4）战略的具体实施、反馈和中期调整、修正。确定了绩效考核指标和目标之后，便形成了系统科学的绩效考核内容设定体系。接下来可以制订"绩效考核工作计划表"，将员工绩效考核内容书面记录下来，作为绩效考核的依据。

（5）建立健全的考核体系，根据平衡计分卡的完成情况进行奖惩。建立健全的考核体

系可以体现在薪酬结构上，将员工的奖金、晋升、教育培训等与员工所完成平衡计分卡的情况直接挂钩，形成有效的管理回路。在薪酬结构方面，应建立绩效考核和年终奖金，对平衡计分卡完成情况较好的员工进行奖励，对完成情况不佳的员工进行惩罚；在教育培训方面，对优秀员工进行提高性深造，对不佳者进行强制性学习；在晋升方面，建立优胜劣汰、能上能下的机制，实行能者上、庸者让、平者下。平衡计分卡的实施应能评价员工的业绩和能力，激发员工的热情和潜力，最大限度地开发和利用企业的人力资源，从而提高整个企业的绩效水平。

第六节　标杆管理

一、标杆管理的概念和发展背景

标杆（benchmark）最早是指工匠或测量员在测量时作为参考点的标记，是测量学中的“水准基点”，在此引申为在某一方面的“同业之最”。

公元前 4 世纪，古老的中国就有了标杆管理的思想。《孙子兵法》中写道：“知己知彼，百战不殆。”事实上，西方学者也把《孙子兵法》视为标杆管理的理论基础。

标杆管理，也可译为标杆法、水平对比法、基准考核法、标杆超越法、基准化等，是一项通过衡量比较来提升企业竞争地位的过程，它强调以卓越的公司为学习对象，通过持续改善来强化本身的竞争优势。标杆管理实质上就是模仿和创造，是一个有目的、有目标的学习过程。通过学习，企业重新思考和设计经营模式，借鉴先进的模式和理念，再进行本土化改造，创造出适合自己的全新最佳经营模式。

综合一些权威学者和机构对标杆管理的诠释，我们可以这样描述标杆管理：不断寻找和研究业内外一流的、有名望的企业的最佳实践，以此为标杆，将本企业的产品、服务和管理等方面的实际情况与这些标杆进行定量化考核和比较，分析这些标杆企业达到优秀水平的原因，结合自身实际加以创造性的学习、借鉴并选取改进的最优策略，从而赶超一流企业或创造高绩效的不断循环提高的过程。

标杆管理的发展也经历了如下阶段：

第一阶段，进行竞争产品的比较分析；

第二阶段，进行工艺流程的标杆管理阶段；

第三阶段，标杆管理最佳企业管理实践的阶段；

第四阶段，战略性标杆管理阶段；

第五阶段，全球标杆管理阶段。

二、标杆管理的局限性

（一）忽视创新和服务的对象

单纯的标杆管理，缺乏结合自己实际情况的创新，会导致企业竞争战略趋同。标杆管理的基本思路就是模仿，通过模仿、学习实现超越。标杆管理使得单个企业运作效率的绝对水平大幅提高，而企业之间的相对效率差距却日益缩小。

单纯为赶超先进而推行标杆管理，则会使企业陷入“落后—基准—又落后—再基准”的“标杆管理陷阱”之中。标杆管理仅仅是一项管理技术，它要为组织的整体发展战略服务，并且应结合自身实际情况，适当进行创新，一味模仿，结果往往事与愿违。

（二）认识与操作不当

混淆标杆管理和调查，认为预先存在共同的“标杆”，忽视服务和用户满意度，过程太长，过于复杂而管理失控，定位不准确，基准对象选择不当，企图一蹴而就。

三、标杆管理在组织中的应用

（一）标杆管理导入的必要条件

成功的标杆管理活动应具备以下基本条件：高层管理者的兴趣和支持；对企业运作和改进要求的充分了解；接受新观念，改变陈旧思维方式，愿意与合作者分享信息；致力于持续的标杆管理；有能力把企业运作与战略目标紧密结合起来；能将财务和非财务信息集成为供管理层和员工使用的信息；有改善与顾客要求相关的核心职能的能力；追求高附加价值；避免讨论定价或竞争性敏感成本等方面的内容等。

实际应用中常见标杆管理的典型问题见表 4-5。

表 4-5　常见的标杆管理的典型问题

问　　题	可能原因	可能解决方法
标杆内容错误	对本公司了解不够深入	研究以确定关键因素
瞄准企业错误	研究不适合	更详细地进行初始研究
标杆管理没能转化成具体行动	高层管理者没有足够的承诺	说服管理者主动参与标杆管理项目
高层管理者缺少信心	缺乏信息或理念	把标杆管理与公司商业计划联系起来；举例说明标杆管理的优势
缺乏标杆管理所需资源	缺乏高层管理者支持；缺乏标杆管理小组承诺	标杆管理应被视为公司整体管理方法
信息不相关	数据不够多；数据未挖掘	缺乏对评估的关注；检验评估方法基础
信息错误或不精确	过分相信公开的或竞争对手的信息	检查各种信息来源的准确性
标杆管理项目不能吸引可能的合作伙伴	怀疑主义和防备性态度	阐明双方的利益；审视整个过程以选择合作伙伴
流程过分关注与合作伙伴之间的相似性	缺少明确的选择合作伙伴的标准	审视关于最佳实践的研究
太多标杆	未能定义好优先次序	把标杆管理与商业战略联系起来
合作伙伴不能提供有用信息	合作伙伴太相近	通过流程而不是组成部分来审视合作伙伴研究

（二）标杆管理的推进步骤

标杆管理的推进可以采用迈克尔·斯潘多利尼（Michael J. Spendolini）的标杆管理五步法模型（如图 4-4 所示）。

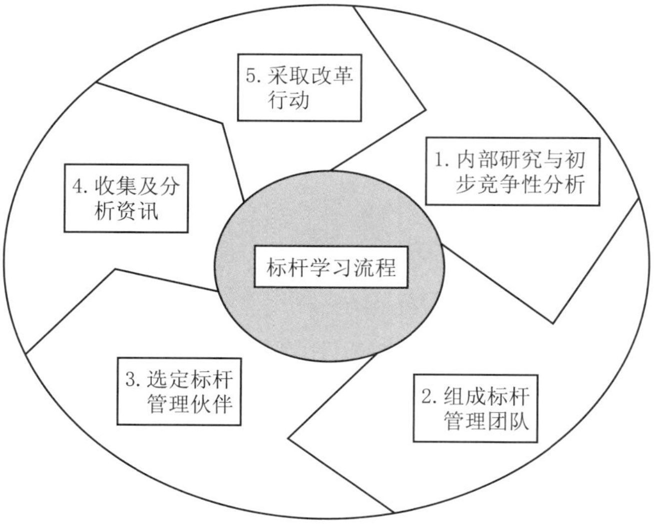

图 4-4　五步骤模型

1. 内部研究与初步竞争性分析

标杆管理的第一步是界定顾客以及顾客的需求和标杆管理范围与边界，简言之，就是要明确是谁要使用未来的对标信息。在界定顾客之后，要对顾客需求进行诊断并制作一份顾客需求摘要。这份摘要用来指引标杆管理调查的方向，它决定了标杆管理的进度、行动的范围、报告格式以及资源的分配等。

2. 组成标杆管理团队

在确定标杆管理的主题之后，便可以根据这个主题的特性来决定标杆管理团队的成员应该如何组成。最基本的原则是必须要有在这个主题领域内具有专业知识的员工参与。除此之外，还需考虑团队成员在时间的安排上要能有某种程度上的配合，以及成员在技能上的多元化和互补性。成员还必须具备其他不可或缺的人格气质。

3. 选定标杆管理伙伴

标杆管理伙伴是指提供标杆管理调查相关资讯的组织，也就是要选定最佳行业典范作为学习合作的伙伴。

4. 收集及分析资讯

在了解另一个组织的作业流程、产品及服务之前，要先彻底了解自身。在这个阶段中必须搜集分析自己内部作业资讯，了解目前的作业方式并进行检讨，找出需要改进的地方。当资料搜集完毕时，必须整理所得的资料并做一份摘要。

5. 采取改革行动

标杆管理的主要目标就是采取行动，以达到或超越标杆。在这个阶段，企业会根据前一阶段所提出的改革行动计划书来变更实际的流程，这些改变通常会显著而剧烈，甚至能立刻看出成效。在企业进行完改革后的一段时间，必须要进行绩效指标的评估，以检视实行的成果。

第七节　实践案例

一、SWOT 在制造业应用案例——以某电子科技公司为例

（一）公司概况

某公司主营综合布线产品，其拥有非常丰富的产品线，全面服务于教育、医疗、金融、企业等各个行业的数字化网络建设，为智能化办公和智能化居住区的骨干网、接入网、局域网、数据中心等提供解决方案和全面的综合布线产品。

经营产品：在全球提供铜缆、接插件产品和各种室内外光缆光纤网络产品，及各种布线工具和测试仪，并提供全方位的综合布线解决方案。

（二）公司战略四要素分析

1. 公司机会分析

(1) 外部环境。从整个亚太地区来看，市场主要集中在中国、印度、日本、韩国等地，这些地区在近年来复合年增长率已达到 11%。展望未来 5 年的中国数据中心市场，IT 应用建设不断深入、产品技术快速发展、市场竞争日趋规范，这些都将为中国数据中心市场注入新鲜活力，成为行业新的业务增长点。

尽管电线电缆行业只是一个配套行业，但却是我国仅次于汽车行业的第二大行业，占据着我国电工行业 25%的产值，其产品市场占有率超过 90%。

(2) 内部的环境。该公司的生产厂家以前是欧美品牌的原始设备制造商(OEM)，拥有丰富的生产经验和较完整的产品流水线，产品质量稳定可靠，产品线相对齐全，同时，与欧美品牌相比，其管理成本较低，因而定价较低，拥有良好的性价比。其技术与服务都紧紧追随欧美一流企业的标准，能为用户提供全方位的解决方案。

2. 公司面临的威胁

(1) 品牌繁多。因为综合布线准入门槛低，目前是朝阳行业，各企业把着眼点都放到布线中来，特别是目前发展快速的物联网、云计算等产业，让很多企业看到了布线的亮点，随着数据中心的需求量越来越大，吸引了更多的企业加入。很多企业有自己的需求，也建立了自己的数据中心。更多的企业加入，势必造成更多的品牌涌现出来，压力也只会更大。

(2) 技术力量。由于该公司采用的追随式战略，自己的研发团队相对有些薄弱，注定只能由市场牵动公司发展，客户需要什么产品，就出什么产品，所以说研发技术力量薄弱未来是该公司可持续发展的一个重要瓶颈。

(3) 价格压力。品牌众多，难免就会造成产品的质量良莠不齐，直接后果就是价格战频繁发生。有些品牌总会为了降低价格，想方设法降低成本，成本低了，质量就不好保证。而该公司一直以优质的质量为发展理念，那么同时带来的就是价格活动空间会很小，压力自然就更大。

3. 公司优势分析

(1) 品牌效益力。该公司作为国内最早接插件的供应商,是我国较早提出光纤收发器的厂家之一,多年的发展,已在国内奠定了综合布线的坚实基础。该公司的品牌在国内的综合布线品牌中,市场占有率一直占据三甲位置,是布线行业中的标杆示范企业。

(2) 品质保证力。该公司的产品早在上世纪就已通 UL 认证,UL 是美国保险商实验室(Underwriter Laboratories Inc.)的简写。UL 安全试验所是美国最有权威的,也是世界上从事安全试验和鉴定的较大的民间机构。它是一个独立的、非营利的、为公共安全做试验的专业机构。它采用科学的测试方法来研究确定各种材料、装置、产品、设备、建筑等对生命、财产有无危害和危害的程度;确定、编写、发行相应的标准和有助于减少及防止造成生命财产受到损失的资料,同时开展实情调研业务。同样在 20 世纪又通过了 ISO 9001 质量管理体系认证,随后又分别获得 ETL 测试实验室公司(ETL Testing Laboratories Inc)、欧盟 EN&ISO/IEC 组织颁布的 3P 等产品的认证,各项产品都获得了认证证书,还通过了国家信产部的检测,都有检测报告。

(3) 产品丰富力。该公司从最初的接插件的小作坊,到现在成为上百年布线企业的强悍竞争对手,不只是让客户记住了公司品牌,也让同行业伙伴感到震撼。各类通信铜缆、光缆销售,数据中心的设备、各种工具的齐备,让综合布线显得更为专业,公司产品在各运营商手中发挥出了更大的作用,在教育、医疗、金融、政府、企业、矿藏、交通各个领域的应用,智慧城市的到来,云计算的应用,物联网的出现促使数据中心全面开花。

(4) 营销策划力。一流的营销团队,无论在营销规划、市场推广、样品打造,还是在促销政策的制定、价格体系的建立、销售业绩的提升,以及产品的规划、市场的定位、渠道的招商都具有专业水平,基于对当前及至今后市场的把握,该公司采用扁平化管理的渠道优势,以点带面的布局,出色完成多个营销活动。

4. 公司劣势分析

(1) 基础管理的止退力。该公司像任何一个企业一样,发展的时间长了,不免会有松懈的因素,就像一个斜坡上的圆球,如果没有足够的拉力或是阻力,让它向坡上滚动或是静止在原地,那么它一定会向坡下滚去。公司才成立二三十年,还是很年轻的企业,平时想的是怎么向前发展,对于防止倒退还没有经验。

(2) 企业内部自身惰性的下滑力。这是一个管理范畴的问题,管理是企业成功的必要条件。没有管理,企业就会下滑,就不可能成功。激励是管理者需要掌握的最重要的管理方法,它既要基于高深的科学理论,又要具有艺术性。激励实际上就是通过满足员工的需要而使其努力工作、实现组织目标的过程。在组织中,我们常看到这样的现象,不同的人工作的努力程度不同,绩效也就不同。努力程度、工作的积极性的对立面就是惰性的程度。

(3) 企业外部的竞争对手的压力。布线产品目前品牌林立,因为综合布线的准入门坎比较低,国内综合布线市场的成长速度较快,不仅吸引了很多国外品牌进入,而且国内产品风起云涌,并逐渐由小厂商的关注转变为更多有实力的国内厂商进入。这无疑造成产品价位降低的压力,并说明高利润的阶段已过。各厂商均在不断提高服务质量的同时,调整产品价格。

布线市场发展迅速,客户的个性化需求越来越多,不断提出改善产品或是为其生产专用产品的要求。同类技术中产品的更新创新压力加大。

（三）公司战略的 SWOT 分析及战略选择

将战略四要素分别列于 SWOT 分析矩阵中，详见表 4-6。

表 4-6　某电子科技公司的 SWOT 战略分析矩阵表

外部环境	内部环境	
	优势(S)	劣势(W)
	(1)；(2)；(3)；(4)	(1)；(2)；(3)
机会(O)	SO	WO
(1)；(2)	继续拓展国内市场； 加大新品创新的步伐； 加强产品全生命周期质量和运营风险控制	加强国内原始设备制造商的培育； 加大研发团队的投入和培育； 完善产品售后外延服务，提升顾客的忠诚度
威胁(T)	ST	WT
(1)；(2)；(3)	立足国内，逐步扩展海外市场； 进一步提高性价比和服务质量，吸引潜在顾客	开展系列公益活动，提高品牌形象； 加强与国内高校的产学研合作，降低研发成本； 节约生产和物流成本，积累资本

说明：表中(1)；(2)；(3)；(4)；(5)各项与本文公司战略中的四要素分析相对应，篇幅所限，本表仅列各要素序号。

该电子科技公司在应对环境机会和威胁时的四种战略组合，分别是机会与优势的组合(SO)、机会与劣势的组合(WO)、威胁与优势的组合(ST)、威胁与劣势的组合(WT)。该公司未来战略选择有以下几方面：

(1) 加大新产品的开发力度。在稳定国内市场地位的基础上，大力开发新产品，并注意拓展海外市场，具有一定品牌优势后重点向发达国家市场进军。

(2) 做实自主品牌。充分把握国家政策机会，做实自主品牌，迅速抢占未来潜在的市场机会。

(3) 继续走国际化道路。在做实本土化市场基础上，通过与国际一流企业的资本与技术合作，全面进入全球市场，尤其是发达国家市场。

（四）战略实施保障及建议

(1) 体制机制保障。现代企业的竞争更多地体现在技术的竞争。公司应继续完善体制机制，不断激发企业员工的创新活力，打造具有核心技术的、国内一流的民族品牌。

(2) 上市融资。在企业总资产和流动资金达到一定程度时，选择适当时机争取上市，以更大程度地吸收投资，满足企业快速发展对资金的需求。

(3) 人才国际化。缺乏一支既熟悉本企业文化又拥有全球运营经验的管理团队是中国品牌走向国际化最大瓶颈。公司应制定人才培养和引进的人力资源规划，通过各种途径培养一支具有国际化视野和国际资源整合能力的管理团队。

(4) 企业文化建设。公司应倡导和培育观念创新、管理创新和用心做事的企业文化，使员工个人价值与公司整体目标相统一，提高公司凝聚力，吸引更多的专业技术人才和管理人才。

二、平衡计分卡在服务业应用案例

以下从平衡计分卡四个维度分析其在电子商务中的应用。

（一）财务维度

盈利能力是任何一种商业模式最根本、最重要的一项评价项目，也是平衡计分卡中其他所有纬度的核心和归属。财务纬度的指标主要包括资产运营状态指标、财务收益指标、偿还债务指标、发展能力指标等。电子商务在发展的同时，也带动了互联网金融的发展，两者相互促进、共同发展。首先，非产业一体化的电子商务企业正逐渐向扁平型组织结构、轻资产类企业转化，土地、办公楼等高投入固定资产占比下降，取而代之的是电脑、服务器等投资相对小的轻资产设备。其次，O2O 等一系列商业模式的创新进一步降低了企业（或商户）的运营成本。电子商务模式融合互联网金融逐步脱离实体设施，使得原来的一对一服务模式，转变为人机交互模式，加快了金融流通的效率，业务数量增长，其增加的边际成本微乎其微。最后，互联网金融为中小企业（或商户）提供新的融资渠道。网络贷款主要依托商户的交易记录、信用评价、认证信息、交易动态及其他外部信息综合判断，进行信用评级并快速放贷。这种模式下，更多凸显企业商业信用、未来成长性的价值，降低企业（或商户）的融资成本。

（二）客户维度

明确细分市场，找准客户需求，是平衡积分卡"客户纬度"为企业或电商实现价值增值提供的路径。由于技术形式的更新，电子商务环境中的企业（或商户）与消费者的关系呈现出新的特点。第一，多元化、个性化的客户需求。电子商务具有进入门槛低、产品信息全面、运营成本低等众多优势，但上述优势也加剧了同质产品或相关替代品的市场竞争。消费者不再处于信息资源缺失的地位，比价类网站及此类智能工具的出现进一步拓宽了其选择的空间。另一方面，以"90 后"为代表的新生消费群体更加注重产品的独特性，强调与品牌理念的契合度，这为商家指明了新的战略规划理念和生产标准要求。第二，多层次、高标准的顾客满意度评价标准。电子商务环境中，消费者和商家沟通联系主要通过网络聊天软件，产品传输依靠物流，费用支付依托第三方支付平台，产品售后管理系统依靠线上线下结合的模式。和传统商业模式下，面对面现金实物直接交付相比，这种模式引入了更多的外部因素，客户对产品及服务的评价不再是单一的质量好坏，而是一个全方位立体的综合评判。沟通的准确性和及时性、物流的安全度便捷度、第三方支付的可靠性、售后服务的灵活等值程度等都成为影响产品综合评价的风险因素。第三，流动性强、转换成本低的客户群体。社交软件的快速崛起，使得消费者群体由之前分散独立的状态转变为聚集且交互的模式。在社交网络媒体的扩散作用下，一次良好的产品体验可以为商家在短时间内聚集庞大数量的客户或准客户群，并持续不断的以几何指数的速度增长扩大。一次产品质量或服务的瑕疵在社交网络媒体的放大下也会在短时间内造成大范围的负面影响，形成多米诺效应。在此种情况下商家仅有有限的时间及空间进行危机处理，却要付出巨大的成本代价去挽回这批前忠实客户群。

（三）内部流程维度

被称为"竞争战略之父"的美国哈佛商学院迈克尔·波特教授认为每一个企业的价值链都是由以独特方式联结在一起的九种基本的活动类别构成的，具体包括内部后勤、生产作业、外部后勤、市场和销售、服务五种基本活动和采购、技术开发、人力资源管理、企业基础设施四种辅助活动等方面。波特强调:真正的战略是你以独特的价值定位为核心,对你的一系列活动进行取舍,有目的地选择一套不同于竞争对手的运营活动或实施方式。平衡计分卡的内部管理流程强调完整性,包含创新流程、经营流程、售后服务三个环节。在一定意义上,创新流程提供企业创造价值的"长波",而经营流程仅仅提供创造价值的"短波"。在工业制造业情景下,"创新流程"更多的是指新市场的开拓,新产品的研发等内容。在电子商务模式中,"创新流程"有更大的可拓展空间,以往传统交易模式中,消费者与商家处于不平等地位,在产品需求、产品选择、购买方式、费用支付、售后故障处理中常处于被动或弱势的地位,各项环节普遍存在大量未被满足的需求空间,这其中一部分问题在电子商务模式下可部分或完全通过技术支撑、商业模式的创新等方式加以解决。

(四)学习与发展维度

学习与成长纬度在平衡计分卡中起到基础性作用,包含员工能力、信息系统能力、激励、授权和协作。电子商务发展中离不开技术的贡献,但同时不应忽视人在其中的重要作用。一方面作为商家必须及时掌握行业发展动态,着重关注由技术发展带来的销售模式、客户开发、产品升级等方面的转换。由于技术更新频率加快,行业动态形式复杂,应不断培育和外部竞争环境、公司战略主张、运营体系高度匹配的企业文化,塑造具有高胜任力、高工作激情、高适应性的员工队伍。依靠机制(包括软机制和硬机制)的转变,充分调动员工自身能动性,围绕企业核心价值定位、核心价值主张,不断完善体系建设能力。企业内部建立适应新形势的运营循环、基础作业循环、人际关系模式,持续不断更新组织内人员的能力、思维方式、行为方式、心智模式、文化理念、价值观,使之形成高度支持战略定位的新型战略陪衬。

在电子商务活动中,应充分利用平衡计分卡进行业务流程分析与完善,采取机动灵活的"财务政策",以关注"顾客"维度为切入点,利用电子商务各业务流程全数据优势,深入了解客户需求,实现数据到信息的转换,形成咬合力强的"内部流程"运作机制,保持与数据信息资源的良性互动,持续改进业务团队的"学习与技能",有机整合平衡计分卡四个维度相互驱动,真正起到增进经营效益的作用,这是电子商务发展中值得关注的部分。

(案例来源:李岳照.浅议平衡计分卡在电子商务中的应用[J].经营者,2015(10).)

本章小结

战略是指组织为适应未来环境的变化，对生产经营和持续稳定发展中的全局性、长远性、纲领性目标的谋划和决策。战略可以分为总体战略、业务战略和职能战略三个层次。战略管理是战略分析、战略选择与战略实施及控制三个环节相互联系、不断完善的动态管理过程，战略管理与经营管理有显著的区别。

战略分析方法与工具种类繁多，本章介绍了几种常用的战略分析的方法与工具。其中，PEST分析从政治、经济、社会和技术四个维度进行分析；SWOT分析通过分析企业的优势、劣势、外部机会和威胁，将企业的战略与企业内部资源、外部环境有机地结合起来。PEST分析、SWOT分析是进行战略选择与制定的重要依据。另外组织可能涉及多项业务，波士顿矩阵法通过分析各项业务的发展前景对业务分类，并根据业务类型确定适合哪种发展战略。

为了将组织战略落实到行动，组织可以通过平衡计分卡从客户、财务、学习与成长、内部流程四个层面制订战略目标框架，按照“五步法”从企业战略到部门目标、从部门目标到关键绩效指标、从关键绩效指标到行动计划、从行动计划到考核体系、绘制战略地图，使得组织人员对战略得到全面系统的理解并有利于落实到具体的行动。

标杆管理强调以卓越公司为学习对象，通过持续改善来强化本身的竞争优势，可以帮助企业创造自身的管理模式或工作模板，是实现管理创新并获得竞争优势的最佳工具。

战略管理方法与工具目前不仅是战略管理中会用到的重要工具，在营销、新产品开发、成本、质量、人力资源、管理等各个方面也会得到广泛的应用。

思考题

1. 试述企业战略管理的定义及与经营管理的异同点。
2. 试述PEST工具定义及各维度主要分析要素。
3. 试述SWOT定义及组合策略原则。
4. 试述波士顿矩阵产品类型定义。
5. 试述平衡计分卡体系的构成及各部分含义。
6. 试述标杆管理的目标及局限性。

第五章

过程策划方法与工具

学习要点

- 过程、过程方法的概念；过程方法的特征、过程方法在体系建立中的应用；
- 流程、流程描述、流程与各管理要素的关系的理解；
- 流程分类框架的起源、结构、目的与作用及设计方法；
- 乌龟图的定义、应用步骤及注意事项；
- 流程图的定义、作用及与流程管理的关系；
- 流程图绘制的原则、绘制前的准备、编制的各类要素及应用示例；
- 服务蓝图的起源、内涵及作用；
- 服务蓝图的结构、要素、绘制步骤及绘制应注意的问题；
- 业务流程重组的概念、框架、作用、方法、程序以及与组织变革的关系。

第一节　过程方法

一、过程

过程是现代组织管理最基本的概念之一，GB/T 19000—2016《质量管理体系　基础和术语》中将过程定义为“利用输入实现预期结果的相互关联或相互作用的一组活动”。根据过程的定义可以看出，“输入”“预期结果”“活动”构成过程的三个关键要素，过程通过相互关联或相互作用的活动和输入，以实现预期结果，过程的“预期结果”究竟称为输出、产品，还是服务，要随相关语境而定。一个过程的输入通常是其他过程的输出，而一个过程的输出通常又是其他过程的输入；两个或两个以上相互关联和相互作用的连续过程也可属于一个过程；组织中的过程通常在可控条件下进行策划和执行，以增加价值；不易或不能经济的验证其输出是否合格的过程，通常称为“特殊过程”。

组织拥有可被确定、测量和改进的过程，这些过程相互作用以产生与组织的目标相一致的结果，并可能跨越职能界限。对形成质量起决定作用的过程称为关键过程，由于关键过程对形成关键特性有重要影响，所以在过程识别和确定中也应给予充分的重视。组织的人员在过程中协调配合，开展日常活动。组织依靠对组织目标的理解，某些活动可能被预先规定，而另外一些活动则是出于对外界刺激的反应，以确定其性质并予以执行。因此，组织过程的策划和实施需要具有灵活性，适应复杂的组织环境。

二、过程方法

（一）过程方法的概念

过程方法是七项质量管理原则之一，GB/T 19000—2016《质量管理体系　基础和术语》中将过程方法概述为：当活动被作为相互关联的功能连贯过程组成的体系来理解和管理时，可更加有效和高效地得到一致的、可预知的结果。

质量管理体系是由相互关联的过程所组成，理解体系是如何产生结果的，能够使组织尽可能地完善其体系并优化其绩效。

（二）过程方法的主要特征

过程方法以系统论、信息论和控制论为理论基础，它具有以下特征：

1. 以系统理论为指导

从系统的观点出发，如从横向视角把组织看作一个由产品和服务的开发、采购、运行、销售、交付后服务等业务过程按一定方式组成的过程网络系统；把每一个业务过程都看成有特定功能和目标的、有输入和输出的过程子系统，组织系统由若干业务过程子系统按一定方式组合而成，识别由这些活动所构成的过程，分析这些过程间的相互作用和相互影响的关系，按照某种方式或规律将这些过程有机地组合成一个系统，管理由这些过程构筑的过程网络，使之能协调地运行；应用系统方法解决业务过程系统的信息流、物流和工作流管理问题；关注业务过程内部和业务过程之间的逻辑联系、相互作用，关注业务流程中操作单元的优化组合。

2. 应用信息论方法

将组织内部的各过程视为一个信息收集、加工、存储、传输的过程，应用信息技术解决业务过程管理信息的传输和处理问题。

3. 应用控制论方法

将组织的业务过程视为可控过程，建立过程控制系统，运用反馈控制等控制方法解决组织业务过程系统的控制问题。

4. 注重管理的细化

注重管理的细化，即细化到每一个业务流程、每一个操作单元（或作业单元、工序）、每一项影响业务流程运行的输入因素。

5. 注重综合应用管理技术和信息技术等技术

在计算机信息技术和网络技术迅速发展、多学科知识积累和多种技术有机结合的技术背景下，组织的管理模式和管理方式正在发生变革。综合运用管理技术、信息技术等高度融合的新管理模式将逐步取代传统管理模式，组织的信息处理能力及运营计划与控制能力将迅速提高，这些宏观背景因素将极大地促进过程方法在组织中的应用。

由此可见，组织为了能有效地运作，应系统地识别并管理许多相互关联的过程及过程的相互作用，研究它们之间的相互关系及相互间的影响，找出规律，实施有效的控制，确保高效地实现预期结果。

（三）过程方法的主要益处

从增值的角度考虑过程方法的运用，有助于有效和高效地实现预期结果。过程方法的主要益处有以下几点：

（1）提高关注关键过程的结果和改进的机会的能力。

（2）通过由协调一致的过程所构成的体系，得到一致的、可预知的结果。

（3）通过过程的有效管理、资源的高效利用及跨职能壁垒的减少，尽可能提升其绩效。

（4）使组织能够向相关方提供关于其一致性、有效性和效率方面的信任。

三、过程方法在质量管理体系中的应用

（一）单一过程各要素及其相互作用

戴明认为任何一个组织都是一个由供给者（supplier）、输入（input）、过程或活动（process）、输出（output）、客户（customer）相互关联、互动的五个部分组成的系统，也称作SIPOC组织系统模型。

供给者：向核心过程或活动提供关键信息、材料或其他资源的组织。

输入：供给者提供的资源等。通常会在SIPOC图中对输入的要求予以明确，例如，输入的某种材料必须满足的标准，输入的某种信息必须满足的要素等。

过程或活动：使输入转化输出的一组活动，通过开展活动使得输入增值。

输出：活动产生的结果。通常会在SIPOC图中对输出的要求予以明确，例如，产品标准或服务标准。输出的可能是多样的，但分析核心过程和活动时必须强调主要输出甚至有时只选择一种输出，判断依据是输出能否为顾客创造价值。

顾客：接受输出的人、组织或流程，不仅指外部顾客，而且包括内部顾客，例如，材料供应流程的内部顾客就是生产部门，生产部门的内部顾客就是营销部门。对于一个具体的组织而言，外部顾客往往是相同的。

SIPOC模型作为一种系统管理的思想方法，可以应用于组织的任何过程或活动。由于各个过程或活动的类型不同，每一过程均有特定的监视和测量检查点，这些检查点根据相关的风险有所不同。ISO 9001标准的SIPOC模型，如图5-1所示。

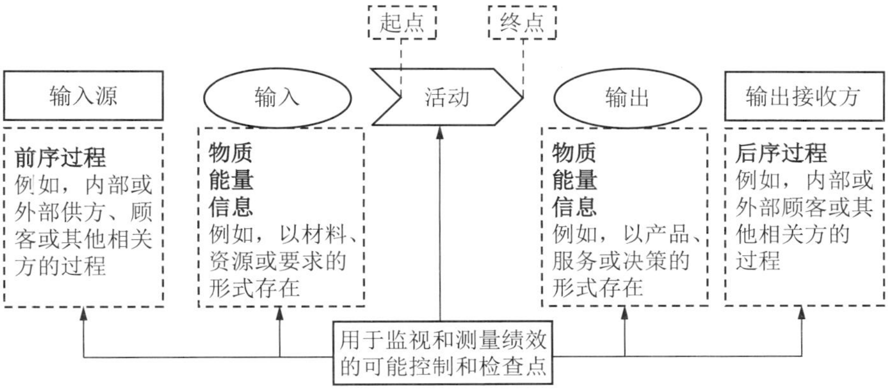

图5-1　单一过程要素示意图

（二）过程方法是构建质量管理体系的基本方法

ISO 9001:2015 标准倡导在建立、实施质量管理体系及提高其有效性时采用过程方法，质量管理体系由相互关联的过程组成，通常由诸如策划、支持、运行、绩效评价、改进所组成，一个过程的输出可成为其他过程的输入，并将其联入整个网络中，但是由于预期结果不同、活动类型不同，资源不一致，所以每个组织的质量管理体系都是唯一的。

过程方法的运用，有助于理解体系是如何产生结果的，通过对其体系的过程之间相互关联和相互依赖的关系进行有效的管理和控制，并尽可能地完善其体系，有助于组织通过满足顾客要求提升顾客满意度，有效和高效地实现其预期结果，从而提高组织整体绩效并不断优化其绩效。

过程方法包括按照组织的质量方针和战略方向，对各过程及其相互作用进行系统的规定和管理，从而实现预期结果。可通过采用 PDCA 循环及始终基于风险的思维对过程和整个体系进行管理，旨在有效利用机遇并防止发生不良结果。

（三）质量管理体系的过程依据 PDCA 循环的逻辑构成

过程方法结合了策划、实施、检查、处置循环（PDCA）与基于风险的思维。

PDCA 循环能够应用于所有过程及整个质量管理体系。构成质量管理体系的过程是按照 PDCA 循环的逻辑构成的（如图 5-2 所示）。

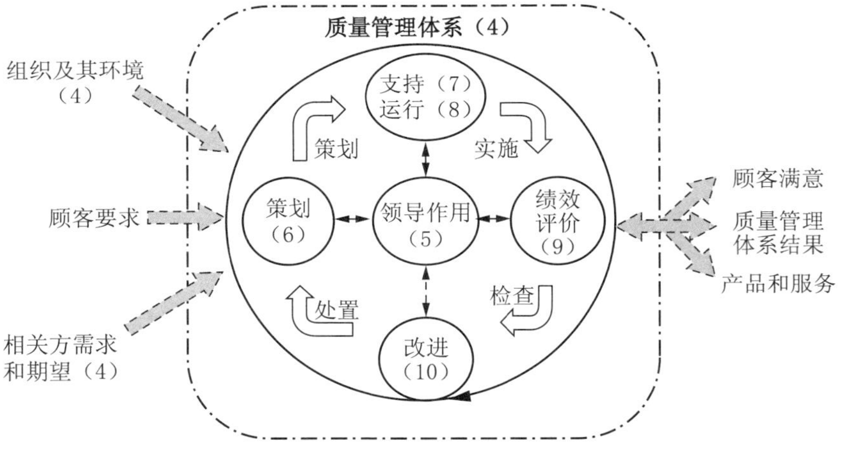

图 5-2　ISO 9001 标准的结构在 PDCA 循环中的展示

注：括号中的数字表示 ISO 9001 标准的相应章节。

策划（plan）：根据顾客的要求和组织的方针，建立体系的目标及其过程、确定实现结果所需的资源，并识别和应对风险和机遇；实施（do）：执行所做的策划；检查（check）：根据方针、目标、要求和所策划的活动，对过程及形成产品和服务进行监视和测量（适用时），并报告结果；处置（act）：必要时，采取措施提高绩效。

通过 PDCA 循环，有助于组织能够确保其过程得到充分的资源和管理，在评价数据和信息的基础上确定改进机会，并采取行动，获得有效的过程绩效。

（四）基于风险的思维有助于有效利用机遇并防止发生不良后果

风险是不确定性的影响，可能有正面的影响，也可能有负面的影响。风险的正面影响可能提供机遇，但并非所有的正面影响均可提供机遇，只有某些有利于实现预期结果的情况才可能导致机遇的出现，例如，有利于组织吸引顾客、开发新产品和服务、减少浪费或提高生产率的一系列情形。利用机遇所采取的措施也可能包括考虑相关风险。

基于风险的思维是实现质量管理体系有效性的基础。组织需策划和实施应对风险和机遇的措施，能够确定可能导致其过程和管理体系偏离策划结果的各种因素，采取预防控制，最大限度地降低不利影响，并最大限度地利用出现的机遇，为提高质量管理体系有效性、获得改进结果及防止不利影响奠定基础。可通过采用 PDCA 循环及始终基于风险的思维对过程和整个体系进行管理，旨在有效利用机遇并防止发生不良结果。

四、过程方法在质量管理体系中的应用步骤

ISO 9001:2015 标准“4.4 质量管理体系及过程”条款就是要求组织依据过程方法原则结合 PDCA 循环，按照组织环境、领导作用、策划、支持、运行、绩效评价及改进七个高层阶结构的要求建立、实施、保持和改进质量管理体系，包括所需的过程及其相互作用。

过程方法可开展的活动步骤如下：

(1) 确定这些过程所需的输入和期望的输出。过程的确定要支持组织战略、质量方针、质量目标及行动计划，过程的运行依赖于组织的各职能部门在过程中分配的职责和权限是否有利于运行过程有效、高效地实现预期结果，过程的控制应定义过程要求并实施监控，为有效实施过程需要选择和配置资源，并通过组织各职能介入过程中有效地执行过程规定的任务。

(2) 确定这些过程的顺序和相互作用。过程被分割成不同的活动，通过不同顺序或者并行的安排，实现不同的独立的功能，不同的过程搭建一个过程网络，并看作一个整体，通过过程之间的协调配合，相互支持配合，完成既定的活动，实现预期的结果。

(3) 确定和应用所需的准则和方法(包括监视、测量和相关绩效指标等)，以确保这些过程的有效运行和控制。对过程的监控和支持进行定义并强制执行，确保获得必要的信息，以监视、分析和评价整个体系的绩效。

(4) 确定这些过程所需的资源并确保可获得。了解组织的能力，预先确定资源约束条件，过程的要求要与资源的可获得性相匹配，并通过不断优化资源的配置，提高过程要求达成的能力。

(5) 分配这些过程的职责和权限。过程的策划、实施、保持及改进需要组织的推动，为管理过程有效开展工作，必须确定过程中各部门、各岗位人员的职责、权限和义务，为过程的有效运行提供组织及人员的保障。

(6) 按照 ISO 9001 标准 6.1 的要求应对风险和机遇。管理可能影响过程输出和质量管理体系整个结果的风险。风险来自组织的环境、相关方需求和期望、法律法规、关键过程能力等方面导致的风险和机遇，组织应全面识别这些来自不同方面的风险，并采取应对措施，提前预防，降低风险发生给组织带来的损失。

(7) 评价这些过程，实施所需的变更，以确保实现这些过程的预期结果。确定过程相互依赖的关系，分析个别过程的变更对整个体系的影响；将过程及其相互关系作为一个体系进行管理，以有效和高效地实现组织的质量目标。

(8) 改进过程和质量管理体系。利用测量分析的数据、信息和资料，结合内部审核、管理

评审、合规情况及各类有价值的信息及不符合的汇总分析，找到改进机会，实施包括产品和服务的改进、过程的改进及体系的改进，包括资源配置的变化及顾客满意度提升的各类措施。

综上所述，过程方法在管理体系中的提出和运用，为组织利用各类过程分析工具的运用提供了基本的方法论。

第二节　流程分类框架设计

一、流程及流程描述

（一）流程的基本概念、特点及分类

流程是一组共同给客户创造价值的项目关联的活动进程，这种进程是活动进行中的顺序的布置和安排，流程强调的是步骤、连续性，即每一环节要按已设定好的方式进行，上一环节完成再到下一环节。流程体现的是具体的业务管理思想，具有规范性高、变化快、操作性强的基本特征。

过程和流程都是将工作或对象分为若干部分进行管理，管理过程化是将管理对象细分，对每一个细分对象的管理方法、手段、实施步骤加以明确，并设置判定基准，这样，如何进行管理就有了依据。管理流程化是为了规范过程，将若干管理过程、作业分别设置好起点、断点，各过程之间都有输入和输出，设定对输入和输出的判定标准，不同的过程由不同的人负责管理，若干过程的管理就流程化了。

SIPOC 模型不但作为组织系统模型，也是作为高层阶流程管理的技术，因此高层阶的流程也至少具备五个要素：供给者（supplier）、输入（input）、过程或活动（process）、输出（output）、客户（customer）。

流程的具体特点包含以下六个方面：

（1）目标性：有明确的输出（目标或任务）。如一次满意的客户服务、一次及时的产品送达等。

（2）内在性：包含于任何事物或行为中。所有事物与行为可以描述为“输入的是什么资源，输出了什么结果，中间的一系列活动是怎样的，输出为谁创造了怎样的价值”。

（3）整体性：至少由两个活动组成。流程意味着“流转”，两个以上活动才能建立顺序及空间结构或关系，流转才可能发生。

（4）动态性：流程不是静态的，它按照一定时序关系展开，由一个活动到另一个活动。

（5）层次性：流程是一个嵌套的概念，组成流程的活动本身也可以是一个流程，流程中的若干活动可以看作“子流程”，可以继续分解若干活动。

（6）结构性：流程的结构有多种表现形式，如串联、并联、反馈等，表现形式不同会对流程输出效果带来影响。

流程边界的界定与规划是流程管理的关键因素，流程边界的合理界定的首要任务是对流程进行分类、分级。组织的管理和业务流程少则几十，多则上百，甚至上千，如果不事先对

其进行分类分级、主次界定，流程管理将陷入盲目。根据流程涉及的内容、所起的作用范围，可以将流程分为下列几类：

（1）战略流程：主要服务于公司董事会和社会，与环境分析、战略选择、战略制订和战略调整等相关的流程。

（2）核心流程：主要服务于市场和客户，与主营业务相关的流程。

（3）支持流程：主要服务于经营层和核心业务，如行政管理、安技环保、后勤保障等相关流程。

上述三大类流程相互配合和支持，使组织各个主体实现他们所承载的任务和功能。

（二）流程描述

组织运作需要按照流程来完成，但流程往往需要显性化并形成文件，用来指导组织各项活动的展开。流程是通过经验总结出来的，通过流程描述可以将流程固化，具有规范性强、便于执行、可在组织中传递共享并可以改进等特征。因此需要在组织层面建立统一的流程描述规范，通过对流程统一口径、统一语言、统一标准和表单等方式，实现组织规范化管理。

不同组织的管理要求不同，对流程描述的规范也不尽相同，但一般要遵循以下基本原则：

（1）每个流程一般单独形成文件，便于过程的实施。

（2）使用标准模板和符号体系进行描述，包括流程描述模板格式（外框尺寸等）、使用说明、描述符号体系的要求及说明。用同一个规则、同一标准，才能做出同样准确、高质量的流程。

（3）明确每个流程的目标、范围、成功标准、关键控制点、主要风险等，可根据需要，对流程中的某些操作环节，在备注区进行详细说明。

（4）明确流程中的相关信息流，包括需要输入的表单、处理的表单、输出的表单等，对流程中某些节点，应注明可参阅的相关制度、要求、规范及标准范本等指导性信息。

（5）需要建立流程版本变更管理，以实现流程文件可追溯、可积累。版本变更说明一般需要包括变更后的流程版本、变更日期、变更的原因（变更关键点）、编制人、审核人、批准人等要素。

流程描述需要把握流程描述的细化程度，应清楚地描述流程的流转关系、各部门职责、运行程序、相互之间如何配合。如流程中各个环节，需要充分考虑例外因素，注明在可能的各种条件下流程的下一步流转情况。对审批环节，应明确各审批者的审批要素。如晋升程序，需经过部门领导、人力资源部、主管副总、总经理审批，各自审批的点不同。同时，如果有时间要求，应明确标注出来，说明超过时间未处理的环节，流程应如何自动流转。

流程描述是明确某个岗位或角色在何时、何种情况下做何事、怎么做、流转给谁，不包括某个岗位自身如何处理工作技能方面的描述，这是岗位操作说明书方面的内容。如：订单处理流程中，应描述哪个部门、哪个岗位制作订单，由何事触发制作订单，制作应该参考哪些信息，做完后产生哪些信息，流转到何部门、何岗位。而如何制作订单则不属于该流程描述的范围。

二、流程分类框架起源与框架结构

（一）起源

组织实施流程管理、流程优化和流程再造的过程中，流程分类是组织做实流程管理的基础，流程分类框架作为流程管理的基本工具，目前具有广泛的应用。流程分类框架源于美国生产与质量中心（America Productivity and Quality Center，简称 APQC），20 世纪 90 年代初期，APQC在一些跨国公司的鼓励下，通过整理全美各行业的业务，梳理了适用于各行业的流程清单模板，即流程分类框架（Process Classification Framework，简称PCF），从中进一步归类、整合，形成了一份可用于各种类别企业业务流程清单的通用参考版本，为企业的流程梳理、流程管理和流程优化工作提供了极大的便利，该框架因为创始者的贡献而得名，也称为APQC流程分类框架。

（二）APQC流程分类框架结构

APQC流程分类框架将组织的流程分为经营过程、管理与支持服务过程两大类，共计十二组。经营过程细化为五大流程：制订愿景和策略、设计与管理产品和服务、营销产品和服务、交付产品和服务、管理客户服务。管理与支持过程细化为七大过程：开发和管理人力资源、管理信息资源、管理财务资源、获取建设与管理资产、管理企业风险合规及应变、管理外部关系、开发与管理业务能力。流程分类框架提供的是一个业务流程概括性的总结，它适用于多个行业，如制造业、服务、卫生、政府、教育。

由此可见，APQC流程分类框架是一套包含横向端到端、纵向层级式业务流程体系的模型；覆盖组织全业务，从战略层、管理层、执行层直至贯穿到岗位工序规范；围绕战略，跨越职能界限，协同部门间行动，准确定位流程角色，回归流程管理本质。

三、实施流程分类框架的目的与作用

APQC流程分类框架的目的在于通过框架和词汇表现主要流程和子流程，该框架不是基于职能，也不是罗列出某个特定组织内的所有流程，该框架下的每个流程也不一定都会在某个组织中出现。APQC流程分类框架创造的是一个高水平、普遍适用的组织模型，帮助组织能够从跨行业的过程角度，而不是狭窄的职能角度看待他们的行为及活动。为了能够更好地理解现有流程、跨行业交流与分享信息，以及将信息划分为各种形式，许多组织在他们的实际工作中，已经运用了流程分类框架。

搭建流程分类框架，设计流程目录是整个流程体系的顶层设计，是一个系统工程。流程分类框架作为高级别的、普遍适用的组织模型或者流程分类法，给众多的组织进行流程管理提供一整套完整的框架模型，鼓励组织从跨越产业或行业流程的视角而不是狭隘的功能或职能的视角来审视组织的行为和活动。

针对一个组织，流程框架体系有以下几类作用：

（一）全面诊断组织过程管理体系

流程分类框架的研究与应用，能够帮助组织运用系统的方法，通过梳理和优化组织全业务流程体系，建立基于战略描述的业务流程框架并从中发现现有业务流程中的问题，找出业务发展改进的重点。

（二）保障组织战略的推进及落地

强调战略的业务分解和落地，整合不同的业务活动，使之保持战略导向的统一性、有机性，实现组织资源的最大化有效利用；通过流程框架体系的梳理，建立系统的基于过程的流程指标体系，连接流程与指标，提供清晰的、可测量的过程绩效测量工具和方案，保障战略顺利实施。

（三）促进消除部门壁垒，体现人本管理

帮助组织管理者站在实现过程预期结果的全局，跳出层级管理的视角，从纵向层级到横向职能，多个视角把握业务全局。建立顾客导向的工作管理机制，拓展和延伸顾客的范畴，构建组织内外部顾客端到全业务流程管理模式，降低组织管理盲区和内耗，打破传统职能管理的壁垒，增强员工协同观念，建立通畅的水平化业务运作及组织协同体系，实现组织内部的高效经营，体现人本管理思想。

（四）提高响应市场变化的速度

通过流程框架的设计，可以实现业务流、物流、资金流及信息流的资源整合，实现对业务模式的高效支撑，提高响应市场变化的速度，切实有效地降低企业经营运作成本，提升企业经营利润率，规避组织变革风险。

（五）构建不断学习及改进的价值观

流程分类框架作为一种通用的管理组织流程体系的工具，可以指导策划、为组织及成员提供学习机会，为跨行业、跨企业的管理经验交流提供便利，有助于改进组织在经营方面的实践、能力和结果，促进在各类组织中交流并分享最佳的业务流程运行方法与思路，还可以向组织的内外部顾客传递一种不断改进的价值观，强化可持续发展、倡导组织与社会自然环境的和谐共处，促进组织及成员的持续学习，通过改进与创新，提升组织整体的运作能力和效率，有助于市场的成功。

四、流程框架设计的方法

流程框架体系的初步搭建，是整个流程管理工作的开始，也是非常重要的一环，在完成打基础、建框架的过程中，实现流程管理理念的导入和流程文化的建设，为后续开展流程梳理及优化等工作提供了很好的基础。设计流程框架时，可以采用不同的思路实现对一个组织流程框架体系的初步搭建。

（一）自下向上的分类分级的梳理

通过采用“收集流程、汇总整合、分类分级”三个阶段实现流程框架的分类分级。

1. 收集流程

组织各部门的负责人、骨干成员参与，如需要可有外部顾问全程参与协调，进行基本理念的辅导与工作，开展方法论的指导，如通过设计流程调查表等工具，收集组织内各部门现有和应该有的流程，并说明流程的主要执行者、参与者，流程的目的和功能等基本要素见表 5-1。

表 5-1　流程图调查表示例

部门名称：　　　　　　部门负责人：　　　　　　联系方式：

流程序号	流程名称	流程目的	流程主要执行者	流程功能	流程外部接口情况	
		流程主要实现目的描述	业务发起人参与人	流程主要实现功能描述	接口部门	接口流程
1	采购流程	采购供应及时、质量符合要求	采购部（采购员、采购经理）	保证质量、降低成本、供应及时	质量部、技术部、生产部	检验流程、技术要求确定流程、生产计划流程
2	……	……	……	……	……	……
……	……	……	……	……	……	……

通过对组织内各部门流程的全面收集，对组织内各业务、管理部门涉及的流程基本有了全局的掌握，为下阶段进一步开展流程的整理分析提供基础。后期可查漏补缺、不断完善。

2. 汇总整合

前一阶段收集的流程是各部门站在部门的角度基于自身而整理和提供的相关流程，可能存在重复、遗漏、错误的情况，需要通过归口部门集中整理分析、业务部门负责人及骨干成员参与讨论、确认，将各部门的流程进行整合，删除重复项、查漏补缺，并采用统一的流程清单模板，统一清单描述，形成企业级的流程总清单。

3. 分类分级

对所有流程按照业务模型进行分类、分级，分类是划分不同的属性，比如参考组织价值链模型分为市场营销、产品设计、产品开发、生产管理、产品交付、销售、售后服务、人事、财务、信息等大类；分级是对同一类属性进行细化，比如，人事管理可向下细分为招聘、薪酬、绩效、培训、员工关系、职业发展等小类，同时，各小类可根据复杂程度，进一步细分。

通过分类分级，形成组织级的流程分类分级清单，将组织内的流程进行结构化的整理和归纳，建立全局视图，进一步合并、删除、查漏补缺，对流程清单进一步的完善和优化。

这种方法具有普遍的适用性，特别是员工在不了解组织的具体业务时，也可以正常进行工作；但是由于搭建流程框架开始没有进行整体分类，因此不易发现流程体系的结构性缺陷，可能会导致流程缺失的风险。

（二）自上向下的汇总整合分类分级的梳理

通过采用“初步分类、收集流程、汇总整合”三个阶段实现流程框架的二次分类分级。

1. 初步分类

对要梳理的流程按照业务模型进行分类、分级，分类是划分不同的属性，分级是对同一类属性进行细化，可以分到第二层，也可以分到第一层。

为保障初步分类的合理性和完整性，需要流程梳理项目人员熟悉组织的业务模型，借鉴国际上主流的流程分类标准，比如，APQC 的流程分类框架，同时可参考同行业的标杆组织流程分类结构，开展组织流程框架的初步分类分级。

这一阶段需要业务部门负责人及骨干成员根据组织的实际情况，进行初步分类，顾问可提供国际上先进的流程分类标准及同行业其他企业的流程分类示例进行辅导，与企业人员共同完成流程的初步分类，形成企业统一的初步分类流程清单模板并下发各部门，为下一阶段流程的收集做准备。

2. 收集流程

各部门在流程清单模板中，按照模板的要求，填写流程的主要执行者、参与者，流程的目的和功能等基本要素，收集部门内现有和应该有的流程。同时，在收集流程的过程中，可在初步分类的基础上，进行分类的补充和完善，形成涵盖企业全部流程的初步分类分级的流程清单。

3. 汇总整合二次分类分级

将各部门的流程进行重叠部分的合并、删除、汇总，查漏补缺，再次明确分类分级，保证流程分类基本符合 MECE 原则，对流程清单做进一步的完善和优化，形成企业级的流程分类分级清单。

MECE 原则是把一个工作项目分解为若干个更细的工作任务的方法，是麦肯锡思维过程的一条基本准则。它主要有以下两条基本原则：

(1) 各部分之间相互独立(mutually exclusive)。意味着问题的细分是在同一维度上，并有明确区分、不可重叠，强调了每项工作之间要独立，每项工作之间不要有交叉重叠。

(2) 所有部分完全穷尽(collectively exhaustive)。意味着全面、周密，说的是分解工作的过程中不要漏掉某项，要保证完整性。

MECE 原则是结构化思维的一种方法，本质就是逻辑，目的在于对问题的思考更加完整、富有条理。结构化思维不是对问题机械、简单地肢解，实践中的问题多是一团相互纠缠、纵横交结的乱麻，结构化的思维能帮助我们一个一个找到线头，理清思路，而不是否认事物之间的相互联系。

采用第一种方法，优势是初期就确定了基本框架，流程缺失和重叠的情况会减少，整合效率高；风险在于如果初步分类不当，可能影响企业内各部门负责人及骨干人员客观地提供相应流程的信息，需要进行充分的沟通和协调。

采用第二种方法要求企业在流程管理方面已开展一定工作，有一定的基础，同时需要项目人员对企业的业务有基本的理解。

两种方法各有利弊，根据企业自身的流程开展基础和实际情况进行选择。

五、流程与管理要素的关系

在流程管理中，涉及目标、组织、信息、绩效等管理要素，流程与这些管理要素的关系深刻地影响流程管理实践问题的解决。理解流程与这些管理要素相互作用的内在机理对解决流程管理实践中出现的诸多问题有重要影响。

(一) 流程与组织

不同的管理学派对流程决定组织，还是组织决定流程，抑或相互决定一直有不同的观点。流程学派认为：流程决定组织，没有业务本身的需求，就没有做事的具体方法，也就没有要做这些事情的人或者机构。组织学派认为：组织决定流程，人是开展一切业务的前提，没有人或者机构，就无法做事。

业务需求的变化，引起流程的变化，导致工作任务的分解和人员分工的细化及执行某一角色的人员数量的变化，从而也将导致组织的建立或调整。业务需求(做什么，what)决定流程(怎么做，how)，流程(怎么做，how)决定组织(谁来做，who)。因此设计流程时，可以从业务需求出发，明确各业务操作及承担这些操作的角色，基于这些角色，在组织框架确定后，再将具体的组织元素(部门、岗位、人员)与业务操作及角色相匹配。在有些企业，业务流程再造与组织重组会同步进行。

(二) 流程与制度

组织常会把流程手册、流程说明、操作规程、作业指导书等界定为流程的范畴，会将公司整体要求、管理总则、管理要求、管理规定、管理细则、标准等界定为制度的范畴。制度是纲要性的，流程是操作性的，制度通常会包含流程。

制度从总括到具体，存在一定层级，公司整体要求、管理总则、细则、标准形成组织的制度体系。在流程文档中，如果包含总括性的、规定性的条文或要求，那么，流程包含制度；同样，如果制度文件中包含一些操作性、具体性的程序性文档，那么，制度就包含流程，因此，“制度是纲要性的，流程是操作性的”“制度包含流程”等认识也是不准确的。

制度与流程以文档为载体应配套并服务和服从组织管理体系需要，这些文档是采取制度的形式（即：规定能做什么、不能做什么），还是采取流程的形式（怎么做），还是两者都有，取决于组织的实际需要，组织所关注的是如何保证这些流程与制度全面涵盖其业务并不出现矛盾或差异，保持实施的一致性，至于采用何种形式不是组织关注的重点。因此对于如何去区分并界定流程与制度，仅是具有理论讨论的意义，因此在 ISO 9001：2015 标准中将其归于成文信息，也是为了避免各类文档类型之争。

（三）流程与 IT

系统设定的逻辑通常是按照组织的良好实践进行固化，组织 IT 系统的设定应适应组织未来的发展，要按照设定的逻辑走流程，所以流程是 IT 应用的前提，决定了 IT 的应用方向与应用深度，流程的执行需要通过 IT 手段来强化与固化，IT 应用也就是流程执行的有力支撑。当组织环境发生变化时，目标也会调整，业务范围和结构也会发生变化，当系统设定与企业发展实际不符时，就需要按照流程（业务）的逻辑进行设定，对系统进行修正或进行再次开发，以使系统满足业务的需要。在本质上说，系统是为业务流程服务的，只有满足业务流程需要的系统才是好的系统。

除了上述影响流程的要素，绩效、内控风险等也与流程密切相关，流程是组织流动的血液，与组织的各要素紧密关联，因此，研究流程与管理要素的关系，目的是让流程更好地服务组织运营体系。

第三节　乌龟图和流程图

一、乌龟图

（一）乌龟图的起源及定义

为了保证过程有效运行和控制，组织需要开展系统的过程分析活动，国际汽车工作组（International Automotive Task Force，简称 IATF）推荐了一种单一过程分析图，被称为乌龟图，这也是过程图示化的一种方法。乌龟图是用来分析过程的一种工具，是通过形似乌龟的头部（输入）、尾巴（输出）、四只脚（使用资源、负责部门或负责人、活动的依据、评价活动的指标）、腹部（过程名称及主要活动）来表示被识别过程的图示。

（二）乌龟图的应用步骤

1. 绘制乌龟图前的准备工作

绘制乌龟图前要求组织的各部门收集各过程是否已经有程序文件、相关法律法规或技术规范、指导文件等，明确各部门接口关系，并确保现在过程已经被监测、评估。建立与接口的输入和输出，清楚输入有哪些，由谁提供，输出有哪些，输出给谁。现有过程有哪些记录，是否有清单，有空白表样，是否会使用，记录提交给谁。

2. 乌龟图绘制的步骤

（1）识别过程和过程所有者（负责部门）。

（2）识别基本的输入（顾客要求）。

（3）识别基本的输出（需求满足）。

（4）识别子过程，把输入转换成输出。

（5）根据子过程完善输入和输出。

（6）根据子过程识别每一步需要的资源。

（7）根据子过程识别每一步需要由谁来执行。

（8）评估过程能力及涉及的风险，确定过程控制的方法，使过程控制标准化。

（9）依据预期的输出，确定衡量过程的绩效指标，以评估过程的效果和效率。

（10）评估应对风险的措施，确定可接受的风险值。

3. 乌龟图绘制示例

以采购过程为例绘制的乌龟图示例如图 5-3 所示。

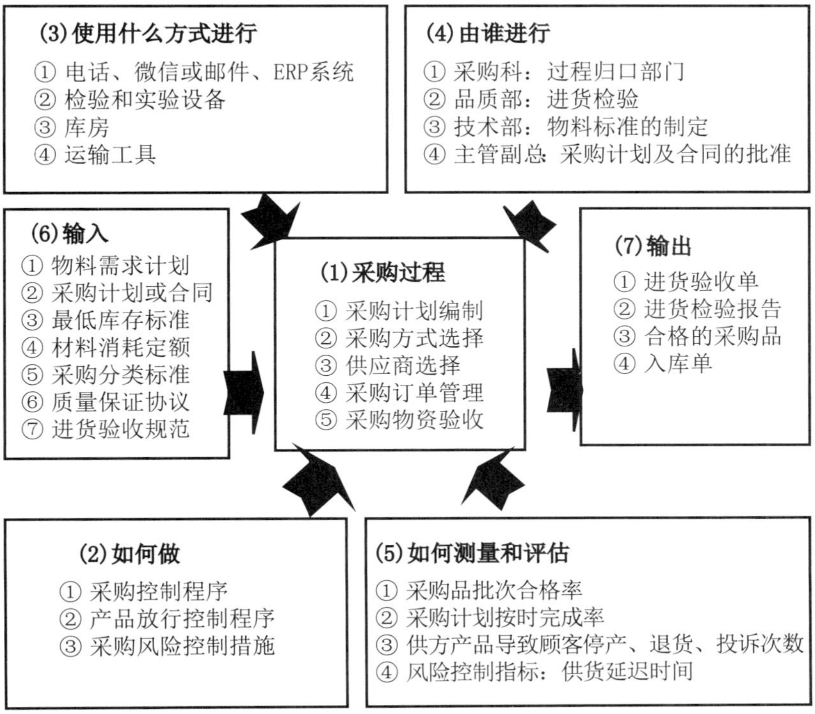

图 5-3　采购过程乌龟图示例

(1) 采购过程。描述过程名称,组织的各部门可以通过多方论证的方法识别过程,如顾客导向过程(COP),支持过程(SOP)和管理过程(MP),将识别的过程名称填入,还可以进一步分解,写出主要活动或者子过程。过程名称应准确并与实际一致。

(2) 如何做。写清楚如何做,要确定过程如何进行控制,填写相关过程的规范性文件,如方法、控制程序、作业指导书等,其中也包含对过程风险的控制,如风险控制的措施、方法等。

(3) 使用什么方式进行。主要涉及过程运行作需要的资源的描述,如填写本过程使用的设备、材料、工具、计算机硬件、软件及信息系统等。

(4) 由谁进行。描述由谁做,应确定责任部门或责任人,要考虑与过程相匹配的教育、培训和经验。

(5) 如何测量和评估。应描述现在测量过程的有效性、效率的过程绩效指标,风险值等。除现行考核指标外,还可以包括期望的指标。

(6) 输入。对涉及过程输入的描述,应描述过程的要求是什么,如文件、计划、信息等,同时也应考虑与过程相关的法律法规的要求。

(7) 输出。对涉及过程输出的描述,应描述过程将要交付的是什么,如产品或服务、文件、计划、报告等,应与有效的测量和评估相联系。

图中,(2)、(3)、(5)、(7)均是相互关联的,如(2)中涉及的程序文件、作业指导书中就会涉及完成过程所需的资源,如原材料、配套件、设备、检测手段、模治具,而这些内容就是(3)描述的通过什么方式来完成过程;(7)大多是一些表单或实物,也是过程实施及完成的重要证据,如程序文件衍生的记录,这些输出的内容应达到预期的结果,也就是(5)中确定的绩效指标或风险值的要求。

(3)涉及的是设施、设备、材料、工具、资金等资源要求,(4)涉及的是组织的职责权限,而资源的配置和职责权限的确定均应获得组织最高管理者的支持。

二、流程图

(一) 流程图的定义与作用

1. 流程图的定义

流程图是展现过程步骤和决策点顺序的图形文档,是将一个过程的步骤用图的形式表示出来的一种图示技术。

流程图用来说明某一过程,可以是生产线上的工艺流程,也可以是完成一项任务必需的管理过程。比如,一张流程图能够成为解释某个零件的制造工序,甚至成为组织决策、制订程序的方式之一。这些过程的各个阶段均用图形块表示,不同图形块之间以箭头相连,代表它们在系统内的流动方向。

流程图使用一些标准符号代表某些类型的动作,如决策用菱形框表示,具体活动用方框表示。但比这些符号规定更重要的,是必须清楚地描述工作过程的顺序。流程图也可用于设计改进工作过程,具体做法是先画出事情应该怎么做,再将其与实际情况进行比较。

2. 流程图的作用

(1) 规范作用。流程图直观描述一个工作过程的具体步骤,可以梳理活动完成的途径和部门之间的接口，是揭示和掌握封闭系统运动状况的有效方式。

(2) 指导作用。流程图可以让所有活动步骤一目了然，工作人员能掌握全局，当流程中的人员变动时可以依据流程图，迅速掌握工作流程、工作要求。

(3) 诊断作用。绘制流程图时，很容易发现流程中的疏失之处，可适时予以调整更正，使各项作业更为严谨。

(4) 决策辅助作用。流程图作为诊断工具能够辅助制订决策，让管理者清楚问题出现在哪个节点，从而确定出可供选择的行动方案。

(5) 改进作用。流程图可以用于整个组织，直观跟踪和图解组织的运作方式，对准确了解活动，如何改进过程极有帮助。

(二) 流程图与流程管理的关系

流程图在流程管理中是规范流程的主要工具，通过对流程管理的三个阶段活动的了解，可以深入理解流程图与流程管理的关系，以及在流程管理中的应用时机。流程管理可分为如下三个阶段：

1. 流程规范阶段

(1) 整理流程：主要对现有流程进行调研，确定流程梳理的范围、进行流程描述、明确流程的目标及关键成功因素。

(2) 规范流程：主要绘制流程图，描述各个环节规范。

(3) 流程收集成册：作为日常工作的指导依据。

2. 流程优化阶段

(1) 流程描述：流程描述是流程优化的前提。

(2) 流程优化：利用流程管理工具进行流程优化。

(3) 优化后流程收集成册：作为日常工作的指导依据。

3. 流程再造阶段

(1) 流程调研：组织流程调研，确定再造的流程范围。

(2) 新流程设计：确立标杆，并实施新流程设计；确定流程管理方法与工具，重新审视企业的流程和再设计。

流程管理一般遵循的原则：适合企业，使企业的管理实现优质、低耗、高效的良性循环。

通过流程管理的三阶段展示可以看出，规范流程、优化流程以及流程再造中都离不开流程图这个核心工具。

(三) 流程图绘制的原则及准备

1. 流程图绘制应遵循的原则

(1) 使用统一的模板或软件。

(2) 流程只有一个始点，但可以有一个或多个结束点，多个结束点也可归并为一个终点。

(3) 流向线走向默认从上到下，从左到右。

(4) 如列有职能带(或泳道)，流程中的各种图形应在职能带(或泳道)的中心线上对齐排列。

(5) 如采用表格表达，过程描述的序列应于页内的流程框图序列保持一致。

(6) 活动框图内文字描述要简洁易懂。

（7）不得出现流程断点。

（8）流程中的活动处理为并行关系，需要将这些活动放在同一高度。

2. 流程图绘制前的准备工作

流程图绘制前应对流程进行预梳理，确定流程的目标和范围，并明确和解决下列问题：

（1）根据部门职责确定流程牵头管理及流程配合管理，确定流程的发起部门、相关部门、岗位的职责，以及流程的工作任务。

（2）界定流程的始点和终点，理解流程起始信息来源于哪些部门，部门内流转涉及哪些岗位，部门流转结束后流向了哪些部门，从而确定该流程涉及了哪些部门和岗位。

（3）确定相关组织单元及其活动和权限。

（4）识别流程内哪些环节需要审核、批准、判断，以及由谁来执行。

（5）识别流程受哪些制度、规定的约束。

（6）识别流程流转过程中可能或者必须形成哪些基础资料，以及由谁完成。

（7）从流程控制角度识别流程在流转过程中的关键点，以及有哪些可量化的指标。

（8）该流程可能与哪些流程接口，接口点在哪里。

根据上述八个要解决的问题并予以明确后可绘制流程图草图，对流程图汇总分析并最终确定流程图。

（四）流程图编制的各类要素

流程图的编制涉及标题要求、内容要素要求、基本结构要求、字体要求、符号要求，在实践中由于组织流程的复杂性不同、流程图类别不同，对要素的选择也不尽相同。

1. 流程图标题要素要求

（1）流程名称：流程图的命名原则是要使用主谓结构，简明扼要地描述，清晰并简洁，如“设备购买流程”。

（2）流程编号：流程优化小组统一按照命名规则进行编号。

（3）版本号：按照版本规则进行。

（4）责任部门：流程责任人。

（5）流程层级：描述所属流程为一级、二级、三级。

（6）父流程：描述上一级流程。

（7）流程目的：描述当前流程目的。

（8）适用范围：描述流程使用范围。

2. 流程图内容要素要求

体现流程图的关键要素有：流程顾客（流程服务对象）、输入资质、活动、结构（各模块和功能之间关系）、输出结果、价值等。

3. 流程图基本结构

流程图基本结构包括顺序结构、分支结构（又称选择结构）、循环结构。

4. 字体要求

流程图中的文字如标题，采用宋体 12 号字；流程说明和框图文字，采用宋体 9 号字。

5. 流程图常用符号

流程图常用符号参考美国国家标准学会（American National Standards Institute，ANSI）系统流程图标准符号，选定部分释义（见表 5-2）。

表 5-2　流程图常用符号及说明

符　号	名　　称	意　　义
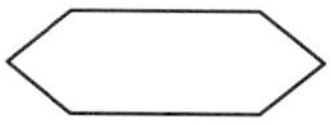	准备作业	开展某种操作所涉及的准备流程
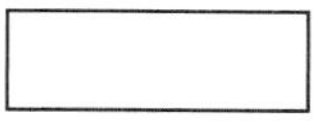	过程	处理程序，该图列记录此控制点的工作内容简述
	决策	选择不同方案，判断或决策时使用，内容中填列判断的具体事项
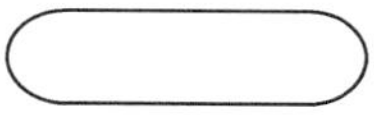	开始或结束	流程图开始或结束
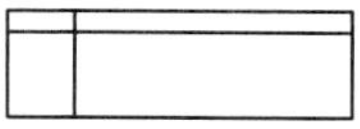	内部储存	部门内部汇总统计、报表
	文档	输入或输出以文本形式存在的文件、制度、表单等，内容为文件、表单的全称
	多文档	输入或输出多个以文本形式存在的文件、制度、表单等，内容为文件、表单的全称
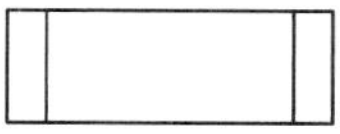	预定义过程	使用某一已定义的处理程序，未在图表中详细列出，表示对其他流程的引用
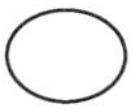	联系	为避免出现流线交叉和使用长线，可用连接符将流线截断。截断始端为出口连接符，截断末端为入口连接符，两连接符中用同一标识符
	离页连接符	当流程不能在一页中全面展示时，使用此符号表示活动框之间的衔接关系。换页时流程断点的连接符号：当流程由当前页流向后续页面时，用向下引用；当流程由当前页面流向前面页面时，用向上引用
	流线	过程的流向，可以在线上添加备注

（五）流程图应用示例

流程图有多个种类，如有文字表达、表格表达、图示表达、符号表达和动画表达多种形式。下面给出常用的流程图类型的应用示例：

1. 单向流程图应用示例

单向流程图是简单并常用的一种流程图，涉及的流程流向是单向流动，以客户抱怨处理流程为例绘制的流程图如图 5-4 所示。

流程名称：客户抱怨处理流程图。

文件编号：DX/TSWI-BS-01。

制定部门：某公司商务部。

制定日期：2024 年 6 月 15 日。

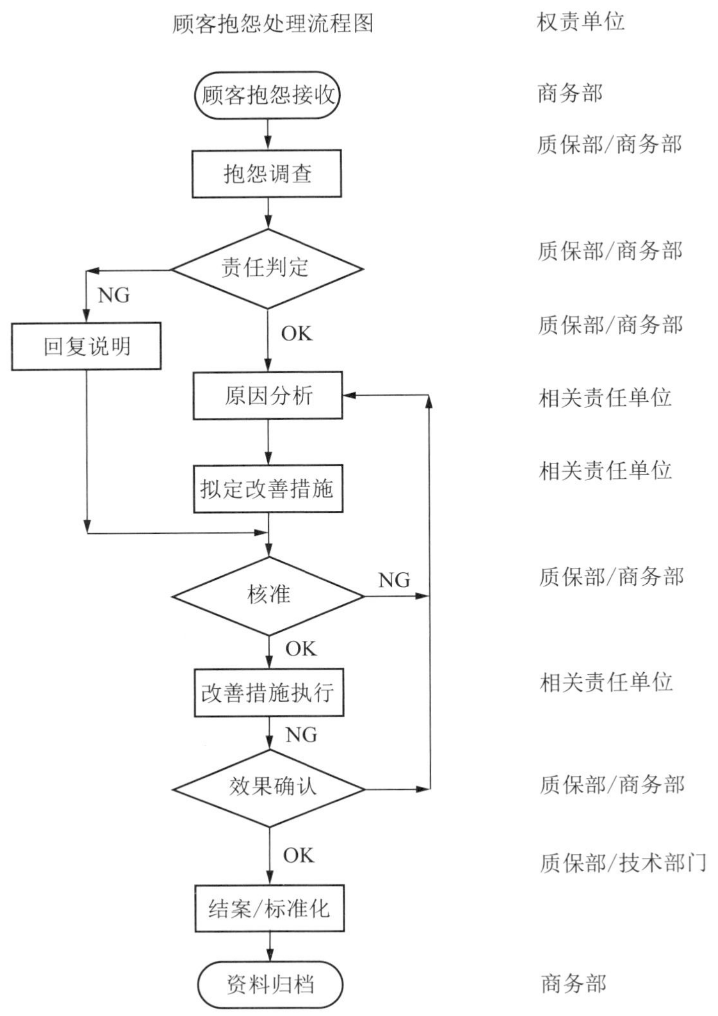

图 5-4　客户抱怨处理流程图

2. 泳道说明型流程图综合案例

(1) 流程目录示例。流程可以根据流程的层级逐级展开,每个层级又分为不同类别的流程图,从而形成流程框架一级结构(见表 5-3)。

表 5-3　流程框架一级、二级结构

流程框架一级结构	流程框架二级结构
1. 战略流程	1.1　战略制订流程
	1.2　经营计划流程
	1.3　预算流程
2. 业务流程	2.1　运行策划流程
	2.2　产品开发与设计流程
	2.3　制造流程
	2.4　营销流程

续 表

流程框架一级结构	流程框架二级结构
3. 支持流程	3.1 综合管理流程
	3.2 人力资源管理
	3.3 财务管理流程
	3.4 审计流程

以人力资源管理流程为例进行三级展开和四级展开，见表 5-4。

表 5-4 流程框架三级、四级结构

流程框架三级结构	流程框架四级结构
3.2.1 人力资源规划流程	3.2.1.1 人力资源规划制订流程
	3.2.1.2 年度人力资源需求计划制订流程
3.2.2 招聘流程	3.2.2.1 内部招聘流程
	3.2.2.2 外部招聘流程
3.2.3 培训流程	3.2.3.1 培训计划制订流程
	3.2.3.2 培训考核流程
	3.2.3.3 培训归档管理流程
3.2.4 薪酬管理流程	3.2.4.1 薪酬调查流程
	3.2.4.2 薪酬规划流程
	3.2.4.3 薪酬晋升流程
3.2.5 员工管理流程	3.2.5.1 新员工报到流程
	3.2.5.2 新员工试用流程
	3.2.5.3 员工休假流程
	3.2.5.4 员工离职流程

(2) 泳道流程图及流程说明表。流程图和流程说明表同时使用，可以较为全面地诠释流程，泳道流程图也称为跨职能流程图，是由“泳道”和“流程”构成的，将流程活动的各个阶段与职能结合起来，通过泳道(纵向条)区分出执行主体，即部门或岗位，方便描述组织的业务流程阶段与职能之间的逻辑关系。泳道流程图绘制时应确定参与该流程的不同职能部门或人员，将他们列在左边或上方；然后可以通过头脑风暴列出流程中的步骤，并将其写在贴纸上；探讨这些步骤，并将贴纸贴在适当的泳道上；运用此结果来激发讨论，明确应如何改善工作流程。以新员工报到流程为例，泳道流程图如图 5-5 所示。

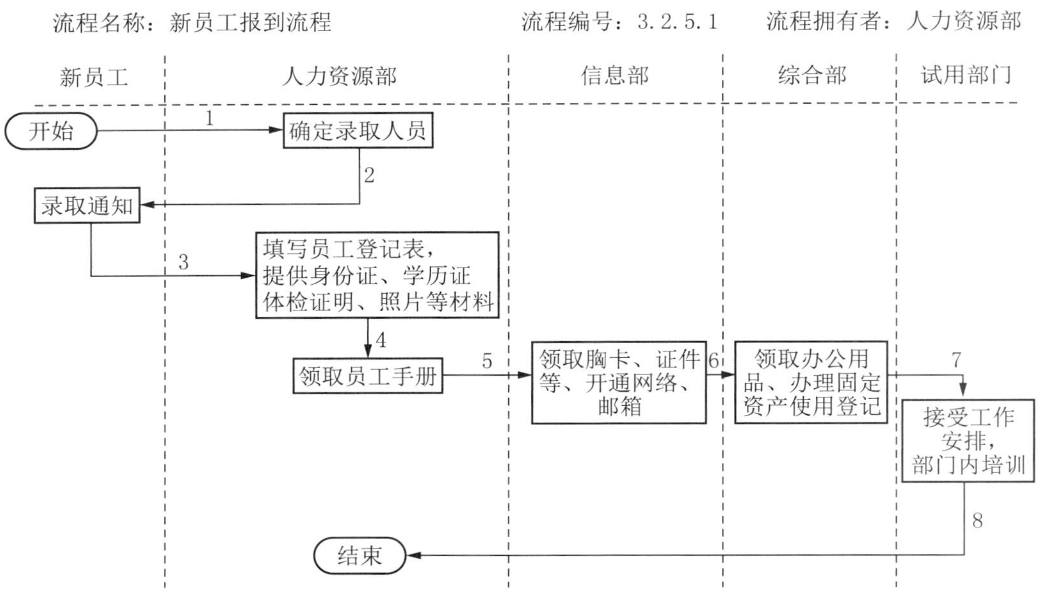

图 5-5　新员工报到流程

流程说明表见表 5-5。

表 5-5　新员工报到流程说明表

流程步骤	工作内容的简要描述	输入	输出	相关表单	责任部门
1	根据录取名单，制作录取通知书	录取名单	录取通知书	录取通知书模板	人力资源部
2	通知录取人员	录取通知书			人力资源部
3	员工根据录取通知要求的时间报到				人力资源部
	指导员工办理报到手续，填写员工登记表、提供身份证、学历证、体检证、职称证、照片等资料		员工登记表、及个人资料	员工登记表	人力资源部
4	登记领取员工手册	员工手册	员工手册领取登记	登记表	人力资源部
5	领取胸卡、证件等，并开通网络、邮箱	胸卡	领用登记表		信息部
6	领取办公用品、办理固定资产使用登记	固定资产使用登记表			综合部
7	到试用部门接受工作安排，进行部门内部培训				各相关部门

（六）流程图软件简介

目前许多的流程图绘制软件，下面介绍几款常用的流程图绘制软件。

Visio 作为一款专业的图表制作软件，是当今最常用的绘图软件之一，可以制作各式各样的流程图、网络图、组织结构图、工程设计图等，它将强大的功能和易用性完美结合，可广泛应用于电子、机械、通信、建筑、软件设计和企业管理等众多领域。

Visual Graph 专业图形系统：此系统为图形控件，在.NET 开发平台下可以灵活应用，Delphi 中也可以使用。简单易用，应用较广泛。

Power Designer 是 Sybase 公司的 CASE 工具集，可以方便地对管理信息系统进行分析设计，它几乎包括了数据库模型设计的全过程。利用 Power Designer 可以制作数据流程图、概念数据模型、物理数据模型，还可以为数据仓库制作结构模型，也能对团队设计模型进行控制。它可以与许多流行的数据库设计软件，例如，与 PowerBuilder、Delphi、VB 等相配合缩短开发时间，使系统设计更优化。

SAM 业务流程梳理工具软件，为流程从业者梳理流程业务提供便捷、标准化的建模工具，为开展流程梳理、固化、发布工作提供最佳工具支持。

Minitab Workspace 是一全面的可视化工具，可帮助使用者创建流程，识别改进机会并使问题更易于解决。

读者可以根据需求选择流程图软件绘制流程图。

第四节　服务蓝图

一、服务系统的构成

随着社会发展及人民生活水平的提高，市场需求不但呈现多样化，对服务质量的要求也越来越高，无论是政府提供的公共服务、提供有形产品的生产企业还是服务业，服务质量都是组织持续取得成功的关键。服务是伴随着组织与顾客之间的接触面产生的无形输出，消费者对服务质量的评价不仅要考虑服务的结果，而且要涉及服务的过程，因此服务质量的构成要素、形成过程、考核依据、评价标准均有别于有形产品，因此研究服务系统构成，采用科学的方法设计有效的服务传递系统是提升服务质量的基础。从服务过程的视角分析，服务系统由服务操作系统、服务传递系统和服务营销系统构成。

服务操作系统主要指的是完成与顾客接触面上的服务提供，是服务人员与顾客接触并开始提供服务的开始。

服务传递系统是服务组织的内核，指服务组织如何将服务从组织的后台传递至前台并提供给顾客的综合系统，其内涵是服务组织的运作和管理过程。从其组成部分来看，服务传递系统包括硬件要素系统和软件要素系统，硬件要素是服务传递系统的有形部分，主要包括服务设施、布局、技术和所使用的设备等；软件要素是服务传递系统的无形部分，主要包括服务传递流程、员工的工作培训，以及对服务中员工及客户的作用的描述。服务传递系统直接影响服务组织的运营效率、成本和消费者满意程度，设计合理的服务传递系统是富有创造性的工作，是服务组织形成核心竞争优势的关键。国外关于服务传递系统的研究是从服务设计理论开始的。

服务营销系统有狭义和广义之分。狭义的服务营销系统是指除了服务操作及传递系统，企业与顾客的其他接触点，包括广告，如向顾客传递服务组织的服务项目及承诺；销售，如与顾客签订服务合同、促销沟通；市场调研，如收集顾客需求信息；口碑，如管理顾客敏感因素，提高顾客满意度及忠诚度；配送，如送餐等。广义的服务营销系统包含服务传递系统和其他顾客接触点两部分。我们这里谈到的服务营销系统指的是狭义的系统。

服务操作系统、服务传递系统和营销系统的运作通常是相互交织的，服务营销系统的职能是通过服务操作系统和服务传递系统实现的，服务操作人员很多时候也是服务传递人员，在提供服务的同时，经常充当服务营销人员。服务系统构成图如图 5-6 所示，虽然服务传递系统可以纳入广义的服务营销系统中，但两者基本功能和目的不同，服务传递系统也不是服务营销系统的一个子系统。

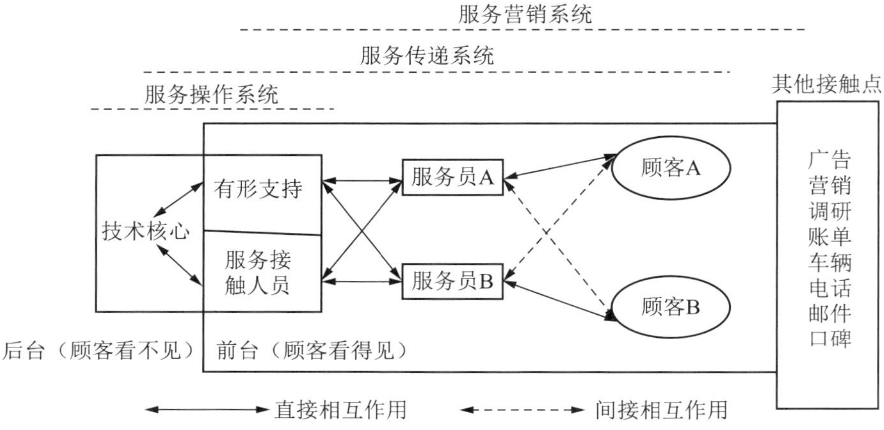

图 5-6　服务系统构成图

二、服务蓝图的起源及内涵

（一）服务蓝图的起源

蓝图的概念来源于建设设计图，通过看图可以展示出产品、业务的外形及相关细节。

服务蓝图技术将蓝图概念引入服务领域，目前已经成为服务质量管理领域中一个极为重要和常用的基础工具，也是现今国际上极为流行的服务设计方法。美国银行家协会的权威人士、著名服务管理学专家肖斯塔克是最早提出服务设计的学者之一，他曾提出了服务业运营流程和工作设计与制造业有显著区别的观点，即首先确认服务过程，确定服务的输入、流程与产出，描绘蓝图，划分步骤；其次识别容易失误的环节，找出服务过程中可能由于人员、设备，以及其他特有原因容易出现失误的环节，以便进行监测、控制和修正；再次建立时间标准，依据顾客所能接受的标准确定每个环节的时间标准；最后分析成本收益，对每一环节以及整个服务系统的成本与收益进行分析，并加以改进，以提高效率。后来的学者在此基础上，将工业设计、决策学、物流学和计算机图形学等学科的有关技术应用到服务产品设计方面，为服务蓝图法的发展做出了开创性的贡献。服务蓝图提出了服务传递系统可以用一个可视技术即服务蓝图来描述，涵盖服务传递过程的全部处理过程，是进行服务设计的工具。

（二）服务蓝图的内涵

美国著名服务营销专家泽丝曼尔对服务蓝图的定义是：服务蓝图站在顾客角度，是详细描绘服务系统的图片活地图，它包括服务实施的过程、服务顾客的地点、服务中的可见因素等。

服务蓝图与其他流程图的显著区别是从顾客的视角看待服务过程，不仅包括横向的客户服务过程，还包括纵向的内部协作，是描绘整个服务前、中、后台构成的全景图。

服务蓝图提供了一种把服务要素合理分块的方法，包括顾客、前台员工、后台员工、管理者（系统支持），并以图表方式展示，再逐一描述过程的步骤、执行任务的方法，体现了服务实施的过程及各个角色的关系和相互依赖性，明确了顾客接触点、顾客与服务员的角色、服务中可见要素和顾客能够感受到的有形展示，把隐性无形的服务流程转化为显性有形的服务实施过程（有形展示）。

三、服务蓝图的主要作用

服务蓝图作为一种用于设计和改进服务的工具，它通过可视化服务的各个环节和流程，从而使服务过程更加清晰、可控和优化，服务蓝图有如下作用。

（一）有利于新服务的开发

服务蓝图通过在纸上对服务进行概念设计方面的创造、研究和检验，可减少盲目操作带来的资金浪费，是体验设计得非常好的工具。

（二）有利于服务管理创新

服务蓝图通过识别的关键点分析，提供发现问题并进行讨论的平台，并基于客户需求，通过问题导向驱动服务管理创新。

（三）有利于提高服务质量及服务效率

服务蓝图全面、深入、准确地展示服务流程，有助于组织建立完善的服务操作程序，形成服务规范及标准；通过关键点分析，问题解决及改进，积累经验并纳入知识管理；通过服务蓝图展现的可视化管理与控制，明确组织中各部门的服务职责和协调性，减少推诿扯皮，提高服务组织业务运作流程的有效性和效率，提高顾客满意度；同时可以整合其他管理体系，从系统层面提升服务质量水平。

（四）有利于提高培训效果

总体的服务蓝图描述整个服务系统的结构和功能、导向性，以及每个部门和员工在系统中的地位和作用，直观性强、易于理解与沟通，员工通过蓝图的培训能迅速了解服务全貌，让每位员工把自己的工作与其他工作联系起来，视为一个不可分割的服务整体；详细的服务蓝图可展现某一服务模块的具体工作流程，可用来有针对性地开展员工的培训工作，提高培训效果。

四、服务蓝图的结构及要素

（一）服务蓝图的结构

服务蓝图基本构成要素由四个行为区域、三条分界线以及有形展示组成（如图 5-7 所示）。

服务蓝图的基本构成要素如下：

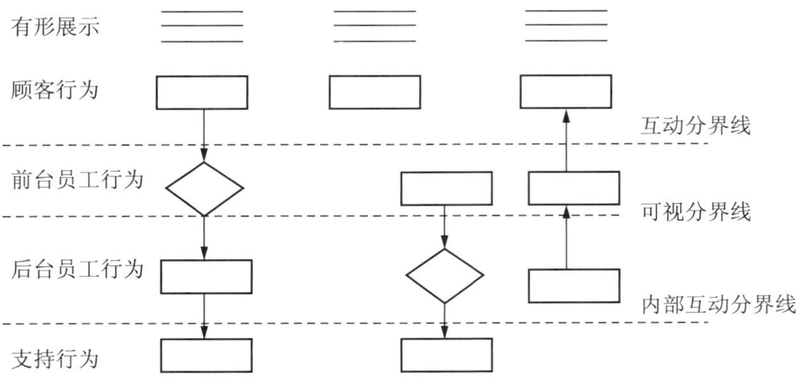

图 5-7 服务蓝图基本构成要素

1. 四种行为

四种行为即顾客行为、前台员工行为、后台员工行为和支持行为。

(1) 顾客行为。主要围绕顾客在采购、消费和评价服务过程等活动中所采用的技术和评价展开,包括这些活动的步骤、选择、行动和互动。

(2) 前台员工行为。与顾客行为平行的服务人员行为,顾客能看到和接触到的服务人员表现出的行为,围绕前台员工与顾客的相互关系展开。

(3) 后台员工行为。那些发生在幕后,支持前台行为的雇员行为称作后台员工行为。后台员工行为围绕支持前台员工的活动展开。

(4) 支持行为。包括内部服务和支持服务人员履行的服务步骤和互动行为。这一部分覆盖了在传递服务过程中所发生的支持接触员工的各种内部服务、步骤和各种相互作用。

每个行为部分中的方框图表示相应水平上执行服务的人员执行或经历服务的步骤。垂直线穿过内部互动线,代表发生内部服务接触,横向线是连接行为的流向线。

2. 分割行为的三条分界线

服务蓝图将四个主要的行为部分由下列三条分界线分开:

(1) 互动分界线。将顾客行为和前台行为分开;表示顾客与组织间直接的互动。一旦有一条垂直线穿过互动分界线,即表明顾客与组织间直接发生接触或一个服务接触产生。

(2) 可视分界线。将前台和后台服务分开,也就是把顾客能看到的服务行为与看不到的服务分开。

(3) 内部互动分界线。区分服务人员行为和其他支持性服务的工作和工作人员。

服务蓝图从分析多少服务在可视线以上发生、多少在以下发生入手,可以得出顾客是否被提供了更多的可视服务。这条线还把服务人员在前台与后台所做的工作分开,如在医疗诊断时,医生既进行诊断和回答病人问题的可视或前台工作,也进行事先阅读病历、事后记录病情的不可视或后台工作。

3. 设置在顾客行为上方的有形展示

蓝图的最上面是服务的有形展示。最典型的方法是在每一个接触点上方都列出服务的有形展示。

表 5-6 列出了一个顾客行为触点与有形展示的具体示例。

表 5-6　顾客行为触点与有形展示说明表

顾客行为	有形展示
到达饭店	泊车位 饭店外观
进饭店	大厅整体布置 前台人员服务展示 等候区
用餐	点餐二维码 服务员倒水上菜服务行为展示 菜品及餐具
结账	服务员结账服务展示 开票系统 吧台

通过图 5-7 基本结构的展示可以看出服务蓝图与其他流程图最为显著的区别是包括了顾客及其看待服务过程的观点，蓝图从顾客对过程的观点出发，逆向导入实施系统。绘制服务蓝图并非一成不变，因此所有的特殊符号、蓝图中分界线的数量，以及蓝图中每一组成部分的名称都可以因其内容和复杂程度而有所不同。

绘图时可以加上以下若干注记：

（1）失败点（F）：注意顾客抱怨与提升服务质量的要点，可以分为致命的、紧要的、次要的。

（2）顾客等候点（W）：重视等候点管理，分关键、重要、次要等候点。

（3）员工决策点（D）：加快服务流程与排除无附加价值步骤的管理重点。

以某快递公务服务为例，服务蓝图如图 5-8 所示。

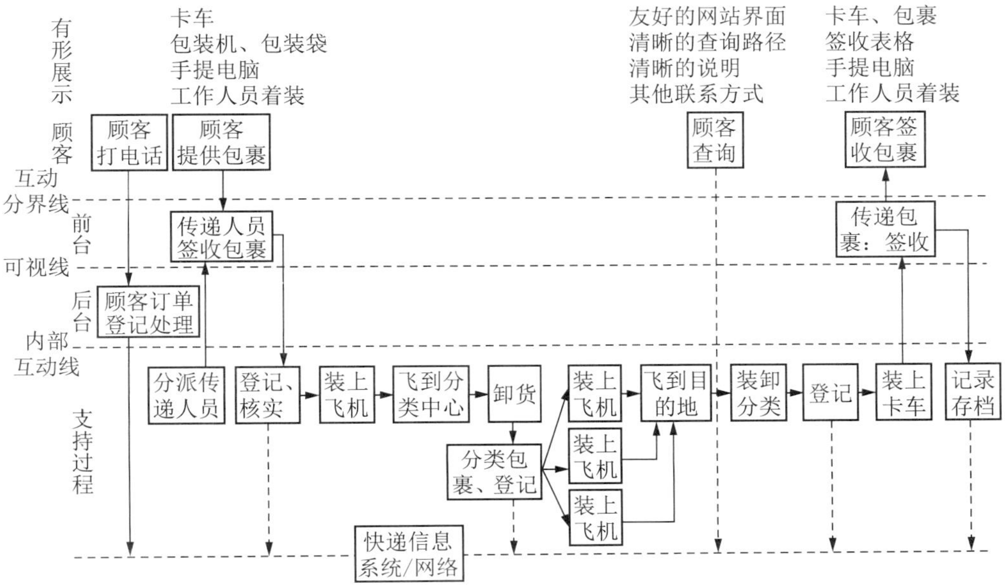

图 5-8　某快递公务服务蓝图

以网上零售业为例的服务蓝图如图 5-9 所示。

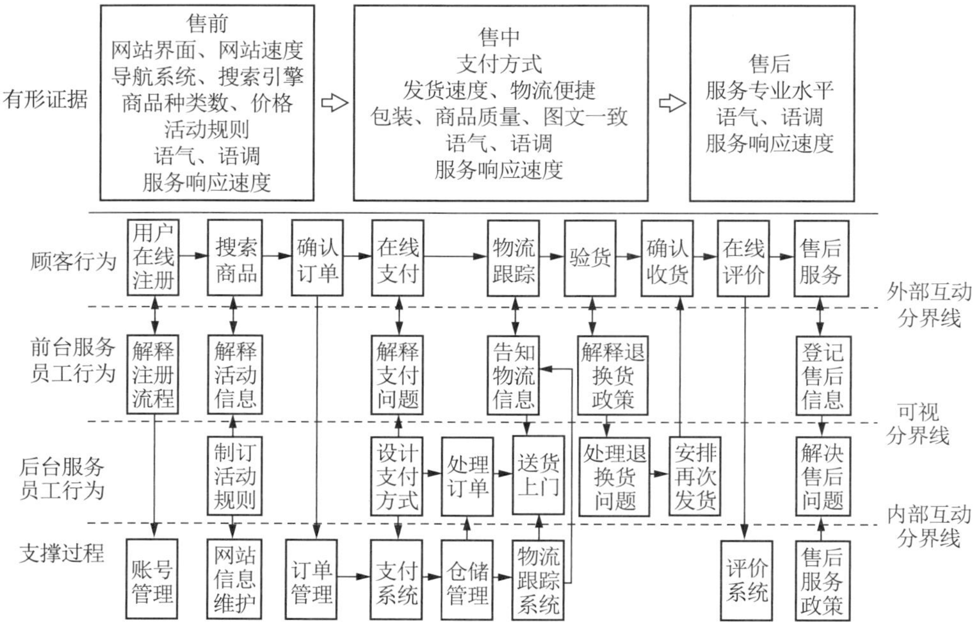

图 5-9　网上零售业为例的服务蓝图

（案例来源：杜学美，张倩，苏强.基于服务蓝图的网上零售业感知服务质量[J].工业工程，2013(1).）

（二）服务蓝图构成的要素

服务蓝图包括“结构要素”与“管理要素”两个部分。

服务的结构要素，实际上定义了服务传递系统的整体规划，包括服务台的设置、服务能力的规划。

服务的管理要素，则明确了服务接触的标准和要求，规定了合理的服务水平、绩效评估指标、服务品质要素等。以此制订符合客户导向的服务传递系统，要先关注识别与理解客户需求，然后对这种需求做出快速响应。介入服务的每个人、每个环节，都必须把客户满意作为自己服务到位的标准。

五、服务蓝图绘制

（一）服务蓝图绘制的基本步骤

1. 识别需要制订蓝图的服务过程

识别需要绘制蓝图的过程，要先对建立服务蓝图的意图做出分析。蓝图可以在不同水平上进行开发，这需要在出发点上就达成共识。如快递蓝图，是在基本的概念水平上建立的，几乎没有什么细节，基于细分市场的变量或特殊服务也不列出。也可以开发这样一些蓝图，描述两天的快递业务、庞大的账目系统、互联网辅助的服务，或储运中心业务。这些蓝图都与概念蓝图具有某些共同的特性，但也各有特色。或者，如果发现“货物分拣”和“装货”部分出现了问题或瓶颈，并耽误了顾客收件的时间，可以针对这两个步骤开发更为详细的子过程蓝图。

2. 分析目标市场顾客的消费需求

通过市场细分，把整体的服务市场划分为若干个具有不同需求的顾客群体，可以发现营销机会和巩固服务市场，在每个细分市场，顾客需求是不同的，因此分析目标市场的顾客消费需求是蓝图设计的基础。

3. 从顾客角度描绘服务过程

识别顾客及细分顾客对服务的经历，站在顾客的角度描绘服务过程。服务过程由细分市场导致顾客需求的不同和变化，在抽象或概念的水平上，将各种细分顾客纳入一幅蓝图中可以有效避免每个细分顾客都要开发一份蓝图。

从顾客角度识别服务可以避免把注意力集中在对顾客没有影响的过程和步骤上，该步骤要求必须对顾客是谁达成共识，还要为确定顾客如何感受服务过程进行细致的研究并以不同的方式感受服务，这就有必要为每个不同的细分部分开发蓝图。

顾客角度和服务组织角度对服务起点的认识是不同的，如理发服务顾客认为服务的起点是从电话预约开始，但发型师基本不把预约当成服务的一个步骤。同样在医疗服务中，病人开车去医院、停车、挂号、寻找门诊科室、就诊等待和缴费等均视为服务经历。开发蓝图时，可以从顾客的视角把服务全程录制对开发蓝图来讲是非常必要的。

4. 描绘前台服务员工的行为和后台员工支持行为

首先画上互动线和可视线，然后从顾客和服务人员的观点出发绘制过程、辨别出前台服务和后台服务。对现有服务的描绘，可观察及调研一线服务人员行为，分顾客的可见行为和幕后行为。

5. 把顾客行为、服务人员行为与支持功能相连

蓝图下面可以画出内部互动线，随后即可识别出服务人员行为与内部支持职能部门的联系。在这一过程中，内部行为对顾客的直接或间接影响才显现出来。从内部服务过程与顾客关联的角度出发，它会呈现更强的重要性。

6. 在每个顾客行为步骤加上有形展示

蓝图上添加有形展示说明顾客看到的及顾客经历的每个过程所得到的有形物质，包括服务过程的照片、幻灯片或录像在内的形象蓝图，它能够帮助分析有形物质的影响及其整体战略及服务定位的一致性。

最后完善和确认服务蓝图并对服务蓝图进行补充说明。

（二）服务蓝图技术在公务酒店的运用案例

公务酒店以公务接待为重点，兼有商务接待的二元化经营特征，决定了公务酒店的服务蓝图不同于一般的酒店的服务蓝图。

1. 公务酒店的服务蓝图

以青海省胜利宾馆为例，采取实地观察、人员访谈及资料查询等方法，获取了公务酒店服务实际过程的信息。根据所获得的信息，利用服务蓝图技术，绘制出公务酒店服务实际过程的服务蓝图（如图 5-10 所示）。

从图 5-10 中可以看出，公务酒店的客户入住消费的行为步骤依次为：电话或网上预订、现场考察、描述细节、商谈签订合同、预付订金、入住、活动（会见、会谈、会议、宴会、餐饮、休闲）、后续服务要求、反馈意见、结账、离开。在这个行为过程中，公务酒店所提供的服务包括

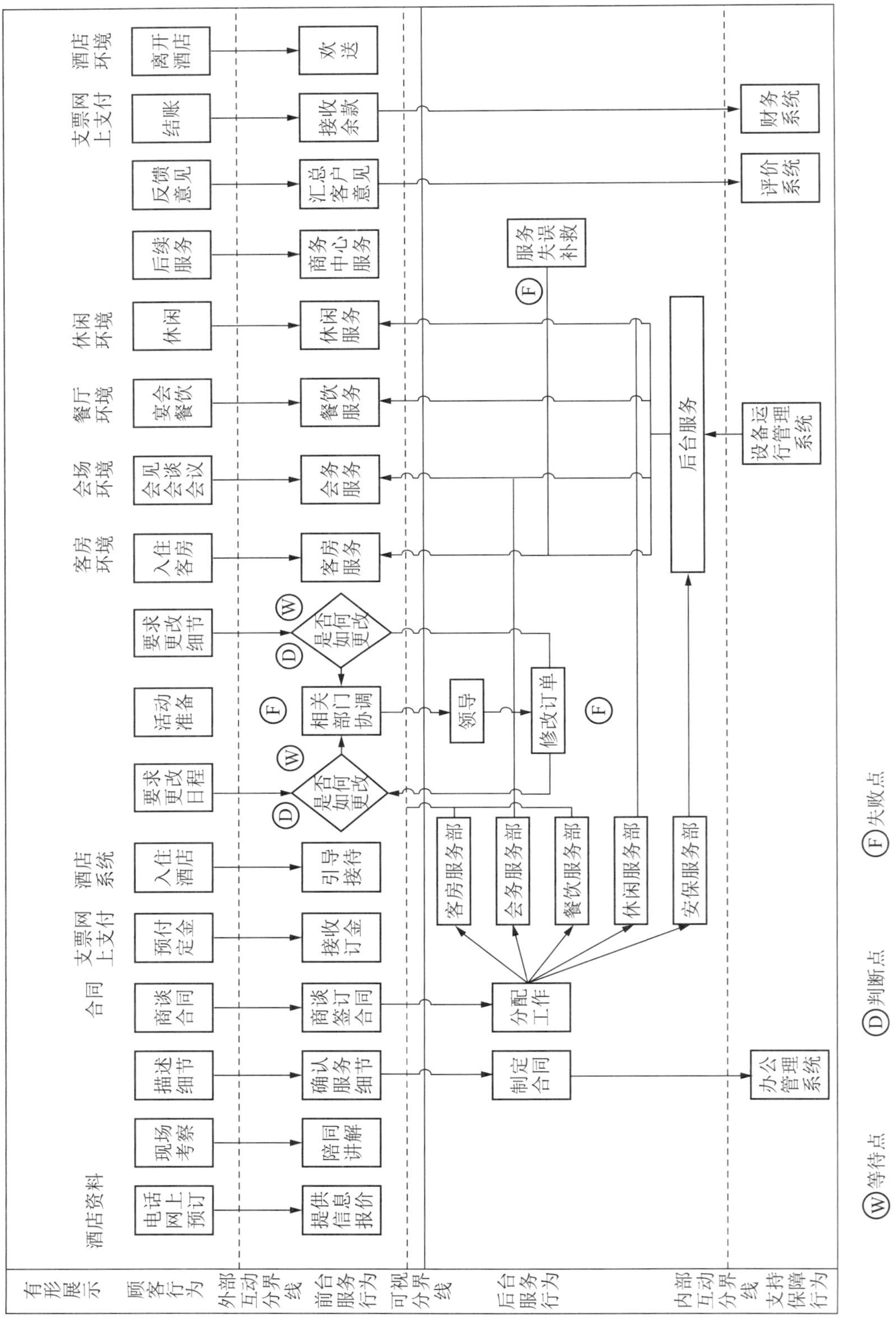

图 5-10　公务酒店服务蓝图

了前台服务行为、后台服务行为、支持保障行为，即公务酒店全体员工所提供的客户可视的服务。

2. 公务酒店关键服务接触点的确定

绘制出公务酒店服务实际过程的服务蓝图后，根据其实际运营状况，逐一分析公务酒店服务实际过程中的关键点。通常情况下，服务蓝图的关键点分为三类：失败点（F）、等待点（W）和判断点（D）。公务酒店以公务接待为重点，兼有商务接待的二元化经营特征，注重客户的实际体验，因此在关键点中加入体验点（E），即最有可能增加或强化客户美好感受与美好记忆的地方。这样公务酒店的服务蓝图中，共有 4 类关键点：失败点（F）、等待点（W）、判断点（D）和体验点（E）。在此基础上，经过认真调研和讨论，本案例提炼出 9 个关键服务接触点，包括其行为描述和形成原因，分别标注在表 5-7 中。

表 5-7　公务酒店关键服务接触点分析结果表

关键点类型	关键点	行为描述	形成原因
等待点	W_1	客户入住后要求更改日程安排	需要调整酒店整体的日程安排
	W_2	活动（会见、会谈、会议、餐饮、休闲）前或活动中要求更改细节	需要启动酒店公务活动细节应变方案
判断点	D	（1）是否更改 （2）如何更改	（1）根据客户要求和接待能力进行决策 （2）对不同的应变方案进行遴选
失败点	F_1	部门之间协调不畅	缺乏协调机制和统一指挥
	F_2	应客户要求变更活动细节不能及时到位	一线服务人员灵活应对能力不够
	F_3	服务失误补救不够及时圆满	缺乏失误补救机制
体验点	E_1	绿色、低碳、节能的环境服务	绿色、低碳、节能的环境是公务酒店整个服务氛围营造的重要因素
	E_2	（1）严格的安保服务 （2）突发事件处置服务	安保服务及突发事件处置能力是对公务酒店最重要的考量环节
	E_3	（1）活动（会见、会谈、会议、餐饮、休闲）过程服务 （2）合同之外的超值服务	（1）各种活动的过程服务是对公务酒店的综合体验关键环节 （2）得到合同之外的超值服务是服务体验的延伸

3. 确定服务质量存在问题的优先次序

结合表 5-7 中公务酒店关键服务接触点，可以采用投票或者评分等方法确定服务中存在的主要问题。依次排序是，失败点的 F3——服务失误补救不够及时圆满、体验点的 E3——合同之外的超值服务、等待点的 W2——活动前及活动中要求变更细节、失败点的 F2——应客户要求变更活动细节不能及时到位。

4. 提升公务酒店服务质量的对策建议

根据服务质量存在的主要问题和关键服务接触点存在的主要问题，针对青海省胜利宾馆提出提升公务酒店服务质量的主要对策，具体如下。

（1）构建服务失误补救机制。由于公务酒店服务的复杂性、特殊性和同步性，服务失误在所难免。而服务失误补救既可以降低因失误给客户带来的损失，又可以挽回因失误给公务酒店带来的负面影响。因此，有必要构建服务失误补救机制。它包括构成要素和执行过程。具体来说，服务失误补救机制的构成要素有下列几点：承认失误过错、倾听客户意见、换位思考问题、告知解决步骤、立即进行补救、考虑适当补偿、重获客户谅解。服务失误补救机制的执行过程如下：倾听和接收客户抱怨并致歉、分析抱怨及问题产生的原因、及时和有效地解决问题、缓解客户的不满情绪、挽回因失误带来的负面影响。

（2）鼓励提供合同之外的超值服务。当公务酒店为客户提供合同之外的超值服务，从而使客户接受服务的感知超出对服务的期望时，这种服务就被认定为具有特别质量，也就是一种“满意加惊喜”。公务酒店的超值服务是在标准化服务基础上增加的具有文化、艺术、科技附加值的服务，它是既符合客户的价值判断，又超出客户心理期望值的服务，它起源于个性化服务，又是个性化服务的延伸。具体来说，公务酒店的超值服务主要涉及在各种公务活动（会见、会谈、会议、餐饮、休闲）中，有针对性地提供合同之外的超值服务，如提供客户喜爱阅读的报刊、客户的民族（家乡）歌舞、民族餐饮、民族小礼品，客户的民族节日活动或生日祝福，以及在公务活动之后的延伸服务等。那么，如何鼓励公务酒店的部门及员工在授权之内主动提供超值服务呢？一是建立客户的详细信息库；二是建设提供相关服务的软硬件设施；三是加强员工培训，提高员工的素质和技能；四是密切同相关活动（服务）提供者的联系。

（3）制订变更活动细节的应急方案。客户在公务酒店的活动之前或活动之中会由于各种原因提出变更活动细节的要求，这既是对公务酒店接待（应变）能力的考验，又是公务酒店服务质量高低的体现。为此，公务酒店要制订变更活动细节的应急方案，包括构成要素和执行过程。具体来说，变更活动细节应急方案的构成要素有下列几点：对变更要求的认知和理解、实现变更涉及的部门和资源、实施变更的程序和权限。变更活动细节应急方案的执行过程如下：倾听客户的变更要求、按程序和权限决策变更事项、在与客户沟通中重新调配资源并完成变更。

（案例来源：路雷，冯鼐.基于服务蓝图的公务酒店服务质量提升研究——以青海省胜利宾馆为例[J].北京工商大学学报（社会科学版），2014(4).）

（三）服务蓝图绘制应注意的问题

对已存在的服务过程，必须按照实际情况建立服务蓝图，对于不同服务过程需要建立不同的服务蓝图，在进行服务蓝图设计中，可借助计算机图形技术。

第五节　业务流程重组

一、业务流程重组概述

（一）业务流程重组的起源与发展

业务流程重组（也称流程再造）（Business Process Reengineering，BPR）是伴随着信息化时代的到来而产生的一场管理革命，是适应现实需求的管理思想，是一种管理创新。BPR是20世纪90年代美国麻省理工学院计算机教授迈克尔·哈默（Michael Hammer）1990年在《哈佛商业周刊》中提出的，1993 年哈默与美国 CSC 管理顾问公司董事长詹姆斯·钱皮（James Champy）合著出版了《企业再造：企业革命的宣言书》。多年来，人们一直遵循亚当·斯密的劳动分工的思想来建立和管理企业，即注重把工作分解为最简单和最基本的步骤，而目前应围绕这样的概念建立和管理企业——即把工作任务重新组合到首尾一贯的工作流程中去。该书系统地介绍了企业流程再造理论的含义及实施问题，通过重新设计组织的流程，使这些流程带来最大增值，从而获得绩效改善的目的。BPR 对许多传统的组织结构及管理模式提出了挑战，针对自工业革命以来，传统的企业组织结构建立在职能和等级的基础上，一直按照分工原则，把一项完整的工作分成不同部分、由各自相对独立的部门依次进行工作。随着经济全球化的发展，这种结构已经不能适应当今竞争环境的要求，在机遇和困难面前响应缓慢，BPR 强调流程观念，打破职能层级体制的界限，直达顾客，取得了极大的成功，也标志着流程再造理论的成熟。

（二）业务流程重组的基本概念

业务流程管理是指一组共同为顾客创造价值而又相互关联的活动，BPR 其实是一种改进哲理，关于 BPR 的定义也有不同的观点，它的奠基人哈默和钱皮对其的定义是：BPR 对企业的业务流程作根本性的思考和彻底重建，其目的是在成本、质量、服务和速度等方面取得显著的改善，使得企业能最大限度地适应以顾客、竞争、变化为特征的现代企业经营环境。哈佛商学院的迈克尔·波特教授将企业的业务流程描绘为一个价值链。竞争不是发生在企业与企业之间，而是发生在企业各自的价值链之间，只有对价值链的各个环节，即业务流程进行有效管理的企业，才有可能真正获得市场上的竞争优势。因此，BPR 实质是一个全新的企业经营过程，以面向顾客需求为出发点，以业务流程管理为关注对象，以简化和优化流程为手段，为了达到某一经营目标而实施的一系列逻辑，BPR 不受现有部门和工序分割的限制，面向经营过程设置企业的组织结构，以对企业流程进行根本性彻底的重新思考和设计为主要任务，以一种最简单、最直接的方式来设计企业经营过程。成功实施 BPR 将极大地提高和改善企业的经营绩效，因此 BPR 也是以提高和改善绩效为目标的管理学革命。

（三）业务流程重组的主要框架

BPR 需要一个系统的企业流程重组的理论框架，主要包括：一系列的方法；一系列的指导原则；企业流程重组的过程。

在这个框架的指导下，BPR 才能顺利地完成。企业流程重组框架促进了企业流程重组由理论到实际应用的转变，增强了流程再造的可操作性，减少了流程重组的失误。实践证明，这一理论框架对企业流程重组具有一定的指导意义，可以减少实施过程中的失误，节省重组耗用的资源，确保企业流程重组能够顺利完成。另外，企业流程重组不是一朝一夕的事情，流程的重组应该是连续不断的过程。

（四）业务流程重组的作用

成功的实施企业流程重组项目后，主要会在以下三个方面产生明显的成效：

1. 强化对客户有价值的流程

企业流程重组的核心是为了提高客户满意度，改善企业的流程，从而以更低的成本，更快的速度向客户提供其需要的产品和服务。

2. 强化企业风险管理

通过企业流程重组就是要通过规范的业务流程降低企业的风险。

3. 优化成本提高效率

企业希望能够通过企业流程重组降低相关成本，优化配置等有关资源。企业可通过缩短企业内各业务单位从收到外部或者内部客户指令到完成任务的时间，提高工作效率。

二、企业流程重组与组织变革

（一）企业流程重组和组织变革的特征

组织变革就是组织根据内外环境的变化，及时对组织的要素进行结构性变革，以适应未来组织发展的要求。

企业组织与任何生命体一样，有产生、成长、成熟和衰亡的生命周期，企业为了基业长青，必须适应外部环境和内部条件的改变，不断对机体进行调整和变革，而企业组织结构是企业内部各有机组成要素相互作用、相互联结的形式与框架，是产生效率的重要因素，高效率的组织，其组织结构必定与其技术、环境以及组织运作的流程相适应，也是组织管理模式和业务流程最直接的反映。企业组织结构的变革既是企业流程再造的内在要求，也是其外在表现形式之一，企业流程重组和组织变革的主要特征如下：

1. 流程重组的出发点是顾客需求，以顾客满意为导向

流程重组是企业内外环境变化所共同作用的结果，但满足顾客不断变化的需要是直接驱动力，因此流程重组是从顾客的需求出发分析流程，站在顾客的立场上思考顾客希望得到什么样的产品和服务，强调以顾客的需求来决定公司业务流程的内容并进行彻底的更新，通过调整、信息反馈、全员参与等持续改善带来新的生机。

2. 流程重组的对象是流程，以流程为核心

流程是指为了完成某一目标而进行的一系列逻辑相关活动的有序集合，它强调的是工作如何进行，而不是工作是什么，这是再造理论的精髓，再造不仅是机构调整、减员增效或单纯的流程重新设计，也是打破传统分工的理论，其目标是将企业由职能导向型转变为流程导向型，紧紧围绕企业最终为顾客提供产品和服务这一结果来组织、设计、实施流程。

3. 流程重组的主要任务是从根本上重新设计流程

提高顾客满意度为导向而放弃不适宜的原则和方法，彻底重新设计流程，建立全新流程及其相应的组织结构和运行机制。

4. 流程重组的目标是绩效的跨越式飞跃

流程重组追求的不是渐进提高和边际进步，而是在绩效方面呈现跨越式飞跃，使整体工作发生质的变化，极大提高工作效率。

5. 流程重组的方式是坚持以人为本的团队式管理

据统计，大约有70%的企业流程重组失败，哈默认为失败的原因是忽视了人。因此在快速变动和激烈竞争中挣扎的企业必须以流程为中心，组建以人为本的团队式管理模式，人人关心整个流程的运转情况。流程重组将组织扁平化，这意味着可供员工追求的等级职位必将减少，改造后的新型组织的基本构成是流程团队，流程团队的成员必须是复合型的专业人才。这些专业人才不仅要具备现代知识、综合观念和敬业精神，而且必须专注顾客利益，为顾客创造价值，为顾客提供效果满意的工作。

（二）企业流程重组与组织变革的原因

引起组织变革的因素众多，最主要的因素有以下几点：

1. 组织外部环境的变化使企业面临巨大的挑战

组织结构是实现组织战略的基本手段，信息技术及互联网技术的发展导致组织外部环境发生了根本性变化，如宏观经济环境、产业结构、经济政策改变，科学技术发展引起的产品或工艺的创新，市场需求的变化和竞争加剧，竞争观念的改变等必然刺激企业调整经营战略，改革组织结构。企业在以顾客、竞争、变化为主要特征的新格局中面临着巨大的挑战。

（1）来自顾客的挑战。20 世纪 80 年代以来，市场由卖方市场向买方市场转移，买卖双方关系中的主导权转到了顾客。随着社会经济发展顾客对各种产品和服务质量也有了更高的要求。

（2）来自竞争的挑战。除了面对顾客需求的多元化和消费质量升级，技术更新速度加快，同行之间的竞争与以往相比更为激烈和残酷。竞争范围空前扩大，竞争手段越来越多，竞争结果空前残酷。

（3）来自变化的挑战。计算机技术和通信技术的发展把将社会推入一个崭新的时代，信息技术的发展，要求企业利用这种技术，最大限度地创利，新产品的开发周期、产品的生命周期不断缩短，同时世界经济深度融合导致各国市场打开国门走向全球化，市场影响因素复杂，变幻莫测。这向传统的组织架构，运行模式提出了挑战，传统的管理理论已不适应发展的需要。

2. 组织内部条件的变化及现行组织结构的弊端

组织内部也有变革的动力需要，组织成员规模及知识结构变化，知识型员工占比日益增加，参与管理的需要就会增加，组织从创业期、成长期、成熟期发展的过程中，原有的部门设置，责权体系甚至企业文化不再满足新形势的需要。其弊端具体表现为：

（1）企业分工过细，信息传递渠道长，市场反应较迟缓。金字塔型组织结构纵向层次众多，分工过细，横向部门林立，使得命令链和信息渠道太长，导致不良后果是：沟通成本急剧上升，信息传递速度慢，易失真，使得高层的决策无法得以快速、切实地执行；在快速多变的市场竞争环境中，无法对客户的需求做出及时、准确的反应；一线员工的创造力得不到及时和充分的认可和激励。企业经营活动的迟缓运作状态最终将导致企业竞争力的下降。

（2）组织机构臃肿。为了把企业内部各部门、各环节衔接起来，需要许多管理人员作为组织管理的信息存储器、协调器和监控器，人事负担已成为众多企业难以承受的重负。此外，部门之间的壁垒在企业运行时，容易产生本位主义和相互推诿等情况，不利于形成良好的企业文化。

（三）企业流程重组与组织变革的结果

1. 组织结构变革

产生流程型及扁平化的组织结构，弱化原职能部门功能，实行无边界合作，促使信息流和物流等在水平方向和垂直方向的顺畅流动，分散在部门内部的资源利用最大化，借助信息及网络，根据环境变化及市场机会进行灵活的聚集和解散。

2. 团队小组的运作方式

构建“以人为本”的核心价值观，围绕核心流程而建立的跨专业、自我管理的团队，团队组成流程型组织的基本单位并围绕核心流程建立，人员不局限于部门范围，流程负责人对每一个核心流程负责，管理任务分权下方，形成流程再造的趋势。

3. 客户驱动流程型组织的绩效

流程必须以满足顾客的需求为基础，员工将与客户和供应商频繁地直接接触并及时响应，传递到内部的各个环节。

三、企业流程重组的方法与程序

（一）企业流程重组的方法

企业流程重组的方法分为系统化改造法和全新设计法。

系统化改造法是指以现有流程为出发点，在现有流程分析的基础上，通过消除各种非增值活动，消除浪费，简化和整合必要活动和任务来完成设计工作，系统地建造所需要的改进的流程，其优点是可以进行局部的改变，还可以是不断积累的过程，实施风险小，见效迅速，对正常的业务活动干扰少；缺点是它仍以现有流程为基础，很难创新一种新流程。因此该方法常用于改进短期绩效。

全新设计法是从流程所要取得的结果或目标出发，逆向倒推，从零开始设计新流程，从根本上重新考虑产品或服务的提供方法，设计全新的流程，通常用于中长期竞争的策略，其优点是抛开现有流程的束缚，从根本上重新思考业务的提供方式，从而带来绩效的飞跃改善；缺点在于抛开现有流程实现所要求的组织变革很困难，实施风险高，对正常运行干扰较大，责权的重新分配阻力大，因此在实施的同时，还要进行配套的企业文化的改造，见效慢，但一旦成功则产生跨越式发展。

实践中选用哪种方法不但要考虑组织所处的外部环境及内部情境，还要考虑两种方法各自的优缺点。在实践中通常是结合这两种方法，扬长避短，来达到企业流程重组的目的。

（二）企业流程重组的程序

1. 企业流程调研与甄选

企业流程重组要以选择“关键流程”为突破口，因为一旦关键业务流程甄选失误，则整个业务流程改造的努力方向就发生了错误或偏移。因此在实施之前必须慎之又慎，进行全面的调研和诊断。挑选关键流程的原则如下：

（1）关注企业跨职能部门的业务流程。

（2）绩效低下的流程，又可称为功能性障碍流程。

（3）重要的流程，重要与否的标准依据对市场影响程度而定，具体说来即对顾客的满意度最有影响的流程。

（4）最有可行性的流程。

2. 分析关键业务流程

在梳理现有关键流程的基础上，全面分析流程各个方面，把关键问题挑选出来分析原因并汇总，为企业流程重组的实施做好准备。

3. 拟订新的业务流程方案

将原来按职能划分转变为以业务流程和具体任务为中心来重新整合管理方式，在流程诊断的基础上，系统地针对关键业务流程的主要问题提出建议并进行权衡，并从设计一个或数个基本的业务流程开始拟订新的业务流程方案。业务流程改造的基本原则是：执行流程时，插手的人越少越好；在流程服务对象（顾客）看来，越简便越好。

4. 流程重组实施的准备

着手建立适应变革的企业文化，并为新的业务流程进行管理机制与组织结构的改革和开发，设计“扁平化”的组织结构，精简管理层次，提高整个系统反应速度及运行效率。其后才是技术实施过程。

5. 企业流程重组的实施

建立流程重组推进的管理体制，成立专门的流程再造实施团队，对部分业务流程实施试点再造，并有步骤、有计划地切换试点；加大培训力度，对各个流程相关部门和员工说明在新的流程中他们的定位和工作职责的变化，以及考核评价方式的变化。

6. 企业流程重组的持续改进

企业流程重组是一个持久的动态的过程，在初期是有竞争优势的业务流程，当市场、顾客需求、供应商变化后则可能变成约束企业发展的流程。因此，要建立一个系统来推进流程的持续改进。

流程的执行到位有赖于项目管理、考核、薪酬等企业管理体系的完善，因次，流程管理制度往往是这些企业基本管理制度体系下的制度，是对流程执行过程与这些基本管理制度结合层面的规定与考虑。

（三）企业流程再造实施中的误区

当前有很多企业的决策人对企业流程再造存在许多认识上的误区。

(1) 忽略人的因素。流程再造如果没有全员的积极参与，即使是相对和风细雨的重组，员工的抵抗及不解也会导致企业流程重组失败。

(2) 最高领导没有直接推动。将流程再造完全交给某个职能部门，导致企业流程再造缺乏足够的推动力。

(3) 没有选取关键的业务流程，高层领导认为仅是改变一些基本的操作层面的业务流程，没有意识到流程再造是对企业的深刻变革。

(4) 对 BRP 的期望过高。很多人错误认为流程再造可以解决一切问题，期望短期跃进，不愿意接受流程再造在没有根本解决企业战略性、技能性等方面的问题，没有改变员工观念、企业文化形成的各种因素，流程再造可能也会带来“消化不良”的损失。

(5) 管理模式的变革落后。组织结构没有相应调整，仍然停留在原有的高度集权，部门分割的职能管理模式层面。

(6) 缺乏对信息技术与业务流程重组相互影响、相互制约的认识。缺乏对信息技术与业务流程相互关系的正确认识与把握，将业务流程等同于 IT，任命 IT 部门作为 BRP 的推行者。尽管 IT 是业务流程重新设计的支撑力量，但是成功的实施项目应由业务部门而不是由 IT 部门推动的；相反，将 IT 独立于业务流程之外，从而造成信息系统与业务流程的脱节。

(7) 将 BRP 理解为压缩组织规模。企业认为 BRP 是以资本、技术代替劳动，实施减员，背离了 BRP 的思想内涵。

(8) 把 BRP 看得过于简单，很多企业出于费用和时间紧张，没有对新流程进行试点检验，认为可以一次计划好并完成，忽略持续改进的过程，最后导致清理失败流程所花的费用和时间比试点花费的更多。

四、海尔流程再造应用案例

(一) 海尔集团改革背景

自改革开放后,我国的企业规模日益扩大,销路中的货物堆积严重。同时,从国外涌进的跨国公司也成为国内企业的巨大压力。越来越多的企业认识到如果不进行调整,让公司的各个部门能够迅速地对市场的变化做出反应,商品就将难以畅销。海尔集团像普通大众化的大型企业一样,在躲避了经济调整时期之后,开始进行公司规模的扩张,同时制订了打入世界500强的计划。海尔集团开始实行产销一体化的策略,虽然极大地调动了事业部员工的积极性,集团规模也得到了巨大的扩张,但营销通路中的资金占有量大,灰色收入渠道问题加重,海尔集团开始察觉到了成长中危险的信号。张瑞敏在一次会议上提出"业务流程再造"的概念。"怎样让石头在水上漂浮起来?"这是张瑞敏在一次流程再造的培训会上提出的问题,这样类似于脑筋急转弯的问题,成为一场海尔革命的开端。业务流程重组成为海尔这样的企业大幅度超越竞争对手,构建核心竞争优势的重要途径。

(二) 业务流程再造的中国版——海尔"市场链"

海尔集团的变革成为中国业务流程再造的典范,下面介绍它具体的再造情况。

1. 作业层再造

海尔公司首先认识到的是产品质量问题,因为主营家电产品,质量问题更加突出。海尔集团最先开始了全面质量监管的进程,初次提出了"OEC"监管模式,OEC管理法也可以表示为:日事日毕,日清日高。要求做到了总账不漏项、事事有人管、管事凭效果、管人凭考核。随着改革的深入,OEC管理模式成为海尔集团所有改革的基础。张瑞敏一直强调的抓基础在这个管理模式上得到了具体的体现。根据海尔发展的实际,张瑞敏在车间流水线上分解了工序的步骤,减少不必要的生产环节,从根本上减少浪费的人力、物力,也达到了节约生产时间的目的,还提高了工作效率。同时塑造了良好的、高效的企业形象,为后面的变革打下了坚实的基础。

2. 以市场链为纽带的经营层流程再造

海尔集团的企业规模越来越大,原有的经营流程和组织结构已经不适应现阶段公司的发展,为了将竞争的理念引入公司的组织层面,同时提升公司的竞争力,降低不必要的成本,最后贯彻国际化的战略,1998～2000年底,海尔集团大幅度地推行了以市场链为纽带的BPR。海尔的"市场链"流程再造贯彻了哈默的"只有把鸡蛋打碎才能做鸡蛋饼"的理念,对原来的业务流程进行了彻底性的重组。它强调以整合性的流程来代替被职能瓜分的破碎性的流程。每一个流程都变得客户化,面向客户,以客户的思想为中心。

(1) 观念创新。过去的计划经济里,员工们认为公司是太阳,像可再生资源一样取之不尽用之不竭,这大大限制了员工对工作的积极性,员工没有意识到的是他们的热情才是太阳的发光源。海尔集团对此现象的做法是:建立确立索酬、索赔、跳闸的制度,只有工作得到了客户的认可,才能获得相应的报酬。这样,员工的观念完全发生转变。

(2) 内部流程和经营关系。海尔集团依照流程观念,进行了组织结构的重组,也就是将组织中不同岗位间的上下级关系转变为客户订单的关系。传统的职能型的结构没有向客户负责的人,而流程型中每一个员工都向客户负责(如图5-11、图5-12所示)。流程型的结构会更连贯,相应地减少公司的成本,同时增强了市场应变能力。业务流程再造主要解决的是公司经营效率低和对市场应变能力差的问题。海尔集团实行营销、采购、结算统一化的方法，这也是“市场链”的主要流程，采用“市场链”管理模式，也是一种流程型网络组织结构。海尔集团将原来的职能部门分离出来再根据业务流程进行整合，最后以集团为中心，注册成为独立的公司。最后再用流程式的“市场链”整合起来，同时再以内部价的策略接受子公司的订单。海尔集团还用各种新型的信息管理工具来整合，比如，ERP 系统、B2B 电子商务平台等。

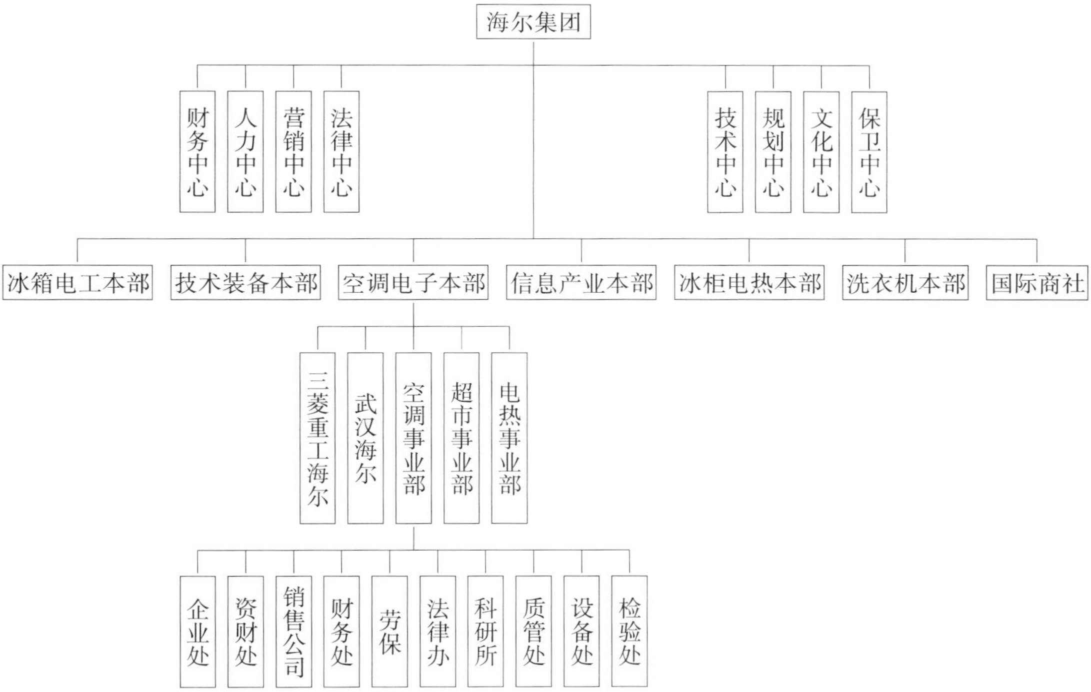

图 5-11　海尔集团传统型结构模型

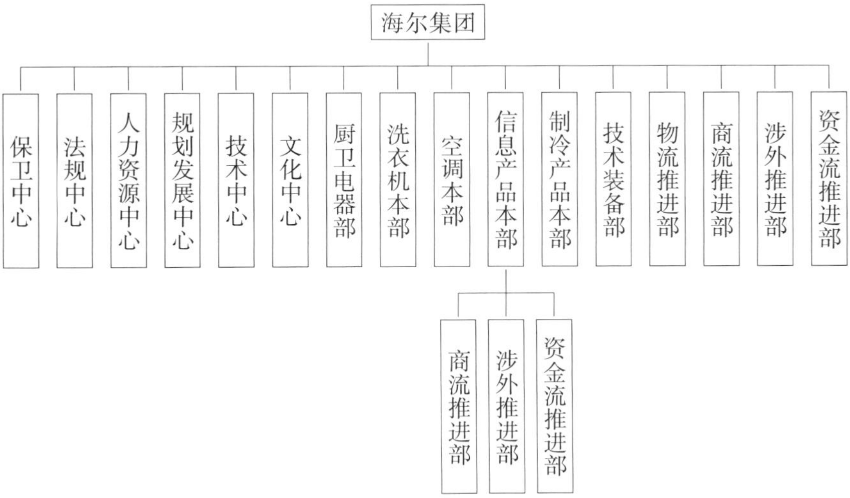

图 5-12　海尔集团业务流程重组后的组织结构（仅作示例，可能与现行有差异）

3. 战略层改造

海尔集团于1999年在国际化会议上提出了三条国际企业的标准，企业内部的组织结构必须与国际的市场相协调，塑造一个国际化的品牌和有一个基于网络也就是信息化的营销策略。在战略层面提出了“三化”原则，即结构形态“扁平化”、流程关系“市场化”、运行传导“信息化”。海尔集团还提出必须完成三种转变，职能型结构向流程型结构转变，主营国内市场向国际化市场转变，最后是由企业制造业向企业服务业转变。

（三）海尔再造的启示

1. 业务流程重组离不开公司未来发展的目标

业务流程重组是为了公司的生存、发展或者是建立公司的核心竞争力。公司进行流程再造时，不能脱离公司经营的目标。海尔集团的改革，无论是产品质量的提高、满足个性化需求的新型系统，还是最后发展的电子商务平台，都是为了适应市场的需求变化和满足顾客的需求。同时，企业流程重组要紧紧围绕“顾客满意度”这个中心。

2. 处理好流程重组与企业战略的关系

海尔集团的业务流程重组与它的企业战略是紧紧相连的，海尔集团的企业战略变化的同时，业务流程重组的阶段也不断地变化，初期，先改善了质量，之后改造了制造和经营系统，又及时地为顾客提供个性化的服务。BPR与企业战略之间是一种互动的关系，所以在业务流程重组的过程中，不能离开企业战略的框架。还要考虑到在业务流程重组之前，确定好正确的企业战略目标。

3. 全新设计和系统改造的选择

学术界对流程重组是采用全新设计法还是采用系统改造法存在一定的争议，全新设计就是贯彻了哈默“推倒重来”的理念，原有的都不考虑，根据流程采取新型方式。系统改造是进行局部的改造，通过沟通，实现渐变式的改变。在市场竞争更加激烈的现在，公司能做到的就是根据自身的情况，结合战略措施，选择适合公司本身的业务重组的方式进行公司新的革命。

（案例来源：钱存.业务流程再造—海尔集团案例研究[J].现代商贸工业，2016(33)，有改动）

本章小结

将管理体系作为提高组织绩效的手段，其重要特征之一就是面向过程的管理。过程是利用输入实现预期结果的相互关联或相互作用的一组活动，过程方法强调管理过程组成的体系，其作用是采用PDCA循环及始终基于风险的思维对过程和整个体系进行管理，旨在利用机遇，有效和高效地得到一致的、可预知的结果，并防止发生不良结果。过程方法的应用原理在于单一过程通过SIPOC组织系统模型将供给者、输入、过程或活动、输出和客户组成相互关联、互动系统，质量管理体系过程是依据PDCA循环的逻辑构成，按照组织环境、领导作用、策划、支持、运行、绩效评价及改进七个高层结构的要求建立、实施、保持和改进质量管理体系。

过程策划是管理体系建立的基础，目前在过程策划中借助的主流工具有流程框架设计、乌龟图、流程图，以及针对服务业的服务蓝图技术等。流程框架设计及流程图，可以将不同层级的流程展开，并通过流程图展示过程中的活动的路径、关联性及各部门在流程中的关系，具有层级化清晰、系统性强的优点。乌龟图针对单一过程的识别具有简明、清晰、内容全面、易于理解等优点，但是在应用中也有不足，不能一目了然地展示与其他过程之间的关联性。

由于服务行业的特殊性，针对服务业开发出的服务蓝图技术，基于顾客需求为导向直观展示服务流程，在服务创新及服务质量水平提升方面发挥重要作用。

由于组织外部及内部环境变化的复杂性，特别是高科技导致的新技术新工艺的开发，互联网、物联网等出现，流程重组成为组织求得生存并基业长青的必然选择，流程重组不但是过程及活动路径的变化，也带来组织结构的变革及各方利益的重新分配。企业流程重组是一个持久的、动态的过程，在初期有竞争优势的业务流程，当市场、顾客需求、供应商变化后则可能变成约束企业发展的流程，因此，要建立一个系统来推进流程的持续改进。

思考题

1. 过程与过程方法的含义是什么？过程方法在管理体系中应用的原理及应用步骤有哪些？

2. 流程框架设计的目的是什么？如何进行设计？

3. 乌龟图的结构及各部分的主要内容有哪些？

4. 常见的流程图有哪些？如何绘制？

5. 什么是服务蓝图？服务蓝图是由哪些部分构成？如何绘制服务蓝图？需要注意哪些问题？

6. 流程重组的目的是什么？流程重组会给一个组织带来哪些主要变化？

第六章 风险评估方法与工具

学习要点

◆ ISO 31000 的产生背景、适用范围，风险管理的框架和过程；
◆ ISO 31010 风险评估技术在风险评估各阶段的适用；
◆ FMEA 的适用范围及目标，DFMEA 和 PFMEA 制作和执行；
◆ 风险矩阵的定义及应用；
◆ 故障树的定义及编制步骤；
◆ HRA 事件树构造及评价。

第一节 风险管理概述

一、ISO 31000:2018《风险管理指南》标准概述

（一）产生背景

ISO 31000:2018 由 ISO 技术管理局风险管理工作组（ISO/TMB）制定，ISO 31000 是 ISO 组织在 2009 年发布的全球性的第一个风险管理标准，它的结构和基础主要参考了澳大利亚和新西兰 1995 年联合发布的风险管理标准 AS/NZS 4360，这也是全球第一个国家层面的风险管理标准。此标准在 1999 年、2004 年、2018 年被重新修订出版。

ISO 31000:2018 标准是 ISO 风险管理标准族的核心标准，它对风险管理的原则、框架、过程等都做出了详细的要求和说明。ISO 31000 标准是 ISO 31010 标准的基础，也是 ISO 31004 标准的基础。现在英国、美国、加拿大、日本、澳大利亚等国都已等同采用了 ISO 31000 标准。

截至 2018 年底，ISO 风险管理标准族共包含如下四个正式标准：

（1）ISO Guide 73 风险管理术语（Risk Management—Vocabulary）。

（2）ISO 31000 风险管理原则与指南（Risk Management—Principles and Guidelines）。

（3）ISO/IEC 31010 风险管理　风险评估技术（Risk Management—Risk Assessment Techniques）。

（4）ISO/TR 31004 风险管理对 ISO 31000 的实施指南（Risk management—Guidance for the Implementation of ISO 31000）。

从上述标准的名称可以看出，各标准的定位和功能不同。其中，ISO Guide73 位居榜

首，它为阅读和理解族里的其他标准提供术语的定义和解释；ISO 31000是风险管理标准族的核心，它为风险管理明确了原则、框架和过程；ISO 31010侧重于风险评估方法与技术，是读者使用ISO 31000时的技术补充；ISO 31004是风险管理框架和过程的实施指南。它们对组织开展风险管理工作，既提供了统一的语言，又提供了一套完整的解决方案。

ISO 31000历史发展过程中我国的参与情况见表6-1。

表6-1　ISO 31000历史发展过程中我国的参与情况

时　间	国　　际	国　　内
2005年	ISO/TMB/RMWG成立 第一次工作组会议在日本东京召开	国家标准机构委派专家参与
2006年	第二次工作组会议在澳大利亚悉尼召开	成立专家组
	第三次工作组会议在奥地利维也纳召开	提出“风险”的建议，并获得工作组支持
2007年	第四次工作组会议在加拿大渥太华召开	投票采纳我国提出的“风险”的建议
	第五次工作组会议在中国三亚召开	成立全国风险管理标准化技术委员会SAC/TC 310
2008年	第六次工作组会议在新加坡召开	国家风险管理术语、指南标准完成报批
2009年	ISO 31000：2009、Guide73正式出版	GB/T 24353—2009正式出版
2013年	ISO 31004正式出版	具体领域的风险管理标准的制定。如企业法律风险管理标准
2018年	ISO 31000：2018正式出版	启动GB/T 24353的转换工作

（二）适用范围

ISO 31000：2018在“范围（Scope）”中对本标准的作用、应用范围等做了说明。本标准适用于所有行业、类型和规模的组织，适用组织全生命周期及其各阶段，也适用于包括各级决策在内的组织的各种活动，为组织实施风险管理提供了通用的基本原则和指南。各种类型和规模的组织都面临着外部和内部因素的影响，这些影响使得组织实现其目标面临一定的不确定性；管理风险是治理和领导力的一部分，对组织在各个层面的管理至关重要。它包括与利益相关方的交流和沟通，有助于改进管理体系。

二、ISO 31000：2018《风险管理指南》标准的原则、框架及过程

ISO 31000：2018风险管理标准中的原则、框架及过程如图6-1所示，此图也称为“三轮车”图，与2009年第一版标准的三个方框图相比变化明显。

ISO 31000：2018标准主要包括风险管理原则、风险管理框架、风险管理过程三个部分，各组成部分在循环中相互关联、相互作用。

（一）风险管理的原则

ISO 31000：2018标准的名称中含有“原则”，这是ISO在管理标准中首次使用“原则”一词，说明“风险管理原则”在风险管理活动中占有很重要的位置，这类似“七项质量管理原则”在ISO 9001质量管理体系标准中的位置。

ISO 31000：2018标准提出了八项风险管理原则，其最核心的目的是“价值的创造和保护”。风险管理原则对有效的风险管理提供理论指导，组织实施并落实这些风险管理原则，

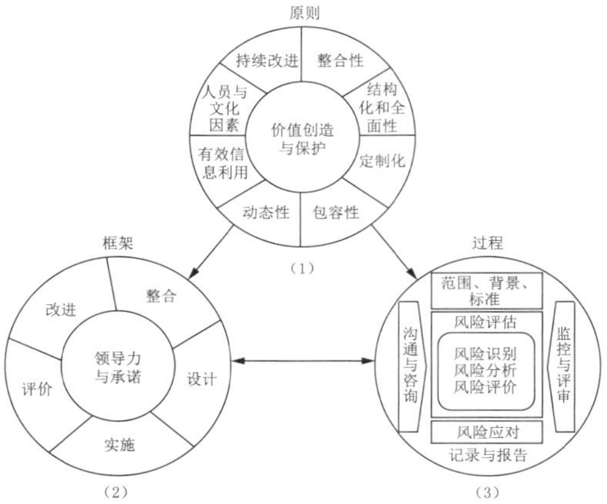

图 6-1　风险管理原则、框架与过程

将会使组织获得有效的风险管理。“在所有层次上遵循”则要求风险管理应融入组织的所有活动、过程，在对组织内的任何一项活动或过程实施风险管理时，均应遵循八项风险管理原则。

1. 整合性

这是对风险管理“整合性”的声明，是整合，而不是附加。该原则强调了两个观点：其一，如果组织的某个过程没有实施风险管理，那么这个过程就是不完整的；其二，组织开展风险管理工作，不应像质量管理体系那样，制定一个独立的体系来运行，而是要把风险管理整合到组织的其他各项业务活动中去。抓住风险管理的“整合性”，就能有效地克服风险管理与组织其他管理之间“两层皮”的现象，使风险管理工作真正落到实处。

2. 结构化和全面性

风险管理是结构化的。“结构”是指系统内存在的各个组成部分，及各部分之间相互联系、相互作用的框架。结构化的方法是对组织各个组成部分的存在、设置，及其之间的联系、作用进行分析，通过这一结构的运作而实现该结构的功能。

风险管理是全面性的。不能各自为政，更不能一叶障目，要考虑各种风险或各个层次的风险之间的关系，站在系统的角度看待风险、管理风险。

3. 定制化

每个组织都有自己特定的生存环境，都有自己的特殊性，所以风险管理是定制的、个性化的，不可能完全复制或照抄照搬。

4. 包容性

包容各利益相关方、组织内各层级决策者对风险和风险管理的意见及建议。

5. 动态性

风险的定义是“不确定性对目标的影响”，管理风险就是要管理“不确定性”，要适应环境变化的这一动态过程。

6. 有效信息利用

不确定性是一种缺乏或部分缺乏信息的状态。组织的信息一般包括历史数据、经验、利益相关方的反馈、观察、预测和专家判断等。

这里的“有效信息利用”暗示该信息是可用的、满足预期的。组织开展风险管理工作时，应该建立自己的信息获取策略、渠道和手段,并注意识别数据和数据处理模型的缺陷或局限。

7. 人员与文化因素

人员和文化是组织管理的基础条件,人在风险管理中起决定作用。风险管理与组织的所有利益相关方都有密切联系,需要各利益相关方参与。科学的风险文化的形成将有利于组织全面提升风险管理能力。

8. 持续改进

组织的风险管理是一个封闭的反馈循环过程。组织通过绩效测量、检查、调整、审计等手段,使风险管理得到持续改进。组织的目标和绩效改进可从十个方面入手:人身健康与安全、保安措施、法律法规符合性、公众接受度、环境保护、产品质量、项目管理、运营效率、治理和名誉。

这八项原则都是基于“价值的创造和保护”这个核心制定的,“价值的创造和保护”是风险管理的目标,也是对风险管理工作的基本要求,更是对风险管理工作成果的评价标准。如果组织开展风险管理,不能或未能“创造”或“保护”价值,那么组织开展的风险管理工作就是无效的、徒劳的。

(二)风险管理框架

风险管理的成功取决于管理框架的有效性,该管理框架为组织提供了基础和安排,管理框架通过在组织特定的环境和不同层次中应用风险管理过程,有助于组织有效地管理风险。确保从风险管理过程中所获得的风险信息被充分地报告,并将其作为在组织的所有相关层级决策的基础。

管理风险的框架包括以下六个要素。

1. 领导力和承诺

要求高层管理者和监督机构应确保风险管理融入组织的所有活动。

2. 整合

风险管理依赖于对组织架构和环境的理解,组织架构的每个部分都需要风险管理,组织中的每个人都有责任管理风险。风险管理应成为组织目的、治理、领导力和承诺、战略、目标和运营的一部分。

3. 设计

设计包括以下五个方面的内容:

(1)理解组织及其环境。标准在这里特别强调了时间要求和活动要求。①时间要求。要求这部分工作在“开始设计和实施管理风险的框架之前”,也就是“设计之前”和“实施之前”。“设计之前”是指组织在最初建立风险管理框架时的设计之前;“实施之前”是指风险管理的框架建立完成后,在开始实施该框架前。②活动要求。要求做两项工作,一是“评价”,二是“清楚了解”,两者缺一不可。这两项活动发生在“开始设计和实施管理风险的框架之前”,活动的内容是“组织的外部和内部环境”。对“环境”的强调是本标准的一个重要特征。

任何组织都有其赖以生存的外部环境和内部环境。ISO 31000:2018 标准把组织看成环境中的一分子。组织在设计管理风险的框架时,应该首先搞清楚内、外部环境。为了帮助组织全面、系统地认识和了解自己所处的环境,标准针对内、外部环境分别列示了相关内容。

了解组织及其环境的途径有：①媒体（报纸、互联网、博客等）；②与风险管理相关的图书、杂志、内刊等；③相关报告；④相关活动（访谈、专家演讲、学术交流、评比等）。

（2）明确管理风险承诺。ISO 历来重视“管理承诺”，在其发布的管理标准中，一般都含有对组织管理者“承诺”方面的要求，且都居于标准的重要位置。“承诺”意味着责任和权力，“承诺”也意味着公开；就某一特定领域的管理而言，“承诺”往往意味着在这一管理领域中组织的管理方向、总体要求和责任分配。“承诺”是整个风险管理框架的“上层建筑”，在整个组织的风险管理活动中非常重要。组织在开展风险管理工作时，应明确“承诺”的表示方法和具体内容，还应包括决策层（董事）和执行层（CEO、COO 等）对风险管理方针政策的陈述与声明。

（3）分配组织角色、权限、职责和责任。主要针对的是组织内部的利益相关方，组织应确保有责任、权力及适当的能力来管理风险，这包括实施和维护风险管理过程，还包括确保任何一种控制方式都是充分的、有效力和有效率的。

（4）分配资源。本标准在风险管理原则、框架等处，皆提到“资源”问题，标准列示了五大类资源：①人员、技能、经验和能力；②组织用于管理风险的过程、方法和工具；③文件化的过程和程序；④信息和知识的管理系统；⑤培训策划或计划。

（5）建立沟通与咨询机制。在本标准中，“沟通”一般与“咨询”对应，ISO 把组织的“沟通计划”视为组织“建立沟通和咨询机制”的手段，并给出该计划应该包括的内容。首先应该包括适当的外部利益相关者的参与，以确保有效的信息交流；然后把沟通与咨询的结果反馈和报告给外部利益相关方，并通过沟通建立其对组织的信心；最后应包括在危机或突发事件中与外部利益相关方的沟通。所以组织在实施风险管理框架时，应制订一个有效的“风险管理框架实施计划”，该计划应满足以下要求：①新的、基于风险的方法整合入现有业务流程的适应性；②组织高管层对风险管理的不断支持；③员工对风险管理的支持，尤其是在各个活动的初始设计和试验阶段；④按照学习、反馈、改进的过程分步实施。

4. 实施

组织通过制订适当的计划，包括时间和资源的分配，在整个组织内确定在什么地点、时间、有谁进行不同类型的决策，在必要时调整适用的决策程序，确保整个组织的风险管理安排得到清晰的理解和实施。框架的成功实施需要利益相关方参与和了解，以应对决策中的不确定性。

5. 评价

为评估框架的有效性，组织应根据其目的、计划、指标和预期行为衡量框架的绩效，确定其适用性。

6. 改进

框架的适应性是通过持续的监视风险管理框架，解决内外部环境变化的。组织应不断改进框架的适应性、有效性和充分性，以及风险管理流程的整合方式，发现改进机会并通过制订计划和任务，分配责任人员，有效推进持续改进。

（三）风险管理过程

1. 风险管理过程的构成要素

风险管理过程包含 ISO 31000：2018 标准 6.1—6.7 节所描述的各项活动，是组织管理整体的有机组成部分，应被整合在组织的文化和实践当中，同时覆盖适应组织的业务过程或经营过程，风险管理过程的构成要素如图6-2所示。

风险管理过程由六个活动构成：沟通与咨询，范围、背景、标准，风险评估，风险应对，记录与报告，监测与评审。

风险管理过程的“主循环流程”由“范围、背景、标准→风险评估→风险应对→监测与评审”构成。循环起点为“范围、背景、标准”，终点为“监测与评审”。组织依据“监测与评审”的结果，决定是否开始下一轮循环。

“风险评估”由风险识别、风险分析、风险评价三个步骤组成，循序渐进。

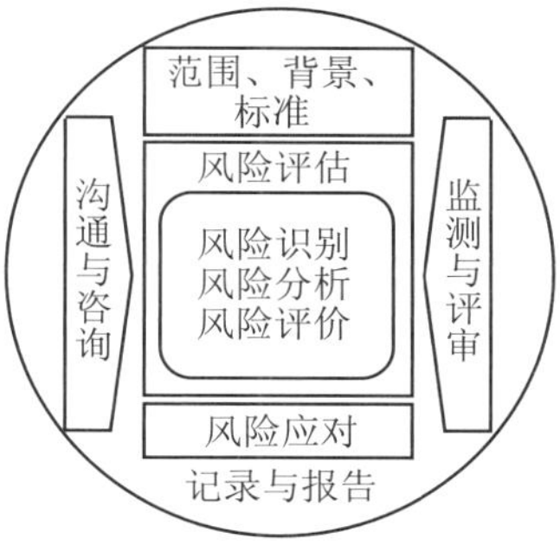

图6-2　风险管理过程

“范围、背景、标准，风险评估，风险应对”三个过程要经常与“沟通与咨询”和“监测与评审”保持联系。

2. 风险管理过程各要素的主要内容

由图6-2可知，风险评估涉及风险识别、风险分析和风险评价三个过程，构成风险管理过程的核心内容。

风险识别，其输入是“范围、背景、标准”子过程的输出。风险识别是发现、承认和描述风险的过程，包括对风险源、风险事件、风险原因及其潜在后果的识别。风险识别需要收集历史数据、进行理论分析、征询专家意见，考虑利益相关方的需求。

风险分析，是理解风险性质和确定风险等级的过程。风险分析为风险评价和风险应对决策提供基础。风险分析包括对风险的估计，如对后果严重性的估计和可能性大小的估计。

风险评价，是把风险分析的结果与风险准则相比较，决定风险或其大小是否可接受或可容忍的过程。正确的风险评价将有助于组织对风险应对的决策。

风险应对，是承接风险评估（或风险评价）的输出，对需要进行风险应对的风险按优先次序实施风险应对，是风险评估的目的之一。风险评估是风险管理过程的核心，但不是目的。风险管理过程的目的是要通过风险识别、评价为风险评估提供输入并进行风险应对，把风险控制在可接受或可容忍的范围内。

监测与评审，是组织对风险管理过程实施的监测与评审，其目的是保证各种控制措施无论在设计方面，还是在运行方面都是有效力、有效率的。通过监测与评审，组织可以从事件、变化、趋势、成功和失败中获取经验教训，可以发现外部和内部的环境变化，还可以识别正在显露的风险，从而改善或提升组织在风险管理过程中的能力。为了确保监测与评审的客观性和准确性，组织需要确定专门的队伍完成这项工作，并确定相关职责。在企业里，一般由风险管理部或审计监察部负责此项工作。监测与评审可以定期实施，也可以临时实施，还可以专门对风险管理过程的某一个子过程实施，如对风险评估子过程进行监测与评审。

记录与报告，该过程指的是记录可用于文件的可追溯性活动，并为验证、预防措施或纠正措施提供证据。在风险管理过程中，为了保证风险管理活动的可追溯性，记录必不可少。组织应该为风险管理过程建立各种详细的记录。组织创建记录时要考虑记录的目的和相关要求，还要考虑记录所用的方法与工具、记录的存储介质、访问控制、保留期限、回收处理等因素。

三、ISO 31010《风险管理　风险评估技术》简介

2009 年国际标准化组织发布的 ISO 31010《风险管理　风险评估技术》，是对 ISO 31000 的技术补充，侧重于风险评估方法与技术。作为风险管理活动的组成部分，风险评估提供了一种结构性的过程以识别目标如何受各类不确定性因素的影响，并从后果和可能性两个方面来进行风险分析，然后确定是否需要进一步处理。

风险评估工作试图回答以下基本问题：

（1）会发生什么及为什么发生？

（2）后果是什么？

（3）这些后果发生的可能性有多大？

（4）是否存在一些可以减轻风险后果或者降低风险可能性的因素？

（5）风险等级是否可容忍或可接受？是否要求进一步的应对和处理？

本标准旨在反映当前风险评估技术选择及应用的良好实践，但并未涉及那些新出现、尚在发展中还未获得专业人员共识的评估技术概念。

ISO 31010 标准推荐的常用风险评估技术见表 6-2 和表 6-3。

表 6-2　技术在风险评估各阶段的适用性

工具及技术	风险评估过程				
	风险识别	风险分析			风险评价
		后果	可能性	风险等级	
头脑风暴法	SA	A	A	A	A
结构化/半结构化访谈	SA	A	A	A	A
德尔菲法	SA	A	A	A	A
情景分析	SA	SA	A	A	A
检查表	SA	NA	NA	NA	NA
预先危险分析	SA	NA	NA	NA	NA
失效模式和效应分析(FMEA)	SA	NA	NA	NA	NA
危险与可操作性分析(HAZOP)	SA	SA	NA	NA	SA
危险分析与关键控制点(HACCP)	SA	SA	NA	NA	SA
保护层分析法	SA	NA	NA	NA	NA
结构化假设分析(SWIFT)	SA	SA	SA	SA	SA
风险矩阵	SA	SA	SA	SA	A
人因可靠性分析	SA	SA	SA	SA	A
以可靠性为中心的维修	SA	SA	SA	SA	SA
业务影响分析	A	SA	A	A	A
根原因分析	A	NA	SA	SA	NA
潜在通路分析	A	NA	NA	NA	NA

续　表

工具及技术	风险评估过程				
	风险识别	风险分析			风险评价
		后果	可能性	风险等级	
因果分析	A	SA	NA	A	A
风险指数	A	SA	SA	A	SA
故障树分析	NA	A	A	A	A
事件树分析	NA	SA	SA	A	NA
决策树分析	NA	SA	SA	A	A
Bow-tie 法	NA	A	SA	SA	A
层次分析法(AHP)	NA	SA	SA	SA	SA
在险值(VaR)法	NA	SA	SA	SA	SA
均值—方差模型	NA	A	A	A	SA
资本资产定价模型	NA	NA	NA	NA	SA
FN 曲线	A	SA	SA	A	SA
马尔可夫分析法	A	NA	SA	NA	NA
蒙特卡罗模拟法	NA	SA	SA	SA	SA
贝叶斯分析	NA	NA	SA	NA	SA

注:SA 表示非常适用,A 表示适用,NA 表示不适用

表 6-3　风险评估技术的特征

风险评估方法及技术	说　明	影响因素			能否提供定量结果
		资源与能力	不确定性的性质与程度	复杂性	
头脑风暴法及结构化访谈	一种收集各种观点及评价并将其在团队内进行评级的方法。头脑风暴法可由提示、一对一以及一对多的访谈技术激发	低	低	低	否
德尔菲法	一种综合各类专家观点并促其一致的方法,这些观点有利于支持风险源及影响的识别、可能性与后果分析以及风险评价。需要独立分析和专家投票	中	中	中	否
情景分析	在想象和推测的基础上,对可能发生的未来情景加以描述。可以通过正式或非正式的、定性或定量的手段进行情景分析	中	高	中	否
检查表	一种简单的风险识别技术,提供了一系列典型的需要考虑的不确定性因素。使用者可参照以前的风险清单、规定或标准	低	低	低	否

续 表

风险评估方法及技术	说　明	影响因素			能否提供定量结果
		资源与能力	不确定性的性质与程度	复杂性	
预先危险分析(PHA)	PHA是一种简单的归纳分析方法,其目标是识别风险以及可能危害特定活动、设备或系统的危险性情况及事项	低	高	中	否
失效模式和效应分析(FMEA)	FMEA是一种识别失效模式、机制及其影响的技术。常用的FMEA有五类:设计(或产品)FMEA,用于部件及产品;系统FMEA;过程FMEA,用于加工及组装过程;服务FMEA;软件FMEA	中	中	中	是
危险与可操作性分析(HAZOP)	HAZOP是一种综合性的风险识别过程,用于明确可能偏离预期绩效的偏差,并可评估偏离的危害度。它使用一种基于引导词的系统	中	高	高	否
危险分析与关键控制点(HACCP)	HACCP是一种系统的、前瞻性及预防性的技术,通过测量并监控那些应处于规定限值内的具体特征来确保产品质量、可靠性,以及过程的安全性	中	中	中	否
保护层分析法	保护层分析,也被称作障碍分析,它可以对控制及其效果进行评价	中	中	中	是
结构化假设分析(SWIFT)	结构化假设分析是一种激发团队识别风险的技术,通常在引导式研讨班上使用,并可用于风险分析及评价	中	中	任何	否
风险矩阵(Risk Matrix)	风险矩阵是一种将后果分级与风险可能性相结合的方式	中	中	中	是
人因可靠性分析(HRA)	人因可靠性主要关注系统绩效中人为因素的作用,可用于评价人为错误对系统的影响	中	中	中	是
以可靠性为中心的维修(RCM)	以可靠性为中心的维修是一种基于可靠性分析方法实现维修策略优化的技术,其目标是在满足安全性、环境技术要求和使用工作要求的同时,获得产品的最小维修资源消耗。通过这项工作,用户可以找出系统组成中对系统性能影响最大的零部件及其维修的方式	中	中	中	是
业务影响分析	业务影响分析是一种分析重要风险影响组织运营的方式,同时明确如何对这些风险进行管理	中	中	中	否
根原因分析	对发生的单项损失进行分析,以理解造成损失的原因以及如何改进系统或过程以避免未来出现类似的损失。分析应考虑发生损失时可使用的风险控制方法以及怎样改进风险控制方法	中	低	中	否
潜在通路分析(SA)	潜在通路分析是一种用于识别设计错误的技术。潜在通路是指能够导致出现非期望的功能或抑制期望功能的状态,这些不良状态的特点具有随意性,在最严格的标准化系统检查中也不一定能检测到	中	中	中	否

续 表

风险评估方法及技术	说明	影响因素			能否提供定量结果
		资源与能力	不确定性的性质与程度	复杂性	
因果分析	综合运用故障树分析和事件树分析，并允许时间延误。初始事件的原因和后果都要予以考虑	高	中	高	是
风险指数	风险指数可以提供一种有效的划分风险等级的工具	中	低	中	是
故障树分析	始于不良事项（或事件）的分析并确定该事项可能发生的所有方式，以逻辑树形图的形式进行展示。在建立起故障树后，就应考虑如何减轻或消除潜在的风险源	高	高	中	是
事件树分析	运用归纳推理方法将各类初始事件的可能性转化成可能发生的结果	中	中	中	是
决策树分析	为决策问题的细节提供了一种清楚的图解说明	高	中	中	是
蝴蝶结法（Bow-tie）	一种简单的图形描述方式，分析了风险从危险发展到后果的各类路径，并可审核风险控制措施。可将其视为分析事项起因（由蝶形图的结代表）的故障树和分析后果的事件树这两种方法的结合体	中	高	中	是
层次分析法（AHP）	定性与定量分析相结合，适合多目标、多层次、多因素的复杂系统的决策	中	任何	任何	是
在险值法（VaR）	基于统计分析基础上的风险度量技术，可有效描述资产组合的整体市场风险状况	中	低	高	是
均值—方差模型	将收益和风险相平衡，可应用于投资和资产组合选择	中	低	中	是
资本资产定价模型	清晰地阐明了资本市场中风险与收益的关系	高	低	高	是
FN 曲线	FN 曲线通过区域块来表示风险，并可进行风险比较，可用于系统或过程设计及现有系统的管理	高	中	中	是
马尔可夫分析	马尔可夫分析通常用于对那些存在多种状态（包括各种降级使用状态）的可维修复杂系统的分析	高	低	高	是
蒙特卡罗模拟	蒙特卡罗模拟用于确定系统内的综合变化，该变化产生于多个输入数据的变化，其中每个输入数据都有确定的分布，而且输入数据与输出结果有着明确的关系。该方法能用于那些可将不同输入数据之间相互作用计算确定的具体模型。根据输入数据所代表的不确定性的特征，输入数据可以基于各种分布类型。风险评估中常用的是三角或贝塔分布	高	低	高	是
贝叶斯分析	贝叶斯分析是一种统计程序，利用先验分布数据来评估结果的可能性，其推断的准确程度依赖于先验分布的准确性。贝叶斯信念网通过捕捉那些能产生一定结果的各种输入数据之间的概率关系来对原因及效果进行模拟	高	低	高	是

四、风险管理过程与业务管理流程

通过对业务流程的梳理，可以明确组织各层级及相关人员的职责，规范工作流程的同时，使风险管理过程的各项要素能够更好地融合、整合至组织的业务流程中，促进业务流程能够更有效地开展，从而提升公司的整体运营管理水平。业务流程与风险管理之间的相互关系主要体现在以下几方面：

（1）流程管理是风险管理的基础，风险管理可以运用流程分析法识别风险。风险管理是以流程化的思考方式（任何业务问题都会反映在核心流程上），进行系统化的风险识别、评估，然后分析诱因，根据诱因再设计应对性的控制措施，逻辑性强，所以风险管理和流程建设是密不可分的，流程建设是开展风险管理的基础，风险管理需要了解业务现状，因此，风险管理工作可以直接利用流程建设的成果。

企业的业务主要是通过流程运行的，而风险会存在于业务的每一个"角落"，风险管理中一个重要的环节是进行风险评估与识别，只有熟悉业务流程，才能更准确地识别风险，因此通过流程分析法将会有利于我们更快、更准地找到风险点，并采取措施予以控制，达到为企业"查缺补漏"的作用。

（2）风险管理成果可以运用到流程管理中，作为流程管理的输入条件。通过对业务流程的梳理和分析，识别风险，设计控制措施，最终还需要通过流程中的关键控制点的设置（新建流程或优化原有的流程）来对需要控制的风险进行防范，因此风险评估的结果可以作为流程建设及流程审视优化的重要输入。

（3）流程管理是内控体系建设的关键环节，制度和流程针对的是风险控制。业务流程是指通过规范一系列连续有规律的行动的发生和执行来实现预期目标的过程。业务流程管理是在不断变革中对企业所有的内外业务通过制度化控制手段和图形化流程模型来进行管理，实现优化业务流程、提高获利能力的目标。内控缺陷整改要通过"流程再造"才能标本兼治。企业要加强内部控制、保障持续健康发展，进行流程管理是关键环节。

五、ISO 31000 与 COSO 风险框架关系

ISO 31000 依托 AS/NZS 4360 开发，它和美国反虚假财务报告委员会下属的发起人委员会（The Committee of Sponsoring Organizations of the Treadway Commission，COSO）发布的企业风险管理框架（ERM framework）存在一定的关系。ISO 31000 作为一个国际标准，它的诞生和正式发布必须具有先进性，同时能够综合体现全世界各个国家、各个行业的风险管理最佳实践。

2004 年 9 月，COSO 在普华永道的大力支持下，COSO 委员会在 1992 年发布的《内部控制整合框架》基础上，吸收各方面风险管理研究成果，正式发布了《企业风险管理——整合框架》（Enterprise Risk Management—Integrated Framework），并于 2017 年完成了换版工作，发布了最新修订版《企业风险管理框架》（COSO—ERM）。

新版 COSO—ERM 认为企业风险管理是"组织在创造、保存、实现价值的过程中赖以进行风险管理的，与战略制订和实施相结合的文化、能力和实践。"其简化了 2004 版的定义，强调风险管理与价值创造及战略的关系。

COSO—ERM 框架源于其内部控制框架，其核心内容是五大要素，二十项原则。

COSO—ERM 框架的五大要素是：治理和文化；战略和目标设定；执行风险管理；评估和修正；信息、沟通和报告，与 2004 版的内部环境、目标设定、事项识别、风险评估、风险应对、控制活动、信息与沟通、监控八个要素相比变化最明显的标志就是“去风险化”和“去控制化”，强调“管理框架”而不是“控制框架”，强调治理与文化，细化了战略及目标设定的要求。

COSO—ERM 框架主要是针对企业，尤其是上市公司，侧重于监管要求；ISO 31000 则广泛适用于企业及各种组织，是企业自发开展风险管理工作的指南。COSO—ERM 框架里的要素与 ISO 31000 风险管理过程中的活动很类似，其要素对照见表 6-4。

表 6-4　COSO—ERM 框架与 ISO 31000 风险管理过程对比表

COSO—ERM 框架五个要素二十个原则	ISO 31000 风险管理过程
一、治理与文化	一、范围、背景、标准
1. 执行董事会风险监督	
2. 建立运营架构	
3. 定义所需的文化	
4. 展现对核心价值的承诺	
5. 吸引、培养并留住人才	
二、战略与目标设定	
1. 分析商业环境	
2. 定义风险偏好	
3. 评估替代战略	
4. 建立商业目标	
三、执行风险管理	二、风险评估
1. 识别风险	1. 风险识别
2. 评估风险的严重程度	2. 风险分析
3. 风险排序	3. 风险评价
4. 实施风险应对	三、风险应对
5. 建立风险组合观	
四、评估和修正	
1. 评估重大变化	
2. 审阅风险和绩效	
3. 企业风险管理改进	
五、信息、沟通和报告	四、记录与报告
1. 利用信息系统	
2. 沟通风险信息	五、沟通与咨询
3. 对风险、文化和绩效进行报告	六、监测与评审

表 6-4 显示，ISO 31000 和 COSO—ERM 均以以下两方面为聚焦点。

(1)"价值"聚焦。风险管理工作要聚焦在组织的价值创造活动，支持或协助组织更好地进行价值创造、保护和实现，聚焦于企业价值的创造。

(2)"决策"为核。新版 ISO 风险管理标准数次在不同章节中强调了风险管理对于决策支持的重要性，指出任何组织和个人无时无刻不在面临做出决策的情况。如果说风险管理聚焦到了价值的创造和保护，那这个目标是组织通过做出一系列的决策从而达到价值实现的。风险管理让我们可以更好地管理不确定性，从而为更好地做出决策，为应对不确定性提供支持。这样的观点同样在 COSO 新版风险管理框架中被强调和突出。在企业实践中应该考虑如何加快构建决策过程中的风险考量政策和程序。

第二节　失效模式与影响分析

一、FMEA 概述

(一) FMEA 简介

失效模式和影响分析(Failure Mode and Effect Analysis，FMEA)是在产品设计阶段和过程设计阶段，对构成产品的子系统、零件，对构成过程的各个工序逐一进行分析，找出所有潜在的失效模式，并分析其可能的后果，从而预先采取必要的措施，以提高产品的质量和可靠性的一种系统化的活动。FMEA 是一个以小组为导向的、系统的、定性的分析方法，适用于各种类型的组织。

FMEA 的目标是识别产品的功能或过程步骤，以及相关的潜在失效模式、影响和起因。此外，它还用于评估计划中的预防和探测措施是否充分，以推荐额外的措施。对采取的措施，FMEA 将形成文件并跟踪这些措施的实施情况，以降低风险。FMEA 方法可帮助工程师将各种事项按重要性排序，并将重点放在产品或过程中易发生的问题的预防上。

FMEA 分析的目标包括不限于以下几点：

(1) 提高产品的质量、可靠性、可制造性、可服务性和安全性。

(2) 确保获取各组件、系统和产品之间的层次结构、连接、接口、级联和要求符合性信息。

(3) 降低保修和商誉成本。

(4) 在市场的激烈竞争中提高顾客满意度。

(5) 证明产品和过程风险分析，从而为承担法律责任做好准备。

(6) 减少开发过程中的后期变更。

(7) 保持无缺陷产品的发布。

(8) 在内外部顾客和供应商之间进行有针对性的沟通。

(9) 在公司内部建立知识库，将获得的经验教训以文字形式记录下来。

(10) 使组件、系统和产品符合注册获批所需的法规。

（二）FMEA 的应用范围

FMEA 在以下三种基本情形下使用，每种情形都有不同的范围或重点。

（1）情形 1：新设计、新技术或新过程。

FMEA 范围包括完整的设计、技术或过程。

（2）情形 2：现有设计或过程的新应用。

FMEA 的范围包含新环境、新场地、新应用或使用概况（包括工作周期、法规要求等）下的现有设计或过程。FMEA 范围应关注于新环境、新场地或新应用对现有设计或过程的影响。

（3）情形 3：对现有设计或过程的工程变更。

新技术开发、新要求、产品召回和使用现场失效可能会需要变更设计和或过程。在这种情况下，可能需要对 FMEA 进行审查或修订。

FMEA 包含一系列关于设计或过程的知识，如果至少有以下一点适用，则可在生产开始后进行修订：

（1）设计或过程变更。

（2）运行条件变更。

（3）要求变更（法律、规范、顾客或最新技术变更）。

（4）质量问题，即工厂经验、零公里、使用现场问题、内部或外部投诉。

（5）危害分析和风险评估变更。

（6）威胁分析和风险评估变更。

（7）产品监视过程中发现问题。

（8）经验教训。

（三）FMEA 的分类

FMEA 主要有两种实施方法：根据产品功能（设计 FMEA）或根据过程步骤（过程 FMEA）进行分析。

设计 FMEA（DFMEA）是主要由设计责任工程师团队使用的分析技术，用于确保在将零件或部品交付生产之前，尽可能考虑并解决潜在失效模式及其相关失效起因或机理。设计 FMEA 用于分析如块/边界图所示边界中所定义的系统、子系统或相关组件的功能，其内部要素之间的关系及其与系统边界外要素之间的关系。从而识别出可能存在的设计缺陷，将潜在的失效风险降到最低。

过程 FMEA（PFMEA）分析的是制造、装配和物流过程中的潜在失效，以确保生产的产品符合设计目的。过程 FMEA 通过考虑过程变差可能导致的潜在失效模式来分析过程，以确定预防措施的优先顺序，并根据需要改进控制。其总体目标是在生产开始之前分析过程并采取措施，以避免与制造和装配有关的不必要缺陷及这些缺陷产生的后果。

二、FMEA 的局限性

FMEA 也有其自身的局限性。FMEA 是一种定性分析方法，它表达的是失效原因之间的关联关系，也称为单点故障。

对于定量分析和多点故障分析，还可以使用 FTA（故障树分析）或其他分析方法。通过这些工具的有机组合，来科学计算和分析相关指标（单点故障、多点故障、潜在故障）以达到量化分析的结果。

三、FMEA 制作前的准备

（一）项目计划拟订

项目计划拟订是项目启动的一个环节，其主要目的是按预期达到分析和控制的最佳结果并避免 FMEA 返工，拟订项目计划时，应至少包括以下五方面：

（1）FMEA 团队组成。

（2）FMEA 时间要求。

（3）FMEA 目的与目标。

（4）FMEA 分析的工具。

（5）FMEA 任务内容。

（二）FMEA 小组组建

FMEA 团队由涵盖多学科专业知识的跨职能成员组成。其成员要求熟练掌握专业知识和 FMEA 方法。FMEA 的成功取决于必要的跨职能团队的积极参与，以及讨论主题的有效结果输出。FMEA 可以分设计 FMEA（简称 DFMEA）小组和过程 FMEA 小组（简称 PFMEA）两类。

DFMEA 核心团队一般由以下人员组成：设计工程师、系统工程师、零部件工程师、测试工程师、质量/可靠性工程师、负责产品开发的其他人员。

核心团队成员负责准备 DFMEA 分析并参加 DFMEA 会议。

DFMEA 的扩展团队一般可由以下人员组成：过程/制造工程师、维修工程师、项目经理、功能安全工程师、采购人员、供应商质量工程师、客户代表、其他具有专业知识的人员。

PFMEA 核心团队一般由以下人员组成：过程/制造工程师、人机工程学工程师、过程验证工程师、质量/可靠性工程师、其他负责过程开发的人员。

核心团队成员负责准备 PFMEA 分析并参加 PFMEA 会议。

PFMEA 的扩展团队一般可由以下人员组成：系统工程师、零部件工程师、维修工程师、项目经理、维修人员、装配工人、采购人员、供应商质量工程师。

FMEA 小组组建后，应按照职能和专业对团队成员进行角色和责任的分配。这里需要注意的是小组中一个角色的职责可以在不同的人之间共享，多个角色也可以分配给同一个人。

（三）FMEA 时间节点

成功实施 FMEA 项目的最重要因素之一是及时性。产品/过程变更在早期更容易，同时实施的成本更低，所以提前正确完成 FMEA 可以将因后期变更而导致的危机最小化。FMEA 应根据拟定的项目计划执行，并在策划的项目关键时间节点根据分析的状态进行评估。建议组织根据特定的项目开发关键时间点来定义所需的 FMEA 成熟度等级。如：

（1）在产品开发开始之前，概念阶段启动 FMEA 计划。

（2）在充分了解设计概念时，启动 DFMEA。

（3）在充分了解生产概念时，启动 PFMEA。

（4）DFMEA 和 PFMEA 应在同一时间段内执行，以同时优化产品和过程设计。

（5）在用于报价的设计规范发布之前，完成 DFMEA 分析。

（6）在模具生产开始之前，完成 DFMEA 措施。

（7）在过程最终决策之前，完成 PFMEA 分析。

（8）在 PPAP 之前，完成 PFMEA 措施。

APQP 五个阶段的 FMEA 时机的案例见表 6-5，通过该表，我们可以对 FMEA 分析的时间节点有清晰的了解。

表 6-5　FMEA 时间节点（APQP 阶段）

<table>
<tr><th>APQP 阶段</th><th>项目策划及定义</th><th>产品设计和开发验证</th><th>过程设计和开发验证</th><th>产品和过程确认</th><th>反馈、评估和纠正措施</th></tr>
<tr><td>DFMEA</td><td rowspan="2">在产品开发开始之前，在概念阶段启动 FMEA 计划；DFMEA 和 PFMEA 应在同一时间段内执行，以同时优化产品和过程设计</td><td>在充分了解设计概念时，启动 DFMEA</td><td>在用于报价的设计规范发布之前，完成 DFMEA 分析</td><td>在模具生产开始之前，完成 DFMEA 措施</td><td rowspan="2">当现有设计或过程变更时，需重新启动 DFMEA 和 PFMEA 计划</td></tr>
<tr><td>PFMEA</td><td>在充分了解生产概念时，启动 PFMEA</td><td>在过程最终决策之前，完成 PFMEA 分析</td><td>在 PPAP 之前，完成 PFMEA 措施</td></tr>
</table>

四、DFMEA 的制作和执行

DFMEA 主要由负责设计的工程师/小组负责，并尽可能保证在产品投入生产之前考虑和处理潜在的失效模式及其相关的原因或失效机制，每一个项目及预制相关的系统、组件和零部件都应被评估。

DFMEA 分析边界图所示的边界系统功能，该关系包括基本组件间及与系统边界外组件之间的关系，并识别和分析其可能的设计风险，以尽量减少潜在失效风险的发生。DFMEA 也可用来评估非汽车产品（如设备和模具等）的失效分析。分析的结果可用来建议设计变更、额外的测试，以及其他在生产设计交付前降低失效风险或提高测试检测能力的措施。

下面我们介绍“七步法”的 DFMEA 的执行要点。

（一）范围定义

DFMEA 范围定义的目的是根据正在开发的分析类型（即系统）来定义 FMEA 中包含和排除的内容、子系统或组件，旨在：

（1）定义对设计的哪些方面进行分析。

（2）确认项目计划。

（3）确定应用于确定范围的相关经验教训和参考资料。

（4）定义团队职责。

DFMEA 实施之前，必须充分理解并确定评估对象。确定不在分析范围内的对象与在分析范围内的对象同等重要。分析范围应在项目开始时确定，以确保实施的方向和关注点一致。以下所列为 FMEA 定义参考的范围：

(1) 法规要求。
(2) 技术要求。
(3) 客户需求/期望(外部和内部客户)。
(4) 需求规范。
(5) 功能模型。
(6) 边界图。
(7) 参数图。
(8) 接口矩阵。
(9) 原理图。
(10) Focus 矩阵。
(11) 物料清单。
(12) 以前类似产品的 FMEA。
(13) 危害分析与风险评估(HARA)。
(14) 威胁分析与风险评估(TARA)。
(15) 可制造性和装配设计(DFM/A)。
(16) 以往的质量问题。
(17) QFD 质量功能展开。

范围定义示例见表 6-6。

表 6-6 范围定义示例

名　　称	公司名称	项　　目	系统/子系统/组件		
项目地点	地理位置	DFMEA 开始日期	DFMEA 项目开始日期	DFMEA 编号	唯一标识符
客户名称	产品系列	DFMEA 修订日期	上次修订日期	设计责任	DFMEA 责任人
车型	车型	跨功能团队	团队成员名单	保密级别	专有、保密等

(二) 结构分析

结构分析的目的是识别并将设计分解为系统、子系统及零部件等内容,是技术风险分析的一部分。设计结构分析的目标如下:

(1) 确定相关的系统组件及定义系统结构。
(2) 使分析范围可视化。
(3) 分析并定义系统元素之间的关系、接口和交互。
(4) 通过结构树、边界图等实现可视化。

系统结构由系统元素组成。根据分析的范围,结构的系统元素可以由系统、子系统、零部件组成。出于对组织架构或确保清晰有效分析的考虑,复杂的结构可以分为几个工作块或不同的框图层。系统用边界与其他系统及环境分开,它与环境之间的关系用输入输出来定义。

系统 FMEA 由各种子系统和组件组成,这些子系统和组件被表示为系统元素。系统 FMEA 分析时,应考虑系统之间存在的接口、交互、环境及客户(例如,层级、OEM、最终使用者)系统由软件、电子器件和机械元件构成。例如,车辆、传输系统、刹车系统、电子稳定控制系统。

组件是系统的子集。例如，刹车片是刹车组成的一个组件，刹车组成是底盘系统的一个子系统。

在此步骤中，还应对两个主要客户进行分析。

（1）最终用户：在产品完全开发和销售后的使用者。

（2）组装和制造：制造业务（如动力总成、冲压和制造）和车辆/产品的组装地点、生产材料加工地点。处理产品与其装配过程之间的接口对 FMEA 的有效分析来说是非常关键的，接口可以是任何后续或下游操作，也可以是下一级制造过程。

对这些客户的了解可以更好地确定功能、要求和规格，并有助于确定其对相关失效模式的影响。通过结构树创建系统结构见表 6-7。

表 6-7　结构树分析示例

上一级功能/要求	聚焦元素功能/要求	下一级功能/要求/特性（几何图形、材料、表面光洁度、涂料等）
窗口升降机	电动马达	刷板

（三）功能分析

功能分析的目的是确保需求/特殊需求功能适当地分配给系统元素。其主要目标如下：

（1）将功能与相关系统元素相关联。

（2）产品功能概述。

（3）使用参数图/特殊要求分配到各系统元素的功能。

（4）可视化，例如，功能树、功能网、功能矩阵。

（5）客户（外部和内部）功能与预期用途相关之间的关联。

该结构为每个系统元素提供了单独分析其功能和要求的基础。因此，全面考虑系统运行条件和环境条件是必须的。例如，热、冷、灰尘、盐、振动、电气失效。

功能描述了项目/系统元素期望做什么。功能被分配给系统元素，一个元素可以有多个功能。功能描述必须描述清楚带有任务的项目/系统元素的输入输出之间的关系。使用“动词＋名词”形式来描述功能。例如：传输电力、控制流动、控制速度、传送热。但此处需要注意的是，组件（及零件清单中的零件）可能具有目标/功能，但没有输入输出。例如：润滑油、支架、外壳、连接器、助焊剂等，组件具有功能和要求，包括材料、形状、厚度。

除了分析项目的主要功能，其他辅助功能，如接口功能、诊断功能和可维护性功能也应分析（如图 6-3 所示）。

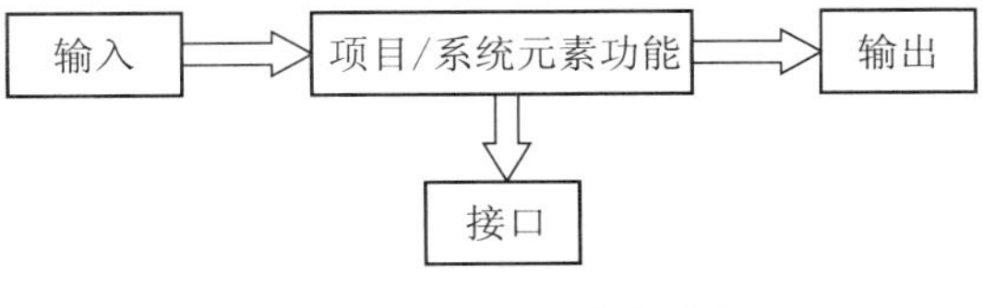

图 6-3　输入/接口/输出流程图

几个系统元素的功能的交互必须是可展示的。例如，用功能树/网或功能矩阵进行演示。分析时应重点关注从 OEM 到一级供应商，再到 N 级供应商的传递。功能结构从上到下越详细，则较低级别的功能描述越符合预期，见表 6-8。

表 6-8　功能分析案例

上一级功能/要求	聚焦元素功能/要求	下一级功能/要求/特性
窗口根据参数升、降	换向系统在线圈对和电磁线圈之间传输电流	刷卡本身在弹簧和换向系统之间传递力，使弹簧电刷保持在参数规定位置上

（四）失效分析

失效分析的目的是识别失效原因、模式和影响，并显示它们之间的关系以进行风险评估，该步骤的主要目标如下：

（1）确定在结构要素中分配给功能的潜在失效。

（2）建立失效链（影响、模式、原因）。

（3）失效关系可视化。

（4）客户和供应商之间的协作。

第五版 FMEA 给出了以下几种潜在失效模式：

（1）功能丧失（即无法工作、停滞不前）。

（2）部分功能损失（即性能损失）。

（3）功能退化（即随着时间的推移性能下降）。

（4）超出功能（即操作超时可接受的阈值）。

（5）意外功能（即在错误的时间操作，意外的表现）。

（6）延迟功能（即在非预期的时间间隔后操作）。

在 FMEA 中分析失效有以下三个不同方面：

（1）失效影响（FE）。与系统功能和功能分析中的系统元素相关的失效影响。

（2）失效模式（FM）。与功能分析中的系统元素相关的失效模式（或类型）。

（3）失效原因（FC）。与功能分析中的组件元素功能、输出功能或特性相关的失效原因。

其中，最终用户的失效影响示例如下（包括不限于）：

（1）没有明显影响。

（2）噪音。

（3）外观不良、褪色、美容腐蚀。

（4）难闻的气味，粗糙，转向费力。

（5）操作受损，间歇性，无法操作。

（6）外部泄露导致性能损失，不稳定操作。

（7）车无法启动。

（8）不符合法律法规要求。

（9）刹车失灵或转向失灵。

系统级故障模式示例如下（包括不限于）：

（1）完全不能启动。

（2）不传输扭矩。

（3）结构支撑不足。

（4）结构支撑缺失。

（5）无信号/间歇信号。

（6）提供太多的压力/信号/电压。

（7）无法承受负载/温度/振动。

潜在的失效类型和原因示例如下（包括不限于）：

（1）功能性能设计不完善（指定的材料不正确、几何形状不正确、选择的应用部件不正确、行程规格不正确、指定的摩擦材料不合适、润滑能力不足、设计寿命不足、算法不正确、维护说明不当等）。

（2）系统交互（机械接口、流体流量、热源、控制器反馈等）。

（3）随时间变化（屈服、疲劳、材料不稳定、蠕变、磨损、化学氧化、电迁移、过度应力等）。

（4）外部环境（热、冷、潮湿、振动等）。

（5）个体变化（公差范围内的变化）。

（6）制造缺乏稳健的设计（几何形状允许向后或倒置安装零件，零件缺乏明显的设计特征）。

（7）软件问题（未定义状态、不完整的代码测试、损坏的代码/数据）。

参见图 6-4 失效链理论模型和表 6-9 失效链分析。

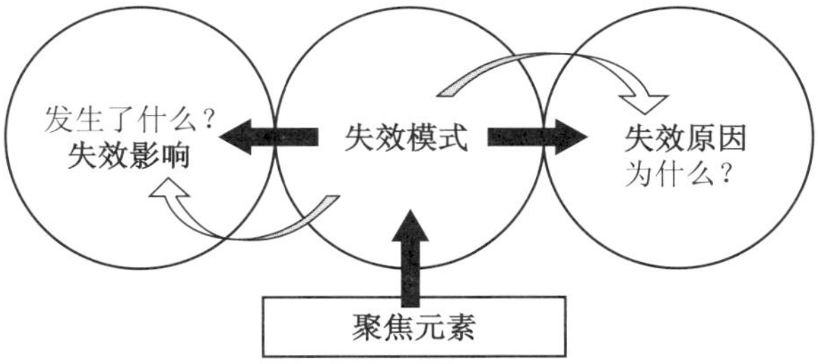

图 6-4　失效链理论模型

表 6-9　失效链分析（失效结构的不同分级）

分析层级	FMEA 第 1 层级	FMEA 第 2 层级	FMEA 第 3 层级	元素（项目）	失　　效
产品	F			车窗升降器系统	车窗升降速度慢
系统元素	FM	FE		车窗升降器	车窗电机的转矩和旋转速度过低
子系统元素	FC	FM	FE	电动机	线圈接线错误
组件元素		FC	FM	刷板	换向器电阻太大导致碳刷传递的电流太小
（设计）功能特性			FC	刷板到换向器之间的距离	

根据功能推导失效模式，应特别关注结构树中分析的元素的失效模式、相关的失效影响和失效原因。失效被认为是失效影响、失效模式还是失效原因，取决于分析层级是系统、子

系统还是组件。失效分析示例见表6-10。

表6-10 失效分析示例

对下一个更高级别的元素和/或车辆最终用户的失效影响(FE)	聚焦元素的失效模式(FM)	下一级功能/要求/特性
窗升降机电机的转矩和旋转速度过低	交换系统线圈连接错误导致	碳刷接触面的硬度太低导致刷板在碳刷接触区内弯曲

(五) 风险分析

风险分析的目的是通过评估严重度、发生率、探测度来评估风险并得到采取行动的优先级,该步骤的主要目标如下:

(1) 预防控制措施(现有的和/或计划的)。

(2) 探测控制措施的有效性(现有的和/或计划的)。

(3) 评估每个失效链的严重度、发生率、探测度。

(4) 客户和供应商之间的协作。

(5) 评估决定优先权。

目前的设计控制是针对以前的类似设计所确定的考虑因素。设计控制文件是设计稳健性的基础。预防型控制和探测型控制是当前验证方法库的一部分。预防型控制用于设计信息的输入或指导;探测型控制描述了已建立的验证和验证程序,并已经证明了可以探测失效。

在DFMEA中,现行的预防措施(PC)示例如下(不限于):

(1) 图纸上的重要规格。

(2) 可测性设计。

(3) 机械冗余。

(4) 设计和材料标准。

(5) 文件。

(6) 防错。

(7) 适用的最佳实践。

现行的探测措施(DC)示例如下(不限于):

(1) 功能检查。

(2) 爆破测试。

(3) 环境测试。

(4) 驾驶测试。

(5) 耐久性测试。

(6) 运动范围研究。

(7) 硬件仿真。

(8) 软件仿真。

评估每种失效模式、因果关系以估计风险。风险评估的三个维度指标:

(1) 严重度(S):代表失效影响的严重程度。潜在失效后果评估要根据最终用户经历的情况而定,见表6-11。

表 6-11　DFMEA 严重度分级表

SEV	严重度标准
10	影响车辆的操作安全，影响操作员、乘客、道路使用者、行人的健康
9	不符合法律法规
8	在使用寿命期内，影响车辆正常行驶的重要功能丧失
7	在使用寿命期内，影响车辆正常行驶的重要功能降低
6	便捷性功能丧失
5	便捷性功能降低
4	能够感知的外观问题、噪音、触感，大多数顾客不能接受
3	能够感知的外观问题、噪音、触感，较多顾客不能接受
2	能够感知的外观问题、噪音、触感，部分顾客不能接受
1	没有明显影响

（2）发生度（O）：代表失效原因发生的可能性。潜在时效原因导致失效模式的发生度评价（定性等级），考虑到预防控制或相关的预期使用寿命。见表 6-12。

表 6-12　DFMEA 发生度分级表

OCC	发生度评估	产品经验	预防措施
10	在产品寿命范围内发生率不能确定、无预防措施或者在产品寿命范围内发生率极其高	无任何操作经验/在不可控的操作条件下，新技术的首次应用；使用环境和操作情况差异很大并不可能被可靠的预防	无标准，最佳实践尚未确定；分析手段不能预测现场表现
9	在产品寿命范围内发生率很高	创新技术或创新材料在企业内首次应用；新环境/工作循环/操作条件的改变未经验证	创新设计，首次使用无经验的新标准；分析手段不能识别特定要求下的性能
8	在产品寿命范围内发生率高	创新技术或创新材料在企业内应用；新环境/工作循环/操作条件的改变，未经验证	很少的标准和最佳实践直接应用于该设计；分析手段不能可靠地预测现场表现
7	在产品寿命范围内发生率中等偏高	参考相似技术或材料的新设计、新应用；工作循环/操作条件的改变，未经验证	标准、最佳实践和设计守则直接应用于基础设计，但不能用于创新；分析手段能有限地预测现场表现
6	在产品寿命范围内发生率中等	使用现有的技术和材料，参考先前的设计；相似的应用如工作循环/操作条件的改变；以前有测试或现场经验	标准和设计守则存在，但不足以确保失效不会发生；分析手段在阻止失效原因的发生上有些作用
5	在产品寿命范围内发生率中等	对现有设计的细节修改，采用已验证的技术和材料；相似的应用、工作循环或操作条件；以前有测试或现场检验	从之前的设计中汲取经验教训；最佳实践重新评估该设计，但未得到证实；能够在系统/组件中发现与故障相关的缺陷并提供一些性能指标

续 表

OCC	发生度评估	产品经验	预防措施
4	在产品寿命范围内发生率中等偏低	几乎相同的设计，短期现场展示；相似的应用、工作循环/操作条件的微小变化；以前有测试或现场检验	参考设计根据新设计修改，符合最佳实践、标准和规范；分析手段能够发现与缺陷类型相关的系统或零部件失效，并基本能预测是否符合设计
3	在产品寿命范围内发生率中等	已有设计细节的修改（相同的应用、工作周期或操作条件有微小变化）且有相似环境下的测试或现场经验，或新设计有完成的成功测试程序	设计期望符合标准和最佳实践，考虑以前的设计经验教训；分析手段能够发现系统或零部件相关的失效原因，并能预测是否符合设计
2	在产品寿命范围内发生率很低	几乎完全相同的成熟设计，有长期现场展示；相同的应用、相似的工作循环或操作条件；有相似环境下的测试或现场经验	设计符合标准和最佳实践，考虑以前的设计并吸取教训，并有很强的信心；分析手段能够发现系统/零部件相关的失效，并有信息预测是否符合设计
1	通过预防控制和无失效系列产品历史，几乎消除了失效发生的可能性	完全相同的成熟设计；相同的应用、工作循环或操作条件；有相似环境下的测试或现场经验或成熟设计在相似条件下有长期无故障批产经验	已验证的设计且符合标准和最佳实践，考虑到经验教训并有效防止了失效发生；分析手段有高度信心能确保失效不会发生

注：在批量生产前，发生等级 10、9、8、7 可以通过过程验证降低。

（3）探测度（D）：代表失效原因的可探测性。探测度是对设计交付生产前进行的每个探测活动的评估。探测措施的时间点（在设计发布之前或之后）是探测度评估考虑的一部分。见表 6-13。

表 6-13　DFMEA 探测度分级表

DET	探测能力	探测标准
10	完全不能确定	没有测试或实验程序
9	几乎不可能确定	实验程序不是专门针对探测失效原因和或失效模式而设计
8	不能确定	根据验证或验证程序、样本容量、任务概述等，探测控制功能探测到失效原因或失效模式的能力极低
7	非常低	根据验证或验证程序、样本容量、任务概述等，探测控制功能探测到失效原因或失效模式的能力非常低
6	低	根据验证或验证程序、样本容量、任务概述等，探测控制功能探测到失效原因或失效模式的能力低
5	中等	根据验证或验证程序、样本容量、任务概述等，探测控制功能探测到失效原因或失效模式的能力中等

续 表

DET	探测能力	探测标准
4	偏高	根据验证或验证程序、样本容量、任务概述等，探测控制功能探测到失效原因或失效模式的能力中等偏高
3	高	根据验证或验证程序、样本容量、任务概述等，探测控制功能探测到失效原因或失效模式的能力高
2	非常高	根据验证或验证程序、样本容量、任务概述等，探测控制功能探测到失效原因或失效模式的能力非常高
1	几乎确定	设计被证明符合标准和最佳实践，考虑到前几代的经验教训和探测措施，有效防止失效发生

在对S、O、D进行分析和评估后，采用行动优先级（简称AP）的方法论来对风险进行优先级控制评定，这里需要指出的是第五版之前的FMEA手册的缺陷是使用RPN来确定动作的优先级，但未能说明S、O、D和RPN的所有组合的合理性/逻辑细节。第五版FMEA中对此进行了调整，采用了AP的确认方法。AP表为FMEA小组提供了S、O、D的所有1 000种可能的逻辑组合，它基于逻辑描述每个行动的优先级，根据每个S、O、D值的个体评估对行动优先排序，根据组合的值确定可能需要降低的风险。优先级在第五版FMEA手册给出了三个级别：

①优先级高（H），行动的最高优先级。小组必须确定一个适用的改进探测和（或）预防措施，或者证明/说明目前的措施是适当的。②优先级中等（M），行动的中等优先权。小组应该确定一个适用的改进预防和（或）探测措施，或者由组织自行决定，证明/说明目前的措施是适当的。③优先级低（L），行动的低优先级，团队可以确定要改进的预防或探测措施。

行动优先级AP表见表6-14。

表6-14 DFMEA行动优先级

S	O	D	AP	DFMEA行动优先级
9—10	6—10	1—10	H	高优先级，影响安全和或法规，发生度高或很高
9—10	4—5	7—10	H	高优先级，影响安全和或法规，发生度中等，探测度高
9—10	4—5	5—6	H	高优先级，影响安全和或法规，发生度中等，探测度中等
9—10	4—5	1—4	M	中优先级，影响安全和或法规，发生度中等，探测度低
9—10	1—3	7—10	H	高优先级，影响安全和或法规，发生度中等，探测度中等
9—10	1—3	5—6	M	中优先级，影响安全和或法规，发生度低，探测度中等
9—10	1—3	1—4	L	低优先级，影响安全和或法规，发生度低，探测度低
5—8	8—10	2—10	H	高优先级，重要功能或便捷性功能丧失或降低，发生度很高
5—8	6—7	7—10	H	高优先级，重要功能或便捷性功能丧失或降低，发生度高，探测度高

续 表

S	O	D	AP	DFMEA 行动优先级
5—8	6—7	5—6	H	高优先级，重要功能或便捷性功能丧失或降低，发生度高，探测度中等
5—8	6—7	1—4	M	中优先级，重要功能或便捷性功能丧失或降低，发生度高，探测度低
5—8	4—5	7—10	H	高优先级，重要功能或便捷性功能丧失或降低，发生度中等，探测度高
5—8	4—5	5—6	H	高优先级，重要功能或便捷性功能丧失或降低，发生度中等，探测度中等
5—8	4—5	1—4	M	中优先级，重要功能或便捷性功能丧失或降低，发生度中等，探测度低
5—8	1—3	7—10	M	中优先级，重要功能或便捷性功能丧失或降低，发生度低，探测度高
5—8	1—3	5—6	M	中优先级，重要功能或便捷性功能丧失或降低，发生度低，探测度中等
5—8	1—3	1—4	L	低优先级，重要功能或便捷性功能丧失或降低，发生度低，探测度低
2—4	8—10	1—10	H	高优先级，能够感知的功能问题，发生度高
2—4	6—7	7—10	H	高优先级，能够感知的功能问题，发生度高，探测度高
2—4	6—7	5—6	H	高优先级，能够感知的功能问题，发生度高，探测度中等
2—4	6—7	1—4	M	中优先级，能够感知的功能问题，发生度高，探测度低
2—4	4—5	7—10	H	高优先级，能够感知的功能问题，发生度中，探测度高
2—4	4—5	5—6	M	中优先级，能够感知的功能问题，发生度中，探测度中
2—4	4—5	1—4	L	低优先级，能够感知的功能问题，发生度中，探测低
2—4	1—3	7—10	M	中优先级，能够感知的功能问题，发生度低，探测度高
2—4	1—3	5—6	L	低优先级，能够感知的功能问题，发生度低，探测度中
2—4	1—3	1—4	L	低优先级，能够感知的功能问题，发生度低，探测度低
1	1—10	1—10	L	低优先级，没有明显影响

（六）优化

设计优化的目的是确定行动、降低风险并评估这些行动的有效性。设计优化的主要目标如下：

（1）确定改进所需的行动。

（2）采取行动的职责及完成日期的分配。

（3）采取行动的措施和记录。

（4）确认已实施行动的有效性。

（5）采取措施后重新评估风险。

（6）不断改进设计。

（7）完善产品要求和预防/检测措施。

优化的主要目标是开发降低风险的措施，并通过改进设计来提高顾客满意度。在这一步，小组回顾风险分析的结果并分配行动，降低故障原因出现的可能性，或者提高探测措施的稳定性，以探测失效原因或失效模式。措施可能是对改进设计的操作，不一定降低风险评估等级。行动代表承诺采取具体的、可测量的措施，而不是可能永远无法实现的措施，应在初始风险分析中全面考虑，即使暂不使用制定的预防或探测措施。

（七）结果文件化

结果文件化的目的是针对 FMEA 活动的结果进行总结和交流。“将结果文件化”的主要目标如下：

（1）针对结果和分析结论进行沟通。

（2）建立文件内容。

（3）记录采取的措施，包括对实施措施的效果进行确认、采取措施后进行风险评估。

（4）在组织内部及与客户或供应商之间（如需）针对降低风险的措施进行沟通。

（5）记录风险分析和风险降低到的可接受水平。

五、PFMEA 制作和执行

PFMEA 主要用以分析制造、装配和物流过程中失效发生的可能性。

下面我们介绍“七步法”，来说明 PFMEA 的执行要点。

（一）范围定义

过程范围定义的目的是描述包含或不包含哪些产品/过程，以便于对 PFMEA 项目的审核。该过程考虑了操作中的所有被分析或被再次分析的过程。此过程允许组织严格地审核所有过程，并最终决定分析哪些过程。界定范围的整体优势是把资源集中在优先级最高的那些过程上。过程范围定义的目的如下：

（1）项目识别，哪些过程/哪些过程的部分要进行分析。

（2）项目计划，培养一些有发展潜力的团队成员，创建项目时间表等。

（3）定义分析界限，明确包括什么，不包括什么。

（4）确定能够使用的相关经验教训和决策，例如：最佳实践、准则和标准、防错—防呆方法等。

分析范围需要在过程开始时确定，以确保一致的方向和重点。例如，整个过程、过程项目和过程元素。下列项目可以协助确定是否应将现有的 PFMEA 纳入最终范围：

（1）新开发的产品和过程。

（2）产品或过程的变更。

（3）操作条件的变化。

（4）要求变化（法律/法规、标准规范、客户）。

（5）制造经验、场内问题或保修。

（6）可能导致危险的过程失效。

（7）内部产品监控的发现。

(8) 人体工程学问题。

(9) 持续改进。

范围定义示例见表 6-15。

表 6-15 范围定义示例

名　　称	公司名称	项　　目	系统/子系统/组件		
项目地点	地理位置	PFMEA 开始日期	PFMEA 项目开始日期	PFMEA 编号	唯一标识符
客户名称	产品系列	PFMEA 修订日期	上次修订日期	设计责任	PFMEA 责任人
车型	车型	跨功能团队	团队成员名单	保密级别	专有、保密等

(二) 结构分析

过程分析的目的是识别、分解制造结构为过程项目、工作步骤和过程工作元素，该过程的主要目标如下：

(1) 结构化产品或过程元素。

(2) 可视化分析范围。

(3) 确定工作步骤。

(4) 作为功能分析步骤的基础。

过程流程图或结构树有助于定义过程并为结构分析提供基础。过程流程图的格式可能因组织的不同而不同，包括使用符号、符号类型及其含义。PFMEA 应代表物理结构存在的过程流，它描述了产品在整个过程中的传递。功能分析应在结构分析完成后开始。结构分析扩展示例见表 6-16。

表 6-16 结构分析示例

过程项目	过程步骤	过程影响因素的功能和过程特性
电机	(第 30 道工序)烧结轴承压入过程	操作人员
电机	(第 30 道工序)烧结轴承压入过程	设备(压入设备)

(三) 功能分析

过程功能分析的目的是确保产品/过程的预期功能/要求得到适当的分配，过程功能分析的主要目标如下：

(1) 过程功能概述。

(2) 使用流程图或功能网(基于结构分析)可视化过程功能。

(3) 将特性与功能、功能与过程元素关联。

(4) 关联层级客户(内部和外部)需求的功能。

(5) 失效分析的基础。

功能描述了过程项目的目的，每个过程项目可能有多个功能。在功能分析开始之前，要收集的信息包括但不限于：产品和过程功能、产品/工艺要求、制造环境条件、周期、职业能力或操作人员安全要求、对环境造成的影响。这些信息对于定义功能分析所需的积极的功能和需求非常重要。过程项目的功能从最高层级开始，并参照了结构分析中的过程项目。关于高层级功能描述，可以考虑以下功能：内部功能、外部功能、客户相关功能、最终用户功能。功能分析扩展示例见表 6-17。

表 6-17　功能分析示例

失效影响(FE)	过程步骤的 失效模式(FM)	过程影响因素的 失效原因(FC)
过程项目：将电能转化为机械能 在工厂：在规定时间完成零部件组装，并没有报废和返工 工厂流转：将电机安装在车门上，安装的间距、种类及密封无问题 最终用户：车窗玻璃能够上升、下降	将烧结轴承定向压入定子壳内，并达到最大间隙	操作人员从溜槽上取下洁净的烧结轴承，并将其推到传动轴上，直到上止点

（四）失效分析

过程失效分析的目的是识别失效原因、模式和影响，并阐述他们之间的关系以进行风险评估，过程失效分析的主要目标如下：

(1) 对过程项目和过程工作元素的每个功能建立失效(一个或多个失效)。

(2) 识别可能发生的失效原因并分配给过程元素和步骤。

(3) 失效关系的可视化。

(4) 客户及其供应商作为过程设计协作的子供应商共享失效影响。

(5) 过程失效分析是 FMEA 表格中记录的失效的基础。

(6) 失效分析对过程中的每个元素进行了失效描述。

失效的示例如下：

(1) 不合格。

(2) 非预期活动。

(3) 不必要活动。

对于具体的失效，与 DFMEA 一致从失效影响(FE)、失效模式(FM)、失效原因(FC)三方面考虑(如图 6-5 所示)，见表 6-18。

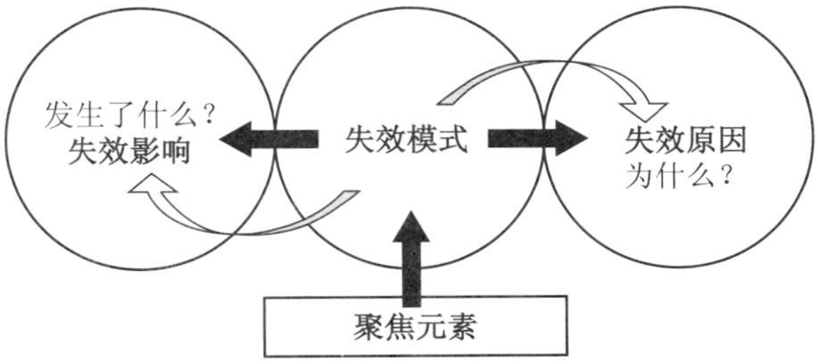

图 6-5　失效链理论模型图

表 6-18 失效分析示例

过程项目功能	过程步骤功能和产品特性	过程影响因素的功能和过程特性
过程项目：由于轴承内径摩擦导致机械能损失，由于轴承底座受压力大变形 在工厂：无 工厂流转：无 最终用户：车窗玻璃能够上升、下降困难	烧结轴承不能安装到轴向位置，间隙过小	操作人员从溜槽上取下洁净的烧结轴承，并将其推到传动轴上，直到上止点
过程项目：由于轴承内径摩擦导致机械能损失，由于轴承底座受压力大变形 在工厂：无 工厂流转：无 最终用户：车窗玻璃能够上升、下降困难	烧结轴承不能安装到轴向位置，间隙过小	到达最终位置前设备停止运动（力太小）
过程项目：由于轴承内径摩擦导致机械能损失，由于轴承底座受压力大变形 在工厂：无 工厂流转：无 最终用户：车窗玻璃能够上升、下降困难	烧结轴承不能安装到轴向位置，间隙过小	到达最终位置前设备停止运动（力太小）

过程失效影响与过程项目（系统、子系统、部件元素）的功能相关，失效影响应根据顾客可能会注意或碰到的后果来描述。可能影响安全或导致违反法规的失效需要在 PFMEA 中明确标识。

过程失效模式定义为过程可能导致产品不能提供预期功能。团队应假定产品的基本设计是正确的，但是，如果存在导致过程问题的设计问题，则应将这些问题传达给设计团队进行解决。以下是集中潜在的过程失效模式示例：

（1）不能操作。

（2）部分功能可操作。

（3）功能退化。

（4）间歇性功能—操作不一致。

（5）操作不稳定。

（6）意外的功能。

（7）安装了错误的部件。

（8）功能延迟。

过程失效原因是可能引起失效模式的原因，尽可能确定每种失效模式的潜在制造或装配失效原因，并简明扼要地列出原因，以便针对原因采取相应的补救措施（控制和行动）。典型的失效原因可能包括以下几方面：

（1）人员。

（2）机器设备。

（3）间接材料如机加工油、安装油脂等。

（4）环境如热、灰尘、污染、照明、噪音。

（五）风险分析

过程风险分析的目的是通过评估严重度、发生度、探测度来评估风险并得到采取行动的优先级，该步骤的主要目标如下：

（1）预防控制措施的分配（现有和或计划的）。

（2）探测控制措施的分配（现有和或计划的）。

（3）评估每个失效链的严重度、发生度、探测度。

（4）客户和供应商之间的协作。

评估每种失效模式、因果关系以估计风险。风险评估的三个维度指标如下：

（1）严重度(S)：代表失效影响的严重程度。PFMEA 中制造、装配和最终用户的失效影响评估。PFMEA 严重度分级见表 6-19。

表 6-19　PFMEA 严重度分级表

SEV	严重度标准	严重度标准	严重度标准
10	失效可能危及操作人员（机器或装配），影响生产人员健康	失效可能危及操作人员（机器或装配），影响生产人员健康	影响车辆的安全运行，操作人员或乘客、道路使用者或行人的健康
9	失效导致工厂生产不符合法规要求	失效导致工厂生产不符合法规要求	不符合法律法规要求
8	产品需要被 100%废弃	停线大于全生产班次。停止发货、现场维修或替换要求（组装到最终用户）	在预期使用寿命内，正常驾驶的车辆失去必要的功能
7	一部分产品必须废弃。偏离基本过程；包括降低生产线速度或增加人力	停产 1 小时到全生产班次。中止发运、现场维修或替换要求	在预期使用寿命内，正常驾驶的车辆功能退化
6	100%产品必须离线返工后再被接受	停产 1 小时	失去便利性功能
5	一部分产品必须离线返工后再被接受	极可能增加额外的缺陷产品分选。 没有停产	便利性功能退化
4	100%的产品在处理前必须在线返工	不良品触发重要反应计划；其他的不良品不太可能，不需要分选	非常多的顾客对外观、声音或触觉质量无法接受
3	一部分产品在处理前必须在线返工	不良品触发轻微反应计划；其他的不良品不太可能，不需要分选	许多顾客对外观、声音或触觉质量无法接受
2	对过程、操作、操作员造成轻微的不便	不良品没有触发反应计划；其他的不良品不太可能，不需要分选。需要反馈供应商	一些顾客对外观、声音或触觉质量无法接受
1	无明显影响	不良品没有触发反应计划；其他的不良品不太可能，不需要分选。不需要反馈供应商	无明显影响

(2) 发生度(O):代表失效原因发生的可能性。在制造或组装工厂导致失效模式发生的潜在失效原因的发生度。对发生度有效评价时需要考虑过程经验列和预防措施列的标准,没有必要对每个单独的因素进行评估和分配评级。PFMEA 发生度分级见表 6-20。

表 6-20 PFMEA 发生度分级表

OCC	评估发生	过程经验	预防措施
10	不能确定在制造或装配过程中发生的事件,不能进行预防性控制,在制造或组装过程中发生率非常高	无任何经验的新过程;新产品应用	无最佳实践和程序
9	在制造或组装过程中发生率非常高	有限的过程经验;应用过程与以前的过程应用差异很大	不针对具体的失效原因;新开发的过程;第一次使用无经验的新程序
8	在制造或组装过程中发生率高	已知的、但有问题的过程;应用面临很大挑战	没有可靠的预防失效原因发生的控制手段;直接适用于此过程的程序和最佳实践很少
7	在制造或组装过程中发生率偏高	类似过程有不合格品率超出接收标准的记录;在公司没有应用经验	预防失效原因的能力有限;过程和最佳实践应用于基础过程,但不能用于创新
6	在制造或组装过程中发生率中等	类似过程有不合格品率超出接收标准的记录;在公司有有限应用经验	在防止失效原因的发生上有些作用;程序和最佳实践存在,但不足以确保失效不会发生
5	在制造或组装过程中发生率中等	类似过程有并成功完成过程验证;在公司有有限应用经验	能够在过程中发现失效;过程设计从以前的设计中汲取经验教训;最佳实践重新评估该设计,但未得到证实;能够提供一些过程不会出现问题的指示
4	在制造或组装过程中发生率偏低	基于已证实的过程新设计;应用不会带来重大的过程挑战风险	能够在过程中发现与失效相关的缺陷;新过程的前身过程和更改符合最佳实践;基本能预测是否符合过程
3	在制造或组装过程中发生率低	在连续生产过程中过程已被验证并取得了成果的结果;能力在范围控制内的历史	能够在过程中发现与失效相关的缺陷;过程符合最佳实践和程序;能预测生产是否符合过程设计
2	在制造或组装过程中发生率很低	在连续生产过程中过程已被验证并取得了成果的结果;能力在范围控制内的历史	能够在过程中发现与失效相关的缺陷;过程符合最佳实践和程序;能预测生产是否符合过程设计
1	通过预防和无失效系列产品历史,几乎消除了失效发生的可能性	失效不会发生,失效已被验证的预防措施控制	量产时不会发生失效;过程符合最佳实践和程序

注:在批量生产前,发生等级 10、9、8、7 可以通过过程验证降低。

（3）探测度（D）：代表失效原因的可探测型。产品在装运前执行的每一个检测活动的探测评估。根据每个检测活动的最佳匹配度进行探测活动。PFMEA探测度分级见表6-21。

表 6-21　PFMEA 探测度分级表

DET	探测能力	探测标准
10	完全不能确定	无已知的测试或检测方法，失效不能或无法被检测到
9	几乎不可能确定	失效不易检测，测试或检测方法不太可能检测出可能的故障或失效机制
8	不能确定	通过视觉、触觉或听觉方式向下游检测缺陷（失效模式）；测试或实验方法能力不确定，或组织/业务单元对定义的测试或检测方法没有经验；该方法依赖于人的验证和处置
7	非常低	通过视觉、触觉或听觉方式站内检测缺陷（失效模式）；测试或实验方法能力不确定，或组织/业务单元对定义的测试或检测方法可用经验很少；该方法依赖于人的验证和处置
6	低	通过使用可变测量（如卡规、千分表等）或属性测量来探测下游缺陷；测试或检验方法的能力未被证实适用于此应用；在组织/业务单位有一定的测试或检验方法经验；测试/检验/测量设备能力尚未证实
5	中等	通过使用可变测量（如卡规、千分表等）或属性测量来探测下游缺陷或错误；相似产品已被证实的测试或检验方法应用于新操作；通过测量重复性和再现性评估确认相似过程的测试/检验/测量设备性能
4	中度高	通过使用能够检测和控制差异产品的探测方法来探测下游缺陷；类似操作条件下，经验证的测试或检验方法；通过测量重复性和再现性确认相似过程的测试/检验/测量设备性能
3	高	通过使用能够检测和控制差异产品的探测方法来探测站内缺陷；类似操作条件下，经验证的测试或检验方法；通过测量重复性和再现性确认相似过程的测试/检验/测量设备性能；执行所需的防错验证
2	非常高	通过使用能够检测和控制差异产品的探测方法来探测站内缺陷；类似操作条件下，经验证的测试或检验方法；测试/检验/测量设备来自相同过程且能力通过测量重复性和再现性确认；测试/检验/测量设备通过相同的过程能力确认重复性执行所需的防错验证
1	几乎确定	由于设计（零件几何尺寸）或工艺保证产品不可能不一致，有效性已被证实

在对S、O、D进行分析和评估后，采用行动优先级（AP）的方法论来对风险进行优先级控制评定，PFMEA与前面所论述的DFMEA优先级分级方法一致（见表6-14），这里不再重述。

（六）优化

过程优化的目的是确定降低风险的行动并评估这些行动的有效性，最终的结果是将产生不符合顾客利益和相关方期望的产品风险降至最低。过程优化的主要目标如下：

（1）确定降低风险所需的措施。

（2）确定责任和目标完成时间。

（3）采取行动的措施和记录。

（4）确认已实施行动的有效性。

(5) 采取措施后重新评估风险。

(6) 持续改进过程。

(7) 完善过程要求和预防/检测措施。

优化的主要目标是通过改进流程来制订降低风险的措施,在此步骤中,团队审查风险分析的结果并采取行动以降低失效原因的发生或增加检测控制以检测失效原因或失效模式,第五版 FMEA 建议优化时按下列顺序进行更有效果:

(1) 为了减少发生失效原因的可能性,修改过程。

(2) 增加检测失效原因或失效模式的能力。

(3) 在进行过程修改的情况下,再次评估所有受影响的步骤。

(七) 结果文件化

编制并发布 FMEA 报告,该报告可用作公司内部或公司之间的沟通使用。当管理层、顾客或供应商要求时,该报告不应取代对 PFMEA 细节的评审。它是 PFMEA 团队和其他人员的总结,以确认每个任务都已完成并评审分析结果。

文件的内容应满足组织、预期读者和利益相关方的要求。具体细节可由各方商定。这样,还可以确保分析的所有细节和知识产权都由编制 FMEA 的公司保留。文件的格式可根据具体公司而定。但是报告应指出失效的技术风险,将其视为开发计划和项目里程碑的一部分。报告可包括下内容:

(1) 根据项目的初始目标,说明 FMEA 的状态:

FMEA,目的——FMEA 的目的是什么;

FMEA,时间安排——FMEA 的截止;

FMEA,团队——参与人员清单;

FMEA,任务——FMEA 的范围;

FMEA,工具——如何使用所采取的分析方法。

(2) 总结分析范围并确认新的内容。

(3) 对功能是如何开发的进行总结。

(4) 至少对团队确定的高风险失效进行总结,并提供一份具体的 S/O/D 评级表和措施优先级的方法(如措施优先级表)。

(5) 对采取的或计划中的措施进行总结(包括这些措施的状态)以解决高风险的失效。

(6) 为进行中的 FMEA 改进措施制定计划和时间安排,并承诺完成。

第三节 风险矩阵

一、风险矩阵的定义和构建

(一) 风险矩阵的定义

在项目管理过程中,风险矩阵是识别项目风险重要性的一种结构性方法,它能够对项目风险的潜在影响进行评估，是一种操作简便，且把定性分析与定量分析相结合的方法。自1996年以来，ESC的很多项目都采用风险矩阵方法进行风险评估。为了改进风险矩阵方法的应用，美国的MITRE公司还开发了一套风险矩阵应用软件。

ISO Guide 73《风险管理术语》标准将风险矩阵定义为：风险矩阵一种通过定义后果和可能性的范围，对风险进行展示和排序的工具。风险矩阵是一种常用的风险评估方法，也是一种有效的风险管理工具。风险矩阵涉及风险发生的后果、可能性两个要素，需要定性或定量定义后果和可能性的范围。GB/T 27921—2011《风险管理　风险评估技术》标准中，风险矩阵被称为后果/可能性矩阵。

风险矩阵可以用列表或图谱形式表达，风险识别阶段一般用列表展示，便于穷举，见表6-22。在风险分析和评价阶段一般用图谱方式，以展示各风险的分布状况，如图6-6所示。

表6-22　列表式风险矩阵

风险名称	风险源	风险原因	后果性质	后果大小	可能性	风险等级	……
风险1							
风险2							
风险3							
……							
风险*n*							

注：表中阴影部分（后果大小、可能性、风险等级）在风险分析后才能填写。

发生可能性等级	E	Ⅳ	Ⅲ	Ⅱ	Ⅰ	Ⅰ	Ⅰ
	D	Ⅳ	Ⅲ	Ⅲ	Ⅱ	Ⅰ	Ⅰ
	C	Ⅴ	Ⅳ	Ⅲ	Ⅱ	Ⅱ	Ⅰ
	B	Ⅴ	Ⅳ	Ⅲ	Ⅲ	Ⅱ	Ⅰ
	A	Ⅴ	Ⅴ	Ⅳ	Ⅲ	Ⅱ	Ⅱ
		1	2	3	4	5	6
		风险后果程度					

区域Ⅰ，位于矩阵图的右上角；区域Ⅴ，位于矩阵图的左下角；在两区域之间，从左下到右上，又被分为区域Ⅳ、区域Ⅲ和区域Ⅱ。

图6-6　ISO/IEC推荐的风险矩阵图谱

图6-6显示，越接近右上角的区域，其风险越大，越接近左下角的区域风险越小。风险管理的初级阶段，一般只对风险矩阵做“红、黄、绿”三级区分（如图6-7所示）。管理者很快识别红色区域作为高度关注和频繁关注的风险，对绿色区域的风险不用投入过多的精力。

当利用风险矩阵做定量风险分析时，就称为“风险坐标图”。

（二）风险矩阵的输入

构建风险矩阵，就必须事先确定“后果准则”和“可能性准则”，然后画出二维矩阵单元

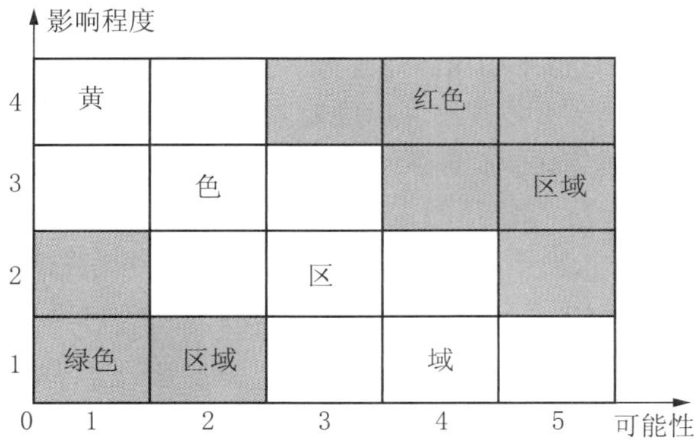

图 6-7　风险管理初级阶段常用的风险矩阵图

图。通过风险分析，获得特定风险的后果 C 值及其发生的可能性 L 值。有了这些输入条件和数据（含定性的文字说明），就可以在风险矩阵图上进行处理。如果想要明确风险的重要性，就还要确定"风险重要性准则"。所以，风险矩阵法的输入一般包括以下六个方面：

（1）后果准则（亦称 C 准则）。

（2）可能性准则（亦称 L 准则）。

（3）风险重要性准则（亦称 S 准则）。

（4）关于后果和可能性的二维矩阵单元图。

（5）特定风险的后果 C 值。

（6）该后果发生的可能性 L 值。

除上述六个方面外，还有一个非显性输入，即"控制准则"，用于评价组织现有的控制水平，与风险大小或风险等级相关。

（三）风险矩阵的输出

风险矩阵法的输出主要有两个，分别是特定风险的风险等级和特定风险的重要性级别。有了输入条件和数据（含定性的文字说明）后，可在风险矩阵图上按照横轴和纵轴的标示"刻度"（或"量级"）描绘该风险的风险等级，再对照风险重要性准则，便可知道该风险的重要性级别。

二、风险矩阵方法的应用

风险矩阵方法的应用一般分为定性和半定量应用两种，下面对风险矩阵的定性应用进行介绍。

（一）确定风险准则

风险准则是评价风险重要性的依据，对一个组织而言，在实施风险评估之前，应该建立一套准确的"风险准则"，或称为"风险评估参照表"。这套风险准则至少应该包括"后果准则""可能性准则""控制准则""风险重要性准则"。下面就给出 ABC 公司的基本风险准则。

1. 确定 ABC 公司人力资源风险的后果准则(见表 6-23)

表 6-23　人力资源风险的后果准则

后果等级	对各个后果等级的定性说明
重大	核心技术泄露,研发项目中断,产品生产或维护难以为继等
中度	非核心技术泄露,研发、产品生产或维护受到局部影响等
轻微	无核心技术泄露,研发、产品生产或维护几乎不受影响等

2. 确定 ABC 公司人力资源风险的可能性准则(见表 6-24)

表 6-24　人力资源风险的可能性准则

可能性等级	对各个可能性等级的定性说明
较高	发生的可能生(或概率)大于 50%
中等	发生的可能性(或概率)介于 30%～50%
较低	发生的可能性(或概率)介于 10%～30%
很低	发生的可能性(或概率)小于 10%

3. ABC 公司的控制等级描述(见表 6-25)

表 6-25　控制等级描述表

控制等级	可预测的情形
良好的	在特定情况下,不止一人知道该怎么做,且能及时准备就绪
适当的	在特定情况下,只有一人知道该怎么做,且能及时准备就绪
不适当	在特定情况下,没有一人知道该怎么做,或没人能够被依靠

4. 确定 ABC 公司风险重要性准则(见表 6-26)

表 6-26　风险重要性准则表

风险重要性等级	对各个风险重要性等级的定性说明
重大风险	如图 6-7 所示的红色区域Ⅲ,对此类风险应立即重点防范
中等风险	如图 6-7 所示的黄色区域Ⅱ,对此类风险应尽快适度增加防控措施
轻微风险	如图 6-7 所示的绿色区域Ⅰ,对此类风险保持监测即刻

公司人力资源风险矩阵图的设计图显示了如下几项内容:

(1) ABC 公司采用定性评估方法;

(2) ABC 公司把企业的风险后果程度分为轻微、中度、重大三个级别,把可能性分为很低、较低、中等、较高四个级别;

(3) ABC 公司把企业的风险重要性等级分为三级:轻微风险(对应绿色区域Ⅰ)、中等风险(对应黄色区域Ⅱ)、重大风险(对应红色区域Ⅲ)。

(二) 对特定风险进行定性评估

现利用上节的后果准则和可能性准则,对 ABC 公司首席技术官(CTO)、Y 产品线产品经理、QM 项目的项目经理三人进行风险评估。

设：

(1) 首席技术官(CTO)的非预期离职风险为 Rh1。

(2) Y 产品线产品经理的非预期离职风险为 Rh2。

(3) QM 项目的项目经理的非预期离职风险为 Rh3。

根据上述后果准则、可能性准则，利用专家评议法(这是风险评估中人为因素最大的环节)，得到如下评估结果：

(1) Rh1 离职的可能性“较低”，离职后造成的影响为“重大”。

(2) Rh2 离职的可能性“中等”，离职后造成的影响为“中度”。

(3) Rh3 离职的可能性“较高”，离职后造成的影响为“中度”。

(三) 定性风险评估的输出

根据前述的评估结果，可以得出如下评估结论：

(1) Rh1 位于中等风险区域，Rh2 位于中等风险区域，Rh3 位于重大风险区域。

(2) Rh1 和 Rh2 同处黄色中等风险区域，说明两者具有相同的风险重要性等级。

(3) Rh3 处于重大风险区域，说明眼下 ABC 公司急需关注 QM 项目的项目经理，并要提前对其离职做好应对工作。

三、Borda 序值法介绍

投票选举中，为了方便往往采用“简单多数表决制”来确定选举结果，得票多者胜。例如，有 21 个人对 A、B、C 三个对象进行投票选择，有 8 个投票人选 A，7 个投票人选 B，6 个投票人选 C。所以 A 入选。但是，在全体投票人中，赞成 A 的只占：

$$8/(8+7+6)=8/21=38.1\%$$

投 B 和 C 票的人开始抱怨并对简单多数表决制提出质疑。

Borda 序值法对“简单多数表决制”提出了疑问，认为它不能产生合理的决策。它提出了一种记分制，要求投票人投票时不仅要表达最希望哪些人当选，还要给这些合格的候选人按喜好顺序进行排序，即投票人通过投票表达出对各候选人的偏好次序，然后进行评分并累加，得分最高者最终获胜。

例如，假设有三个投票对象(候选人或候选方案等)，先对“排列顺序”计分：排第一的计 3 分，排在第二的计 2 分，排在第三的计 1 分，最后按各对象在各种排列顺序中位置数量核算分数，谁的总分多，谁就入选。

用此方法再次对上面的例子进行决策。因为共有 A、B、C 三个候选对象，如果考虑选择的偏好顺序，则有六种可能的排列顺序：

①A-B-C；②A-C-B；③B-A-C；④B-C-A；⑤C-A-B；⑥C-B-A。

投票结束后，得到如下结果：

①选择 A-B-C 的有 1 人；②选择 A-C-B 的有 7 人；③选择 B-A-C 的有 1 人；④选择 B-C-A 的有 6 人；⑤选择 C-A-B 的有 1 人；⑥选择 C-B-A 的有 5 人。

结果显示，有 8 人首选 A，有 7 人首选 B，有 6 人首选 C，与以上简单多数表决制的情况相同。

但按其计分法：

A 得分为 $3\times1+3\times7+2\times1+1\times6+2\times1+1\times5=39$

B 得分为 $2\times1+1\times7+3\times1+3\times6+1\times1+2\times5=41$

C 得分为 $1\times1+2\times7+1\times1+2\times6+3\times1+3\times5=46$

C 以最高 46 分当选。显然与简单多数表决制的结论不一样。

当风险矩阵确定并有了一组输入值之后，要确定哪一种风险是最关键的，应当将资源分配在哪里以应对这个等级最高的风险。美国空军电子系统中心（ESC）的研究人员为解决"风险结"的问题而将投票理论的 Borda 方法引入风险矩阵中，他们把"风险"看成投票和排序的对象，然后用 Borda 方法化解"风险结"。

利用风险矩阵法对风险进行预评估，举例来说，用风险矩阵法对 KK 公司"市场风险、技术风险、运营风险、财务风险、生产风险、战略风险、法律风险"这七个风险进行评估，风险总数为 7，有 2 个高风险、4 个中风险、1 个低风险。那我们采用上述理论来计算 Borda 数，在前述中 A、B、C 三个候选对象的得分即为 Borda 数。Borda 数的计算公式如下：

$$b_i=\sum_{k=1}(N-R_{ik})$$

说明：①N 是风险总数（即所有风险的总个数）；②i 是在风险总数中的第 i 个风险，$1\leqslant i\leqslant N$；③b_i 为第 i 个风险的 Borda 数；④k 指风险准则的个数。其中，$k=1$ 对应风险发生可能性准则（即 L 准则），$k=2$ 对应风险后果准则（即 C 准则）；⑤R 的意义：对某一风险 i，在某一风险准则（L 或 C 准则）下，在 N 个风险中，较风险 i 更为严重（包括可能性、后果）的风险的个数。R 与 N 做减法，所以 R 应该具有风险个数的量纲。

当明确两个风险准则（L、C）后，上式可表示为：

$$b_i=(N-R_iL)+(N-R_iC)$$

其中，R_iL 表示在风险准则 L 下，比第 i 个风险发生可能性更高的风险的个数；R_iC 表示在风险准则 C 下，比第 i 个风险后果更为严重的风险的个数。

上述案例共有 7 个风险，$N=7$。下面计算 7 个风险的 Borda 数。

风险 1，其可能性分值是 1，根据风险概率准则，比风险 1 发生概率更大的风险个数为 5，即 $R11=5$；风险 1，其后果分值是 5，根据 C 准则，比风险 1 后果更为严重的风险个数为 0，即 $R12=0$；

于是，根据计算 Borda 数的公式，$i=1$，得

$b_1=(7-5)+(7-0)=9$

同理，可得到其他六个风险的 Borda 数：

$b_2=(7-2)+(7-0)=12$

$b_3=(7-1)+(7-2)=11$

$b_4=(7-5)+(7-5)=4$

$b_5=(7-0)+(7-5)=9$

$b_6=(7-2)+(7-2)=10$

$b_7=(7-4)+(7-2)=8$

下面根据计算得知的 Borda 数计算各风险的 Borda 序数。先将 Borda 数从大到小排列，然后计算 Borda 序数。

即对某一风险，在风险总数 N 中，比该风险 Borda 数数值大的风险的个数。

计算公式：

$$B_i = b_j - b_i (1 \leqslant j \leqslant N, \text{且 } j \neq i)$$

当 B_i 满足 $B_i = b_j - b_i \geqslant 1$ 时，定义 j 的个数为第 i 个风险的 Borda 序数值。通过计算，得

$i=1$ 时（第一个风险），$b_1 = 9$，$B_1 = b_j - b_1 = b_j - 9 (j = 2, 3, 4, 5, 6, 7)$，

$j=2$：$B_1 = b_2 - 9 = 12 - 9 = 3$，

$j=3$：$B_1 = b_3 - 9 = 11 - 9 = 2$，

$j=4$：$B_1 = 4 - 9 = -5$，

$j=5$：$B_1 = 9 - 9 = 0$，

$j=6$：$B_1 = 10 - 9 = 1$，

$j=7$：$B_1 = 8 - 9 = -1$。

以上计算结果中，只有 $j=2, 3, 6$ 满足 $B1 \geqslant 1$ 的要求，所以 j 的个数为 3。即，第一个风险的 Borda 序数值为 3。

同理，得 $i = 2, 3, 4, 5, 6, 7$ 的风险的 Borda 序数值，其中第 1 个和第 5 个风险的 Borda 序数都是 3。第 2 个风险的 Borda 序数为 0，是因为第 2 个风险的 Borda 数是 12，比该数大的风险的个数是 0。

可见，KK 公司七大风险的重要性排序（从高到低）为：

$$R2、R3、R6、R1、R5、R7、R4$$

其中，风险 2“技术风险”最重要。

综上所述，可以得到如下结论：

（1）原来 7 个风险有三个风险带（高、中、低），现有 6 个 Borda 序数（0，1，2，3，5，6），对风险等级进行细化。

（2）两个“高”风险结被打开，其 Borda 序数分别为 0 和 3；四个“中”风险结也被打开，其 Borda 序数分别为 3，1，2，5。

（3）原有的两个高风险（第 2、5 风险），第 2 个风险仍是排序第一位，但第 5 个风险则位于排序第 5 位。

（4）第 1、5 风险的 Borda 序数都是 3，说明 Borda 序数法也不能完全消除风险矩阵方法中的风险结，即 Borda 方法本身也可能产生风险结。

四、风险矩阵方法在项目管理中的应用

下面我们利用案例就风险矩阵评审风险管理绩效的应用给大家系统地阐述该工具应用的一些注意要点。

ABC 公司是一家大型综合性的化工企业，于 2024 年 1 月对五类风险对公司 2024 年全年的影响进行了半定量风险评估。评估结果见表 6-27。

表 6-27　ABC 公司五类风险半定量评估结果(2024 年 1 月)

风险名称	后果(C)	可能性(L)	风险等级($R=C\times L$)
A(战略风险)	4	2	8
B(运营风险)	2	2	4
C(财务风险)	1	3	3
D(市场风险)	3	3	9
E(法律风险)	5	4	20

把上述表单内数据计入风险矩阵里,得到如图 6-8 所示的风险图谱。

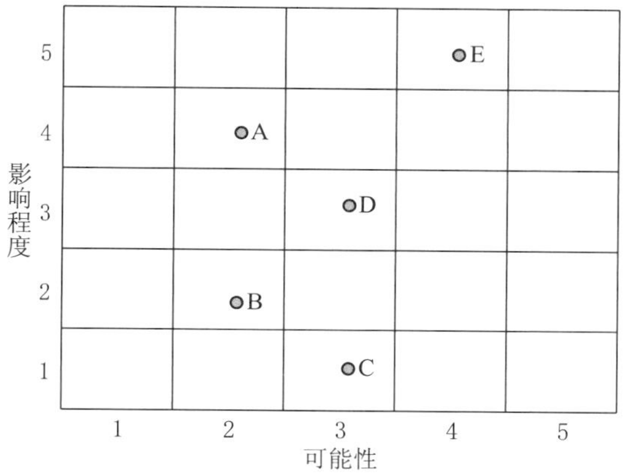

图 6-8　半定量风险评估结果(2024 年 1 月)

由图 6-8 可知:风险 E 处于高风险等级,其风险等级为 $5\times4=20$,说明 ABC 公司的法律风险很高,需要抓紧时间应对。

为此,ABC 公司的高管层及时采取风险应对措施,半年后再次对公司的这五类风险进行评估,以检验相关风险的应对绩效。所用评估方法与年初的相同,评估结果发现“战略风险”的风险等级从 8 降到 3(在风险图谱上从点 A 移动到点 A_1),“法律风险”的风险等级从 20 降到 12(在风险图谱上从点 E 移动到点 E_1),“市场风险”的风险等级从 9 升到 12(在风险图谱上从点 D 移动到点 D_1),“运营风险”和“财务风险”的风险等级保持不变。具体情况如图 6-9 所示。

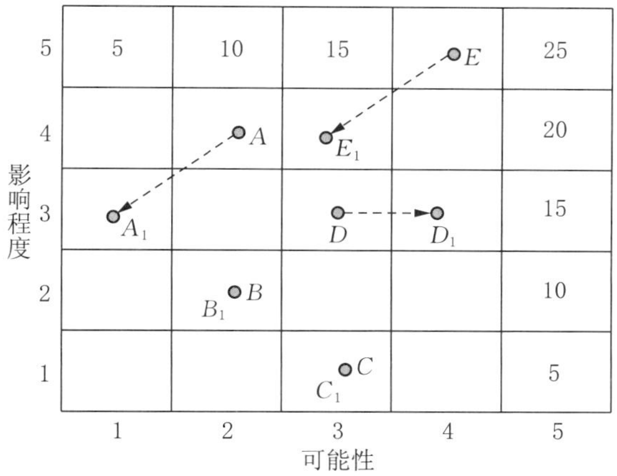

图 6-9　半定量风险评估结果(2017 年 7 月)

在图 6-9 中，点 A，B，C，D，E 是 2017 年 1 月的评估结果，点 A_1，B_1，C_1，D_1，E_1 是 2017 年 7 月的评估结果。比较上述图表可知：

$A_1=3<A$，风险等级降低；

$B_1=4=B$，风险等级保持不变；

$C_1=3=C$，风险等级保持不变；

$D_1=12>D=9$，风险等级升高；

$E_1=12<E$，风险等级降低。

利用风险矩阵图谱对五个风险的管理绩效进行审核。通过比较两者可以发现，ABC 公司对风险 E（法律风险）的应对是比较有效的，仅用了半年的时间，就使法律风险的风险等级从 20 降到 12；对风险 D 的重视不够，或者应对不足，或者外部环境发生了较大的变化，才导致风险 D 的等级从 9 上升到 12，需要 ABC 公司给予重视。

第四节　故障树

一、故障树概述

（一）故障树的概念及适用范围

故障树分析（Fault Tree Analysis，简称 FTA）是以故障树作为模型对系统进行可靠性分析的一种方法，是系统安全分析方法中应用最广泛的一种自上而下逐层展开的图形演绎分析方法。在系统设计过程中通过对可能造成系统失效的各种因素，如包括硬件、软件、环境、人为因素进行分析，画出逻辑框图，即失效树，从而确定系统失效原因的各种可能组合方式或发生概率，以计算系统失效概率，并采取相应的纠正措施，以提高系统可靠性的一种设计分析方法。

FTA 在系统可靠性分析、安全性分析和风险评价中具有重要作用和地位，是系统可靠性研究中常用的一种重要方法。它是在弄清基本失效模式的基础上，通过建立故障树的方法，找出故障原因，分析系统薄弱环节，以改进原有设备，指导运行和维修，防止事故的发生。FTA 是对复杂动态系统失效形式进行可靠性分析的有效工具。近年来，随着计算机辅助 FTA 的出现，FTA 在航天、核能、电力、电子、化工等领域得到了广泛的应用。既可用于定性分析又可定量分析。

FTA 的主要应用范围如下：

在事故树分析中顶上事件可以是已经发生的事故，也可以是预想的事故。通过分析找出事故原因，采取相应的对策加以控制，从而可以起到事故预防的作用。

查明系统内固有的或潜在的各种危险因素，为安全设计、制订安全技术措施和安全管理提供科学、合理的依据。

（二）故障树的特点

FTA 是一种从系统到部件，再到零件，按下降形分析的方法。它从系统开始，通过由逻辑符号绘制出的一个逐渐展开成树状的分枝图，来分析故障事件（又称顶端事件）发生的概率，也可以用来分析零件部件或子系统故障对系统故障的影响，其中包括人为因素和环境条件等，它对系统故障不但可以做定性的分析，而且可以做定量的分析；不仅可以分析由单一构件所引起的系统故障，而且可以分析多个构件不同模式故障而产生的系统故障情况。由于故障树分析法使用的是一个逻辑图，所以不论是设计人员或是使用和维修人员都容易掌握和运用，并且由它可派生出其他专门用途的树。例如，可以绘制出专用于研究维修问题的维修树，用于研究经济效益及方案比较的决策树等。同时，FTA 具有以下特点：

1. FTA 具有很大的灵活性

FTA 不是局限于对系统可靠性进行一般的分析，而是可以分析系统的各种故障状态。FTA 不仅可以分析某些元部件故障对系统的影响，还可以对导致这些元部件故障的特殊原因（例如，环境的、甚至人为的原因）进行分析，予以统一考虑。

2. FTA 是一种图形演绎法

FTA 还是一种对故障事件在一定条件下的逻辑推理方法。FTA 可以围绕某些特定的故障状态进行层层深入的分析，因而在清晰的故障树图形下，表达系统内在联系，并指出元部件故障与系统故障之间的逻辑关系，找出系统的薄弱环节。

3. 进行 FTA 的过程，也是一个对系统更深入认识的过程

FTA 要求分析人员非常清楚地把握系统的内在联系，弄清各种潜在因素对故障发生影响的途径和程度，以便在分析过程中发现问题，因而许多问题在分析的过程中就被发现和解决了，从而提高了系统可靠性分析的精度。

4. 可以用计算机辅助建树和分析

随着计算机技术的发展和各类应用软件的开发，对于大型复杂的建树和计算可借助计算机，能极大提高建树的效率。

二、故障树常用符号及数学基础

FTA 中应用的基本符号可分为事件符号和逻辑门符号两类，事件是对系统状态及元部件状态的描述；逻辑门是描述事件间的逻辑关系，见表 6-28。

表 6-28 故障树分析法的常用符号

分类	符号	名称	说明
事件	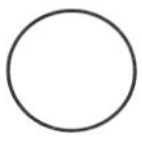	基本事件	底事件：位于故障树最底层无需再深究的事件称为底事件，它是某个逻辑门的输入事件。底事件又可以分成基本事件与未探明事件 基本事件：已经探明或尚未探明发生原因但有失效数据的底事件 未探明事件：原则上应进一步探明其原因但暂时不必或者暂时不能探明其原因的底事件
	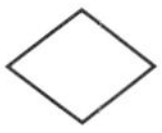	未探明事件	
	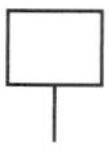	结果事件	结果事件：由其他事件或事件组合所导致的事件，分为顶事件和中间事件 顶事件：故障树分析中所关心的结果事件，位于故障树的顶端，即系统不希望发生的事件 中间事件：位于底事件和顶事件之间的中间结果事件。它既是某个逻辑门的输出事件，又是别的逻辑门的输入事件
	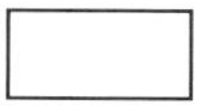	中间事件	
		转移符号（转入、转出符号）	转移符号：为了避免画图重复，简化故障树的结构，而使用转移符号，分为转入符号和转出符号 转入符号用于故障树的底部，表示树的部分分支在另外的地方 转出符号用于故障树的顶部，表示该树是另外一棵故障树的子树

续 表

分类	符号	名　称	说　明
逻辑门		与门	与门:仅当所有输入事件同时发生时,输出事件才发生
		或门	或门:至少一个输入事件发生时,输出事件才发生
		非门	非门:输出事件是输入事件的对立事件
	 m:0:0	表决门	表决门:仅当 n 个输入事件中有 r 或 r 个以上的事件发生时,输出事件才发生
		异或门	异或门:仅当单个输入事件发生时,输出事件才发生
		禁门	禁门:仅当条件事件发生时,输入事件的发生才导致输出事件的发生

FTA 是一种图形演绎法,因而在建造故障树时需要一些事件符号和表示逻辑关系的门符号,表示事件之间的逻辑关系和因果关系。

故障树分析包括定性分析和定量分析,故障树分析需要数学基础支持才能完成。

故障树定性分析包括查明造成系统故障或事故的全部初始原因,以便针对初始原因采取改进措施;找出最容易引起系统故障或事故发生的初始原因集合;考察哪些初始原因对系统故障或事故发生影响更大。通过编制故障树,获得引起顶事件发生的全部初始原因,然后找出基本事件的最小割集合与最小径集合,比较基本事件的重要度。最小割集合,就是导致顶上事件发生所必需的、最低限度的基本事件的集合;最小径集合,就是使顶上事件不发生所必需的、最低限度的基本事件的集合。

故障树定量分析根据各基本事件发生概率求解顶事件发生概率,从而为概率危险性评价提供依据。对于简单的故障树,根据概率论中事件逻辑积与事件逻辑和的概率计算公式,把故障树布尔表达式转变为由基本事件发生概率计算顶事件发生概率的公式。代入基本事件发生概率后,即可算出顶事件发生概率。对于复杂的故障树,人力解算费时费力,往往利用计算机求解。故障树定量分析涉及一些特殊的理论和方法。由巴洛(R. E. Barlow)和普鲁森(F. Proschan)提出的复杂系统可靠性分析理论是故障树分析的数学基础。

关于故障树的最小割集和最小径集的计算,以及定量分析的数学基础的详解请参看相关参考书,本书不展开讲解。

三、故障树分析的一般步骤

FTA一般步骤如下：首先明确分析对象，提出待解决问题，即要明确研究的系统，并从中找出最关键的顶事件；其次建立故障树图示模型；再次进行可靠性定性和定量分析，即故障树的评价，最后是实用树的编制与应用。

（一）明确研究对象

1. 熟悉分析系统

对所分析的系统要进行深入的调查研究，建树人员应先收集系统的技术资料、设计说明书、安全报告、运行规程，以及有关维修、制造方面的资料，进行深入细致的分析研究系统的功能、结构原理、操作、维修、故障状态、故障因素等资料。这项工作是编制故障树的基础。

2. 定义故障事件

从现场实际收集调查所要分析系统的故障维修记录，还要收集调查同类系统曾发生过的故障，对故障事件精确定义，指明故障是什么，在何种条件下发生，即应有唯一解，切忌模棱两可，含糊不清。这项工作是全面掌握系统故障的基础和依据，并可作为检验故障树的依据。如果能收集各元器件的失效率数据及模型，根据不同的失效模型，对元器件的失效率进行分配，这样分析的结果更精确，更接近实际值。

3. 确定顶事件

顶事件是系统最不希望发生的事件，根据系统的不同要求可以有多个具体的顶事件，因此也就可以从顶事件出发建立几个不同的故障树，在各个故障树中，部件以特定的方式与其他的部件相关联，但一个故障树只能分析一个不希望发生事件。也就是说顶事件的确定要从我们的研究对象出发，根据系统的要求，选择与设计、分析目的紧密相关联的事件为顶事件。

（二）编制故障树

由顶事件出发，逐级找出导致各级事件发生的所有可能直接原因，并用相应的符号表示事件及其相互的逻辑关系，直至分析到底事件为止。当故障树建成后，进行故障树简化，还必须从故障树的最下级开始，逐级写出上下级事件的逻辑关系式，直到树的顶事件为止，然后结合逻辑运算算法作进一步的分析运算，删除多余事件。

（三）故障树的评价

根据故障树对整个系统进行评价，从中得出定性和定量的结果。

1. 故障树的定性分析

定性分析是FTA的核心内容，目的是分析某故障的发生规律及特点，找出控制消除该故障的可行方案，并从故障树结构上分析各基本原因事件的重要程度，以便按轻重缓急分别采取对策。故障树定性分析目的在于寻找最小割集（MCS），所谓最小割集就是指如果故障树的某几个底事件同时发生将引起顶事件的发生，而去掉其中任意一个底事件后，就不再是割集，这几个底事件所组成的集合就成为这颗故障树的最小割集。最小割集的判定仅仅与故障树的结构有关系，而与底事件发生概率的大小无关。

2. 故障树的定量分析

定量分析是FTA的最终目的，是求出系统可靠性的定量结果，即在求得最小割集后，给每个底事件赋予一个概率值来表示其发生故障的频繁程度（即底事件发生概率），在概率论的基础上，求解顶事件发生概率，以及各底事件的重要度，为有效地控制故障和降低故障率提供重要依据。

（四）实用树的编制

根据部件的定性重要度和定量重要度，结合实际工作经验，编制出实用故障树，快速查找故障点。实用树适用于不熟悉该系统的人员维修管理使用，也用于同类系统的集中管理。

建立故障树是 FTA 中最基本、最关键的环节。建树通常是一个反复深入、逐步完善的过程。通过建树过程能够使工程技术人员透彻了解系统，发现系统中的薄弱环节，这是建造故障树的首要目的。此外，建造故障树也是使用 FTA 的前提条件。故障树建造的好坏，其耗费力的程度直接关系到运用 FTA 的成败。

建立故障树是故障树分析的关键，作为故障树定性、定量分析的对象，其完善程度直接影响分析结果的准确性，而其化简程度则关系到分析的工作量，也影响故障树的直观性。在故障树分析中，建树的关键是要清楚地了解分析系统的功能逻辑关系、故障模式、故障影响，使故障树能够抽象地反映实际系统的故障组合和传递的逻辑关系。

第五节　人因可靠性分析

一、人因可靠性分析技术的产生背景及适用范围

（一）产生背景

随着科技发展，系统及设备自身的安全与效益得到不断提高，人机系统的可靠性和安全性愈来愈取决于人的可靠性。核电厂操纵员可靠性研究是"核电厂人因工程安全"的主要组成部分。在核电厂发生的重大事件和事故中，由人因引起的已占到一半以上，震惊世界的三里岛和切尔诺贝利核电厂事故清楚地表明，人因是导致严重事故发生的主要原因。

据统计，20%～90%的系统失效与人有关，其中直接或间接引发事故的比率为 70%～90%，这其中包括许多重大灾难事故。如何把人的失误对于风险的后果考虑进去，以及如何揭示系统的薄弱环节，在事故发生之前加以防范，成为亟待解决的重要问题，而这些都以详尽和准确的人因可靠性分析（Human Reliability Analysis，HRA）为基础。对人因加以研究，在各个阶段应用人因工程的原则来防止和减少人的失误，已成为国际上近年来所面临的重大课题。

（二）适用范围

HRA 目前主要适用以下几个方面：

（1）填补在高风险情况下人对事故响应的可靠性数据的空白。

（2）了解作业人员如何对事故进行响应，改进操作规程。

（3）为改善安全管理系统提供建议。

（4）为提高作业人员的技术与素质培训提供条件。

二、HRA的局限性

HRA的很多方法对HRA的发展和应用有良好推动作用，但也存在不足。

（一）不能真实、全面地描述人的行为

使用HRA事件树的两分法逻辑（成功与失败）不能真实、全面地描述人的行为现象。因为人在对系统的动态响应过程中，可能有多种选择方式，其优化价值不同。同时，人的认知失败产生的失误行为的形式多种多样，其对风险的后果不同，决不能用简单的“失败”概括。

（二）缺乏充分的数据

缺乏人的可靠性数据也是困惑HRA问题，这与数据收集方式和人的心理状态有很大关系。这些数据对于复杂系统中人的行为的定量化预测具有重要意义，它应包括与时间相关的和与时间不相关的人误数据。

（三）多依赖专家判断

由于缺乏在复杂系统中人在真实运行环境下或培训模拟机上的人员失误数据，只能采取弥补性质的模型（如时间相关性模型）和/或专家判断作为HRA的基础。专家判断法的使用难以显示出专家群体水平的一致性，并且预测的正确性和准确性受到很大的主观因素影响。

（四）缺乏对模拟机数据修正的一致认同

使用来自模拟机的数据，对专家判断的人的绩效数据进行修正必须得到足够的重视。但是模拟机实验并不能完全反映真实的运行环境，如何修正来自模拟机的数据以反映真实环境下的人的绩效一直是一个有待研究的课题。

（五）HRA方法的正确性与准确性难以验证

HRA的各种方法，对于真实环境下的人的可靠性的预测的正确性几乎无法得到证明。特别是非常规任务中人的可靠性评价的正确性更是一个难题，例如，与时间相关的误诊断、误决策的概率。

（六）HRA方法缺乏心理学基础

一些HRA方法/模型中缺乏对人的认知行为及心理过程的探索和研究；此外，尽管认知模型类型颇多，但难以找到与工程实际的结合点。

（七）缺乏对重要的行为形成因子的恰当考虑和处理

即使在较好的HRA方法中，一些重要的PSF也没有给予充分的考虑，例如，组织管理的方法和态度、文化差异、社会背景和不科学行为等，在处理方法上也缺乏一致性和可比性。

HRA方法的模型是以多种学科为基础而建立的，着重研究产生人的行为的情景及它们是如何影响人的行为的，因此，HRA将沿着下列方向发展：

（1）建立多种学科相结合的干扰信号图形事件描述。

通过干扰信号图形的操纵员事件树，分析各个节点处的人的事物机理和可能的事物模式。

（2）建立人的信息处理理论上的人的行为通用模型。

该模型的研究重点是结合系统的实际运行经验和数据，探究和查找人的认知不同阶段的诱发失误环境与它如何通过人的失误机理产生人的非安全动作，并给出定量分析的方法。

（3）循环式的人的行为模型。

假设人的任何行为都是在意向或事件的驱动下产生的，人的动作过程不是事先规定，而

是依赖于当时情景条件建造出来的，这些动作之间高度相关。

（4）建立人因数据库。

目前的单纯数字式数据或数字加简要条件式数据，不能满足人因分析者对数据所描述的人误的理解和对该数据的有效使用，因此，需研究和使用能保持失误因素间原始基本关系的新型数据。

（5）人的行为机理研究。

人的行为机理研究应建立在个体、群体和组织行为的基础上，系统地研究人的行为特性、行为模式、失误源、控制管理、失误形态等，完善和拓展人的行为机理研究的内涵。

三、HRA 事件树构造及评价

用 HRA 方法完成人的失误概率定量化计算有四个阶段。

（一）系统熟悉阶段

该阶段对系统的考察访谈与资料搜集，需完成以下任务：

（1）了解事件树和故障树中有关的人的失误事件。

（2）了解与基本事件有关的人员任务。

（3）人进行此项任务时的边界条件。包括：①控制室的特点；②系统的总体布置；③行政管理系统；④任务的时间要求；⑤工作人员的指定职能技术要求；⑥报警症状；⑦恢复因子。

（二）定性分析阶段

1. 任务分析

了解人员每项任务的内容并将它分解为相应的一系列相连贯的动作或子任务序列；找出人—机系统相互作用的界面；判断人在完成任务时所产生的失误的类别，对于分解得到的每一项子任务，同时必须查明以下几点：

①动作实施的设备或仪表；②要求操作人员的动作；③可能潜在的人因失误；④控制器、显示器、操纵阀的位置等。

当任务是由不同的人员完成时，还需了解人员之间的监督关系对人员动作失误的恢复关系。

2. HRA 事件树的建造

HRA 事件树在人员任务分析的基础上，以两状态事件树的形式描述，以时间为序的人的各项行为与活动的过程。一般情况下，用人因可靠性事件树进行人的失误分析时，每一个分支节点上都只存在两种决策可能，即进行此项操作时失败或成功的两种可能性。

建树的有关规则：

（1）用大写字母（如 A）表示某一项子任务失败和它的失败概率，相应的小写字母（如 a）则表示该项子任务成功和它的成功概率。

（2）位于 HRA 事件树各序列末尾的字母 S 和 F 分别表示人员完成任务的成功和失败。

（3）HRA 事件树的每个节点上有两个分支，左侧的分支表示成功，右侧分支表示失败，对于表示系统中硬件状态的分支点，从左至右按照失误的严重状态予以排列。

（4）对于极小概率的分支事件可以从事件树中删去，并忽略恢复因子的影响。

（5）在 HRA 事件树中，将相依的人员动作事件合并为一个子任务分支。

（6）对于 HRA 事件树中的失败或成功节点，如果事件树中的一个支路已鉴别出其分析任务为成功或失败，这一个节点就不再进一步分解。

（三）定量分析阶段

1. 串联型任务

该任务要求相关人员连续先后完成两项动作单元，那么相关人员完成任务的成功概率或失败概率分别为：

$$P(S)=a(b\quad a)$$

$$P(F)=1-a(b\quad a)=a(B\quad a)+A(b\quad A)+A(B\quad A)$$

2. 并联型任务

只要求完成两项动作单元中的任何一项任务则系统成功，在这种情况下相关人员完成任务的成功概率或失败概率分别为：

$$P(S)=1-A(B\quad A)=a(b\quad a)+a(B\quad a)+A(b\quad A)$$

$$P(F)=A(B\quad A)$$

式中，

P(S)为人员完成任务的成功概率。

P(F)为人员未能完成任务的失败概率。

（四）行为形成因子(PSF)与任务相关性修正阶段

在 HRA 事件树中，某一项子任务的失败概率由基本 HEP(BHEP)表示。它依据该项子任务的动作类型，由相关的 HRA 表格查找而得。但由于在 HRA 事件树中，人的失误概率因人员差异有很大差别。因此，为了得到在 HRA 事件树中子任务的实际概率 HEP，必须用行为形成因子(PSF)进行修正。

一般而言，修正可用以下通式表示：

$$HEP=BHEP\cdot(PSF)1(PSF)2,\ \cdots,\ HRA$$

事件树的每一项子任务之间可能具有相关性，可将任务之间的相关情况分成 5 类：

(1) 完全相关(CD)。

(2) 高相关(HD)。

(3) 中相关(MD)。

(4) 低相关(LD)。

(5) 零相关(ZD)。

相应的人误概率的计算公式为

$$CD,\ P(B\quad A)=1;$$

$$HD,\ P(B\quad A)=(1+P(B))/2;$$

$$MD,\ P(B\quad A)=(1+6P(B))/7;$$

$$LD,\ P(B\quad A)=(1+19P(B))/20;$$

$$ZD,\ P(B\quad A)=P(B)。$$

总之，HRA 最本质的优点在于提供了 HRA 事件树及基本 HEP 数据库，因而人员可靠性分析者在了解系统及运行班组的状况后，就可利用 HRA 模式查表量化人因失误。

第六节　实践案例

一、COSO 内部控制框架在施工企业中的应用案例

建筑业是国民经济的支柱产业之一，建筑施工企业是建筑市场的经营主体，担负着向社会提供建筑产品的重任。然而，目前我国施工企业的总体水平不高，距离现代建筑生产经营的要求有较大差异，许多企业仍采用传统分散经营、“小而全”的管理模式，沿用落后的施工工艺和粗放的管理方法，风险管理缺失，导致出现工程质量差、物料消耗高、经济效益低等问题。本案例基于美国 COSO 内部控制框架的五大要素，结合施工企业的特点，分别从施工企业的控制环境、风险管理、控制活动、信息与沟通及监督方面进行论述，提出了一些管理方法、工具，以对施工项目管理水平的提高起到促进作用。

（一）施工企业的控制环境

内部控制在施工企业具有广泛的适用性，然而，目前我国施工企业的内部控制还相当薄弱，主要表现在内部控制环境差，风险评估意识淡薄，控制活动不严密，信息与沟通不流畅，以及监督检查流于形式这五个方面。从我国施工企业内部控制的现状来看，构建一个理想的内部控制体系势在必行。控制环境是五个要素中最基本的要素，被视为其他四个要素的基础。施工企业的控制环境主要有四个方面：

1. 高管层的重视与支持

施工企业内部控制是企业管理中一项综合性很强的工作，涉及施工工作的各个环节，影响每个职工的切身利益，尤其是对高管层权力具有约束作用。例如，针对分包队伍管理这一问题，有些单位将该权利交由主管领导一人决定；若实施内部控制制度，则需要全员共同参与决策。因此，内部控制制度是否能够在施工企业顺利、有效展开实施，良好的控制环境能否在施工企业建立，都与高管层是否重视和支持有关。

2. 与施工企业相适应的用人机制

施工企业的施工现场很多地处偏远山区，生活及工作环境比较恶劣，致使许多施工企业出现了关键技术员工辞职、离职的现象，严重影响施工生产的正常运行。如果企业缺乏完善的人事制度，企业的管理、运转，甚至生存都将面临危险。因此，对施工企业来讲，一套较为完善的人事制度，应该包括员工的录用制度、培训制度、考核制度、晋升制度，以及激励和福利制度等。

3. 加强施工企业文化建设

文化是企业的灵魂，优秀的企业文化是一种无形的力量和源泉，能够引导每一位员工以良好的精神面貌完成每一项管理和控制工作。施工企业的流动性决定了其企业文化的特殊之处。施工现场文化主要体现为文明施工建设，主要包括规范现场的场容管理，保持作业环境整洁卫生；做好现场物资、机械、安全、技术、保卫和消防等方面管理；施工现场各种标识牌和标语的管理；员工娱乐设施管理，减少对居民和环境的不利影响等。施工工地的文明施工水平是该项目工地乃至所在企业各项管理工作水平的综合体现，也是施工企业文化特色的集中表现。

4. 合理、高效的施工企业组织机构

施工生产的单件性、露天性和流动性的特征，使施工企业的组织形式，尤其是现场组织形式，处于动态组合状态。面对日益复杂多变的市场环境，组织机构的设置应有利于企业走向市场，同时有利于增加企业经济效益。

（二）施工企业的风险管理

施工企业常见的风险类型包括经营风险、管理风险及财务风险等方面。施工企业应树立风险意识，分析风险的类别及其特点，划分风险的责任范围，针对各个风险控制点建立有效的风险识别、评估、响应和监控等风险管理流程系统。通过各种具体措施，缩小风险范围，降低风险系数，明确风险目标，加强管理，提高工作效率，减少风险损失，保证施工生产的正常运行。

施工企业风险管理的循环一般包括四个环节：

（1）风险识别环节，应分析工程项目风险，识别风险来源。

（2）风险评估环节，应根据项目风险的严重性，发生的可能性、可控性来评估风险。

（3）风险响应环节，应确定工程项目风险的应对措施。

（4）风险控制环节，应建立风险预警系统、制订应急计划。

（三）施工企业的控制活动

施工企业内部控制活动的关键控制点主要包括项目资金、项目采购、工程质量、工程成本以及工程项目资源。

1. 项目资金的内部控制

施工企业的流动性及投资的巨大性，决定了资金控制除了授权批准制度及不相容职务分离，建立资金结算中心模式更有利于整合遍及全国乃至海外的众多项目资金。

2. 项目采购的内部控制

建设工程项目成本的70%左右均为材料成本，因此降低材料成本是降低生产成本的关键所在，而要降低材料成本，材料采购是最关键的环节之一。根据世界银行贷款项目的货物采购等有关招标采购文件，并结合我国施工企业的实际情况，施工项目物资采购的一般程序为确定采购计划、采购方式、签订合同、执行合同、物资验收，以及资料归档。

3. 工程质量的内部控制

工程质量是企业的生命，工程质量又与工程安全密切相关，因此只有推行全面质量管理，建立全面质量管理体系，采用科学方法，对工程质量采用“一切用数据说话”的基准进行判断，才能确保工程施工质量。

4. 工程成本的内部控制

施工项目成本费用管理效率的水准对施工企业的绩效改善和持续发展极其重要，应实行项目全面成本管理责任体系，将材料控制、劳动控制、机械设备控制、项目间接费控制等方面作为实施重点。

5. 工程项目资源的内部控制

项目资源的内部控制，即各生产要素的管理，一般分为五个阶段：投标、签约阶段；施工准备阶段；施工阶段；验收、交工与竣工结算阶段；用户服务阶段。项目资源的内部控制是一个综合管理的过程，是优质、高效建筑产品的诞生不可省略的过程之一。

（四）施工企业的信息与沟通

信息沟通的方式很多，施工企业一般通过财务信息系统、内部报告系统进行沟通。

1. 财务信息系统

目前,施工企业实行的是财务多级核算模式,具体表现为各个施工队会计代理报账至各个项目部;各个项目部将其财务报表上交各个分公司;再由各个分公司将其财务报表上交集团总公司。施工企业应结合企业流程再造的思想对企业的组织和业务流程重新进行审视,建立与企业分散施工特点相符的组织结构。同时,在现有的已实施会计电算化的基础上,依托网络技术逐步推进企业内部所有核算单位的会计信息的集中管理模式,逐步改变目前实行的多级管理核算模式。

2. 内部报告系统

常用的内部报告体系包括施工生产经营报告体系、资本经营报告体系、预算执行报告体系等三大体系。具体来说,施工生产经营报告体系包括财务状况分析报告、项目经理述职报告、施工生产安全报告、施工生产经营报告,以及施工质量控制报告;资本经营报告体系包括筹资及其成本报告、所得税报告,以及对外投资报告;预算执行报告体系包括收入中心预算执行报告、成本中心预算执行报告、费用中心预算执行报告、利润中心预算执行报告,以及投资中心预算执行报告。

(五)施工企业的监督

在施工企业内部控制的监督过程中,内部审计和自我评估两项职能发挥着重要作用。

1. 内部审计

施工企业的内部审计既是企业内部控制的一个重要组成部分,又是监督企业内部控制是否严格执行,促进内部控制制度不断完善的重要力量。内部审计主要包括严格审计程序,规范审计行为,确保审计质量;合理设置审计机构,提高内部审计的独立性与客观性;构建信息化方式下,内部审计监督新模式、新方法;合理配备审计人员,提高审计人员素质等方面。

2. 自我评估

在进行内部控制自我评估,编写内部控制自我评估报告时,应就以下八个方面的内容进行披露:

(1)声明公司董事会对建立健全和有效实施内部控制负责,并履行了指导和监督职责,能够保证财务报告的真实可靠和资产的安全、完整。

(2)声明已经遵循有关标准和程序对内部控制设计与运行的健全性、合理性和有效性进行了自我评估。

(3)对开展内部控制自我评估所涉及的范围和内容进行简要描述。

(4)声明通过内部控制自我评估,可以合理保证公司的内部控制不存在重大缺陷。

(5)如果在自我评估过程中发现内部控制存在重大缺陷,应披露有关的重大缺陷及其影响,并专项说明拟采取的改进措施。

(6)保证了已披露的内部控制重大缺陷之外,不存在其他重大缺陷。

(7)自资产负债表日至内部控制自我评估报告报出日之间,如果内部控制的设计与运行发生了重大变化,应说明重大变化情况及其影响。

(8)依法披露的内部控制自我评估报告,经董事会审议批准后方可公布。

(案例来源:商德福.COSO 内部控制框架在施工企业的应用研究[J].商业会计,2013(15),有改动)

二、ISO 31000风险管理过程在档案管理中的应用案例

风险管理过程由风险辨识、风险分析与评价、档案信息系统风险管理应对策略等环节组成。

（一）风险辨识

1. 归档电子文件面临的风险

（1）采集过程风险。随着国家《电子文件管理暂行办法》的实施与实践，对电子文件的统一管理、全程管理、安全保密等的重视程度日渐增高，应归档电子文件的归档率和完整性稳步提升。但是，由于电子文件本身的特点，在应归档电子文件归档的完整性、真实性方面，还存在一定的漏洞。对于产生过程无法严格控制的部分电子文件的真实性和原始性很难保障，无法完整采集文件的背景信息和元数据，因而不能实现应归尽归。

（2）保管风险。归档电子文件及其相关背景信息都存储于硬盘等磁性材料中，硬盘坏道、磁头损坏易造成档案信息不可读。强烈的震动、温度、湿度对存储器的寿命均有影响，存储设备的电源损坏、风扇损坏都可能导致其无法运行。当前，存储设备多采用RAID5冗余存储技术，在一组硬盘中，用一块硬盘作为校验盘，当这一组盘片中出现一块损坏时，坏盘更换后还可以进行数据恢复，但在大容量存储设备恢复过程中，有可能由于访问负担的加重造成其他盘片的损毁，从而导致存储设备损坏蔓延。随着计算机技术的发展，存储技术发展也日新月异，存储阵列、网络附加存储NAS、存储区域网SAN应用日益广泛，存储管理能力和容错能力不断提升，一旦存储系统崩溃，NAS、SAN造成的损失会比直接存取存储器更加难以恢复。

（3）载体风险。长期保存的归档电子文件一般采用磁盘、磁带等磁性载体或者光盘等进行保存。这些载体本身具有一定的寿命，其基材、涂层存在老化、发霉、变形、氧化、污染、划伤的风险，磁性载体还面临被磁化和消磁的风险。

（4）内容风险。计算机技术飞速发展，归档电子文件的内容格式必须随之不断的迁移升级，否则文件变为不可读，造成重大损失。而在迁移升级过程中，还应尽量保证电子文件的内容不受损失。

（5）利用风险。对于电子文件的利用普遍存在终端状态管控问题，主要表现为电子文件拷贝不受制约。针对移动硬盘、优盘等移动介质的管理尚欠严格，且跟踪管理不善，导致档案信息滥用的风险隐患。目前档案馆内网缺少“行为审计”设计，对工作人员的操作行为无法完全记录，因而可能出现档案信息未经授权被复制等情况。

2. 计算机系统构建面临的风险

（1）网络风险。当前档案信息管理系统大多构建于计算机网络平台基础之上，网络设计本身具有问题，导致病毒、木马泛滥，黑客攻击防不胜防。存在通过网络对档案信息数据库和档案正文服务器进行攻击的问题，导致对数据库的恶意访问和破坏，对档案正文的非法访问、复制和篡改。

（2）内部攻击。内部攻击分为两大类，即非授权用户的非法访问、合法用户的错误操作。非授权用户非法访问归档电子文件，恶意操作归档电子文件，故意删除、篡改、非法复制和传播归档电子文件等，是归档电子文件面临的最大风险。内部合法用户误操作，同样会对归档电子文件造成的损失，比如，误删除归档电子文件的操作等。

（3）系统升级。计算机技术飞速发展，硬件设备不断升级换代，归档电子文件的存储载体时刻面临系统升级换代带来的问题，在保存某种载体作为长期归档保存时，必须考虑保存

期访问环境。

(4) 硬件失效。归档电子文件的保存和利用必须依赖于特定的硬件和软件环境。硬件环境的失效，直接会导致归档电子文件的损失。如地质灾害（地震、海啸、风暴及洪水等）可对档案信息系统造成毁灭性危害；雷电可造成计算机设备原件被击穿损毁等。

（二）风险分析与评价

通过对上述风险进行具体分析，归纳为如下三类：

1. 可规避的风险

通过技术手段和预防措施，有些风险是可以有效规避。可以规避的风险主要有载体风险、内容风险、系统升级风险等。

2. 可降低危险程度的风险

通过规范管理程序，加强人员教育和管理，风险的危险程度可以降低，如采集过程风险、存储过程风险、利用风险、网络风险、内部攻击等。

3. 不可避免的风险

计算机设备使用时间延续，不可避免出现设备老化和设备故障，如硬件失效。

（三）档案信息系统风险管理应对策略

1. 完善法律法规体系

通过出台电子文件归档管理条例，细化电子档案管理程序，实现电子档案应归尽归，保证电子档案的保存、管理、利用有章可循，确保应归档电子文件不流失、不失真、不损毁、不泄密等。

2. 构建档案信息系统安全管理体系

严格按照机房建设规范的要求，做好防火、防水、防盗、防雷等工作。采取物理控制措施，监控对信息处理设备运行构成威胁的环境因素，防止因意外断电或供电干扰影响系统的正常运行。

保证档案信息系统相关设备更新实现良性循环，特别是存储器、服务器等关键设备升级更新制度化，从硬件角度保证档案信息系统的安全。

在系统构建过程中，通过网络物理隔离、防火墙、关键设备冗余、云计算等技术保证档案信息系统工作的可靠性。将同一网络划分为不同的逻辑安全域，根据安全级别定义实施有效的安全控制，如对每个域和整个网络进行物理或逻辑分区、实现网络内容过滤、逻辑访问控制、传输加密、网络监控、记录活动日志等。

软件系统设计实现归档采集。系统设计要具备良好的兼容性，系统构建保证实现应归尽归；能够从办公自动化系统采集其形成的应归档电子文件及其背景信息，保障档案信息不流失。在保管利用中，通过严格用户管理，防止非法访问；通过系统内部审计，及时发现问题，杜绝对归档电子文件的非法访问，并可对非授权访问者追究责任。严格最高权限用户的审查，控制对数据和系统的物理和逻辑访问，访问授权以“必须知道”和“最小授权”为原则。

严格档案信息分级与保护。保证档案信息不会被非授权人员访问，对档案信息的访问授权级别粒度细化到文件级。明确定义包括终端用户、系统开发人员、计算机操作人员、系统管理员和用户管理员等不同用户组的访问权限；制订最高权限系统账户的审批、验证和监控流程，并确保最高权限用户的操作日志被记录和监察。

加强日志管理和分析。日志划分为两大类：应用日志和系统日志。应用日志由应用软件和数据库管理系统产生，内容包括用户登录尝试、数据修改、错误信息等；系统日志由操作系统、数据库管理系统、防火墙、入侵检测系统和路由器等生成，内容包括管理登录尝试、系统事件、网络事件、错误信息等。系统日志保存期限按系统的风险等级确定，但不能少于一年。在系统日志中记录不成功的登录、重要系统文件的访问、对用户账户的修改等有关重要事项，手动或自动监控系统出现的任何异常事件，定期汇总监控情况，及时发现信息访问的风险和漏洞。

防范涉密信息在传输、处理、存储过程中出现泄露或被篡改的风险，并建立密码设备管理制度，以确保使用符合国家要求的加密技术和加密设备；管理、使用密码设备的员工经过专业培训和严格审查；加密强度满足信息机密性的要求；制订并落实有效的管理流程，尤其是密钥和证书生命周期管理流程。

通过脱机载体备份、手检档案全引目录导出技术等手段，保证档案信息的存储和利用环境的安全，在发生长时间断电等极端情况时保证档案利用服务全天候，保证在系统发生瘫痪时能够在最短时间内恢复和重建。

3. 健全管理制度

设立一个由管理层和主要业务部门组成的档案信息安全管理委员会，负责监督各项职责的落实、档案信息系统战略规划的执行、档案信息科技、档案信息系统风险管理的整体状况。确保进行独立有效的档案信息系统风险管理审计，对审计报告进行确认并落实整改。及时应对重大档案信息事故或突发事件，按相关预案快速响应。

（1）备份制度。严格备份制度，对档案系统文件和档案数据信息实现多载体差异备份和异地备份，保证档案信息的安全，保证在档案信息系统完全瘫痪甚至无法修复时可以迅速实现系统重建。

（2）信息迁移制度。通过建立严格的信息迁移制度和备份载体定期检查制度，保证档案信息系统的完整备份随时处于可读状态，保证信息系统重建的成功率达到100%。

（3）机房管理制度和计算机管理制度。严格机房管理制度，保证档案信息和数据不被非授权人员接触。技术人员定期检查可用的安全补丁，并检查补丁管理状态，通过规定系统更新和病毒库升级制度，保证档案信息系统不受病毒攻击的威胁。做好设备巡检和用火、用电、用水安全管理，防范机房火灾的发生。对机房中存储保密档案信息的数据服务器或放置网络设备等重要设备的区域，明确相应的职责，采取必要的预防、检测和恢复控制措施。确保所有终端用户设备的安全，并定期对所有设备进行安全检查，包括工作用台式个人计算机（PC）、用户检索用机、便携式计算机、触摸屏、个人数字助理（PDA）等。

（4）涉档案移动载体管理制度。通过加强涉及档案信息的移动载体的监控和审计，防止档案信息被滥用和超范围传播。

4. 对档案信息系统的安全状况定期评估常态化

建立档案信息系统项目实施前及实施后的评价机制，建立定期检查系统性能的程序和标准，建立档案信息服务投诉和事故处理的报告机制，建立内部审计、外部审计和监管发现问题的整改处理机制。定期评估新技术发展可能造成的影响和已使用软件面临的新威胁，定期进行运行环境下操作风险和管理控制的检查，定期进行计算机设备运维外包项目的风险状况评价等。

（案例来源：马爱华，李翠绵.ISO 31000标准在档案信息系统风险管理中的应用探讨.天津开发区档案馆）

本章小结

各种类型及规模的组织在生存和发展的过程中都会面临各种各样的风险，这些风险有可能影响到其目标的实现。组织风险管理有两个基本前提，一是为利益相关方带来价值，二是正确面对不确定性。不确定性来源于无法明确的潜在事件，这些事件发生的可能性不确定，结果也不确定。风险识别与评估为组织决策提供重要的参考依据。本章聚焦于风险识别及评估工具的应用实践，侧重于风险评估过程和技术，力求保证其可操作性和实用性。

ISO 31000：2018《风险管理指南》有其产生的背景及适用范围，风险管理由原则、框架、过程三部分组成，各组成部分的内容在循环中相互关联、相互作用。ISO 31010《风险管理　风险评估技术》作为 ISO 31000 的技术支撑，列举了各类风险评估技术的适用性及技术特征。通过 ISO 31000 风险管理过程与新版 COSO 风险管理 5 大要素、20 项原则的框架对照，发现两者既有相似之处又有所不同。风险管理过程与业务流程之间关系密切，应用中也要相互融合。

FMEA 分 DFMEA 和 PFMEA，通过范围定义、结构分析、功能分析、失效分析、风险分析和优化"六步法"实施。还对风险矩阵、故障树、人因可靠性分析各种方法的适用条件和应用程序进行了介绍。上述工具均为风险评估中常用的方法与工具。

此外，选择 COSO 和 ISO 31000 风险管理过程的实践应用案例，从风险管理实践出发说明理论的运用，使学习者举一反三，灵活运用上述工具。

思考题

1. 如何理解 ISO 31000 与 COSO 的异同？
2. 试述 FMEA 的目标及局限性。
3. 试述 PFMEA 制作前的准备要求及制作流程。
4. 试述风险矩阵应用时输入、输出的要点。
5. 试述故障树的编制流程要求。
6. 试述基于 HRA 的人的失误概率定量化计算过程。

第七章
质量设计方法与工具

学习要点

- ◆ 任务分解法的过程；
- ◆ 产品质量先期策划的五个阶段及各个阶段的输入与输出；
- ◆ 质量屋的构成与分析方法；
- ◆ 两水平全析因设计的效应估计与显著性检验方法；
- ◆ 稳健性设计的基本流程；
- ◆ 系统可靠性的计算方法；
- ◆ 可靠性分配的基本方法。

第一节　任务分解法

一、概述

任务分解法，又称工作分解结构（Work Breakdown Structure，WBS）。WBS 指以可交付成果为导向，对项目团队为实现项目目标并完成规定的可交付成果而执行的工作所进行的层次分解。WBS 详细描述项目的可交付成果和范围，即项目的具体内容，但不描述过程或进度计划，不去定义如何或何时生产可交付成果，而是专门局限于描述和细分项目成果和范围。

任务分解法能够将复杂任务分解为多个简单任务，可将项目分解为可管理的活动，可作为项目计划和跟踪的基础。

（一）任务分解法的作用

1. 便于有效地控制项目

WBS 根据可交付成果定义项目工作范围，并将可交付成果进一步分解为更详细的组成部分。WBS 还可定义项目生命周期，以及项目、项目集和项目组合分别对应的可交付成果。通过在 WBS 中细分到合适的层次，可以平衡管理层对项目控制的需要。

2. 便于利益相关者之间的沟通

WBS 便于在整个项目生命周期内项目经理和利益相关者之间的沟通，WBS 可用来交流与项目范围相关的信息。WBS 可作为信息交流的框架，包括进度、风险、绩效、依赖关系和预算等方面的信息。WBS以可交付成果来清晰、全面地定义项目范围，有利于被项目参与者和利害关系者理解。

3. 报告项目状况的基础框架

WBS为项目管理团队提供一个报告项目现状及进展情况的基础框架。

4. 清晰各项目工作之间的相互联系的结构设计工具

在与组织分解结构相关的、通过责任分配矩阵确定的WBS元素之间建立直接关系，有利于明确各个可交付成果的责任者，同时，WBS也作为其他项目管理过程及可交付成果的主要依据。

（二）任务分解法的意义

WBS详细描述项目范围，它被认为是其他项目管理过程及可交付成果的关键依据，如活动定义、项目进度网络图、项目和项目集成度计划、绩效报告、风险分析及应对等。另外，尽管WBS是这些项目管理过程及可交付成果的一项重要依据，WBS本身也不能取代它们中的任何一项。

内部项目的可交付成果可以作为其他项目阶段、其他个人，或项目发起组织中的其他组织的依据。外部项目一般主要是为组织外部的个人或组织，如客户或项目发起人，提供可交付成果。许多项目既产生内部也产生外部的可交付成果，无论对内还是对外的项目，任何情况下都应编制项目的工作分解结构。

建立WBS是项目起始阶段不可缺少的一步工作。一旦确定项目的基本范围，就可根据现有的有关项目范围的信息创建最初的WBS，随着对即将实施的项目的进一步分析，在明确或获得了更多的项目范围信息时，可通过正式的变更控制过程来更新WBS。

质量差的WBS会带来诸多问题，妨碍项目的进展，如项目定义不完善，导致项目持续拖延；范围不明确或不可控，范围变更频繁；工作分配不明确，目标或可交付成果定义模糊；费用超支；不能按计划期限交付，或进度延期；新产品或特性不适用；未能完成项目范围内全部元素的支付等。

（三）任务分解法的组织

WBS为把工作分配到适当的组织单位、分包商或个人提供基础。随着对工作和组织责任的进一步明确，责任被分配到个人，包括分包商，由他们负责在规定的预算和时间内完成具体的WBS元素。

（四）任务分解法的层次

WBS包括项目领导、利害关系者、内部与外部的所有项目关系者（如团队成员和分包商等）所要完成的全部工作内容。WBS清楚地说明实施项目工作将要实现的目标及完成的可交付成果。WBS的深度取决于项目的规模和复杂程度，以及项目计划和管理所需的细节层次。大多数工作分解结构都包括多个层次，对实施组织所要完成的整个项目范围进行描述。但具体的层次数应适当，以实现对具体项目的有效管理为目的。

（五）任务分解法的特点

100%原则是WBS的核心特点，它体现了WBS包括项目范围所定义的所有工作内容，以及所有可交付成果，包括内部的、外部的和中间要完成的，还包括项目管理。100%原则是指导WBS编制、分解和评价的最重要原则之一，适用于WBS的所有层次："子"层次上的所有工作总和应100%完全等于"母"层次上的工作。同时，WBS不应包括项目范围以外的任何工作，即不能超出100%的工作范围。100%原则也适用于活动层次。在每个工作包中，由活动表示的工作总和应100%等于完成此工作包所需要的所有工作。

（六）任务分解法的表示方式

WBS可以用多种表示方式，如图表、文本、表格形式。无论用何种方式，WBS均可帮助项目团队更准确地预测成本、进度、资源需求和分配。常用的两种表示方式为层次结构图、提纲或表格式结构。

（七）任务分解法的种类

1. 纲要性工作分解结构（SWBS）

SWBS是指导性的、战略性的工作分解结构。

2. 项目纲要性工作分解结构（PSWBS）

PSWBS是针对某一特定项目，对纲要性工作分解结构进行裁剪得到的工作分解结构。

3. 合同工作分解结构（CWBS）

CWBS是适用于特定合同或采购活动的完整的工作分解结构。CWBS概括了项目的任务，确定了这些任务与项目的组织机构、技术状态的关系，为项目性能、技术目标、进度和费用之间的联系，确定了逻辑上的约束框架。合同工作分解结构应与合同规定的层次相一致。合同应指出在合同的哪一级别上进行费用累计。承包商为控制其费用而用到的合同WBS的扩延级，应具有费用累计的追溯能力。

4. 组织分解结构（OBS）

OBS用于显示各个工作元素被分配到哪个组织单元。

5. 资源分解结构（RBS）

RBS是组织分解结构的一种变异，通常将工作元素分配到个人时使用。

6. 材料清单（BOM）

BOM表述了用于制造一个加工产品所需的实际部件、组件和构件的分级层次。

7. 项目分解结构（PBS）

PBS与WBS的概念基本相同。

二、任务分解法的分解原则

（一）任务分层原则

（1）大项目—项目—阶段—任务—（子任务）—工作单元（活动）。

（2）项目（范围）—阶段—子任务—工作单元。

（3）单位工程—分部—子分部—分项—检验批。

（二）最小时间原则（2周原则）

最小级别任务的工期最好控制在10～14个工作日，目的是在项目执行期内更好地检查和控制。这样可以把项目的问题暴露在两周之内或更短的时间，从而更细致地跟踪项目任务。

（三）责任到人原则

任务分解过程中，最小级别的任务最好能分配到某一具体的资源。如果一项任务的资源由若干个资源一起完成，那么建议该任务再次分解，否则一项任务出现问题，很难将责任定位到某一个人。

（四）风险分解原则

任务分解过程中，如果遇到风险较大的任务，为了更好地化解风险，应将任务再次细分，必须能更好、更早地暴露风险，为风险的解决和缓解提供帮助。

（五）逐步细分原则

高质量的任务分解需要花费时间，而在项目前期不可能考虑到后期很具体的任务，因此需要很精细地分解即将开始的任务，未来的任务可以分解得粗放一些，等到执行时再进行细化分解。

（六）团队合作原则

项目计划制订的主要负责人是项目经理，但这不应该是项目经理一个人的工作。项目经理在项目计划制订的过程中，尤其在任务分解、工期估计的关键过程中，一定要与项目成员一起进行，征得大家的同意和确认，避免在项目执行过程中产生任务分解方面的意见分歧。

三、任务分解的方法类型及过程

（一）任务分解的方法

1. 类比方法

以以往类似项目的 WBS 为基础，制订本任务的工作分解结构。

2. 自上而下的方法

从任务的目标开始，从上到下逐级对任务进行分解，不断增加级数，细化工作任务，直到参与者满意地认为项目工作已充分得到识别和定义。该方法对项目工期、成本和资源需求的估计比较准确。

3. 自下而上的方法

从详细的任务开始，将已识别和认可的工作包逐级归类到上一层，直到达到项目的目标。该方法存在的主要风险是易丢失项目目标，识别出的工作包不能满足目标需求。

4. 头脑风暴法

按项目的目标，组织成员进行充分的想象，并把想做的事用图形的方法逐级表示出来，然后再整理成树形的层次结构图或表格方式，这也是一种自下而上的方法。该方法存在的主要风险是思路容易发散，甚至有可能偏离项目目标。

（二）任务分解的过程

（1）得到范围说明书或工作说明书。

（2）召集有关人员，集体讨论所有主要项目工作，确定项目工作分解的方式。

（3）分解项目工作。如果有现成的模板，应该尽量利用。

（4）画出 WBS 的层次结构图。WBS 较高层次上的一些工作可以定义为子项目或子生命周期阶段。

（5）将主要项目可交付成果细分为更小的、易于管理的组分或工作包。工作包必须详细到可以对该工作包进行估算（成本和时间）、安排进度，做出预算、分配负责人员或组织单位。

（6）验证上述分解的正确性。如果发现较低层次的项没有必要，则修改组成成分。

（7）如果有必要，可以建立一个编号系统。

(8) 随着其他计划活动的进行,不断对 WBS 更新或修正,直到覆盖所有工作。

四、任务分解法与项目管理过程的结合

任务分解法在项目管理过程中能够发挥充分的作用,将 WBS 融入项目管理过程的各个阶段能够有效地改善管理效果。两者的结合见表 7-1。

表 7-1　任务分解法与项目管理过程的结合

过　程	WBS 在过程中的重要性
启　动	● 制订初步的项目范围说明书 ——过去的 WBS 元素有利于确定项目的范围和可行性
计　划	● 范围计划 ——范围计划过程中阐述了如何创立和定义 WBS ● 范围定义 ——WBS 进一步明确了整个项目范围 ● 活动定义 ——WBS 是该过程的输入信息依据,也是项目计划的主要组成部分 ● 费用估算 ——WBS 是该过程的输入信息依据 ● 费用预算 ——WBS 是该过程的输入信息依据 ——WBS 确定了费用分配对应的项目可交付成果 ● 人力资源计划 ——WBS 是该过程的输入信息依据,也是项目计划的主要组成部分 ● 风险识别 ——WBS 确定了必须对其进行风险事件评估的项目可交付成果 ● 风险应对计划 ——可以更新 WBS,以便纳入风险管理所需的工作及可交付成果 ● 采购和补给计划 ——WBS 是该过程的输入信息依据
执　行	● 信息发布 ——WBS 为制订交流计划及提高项目信息的发布力度提供基础 ——WBS 帮助确定向不同利害关系者交流项目的详细程度
监　控	● 范围核实 ——WBS 支撑对已完成可交付成果的正式验收过程 ● 范围控制 ——WBS 是该过程的输入信息依据,也是项目计划的主要组成部分 ——如果范围变更了,必须及时调整 WBS,以便后续变更能够基于一个更新的且各方同意的项目基准 ——WBS 有利于项目经理评估项目变更带来的影响 ● 成本控制 ——WBS 有利于确定在可交付成果层次中实施费用控制的最佳点

五、任务分解法展开项目示例

例 7-1　开设咖啡屋项目,现有资金 30 万元。用任务分解法展开项目。

展开开设咖啡屋项目的第一层作业，即地点选择、房屋装修、员工招募与培训、工商税务、开业，并逐级展开下层作业。任务分解结果如图 7-1 所示。

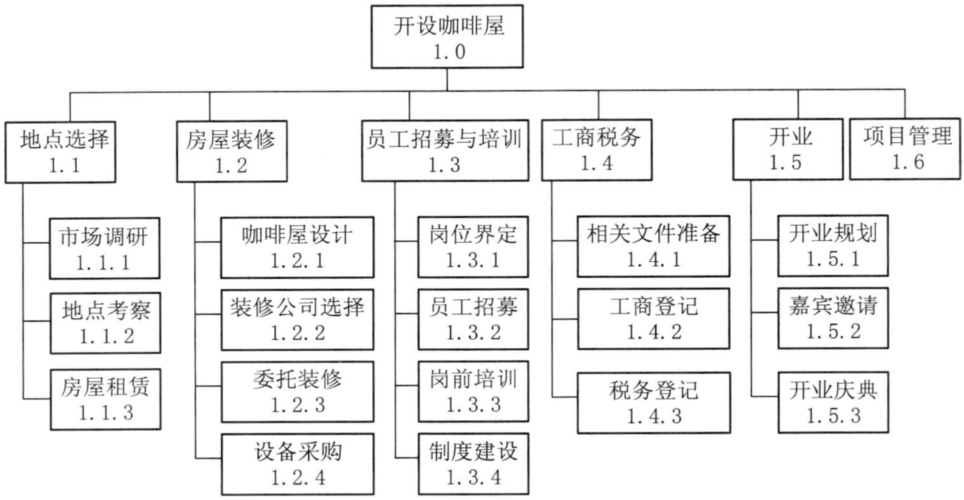

图 7-1　开设咖啡屋的任务分解图

例 7-2　地铁 1 号线施工工程项目的任务分解法，如图 7-2 所示。

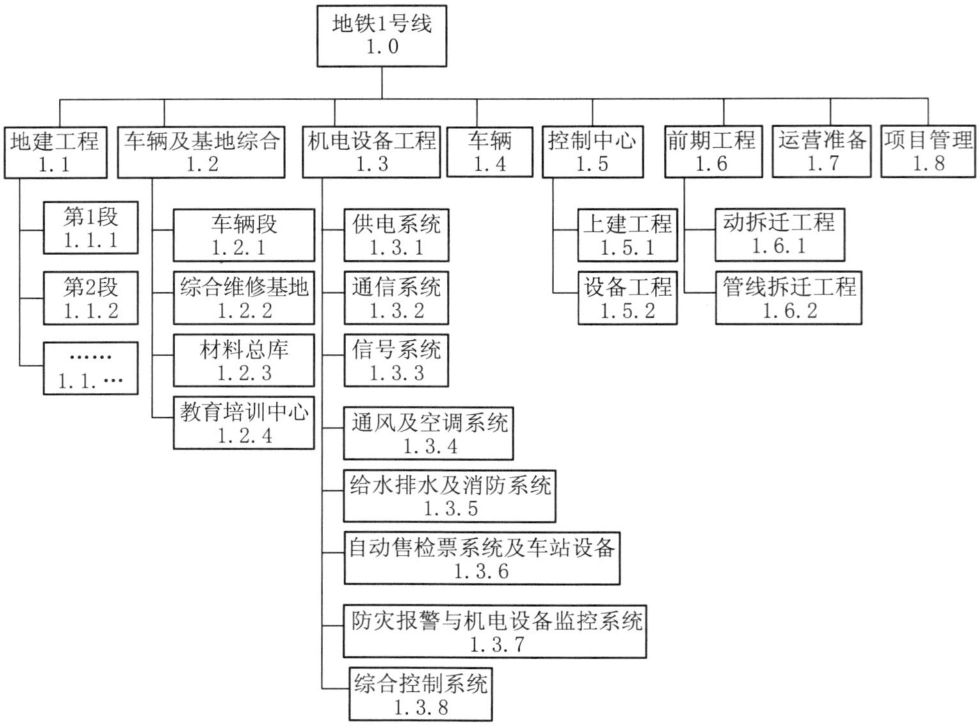

图 7-2　地铁 1 号线的任务分解图

例 7-3　生产一辆定制自行车的任务分解法，如图 7-3 所示。

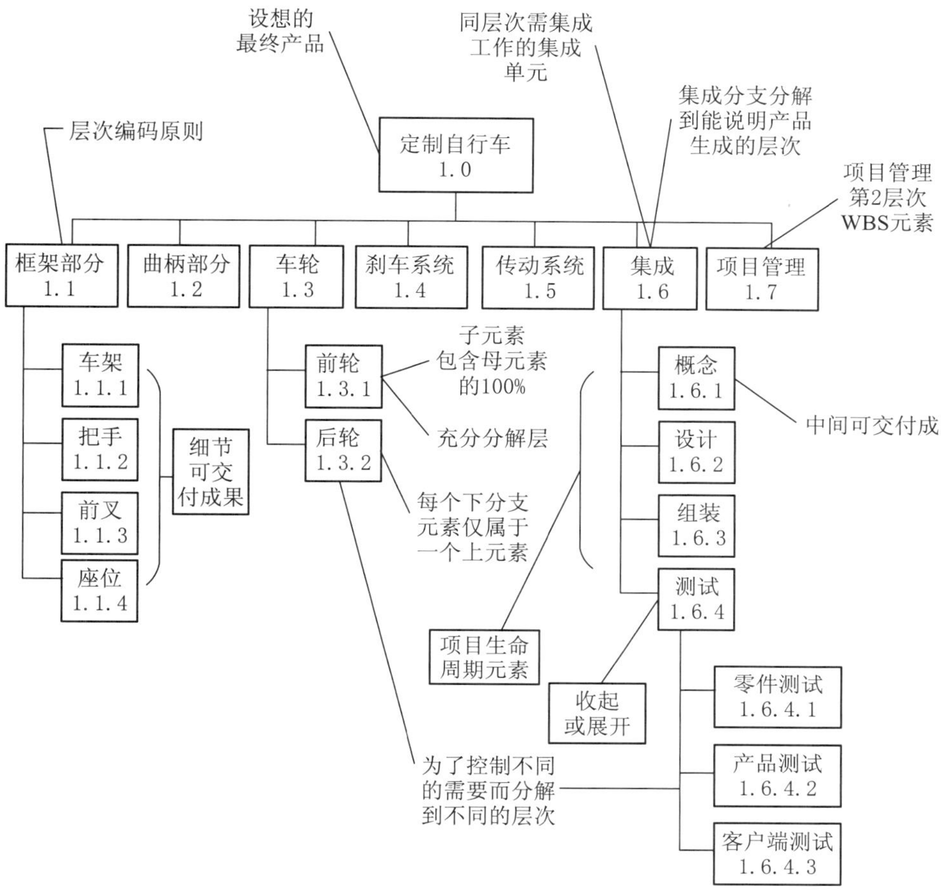

图 7-3　定制自行车生产的任务分解图

六、药物开发项目任务分解法实践案例

（一）背景说明

药物开发项目的任务是研制一种新化合物。如果一个开发项目包含一种以上的新化合物，那么对每种化合物都应该建立一个类似的 WBS 结构。WBS 第 2 层次的一些元素描述了属于不同技术特性的专业领域，并且发生在产品开发期不同阶段的可交付成果。这些元素的结构反映了企业的组织构成，如市场营销、管理部门、药物开发等。第 2 层次的其他元素是根据产品开发周期本身来划分的，即第一阶段临床计划，第二阶段临床计划等，这种划分反映了行业对整个开发项目的管理方式。该 WBS 并不体现可交付成果的完成顺序。在编制了项目的网络图和进度计划后，它们会反映生产可交付成果的活动的顺序，这些可交付成果既有按专业划分的元素，也有按产品生命期划分的元素。

值得注意的是，本 WBS 描述的是一个普通的产品，而不是一个开发某具体化合物的项目。因此，此 WBS 可作为“WBS 标准”，针对具体情况对其进行修订后可以应用在不同的开发项目上。有些元素是标准模块，可以根据具体项目的需要多次重复使用。例如，下文（二）中 1.7.3 项列出的组成元素可以重复应用于每一次的多种剂量安全性临床实验上。根据项目的具体情况，项目经理可以选用标准 WBS 的某些元素，而非全部元素。例如，如果项目的目标是开发一种现有产品的线性延伸产品，项目经理就不需再选用此WBS中与引导化合物识别相关的因素元素。在某些情况下，项目经理可能希望在WBS中说明地域性的组成元素，那么就需要对此WBS做适当的修改。当某些临床实验要在美国以外的其他国家进行时，可能就属于这种情况。类似地，如果某些可交付成果将由合作开发的不同组织完成，那么项目经理可能要在WBS中用不同的分支来分别表示每个组织的可交付成果。

并非第2层次的所有WBS元素都分解到相同的细分层次。这部分反映了有些需要提供更多细节，有些则不需要。在实践应用中，层次的细分程度也可反映所掌握的可交付成果的信息量。阶段三要实施的具体临床实验活动通常要在阶段二完成之后才能确定。因此，在编制WBS的初期，这部分可以用一个独立的高层次WBS元素"第三阶段临床实验计划"来描述，而第一阶段的实验就可以描述得很详细。建议项目经理在编制WBS时，要建立适当合理的细分层次，以便于对具体项目的管理。

（二）药物开发项目WBS

1. 新化合物开发项目的WBS

1.1 项目启动

1.1.1 商务计划开发决策

1.1.2 商务计划

1.1.3 项目启动决策

1.2 市场/销售支持

1.2.1 市场调研计划

1.2.2 品牌计划

1.2.3 定价计划

1.2.4 销售发展计划

1.2.5 其他市场/销售支持

1.3 管理性工作支持

1.3.1 提交IND

1.3.1.1 IND前的会议

1.3.1.2 IND准备

1.3.1.2.1 临床前工作包

1.3.1.2.2 临床工作包

1.3.1.2.3 临床药理学工作包

1.3.1.2.4 CM&C工作包

1.3.1.3 提交IND

1.3.2 第二阶段收尾会议

1.3.2.1 会议前工作包

1.3.2.2 阶段2收尾会议

1.3.3 提交BLA/NDA

1.3.3.1 BLA/NDA前会议

1.3.3.2 BLA/NDA准备

1.3.3.2.1　临床前工作包
1.3.3.2.2　临床工作包
1.3.3.2.3　临床药理学工作包
1.3.3.2.4　CM&C 工作包
1.3.3.3　提交 BLA/NDA
1.3.3.4　顾问委员会会议
1.3.3.5　食品及药物管理局的审核分析
1.3.3.6　批准前检查
1.3.3.7　批准
1.3.4　批准后管理性支持计划
1.3.4.1　年度报告
1.3.4.2　药物不良反应报告
1.3.4.3　售后义务管理
1.4　引导化合物识别计划
1.4.1　整理假设
1.4.2　试样筛选
1.4.3　引导化合物最优化
1.4.4　其他发现支持
1.5　临床药理学支持
1.5.1　药物动力学研究
1.5.2　药物反应研究
1.5.3　肾反应研究
1.5.4　肝反应研究
1.5.5　生物等价研究
1.5.6　其他临床药理学研究
1.6　临床前计划
1.6.1　毒性/ADME 分析
1.6.1.1　非 GLP 动物研究
1.6.1.2　生物分析实验
1.6.1.3　ADME 评估
1.6.1.4　剧烈毒物学研究
1.6.1.5　亚慢性毒物学研究
1.6.1.6　慢性毒物学研究
1.6.1.7　其他毒性物/ADME 分析
1.6.2　临床药理学
1.6.2.1　药物动力学研究
1.6.2.2　药物反应研究
1.6.2.3　肾反应研究
1.6.2.4　肝反应研究

1.6.2.5 生物等价研究
1.6.2.6 其他临床药理学研究
1.7 第一阶段临床研究计划
1.7.1 药物动力学研究
1.7.2 剂量标准研究
1.7.3 多种剂量安全性研究
1.7.3.1 登记前的前期工作
1.7.3.2 登记
1.7.3.3 治疗
1.7.3.4 跟踪
1.7.3.5 数据管理
1.7.3.6 数据分析
1.7.3.7 研究报告
1.8 第二阶段临床研究计划
1.8.1 多种剂量功效研究
1.8.2 其他临床研究
1.9 第二阶段临床研究计划
1.9.1 关键性的注册研究
1.9.2 其他临床研究
1.10 提交/实施阶段
1.10.1 实施前准备
1.10.2 实施
1.10.3 实施后分析
1.11 第四阶段商业化临床研究计划
1.11.1 调查人员发起的研究
1.11.2 注册研究
1.12 法律支持
1.12.1 出版物
1.12.2 专利/知识产权
1.12.3 商标
1.12.4 其他法律支持
1.13 项目组管理支持
1.13.1 项目组层次的项目管理
1.13.2 临床前的项目管理
1.13.3 临床项目管理
1.13.4 CM&C 项目管理
1.13.5 其他项目管理

第二节 产品质量先期策划

一、概述

（一）APQP 的定义

产品质量先期策划（Advanced Product Quality Planning，APQP）是全球通用的汽车行业质量管理体系标准 IATF 16949 中的五大工具之一。APQP 的内容包括如何对产品设计和开发进行控制，确保产品质量满足要求、提高效率和降低成本。

（二）APQP 的作用

APQP 方法是用以确保产品质量符合要求、增强顾客满意度的一种结构化方法。APQP 是一个典型的 PDCA 管理循环四个阶段的有序排列，贯穿于产品的整个生命周期。建立一套完整的适用于每个项目的设计开发体系将使公司产品开发充分满足顾客要求，从而提高企业利润。

（三）APQP 阶段划分

APQP 手册对 PDCA 循环进一步细化，将产品设计和开发过程分成以下五个阶段：

（1）计划和确定项目阶段——从产品概念提出到项目批准阶段。

（2）产品设计和开发阶段——从项目批准到样品完成阶段。

（3）过程设计和开发阶段——从样品完成到试生产阶段。

（4）产品和过程确认阶段——从试生产到正式量产阶段。

（5）反馈、评定和纠正措施阶段——从量产、交付到客户反馈阶段。

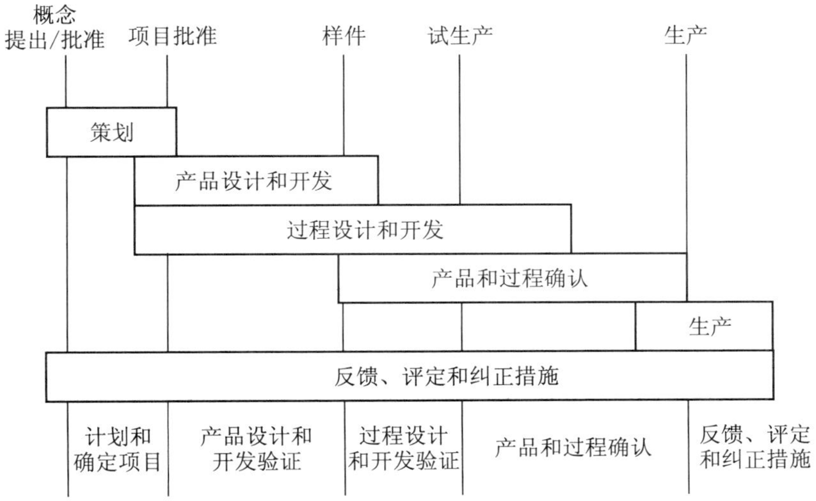

图 7-4 APQP 的各个阶段

五个阶段的关系如图 7-4 所示。各个阶段在实施时序上具有时间交叉，并不是一个过程完全结束才进行下一个过程，而是根据具体过程特点适时开展所需的活动。产品质量先期策划的目标就是促进所涉及人员之间的沟通，以确保所有要求的步骤能够按时完成。

二、计划和确定项目阶段

计划和确定项目是 APQP 的第一阶段，这一阶段的核心内容是了解顾客的需求和期望，以计划和决定要开发的项目，以及项目开发计划的阶段。

计划和确定项目模型如图 7-5 所示。

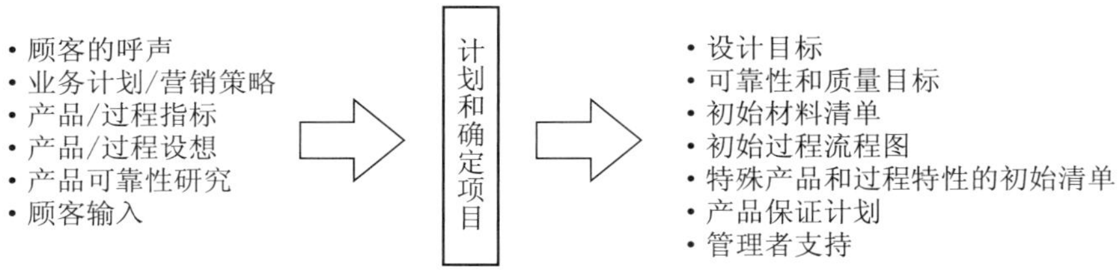

图 7-5　计划和确定项目模型

（一）计划和确定项目阶段的输入

1. 顾客的呼声

“顾客的呼声”包括来自内部和/或外部顾客的抱怨、建议、资料和信息。产品的开发离不开对“顾客的呼声”的研究，以下是收集“顾客的呼声”的一些典型方法：

（1）市场研究。产品质量策划小组可以通过以下所述的策划活动，获取反映顾客呼声的市场调研数据信息，识别顾客关注的事项、需求和期望，并将这些事项/需求转变为产品和过程特性。市场调研的主要方式包括：对顾客的采访；顾客问卷和调查；市场测试和定位分析；新产品的质量和可靠性研究；竞争产品的质量研究；顾客满意度调查报告。

（2）保修记录和质量信息。为了评定在产品的设计、制造、安装和使用过程中再发生不合格的可能性，应认真地整理分析顾客所关注的问题和需要，以从中识别改进、创新的机会。有助于小组识别顾客关注问题/需要，并选取出适当的解决方案的内容包括：成功实践的经验；失败实践的教训；工厂内部质量报告；保修报告；问题解决报告；顾客的退货和投诉记录；市场退回产品分析。

（3）小组经验。小组经验的来源包括：来自更高层体系或过去质量功能开发（QFD）项目的输入等；媒体的评论和分析，杂志和报纸报刊等；顾客的信件和建议；成功的实践；失败的教训；销售商的意见；售后市场服务报告；顾客代理商所做的内部评价；道路行驶经验；管理者的评价或指导；内部顾客提出的问题和建议；政府的法规要求；合同评审等。

2. 业务计划和营销策略

组织的业务计划和营销策略作为 APQP 的重要输入，为产品质量计划设立了框架。业务计划将限制性要求（如成本、投资、进度、产品定位、资源等）施加给 APQP 小组，从而为营销策略提供方向。营销策略将确定目标顾客、主要的卖点和主要的竞争者。

3. 产品/过程基准数据

基准数据可以为建立产品和过程能力目标提供依据。成功的基准确立方法如下：

(1) 识别合适的基准。

(2) 分析目前状况和基准产生差距的原因。

(3) 制订缩小差距、符合甚至超过基准的计划。

4. 产品/过程设想

设想产品的特性、设计和工艺,包括先进材料的应用、技术革新、可行性评估和新技术。所有这些设想都应作为计划和确定项目的输入,虽然这些设想不一定可以实现。

5. 产品可靠性研究

产品可靠性研究考虑产品在规定的时间内维修和更换的频率等可靠性要求。

6. 顾客输入

产品的后续顾客会提供与其需求和期望有关的有价值的信息。针对顾客输入,应制订专门的管理措施,确保开发出的产品满足顾客的需要。

(二) 计划和确定项目阶段的输出

1. 设计目标

设计目标就是将顾客的呼声转化为初步的可测量的设计目标。确定的正确的设计目标应能确保“顾客的呼声”不会在随后的设计活动中消失(见表 7-2)。

表 7-2 将顾客需求转化为设计目标实例

序号	顾客要求	设计目标(产品技术指标)	设计要求
1	外形尺寸小	外形尺寸:<400×120×330	采用××结构
2	速度变化小	速度变化范围:±3%	采用××电机
3	…	…	…

2. 可靠性和质量目标

可靠性目标是根据顾客需要和期望、项目目标及可靠性基准制定的。顾客需要和期望的例子可以是无安全问题和可维修性。有些可靠性基准可以是竞争者产品的可靠性、消费者的报告或在一定时间内修理的频率。总的可靠性目标可用概率和置信度表示。

质量目标是基于持续改进的目标,针对具体开发的产品,诸如百万零件不合格数 PPM、缺陷等级、一次合格率或废品降低率等。

3. 初始材料清单

在产品和过程设想的基础上,横向小组应制订一份初始材料清单和早期分承包方名单。为了识别初始特殊产品特性和特殊过程特性,有必要事先选定合适的设计和制造过程。

4. 初始过程流程图

基于初始材料清单、产品和过程设想,开发形成过程流程图以描述预期的制造过程,为工艺设计等奠定基础。

5. 产品和过程特殊特性的初始明细表

除了由供方根据产品和过程经验选择,特殊产品特性和特殊过程特性均由顾客确定。在这一阶段,横向小组应确保制定出通过对有关顾客需求和期望的输入的分析而得出的特殊产品和过程特性的初始明细表。

这一明细表的制订基于以下几方面:顾客需求和期望的产品设想;可靠性目标和要求的

确定；从预期的制造过程中确定的特殊过程特性；类似零件的失效模式及后果分析(FMEA)。

6. 产品保证计划

编制产品保证计划，将设计目标转化为设计要求，是产品质量计划的重要组成部分。顾客的需求和期望决定了产品质量策划小组对产品保证计划的努力程度。产品保证计划格式要求清晰易懂，可包括以下措施：概述项目要求；确定可靠性、耐久性、分配的目标和要求；材料、应用、新技术、复杂性、环境、包装、服务和制造要求或其他任何会给项目带来风险的因素的评定；进行失效模式分析(FMEA)；制订初始工程标准。

7. 管理者支持

每一阶段工作结束时，都应对这一阶段的工作进行总结评审。产品质量策划小组成功的关键之一就是管理者对工作的兴趣、承诺和支持。应将每一阶段的评审结果报告给管理者，以保持其兴趣，并进一步促进管理者的承诺和支持。在日常工作中，策划小组可以更加频繁地向管理者报告新情况并寻求其帮助，将领导关注的问题列入解决计划并最终解决，邀请管理者参加相关会议，尤其是总结评审会议。

三、产品设计和开发阶段

产品设计和开发阶段是 APQP 的第二阶段，本阶段需要完成全部产品图样和设计文件，并通过样件试制和试验，验证产品图样和设计文件的正确性、产品的适用性和可靠性、产品满足顾客要求的程度。为了评定制造过程中可能发生的潜在问题，这一阶段还要进行初始可行性分析。进行产品设计时，不仅要考虑产品性能、功能方面的要求，还要考虑质量、成本、进度、可靠性、生产节拍等多方面的要求。设计过程中，在适当阶段要进行设计评审。产品设计和开发阶段的模型，如图 7-6 所示。

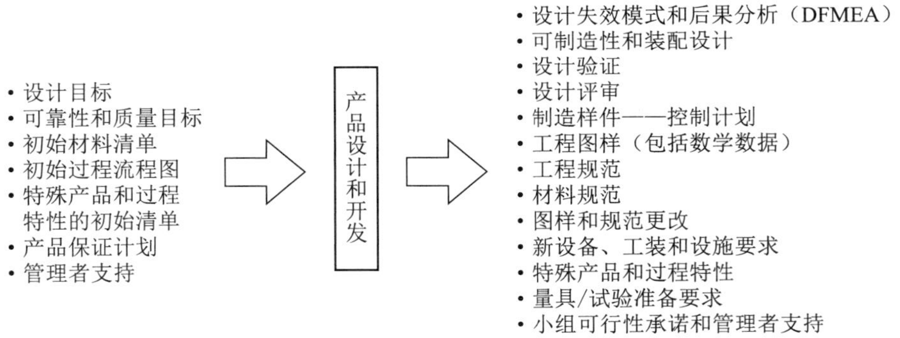

图 7-6　产品设计和开发阶段模型

（一）产品设计和开发阶段的输入

本阶段的输入与计划和确定项目阶段的输出相同。

（二）产品设计和开发阶段的输出

1. 设计失效模式和后果分析(DFMEA)

DFMEA 是一种评定设计失效可能性及其失效影响的规范严格的分析技术。DFMEA 可以用以保证对设计中各种潜在的失效模式进行充分考虑及指明其相关的起因/机理，在此基础上，可以在设计中采取必要的预防措施。

通过 DFMEA，可以对前面确定的初始产品及过程特殊特性进行评审分析，并根据分析的结论对初始产品及过程特殊特性进行补充、改变和删减。

2. 可制造性和装配设计

可制造性和装配设计是一种同步工程过程，用来优化设计功能、可制造性和易于装配之间的关系。

产品质量策划小组至少要考虑到以下所列的项目：设计对制造变差的敏感性；制造和/或装配过程；尺寸公差；性能要求；部件数；过程调整；材料搬运。

根据产品质量策划小组的知识、经验、产品/过程、政府法规和服务要求，可能会适当增加上述所列项目。

可制造性和装配设计的原则包括：尽量减少零件的种类和个数，多使用标准件；产品中相似的特征尽量统一尺寸；避免内部加工；避免使用单独的紧固件；尽可能采用成组设计方法；减少零件的处理次数。

3. 设计验证

设计验证是以适当的技术和方法来确定设计和开发输入所给出的规定要求是否已得到满足的质量工程活动，设计输入的核心内容是顾客要求，因此设计验证的关键之处在于确定产品设计是否满足顾客要求。

4. 设计评审

设计评审是由组织的设计部门主导，同时包括其他被影响的部门的定期召开的会议。设计评审不但可以有效防止问题和误解，而且提供了监视设计进展及向管理者报告的机制。

设计评审不仅是工程检验，而且是一系列的查证活动。评审包括以下内容：设计/功能要求；安全性、可靠性、可维修性要求；部件/子系统/系统工作循环；计算机仿真和试验结果；设计失效模式及后果分析（DFMEA）；可制造和可装配设计的评审；实验设计（DOE）和装配产生的变差；试验失效情况；设计验证进展。

设计评审的主要功能是跟踪设计验证进展，组织可通过使用计划和报告格式执行。与设计验证类似，设计评审的方法也应根据具体产品等具体情况，采取适合的方法。

设计评审、验证、确认三者之间有关联，甚至有重叠，但其目的、对象、时机和方法之间均有区别。设计评审、设计验证、设计确认的关系见表 7-3。

表 7-3　设计评审、设计验证、设计确认的区别

项目	设计评审	设计验证	设计确认
目的	评价设计结果满足要求的能力	证实设计输出满足输入的要求	证实产品满足特定的预期用途或应用已得到满足
对象	阶段的设计结果	设计输出文件、图样、样品等	通常是向顾客提供的产品
时机	在设计适当阶段	形成设计输出时	只要可行，应在产品交付或产品和服务实施之前
方式	会议/传阅	试验、计算、对比、文件发布前的评审	试用、模拟、顾客批准

5. 样件制造——控制计划

样件控制计划是对样件制造过程中的尺寸测量和材料与功能试验的描述，由产品质量策划小组制订。控制计划检查清单和控制计划表格可以辅助制订样件控制计划。

样件制造完成后需适时进行评审，评审内容一般包括以下几个方面：产品和服务是否符合所要求的规范和报告数据；产品和特殊过程属性是否被识别与控制；是否使用数据和经验制定了初始过程参数和包装要求；是否就所有关注的问题、变差和成本对顾客的影响与顾客进行了沟通。

6. 工程图样

工程图样（包括数学数据）包括应在控制计划上出现的特性（政府法规和安全性）。如没有顾客工程图样，应由策划小组评审控制图样以决定哪些特性影响配合、功能、持久性和/或政府法规中的安全要求。

应对工程图样进行评审以确定是否具有充分的零件尺寸数据。工程图样应对控制或基准平面/定位面做出清楚的标识，以便为现行的控制过程设计适当的功能量具和装备。应评价尺寸以验证其与工程制造和测量标准的可行性和兼容性。为进行有效的双向交流，适当时，策划小组应保证数学数据和顾客的系统兼容。

7. 工程规范

工程规范的内容包括技术要求（含外观、结构、功能、可靠性和耐久性等要求）、试验方法、检验规则、标志、包装、运输和贮存等。工程规范发布前要得到评审与批准，对工程规范详细的评审和理解有助于策划小组识别有关部件或总成功能、耐久性和外观的要求。一般在工程规范的检验规则中要对样本容量、抽样频率和这些参数的接受标准做出规定。如果这类规定不明确，则必须在控制计划中明确下来。

8. 材料规范

除产品图样和性能规范外，对于材料规范中涉及物理特性、性能、环境、搬运和贮存要求的特性也要进行识别并重点控制。对这些特殊性质的控制应体现在控制计划中。材料规范发布前，要得到评审与批准。例如，油墨的材料规范见表 7-4。

表 7-4　油墨规范

序　号	要求项目	技术要求
1	颜　色	与标准相同，符合订单要求
2	着色力	(90～110)%
3	细　度	≤30U
4	流动度	$\varphi = 33 \pm 5$mm
5	粘　度	(5～9)s(4＃)杯
6	水洗性	用水冲洗后允许只留痕迹
7	复溶性	印后 10 小时印件滴水不溶颜色

9. 图样和规范的更改

当需要更改图样和规范时，应保证所有的更改能及时传递到所有受影响的区域，并以适当的书面形式告知相关部门。

10. 新设备、工装和设施要求

提出项目开发所需的新设备、设施和工装，编制其采购、设计制造计划，保证在样件或试生产前到位。可用“新设备、工装和试验设备检查表”检查新设备、工装的准备情况。

11. 特殊产品特性和过程特性

在计划和确定项目阶段，产品质量策划小组已初步识别了初始产品/过程特殊特性。此时，小组应在初始产品/过程特殊特性清单的基础上，最终确定产品和过程的特殊特性，并编制“产品和过程的特殊特性清单”。最后，这些特殊特性需在控制计划中有所体现。

12. 量具和试验设备要求

在产品设计开发阶段，策划小组应确定对量具和试验设备的要求，并将这些要求增加到进度图表中，随后进行进展检测，以保证所要求的进度得到充分满足。

13. 小组可行性承诺和管理者支持

产品质量策划小组应对设计的可行性进行评审以确定其能否按照顾客要求进行量产。与此同时，若产品设计由顾客自行完成，小组也需对顾客的设计进行可行性评审。小组必须确保设计的产品能以顾客接受范围内的成本进行制造、装配、试验、包装，并保证能保质保量准时交货。

可用“设计信息检查表”对设计进行有效性评价，该表也可作为“小组可行性承诺”未决议题的基础。小组可将针对设计提出的具有可行性的一致性意见和所有需要解决的问题形成文件，并提交给管理者，以获得管理者的支持。

四、过程设计和开发阶段

过程设计和开发阶段是 APQP 的第三阶段，当第一阶段与第二阶段被圆满完成后，即应该开始发展制造系统和试生产质量控制计划，使其产品能达到设计要求。这一阶段的任务是开发一个有效的制造系统，并保证这个制造系统满足顾客的要求、需要和期望。图 7-7 为过程设计和开发阶段的模型。

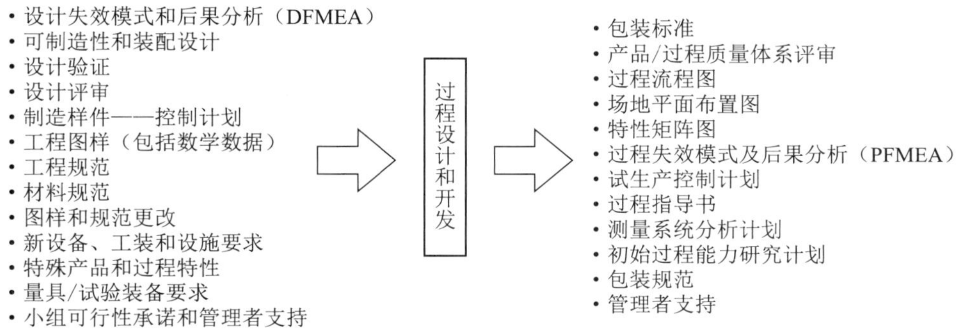

图 7-7　过程设计和开发阶段模型

（一）过程设计和开发阶段的输入

本阶段的输入为产品设计和开发阶段的输出。

（二）过程设计和开发阶段的输出

1. 包装标准

顾客通常会提供包装标准，并在产品包装规范中有所体现。若顾客没有提供包装标准，产品质量策划小组则应制订自己的包装标准及其配套的包装规范，以保证产品在使用时的完整性。

2. 产品/过程质量体系评审

产品质量策划小组可以运用“产品/过程质量检查表”对现场质量管理系统进行检查，找出存在的问题后进行改进，并落实到相关的文件与控制计划之中。

对现场质量管理系统进行的检查为下一步的工作指明了方向，有助于保证过程设计和开发的完整性和有效性。

3. 过程流程图

过程流程图系统地描述了从进货、生产到出厂的整个生产过程，可用于分析整个制造、装配过程从开始到结束的机器、材料、方法和人员变化的原因，强调过程变化原因的影响。过程流程图有利于对总过程进行分析，而非对过程中的单个步骤孤立地进行分析。过程流程图是进行 PFMEA 和制作控制计划的基础。

4. 场地平面布置图

为了确定监测点的可接受性、控制图的位置、目视辅具的应用、中间维修站和缺陷材料的储存区，应制订并评审场地平面布置。编制场地平面布置图，要保证现场的布置符合工艺流程，要保证物料流程与过程流程图及控制计划相协调。

5. 特性矩阵图

特性矩阵图是描述产品特性与工序过程的对应关系的分析技术。制造关系越多，特性控制越重要。特性矩阵图可以清楚地描述制造过程中每个工位的作用和性能，因此有利于过程检测和控制。

6. 过程失效模式及后果分析

过程失效模式及后果分析（PFMEA）的开发应在开始生产之前，用以保证已充分地考虑和指明制造和装配过程中各种潜在的失效模式及其相关的起因/机理。PFMEA 是对新的/修改的过程的一种规范化评审与分析，用于预防、解决或监控潜在的过程问题。PFMEA 是一个动态文件，随后的新变化、顾客要求的改变、纠正措施等，都将会导致其更新。

7. 试生产控制计划

试生产控制计划是在样件试制后、批量生产前、进行小批量试生产时，对试生产中的尺寸测量、材料、功能试验进行描述。试生产控制计划的目的是遏制初期生产过程中或之前的潜在不合格。

8. 过程指导书

编制足够详细的可理解的过程指导书给所有对过程操作负有直接责任的现场操作人员，为其工作提供指导。制订过程指导书依据的资料包括：关于过程操作者的能力资料；场地平面布置图；过程流程图；特性矩阵图；失效模式及后果分析（FMEA）；控制计划；工程图样、性能规范、材料规范、目视标准和工业标准；包装标准；过程参数；生产者对过程和产品的专业技能和知识；搬运要求。

产品质量策划小组应公布标准操作程序的过程指导书，内容包括机器的进给量、速度、循环时间等被设置的参数，应使操作人员和管理人员易于看到这些说明。

9. 测量系统分析计划

产品质量策划小组应确保制订测量系统分析计划，确定要分析的测量系统、责任人、分析内容(线性、偏倚、稳定性、重复性和再现性等)和完成日期,见表 7-5。

表 7-5　测量系统分析计划实例

序号	量具名称	量具编号	使用车间/工序	MSA 内容及方法	分析时间段	测量人	分析人	备注
1	数显卡尺	J811	冲压车间检验工序(工序号:90)	分析稳定性;分析重复性和再现性(均值和极差法)	2024/7/1～2024/7/9	张三 钱五	李四	
2	…	…	…	…	…	…	…	…

10. 初始过程能力研究计划

初始过程能力研究计划以控制计划中被标识的特性为基础,以统计过程控制方法为实施初始过程能力计划的技术基础。编制初始过程能力计划需要确定要研究的过程和质量特性、过程能力的计算方法、测量工具、样本大小、抽样方式、责任人和分析日期等。

11. 包装规范

产品质量策划小组也应对单件产品包装(包括内部的分隔部分)进行设计与开发。适当时可使用顾客的包装标准或一般包装规范。包装设计时,有一点很重要的要求是应保证产品性能和特性在包装、搬运和开包的过程中保持不变。与此同时,包装应与所有的材料搬运装置相协调。

12. 管理者支持

产品质量策划小组应在过程设计和开发阶段结束时安排正式的评审,对该阶段的工作进行总结。评审时应有管理者参加并批准评审结论。策划小组应随时向公司领导汇报项目的进展情况,以获得其支持并使其协助解决相关的未决议题。

五、产品和过程确认阶段

产品和过程确认的阶段是通过小批量试生产对制造过程进行确认的工作阶段。本阶段的任务是验证试生产运行中是否遵循了控制计划和过程流程图,产品是否满足顾客的要求,以及在正式生产运行之前对有关问题进行调查与解决。

产品和过程确认阶段的过程模型图如图 7-8 所示。

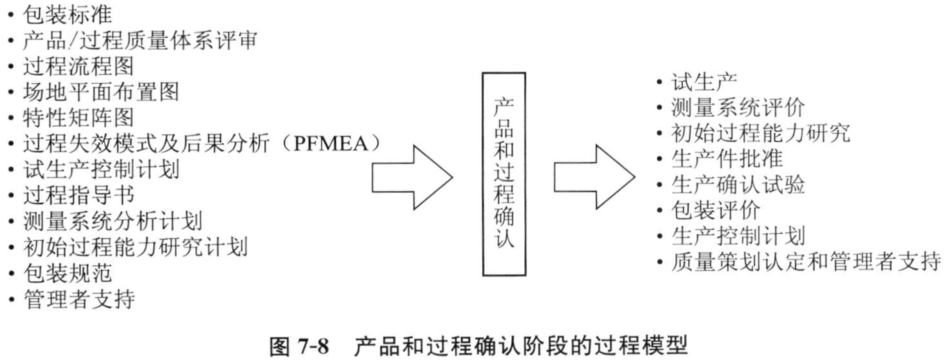

图 7-8　产品和过程确认阶段的过程模型

（一）产品和过程确认阶段的输入

本阶段的输入为过程设计和开发阶段的输出。

（二）产品和过程确认阶段的输出

1. 试生产

为验证制造过程的有效性，会采用正式生产工装、设备、环境、设施和节拍来进行试生产。试生产的数量通常由顾客决定，但可以超出这个数量。试生产的输出（产品）可以用来进行如下工作：初始过程能力研究；测量系统分析；生产节拍证实；过程审核；生产确认试验；生产件批准；包装评价；首次生产能力（First Time Capability，FTC）认定；质量策划认定；准备生产件样品；准备标准样品。

2. 测量系统分析

在试生产中或之前，应依据技术规范，使用规定的测量设备和方法对控制计划中已识别的特性进行检查，并对测量系统进行分析。

3. 初始过程能力研究

应按照初始过程能力研究计划，对与控制计划中被标识的特性有关的过程进行初始过程能力研究，以评价生产过程是否已准备就绪。初始过程研究的接受准则见表 7-6。

表 7-6　初始过程研究的接受准则

研究结果	判　定　说　明
指数值＞1.67	该过程目前能够满足要求
1.33≤指数值≤1.67	该过程目前可被接受，但是可能会要求进行一些改进。此时需要与顾客联系，对研究结果进行评价
指数值＜1.33	该过程目前不能接受。此时需要与顾客联系，对研究结果进行评价

4. 生产件批准（PPAP）

PPAP 的目的是验证由正式生产状态下的设备、工装、过程、生产节拍所制造出的产品能否符合顾客所要求的技术标准、供货能力，能否持续地满足这些要求。

5. 生产确认试验

生产确认试验是一种对试生产产品按照产品标准（产品标准由顾客提供或组织自己制订）规定的要求进行确认的工程试验（型式试验），以确认产品是否满足产品标准的要求。确认试验的内容至少包括：外观检验、全尺寸检验、性能（功能）试验、可靠性试验等。

6. 包装评价

包装评价可采用试装运和试验等方法进行。进行包装评价的目的是使产品在正常运输情况下免受运输损伤、在不利环境下受到保护。

7. 生产控制计划

生产控制计划在小批量试制鉴定确认后、批量生产前，根据试生产的实际情况和生产经验对试生产控制计划进行修订和扩展后形成的，是对零件和过程控制体系的书面描述，为批量生产中产品和过程的特性、过程控制、测试和测量系统的控制提供指导。

8. 质量策划认定和管理者支持

在整个产品质量策划已全面完成时，产品质量策划小组包括管理人员应对整个产品质量先期策划各个阶段的工作进行全面总结和正式认定，在首次产品装运之前需对以下项目进行评审：控制计划；过程指导书；量具和试验装备。

产品质量策划总结和认定需要有管理者参加，使项目状况能被通知到高层管理者，以取得他们的支持以及在未决议题上的帮助。产品质量策划总结和认定报告至少包括如下内容：初始过程能力研究结果及其是否符合要求；控制计划的批准状况；初始生产样品特性，包括尺寸、外观、性能等；量具和试验装置及测量系统分析；过程监测，包括过程表单、作业指导书等；包装/发运，包括包装标准、装运试验等；认定责任人员。

完成上述工作后，就可进行正式的批量生产。

六、反馈、评定和纠正措施阶段

反馈、评定和纠正措施阶段的任务是根据生产过程、产品使用、交付服务中得到的信息反馈，改进产品质量策划中的不足，提高顾客满意度。

反馈、评定和纠正措施阶段的过程模型图如图 7-9 所示。

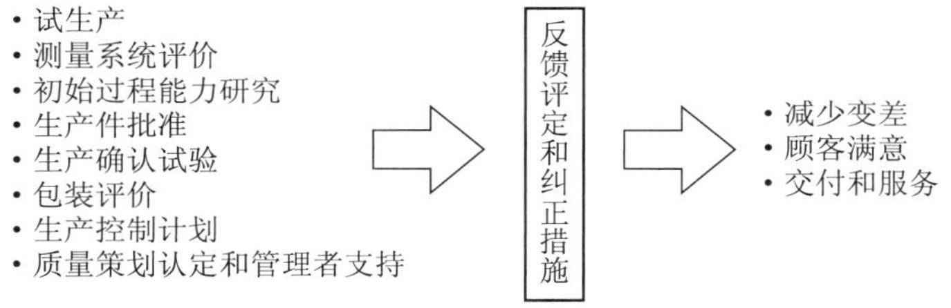

图 7-9　反馈、评定和纠正措施阶段的过程模型

（一）反馈、评定和纠正措施阶段的输入

本阶段的输入为产品和过程确认阶段的输出。

（二）反馈、评定和纠正措施阶段的输出

1. 减少变差

在生产前，应运用控制图等统计工具识别过程变差，并由相关部门对产生变差的原因进行分析后采取措施减少变差，以持续改进和提高产品质量和过程能力。持续改进不仅需要关注产生变差的特殊原因，还需了解产生变差的普通原因并寻找减少这些变差来源的途径，减少或消除普通原因可减低成本。供顾客评价的项目包括价格、时间进度和预期的改善。

2. 顾客满意

应经常与顾客进行沟通，根据顾客的意见对 APQP 的有效性进行评估，并做出必要的改进以提升顾客的满意度。

3. 交付和服务

在交付和服务阶段，应与顾客继续进行合作以解决问题并作持续改进。给顾客提供维

修件、备件等服务时，同样要考虑其质量、价格和交付。如果第一次就不能纠正问题，常会损害供方的信誉及其与顾客的合作关系。供方倾听顾客呼声是很重要的。

在这一阶段所获得的经验为顾客和供方提供了所需的知识，可以用以减少过程、库存和质量成本从而降低价格，并为顾客开发的下一个产品提供合理的零件。

第三节　质量功能展开

一、概述

（一）质量功能展开的定义

质量功能展开(Quality Function Deployment，QFD)指一种把顾客或市场的要求转化为设计要求、生产制造要求、试验检验要求、售后服务要求等的多层次质量演绎分析方法。

（二）质量功能展开的起源与发展

QFD起源于20世纪60年代的日本，目前已在全球几十个国家得到了广泛应用，并取得了显著的效果。而对QFD的应用也已正式纳入AIAG制定的QS 9000标准的要求中。运用QFD方法可以在产品开发过程中最大限度地满足顾客需求。目前，QFD已经不只运用于最初的生产领域，在非生产领域，如服务业、软件业、医疗卫生等都被广泛应用。本节将对QFD进行详细的介绍，以使读者对QFD的方法和要求有所了解，减少读者进行QFD时的盲目性和复杂性。

质量功能展开的方法是利用矩阵将各项经济技术指标对产品质量的影响进行量化分析，从而把顾客或市场的要求转化为产品质量特性要求、零部件特性要求、工艺要求、生产要求的多层次演绎分析方法。

不同于传统的设计流程集中于过程技术性能而较少关注顾客需求，QFD以满足顾客需求为基础，关注产品形成的各个环节。它体现了以市场为导向，以顾客要求为产品开发唯一依据的指导思想。QFD所说的顾客是广义的顾客，下道工序是上道工序的顾客，形成由工序到最终用户的顾客链。最终顾客的需要可以逐层分解到产品系统、子系统、部件、零件和每一道工序。通过科学的加权评价方法，可以识别确定影响质量的关键因素，从而为质量设计提出目标和方向。

（三）质量功能展开的内容

QFD的主要内容包括：确定目标顾客；调查顾客要求，确定顾客各项要求的重要性；根据顾客的要求，确定最终产品应具备的特性；分析产品的每一特性与满足顾客各项需求之间的关联程度；评估产品的市场竞争力，据此了解产品在市场的优势、劣势及需要改进的地方，并请顾客就本公司产品及竞争对手产品对其要求的满足程度做出评价，确定各产品特性的改进方向；选定需要改进的产品特性，并确定其目标值。

二、质量功能展开的四个阶段

日本学者赤尾洋二最初发表的质量展开表中，针对狭义的质量归纳了 17 步工作步骤，被美国引进后简化为四个阶段。四阶段模式是 ASI（American Supplier Institute）提倡的四阶段展开方法，它以顾客需求为起点，经过四个阶段即四步展开，用四个矩阵，得出产品的工艺和生产（质量）控制参数。四阶段模式如图 7-10 所示。

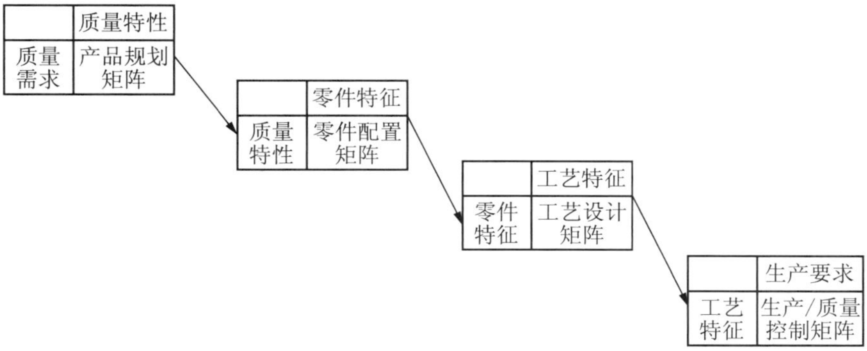

图 7-10　QFD 的四个阶段

（一）产品规划阶段

通过产品规划矩阵（质量屋）将顾客需求转化为质量特性（产品特征或工程措施），并根据顾客竞争性评估（从顾客的角度对市场上同类商品进行的评估，从市场调查中获得）和技术竞争性评估（从技术的角度对市场上同类产品的评估，以试验或其他方法获得）结果确定各个质量特性（产品特征或工程措施）的目标值。

（二）零件配置阶段

利用前一阶段定义的质量特性（产品特征或工程措施），从多个设计方案中选择一个最佳的方案，并通过零件配置矩阵将其转换为关键的零件特征。

（三）工艺设计阶段

通过工艺设计矩阵，确定要实现关键的质量特性（产品特征）和零件特征所必须保证的关键工艺参数。

（四）生产控制阶段

通过生产控制矩阵将关键的零件特征和工艺参数转换为具体的生产（质量）控制方法或标准。

必须注意，并不是第一阶段展开的所有设计要求都必须被展开为零部件特性，只有那些重要度高的（高风险，新、难或非常重要的）设计要求才需要被进一步展开。不应把时间浪费在容易实现的设计要求上。

对于零部件特性，应进行重要度计算和竞争力评估，以确定关键的零部件。对于关键的零部件，要做两方面的工作。一方面，开展 FMEA、FTA、RFTA 等分析，采用田口方法和其他各种方法进行设计优化，确定元器件优选目录，进行价值分析/价值工程及成本分析等，以优化零部件设计方案，减少质量波动，增强可靠性。

另一方面，对于每项关键的零部件，应准备下列工序设计图表：工序清单、每道工序与每个关键零件特性之间的关系矩阵，即工艺规划阶段质量屋，以及工序控制参数的清单。

值得注意的是，QFD 的四个阶段在时间上并不与硬件的设计生产阶段相对应，按照并行工程的原理，实际上 QFD 的四个阶段都是在产品设计阶段完成的，也就是优化的设计、工艺、制造方案是同步产生的，从而保证了产品研制全过程的协调和总体的优化。此外，随着产品研制过程的深入，质量功能展开所形成的质量屋(矩阵图表)的内容在不断更新、补充和完善，不是一成不变的。

三、顾客需求分析

顾客需求分析是 QFD 的关键环节，必须给予充分的重视。对象商品无论是既存改良型还是全新开发型，都必须充分地把握市场顾客要求。将顾客提供的商品的信息(要求)，以文字形式进行的表述称为原始数据。而属性数据是指提出原始数据的顾客的特征(如年龄、性别等)。对既存改良型产品，原始数据和属性数据是通过实施询问调查、面谈调查或收集来自顾客的投诉信息而得到的。对全新开发型产品，直接从顾客处获得需求较为困难，因此必须建立市场需求的数据库进行解析，或利用市场营销领域中的方法，来把握市场潜在的需要。

企业主要从以下几方面入手全面搜集顾客的信息：通过调查表、顾客代表座谈会等形式了解和归纳顾客对未来产品的需求；进行同类产品质量追踪和售后服务信息分析，了解现有产品中令顾客满意及抱怨的质量特性，将其以顾客需求的形式进行表述；将有关的政策法规等纳入顾客需求或作为产品开发的约束条件；分析公司战略和测量在产品开发中的贯彻方式，提炼出必要的顾客需求；通过媒体及专业杂志等手段收集信息并分析处理，从全局上把握产品发展方向。结合 QFD 小组的头脑风暴会议，对上述方式得出的顾客需求进行筛选和补充。

进行市场调研时，应对目标顾客群进行区分。为更好地了解顾客对产品的需求，可以设计和采用相应的表格，覆盖目标顾客的范围展开调查。一般而言，在设计调查表时，通过更好地融合产品的实际使用情景，了解顾客的使用方式及要求，经整理后提炼出顾客需求，会取得很好的效果。利用现代的摄影、摄像技术拍摄顾客对产品的使用场景，进行细致的分析，也是一种有效的调研方式。

搜集到原始的顾客需求后，应对其加以规范，并进行确认和分级，通过调查分析，确定各顾客需求的重要度。

对顾客需求的表述有一定要求，主要包括以下内容：用语简洁，无歧义；一项顾客需求只表达一个特定的意思；不把对应的工程技术解决方案纳入顾客需求；便于工程人员理解；同一级别的顾客需求彼此独立，内容无覆盖及交叉。

“顾客的声音”提供了原始的顾客需求，应按上述原则进行整理。按前三项原则对“顾客的声音”进行分解、归并、筛选。为便于工作人员理解，应对用语进行规范化处理，使工程人员可以据此提出相应的解决方案。

为了建立顾客需求间的层次关系，亲和图法是一个形象有效的手段。

在需求质量展开表的基础上，可以进一步对新产品在市场上的定位进行策划。方法是通过进一步征询意见，调查研究，与竞争对手的产品进行水平比较，策划新产品对于每一项顾客需求的满足程度，并分析原产品、新产品及竞争对手产品的市场竞争能力，进行竞争能力分析。

四、质量屋结构与分析

（一）质量屋结构

企业为适应市场竞争，必须以顾客需求为导向开发产品。QFD 的基本原理就是用“质量屋”(Quality of House，QOH)的形式，量化分析顾客需求与工程措施间的相关度，经数据分析处理后找出对满足顾客需求贡献最大的过程措施，即关键措施，从而指导设计人员抓住主要矛盾，开展稳定性优化设计，开发出满足顾客需要的产品。

质量屋(如图 7-11 所示)本质上是一种直观的矩阵框架表达形式，它提供了在产品开发中具体实现这种需求转换的工具。质量屋将顾客需求转换成产品和零部件特征并配置到制造过程中，是 QFD 方法的工具。

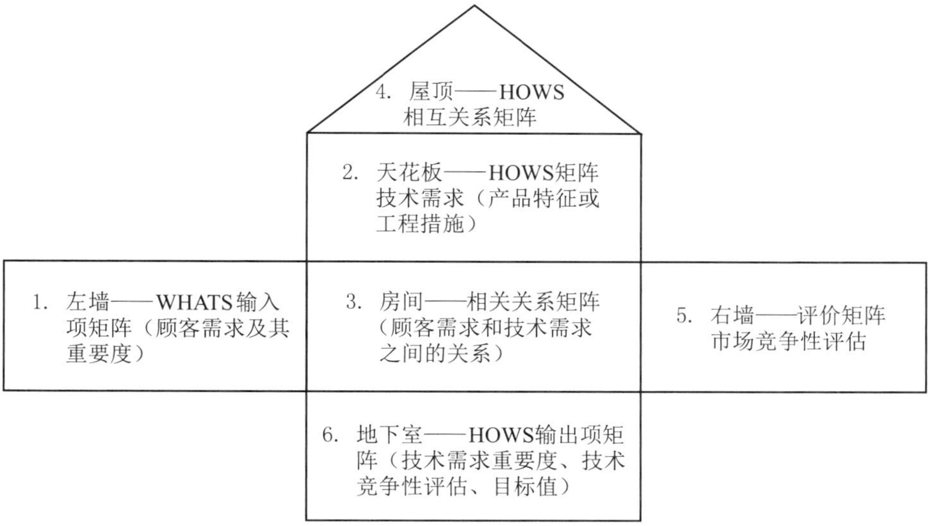

图 7-11　质量屋

其基本结构如下：

1. 左墙

WHATS 输入项矩阵。它表示需求什么，包含顾客需求及其重要度(权重)，是质量屋的“什么”。顾客需求指由顾客确定的产品或服务的特性。重要度(权重)值指顾客对其各项需求做出的定量评分，以表明各项需求对顾客的重要性。

2. 天花板

HOWS 矩阵。它表示针对需求应采取什么措施，是技术需求(产品特征或工程措施)，是质量屋的“如何”。技术需求(产品特征或工程措施)指由顾客需求转换得到的可执行、可独立的技术要求或方法。

3. 房间

相关关系矩阵。它表示顾客需求和技术需求之间的关系。关系矩阵指描述顾客需求与实现这一需求的技术需求(产品特征或工程措施)之间的关系程度,将顾客需求转化为技术需求(产品特征或工程措施),并表明他们之间的关系。

4. 屋顶

HOWS 相互关系矩阵。它表示 HOWS(技术需求)阵内项目的关联关系。

5. 右墙

评价矩阵。评价矩阵指竞争性、可竞争力或可行性分析比较,是顾客竞争性评估,从顾客的角度评估产品在市场上的竞争力。市场竞争性评估指对应顾客需求进行的平均,用来判断市场竞争能力。企业产品评价指顾客对企业当前产品或服务满意的程度。竞争对手产品评价指顾客对企业竞争对手的产品或服务的满意程度。改进后产品评价指企业产品改进后希望达到的顾客满意的程度。

6. 地下室

HOWS 输出项矩阵。它表示 HOWS 项的技术成本评价等情况,包括技术需求重要度、目标值的确定和技术竞争性评估等,用来确定应优先配置的项目。通过定性和定量分析得到输出项-HOWS 项,即完成“需求什么”到“怎样去做”的转换。技术需求重要度指表示技术需求(产品特征或工程措施)的重要程度。目标值指为了具有市场竞争力,企业所需达到的技术需求(产品特征或工程措施)的最低标准。技术竞争性评估指企业内部人员对此项技术需求(产品特征或工程措施)的技术水平先进程度所做的评价。

同市场竞争性评价一样,它包括对本企业技术的评价和对竞争对手企业的技术评价及改进后技术的评价。不同的是,市场竞争性评估是由顾客作出的,是对产品特性的评价;而技术竞争性评估是由企业内部人员作出的,是对技术水平的评价。

(二) 质量屋分析

通过建立质量屋的基本框架,给以输入信息,通过分析评价得到输出信息,从而实现一种需求转换。

例 7-4 以顾客需要“一支圆珠笔”为例,说明将顾客要求转化为设计要求的质量屋的开发过程。顾客的需求是要一支优质的钢笔(Whats,输入项矩阵)。

经过市场调研,可以归纳出六个 What 项目,分别为:书写流利、价格适中、外形美观、使用方便、字迹不易褪色、有适当的耐用性。整理完毕后将这六条作为顾客需求填入质量屋左墙。

从技术的角度出发,应针对顾客的需求,进行产品质量特性(设计要求)的展开,按隶属关系整理成表格,填入质量屋中的天花板部分。对于圆珠笔,其对应的设计需求(Hows 矩阵)应包括:笔尖组件设计,油墨浓度选择,油墨成分的确定,收放机构设计,外形设计,成本控制和材料。这七项要求没有层次上的隶属关系,作为同级的工程措施应并列填入质量屋的天花板。

每项“What”项目都要展开为多项“How”项目，而每项“How”项目又可影响一个以上的“What”项目，因此会建立一种矩阵表达方法。在矩阵中，不止会体现每一个“What”与哪些“How”有关，还会体现它们相关的程度。相关程度的加权系数应由质量功能展开多方论证小组讨论确定，一般强相关取9，中等相关取3，弱相关取1。

根据“What”项目的要求确定如何实现的措施后，还要确定“How”项目的数量，即“Quantity”项目，列于关系矩阵的底部。

对于“What”项目，应确定其重要系数，例如，在优质钢笔的例子中，最重要的项目“书写流利”应打5分。随后对应每个“How”项目，计算其重要度，即对受该“How”项目影响的所有“What”项，计算相应的重要系数与关系度的乘积，并求出总和，列于对应的“工程措施重要度”项目下方。以“圆珠与珠座间隙适应”该工程措施为例，它的工程措施重要度计算即为

$$h_1 = 5\times9 + 4\times0 + 3\times1 + 3\times1 + 1\times1 + 2\times2 = 56$$

在“How”项目之间也存在相互支持或互相排斥的相互作用，应确定其相关系数，相关性越强分数越高，一般强相关取9，中等相关取3，弱相关取1。如“成本控制”与“材料”强相关，则打9分。相关矩阵可以为公司内部的权衡协调提供重要参考。相关性高说明两项“How”实现的措施是互相支持、互相加强的，某种程度上可以互相替代，应予以协调以避免公司内部专业之间交叉的重复劳动；相关性低则说明这些“How”措施可以互相抵消、互相排斥，特别需要权衡协调，否则可能导致不满足顾客要求。权衡协调的方法是调整“工程措施重要度”项目的数值。

质量屋的最后一项要素是竞争能力评估。产品能否销售出去获得经济效益取决于该产品市场竞争能力的强弱。

可以把市场竞争能力区分为性能竞争力和技术竞争力两部分。性能竞争力的确定应根据顾客“What”项目的评价进行，技术竞争力则采用来自工程部门的评估。如果“How”项目是从“What”项目恰当地演化、展开而来，那么性能竞争力和技术竞争力应是相似的。相关性很强的“What”项目和“How”项目应显示出相似的竞争性评估关系。关于市场竞争能力指数的计算，计算该产品在各项顾客需求上的市场竞争能力系数与各项顾客需求的重要度系数的乘积，并求出总和，该总和与各项顾客需求重要度系数和市场竞争能力系数满分值的乘积和的比例即为市场竞争能力指数值。以“本产品”为例，其市场竞争能力指数计算即为

$$M = \frac{4\times5 + 3\times4 + 4\times3 + 4\times3 + 4\times1 + 5\times2}{(5+4+3+3+1+2)\times5} = 0.78$$

同理，关于技术竞争能力指数的计算，计算该产品在各项工程措施上的技术竞争能力系数与各项工程措施重要度系数的乘积，并求出总和，该总和与各项工程措施重要度系数和技术竞争能力系数满分值的乘积和的比例即为技术竞争能力指数值。以“本产品”为例，其技术竞争能力指数计算即为

$$T = \frac{56\times4 + 33\times4 + 63\times3 + 41\times3 + 30\times5 + 23\times4 + 30\times3}{(56+33+63+41+30+23+30)\times5} = 0.72$$

由此，形成了如图7-12所示的开发优质圆珠笔的一级质量屋。

工程措施(一级)		笔尖组件设计	油墨浓度	油墨成分	收放机构	外形设计	成本控制	材料	市场竞争能力 M_i			
顾客需求(一级)	重要度 K								本产品	改进后	国内对手	国外对手
书写流利	5	9	5	5			1	2	4	5	4	5
永不褪色	4		2	9			1		3	4	3	5
外形美观	3	1			3	9	1	2	4	5	4	5
使用方便	3	1			8	1			4	5	5	5
价格适中	1	1		2	2				4	5	4	4
适度耐用	2	2			3			7	5	5	5	5
		圆珠与珠座间隙适应	将浓度目标值控制在$X\%$	选择合理的配方	收放简便，可无故障收放	美观大方，适合不同消费者	售价不高于5元	选用合适的笔尖和笔杆材料	0.78	0.96	0.81	0.99
									市场竞争能力指数 M			
工程措施重要度 h_i		56	33	63	41	30	23	30				
技术竞争能力 T_i	本产品	4	4	3	3	5	4	3	0.72	技术竞争能力指数 T		
	改进后	5	4	4	5	5	5	4	0.91			
	国内对手	4	4	3	4	5	4	4	0.78			
	国外对手	5	5	5	5	5	4	5	0.98			

图 7-12　开发优质圆珠笔一级质量屋

第四节　实验设计

一、概述

（一）实验设计的基本概念和作用

1. 基本概念

实验设计，又称试验设计(Design of Experiments，简称DOE)。实验设计是以深入了解分析对象内在运行特征为目的，预先设计一系列试验，通过对试验结果的分析，提炼出有价值信息的序贯过程。

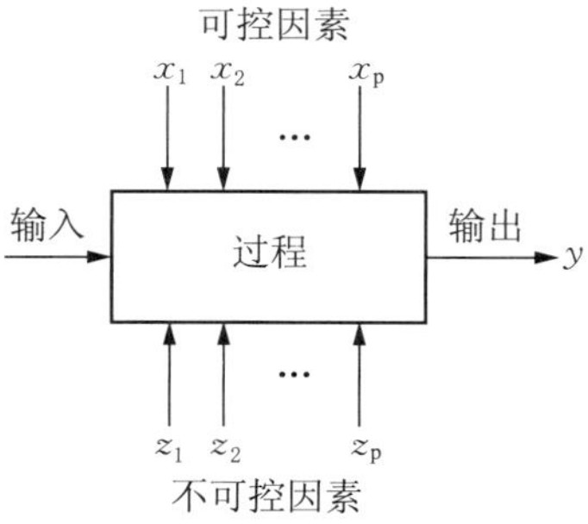

图 7-13　过程或系统

定义中的分析对象可以是任意能够将输入转化为输出的过程或系统(如图 7-13 所示)。根据物理、化学等基本原理，过程将输入材料有效地转化为输出(响应)。在物质转化的过程中不可避免地受到各种因素的影响。特别是在不同于实验室环境的生产过程中，外界因素的影响必然会造成输出的响应值偏离理论上的目标值。因此有必要将个体作为对象进行分析，了解除基本原理之外的，为个体所独具的运行特征，从而为获得理想的输出创造条件。

对输出有影响的因素称为影响因子，简称因子。因子的类型分为可控因子与不可控因子。可控因子是指能够被实验者自主调节的因子。例如，化学反应过程中的反应物浓度、反应时间、催化剂剂量等。不可控因子是指从技术、成本或主观意愿上不能够被实验者主动调节的因子。例如，不同温湿度环境下的产品性能，以及不同的顾客使用偏好。在田口方法中，可控因子被称为控制因子，不可控因子被称为噪声因子。

2. 实验设计的作用

(1) 筛选。从为数众多的因子中筛选出对响应值影响相对显著的因子。因子数量的减少可以为后续工作减少试验次数。同时，也可以为更加有效地对过程实施监控提供必要的条件。因为，无论从技术上还是成本上考虑，高维过程的监控难度都要远远大于低维过程。

(2) 优化。找到使响应值达到最优的可控因子的最佳配置。响应值的最优类型主要有三种：望大型、望小型、望目型。顾名思义，望大型指响应值越大越好；望小型指响应值越小越好；望目型指期望值越接近目标值越好。

(3) 稳健性。找到可控因子的合理配置使得响应值受不可控因子的影响而最小化。

（二）实验设计的发展历史

实验设计起源于 20 世纪 20 年代英国统计学家费希尔在农业领域的先驱工作。费希尔在伦敦附近的农业实验站负责数据的统计分析。他发现不合理的实验得到的数据影响分析的效果，实验是需要设计的。他提出了析因设计的方法并有效提高了英国农田的产量。他总结了设计实验的三个基本原则，即随机性、重复性和区组化。他还系统地阐述了方差分析的概念。费希尔为建立在统计学基础上的，以析因设计为核心的经典 DOE 流派奠定了基础。

从 20 世纪 30 年代开始，实验设计在工业领域得到应用，如机械制造、化工等行业。这一时期出现的响应曲面法(Response Surface Method，RSM)，以析因设计为基础，为优化输出提供了一套可行的方法。此方法认为用数量较少的一组试验得到关键知识，能够为合理安排下一组实验提供依据，并最终获得输出的最优值。虽然实验设计的理论已经基本成型，但是当时并没有在工业界得到广泛应用。究其原因主要是统计学理论的艰深及计算机辅助计算能力的不足。随着计算机的普及与 SAS、Minitab、JMP 等统计分析软件的出现，经典 DOE 方法逐渐渗透到各个应用领域，成为质量管理的重要工具之一。

20 世纪 70 年代，日本质量管理大师田口玄一以提高产品在不可控环境下的性能表现为核心目标，创造性地提出了一整套有别于经典 DOE 的实验设计方法，这套方法后被统称为田口方法。田口方法中最核心的部分是稳健性设计(Robust Design)。田口玄一将信噪比的概念引入实验设计。通过合理选择控制因子的水平，达到过程输出受噪声因子影响最小的效果。田口方法采用正交表作为因子水平组合的安排，大大减少了因子数量多、水平数多情况下的试验次数。因此，田口方法也被称作正交实验设计。田口方法的优点和独特性使其受到了业界的欢迎，从而有效地推动了实验设计方法的广泛应用。

20 世纪 80 年代，美国著名质量咨询师谢宁提出了一套独特的实验设计方法。谢宁方法改变了以往由因及果的思维方式，即先找出多种原因再通过实验确定真正原因，而是以输出结果为起点，进行反向搜寻。像侦探一样从零件、工艺参数等处搜寻线索，从而找到影响质量(绿 Y)的重要原因，即红 X、粉红 X、浅粉红 X。谢宁方法除了借鉴了析因设计、RSM 等经典 DOE 方法，还综合运用了图基检验等实用的统计方法。此方法的优点是试验次数少、操作简单，无需掌握复杂的统计学知识，一线员工就能熟练运用。

随着分析对象特点的不断变化与更新，实验设计方法层出不穷，如混料设计、拉丁方设计、空间填充设计、裂区设计、网设计等。

（三）基本流程

实验设计具有多样的目标与方法，但是实施过程具有一定的相似性。

1. 识别与界定问题

将要分析的问题描述清楚是一个实验设计工作成功的起点，这需要集中来自不同相关部门、不同知识背景的人员的智慧。宜采用团队的方式，将所有相关方组织在一起讨论，通过头脑风暴法搜集意见。定性分析问题的工具可以在这个阶段发挥作用，如新七种工具中的关联图、系统图、亲和图等。

确定目标是十分重要的。需要明确实验设计的目的是什么，如筛选重要因子、优化响应值、提升稳健性等。建立的明确目标是正确选择实验设计方法的基础。同时，目标不要定得太高。不提倡一次性设计一个非常复杂的、试验次数很多的实验，不要期望通过一次实验达到目标。实验设计提倡序惯性实验策略，通过一系列次数不多的试验，逐渐逼近目标。序惯性实验是一个知识积累的过程。前面实验的结果能够为后面的实验指明方向，从而增大成功的可能性，也能减少试验次数，降低实验成本。

2. 选择响应变量

响应变量的选择应能准确反映分析目标，或与分析目标具有极强的相关性。响应变量应当是可以测量的。测量系统的能力是否充分是必须考虑的，测量系统应具备充分的能力将响应变量以适宜的精度测量出来。因此，在选择响应变量时应进行测量系统分析。

3. 选择因子及其水平与范围，对因子进行分类

(1) 选择因子及其水平与范围。因子的选择应既全面又具体。全面性表示要尽可能将有可能影响响应变量的因子都考虑进去，不要遗漏；具体性表示尽可能突出重点，将一些影响较小的因子过滤掉，以免由于因子数过多增加方法设计的难度。因此，团队讨论是适合的方式，来自各个相关部门人员的意见能够保证全面性。同时，技术专家的意见也能有效提升具体性。

在选择因子的过程中，因果图是常用的工具。绘制因果图能够帮助我们从各个方面层层深入地找到存在的因子。

因子水平的选择应遵循由少到多的原则。初始阶段的因子筛选实验一般取 2 水平为宜。当需要对少量显著因子进行细致刻画时，可选择 3 个以上水平。当必须取多水平数时，宜采用正交表安排实验，使试验次数降低到可接受程度。

因子水平之间的跨度称为范围。范围的设定应适中，以在跨度内响应值为线性变化为宜。过大的跨度会使响应值变化曲线出现弯曲，则需在中间增加水平。过小的跨度会缩小实验设计能够解释的响应值取值范围，降低实验效率。因此，合理地选择因子水平的范围仍需听取相关方的意见，尤其是专业技术人员和有经验一线员工的建议。

(2) 对因子进行分类。在因子选择结束后，按照实验设计的目的将因子进行分类。第

一类是以经典 DOE 的思路将因子分为可控因子、不可控因子。分析是否存在既影响响应值又不能满足完全随机性的部分可控因子，称为讨厌因子。例如，从两家供应商处获得的用于实验的相同牌号的原材料。如存在讨厌因子，则应选择区组化的实验方法。第二类是以田口方法的思路将因子划分为信号因子、控制因子和噪声因子。

4. 选择适合的实验方法，生成实验方案

选择实验方法的过程中需要考虑样本量、是否重复、是否分区组、合理安排实验次序、是否存在其他随机化限制等。在综合考虑上述问题后，选择满足条件的最适合的实验设计方法。

以实验方法相对应的工作表作为实验方案的基础。可以借助软件生成工作表，并对试验次序做随机化处理。应将试验的操作方法、注意事项等内容描述清楚，与工作表一起形成完整的实验方案。

5. 实施试验

将实验方案提交试验操作人员，并详细讲解具体内容。确信操作人员完全领会实验意图，具备熟练的试验操作技能，能够独立完成试验过程。在原材料准备充足的前提下开始试验。在试验的过程中，适当采取监控措施，以确保试验按照实验方案进行。试验流程的规范性是非常重要的。不规范的试验过程得到的数据会严重影响分析结论的有效性。

6. 数据分析

每种实验设计方法都有详尽的数据分析手段。统计学是经典 DOE 的主要数据分析手段，包括假设检验、方差分析等。用田口方法计算信噪比，要结合效应图进行分析。谢宁方法的数据分析相对简单，包括图基检验等。

统计软件能够在很大程度上承担数据分析的任务。常见的实验设计方法均能在软件中找到相应的模块。统计软件不仅能计算数据，而且能够输出图形。统计分析方法与扎实的工程知识及常识相结合有助于得出正确的结论。

7. 结论与建议

通过数据分析结果，实验者须给出明确的结论，并提出推荐性意见。为了验证结论的正确性，还应进行追踪确认试验。

二、经典方法

（一）2^3 析因设计

1. 基本设计

假定分析对象的可控因子有 3 个，记做 A、B、C。每个因子有 2 个水平，记做“+”“-”，分别代表因子取高水平和低水平。如果试验包括所有因子水平的排列组合，则称此设计为 2^3 析因设计。同理，可以推广到 k 个因子，2 个水平的情况，即 2^k 析因设计。

对于 2^3 析因设计，所有可能的因子水平排列组合数是 $2^3=8$。将这些排列组和以一定的方式写成方阵，见表 7-7，称为符号表。此表的书写方式是：符号 - 与 + 在第一列以 1 为单位交替；在第二列以 2 为单位交替；在第三列以 4 为单位交替。每列中交替单位是前一列交替单位的 2 倍。此规律可以推广至 2^k 全析因设计。按照这个规律写成的符号表称为标准符号表。标准符号表的试验运行次序称为标准顺序。在实际采集数据时，需要将标准顺序随机化。借助统计软件可以生成随机化后的符号表。

表 7-7　2^3 全析因设计符号表

运行	因子		
	A	B	C
1	−	−	−
2	+	−	−
3	−	+	−
4	+	+	−
5	−	−	+
6	+	−	+
7	−	+	+
8	+	+	+

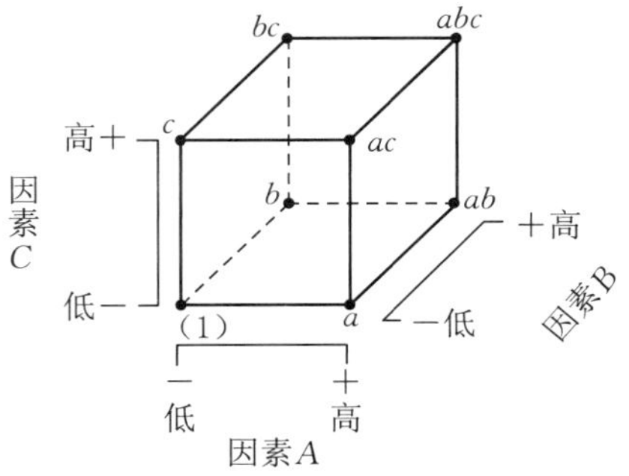

图 7-14　2^3 全析因符号表立体图

从三维立体视角观察符号表，如图 7-14 所示。8 个试验分别对应正方体的 8 个顶点，分别代表不同的因子水平组合。以小写字母为因子水平组合的一种记法，即以小写字母对应取高水平的因子，取低水平的因子不记，以(1)表示所有因子取低水平的组合，常被称作处理组合。处理也有组合的含义。在计算中，常以此记法代表在此处理组合上进行试验所得到的观测值的总和(包括重复在内)。小写字母组合与水平组合的对应关系见表 7-8。

表 7-8　字母组合与水平组合

运行	A	B	C	处理组合
1	−	−	−	(1)
2	+	−	−	*a*
3	−	+	−	*b*
4	+	+	−	*ab*
5	−	−	+	*c*
6	+	−	+	*ac*
7	−	+	+	*bc*
8	+	+	+	*abc*

2. 估计效应

估算因子效应并通过假设检验判断因子效应的显著性，从而筛选出重要的因子。

首先，分析有哪些可能存在的因子效应。概括地讲，分为主效应，即单因子效应，以及两因子以上的交互作用效应。交互作用效应是指由于因子之间相互作用所产生的不同于单独作用相加所产生的效应。例如，对 1 亩小麦地施磷肥能够带来 100 kg 的增产，施氮肥能增产 150 kg，当同时施磷肥和氮肥时，亩产的增加未必是 250 kg，有可能多，也有可能少。这就是交互作用的结果。

在 2^3 全析因设计中，存在的因子效应数量为

$2^3-1=8-1=7$(个)，即

(1) 主效应($C_3^1=3$ 个)：A、B、C。

(2) 两因子交互作用效应($C_3^2=3$ 个)：AB、BC、AC。

（3）三因子交互作用效应（$C_3^3=1$ 个）：ABC。

因子效应对应的符号列见表 7-9。其中交互作用效应列的符号为相对应的主效应列的符号“相乘”。此处“相乘”的含义是指相同符号的运算结果为高水平，不同符号的运算结果为低水平。第一列 I 列全部为 + 号，表示用于计算观测值的总和。用观测值的总和除以观测值的数量则能得到总均值。

表 7-9　因子效应符号表

处理组合	因子效应							
	I	A	B	AB	C	AC	BC	ABC
(1)	+	−	−	+	−	+	+	−
a	+	+	−	−	−	−	+	+
b	+	−	+	−	−	+	−	+
ab	+	+	+	+	−	−	−	−
c	+	−	−	+	+	−	−	+
ac	+	+	−	−	+	+	−	−
bc	+	−	+	−	+	−	+	−
abc	+	+	+	+	+	+	+	+

由表 7-9 看出，除第一列外，每一列均包括 4 个“+”号与 4 个“−”号。+ 号表示此效应取高水平，− 号表示取低水平。因此如将 8 个符号作为对应的与以字母组合记的观测值的符号并计算代数和，再进行平均化则能够得到因子效应的估计值。以 A 因子效应为例，则其效应估计值为

$$\mathrm{EFFECT}_A=\frac{-(1)+a-b+ab-c+ac-bc+abc}{4n} \tag{7-1}$$

其中 4 表示存在 4 对高水平与低水平，故应将其平均化，即 $\frac{2^3}{2}=4$。k 个因子的一般情况为 $\frac{2^k}{2}$。式中的 n 表示在每个因子组合上的重复数。

3. 效应的显著性检验（方差分析）

对照（Contrast）是因子的总效应值，即平均化之前的效应估计值。数值上等于表 7-9 中符号列作为代数符号放入以字母组合记的观测值代数和。

例如，A 效应的对照为：

$$\mathrm{Contrast}_A=a-(1)+ab-b+ac-c+abc-bc \tag{7-2}$$

由对照可简化因子效应的一般计算公式为：

$$\mathrm{EFFECT}_i=\frac{\mathrm{CONTRAST}_i}{n\times 2^k/2}=\frac{\mathrm{CONTRAST}_i}{N/2} \tag{7-3}$$

其中 $N=n\times 2^k$，即观测值的总个数。

效应平方和表示正效应与负效应相对于平均效应的偏离程度，记做 SS_i，其中 i 表示因

子效应名。效应 i 的效应平方和为：

$$SS_i = \frac{\text{CONTRAST}_i^2}{N} = \frac{1}{2^k \times n}\text{CONTRAST}_i^2 \tag{7-4}$$

2^3 析因设计的效应估计值：

$$\text{EFFECT}_A = \frac{1}{4n}[-(1)+a-b+ab-c+ac-bc+abc] \tag{7-5}$$

$$\text{EFFECT}_B = \frac{1}{4n}[-(1)-a+b+ab-c-ac+bc+abc] \tag{7-6}$$

$$\text{EFFECT}_C = \frac{1}{4n}[-(1)-a-b-ab+c+ac+bc+abc] \tag{7-7}$$

$$\text{EFFECT}_{AB} = \frac{1}{4n}[+(1)-a-b+ab+c-ac-bc+abc] \tag{7-8}$$

$$\text{EFFECT}_{AC} = \frac{1}{4n}[+(1)-a+b-ab-c+ac-bc+abc] \tag{7-9}$$

$$\text{EFFECT}_{BC} = \frac{1}{4n}[+(1)+a-b-ab-c-ac+bc+abc] \tag{7-10}$$

$$\text{EFFECT}_{ABC} = \frac{1}{4n}[-(1)+a+b-ab+c-ac-bc+abc] \tag{7-11}$$

2^3 析因设计的效应平方和估计值：

$$SS_A = \frac{1}{8n}[-(1)+a-b+ab-c+ac-bc+abc]^2 \tag{7-12}$$

$$SS_B = \frac{1}{8n}[-(1)-a+b+ab-c-ac+bc+abc]^2 \tag{7-13}$$

$$SS_C = \frac{1}{8n}[-(1)-a-b-ab+c+ac+bc+abc]^2 \tag{7-14}$$

$$SS_{AB} = \frac{1}{8n}[+(1)-a-b+ab+c-ac-bc+abc]^2 \tag{7-15}$$

$$SS_{AC} = \frac{1}{8n}[+(1)-a+b-ab-c+ac-bc+abc]^2 \tag{7-16}$$

$$SS_{BC} = \frac{1}{8n}[+(1)+a-b-ab-c-ac+bc+abc]^2 \tag{7-17}$$

$$SS_{ABC} = \frac{1}{8n}[-(1)+a+b-ab+c-ac-bc+abc]^2 \tag{7-18}$$

观测值的总平方和为

$$SS_T = \sum_{i=1}^{N}(y_i - \bar{y})^2 \tag{7-19}$$

其中 N 表示观测值的总个数，$\bar{y}$ 表示观测值的总均值。由于

$$SS_T = SS_A + SS_B + SS_C + SS_{AB} + SS_{AC} + SS_{BC} + SS_{ABC} + SS_E \tag{7-20}$$

可计算误差平方和。

平方和所对应的自由度满足

$$df_T = df_A + df_B + df_C + df_{AB} + df_{AC} + df_{BC} + df_{ABC} + df_E \tag{7-21}$$

由效应平方及其自由度运用方差分析可对因子效应的显著性进行判断。方差分析的内容详见第二章。2^3 析因设计的 F 检验统计量为：

$$F = \frac{MS_i}{MS_E} = \frac{SS_i/(2-1)}{SS_E/(N-2^k)} \tag{7-22}$$

根据预先设定的显著性水平 α，查 F 分布表得临界值 $F_{\alpha,1,N-2^k}$。当 $F > F_{\alpha,1,N-2^k}$ 时，拒绝原假设，做出效应显著的判断。通过统计软件所生成的 p 值也可以做出判断。当 p 值小于 α 值时，判断效应是显著的。

例 7-5 一个有 2 次重复的 2^3 全析因设计，观测值见表 7-10。试分析效应的显著性。

表 7-10 2 次重复的 2^3 全析因观测值

运行	编码因子			蚀刻速率		总　和
	A	B	C	重复 1	重复 2	
1	−1	−1	−1	550	604	(1) = 1 154
2	1	−1	−1	669	650	a = 1 319
3	−1	1	−1	633	601	b = 1 234
4	1	1	−1	642	635	ab = 1 277
5	−1	−1	1	1 037	1 052	c = 2 089
6	1	−1	1	749	868	ac = 1 617
7	−1	1	1	1 075	1 063	bc = 2 138
8	1	1	1	729	860	abc = 1 589

计算效应估计值：

$$\text{EFFECT}_A = \frac{1}{8}(-1\,154 + 1\,319 - 1\,234 + 1\,277 - 2\,089 + 1\,617 - 2\,138 + 1\,589)$$
$$= -101.625$$

$$\text{EFFECT}_B = \frac{1}{8}(-1\,154 - 1\,319 + 1\,234 + 1\,277 - 2\,089 - 1\,617 + 2\,138 + 1\,589)$$
$$= 7.375$$

$$\text{EFFECT}_C = \frac{1}{8}(-1\,154 - 1\,319 - 1\,234 - 1\,277 + 2\,089 + 1\,617 + 2\,138 + 1\,589)$$
$$= 306.125$$

$$\text{EFFECT}_{AB} = \frac{1}{8}(+1\,154 - 1\,319 - 1\,234 + 1\,277 + 2\,089 - 1\,617 - 2\,138 + 1\,589)$$
$$= -24.875$$

$$\text{EFFECT}_{AC}=\frac{1}{8}(+1\ 154-1\ 319+1\ 234-1\ 277-2\ 089+1\ 617-2\ 138+1\ 589)$$
$$=-153.625$$

$$\text{EFFECT}_{BC}=\frac{1}{8}(+1\ 154+1\ 319-1\ 234-1\ 277-2\ 089-1\ 617+2\ 138+1\ 589)$$
$$=-2.125$$

$$\text{EFFECT}_{ABC}=\frac{1}{8}(-1\ 154+1\ 319+1\ 234-1\ 277+2\ 089-1\ 617-2\ 138+1\ 589)$$
$$=5.625$$

计算效应平方和：

$$SS_A=\frac{(-813)^2}{16}=41\ 310.562\ 5$$

$$SS_B=\frac{(59)^2}{16}=217.562\ 5$$

$$SS_C=\frac{(2\ 449)^2}{16}=374\ 850.062\ 5$$

$$SS_{AB}=\frac{(-199)^2}{16}=2\ 475.062\ 5$$

$$SS_{AC}=\frac{(-1\ 229)^2}{16}=94\ 402.562\ 5$$

$$SS_{BC}=\frac{(-17)^2}{16}=18.062\ 5$$

$$SS_{ABC}=\frac{(45)^2}{16}=126.562\ 5$$

计算总平方和：

$SS_T=531\ 420.937\ 5$

计算误差平方和：

$SS_E=18\ 020.50$

方差分析结果见表 7-11。

表 7-11　方差分析表

变异源	平方和	自由度	均　方	F	P 值
A	41 310.562 5	1	41 310.562 5	18.34	0.002 7
B	217.562 5	1	217.562 5	0.10	0.763 9
C	374 850.562 5	1	374 850.062 5	166.41	0.000 1
AB	2 475.062 5	1	2 475.062 5	1.10	0.325 2
AC	94 402.562 5	1	94 402.562 5	41.91	0.000 2

续　表

变异源	平方和	自由度	均　方	F	P 值
BC	18.062 5	1	18.062 5	0.01	0.930 8
ABC	126.562 5	1	126.562 5	0.06	0.818 6
误差	18 020.500 0	8	2 252.562 5		
总和	531 420.937 5	15			

由方差分析表看出，效应 A、C、AC 的 F 值较大。若取显著性水平 $\alpha=0.05$，显然其对应的 p 值均小于 α 值。因此，判定在这个实验中主效应 A、C 与两因子交互作用效应 AC 是显著的。

4. 回归模型

在提取出显著效应后，可建立因子与响应之间的回归模型。对全析因设计而言，可用以下简便方法构建回归模型：

（1）回归模型包括常数项、显著因子效应项。

（2）常数项数值为观测值的总均值。

（3）显著因子效应项的系数为其对应的因子效应值的$\frac{1}{2}$。

如上例 7-5，回归模型为

$$y=776.062\,5+\left(\frac{-101.625}{2}\right)x_1+\left(\frac{306.126}{2}\right)x_3+\left(\frac{-153.625}{2}\right)x_1x_3 \tag{7-23}$$

借助统计软件可生成反映响应值与因子之间相互关系的立体图，称为响应曲面(Response Surface)。上例 7-5 的响应曲面如图 7-15 所示。

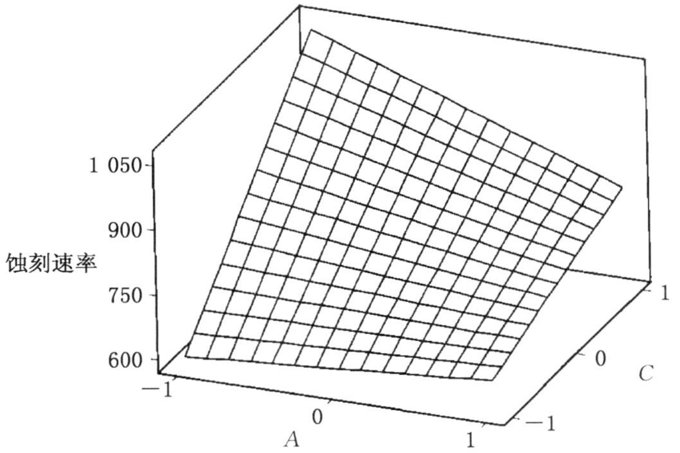

图 7-15　响应曲面图

（二）2^k 析因设计

在 2^k 全析因设计中包含 2^k-1 个因子效应，分别为 $C_k^1=k$ 个主效应，C_k^2 个两因子交互作用效应，C_k^3 个三因子交互作用效应，……，$C_k^k=1$ 个 k 因子交互作用效应。由公式(7-3)与公式(7-4)可计算所有的因子效应及其效应平方和。在此基础上进行方差分析，见表 7-12。

表 7-12　2^k 析因的方差分析表

变异源	平方和	自由度
	k 个主要因子	
A	SS_A	1
B	SS_B	1
⋮	⋮	⋮
K	SS_K	1
	C_k^2 个两因子交互作用	
AB	SS_{AB}	1
AC	SS_{AC}	1
⋮	⋮	⋮
	C_k^3 个三因子交互作用	
ABC	SS_{ABC}	1
ABD	SS_{ABD}	1
⋮	⋮	⋮
	k 个因子交互作用	
$AB\cdots K$	$SS_{AB\cdots K}$	1
误差	SS_E	$2^k(n-1)$
总和	SS_T	$n2^k-1$

三、田口方法

(一) 正交设计

1. 正交表

正交设计是以正交表作为实验用符号表的实验设计。正交表是从全析因实验符号表中按照一定的规则提取部分组合形成的表。因此，正交设计实质上是部分析因设计。

正交表的标记方法为 $L_c(a^b)$，其中 L 表示正交表，a 表示水平数，b 表示因子数，c 表示试验次数。

正交表的特点如下：

(1) 均匀分散，每一列各个水平的数量是相同的。

(2) 整齐可比，任意两列组成的水平数对是相同的。

以 $L_4(2^3)$ 为例，见表 7-13。每一列均包含两个 1 水平和两个 2 水平。任意两列组成的水平数对均为(1，1)，(1，2)，(2，1)，(2，2)。

表 7-13 $L_4(2^3)$正交表

实验序号	列		
	1	2	3
1	1	1	1
2	1	2	2
3	2	1	2
4	2	2	1

常见的正交表包括 $L_4(2^3)$，$L_8(2^7)$，$L_9(3^4)$，$L_{12}(2^{11})$，$L_{16}(2^{15})$，$L_{18}(2^1 3^7)$，$L_{27}(3^{13})$等。

2. 正交表选取

田口实验设计仅考虑主效应与两因子交互作用效应，忽略高阶交互作用。因此，实验者在实验前应识别出可被忽略的交互作用，并确定自由度。自由度反映的是为了估计目标效应所需的试验数据的数量。在确定自由度后才能找到能够安排下所需实验条件的正交表。

自由度的确定规则如下：

(1) 总均值的自由度是 1。

(2) 对于每个因子 A，B，…，如果对应的水平数分别为 n_A，n_B，…，则其自由度为水平数减 1。

(3) 对于两因子交互作用，则为各自因子自由度的乘积，例如，AB 交互作用的自由度为 $(n_A-1)(n_B-1)$。

例 7-6 某实验含有 1 个两水平因子 A，6 个三水平因子 B、C、D、E、F、G，1 个两因子交互作用 AB，则自由度见表 7-14。

表 7-14 各水平因子自由度

因　　子	自由度
整体均值	1
A	$2-1=1$
B，C，D，E，F，G	$6\times(3-1)=12$
AB	$(2-1)(3-1)=2$
总和	16

正交设计的步骤如下：

第一步：确定总自由度。

第二步：选择标准正交表，规则如下：

规则 1：正交表的试验次数≥总自由度。

规则 2：正交表应能容纳所有因子水平组合。

第三步：将因子安排到各栏，规则如下：

规则 1：由交互作用表安排交互作用项，参考使用交互作用安排表，见表 7-15。由两因子所处的栏号对应表中竖栏与横栏位置，两栏相交处的序号即为两因子交互作用的放置列。

表 7-15　L_8 交互作用安排表

列	列						
	1	2	3	4	5	6	7
1	(1)	3	2	5	4	7	6
2		(2)	1	6	7	4	5
3			(3)	7	6	5	4
4				(4)	1	2	3
5					(5)	3	2
6						(6)	1
7							(7)

规则 2：如正交表不能容纳所有因子水平，则做虚水平、栏合并等处理。

规则 3：如不需要使用所有栏，则将这些栏空置。

例 7-7　某实验有 7 个因子。只考虑主效应。首先计算自由度为 $1+7(2-1)=8$。因此正交表至少需要 8 个试验。查询正交表发现 L_8 正交表能够容纳 7 个两水平因子。故采用 L_8 正交表将 7 个两水平因子纳入 7 个栏。

例 7-8　某实验有 3 个两水平因子 A，B，C，3 个交互作用 AB，AC，BC。首先计算自由度 $=1+3(2-1)+3(2-1)(2-1)=7$。L_8 有 8 个试验，正交表能容纳 7 个两水平因子，故选 L_8 正交表。

首先在第 1 栏和第 2 栏安排因子 A，B。按照交互作用安排表 7-15 得交互作用 AB 应安排在第 3 栏。然后在第 4 栏安排因子 C。继续查表将 AC，BC 分别安排在第 5、6 栏。第 7 栏设置为空栏。结果见表 7-16。

表 7-16　正交表

试验号	因　　子						
	A	B	AB	C	AC	BC	
1	1	1	1	1	1	1	
2	1	1	1	2	2	2	
3	1	2	2	1	1	2	
4	1	2	2	2	2	1	
5	2	1	2	1	2	1	
6	2	1	2	2	1	2	
7	2	2	1	1	2	2	
8	2	2	1	2	1	1	

3. 正交设计的数据分析

田口方法与经典方法的方差分析方法相似。效应平方和为：

$$SS_i = \frac{k}{N \times n}\sum_{t=1}^{k} T_{it}^2 - \frac{T^2}{N \times n} \tag{7-24}$$

其中 i 表示效应，k 表示因子的水平数，T_{it} 表示效应 i 的第 t 个水平观测值的总和，T 表示所有观测值的总和，N 表示试验次数，n 表示重复数。

例 7-9 某卡车前挡板的注塑聚氨酯缓冲器孔眼过多。工程师决定用田口实验设计方法研究影响孔眼的因子效应。影响因子见表 7-17。

表 7-17 影响因子

因 子	低水平	高水平
A——模具温度	A_1	A_2
B——化学温度	B_1	B_2
C——吞吐量	C_1	C_2
D——测量	D_1	D_2
E——固化时间	E_1	E_2

根据经验尚需考虑交互作用 AB、BC。

(1) 选择正交表。

选择 L_8 正交表安排实验。每次测量 2 个样本的孔眼数量。响应变量孔眼数量越少越好。实验表及实验结果见表 7-18。

表 7-18 正交实验表及实验结果

实验序号	实验因子							孔隙率	
	A	B	AB	C	D	BC	E		
	1	2	3	4	5	6	7	1	2
1	1	1	1	1	1	1	1	26	38
2	1	1	1	2	2	2	2	16	6
3	1	2	2	1	1	2	2	3	17
4	1	2	2	2	2	1	1	18	16
5	2	1	2	1	2	1	2	0	5
6	2	1	2	2	1	2	1	0	1
7	2	2	1	1	2	2	1	4	5
8	2	2	1	2	1	1	2	5	3

(2) 计算效应平方和。

$T_{A1} = 26 + 38 + 16 + 6 + 3 + 17 + 18 + 16 = 140$

$T_{A2} = 0 + 5 + 0 + 1 + 4 + 5 + 5 + 3 = 23$

$T = 140 + 23 = 163$

$$SS_A = \frac{2}{8\times 2}(T_{A1}^2 + T_{A2}^2) - \frac{T^2}{8\times 2} = 2\,516.125 - 1\,660.562\,5 = 855.562\,5$$

同理，得

$SS_B = 27.56$

$SS_{AB} = 115.56$

$SS_C = 68.06$

$SS_D = 33.06$

$SS_{BC} = 217.56$

$SS_E = 175.56$

$$SS_T = \sum_{i=1}^{N}\sum_{j=1}^{n} y_{ij}^2 - \frac{T^2}{N\times n} = (26^2 + 38^2 + \cdots + 5^2 + 3^2) - \frac{163^2}{8\times 2} = 1\,730.44$$

(3) 方差分析。

方差分析结果见表 7-19。

表 7-19 方差分析结果

变异来源	平方和	自由度	均方	F	P 值
A	855.56	1	855.56	28.82	0.001
B	27.56	1	27.56	0.93	0.363
AB	115.56	1	115.56	3.89	0.084
C	68.06	1	68.06	2.29	0.168
D	33.06	1	33.06	1.11	0.322
BC	217.56	1	217.56	7.33	0.027
E	175.56	1	175.56	5.91	0.041
误差	237.50	8	29.69		
总和	1 730.44	15			

从方差分析的结果看，若以显著性水平为 0.05 判断，则显著的效应有 A、BC、E。

(4) 分析主效应与交互作用。

因子 A 的两个水平下的平均响应为：

$$\overline{Y}_{A_1} = \frac{26+38+16+6+3+17+18+16}{8} = 17.5$$

$$\overline{Y}_{A_2} = \frac{0+5+0+1+4+5+5+3}{8} = 2.875$$

因子 E 的两个水平下的平均响应为：

$$\overline{Y}_{E_1} = \frac{26+38+18+16+0+1+4+5}{8} = 13.5$$

$$\overline{Y}_{E_2} = \frac{16+6+3+17+0+5+5+3}{8} = 6.875$$

同样方法可计算其他因子的主效应。因子的主效应图，如图 7-16 所示。

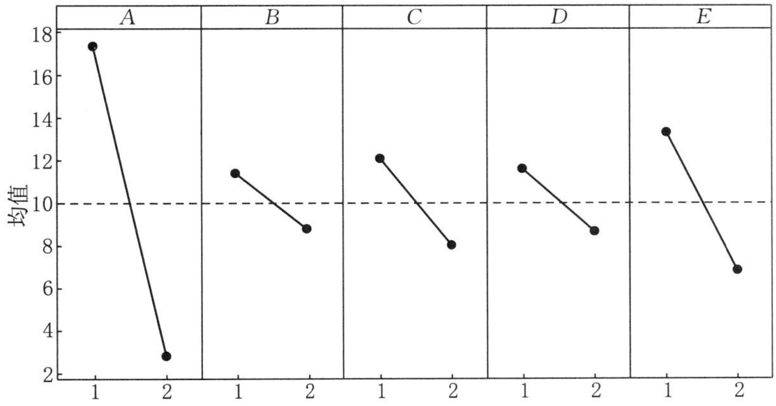

图 7-16　主效应图(Minitab)

BC 交互作用的平均效应为：

$$\bar{Y}_{B_1C_1}=\frac{26+38+0+5}{4}=17.25$$

$$\bar{Y}_{B_1C_2}=\frac{16+6+0+1}{4}=5.75$$

$$\bar{Y}_{B_2C_1}=\frac{3+17+4+5}{4}=7.25$$

$$\bar{Y}_{B_2C_2}=\frac{18+16+5+3}{4}=10.5$$

BC 交互作用的效应图，如图 7-17 所示。

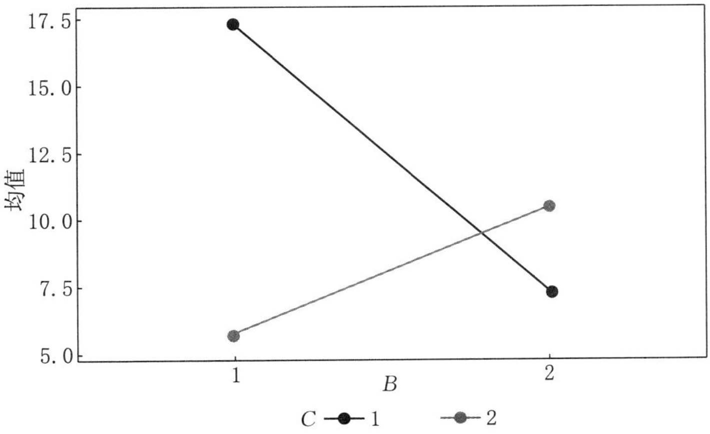

图 7-17　*BC* 交互作用效应图

响应值优化的目的是找到使响应值最优的因子水平组合。本例中的优化目标是响应值孔眼数量越少越好。因此，通过优化找到使孔眼数量最小化的因子水平组合。

由因子的主效应图可得，使响应值最小的因子 A、E 应取水平 2。由 BC 交互作用效应图可得，使响应值最小的组合为 B 取水平 1，C 取水平 2。因此，最佳的因子水平组合为 $A_2B_1C_2E_2$。因子 D 的水平可根据成本、效率等其他因素综合考虑进行选择。

（二）稳健性设计

1. 损失函数

田口方法认为只要质量特性值偏离目标值，就会产生质量损失。此观点不同于传统的质量检验思想下，仅当质量特性值落在规格线以外，即出现不合格品，才会产生质量损失。质量损失函数是指由于质量特性值偏离目标值所造成的质量损失与偏移量之间的函数关系。

质量损失函数为：

$$L(y)=k(y-T)^2 \tag{7-25}$$

其中 L 表示损失函数，k 表示质量损失系数，E 表示期望值，T 表示 Y 的目标值。

稳健性设计的目的是损失函数 L 的最小化。

质量损失函数有三种类型，包括

（1）望小型。

$$L(y)=ky^2 \tag{7-26}$$

（2）望大型。

$$L(y)=k\frac{1}{y^2} \tag{7-27}$$

（3）望目型。

$$L(y)=k(y-T)^2$$

以上三种类型的质量损失函数，如图 7-18 所示，其中 T 为目标值，D_0 为公差，A_0 为对应的质量损失。

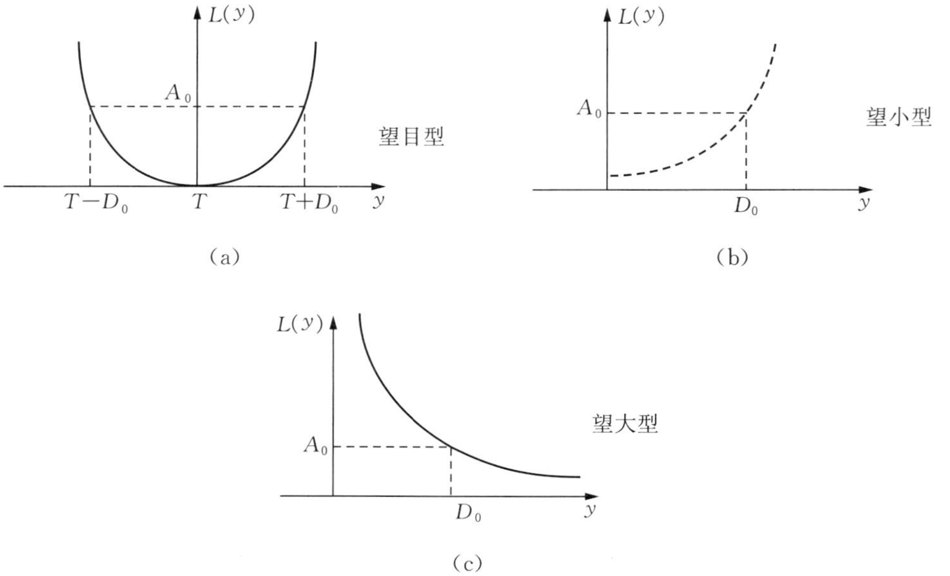

图 7-18　质量损失函数

由质量损失函数公式(7-25)，得

$$L(y)=k(y-T)^2=k(\mu_y-T)^2+k\sigma_y^2 \tag{7-28}$$

其中，μ_y 为均值，σ_y^2 为方差。

由公式(7-28)可知质量损失的构成包括：

(1) 偏离目标值。由均值偏离目标值引起，记为 $k(\mu_y-T)^2$。

(2) 方差。由变异性引起，记为 $k\sigma_y^2$。

针对变异源，减少质量损失的两阶段措施包括：

(1) 向目标值调整均值。

(2) 降低方差。

变异的来源包括：外部来源，如温度等；单元-单元间来源，如制造中、供应商的不同等；衰减来源，如老化等。

2. 信噪比

田口方法将通信领域的信噪比概念引入质量管理。在通信系统中，输入信号经系统传递产生输出，传递过程中受到噪声的干扰。噪声的存在造成输出信号的不稳定。噪声对输出影响最小的系统是理想的状态。引入信噪比的目的是用一个指标综合表示质量损失的两个来源：均值和方差。将降低质量损失的目标转化为对信噪比的优化。

信噪比的概念为：

$$\frac{Signal}{Noise}=\frac{\mu^2}{\sigma^2} \tag{7-29}$$

其中，$\mu=E(Y)$，$\sigma^2=\mathrm{Var}(Y)$。信噪比越大，信号传递的效率越高。

假设质量特性 Y 的观测值为 $y_1, y_2, \cdots, y_n$，信噪比类型如下：

(1) 望目型。将信噪比取对数可将乘法运算转换成加法运算，而且对数转换能平滑非线性与交互性部分。

$$S/N=10\log\left(\frac{\mu^2}{\sigma^2}\right) \tag{7-30}$$

其中，μ 和 σ^2 的无偏估计分别为

$$\hat{\mu}=\bar{y}=\frac{1}{n}\sum_{i=1}^{n}y_i \tag{7-31}$$

$$\hat{\sigma}^2=s^2=\frac{1}{n-1}\sum_{i=1}^{n}(y_i-\bar{y})^2 \tag{7-32}$$

望目型问题的最优化可通过两阶段优化步骤完成：

第一阶段：调整设计参数使信噪比最大化。

第二阶段：找到不影响信噪比却影响输出变量 Y 均值的设计参数，并调整参数使均值接近目标值。

(2) 望小型。质量特性是连续非负的，随 0 到∞无限增大。

由望小型损失函数的观测值偏离目标值 0 的均方误差 $E(Y^2)$ 的估计值为 $\frac{1}{n}\sum_{i=1}^{n}y_i^2$，则信噪比为

$$S/N = -10\log\left(\frac{1}{n}\sum_{i=1}^{n} y_i^2\right) \tag{7-33}$$

可见观测值偏离目标值 0 的均方误差越小，S/N 越大。因此，对于望小型质量损失函数，最大化 S/N 等同于最小化损失函数。

(3) 望大型。质量特性随 y 的增大逐渐减小，无限接近 0。

由望大型损失函数的观测值偏离目标值 0 的均方误差 $E(1/Y^2)$ 的估计值为 $\frac{1}{n}\sum_{i=1}^{n}\frac{1}{y_i^2}$，则信噪比为

$$S/N = -10\log\left(\frac{1}{n}\sum_{i=1}^{n}\frac{1}{y_i^2}\right) \tag{7-34}$$

田口方法认为最大化 S/N 等同于最小化质量损失函数。

在田口的稳健性参数设计中，每个试验重复 n 次，见表 7-20。每个试验可计算一个信噪比。找到可使信噪比最大化的设计参数水平组合即为最小化质量损失。

表 7-20　实验表

实验序号	设计参数			重　复			S/N
	A	B	…	1	…	n	η
1	1	1	…	y_{11}	…	y_{12}	η_1
2	2	1	…	y_{21}	…	y_{2n}	η_2
…	1	2	…				
…	2	2	…	…	…	…	…
…	…	…	…				
N	2	2	…	y_{N1}	…	y_{Nn}	η_n

例 7-10　汽车挡雨条由橡胶制成。挤压机将橡胶原料注入磨具，挤压机输出量的变异直接影响挡雨条尺寸的增加或减少。田口实验设计的目的是找到适当的因子水平以获得平滑的挤压机输出。表 7-21 为控制因子。

表 7-21　控制因子

控制因子	水平 1	水平 2
A	相同	不同
B	相同	不同
C	冷	热
D	当前水平	额外的材料
E	低	高
F	低	高
G	普通范围	更高

根据经验，交互作用是不显著的。选择能够容纳 7 个主效应的正交表 L_8 作为实验表。每隔 30 秒采集一次观测值，结果见表 7-22。

表 7-22 试验结果

实验序号	控制因子							每30秒的输出										S/N
	A	B	C	D	E	F	G	1	2	3	4	5	6	7	8	9	10	η
1	1	1	1	1	1	1	1	268.4	262.9	268.0	262.6	265.1	259.1	261.5	267.4	264.7	270.2	37.48
2	1	1	1	2	2	2	2	302.9	295.3	298.6	302.7	314.4	305.5	295.2	286.3	302.0	299.2	32.17
3	1	2	2	1	1	2	2	332.7	336.5	332.8	342.3	332.2	334.6	334.8	335.5	338.2	326.8	38.27
4	1	2	2	2	2	1	1	221.7	215.9	219.7	221.2	221.5	230.1	228.3	228.3	214.6	213.2	31.43
5	2	1	2	1	2	1	2	316.6	326.5	320.4	327.0	311.4	310.8	314.4	319.3	310.0	314.5	34.26
6	2	1	2	2	1	2	1	211.3	222.0	218.2	218.6	218.6	216.5	214.8	217.4	210.8	223.9	34.38
7	2	2	1	1	2	2	1	210.7	210.0	211.6	211.7	210.1	206.5	203.4	207.2	208.0	219.3	33.94
8	2	2	1	2	1	1	2	287.5	299.2	310.6	289.9	290.0	294.5	294.2	297.4	293.7	325.6	28.22

本实验以挤压机输出量接近目标值为最优，故为望目型。计算各个水平组合试验的信噪比，如表 7-22。

计算信噪比的效应平方和：

$T_{A_1} = 37.48 + 32.17 + 38.27 + 31.43 = 139.35$

$T_{A_2} = 34.26 + 34.38 + 33.94 + 28.22 = 130.8$

$T = 139.35 + 130.8 = 270.15$

$$SS_A = \frac{2}{8 \times 1}(T_{A_1}^2 + T_{A_2}^2) - \frac{T^2}{8 \times 1} = 9.13$$

同理，得

$SS_B = 5.18$

$SS_C = 5.32$

$SS_D = 39.45$

$SS_E = 5.36$

$SS_F = 6.78$

$SS_G = 2.33$

$$SS_T = \sum_{i=1}^{N}\sum_{j=1}^{n} y_{ij}^2 - \frac{T^2}{N \times n}$$

$$= (37.48^2 + 32.17^2 + \cdots + 33.94^2 + 28.22^2) - \frac{270.15^2}{8 \times 1}$$

$$= 73.55$$

绘制效应平方和的贡献率，表示各个效应平方和占总平方和的比例，如图 7-19 所示。可以看出，效应 D 占 54%，是最重要的因子。效应 G 占 3%，是最不重要的因子。

计算信噪比的每个效应在不同水平上的平均效应。

效应 A 的平均效应：

$$\overline{Y}_{A_1} = \frac{37.48 + 32.17 + 38.27 + 31.43}{4} = 34.8$$

$$\overline{Y}_{A_2} = \frac{34.26 + 34.38 + 33.94 + 28.22}{4} = 32.7$$

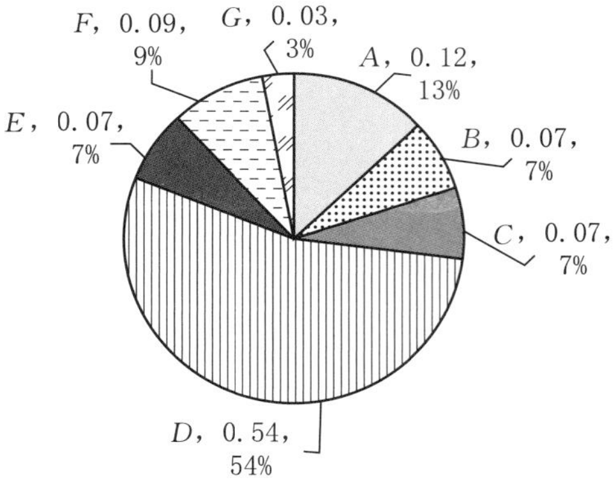

图 7-19　效应平方和贡献率

同理可计算其他效应的平均效应，并绘制主效应图，如图 7-20 所示。为得到高信噪比，效应 A、B、D、E 取水平 1，效应 C、F 取水平 2，则最高信噪比的因子水平组合选择按照效应平方和贡献率为 $D_1A_1F_2B_1C_2E_1$。由于 G 对信噪比的影响很小，可以通过成本、效率分析确定水平选择。

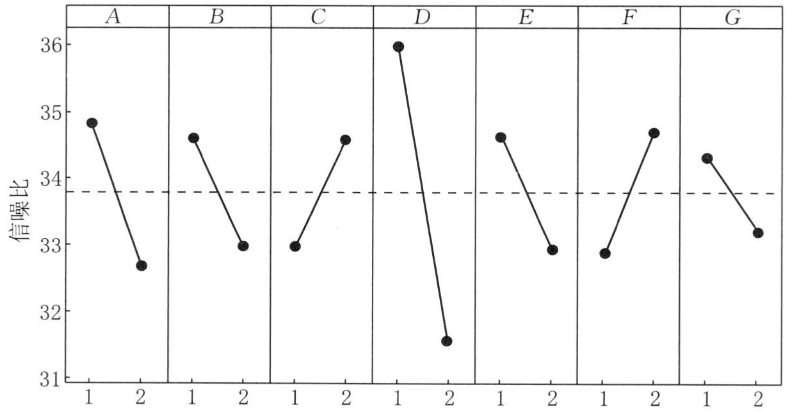

图 7-20　主效应图

3. 内外表

产品设计开发的初期多在实验室环境下进行，未能充分考虑环境的影响。包括环境因素在内的能影响过程输出的不可控因子被称为噪声因子。在系统的实际运行过程中，输出的响应值必然受到噪声因子的影响。如果在选择因子水平组合时考虑噪声因子的影响，则能够降低输出对噪声的敏感性。

可采用的方法是在实验设计中将噪声因子考虑在内。首先识别出对输出有影响的噪声因子作为实验设计的研究对象，然后采用内外表的形式安排试验，见表 7-23。

在内表中安排控制因子，在外表内安排噪声因子，计算每个试验的信噪比。某个试验的信噪比越高，则其因子组合对噪声因子的敏感性越低。

4. 参数设计

田口参数设计的基本步骤如下：

表 7-23　内外表

内表						外表					
实验序号	控制因子					实验序号					
						1	2	…	N_2	噪声因子	
						1	1		2	U	
						1	2		2	…	S/N
	A	B	C	…	F	1	2		1	W	η
1	1	1	1		1	y_{11}	y_{12}		y_{1N_2}		η_1
2	2	1	2		1	y_{21}	y_{22}		y_{2N_2}		η_2
…	…	…	…		…	…	…	…	…		…
N_1	2	2	2		2	y_{N_11}	y_{N_12}		$y_{N_1N_2}$		η_{N_1}

（1）选择需优化的质量特性输出。

（2）选择控制因子及水平，识别其他可能的交互作用。

（3）选择噪声因子及水平。

（4）选择适合的内外表。将控制因子安排在内表，将噪声因子安排在外表。

（5）实施实验。

（6）统计分析观测值，计算信噪比并优化：

望小型：基于信噪比选择输出值最大化的控制因子水平。

望目型：选择使信噪比最大化的控制因子水平。选择均值调整因子，调整均值至目标值。

望大型：基于信噪比选择输出值最小化的控制因子水平。

（7）基于最优控制水平组合预测最优输出值，通过确认试验验证分析结果。

例 7-11　污水中含有的有毒且不能生物降解的金属离子十分有害。加入适当 pH 值的水化氧化铁能除去有害金属离子。研究的目的是尽可能去除废水中的金属离子。输出质量特性为望小型总残留金属浓度(mg/L)。控制因子有四个，见表 7-24。

表 7-24　控制因子

控制因子	水平 1	水平 2	水平 3
A——铁	2	7	15
B——温度	25	50	75
C——老化时间	1	2	3
D——pH 值	8	10	12

废水成分的变异性被视为噪声因子。人工加入碳酸钠模仿噪声因子，见表 7-25。

表 7-25　噪声因子

噪声因子	水平 1	水平 2	水平 3
N(mol/L)	3.75×10^{-3}	3.75×10^{-2}	7.5×10^{-2}

假设控制因子之间无交互作用。选择正交表 L_9 作为内表能够容纳所有自由度。实验结果见表 7-26。

表 7-26　实验结果

实验序号	控制因子和水平				不同噪声因子水平下的输出（*TRC*，mg/L）						S/N
					N_1		N_2		N_3		η
	A	*B*	*C*	*D*	重复 1	重复 2	重复 1	重复 2	重复 1	重复 2	
1	1	1	1	1	2.24	0.59	5.29	1.75	155.04	166.27	−39.35
2	1	2	2	2	1.75	5.07	1.05	0.41	0.38	0.48	−7.05
3	1	3	3	3	5.32	0.65	0.40	1.07	0.51	0.36	−7.05
4	2	1	2	3	0.37	0.32	0.34	0.68	4.31	0.65	−5.19
5	2	2	3	1	7.20	0.49	0.48	0.44	0.80	0.88	−9.54
6	2	3	1	2	39.17	27.05	46.54	25.77	138.08	165.61	−39.34
7	3	1	3	2	0.57	1.26	0.61	0.70	0.91	1.42	0.28
8	3	2	1	3	3.88	7.85	22.74	36.33	92.80	120.33	−36.20
9	3	3	2	1	15.42	25.52	35.27	48.61	67.56	72.73	−33.79

按照公式(7-19)计算望小型信噪比。

计算信噪比的效应平方和，得

$SS_A=56.6$，$SS_B=234.8$，$SS_C=1704.8$，$SS_D=279.5$，$SS_T=2\,275.7$。

各个效应平方和的贡献率分别为 3%，10%，75%，12%。可见最重要的因子为 *C*，其次为 *D* 和 *B*。因子 *A* 的贡献率较小。

信噪比的主效应图如图 7-21 所示。以最大化信噪比为目标，取 *C* 为水平 3，*D* 取水平 2，*B* 取水平 1，故最优因子组合为 $C_3D_2B_1$。

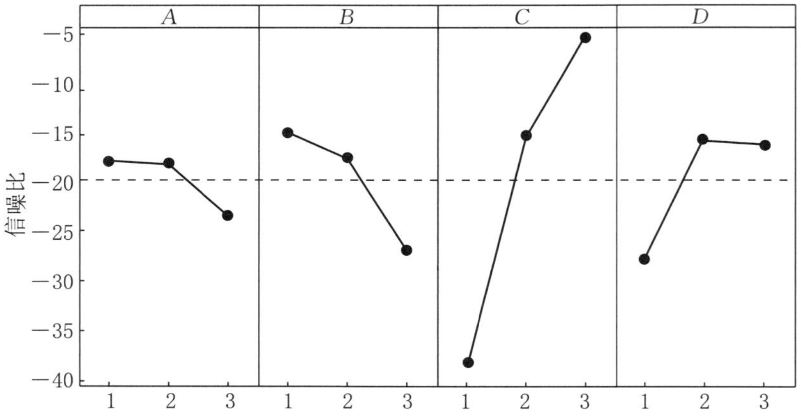

图 7-21　信噪比主效应图

因子 *A* 对信噪比的影响不显著，因此，因子 *A* 的选择可从成本、效率等因素加以考虑。最后，以所确定的最优组合进行若干次确认试验以验证选择的正确性。

四、谢宁方法

（一）多变异分析

多变异分析的目的是找到红 X 可能隐藏的来源，为后续分析工具的选择奠定基础。

变异的来源分为三类，单元内；单元—单元；时间—时间，如图 7-22 所示。

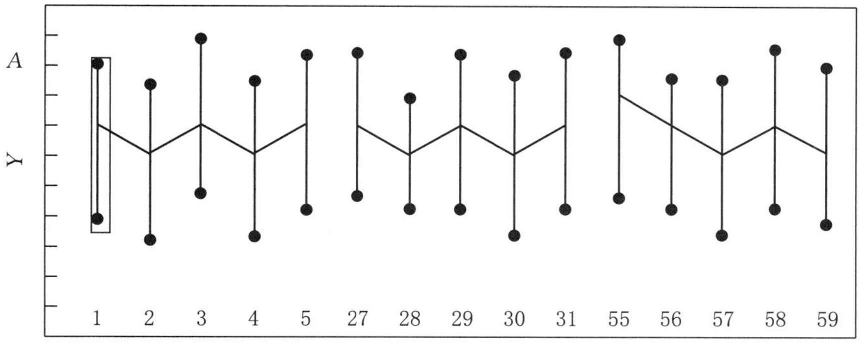

(a)

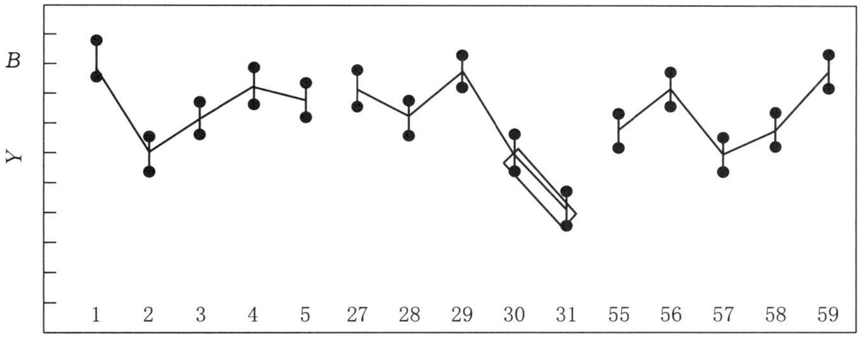

(b)

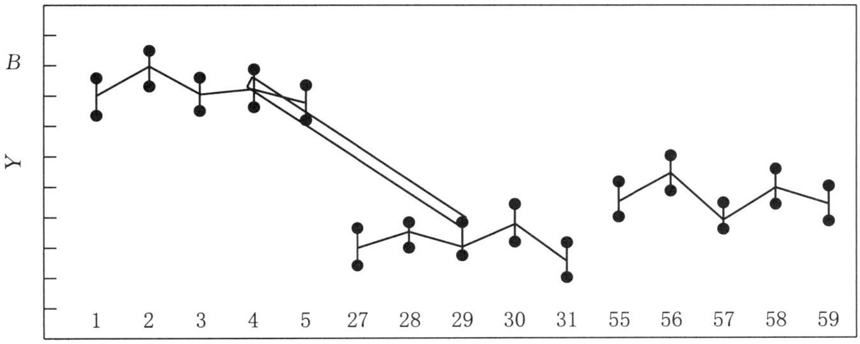

(c)

图 7-22　变异源类型

多变异分析的数据采集方式为：每个时间段采集若干单元；每个单元内采集若干观测值。数据采集表见表 7-27。

表 7-27　多变异分析数据采集表

时间 1								
单元 1			单元 2			单元 3		
位置 1	位置 2	位置 3	位置 1	位置 2	位置 3	位置 1	位置 2	位置 3

（二）部件搜索

1. 部件搜索适用

当多变异分析的结果表明变异的主要来源于“单元—单元”时，则进行部件搜索。通过部件搜索，找到重要变量。

部件搜索工具适用于装配作业的制造过程。“好”和“差”两种部件必须能够拆卸和重新组装而又不会造成初始输出的显著改变。

2. 实施步骤

阶段一：确定样本。

（1）从同一天制造的产品里采集 2 个部件。要求 2 部件的绿 Y 值尽可能相差得远。将其视为最好部件，记做 BOB(best of the best)，最差部件记做 WOW（worst of the worst）。

（2）拆卸、组装 BOB 和 WOW 两次，测量绿 Y。

（3）显著性检验。判断统计上是否 BOB 和 WOW 之间的差别是显著的。

BOB 的 3 个绿 Y 值必须全都好于 WOW 的值，并且他们之间没有交叉覆盖；判定 $D/\bar{d} \geqslant 1.25$。其中 D 为中位数之差，$\bar{d}$ 为极差平均值，即

$$D = Median_{BOB} - Median_{WOW} \tag{7-35}$$

$$\bar{d} = \frac{Range_{BOB} + Range_{WOW}}{2} \tag{7-36}$$

（4）按照装配级别将影响因子由高向低排列，并进入阶段 2 步骤。

（5）如果比率<1.25，则阶段 1 失败。绿 Y 不稳定，说明问题出在装配过程中，而不在部件本身。则开展步进式的拆卸和再组装，并在组装过程中寻找哪一步是红 X。

阶段二：确定子部件的重要性。

（6）将最高级别的子部件从 BOB 交换到 WOW，并将对应的子部件从 WOW 转换到 BOB，记录两个新绿 Y 的测量值。

（7）可能出现 3 个结果：

结果一：BOB 依然是 BOB；WOW 依然是 WOW。意味着所交换的子部件是不重要的。

结果二：BOB 变成了 WOW，而 WOW 变成了 BOB。意味着所交换的子部件是重要的，是一个确定的红 X。

结果三：BOB 部分降级为 WOW，但没有完全降低到 WOW；反之亦然。如果有任何一点超出判断界限之外，则意味着所交换的子部件是重要的。此子部件与其他子部件间存在交互作用。

(8) 将第 7 步的交换子部件复原。

(9) 对下一个级别的子部件，重复第 6 步至第 8 步，以此类推。

(10) 如果在第 9 步之前识别出两个或以上子部件是重要的，则要同时把它们在 BOB 和 WOW 之间交换。如果出现反向效果，则确认其相互作用也是重要的。

判断界限的计算方法：

$$limit = median \pm t_{\frac{\alpha}{2}, n_1+n_2-2}\frac{\bar{d}}{\bar{d}_2} \tag{7-37}$$

其中 $t_{\alpha/2, n_1+n_2-2}$ 可查 t 分布表，$\bar{d}=\dfrac{Range_{BOB}+Range_{WOW}}{2}$，$\bar{d}_2$ 可查表。

阶段三：验证试验。

(11) 将所有未试验过的和不重要的子部件，相对所有重要的子部件进行交换，其结果应当接近阶段 1 的结果。然后将 BOB 与 WOW 反过来进行交换，其结果也应当接近阶段一的结果。

阶段四：析因分析。

(12) 利用在第 1 阶段和第 2 阶段得到的所有数据进行完全析因分析，计算主效应和交互作用效应，并绘制效应图，分析效应结果。

例 7-12 某电子厂生产计时器，要求在 −40 ℃下可靠工作，但是产品质量达不到要求，计时器的组件包括线圈和屏蔽。脉冲触发线圈的销，销通过边臂或电铃曲柄触发计数器，计数器步进一位，计数器连接含有数字轮的数字轮轴上，数字轮由惰轮分隔开，惰轮在惰轮轴上转动，惰轮和数字轮都连在主框架上，主框架由白色硬塑料制成。脉冲由电路板提供。

阶段一：

选择 2 个部件，1 个是 BOB(−40 ℃)，另 1 个是 WOW(0 ℃)。拆卸重装后测得结果，见表 7-28。

表 7-28 拆卸重装观测值

结果	高(好)组件	低(差)组件
初始状态	−40 ℃	0 ℃
第一次拆卸/重新组装	−35 ℃	−5 ℃
第二次拆卸/重新组装	−37 ℃	−7 ℃

① BOB 的 3 个绿 Y 都好于 WOW 的 3 个绿 Y，并且没有交叉覆盖。

② 计算比率：

$$D=(-37)-(-5)=-32$$

$$\bar{d}=\frac{[(-40)-(-35)]+[(-7)-(0)]}{2}=-6$$

$$\frac{D}{\bar{d}}=\frac{-32}{-6}=5.33>1.25$$

结论：显著性是一致的，说明红 X、粉红 X 在部件内，而不在装配技术里。

按照装配顺序对部件排序，见表 7-29。

表 7-29 部件顺序

等级	组　件	标签	等级	组　件	标签
1	线圈，销和轴	A	6	惰轮	F
2	惰轮轴	B	7	数字轮	G
3	数字轮轴	C	8	电路板	H
4	主框架	D	9	其余组件	R
5	电铃曲柄	E			

阶段二：

对部件 A(线圈)进行交换。测得的结果是 BOB 继续是 BOB，WOW 依然是 WOW，所以 A 不是重要的。对部件复原，并对部件 B 以下依次进行交换试验，分析结果见表 7-30。

表 7-30 计时器的部件搜索表

测试序号	组件切换	高级别部件	结果	高控制极限	低级别部件	结果	低控制极限	分析
初始状态		都较高	-40		都较低	0		
第一次拆卸/重新组装		都较高	-35		都较低	-5		
第二次拆卸/重新组装		都较高	-37		都较低	-7		
1	A	A_LR_H	-40	-27.8 和 -46.2	A_HR_L	-5	-14.2 和 +4.2	A 不重要
2	B	B_LR_H	-35	-27.8 和 -46.3	B_HR_L	0	-14.2 和 +4.2	B 不重要
3	C	C_LR_H	-35	-27.8 和 -46.4	C_HR_L	-5	-14.2 和 +4.2	C 不重要
4	D	D_LR_H	-20	-27.8 和 -46.5	D_HR_L	-5	-14.2 和 +4.3	D 重要
5	E	E_LR_H	-40	-27.8 和 -46.6	E_HR_L	0	-14.2 和 +4.3	E 不重要
6	F	F_LR_H	-40	-27.8 和 -46.7	F_HR_L	-5	-14.2 和 +4.2	F 不重要
7	G	G_LR_H	-20	-27.8 和 -46.8	G_HR_L	-5	-14.2 和 +4.2	G 重要
8	H	H_LR_H	-35	-27.8 和 -46.9	H_HR_L	0	-14.2 和 +4.2	H 不重要
9	R	$D_HG_HR_L$	-40	-27.8 和 -46.10	$D_LG_LR_H$	9	-14.2 和 +4.2	R 不重要

结论：

① 部件 A，B，C，E，F，H 在高和低控制极限内，它们是不重要的。

② 部件 D，G 超出高控制极限，所以它们是重要的。

③ 部件 D 和 G 的组合超出高和低控制极限，所以 D 和 G 的交互作用也是重要的。

阶段三：

对部件 D 与 G 做析因分析，方法参考本节的第二部分。

结论：由以上分析可得出主框架和数字轮是导致性能下降的主要部件。管理层决定制作实物大小模型。为了解决问题，将第 1 个数字轮与主框架隔离开来。在温度临界点进行测量。结果发现主框架有高达 0.002 英寸的收缩，这使得数字轮和惰轮轴过于接近。第 1 个数字轮偏离中心 0.005 英寸。当收缩率与偏心率相吻合时，计数器卡住了。根据结果工程师给出两个可选方案：方案一，重新设计主框架，需耗资 5 万元；方案二，改变数字轮的技术规格要求和公差，成本低。综合考虑决定选择方案二。

（三）配对比较

当部件是不可拆卸时，寻找来自“单元—单元”变异源的红 X 时可用配对比较。当部件搜索后，过滤出的红 X 不能再进行拆卸时，也可用配对比较法作为后续工作。

配对比较的基本思路：选取 6～8 个好产品与 6～8 个差产品。以某搜索对象（如工艺参数）的测量值排序，标注相对应的产品质量，即好或差。累加顶部与底部全部好与差的产品数量，根据 Tukey 检验法判断该搜索对象对产品质量是否重要。

Tukey 检验的顶部加底部全部好与差的产品总数对应的置信度水平，见表 7-31。

表 7-31　Tukey 检验表

总结束次数	置信度
6	90%
7	95%
10	99%
13	99.90%

例 7-13　柱塞密封出现漏油问题。抽取 8 个漏油的和 8 个不漏油的部件测量。参数包括涡轮摇杆、油漏、涡轮表面光洁度、密封高度、垫圈厚度。

以涡轮摇杆参数的重要性分析为例。将涡轮摇杆参数的测量值排序，并标注产品是否漏油，见表 7-32。

表 7-32　涡轮摇杆参数排序

漏油的	不漏油的
0.007	
0.011	
0.014	
0.015	
	0.016
0.017	0.017
0.018	0.018
0.019	0.019
	0.021
0.022	
	0.023
	0.023
	0.024

计算全部漏油和不漏油的样本总数为 4＋3＝7。因此对于柱塞密封漏油问题，有 95% 的置信度认为涡轮摇杆是重要的影响因子。用同样的方法对其他工艺参数进行分析。

（四）产品/过程搜索

当多变异分析结果显示红 X 来源于“时间—时间”变异源时，可用产品/过程搜索找出随时间波动的过程参数。产品/过程搜索方法与部件搜索相似。

(五) 变量搜索

变量搜索的目的是在少量因子中进一步筛选重要的因子。可对全部的主效应、二阶、三阶和大多数四阶交互作用效应进行分离。变量搜索的优点是试验次数少,对 10 个因子最多需要 26 次试验。

变量搜索的基本原理与部件搜索相同。不同之处是因子水平的选择,包括最佳水平为有可能生成最佳绿 Y 的水平;临界水平为正常条件下与最佳水平有一定偏离的水平。

第五节　可靠性设计

一、概述

(一) 可靠性的内涵

可靠性指产品在规定的条件下、规定的时间内完成规定功能的能力。

1. 规定的条件

规定的条件指产品使用时的应力条件、环境条件及储存条件等,如载荷、温度、湿度、腐蚀介质等。此外,还包括操作技术、维修保养条件等。

2. 规定的时间

规定的时间指产品的工作时间。

3. 规定的功能

规定的功能指产品应具有的技术指标。

(二) 可靠度

可靠度指产品在规定条件下和规定时间内完成规定功能的概率,记作 $R(t)$。

假设有 n_0 个相同的组件,在某一个试验条件下进行测试。在时间 $(t-\Delta t,\ t)$ 内,有 $n_f(t)$ 个组件失效、$n_s(t)$ 个组件正常工作,记 $n_f(t)+n_s(t)=n_0$。可靠度表示正常工作的累积概率函数,在时刻 t,可靠度 $R(t)$ 为:

$$R(t)=\frac{n_s(t)}{n_s(t)+n_f(t)}=\frac{n_s(t)}{n_0} \tag{7-38}$$

如果用随机变量 T 表示失效时间,则时刻 t 的可靠度函数可表示为:

$$R(t)=P(T>t) \tag{7-39}$$

可靠度函数 $R(t)$ 的基本形态,如图 7-23 所示。

失效累积分布函数 $F(t)$ 是 $R(t)$ 的补集,称为不可靠度函数 $F(t)$,有:

$$R(t)+F(t)=1 \tag{7-40}$$

如果失效时间 T 存在概率密度函数 $f(t)$,即 $F(t)$ 可导,则:

$$f(t)=\frac{\mathrm{d}F(t)}{\mathrm{d}t}=-\frac{\mathrm{d}R(t)}{\mathrm{d}t} \tag{7-41}$$

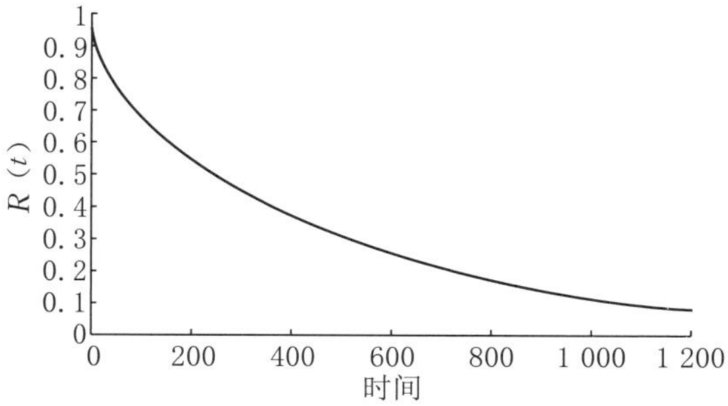

图 7-23　可靠度函数

故有：

$$R(t)=1-F(t)=1-\int_0^t f(t)\mathrm{d}t \tag{7-42}$$

由式(7-42)，可得产品在时间段内出现失效的概率为：

$$\int_{t1}^{t2} f(t)\mathrm{d}t=R(t_1)-R(t_2) \tag{7-43}$$

（三）失效率函数

在$[t_1,\ t_2]$区间内定义失效率：在 t_1 之前失效没有发生，在此区间内发生失效的概率。

$$\frac{R(t_1)-R(t_2)}{(t_2-t_1)R(t_1)} \tag{7-44}$$

如果以 t 代替 t_1，以 $t+\Delta t$ 代替 t_2，则失效率可重写为：

$$\frac{R(t)-R(t+\Delta t)}{R(t)\Delta t} \tag{7-45}$$

失效率函数的定义：当 Δt 趋近于 0 时，失效率的极限可表示为：

$$\begin{aligned} h(t) &= \lim_{\Delta t\to 0}\frac{R(t)-R(t+\Delta t)}{R(t)\Delta t}=\lim_{\Delta t\to 0}\frac{-[R(t+\Delta t)-R(t)]}{\Delta t}\frac{1}{R(t)} \\ &= \frac{-\mathrm{d}R(t)}{\mathrm{d}t}\frac{1}{R(t)}=\frac{f(t)}{R(t)} \end{aligned} \tag{7-46}$$

以失效率函数表示可靠度函数为：

$$R(t)=\mathrm{e}^{-\int_0^t h(t)\mathrm{d}t} \tag{7-47}$$

失效率是一个关于时间的函数。以随时间变化的失效率描述产品生命周期的图形称为浴盆曲线，如图 7-24 所示。

浴盆曲线的三个阶段：

第一阶段：早期失效期。早期由于制造缺陷、设计错误或装配瑕疵，产品不合格率高，样本有很高的失效率。随着失效组件被移除，失效间隔时间缩短，失效率逐渐下降。

第二阶段：恒定失效期。失效率逐渐趋于常数，且一般是不可预测的随机失效，失效原因为材料缺陷、制造缺陷的随机发生。

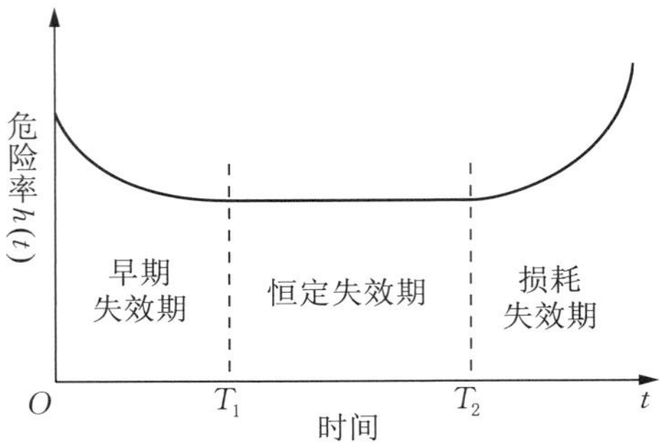

图 7-24　浴盆曲线

第三阶段：损耗失效期。失效率显著上升。失效的发生不再是随机的，而与器件的使用时间和损耗程度有关。在此阶段，失效率迅速上升直至使用寿命结束。

（四）平均失效前时间（MTTF）

平均失效时间指不可维修的系统至发生故障为止的工作时间的平均值。

平均失效时间为：

$$MTTF = \int_0^{\infty} tf(t)\mathrm{d}t = \int_0^{\infty} R(t)\mathrm{d}t \tag{7-48}$$

（五）可靠性设计

可靠性设计是指为了满足可靠性定性和定量要求，根据可靠性理论与方法，结合以往产品的设计经验和教训，利用成熟的可靠性设计技术，使产品零部件以及整机的设计满足或达到可靠性指标的过程。

可靠性设计是可靠性工程中最重要的组成部分，也是提高产品固有可靠性水平的基本措施。

可靠性设计的关键流程包括识别、设计、分析、验证、确认、监控等阶段。

二、系统可靠性

（一）可靠性框图

可靠性框图是用图形描述产品系统内各工作单元之间的逻辑关系。建立系统的可靠性框图，应对系统内各单元的功能有系统的了解。同时忽略一些次要因素，以抓住主要矛盾。

例 7-14　汽车可分解为五大子系统：发动机、变速箱、制动器、转向器、轮轴子系统。汽车的可靠性框图，如图 7-25 所示。

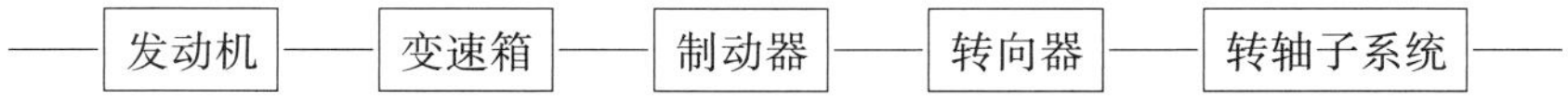

图 7-25　汽车系统的可靠性框图

系统原理图与可靠性框图可以是不同的。同一系统，要求功能不同，可靠性框图也不一样。建立可靠性框图的目的是建立系统的可靠性数学模型。为系统可靠性的计算与分析建立基础。

（二）系统可靠性模型

对参数进行如下假设：

x_i = 第 i 个单元处于运行状态；

$\bar{x}_i$ = 第 i 个单元处于失效状态；

$P(x_i)=R_i$ = 第 i 个单元正在运行的概率；

$P(\bar{x}_i)=1-R_i$ = 第 i 个单元未运行（失效）的概率；

R_s = 系统的可靠度。

1. 串联系统。

由 n 个组件（或子系统）串行连接构成的系统。任何组件的任意一种失效都会导致整个系统失效。

串联系统可靠性框图，如图 7-26 所示。

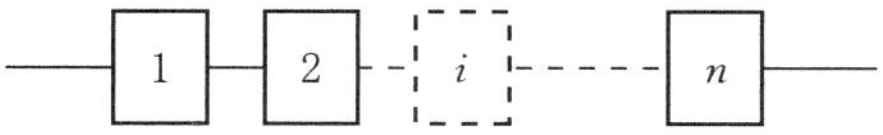

图 7-26　串联系统可靠性框图

串联系统的可靠性为所有单元可靠性函数的乘积。设每个单元的可靠性为 R_i，则串联系统可靠性为：

$$R_s=\prod_{i=1}^{n}P(x_i)=\prod_{i=1}^{n}R_i \tag{7-49}$$

2. 并联系统

系统由 n 个组件以并联的方式连接。任何一条通路正常运转则系统正常。当所有通路都失效时，系统才失效。

并联系统可靠性框图，如图 7-27 所示。

并联系统可靠度为：

$$R=1-\prod_{i=1}^{n}P(\bar{x}_i) \tag{7-50}$$

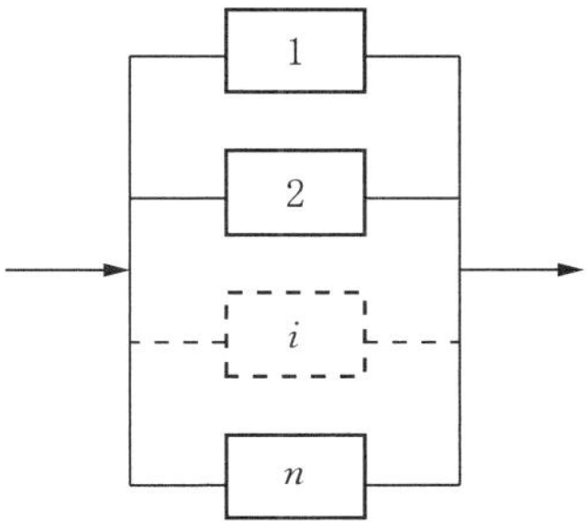

图 7-27　并联系统可靠性框图

3. 表决系统

设有一个由按 n 个单元组成的系统，其中任意 r 个正常工作时系统就能正常工作，称为 n 中取 r 系统。

设第 i 个单元的可靠度为 R_i，不可靠度为 F_i，用概率法可求得 r/n 系统可靠度为：

$$R_s(t)=\sum_{i=0}^{k=n-r}C_n^iR_i^{n-i}(t)F_i(t) \tag{7-51}$$

三、可靠性分配

可靠性分配指将设计规定的系统可靠度指标合理地分配给组成该系统的各个单元，确定系统各组成单元的可靠性指标定量要求，从而使整个系统可靠性指标得到保证。

(一) 等分配法

不考虑单元的重要程度,将系统的可靠度平均地分配给各单元。在各单元的可靠度大致相同,复杂程度相差无几的情况下,可平均分配系统可靠度。

假设将系统看作串联系统,设各单元的可靠度为 R_i,则每个单元的可靠度为:

$$R_i = R_s^{1/n}\ (i = 1,\ \cdots,\ n) \tag{7-52}$$

其中 n 为单元总个数,R_s 为系统可靠度。

假设将系统看作并联系统,设各单元的可靠度为 R_i,则每个单元的可靠度为:

$$R_i = 1 - (1 - R_s)^{1/n}\ (i = 1,\ \cdots,\ n) \tag{7-53}$$

其中 n 为单元总个数,R_s 为系统可靠度。

此方法未考虑各单元的可靠度、工作时间、重要性与复杂程度等。因此,可能会出现有的单元可靠度达不到分配到的可靠度,或者分配给单元的可靠度低于原有可靠度。这种方法只能在完全得不到可靠度预计数据的情况下使用。

例 7-15 某产品由 5 个部件组成串联系统,要求该产品的可靠度为 0.99,使用等分配法给每个部件的可靠度为多少?

$R_i(t) = [R_s(t)]^{1/n} = 0.99^{1/5} = 0.998\ 99$

故每个部件的可靠度为 0.998 99。

(二) AGREE 分配法

AGREE 分配法的全称为美国电子设备可靠性咨询组。此法为考虑重要度和复杂度的可靠度分配法,适用于各单元工作期间的故障率为常数的串联系统。此法需具有各单元的复杂性和重要性信息。

假设系统由 n 个单元组成,每个单元含有 n_i 个模块。如果目的是给系统的每个模块分配相同份额的可靠度,则第 i 个单元的失效率为

$$\lambda_i = -\frac{1}{t_i}\ln\left(1 - \frac{1 - [R_s(t)]^{n_i/N}}{w_i}\right),\ i = 1,\ 2,\ \cdots,\ n \tag{7-54}$$

式中:

t 为系统运行时间;

$R_s(t)$为系统在 t 时刻的可靠度;

n 为单元数量;

n_i 为第 i 个单元的模块数量,即复杂度;

$N = \sum_{i=1}^{n} n_i$ 为系统中模块的总数;

t_i 为第 i 个单元的工作时间;

λ_i 为第 i 个单元的失效率;

w_i 为第 i 个单元发生失效的情况下,系统失效的概率,即重要度。

例 7-16 某收发器由 4 个部件组成:接收器、电源、发射器和天线系统。该系统在时间 1 000 小时要求的可靠度为 0.99。表 7-33 为各部件的模块数、重要性因子和工作时间。

表 7-33　收发器的模块数、重要性因子和工作时间

部　件	重要性因子	工作时间	模块数
接收器	0.8	1 000	25
天　线	1.0	1 000	15
发射器	0.7	500	23
电　源	1.0	1 000	70

总模块数是 133，因此以串联系统分配第 i 个部件的可靠度为 $0.99^{n_i/133}$。根据前面给出的公式得到计算结果，见表 7-34。

表 7-34　收发器可靠性分配结果

部　件	失效率	MTTF	可靠度	系统可靠度
接收器	2.362×10^{-6}	423 369	0.997 6	0.998 1
天　线	$1.133\,5\times10^{-6}$	882 227	0.998 9	0.998 9
发射器	$4.967\,6\times10^{-6}$	201 303	0.997 5	0.998 3
电　源	$5.289\,6\times10^{-6}$	189 048	0.994 7	0.994 7

（三）ARINC 分配法

ARINC 分配法适用于故障率恒定的串联子系统，任意一个子系统发生故障都会使整个系统发生故障，而且各子系统的任务时间与系统任务时间相等。

$$\lambda_i^* = w_i\lambda^* \tag{7-55}$$

式中 $w_i=\lambda_i/\sum_{i=1}^{n}\lambda_i$（加权因子）；$n$ 为下一层次组成的单元数；λ^* 为要求的系统失效率；λ_i 为单元 i 的失效率；λ_i^* 为分配到单元 i 的失效率要求。

例 7-17　设有一个由 3 个分系统组成的系统，其预计的故障率分别为：$\lambda_1=0.003$，$\lambda_2=0.001$，$\lambda_3=0.004$（故障数/小时），该系统的任务时间是 20 小时，系统要求可靠度为 0.9。试求分系统的可靠度要求。

由 $R^*(20)=e^{-1\times20}=0.9$，则 $\lambda^*=0.005(1/\text{h})$

计算权重：

$w_1=0.003/(0.003+0.001+0.004)=0.375$

$w_2=0.001/(0.003+0.001+0.004)=0.125$

$w_3=0.004/(0.003+0.001+0.004)=0.5$

计算分系统故障率：

$\lambda_1^*=0.375\times0.005=0.001\,875$

$\lambda_2^*=0.125\times0.005=0.000\,625$

$\lambda_3^*=0.5\times0.005=0.002\,5$

计算相应分系统分配的可靠度要求：

$R_1^*(20)=e^{(-20\times0.001\,875)}=0.96$

$R_2^*(20)=e^{(-20\times0.000\,625)}=0.99$

$R_3^*(20)=e^{(-20\times0.002\,5)}=0.95$

（四）评分分配法

通过对影响产品可靠性的几种因素评分，并对评分值进行综合分析以获得各单元产品之间的可靠性相对比值——分配系数，再根据分配系数给每个单元产品的可靠性指标进行分配的方法。

$$\lambda_i = C_i\lambda_s \tag{7-56}$$

式中，$C_i = w_i/w$ 为分系统 i 的归一化因子；

$W_i=\prod_{j=1}^{m}\gamma_{ij}$ 为分系统 i 的因子之积；$W=\sum_{i=1}^{n}w_i$；

n 为分系统数目；

λ_s 为要求的系统失效率；

λ_i 为分配给分系统 i 的失效率；

γ_{ij} 为分系统 i 的第 j 个因子；

m 为考虑因素的数目。

评分分配法通常考虑的评分因素有复杂程度、技术成熟水平、工作时间、环境条件等。根据系统的特点可以增加或减少评分因素。评分准则是评分的依据。

评分的分级可分为 5 级，每级的分数为 1～2，3～4，5～6，7～8，9～10，并明确描述每个级别的判定标准。

例 7-18 某飞机由发动机、武器、导航、飞控和辅助动力装置等 6 个子系统组成。该飞机在 120 小时内的可靠度为 0.9。根据已有经验能够对飞机复杂程度、技术水平、工作时间和环境条件作出工程估计。各子系统及其评分见表 7-35。试计算每个子系统要求的故障分配值。

表 7-35 飞机故障率分配

子系统	复杂程度	技术水平	工作时间	环境条件	总分	归一化因子	分配的故障率
发动机	5	6	5	5	750	0.097	85
武　器	7	6	2	10	840	0.109	96
导　航	10	10	5	5	2 500	0.324	284
飞　控	8	8	5	7	2 240	0.290	255
结　构	4	2	10	8	640	0.083	73
辅助动力	6	5	5	5	750	0.097	85
总　计					7 720	1	878

分配过程见表 7-36。

表 7-36 分配过程

分配步骤	计算
(1) 计算各分系统的评分值乘积 W_i^*，并求总和 W	$W_1=5\times6\times5\times5=750$ $W_2=7\times6\times10\times2=840$ ⋮ $W_6=6\times5\times5\times5=750$
(2) 求每个分系统的归一化因子	$C_1=750/7\,720=0.097$ $C_2=840/7\,720=0.109$ ⋮ $C_6=750/7\,720=0.097$
(3) 根据系统的技术规范计算系统故障率	$\lambda_s=-\ln 0.9/120=878/10^6\ \text{h}$
(4) 计算各分系统要求分配的故障率	$\lambda_1=0.097\times878=85.17/10^6\ \text{h}$ $\lambda_2=0.109\times878=96.7/10^6\ \text{h}$ … $\lambda_6=0.097\times878=85.17/10^6\ \text{h}$
(5) 将 λ_i^* 四舍五入成为两位有效数并求和后与(3) λ_i^* 的结果比较	$\lambda_i^*=85+96+284+255+73+85$ $=878/10^6\ \text{h}\leqslant\lambda_s^*$

四、可靠性预计

可靠性预计指产品还处在设计阶段时，就要推算产品可能达到的可靠性水平，以便对各种设计方案进行比较；或通过预计发现薄弱环节，以便加以改进。

（一）数学模型法

对于能够直接给出可靠性数学模型的串联系统、并联系统、混联系统、表决系统等，可以采用系统可靠性的计算方法预计系统可靠性。

（二）相似预计法

将新设备与相似的旧设备进行比较，后者可靠性评估值已知，从而获得新设备可靠性预计。相似设备法适用于设计初期作粗略预计，尤其对非电子产品。

新旧设备的相似至少满足以下条件：

(1) 产品的功能和工作原理相似。

(2) 产品的结构状态相似。

(3) 产品的生产条件相似。

(4) 产品的任务剖面相似，主要是任务时间相近、任务时间内所经历的环境条件相似。

(5) 产品的试验条件相似。

（三）元器件计数法

元器件计数法适用于研制早期阶段，基本假设是系统的故障率服从指数分布。

元器件计数法的具体做法：统计每一类元器件的数目。用该类元器件的通用失效率乘以元器件的数目，然后把各类元器件的乘积累加起来，从而得到每个设备（或分系统）的故障率。

$$\lambda_s=\sum_{i=1}^{n}N_i\lambda_{G_i}\pi_{Q_i} \tag{7-57}$$

其中，λ_s——系统故障率；λ_{Gi}——第 i 种元器件的通用失效率；π_{Q_i}——第 i 种元器件的

质量等级；N_i——第 i 种元器件的数量($i=1, 2, \cdots, n$)。n 为元器件种类数。

（四）功能预计法

功能预计法是一种把设备或系统预期的可靠性与其功能联系起来的预计方法。该方法的适用条件是已知设备的功能与可靠性水平的回归方程及其各个系数的数值。以统计设备的功能特性和观测到的工作可靠性之间的相关关系为基础，最后得到重要的设备功能与可靠性的回归方程。

（五）上下限法

上下限法常用于复杂系统的可靠性预计，其基本思想是：由于系统的复杂性，计算其可靠度真值比较困难，于是设法预计两个近似值，一个称为可靠度上限，一个称为可靠度下限，然后取上下限的几何平均值作为系统的可靠度预计值。

（六）回归模型预计法

回归模型预计法适用于过于复杂，且单元数据缺乏的场合。

该方法认为系统可靠性是由某些起较大作用的因素决定的，如果能找到这两者之间的关系，那么就可根据这些因素来预计系统的可靠性。

首先，找到影响可靠性的若干个系统的特性参数，并对这些参数与可靠性的相互关系积累试验数据。然后，用多变量线性回归分析方法获得统计关系，建立回归模型。利用该模型对新设计系统可靠性指标进行预计。

五、冗余设计

冗余设计通过多套附加的并联单元实现同一功能来达到提高可靠性的目的。冗余设计需要综合考虑增加额外部件的成本、系统的尺寸或重量、维修和预防性维护的增加等。

（一）资源耗费极小的冗余设计

1. 设计要求

假设有 k 个单元构成的串联系统，约束条件为：

$$\prod_{i=1}^{k}(1-q_i^{n_i}) \geqslant R_0 \tag{7-58}$$

在约束条件下，求各单元最优配置方案 $n=\{n_1, n_2, \cdots, n_k\}$，使资源耗费最小。

资源耗费为：

$$\sum_{i=1}^{k} G_i n_i \tag{7-59}$$

式中，R_0——系统可靠性指标；q_i——第 i 个单元的不可靠性；n_i——第 i 个单元的并联个数；G_i——第 i 个单元的资源耗费。

2. 设计步骤

(1) 计算当前系统可靠性。如当前系统可靠性低于目标值，则考察各单元随并联个数的增加引起的不可靠性改变量，以及改变量对相应单元资源耗费的比值，即：

$$\Delta Q/G_i = (q_i^{n_i} - q_i^{n_i+1})/G_i \tag{7-60}$$

$\Delta Q/G_i$ 的值表示单位资源耗费所带来的不可靠性的变化程度。显然，$\Delta Q/G_i$ 比值最大的单元最值得改善。

（2）令：

$$\max_{1<i<k}(\Delta Q_i/G_i)=\Delta Q_j/G_j,\ j=1,\cdots,k \tag{7-61}$$

选择在比值最大的第 j 个单元上增加一个并联单元。

（3）计算增加并联单元后的系统可靠性：

$$R=(1-q_j^{n_j+1})\prod_{\substack{i=1\\i\neq j}}^{k}(1-q_i^{n_i}) \tag{7-62}$$

若 $R<R_0$，则返回第(1)步，继续选择增加并联的单元。若 $R\geqslant R_0$，则停止运行，获得最终设计结果。

例 7-19 某系统由 4 个单元串联组成，各单元系数，见表 7-37。要求用最少的费用使系统可靠性提高到 0.99 以上。

表 7-37 串联单元

单元	1	2	3	4
不可靠性	0.008	0.04	0.01	0.01
购置费/万元	2	3	1.5	1

设计步骤见表 7-38。第 1 步，计算当前系统可靠性为 0.933。由于小于目标值 0.99，故计算 $\Delta Q_i/G_i$。选取其中的最大值 0.012 8 所对应的单元 2 作为增加冗余的单元。第 2 步，计算增加冗余后的系统可靠性为 0.97。由于仍不能满足要求，则需继续选择增加冗余的单元。依此类推，直到第 4 步，系统可靠性大于目标值时停止，完成最终设计。最终设计方案为 $n=\{1,2,2,2\}$。此方案所需费用为

$$\sum_{i=1}^{4}G_in_i=1\times2+2\times3+2\times1.5+2\times1=13(\text{万元})$$

表 7-38 可靠性分配过程

步骤	参数	单元 1	单元 2	单元 3	单元 4
1	n_i	1	1	1	1
	Q_i	0.008	0.04	0.01	0.01
	R	$(1-0.008)(1-0.04)(1-0.01)(1-0.01)=0.933<0.99$			
	ΔQ_i	0.007 984	0.038 4	0.009 9	0.009 9
	$\Delta Q_i/G_i$	0.003 992	0.012 8	0.006 6	0.009 9
2	n_i	1	2	1	1
	Q_i	0.008	0.001 6	0.01	0.01
	R	$(1-0.008)(1-0.001\,6)(1-0.01)(1-0.01)=0.97<0.99$			
	ΔQ_i	0.007 984	0.001 536	0.009 9	0.009 9
	$\Delta Q_i/G_i$	0.003 992	0.000 512	0.006 6	0.009 9

续 表

步骤	参数	单元 1	单元 2	单元 3	单元 4
3	n_i	1	2	1	2
	Q_i	0.008	0.001 6	0.01	0.000 1
	R	(1－0.008)(1－0.001 6)(1－0.01)(1－0.000 1)＝0.98<0.99			
	ΔQ_i	0.007 984	0.001 536	0.009 9	0.000 099
	$\Delta Q_i/G_i$	0.003 992	0.000 512	0.006 6	0.000 099
4	n_i	1	2	2	2
	Q_i	0.008	0.001 6	0.000 1	0.000 1
	R	(1－0.008)(1－0.001 6)(1－0.000 1)(1－0.000 1)＝0.990 2>0.99			
	ΔQ_i				
	$\Delta Q_i/G_i$				

（二）系统可靠性最大的冗余设计

1. 设计要求

假设有 k 个单元构成的串联系统，在约束条件

$$\sum_{j=1}^{k} G_{ij}(n_j) \leqslant B_i,\ i=1,\ \cdots,\ l \tag{7-63}$$

之下选取 n_j 使系统可靠性

$$R_s=\prod_{i=1}^{k} R_j(n_j) \tag{7-64}$$

达到最大。式中 $G_{ij}(n_j)$ 为第 j 个单元的第 i 项资源（如费用、质量、体积等），它们是第 j 个单元并联个数 n_j 的线性或非线性函数，B_i 为第 i 项资源的容许界限。

2. 设计步骤

（1）将各单元现有可靠性值由小到大排列，选择可靠性最低的单元增加一个并联。

（2）检验是否满足资源约束条件。如满足约束条件，重新计算各个单元的可靠性，然后返回第（1）步，继续增加并联单元。如在第 m 步超过约束条件的任何一项，则进入第（3）步。

（3）退回到第 $m-1$ 步。检查第 $m-1$ 步的其他单元是否仍有可能在满足约束条件的前提下增加并联。当所有单元均无法增加并联时结束设计。

例 7-20 设由 5 个单元串联组成的系统，各单元可靠性 r_j，费用 G_j，质量 W_j，体积 V_j 的数值分别见表 7-39。如费用、质量、体积分别限制在 50 万元、600 kg、55 m^3 条件下，怎样配置各单元，才能使系统可靠性达到最大？

表 7-39 各单元的可靠性与资源耗费

r_j	G_j（万元）	W_j（kg）	V_j（m^3）
0.9	4	40	6
0.95	10	30	3
0.97	5	90	7

续 表

r_j	G_j(万元)	W_j(kg)	V_j(m^3)
0.99	6	50	5
0.999	2	100	10
$R_s=0.82$	27	310	31

设计步骤见表 7-40。第 1 步,选择可靠性最小的单元 1 增加并联。第 2 步,按照增加单元 1 的资源耗费判断仍然满足约束条件。因此重新计算单元 1 的可靠性为0.99,并继续选择可靠性最小的单元 2 增加并联。依此类推,直到第 5 步出现费用值超出限制的情况,则停止运行,返回第 4 步。分析第 4 步的配置结果发现在现有资源约束下单元 1 仍可增加一个并联,而其他单元的增加都将超出资源约束。因此,最终设计方案为 $n=\{3, 2, 2, 1, 1\}$。

表 7-40　设计步骤

步骤	配置	$C\leqslant50$	$W\leqslant600$	$V\leqslant55$	R_1	R_2	R_3	R_4	R_5
1	1111	27	310	31	0.9	0.95	0.97	0.99	0.999
2	21111	31	350	37	0.99	0.95	0.97	0.99	0.999
3	22111	41	380	40	0.99	0.997 5	0.97	0.99	0.999
4	22211	46	470	47	0.99	0.997 5	0.999 1	0.99	0.999
5	22221	52	520	52	0.99	0.997 5	0.999 1	0.999 9	0.999
最终	32211	50	510	53	0.999	0.997 5	0.999 1	0.99	0.999

系统可靠性模型为:

$$R_s=[1-(1-R_1)^3][1-(1-R_2)^2][1-(1-R_3)^2]R_4R_5$$

系统可靠性为:

$R_s=0.999\times0.997\,5\times0.999\,1\times0.99\times0.999=0.984\,7$

资源耗费情况为:

$$C_s=\sum_{j=1}^{5}\sum_{i=1}^{n_j}C_{ij}=50(\text{万元})$$

$$W_s=\sum_{j=1}^{5}\sum_{i=1}^{n_j}W_{ij}=510(\text{kg})$$

$$V_s=\sum_{j=1}^{5}\sum_{i=1}^{n_j}V_{ij}=53(\text{m}^3)$$

六、降额设计

可靠性降额指使构成设备的组件在使用中所承受的应力值低于其设计的额定值,以达到延缓其参数退化、延长工作寿命、提高使用可靠性的目的。降额设计广泛应用于电子元器件,同时对于电控系统、机械零部件、机械结构都有使用。

通常元器件有一个最佳降额范围。在此范围内,元器件工作应力的降低对其失效率的下降有显著的改善,设备的设计易于实现,且不必在设备的重量、体积、成本方面付出较大的代价。

按设备可靠性、设计的成熟性、维修费用和难易程度、安全性等要求，以及对设备重量和尺寸的限制因素，综合权衡确定其降额等级。通常在最佳降额范围内推荐采用以下三个降额等级（见表 7-41）。

（一）Ⅰ级降额

Ⅰ级降额是最大的降额，对元器件使用可靠性的改善最大。超过它的更大降额，通常对元器件可靠性的提高有限，且可能使设备设计难以实现。

Ⅰ级降额适用于下述情况：设备的失效将导致人员伤亡或装备与保障设备的严重损坏；对设备有高可靠性要求，且采用新技术、新工艺的设计；由于费用和技术原因，设备失效后无法或不宜维修；系统对设备的尺寸、重量有苛刻的限制。

（二）Ⅱ级降额

Ⅱ级降额是中等降额，对元器件使用可靠性有明显改善。Ⅱ级降额在设计上较Ⅰ级降额易于实现。

Ⅱ级降额适用于下述情况：设备的失效将可能引起装备与保障设备的损坏；有高可靠性要求，且采用了某些专门的设计；需支付较高的维修费用。

（三）Ⅲ级降额

Ⅲ级降额是最小的降额，对元器件使用可靠性改善的相对效益最大，但可靠性改善的绝对效果不如Ⅰ级和Ⅱ级降额。Ⅲ级降额在设计上最易实现。

Ⅲ级降额适用于下述情况：设备的失效不会造成人员的伤亡和设备破坏；设备采用成熟的标准设计；故障设备可迅速、经济地加以修复；对设备的尺寸、质量无大的限制。

表 7-41　降额等级的划分

降额等级	Ⅰ级	Ⅱ级	Ⅲ级
降额程度	大	中	小
可靠性改善程度	大	中	小
适用情况	设备故障导致人员伤亡或装备与保障设备严重损坏	设备故障引起装备与保障设备的损坏	设备故障不会造成人员伤亡和设备的损坏
	对设备有高可靠性要求	对设备有较高可靠性要求	
	采用新技术、新工艺	采用某些专门设计	采用成熟的标准设计
	故障设备无法或不易维修	故障设备的维修费用较高	故障设备可迅速、经济的修复
	设备内部结构紧凑，散热差		
实现难易程度	困难	一般	容易
费用增加程度	高	中	低

降额可以有效地提高元器件的使用可靠性，但降额是有限度的。通常，超过最佳范围的更大降额，元器件可靠性改善的相对效益下降。而设备的重量、体积和成本却会有较快的增加。有时过度的降额会使元器件的正常特性发生变化，甚至有可能找不到满足设备或电路功能要求的元器件；过度的降额还可能引入元器件新的失效机理，或导致元器件数量发生不必要的增加，结果反而会使设备的可靠性下降。

本章小结

任务分解法能够将复杂任务分解为多个简单任务、将项目分解为可管理的活动、可作为项目计划和跟踪的基础。

产品质量先期策划是确保产品质量符合要求，提升顾客满意度的一种结构化方法。APQP的五个阶段贯穿于产品的整个生命周期。APQP通过对产品设计和开发的控制，确保产品质量满足顾客要求、提高效率和降低成本，从而提高企业利润。

质量功能展开是一种把顾客方或市场的要求转化为设计要求、生产制造要求、试验检验要求、售后服务要求等的多层次质量演绎分析方法。

实验设计以对影响因子的筛选、优化及稳健性设计为目的，并通过设计一系列试验并分析试验结果实现。实验设计的类型包括析因设计、田口方法及谢宁方法。

可靠性设计是为了满足可靠性定性和定量要求，根据可靠性理论与方法，结合以往产品的设计经验和教训，利用成熟的可靠性设计技术，使产品零部件及整机的设计满足或达到可靠性指标的过程。可靠性设计的内容包括系统可靠性、可靠性分配、可靠性预计、冗余设计、降额设计等。

思考题

一、简答题

1. 简述任务分解法的过程。
2. 简述APQP的五个阶段及其输入与输出，并说明各阶段之间有何相互关系。
3. 顾客的呼声包括哪些内容？您认为最重要的顾客呼声是什么？
4. 设计评审、设计验证、设计确认有何区别？
5. 反馈、评定和纠正措施阶段的主要任务是什么？
6. 简述QFD的四个阶段及主要步骤。
7. 简述质量屋的构成及分析方法并画出示意图。
8. 简述实验设计的基本流程。
9. 简述正交表的特点。
10. 简述部件搜索的基本步骤。
11. 简述可靠性预计的一般程序。
12. 简述系统可靠性最大的冗余设计步骤。

二、选择题

1. 以下关于工作分解结构(WBS)的说法中，正确的是(　　)。

A. 凡是出现在WBS中的工作都属于项目的范围，凡是没有出现在WBS中的工作都不

属于项目的范围，要想完成这样的工作，必须遵守变更控制流

B. WBS最底层的工作单位叫工作包，一个项目的WBS应在项目早期就分解到最底层

C. 树状结构的WBS直观，层次清晰，适用于大型的项目

D. 业界一般把一个人在40个小时内能干完的工作称为1个工作包，依据分解得到的工作包能够可靠地估计出成本和进度

2. 项目经理在进行大项目的WBS分解时，错误的是（　　）。

A. 按照项目的组织结构编制树形结构的WBS

B. 按照项目的产品结构编制列表式的WBS

C. 按照项目的生命周期编制鱼刺图式WBS

D. 按照项目风险分解结构编制树形结构的WBS

3. 以下关于工作分解结构（WBS）的叙述，错误的是（　　）。

A. WBS是项目各项计划和控制措施制订的基础和主要依据

B. WBS是面向可交付物的层次型结构的

C. WBS可以不包括分包出去的工作

D. WBS能明确项目相关各方面的工作界面，便于责任划分和落实

4. 某项目工期为1年，项目经理对负责项目工作分解结构编制的小张提出了如下要求或建议，其中不妥当的是（　　）。

A. 应该在2周内把全年工作都分解到具体工作包

B. 可根据项目生命周期的阶段进行第一层分解，而把可交付物安排在第二层

C. 可考虑以一个人80小时能完成的工作作为1个工作包

D. 可采用树形结构和列表形式相结合的方式进行分解

三、综合题

1. 工程师研究切割速度（A）、工具的几何形状（B）以及切割角（C）对切削工具寿命（以小时计）的效应。每一个因子选两个水平，采用有3次重复的2^3析因设计。结果见表7-42。

表7-42　三种因子效应结果

A	B	C	处理组合	重复		
				1	2	3
−	−	−	(1)	22	31	25
+	−	−	a	32	43	29
−	+	−	b	35	34	50
+	+	−	ab	55	47	46
−	−	+	c	44	45	38
+	−	+	ac	40	37	36
−	+	+	bc	60	50	54
+	+	+	abc	39	41	47

要求：

（1）估计因子效应确定哪些效应较大。

（2）用方差分析找到显著的因子效应。

（3）根据实验结果，建立工具寿命的回归模型，绘制响应曲面图。

（4）绘制主效应图与交互作用效应图，并选择因子的水平。

2. 集成电路生产的一个工序是在已抛光的硅片上生成一层外延层。硅片固定在基座上并定位于一个钟形烧结炉内，然后引入化学蒸汽。基座不断旋转和受热，直到外延层足够厚为止。存在两个影响因子：砷流速率(A)和沉积时间(B)。进行4次重复，测量外延层的厚度(微米)。数据见表7-43。

表7-43 测量数据

A	B	重复				因子水平		
		1	2	3	4	因子	低(−)	高(+)
−	−	14.037	16.165	13.972	13.907	A	55%	59%
+	−	13.880	13.860	14.032	13.914			
−	+	14.821	14.757	14.843	14.878	B	10分钟	15分钟
+	+	14.888	14.921	14.415	14.932			

要求：

(1) 估计因子效应。

(2) 进行方差分析，看哪些因子重要。

(3) 写出回归方程，用于预测外延层厚度随砷流速率和沉积时间的变化。

3. 镍钛合金是制造喷气涡轮飞机发动机的零件。制成品的裂缝是一个潜在严重问题。为此生产部门进行一项实验，以便确定4个因子对裂缝的效应。因子为浇注温度(A)、钛含量(B)、热处理方法(C)、晶粒细化剂量(D)。采用两次重复的2^4设计。对试样进行试验，并测量裂缝长度(10^{-5}毫米)，数据见表7-44。

表7-44 裂缝长度数据

A	B	C	D	处理组合	重复	
					1	2
−	−	−	−	(1)	7.037	6.376
+	−	−	−	a	14.707	15.219
−	+	−	−	b	11.635	12.089
+	+	−	−	ab	17.273	17.815
−	−	+	−	c	10.403	10.151
+	−	+	−	ac	4.368	4.098
−	+	+	−	bc	9.360	9.253
+	+	+	−	abc	13.440	12.923
−	−	−	+	d	8.561	8.951
+	−	−	+	ad	16.867	17.052
−	+	−	+	bd	13.876	13.658
+	+	−	+	abd	19.824	19.639
−	−	+	+	cd	11.846	12.337
+	−	+	+	acd	6.125	5.904
−	+	+	+	bcd	11.190	10.935
+	+	+	+	$abcd$	15.653	15.053

要求：

(1) 估计因子效应。

(2) 进行方差分析，任一因子都对裂缝起作用吗?

(3) 写出一个可以预测裂缝长度的回归模型。

(4) 分析主效应图和交互作用效应图，给出因子水平的选择建议。

4. 种植大豆的肥料包括氮(N)、磷酸(P_2O_5)、钾碱(K_2O)。响应为大豆平均产量(kg)。每个因子取 3 个水平。正交表与实验结果见表 7-45。

表 7-45　实验结果

实验号	因　　子			大豆产量
	A	B	C	
1	1	1	1	8
2	1	2	2	12
3	1	3	3	9
4	2	1	3	11
5	2	2	1	12
6	2	3	2	15
7	3	1	2	21
8	3	2	3	18
9	3	3	1	20

要求：

(1) 计算效应平方和。

(2) 进行方差分析，找到显著因子。

(3) 分析主效应和交互作用图，给出因子水平的选择建议。

5. 汽车发动机中的尼龙管上装有一个弹性接头。抗拉强度是否足够是弹性接头的关键质量特性。用田口参数设计找到弹性接头制造过程中的最优参数配置。响应变量为拉力的测量值，且越大越好。控制因子包括阻碍物(A)、壁厚(B)、插入深度(C)、预浸百分比(D)。每个因子有 3 个水平。噪声因子包括环境时间(U)、环境温度(V)、环境湿度(W)。噪声组合包括 N_1(U、V 取 1 水平，W 取 2 水平)、N_2(U、V 取 2 水平，W 取 1 水平)。内外表及实验结果见表 7-46。

表 7-46　实验结果

实验号	控制因子				噪声因子	
	A	B	C	D	N_1	N_2
1	1	1	1	1	9.5	20
2	1	2	2	2	16.2	24.2
3	1	3	3	3	6.7	23.3
4	2	1	2	3	17.4	23.2
5	2	2	3	1	18.6	27.5
6	2	3	1	2	16.3	22.5
7	3	1	3	2	19.1	24.3
8	3	2	1	3	15.6	23.2
9	3	3	2	1	19.9	22.6

要求：

(1) 计算信噪比。

(2) 进行方差分析，找到关键因子。

(3) 分析信噪比主效应图，并给出因子水平的选取建议。

6. 注塑过程有三个工序：聚合物熔体制造、注射、凝固。在聚合物熔体制造过程中，固体聚合物颗粒被融化并被泵入温度可控的管中。注入量重量是重要质量特性。控制因子包括融化温度(A)、压力(B)、注入速度(C)、减压距离(D)、减压速度(E)。每个因子含 3 个水平。噪声因子为注射冲程，含 2 个水平：N_1 取 20 mm、N_2 取 25 mm。每个组合做 4 次重复试验。内外表与实验结果见表 7-47。

表 7-47 实验结果

实验号	控制因子					噪声因子							
						N_1				N_2			
	A	B	C	D	E	1	2	3	4	1	2	3	4
1	1	1	1	1	1	5.89	5.88	5.91	5.90	7.38	7.37	7.59	7.41
2	1	2	2	2	2	6.26	6.10	6.31	6.24	7.86	7.64	7.79	7.80
3	1	3	3	3	3	6.50	6.40	6.46	6.50	8.02	8.08	8.09	8.07
4	2	1	1	2	2	6.04	6.04	6.05	6.08	7.74	7.73	7.68	7.80
5	2	2	2	3	3	6.35	6.41	6.37	6.42	8.09	8.09	8.03	8.08
6	2	3	3	1	1	6.73	6.55	6.56	6.75	8.15	8.15	8.16	8.18
7	3	1	2	1	3	6.46	6.44	6.36	6.37	8.00	8.00	8.00	8.01
8	3	2	3	2	1	6.79	6.83	6.81	6.80	8.09	8.12	8.10	8.10
9	3	3	1	3	2	6.63	6.63	6.61	6.61	8.06	8.10	8.01	8.10
10	1	1	3	3	2	6.21	6.01	6.21	6.15	7.93	7.88	7.86	7.93
11	1	2	1	1	3	6.06	6.06	6.03	6.00	7.54	7.50	7.57	7.49
12	1	3	2	2	1	6.29	6.36	6.34	6.34	7.95	7.90	7.93	7.91
13	2	1	2	3	1	6.23	6.24	6.22	6.23	8.01	8.01	8.06	7.99
14	2	2	3	1	2	6.51	6.49	6.46	6.50	8.13	8.14	8.14	8.11
15	2	3	1	2	3	6.38	6.35	6.37	6.34	8.07	8.05	8.06	8.06
16	3	1	3	2	3	6.64	6.62	6.65	6.66	8.05	8.04	8.04	8.05
17	3	2	1	3	1	6.31	6.39	6.37	6.37	8.01	8.04	8.03	8.03
18	3	3	2	1	2	6.57	6.62	6.55	6.62	8.07	8.07	8.07	8.06

要求：

(1) 计算信噪比。

(2) 进行方差分析，找到关键因子。

(3) 分析信噪比主效应图，并给出因子水平的选取建议。

第八章

过程控制方法与工具

学习要点

- ◆ 质量控制的定义、目的及手段；
- ◆ 统计过程控制的概念、步骤；质量变异的来源及原因；
- ◆ 过程能力及过程能力指数的计算和评定；
- ◆ 控制图的概念、分类、绘制及判定准则；
- ◆ 测量系统分析的概念、分类、评价指标及评价方法。

第一节　统计过程控制概述

一、质量控制

质量控制是指为达到质量要求所采取的作业技术和活动。这里的作业技术是指形成质量全过程的每一个环节的专业技术，如设计工艺、采购、制造、检验、销售、服务等技术；这里的活动指质量形成全过程所开展的控制活动，如设计评审活动、市场调研活动、过程监视活动、检验管理活动、质量统计活动等。

质量控制的目的是通过运用专业技术和开展质量各环节控制活动，监视过程，使之处于受控状态。即对整个质量环节所有阶段：营销和市场调研、设计和开发、过程策划和开发、采购、生产或服务提供、验证、包装和贮存、销售和分发、售后、用后处置等进行控制，消除导致不满意的因素，使质量活动始终处于受控状态，满足规定质量要求，以取得最佳经济效益。

质量控制贯穿产品质量形成全过程，产品质量有一个产生、实现的过程，质量控制从分析控制对象入手，即质量形成过程特点和研究具体的产品质量与波动规律入手，通过一定措施使产品质量维持在规定范围内，它的本质体现了预防为主的思想，取得质量管理主动权。

质量控制手段可以分技术控制手段和管理控制手段，其中统计过程控制（Statistical Process Control，SPC）就是一种重要的管理控制方法。

二、统计过程控制

（一）什么是 SPC

SPC 的产生要追溯到 1924 年，美国贝尔实验室的沃特·阿曼德·休哈特（Walter A.

Shewhart)博士提出了生产过程使用控制图的建议，1939 年，休哈特的《质量控制中的统计方法》(*Statistical Method from the Viewpoint of Quality Control*)一书出版，其中在控制图理论方面，他创造性地把统计技术与工程和经济相结合，由此休哈特也被誉为现代质量控制之父，他采用数理统计技术分析过程波动及潜在的趋势也逐渐在制造过程中得到了应用。美国质量控制协会(ASQC)，汽车工业行动小组(AIAG)联合克莱斯勒、通用、福特三大车厂制定了 SPC 手册，为汽车行业提供了正式的、统一的统计过程控制方法，随着汽车行业质量管理体系标准 IATF 16949 在全世界的广泛应用，SPC 已成为汽车行业质量控制五大工具之一。

SPC 是指在过程质量控制中采用数理统计方法对生产过程分析诊断并进行评价，及时发现系统性因素导致的影响过程的异常因素，并及时采取措施消除其影响，使过程保持在受控状态，即过程仅受随机性因素影响。SPC 强调全员参与，采用科学方法，特别是运用统计技术实施全过程预防性控制。控制图理论是 SPC 的中心内容。

（二）实施 SPC 的步骤

1. 分析阶段

SPC 实施的前提条件是确定测量系统有效可信，如应用测量系统分析(MSA)工具，应用 SPC 工具对过程进行分析，如测定过程能力、绘制分析用控制图等，通过统计技术进行分析得出结论。当过程存在异常时，应采取必要措施消除过程中的系统性因素，也可能需要管理层的介入来减小过程的随机波动以满足过程能力的需求。

2. 监控阶段

监控阶段就是应用控制图对过程进行监控，并不断实施这样的循环，从而实现减少波动，控制和提高输出的质量。

控制图理论是 SPC 的中心内容，它是建立在质量波动(也称为变异)基础之上，收集数据，加以整理，运用数理统计原理确定反映质量波动的变异数据界限，分析数据变异，找出过程产生该变异的原因，达到控制过程的目的。

三、质量变异的原因

质量变异的主要来源是作用于过程的人员、设备、原材料、操作方法、环境及测量方法(5M1E)，导致质量变异的原因有两类，即随机原因和特殊原因。

（一）随机原因(偶然原因)

随机原因是导致过程随时间发生固有变异的原因。固有变异是指在统计受控状态时的过程变异。随机原因是形成质量波动的正常原因。如无特殊原因，这时的生产过程处于受控状态。

随机原因的特点如下：经常在生产过程中存在，只要生产进行，它就起作用；对质量影响微小，公差就是允许这种分散现象的程度和范围；产品质量受其影响随机变化，逐件不同，大小、方向不定，难以除去，从技术上，经济上没有必要消除它。例如，机床开动时的轻微振动，操作、原材料的微小变化等。

由随机原因造成的波动属于正常波动，不作为质量控制的对象。

（二）系统原因

系统原因是导致过程固有变异以外的其他过程变异的原因，是形成质量波动的异常原因，当特殊原因存在时生产过程处于失控状态。

系统原因的特点如下：有时存在，是由于某种原因产生，不是生产过程中始终存在，对质量影响较大；一系列产品受影响，其大小、方向呈现规律性变化；不难除去，从技术上可识别，例如，刀具调整不当，设备故障，违反工艺等。

由系统原因造成的波动属于异常波动，是质量控制的对象。如过程失控，应及时分析找出原因，将其排除。

第二节　过程能力分析

一、过程能力

过程能力是指过程在一定时间内处于控制状态下过程输出的波动范围，也就是该过程在操作者、设备、原材料、操作方法、环境和测量方法（简记为 5M1E）六大因素综合作用的工艺过程处于标准化和稳定状态下，按所取数据测算的过程加工质量。从过程能力的定义可以看出，它表明了过程在加工质量方面的能力，而我们通常说的生产能力则表明加工数量的能力。

过程能力一般用实际加工产品的质量特性值（如实际尺寸）的波动范围（加工精度）来表示。在生产过程中，加工的产品质量即使在相同工艺条件下也不可能完全一致，质量总具有一定的分散性，如果过程能力高，则产品质量特性的分散（分布的范围）就越小，反之，分散越大。当产品的质量特性值服从正态分布时，通常用标准偏差 σ 的 6 倍来表示过程能力 B 的大小，即：

$$B = 6\sigma$$

根据正态分布理论可知，质量特性值服从正态分布时落在 $\mu \pm 3\sigma$ 范围的概率为99.73%，即在 6σ 内几乎包括了全部产品。

二、过程能力指数

过程能力指数表示过程能力满足产品质量标准（公差）的程度，用质量标准同过程能力之比来表示，记为：

$$C_p = \frac{T}{6\sigma} \approx \frac{T}{6s},$$

式中，C_p——过程能力指数；T——质量标准（公差范围）。

由于质量标准可以是双向的，如尺寸公差取 $\Phi 10 \pm 0.01$，但也可以是单向的，如轴件不圆度$\leqslant$0.05 mm，零件抗拉强度$\geqslant$40 kg/mm^2，C_p 值的计算公式与举例见表 8-1（假定质量特性值服从正态分布）。

表 8-1　过程能力指数计算公式与举例

类　型		图　　例	计算公式	例题(测量单位:mm)
质量特性取双向偏差	$\overline{X}$与μ重合	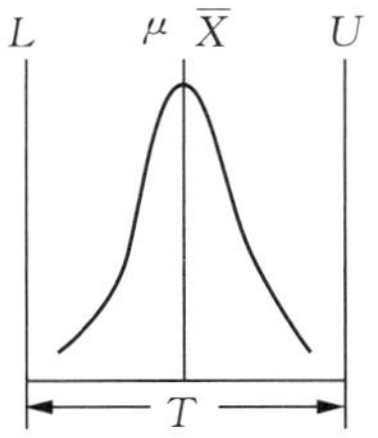	$C_p=\frac{T}{6s}=\frac{U-L}{6S}$	齿轮内孔尺寸公差 $\Phi100^{+0.04}_{0.00}$ 抽样 100 件, 得内孔均值 $\overline{X}=100.02$, 标准差 $s=0.005$ $C_p=\frac{T}{6s}=\frac{U-L}{6S}=\frac{100.04-100.00}{6\times0.005}=1.33$
	$\overline{X}$与μ不重合	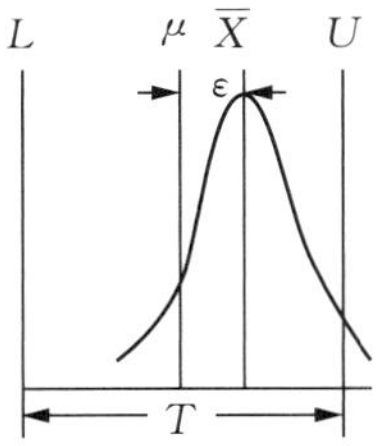	$C_{pk}=(1-k)\frac{T}{6s}$ $=\frac{T-2\varepsilon}{6S}$ $k=\frac{2\varepsilon}{T}$ $\varepsilon=\lvert\mu-\overline{X}\rvert$	某零件长度要求 20±0.15,抽样 50 件, 测得平均长度 $\overline{X}=20.05$, $s=0.05$ $\varepsilon=\lvert\mu-\overline{X}\rvert=\lvert20.00-20.05\rvert=0.05$ $C_{pk}=\frac{T-2\varepsilon}{6S}=\frac{0.3-2\times0.05}{6\times0.05}=0.67$
质量特性取单向偏差	给定公差上限	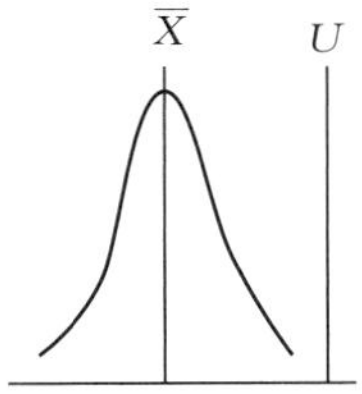	$C_{pkU}=\frac{U-\overline{X}}{3s}$	某零件要求轴度小于 1.0,抽取 50 个, 测得轴度 $\overline{X}=0.809\,5$, $s=0.063\,5$ $C_{pkU}=\frac{U-\overline{X}}{3s}=\frac{1.0-0.809\,5}{3\times0.063\,5}=1.00$
	给定公差下限	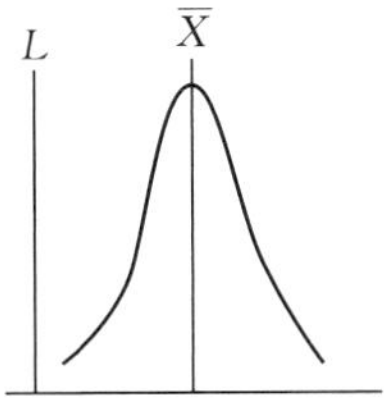	$C_{pkL}=\frac{\overline{X}-L}{3S}$	某材料强度要求不得少于 32 kg/mm², 抽样后测得 $\overline{X}=38$ kg/mm², $s=1.8$ kg/mm² $C_{pkL}=\frac{\overline{X}-L}{3S}=\frac{38-32}{3\times1.8}=1.11$
$\overline{X}$ 表示质量特性分布中心,通常由样本求得;μ 表示公差中心;k 表示偏移度;ε 表示偏移量				

从概率角度分析,对任何一道过程,无论 5M1E 的情况多么稳定与理想,都不能绝对保证不产生不合格品,而只能说过程能力指数大小不同,产生不合格品的可能性各不相同,C_p 值与不合格品率 p 的数值表见表 8-2,如果知道了过程能力指数 C_p,便可查表 8-2 得出相应总体的不合格品率。

三、过程能力指数的评定

过程能力指数大,加工精度高,但成本也相应增加,所以要兼顾加工精度与经济性,确定合适的过程能力指数的评定等级,以便采取一定的措施加以管理和控制。过程能力指数评价标准及相应措施见表 8-3。

表 8-2　根据 c_p 值与 k 值求不合格品率 p 的数值表(%)

c_p	k													
	0.00	0.04	0.08	0.12	0.16	0.20	0.24	0.28	0.32	0.36	0.40	0.44	0.48	0.52
0.50	13.36	13.43	13.64	13.99	14.48	15.10	15.86	16.75	17.77	18.92	20.19	21.58	23.09	24.71
0.60	7.19	7.26	7.48	7.85	8.37	9.03	9.85	10.81	11.92	13.18	14.59	16.81	17.85	19.69
0.70	3.57	3.64	3.83	4.16	4.63	5.24	5.99	6.89	7.94	9.16	10.55	12.10	13.84	15.74
0.80	1.64	1.69	1.89	2.09	2.46	2.94	3.55	4.31	5.21	6.28	7.53	8.98	10.62	12.48
0.90	0.69	0.73	0.83	1.00	1.25	1.60	2.05	2.62	3.34	4.21	5.27	6.53	8.02	9.75
1.00	0.27	0.29	0.35	0.45	0.61	0.84	1.14	1.55	2.07	2.75	3.59	4.65	5.94	7.49
1.10	0.10	0.11	0.14	0.20	0.29	0.42	0.61	0.88	1.24	1.74	2.39	3.23	4.31	5.66
1.20	0.03	0.04	0.05	0.08	0.13	0.20	0.31	0.48	0.72	1.06	1.54	2.19	3.06	4.20
1.30	0.01	0.01	0.02	0.03	0.05	0.09	0.15	0.25	0.40	0.63	0.96	1.45	2.13	3.06
1.40	0.00	0.00	0.01	0.01	0.02	0.04	0.07	0.13	0.22	0.36	0.59	0.93	1.45	2.10
1.50			0.00	0.00	0.01	0.02	0.03	0.06	0.11	0.20	0.35	0.59	0.96	1.54
1.60					0.00	0.01	0.01	0.03	0.06	0.11	0.20	0.36	0.63	1.07
1.70						0.00	0.01	0.01	0.03	0.06	0.11	0.22	0.40	0.72
1.80							0.00	0.01	0.01	0.03	0.06	0.13	0.25	0.48
1.90								0.00	0.01	0.01	0.03	0.07	0.15	0.31
2.00									0.00	0.01	0.02	0.04	0.09	0.20
2.10										0.00	0.01	0.02	0.05	0.18
2.20											0.00	0.01	0.03	0.08
2.30												0.01	0.02	0.05
2.40												0.00	0.01	0.03
2.50													0.01	0.02
2.60													0.00	0.01
2.70														0.01
2.80														0.00

表 8-3　过程能力指数等级评定标准及措施表

范　围	等级	判断	措　施	不合格品率(%)
$C_p>1.67$	Ⅰ	过程能力过高	1.缩小公差范围，提高产品质量；2.放宽波动幅度，提高效率、降低成本；3.改用精度等级低的设备；4.简化检验工作，减少样本量或抽样品次	$p<0.000\ 06$
$1.67\geqslant C_p>1.33$	Ⅱ	过程能力充分	1.放宽非关键项目的波动幅度；2.降低对原材料的要求；3.简化检验工作	$0.000\ 06\leqslant p<0.006$

续　表

范　　围	等级	判断	措　　施	不合格品率(%)
$1.33 \geqslant C_p > 1.0$	Ⅲ	过程能力尚可	1.利用控制图或其他方法监控;2.正常检验	$0.006 \leqslant p < 0.27$
$1.0 \geqslant C_p > 0.67$	Ⅳ	过程能力不足	1.分析分散度大的原因,制订措施改进;2 不影响质量的前提下,放宽公差;3.加强检验	$0.27 \leqslant p < 4.55$
$C_p \leqslant 0.67$	Ⅴ	过程能力严重不足	1.停止加工,找原因,改进工艺;2.更换设备;3.全检,挑出不合格品	$p \geqslant 4.55$

应用表 8-3 评定过程能力等级时要注意如下条件:

(1) 产品质量特性值必须服从正态分布,一般适用于计量值,对计数值的偏移较大。

(2) 过程能力指数 C_p 值必须采用修正后的 C_{pk} 值,然后再进行评定。

提高过程能力指数可通过减少中心偏移量,减少分散度和修订公差范围三个方面来考虑,过程质量的分析和控制从影响制造质量的六大因素(5M1E)入手,寻找主导因素,从而达到控制过程质量的目的。

第三节　控制图

一、控制图的概念及分类

(一) 控制图的概念及适用条件

控制图是为监测过程、控制和减少过程变异,将样本统计量值序列以特定顺序描点绘出,用于分析和判断过程是否处于稳定状态的所使用的带有控制界限的图。控制图法就是利用控制图对过程进行分析与控制的一种统计方法。

若应用控制图进行质量控制,必须满足两个条件:对所研究的控制过程具有重复性,所控制的对象能定量。

(二) 控制图的结构

图 8-1 是控制图的基本形式,纵坐标是质量特性值,横坐标是样本号或时间,组成控制

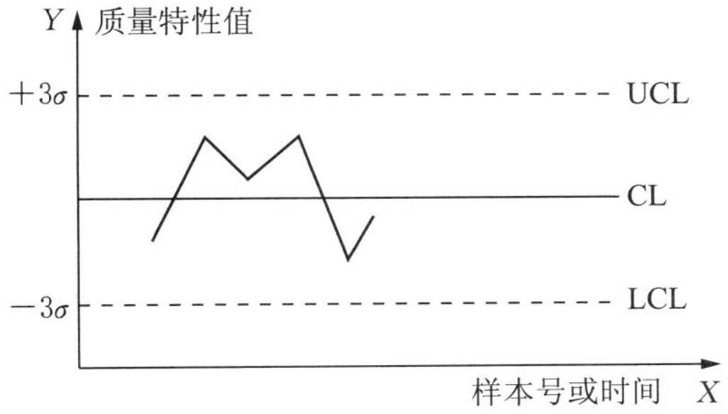

图 8-1　控制图基本形式

线的三条线中，上面的虚线叫上控制界限，用符号 UCL 表示；下面的虚线叫下控制界限，用 LCL 表示；中心的实线叫中心线，用 CL 表示，这三条线是通过抽样收集过去一段时间内的数据计算出来的，计算的统计量依次描在控制图上，打点后得到质量波动折线，根据各点的排列情况，判断生产过程是否正常。

（三）理论依据

实践中通常采用"3σ"原理作为控制图控制界限制定原则，即把控制界限范围定在平均值的正负三倍标准偏差处，这是由于只考虑随机原因影响生产过程时，产品总体质量特性服从正态分布，如果测试 1 000 个产品的质量特性值，则可能有 3 个数据（点子）超出控制界限，在有限次数测量中，如果发现某个数据（点子）跳出控制界限，根据"小概率事件实际不可能发生"原理，则可认为此时生产过程出现了异常波动，但这样做有 3‰错判的可能，因小概率事件不是绝对不可以发生，这样过程本来正常，却误判为异常，我们把它称为第一类错误，同样过程已出现异常，但数据并未越出控制界限，则会把异常的过程判为正常，我们把它称为第二类错误。因此控制界限确定应以两种错判总损失最小为原则，用"3σ 法"确定的控制界限正好满足此要求，所以符合经济原则。

控制界限的一般计算公式：

$$\mathrm{CL} = E(X)$$
$$\mathrm{UCL} = E(X) + 3D(X)$$
$$\mathrm{LCL} = E(X) - 3D(X)$$

式中：X——样本统计量；E(X)——X 的数学期望；D(X)——X 的标准偏差。

（四）控制图的类别

（1）按质量特性值的数据种类可分为两大类，即计量值控制图和计数值控制图，这些图的种类及适用场合见表 8-4。

表 8-4　控制图的种类与适用场合

控制图类别	控制图名称	控制图符号	适用场合	理论依据
计量值控制图	均值与极差控制图	$\bar{X}$—R 图	1. $\bar{X}$ 图用于分析和控制过程集中趋势(μ)，R 图用于分析和控制离散程度(σ)，$\bar{X}$—R 联合用于观察分布的变化 2. 适用于大批量、稳定、正常的过程且 $4\leqslant n<10$ 的情况 3. 预备数据可以合理分组	正态分布
	均值与标准差控制图	$\bar{X}$—S 图	当样本量 $n\geqslant10$ 时，S 图代替 R 图，其他与 $\bar{X}$—R 图相同，只是计算复杂，但检出能力高	
	中位数与极差控制图	$\tilde{X}$—R 图	1. 适用于现场需要把测量值直接记入控制图的场合 2. 其他与 $\bar{X}$—R 图相同，只是用 $\tilde{X}$ 代替 $\bar{X}$，检出力不如 $\bar{X}$—R 图	
	单值与移动极差控制图	X—R_m 图	1. 采用自动化检查，对产品进行全检的场合；取样费时、昂贵的场合；样品均匀（如散料）的过程控制；检验是破坏性的过程控制 2. 作用与 $\bar{X}$—R 图相同，但不如前面三种控制图检出能力高 注：R_m 为移动极差，是相邻两数据之差的绝对值	

续 表

控制图类别	控制图名称	控制图符号	适用场合	理论依据
计数值控制图	不合格品率控制图（样本量不同）	p 图	1. 适用于计件值数据但计算量大，控制线凸凹不平，例如，不合格品率与合格品率、交货延迟率、出勤率及铁道、邮电等部门的差错率 2. 利用样本不合格品率，分析控制过程的不合格品率	二项分布
	不合格品数控制图（样本量相同）	np 图	1. 适用于计件值数据，计算简便，控制对象为不合格品数的场合 2. 用于分析和控制过程不合格品数	
	单位产品不合格数控制图（样本量不同）	u 图	1. 适用于计点值数据，样本大小变化时，平均每单位的不合格数，但计算量大，控制线凸凹不平 2. 利用样本的单位不合格数，分析和控制过程的单位不合格数	泊松分布
	不合格数控制图（样本量相同）	c 图	1. 适用于计点值数据，计算简便，样品单位一定 2. 利用样本的不合格数，分析和控制过程的不合格数	

这两类控制图的作用虽然都是为分析和控制生产过程的稳定性，预防不合格品的产生，但在使用这两类控制图时，各有优缺点，其比较见表 8-5。

表 8-5　计量值控制图与计数值控制图的比较

比较项目	计量值控制图	计数值控制图
控制对象	关键过程 主要零部件的主要特性值 生产过程中产品质量薄弱环节	一般过程或检验地点品种多，对整个产品质量影响小，成本不高的场合
发现异常敏感性	强	弱
适用质量特性值种类	计量值	计量值需转化成计数值；计数值
取得数据资料	专门收集、费用高	利用原始凭证、数据、统计资料，费用低
提供信息	详尽	粗略

（2）按照用途也可分为两类。①分析用控制图。主要用来分析过程是否处于统计状态；过程能力是否适宜。如发现异常（过程失控或过程能力不足），则应找出原因，采取措施，使过程达到稳定。过程处于稳态后，才可将分析用控制图的控制界限延长作为控制用控制图。

② 控制（管理）用控制图。由分析用控制图转化而来。控制用控制图用于使过程保持稳态，预防不合格的产生。控制用控制图的控制界限来自分析用控制图，不必随时计算。当影响过程质量波动的原因发生变化或质量水平已有明显改善时，应及时用分析用控制图计算出新的控制线。

二、控制图的应用程序及绘制

（一）控制图的应用程序

（1）选取控制的质量特性：选定控制的质量特性应是影响产品质量的关键特性，这些特性能够计量（或计数），并且在技术上可以控制。

（2）选择合适的控制图种类。

（3）确定样本组数 k，样本量 n 和抽样间隔，一般样本组数不少于 20 个。

（4）收集数据：数据的收集应使同一样本内的数据，来自基本相同的生产条件，使样本内仅含有偶然性原因的影响，而特殊性原因反映为样本间的差异。为此，通常采用整组随机抽样。它是按一定的时间间隔，不打乱产品的自然生产顺序，一次从中抽取连续的 n 个产品作为样本。

（5）计算各组样本统计量，如样本均值、极差、标准差等。

（6）计算各统计量控制界限。

（7）画控制图，并将计算出的各组统计量在控制图上打点。

（8）观察分析用控制图，判断过程是否处于稳定状态。

（9）判断过程能力是否达到要求。

（10）转化为控制用控制图：当分析用控制图符合（8）（9）条要求时，将分析用控制图的控制界限延长，转化为控制用控制图，进行日常管理。

（二）计量值控制图的绘制

1. 计量值控制图的控制界限

由概率和数理统计理论可知，若产品的质量特性值是连续变化的计量值，如铸件的重量、尺寸、硬度等一般认为是服从正态分布，当样本量 n 达到一定数量时（大样本）从正态总体中抽取的质量特性平均值 $\overline{X}$ 也被认为是服从正态分布，其中：

$$\overline{X} \text{ 的期望值 } E(\overline{X}) = \mu \quad (\mu \text{ 为过程均值})$$

$$\overline{X} \text{ 的标准差 } D(\overline{X}) = \frac{\sigma}{\sqrt{n}} \quad (\sigma \text{ 为过程标准差})$$

如果采用合理分组的方法，收集数据，即分成 k 组，每组取样本量为 n，则 μ 的估计值：

$$\hat{\mu} = \overline{\overline{x}}$$

极差 R 的期望　　$E(R) = d_2\sigma$

极差 R 的标准差　　$D(R) = d_3\sigma$

标准差 s 的期望　　$E(s) = \overline{s} = c_4\sigma$

s 的标准差　　$D(s) = \sigma\sqrt{1 - C_4^2}$

用极差 R 估计 σ 的值，则有 $\sigma = \dfrac{\overline{R}}{d_2}$（$\overline{R}$ 是极差平均值）

用标准差 s 估计 σ 的值，则有 $\sigma = \dfrac{\overline{s}}{c_4}$

式中：c_4，d_2，d_3——与 n 有关的常数，可由表 8-6 查出。

表 8-6　控制图系数表

样本量	A_3	C_4	B_3	B_4	A_2	d_2	d_3	D_3	D_4	A_4
2	2.659	0.797 9	—	3.267	1.880	1.128	0.853	—	3.267	1.880
3	1.954	0.886 2	—	2.568	1.023	1.693	0.888	—	2.574	1.187
4	1.628	0.921 3	—	2.266	0.729	2.059	0.880	—	2.282	0.796
5	1.427	0.940 0	—	2.089	0.577	2.326	0.864	—	2.114	0.691
6	1.287	0.951 5	0.030	1.970	0.483	2.534	0.848	—	2.004	0.548
7	1.182	0.959 4	0.118	1.882	0.419	2.704	0.833	0.076	1.924	0.508
8	1.099	0.965 0	0.185	1.815	0.373	2.847	0.820	0.136	1.864	0.433
9	1.032	0.969 3	0.239	1.761	0.337	2.970	0.808	0.184	1.816	0.412
10	0.975	0.972 7	0.284	1.716	0.308	3.078	0.797	0.223	1.777	0.362

由控制界限的一般计算公式结合上述统计量的期望、方差及 μ 与 σ 的估计值，可分别推出总体条件未知时 $\overline{X}$—R、$\overline{X}$—S 图的控制界限。

（1）$\bar{x}$—R 图的控制界限

$\bar{x}$ 图

$$\mathrm{CL}=\bar{\bar{x}}=\frac{1}{k}\sum_{i=1}^{k}\bar{x}_i$$

$$\mathrm{UCL}=\bar{\bar{x}}+3D(\bar{x})=\bar{\bar{x}}+3\frac{\sigma}{\sqrt{n}}=\bar{\bar{x}}+3\frac{\overline{R}/d_2}{\sqrt{n}}=\bar{\bar{x}}+A_2\overline{R}$$

$$\mathrm{LCL}=\bar{\bar{x}}-3D(\bar{x})=\bar{\bar{x}}-3\frac{\sigma}{\sqrt{n}}=\bar{\bar{x}}+3\frac{\overline{R}/d_2}{\sqrt{n}}=\bar{\bar{x}}-A_2\overline{R}$$

式中，$A_2=\dfrac{3}{d_2\sqrt{n}}$是随 n 而定的常数，可由表 8-6 查出。

R 图

$$\mathrm{CL}=\overline{R}$$

$$\mathrm{UCL}=\mathrm{E}(R)+3\mathrm{D}(R)=d_2\sigma+3d_3\sigma=\left(1+3\frac{d_3}{d_2}\right)\overline{R}=\mathrm{D}_4\overline{R}$$

$$\mathrm{LCL}=\mathrm{E}(R)-3\mathrm{D}(R)=d_2\sigma-3d_3\sigma=\left(1-3\frac{d_3}{d_2}\right)\overline{R}=\mathrm{D}_3\overline{R}$$

$$\mathrm{D}_4=1+3\frac{d_3}{d_2}\qquad\qquad \mathrm{D}_3=1-3\frac{d_3}{d_2}$$

D_3，D_4 是随 n 而定的常数，可由表 8-6 查出。

（2）$\bar{x}$—s 图的控制界限

$\bar{x}$ 图

$$\mathrm{CL}=\bar{\bar{x}}=\frac{1}{k}\sum_{i=1}^{k}\bar{x}_i$$

$$\mathrm{UCL}=\bar{\bar{x}}+3\mathrm{D}(\bar{x})=\bar{\bar{x}}+3\frac{\sigma}{\sqrt{n}}=\bar{\bar{x}}+3\frac{\bar{s}/c_4}{\sqrt{n}}=\bar{\bar{x}}+A_3\bar{s}$$

$$\mathrm{LCL}=\bar{\bar{x}}-3\mathrm{D}(\bar{x})=\bar{\bar{x}}-3\frac{\sigma}{\sqrt{n}}=\bar{\bar{x}}-3\frac{\bar{s}/c_4}{\sqrt{n}}=\bar{\bar{x}}-A_3\bar{s}$$

式中：$A_3=\dfrac{3}{c_4\sqrt{n}}$是随 n 而定的常数，可由表 8-6 查出。

s 图
$$\mathrm{CL}=\bar{s}=\frac{1}{k}\sum_{i=1}^{k}s_i$$

$$\mathrm{UCL}=\bar{s}+3\mathrm{D}(s)=\bar{s}+3\frac{\bar{s}}{c_4}\sqrt{1-C_4^2}=\left(1+3\frac{\sqrt{1-C_4^2}}{c_4}\right)\bar{s}=B_4\bar{s}$$

$$\mathrm{LCL}=\bar{s}-3\mathrm{D}(s)=\bar{s}-3\frac{\bar{s}}{c_4}\sqrt{1-C_4^2}=\left(1-3\frac{\sqrt{1-C_4^2}}{c_4}\right)\bar{s}=B_3\bar{s}$$

式中：$B_4=1+3\frac{\sqrt{1-C_4^2}}{c_4}$，$B_3=1-3\frac{\sqrt{1-C_4^2}}{c_4}$是随 n 而定的常数，可由表 8-6 查出。

（3）各类控制图控制界限计算公式见表 8-7。

表 8-7　各种控制图控制界限计算公式表

图别		中心线 CL	上下控制线（UCL，LCL）	打点用量
$\bar{X}$—R	$\bar{X}$ R	$\bar{\bar{X}}$ $\bar{R}$	$\bar{\bar{X}}\pm A_2\bar{R}$ $D_4\bar{R}$，$D_3\bar{R}$	$\bar{X}_i$ R_i
$\bar{X}$—S	$\bar{X}$ S	$\bar{\bar{X}}$ $\bar{S}$	$\bar{\bar{X}}\pm A_3\bar{S}$ $B_4\bar{S}$，$B_3\bar{S}$	$\bar{X}_i$ S_i
$\tilde{X}$—R	$\tilde{X}$ R	$\bar{\tilde{X}}$ $\bar{R}$	$\bar{\tilde{X}}\pm A_4\bar{R}$ $D_4\bar{R}$，$D_3\bar{R}$	$\tilde{X}_i$ R_i
X—R_m	X R_m	$\bar{X}$ $\bar{R}_m$	$\bar{X}\pm 2.660\,\bar{R}_m$ $3.267\,\bar{R}_m$，0	X_i R_{mi}
p		$\bar{p}$	$\bar{p}\pm 3\sqrt{\frac{\bar{p}(1-\bar{p})}{n}}$	p_i
np		$n\bar{p}$	$n\bar{p}\pm 3\sqrt{n\bar{p}(1-\bar{p})}$	$(n\bar{p})_i$
c		$\bar{c}$	$\bar{c}\pm 3\sqrt{\bar{c}}$	c_i
u		$\bar{u}$	$\bar{u}\pm 3\sqrt{\frac{\bar{u}}{n}}$	u_i

2. 计量值控制图过程能力值计算，如表 8-8 所示。

表 8-8　计量值控制图过程能力值计算公式

		控制图类型			
		$\bar{X}$—R 图	$\bar{X}$—S 图	$\tilde{X}$—R 图	X—R_m 图
过程标准差 σ		$\hat{\sigma}=\frac{\bar{R}}{d_2}$	$\hat{\sigma}=\frac{\bar{S}}{c_4}$	$\hat{\sigma}=\frac{\bar{R}}{d_2}$	$\hat{\sigma}=\frac{\bar{R}_m}{1.128}$
质量标准有上、下限	$\varepsilon=0$	$C_p=\frac{T}{6\bar{R}}d_2$	$C_p=\frac{T}{6\bar{S}}c_4$	$C_p=\frac{T}{6\bar{R}}d_2$	$C_p=\frac{T}{5.32\,\bar{R}_m}$
	$\varepsilon\neq 0$	$C_{pk}=\frac{T-2\varepsilon}{6\bar{R}}d_2$ $\varepsilon=\lvert\bar{\bar{X}}-M\rvert$	$C_{pk}=\frac{T-2\varepsilon}{6\bar{S}}c_4$ $\varepsilon=\lvert\bar{\bar{X}}-M\rvert$	$C_{pk}=\frac{T-2\varepsilon}{6\bar{R}}d_2$ $\varepsilon=\lvert\bar{\tilde{X}}-M\rvert$	$C_{pk}=\frac{T-2\varepsilon}{5.32\,\bar{R}_m}$ $\varepsilon=\lvert\bar{X}-M\rvert$

续 表

	控制图类型			
	$\overline{X}$—R 图	$\overline{X}$—S 图	$\widetilde{X}$—R 图	X—R_m 图
质量标准只有上限	$C_{pku}=\dfrac{U-\overline{\overline{X}}}{3\overline{R}}d_2$	$C_{pku}=\dfrac{U-\overline{\overline{X}}}{3\overline{S}}c_4$	$C_{pku}=\dfrac{U-\overline{\widetilde{X}}}{3\overline{R}}d_2$	$C_{pku}=\dfrac{U-\overline{X}}{2.66\,\overline{R}_m}$
质量标准只有下限	$C_{pkL}=\dfrac{\overline{\overline{X}}-L}{3\overline{R}}d_2$	$C_{pkL}=\dfrac{\overline{\overline{X}}-L}{3\overline{S}}c_4$	$C_{pkL}=\dfrac{\overline{\widetilde{X}}-L}{3\overline{R}}d_2$	$C_{pkL}=\dfrac{\overline{X}-L}{2.66\,\overline{R}_m}$

备注：T—公差，U—规格上限，L—规格下限，$T=U-L$；

M—公差中心，$M=\dfrac{U+L}{2}$；ε—偏移量；k—偏移系数，$k=\dfrac{\varepsilon}{\dfrac{T}{2}}$

3. 以 $\bar{x}$—S 控制图为例说明计量值控制图的绘制方法

例：某电阻规定要求，阻值的上限 $T_U=86.1$ KΩ，阻值的下限 $T_L=77.9$ KΩ。现场随机抽样，每小时抽取一个样本，样本量 $n=4$，共抽 25 个样本（即 $k=25$），测量数据见表 8-9，试作 $\bar{x}$—S。

（1）收集数据：见表 8-9。

（2）计算各组样本均值 $\bar{x}_i$ 和标准差 s_i。

$$\bar{x}_i=\frac{1}{n}\sum_{j=1}^{n_i}x_{ij},\qquad i=1,\ 2,\ \cdots,\ k$$

$$s_i=\sqrt{\frac{\sum_{j=1}^{n_i}(x_{ij}-\bar{x}_i)^2}{n_i-1}},\qquad i=1,\ 2,\ \cdots,\ k$$

式中：x_{ij}——为第 i 个样本第 j 个观察值；$\bar{x}_i$——为第 i 个样本的均值；n_i——为第 i 个样本的大小；k——为样本个数；s_i——为第 i 个样本的标准差。

表中 i 表示样本个数　$i=1,\ 2,\ 3\cdots k$。

本例中第一个样本

表 8-9　$\bar{x}$—S 图的实例数据

产品名称		RTX	车间	四车间	收集数据时间	2024.6.1～2
质量特性		阻值				
测量方法		桥式电路			机械编号	2 号
标准要求	最大	86.1 KΩ	抽样 间隔	1 小时	操作者	李明
	最小	77.9 KΩ	抽样 数量	4 只		
标准编号		3 号	测试仪号	7 号	检验员	张亮

续　表

日	时	小组号	测量值,KΩ				$\bar{x}_i$	S_i	摘要
			X_{i1}	X_{i2}	X_{i3}	X_{i4}			
1 日	8:00	1	81.86	81.61	82.98	81.33	81.945	0.723	
	9:00	2	82.09	81.06	80.48	80.07	80.925	0.876	
	10:00	3	81.21	82.77	79.95	80.72	81.163	1.191	
	11:00	4	81.23	80.61	81.68	82.13	81.413	0.649	
	12:00	5	83.20	82.50	82.37	80.54	82.153	1.135	
	13:00	6	82.68	82.48	82.96	82.12	82.560	0.353	
	14:00	7	80.17	81.83	81.12	81.41	81.133	0.705	
	15:00	8	81.70	80.09	81.55	80.57	80.978	0.775	
	16:00	9	80.69	80.49	82.16	84.29	81.908	1.754	
	17:00	10	82.72	82.12	81.77	81.60	82.053	0.495	
	18:00	11	80.98	81.33	81.60	80.70	81.153	0.394	
	19:00	12	80.42	82.20	80.13	80.24	80.748	0.976	
	20:00	13	82.11	82.13	83.22	82.17	82.408	0.542	
	21:00	14	82.40	81.41	82.93	83.13	82.468	0.769	
	22:00	15	81.55	80.91	81.31	82.43	81.550	0.643	
	23:00	16	81.32	80.12	81.23	80.38	80.763	0.602	
	24:00	17	81.39	80.95	80.60	80.93	80.968	0.324	
2 日	1:00	18	81.37	83.12	80.36	81.81	81.673	1.333	
	2:00	19	82.62	82.06	81.49	80.92	81.773	0.732	
	3:00	20	79.76	81.17	81.24	79.54	80.428	0.903	
	4:00	21	81.06	82.06	82.76	82.46	82.085	0.741	
	5:00	22	82.55	83.53	82.94	81.89	82.728	0.688	
	6:00	23	83.33	80.33	80.36	80.67	81.173	1.447	
	7:00	24	80.17	81.33	82.57	80.87	81.235	1.010	
	8:00	25	81.60	79.88	81.69	81.79	81.240	0.910	

$$\bar{x}_1=\frac{81.86+81.61+82.98+81.33}{4}=81.945$$

$$s_1=\sqrt{\frac{(81.86-81.945)^2+(81.61-81.945)^2+(82.98-81.945)^2+(81.33-81.945)^2}{4-1}}=0.723$$

注意:计算结果有效数字要比测量值多取一位。其余各样本的均值,标准差计算以此类推,将它们的计算结果填在表 8-9 的最后两列,然后计算 $\bar{x}_i$ 的平均数 $\bar{\bar{x}}$ 和 s_i 的平均数 $\bar{s}$。

$$\bar{\bar{x}}=\frac{\sum_{i=1}^{25}\bar{x}_i}{k}=\frac{81.945+80.925+\cdots+81.240}{25}=81.544\,6$$

$$\bar{s}=\frac{\sum_{i=1}^{25}s_i}{k}=\frac{0.723+0.876+\cdots+0.910}{25}=0.818\,9$$

注意:计算结果有效数字要比各组均值、标准差的有效数字多取一位。

(3) 计算控制界限。

$\bar{x}$ 图:$CL=\bar{\bar{x}}=81.544\,6$

UCL $= \bar{\bar{x}} + A_3\bar{s} = 81.544\,6 + 1.628 \times 0.818\,9 = 82.877\,8$

LCL $= \bar{\bar{x}} - A_3\bar{s} = 81.544\,6 - 1.628 \times 0.818\,9 = 80.211\,4$

S 图：CL $= \bar{s} = 0.818\,9$

UCL $= B_4\bar{s} = 2.266 \times 0.818\,9 = 1.855\,7$

LCL $= B_3\bar{s} = 0$

(4) 绘制 $\bar{x}$ 图与 s 图，把有关数据打点在图 8-2 上并用线将点子连接起来。

(5) 控制图的观察和分析：图 8-2 中所有点子均落在控制界限内，该生产过程处于稳定状态。

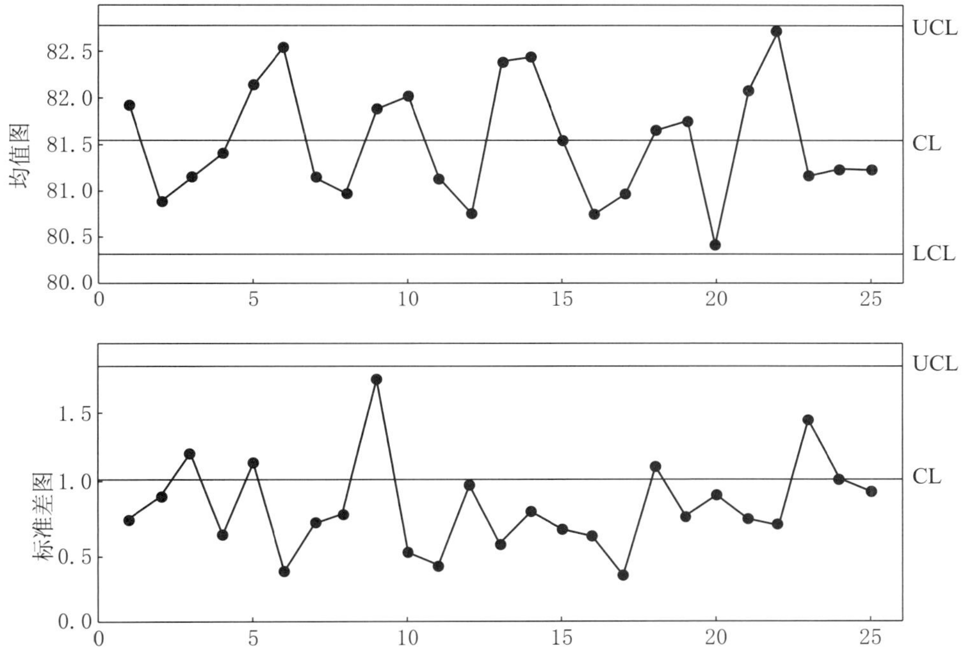

图 8-2　$\bar{x}$—S 图的实例

(6) 判断过程能力是否达到要求。

$$M = \frac{U + L}{2} = \frac{86.1 + 77.9}{2} = 82 \neq \bar{\bar{x}} = 81.544\,6,\ \varepsilon = |\bar{\bar{x}} - M| = |81.544\,6 - 82| = 0.455\,4$$

$$T = T_U - T_L = 86.1 - 77.9 = 8.2,\ C_{pk} = \frac{T - 2\varepsilon}{6\bar{s}}c_4 = \frac{8.2 - 2 \times 0.455\,4}{6 \times 0.818\,9} \times 0.921\,3 = 1.37$$

过程能力指数 C_{pk} 满足要求（要求为 $C_{pk} \geqslant 1$），可以把分析用控制图转为控制用控制图，进行日常的管理。

从 $\bar{x}$—S 图的计算上看较为麻烦，但是由于电子计算器上运算均值与标准差较为方便，而且 s 图可比 R 图获得更多的信息，检出功效高于 R 图，所以推荐使用 s 图更有意义。

4. 其他计量值控制图的绘制简介

(1) $\bar{X}$—R 图：此图与 $\bar{X}$—S 图绘制步骤相同，只是用 R 代替了 S，控制界限计算见表 8-7，当样本量 $n < 10$ 时，$\bar{X}$—R 图与 $\bar{X}$—S 图很接近，由于极差 $R = x_{max} - x_{min}$ 计算简便，所以应

用也很广泛，但当 $n \geqslant 10$ 时，由于用 R 估计过程标准差 σ 的效率较低，所以此时用 $\bar{X}$—R 图就不准确了。

(2) $\tilde{X}$—R 图：此图与 $\bar{X}$—R 图相似，只是用中位数 $\tilde{X}$ 代替了 $\bar{X}$，从而简化了计算。

(3) X—R_m 图：作用与 $\bar{X}$—R 图相似，但由于现在样本量 $n=1$，所以对过程标准差 σ 的估计要通过相邻两个样本间的移动极差 R_m 进行，由于它取得的信息较前三种控制图少，所以判断过程变化的灵敏度低。

（三）计数值控制图简介

(1) p 图：用于控制对象为不合格品率或合格品率等计数值质量指标的场合，在根据多种检查项目总和来确定不合格品率的场合，当控制显示异常后难于找到异常原因，因此，使用该图时应选择重要检查项目作为判断不合格品的依据。

(2) np 图：用于控制对象为不合格品的场合，n 是样本量，p 是不合格品率，则 np 为不合格品数，由于计算不合格品率需用到除法，比较麻烦，所以样本量相同条件下用此图较方便。

(3) c 控制图：用于控制一定单位（如一定长度、一部机器、一定面积）中所出现的不合格数（或缺陷数），如布匹上的疵点数，铸件上的沙眼数，机器设备缺陷数等。

(4) u 控制图：当样本量保持不变时，可以应用 c 图，当样本量变化时应换算为每单位的缺陷数后再用 u 图，例如，在钢板的生产过程中，一批样品是 $2\ m^2$，下一批样品是 $3\ m^2$，这时就应换算成每平方米的缺陷数，再利用 u 图对它进行控制。

各种控制图控制界限计算公式见表 8-7。

（四）控制图的分析准则

控制图的判异准则是为了判断生产过程是否处于统计控制状态，以便决定是否有必要采取措施。

国标 GB/T 17989.2—2020《常规控制图》中规定了 8 种典型判异准则，即波动可查明原因的 8 种检验模式。为了应用这些准则，将控制图等分为 6 个区域，每个区宽 1σ。这 6 个区的标号分别为 A、B、C、C、B、A。其中两个 A 区、B 区及 C 区都关于中心线 CL 对称。

准则一：一个点落在 A 区以外（如图 8-3 所示）。该准则可对参数 μ 的变化或参数 σ 的变化给出信号，变化越大，则给出信号越快。

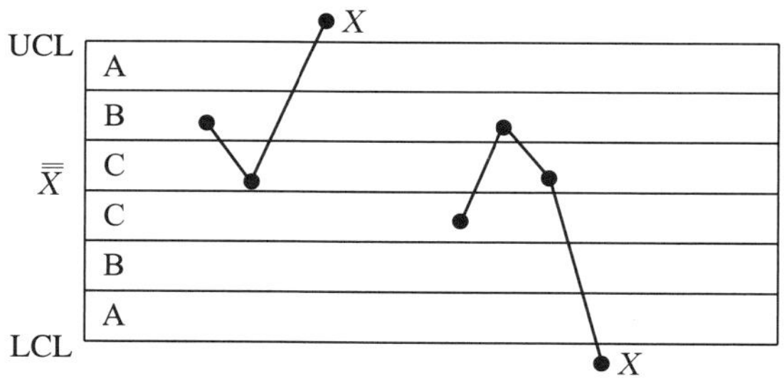

图 8-3 准则一的图示

准则二：连续 9 点落在中心线同一侧（如图 8-4 所示）。此准则是为了补充准则一而设计的，以提高控制图的灵敏度。

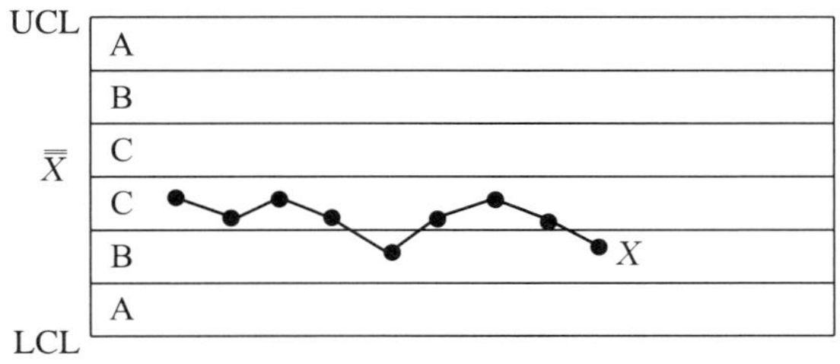

图 8-4　准则二的图示

出现图 8-4 的现象，主要是过程平均值 μ 减小的缘故。当然，若过程平均值 μ 增加，9 点链也可以出现在中心线之上。

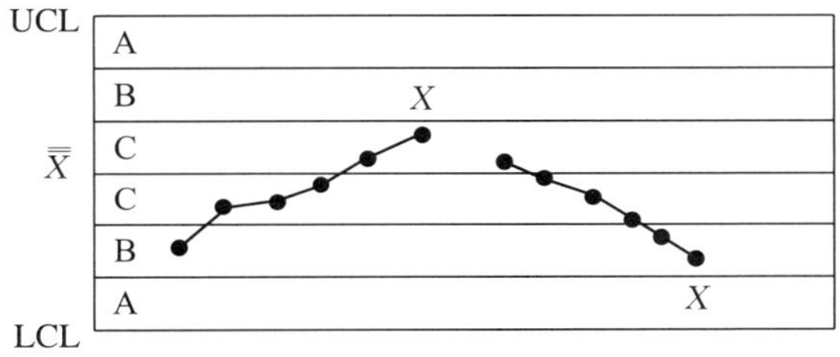

图 8-5　准则三的图示

准则三：连续 6 点递增或递减（如图 8-5 所示）。此准则是针对过程平均值的趋势进行设计的，它判断过程平均值的较小趋势要比准则二更为灵敏。产生趋势的原因可能是工具逐渐磨损、维修水平逐渐变差等，从而使得参数随着时间而变化。

准则四：连续 14 点中相邻点上下交替（如图 8-6 所示）。本准则是针对由于轮流使用两台设备或由两名操作人员轮流进行操作而引起的系统效应。实际上，这就是一个数据分层不够问题。

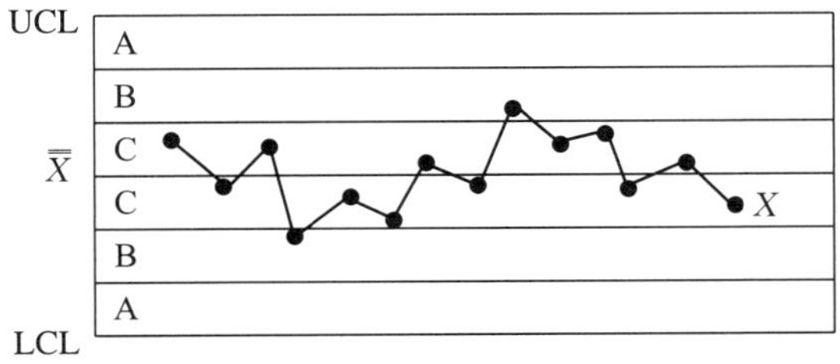

图 8-6　准则四的图示

准则五：连续 3 点中有 2 点落在中心线同一侧的 B 区以外（如图 8-7 所示）。这里需要说明的是，三点中的两点可以是任何两点，至于第三点可以在任何处，甚至可以根本不存在。出现该现象是由于过程的参数 μ 发生了变化。

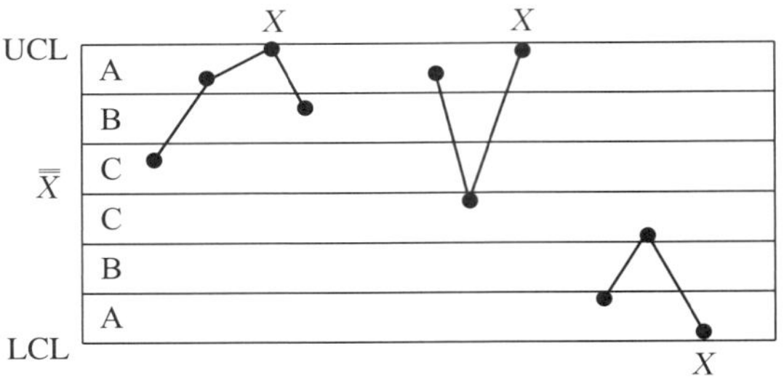

图 8-7 准则五的图示

准则六：连续 5 点中有 4 点落在中心线同一侧的 C 区以外（如图 8-8 所示）。与准则五类似，这第 5 点可在任何地方。出现该现象也是由于过程的参数 μ 发生了变化。

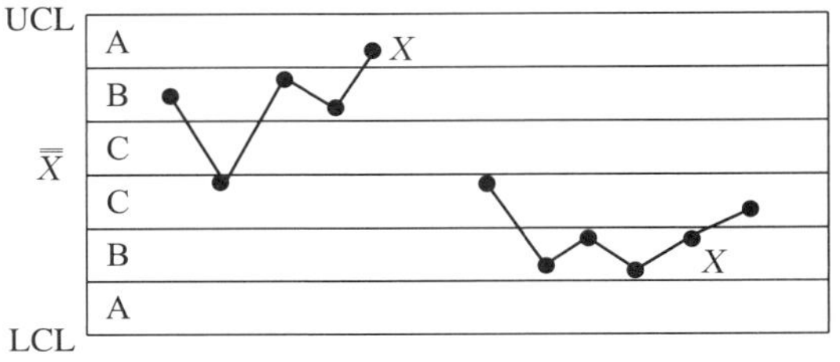

图 8-8 准则六的图示

准则七：连续 15 点落在 C 区中心线两侧的 C 区内（如图 8-9 所示）。出现本准则的现象是由于参数变小。造成这种现象的原因可能是数据虚假或数据分层不够等。

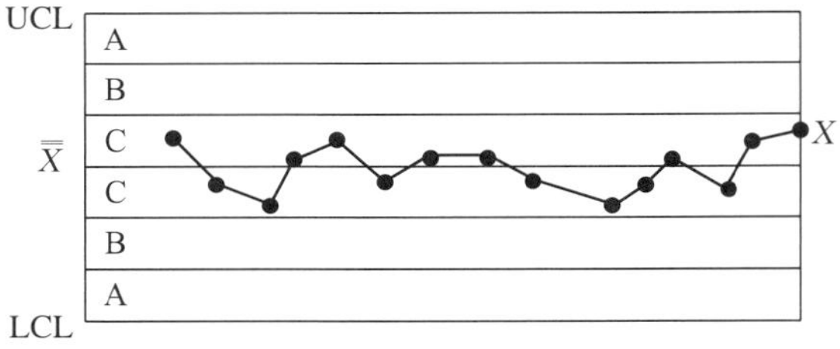

图 8-9 准则七的图示

准则八：连续 8 点在中心线两侧且无一在 C 区内（如图 8-10 所示）造成这种现象的主要原因也是数据分层不够。

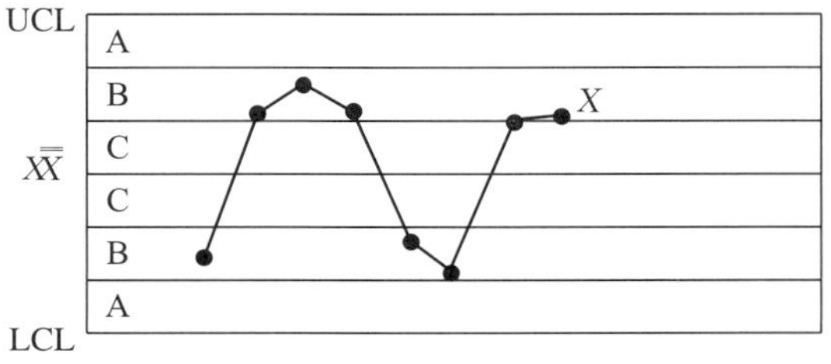

图 8-10 准则八的图示

SPC 的内容除了上面的控制图，还有累积和控制图 CUSUM 等。

第四节　测量系统分析

一、测量系统分析的概念及分类

（一）概念

测量系统分析（Measurement Systems Analysis，MSA），是指用统计学的方法来了解测量系统中的各个波动源，以及他们对测量结果的影响，最后给出本测量系统是否符合使用要求的明确判断。

产品或服务形成的每一个阶段都基于对数据作出分析并进行决策，数据本身的质量在很大程度上决定了质量管理的绩效。

数据是测量的结果，而测量是指“以确定实体或系统的量值大小为目标的一整套作业”。这“一整套作业”就是给具体事物（实体或系统）赋值的过程。这个过程的输入有人（操作者）、机（量具和必要的设备和软件）、料（实体或系统）、法（操作方法）、环（测量环境），这个过程的输出就是测量结果。这个由人、量具、测量方法和测量对象构成的过程的整体就是测量系统。测量系统是必须考虑的关键过程影响因素之一。因此，在开始测量并收集数据之前，必须对测量系统做出评价，对测量系统的问题进行分析和纠正，以保证测量数据的质量。

测量系统必须具有良好的准确性（accuracy）和精确性（precision）。它们通常由偏倚（bias）和波动（variation）等统计指标来表征。偏倚用来表示多次测量结果的平均值与被测质量特性基准值（真值）之差，其中基准值是已知的参考值（如在测量标识为 10 克的标准砝码作为测量对象，则 10 克就是参考值）或可通过更高级别的测量设备进行若干次测量取其平均值来确定。波动表示在相同的条件下进行多次重复测量结果分布的分散程度，常用测量结果的标准差 σ_{ms}（在不致混淆时简记为 σ）表示。这里的测量过程波动是 99.73%的测量结果所占区间的长度。通常测量结果服从正态分布 $N(\mu, \sigma^2)$，99.73%的测量结果所占区间的长度为 6σ。它们的概念如图 8-11 所示。

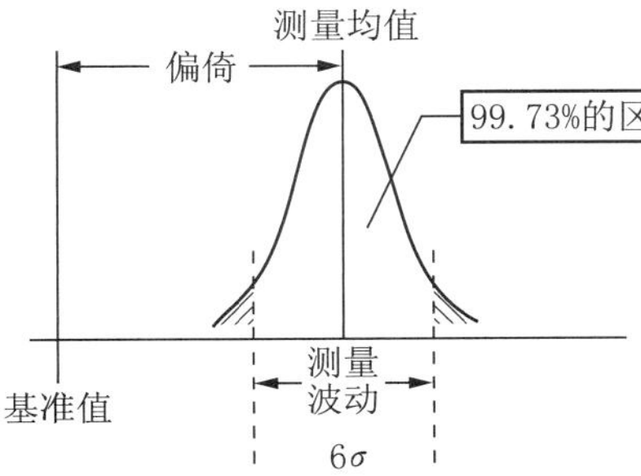

图 8-11　测量系统偏倚与波动的概念

测量数据质量高，既要求偏倚小，又要求波动小。只要偏倚和波动中有一项大，就不能说测量数据质量高（如图 8-12 所示）。

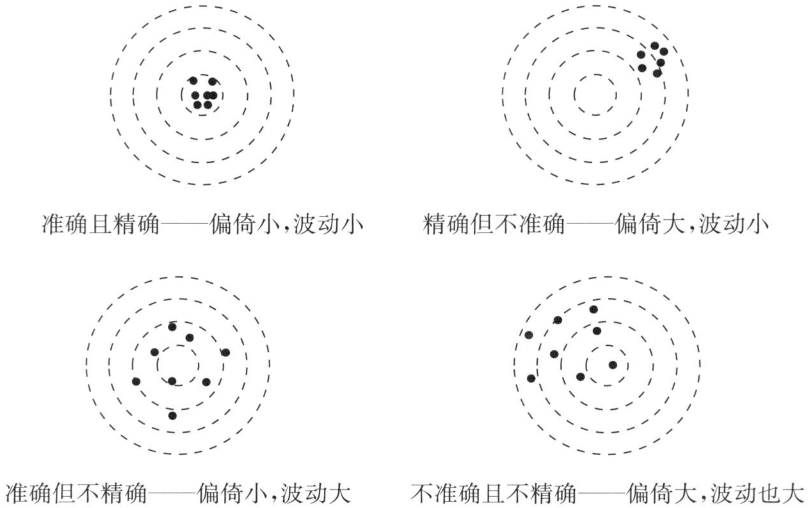

图 8-12　偏倚与波动示意图

实际工作中观测到的总波动包含了过程本身的波动和测量过程的该动。通过 MSA，可控制测量系统的偏倚和波动，以便获得准确且精确的测量数据。

（二）分类

根据分析目的及收集数据的类别不同，可将 MSA 分为计量值测量系统分析和属性值测量系统分析。

二、计量值数据测量系统分析

（一）常用评价指标

评价计量值测量系统优劣的指标通常为分辨力、偏倚、稳定性、线性、重复性和再现性等，并用它们控制测量系统的偏倚和波动，以使测量获得的数据准确可靠。

1. 测量系统的分辨力

测量系统的分辨力是指测量系统识别并反映被测量最微小变化的能力。测量系统的分辨力不够高，就无法正确识别过程的波动，因而影响对测量结果的定量描述。

由于经济上或物理上的限制，测量系统不可能无限制地识别或区分被测量的任意微小的变化。它们总是将被测特性区分或识别为若干数据组别。根据其组别测量结果的最小间距定为其分辨力。

当测量系统的分辨力不足时，一般应考虑更换量具或选用更好的测量技术。

2. 测量系统的偏倚

测量系统的偏倚是指对同一测量对象进行多次测量的平均值与该测量对象的基准值或标准值之差。其中标准值可通过更高级别的测量设备进行若干次测量取其平均值来确定。

由于测量误差的普遍存在，任何时候都会存在偏倚值，但需要用统计分析方法判断，偏倚值究竟是误差造成的，还是测量系统确实存在偏倚。如果测量系统确有偏倚，则应在校准时确认其偏倚值，并在以后测量时，对在此特定基准值处的观测值加以相应的修正。

3. 测量系统的线性

每个测量系统都有其量程，测量系统的线性是指在其量程范围内，偏倚是基准值的线性函数。对于通常的测量方法，当测量基准值较小（量程较低的地方）时，测量偏倚会比较小，当测量基准值较大（量程较高的地方）时，测量偏倚会比较大。因此，为了在任何一处都能对观测值加以修正，我们必须要求测量系统的偏倚具有线性。线性就是要求这些偏倚量与其测量基准值呈线性关系。

4. 测量系统的稳定性

测量系统的稳定性通常是指某个系统的计量特性随时间保持恒定的能力，是指经过一段长期时间，用相同的测量系统对同一基准或零件的同一特性进行测量所获得的总偏差，描述的是测量系统在时域上的变化特性。我们可以定期地对测量标准器（量具）或标准件进行重复测量，使用均值与极差或均值与标准偏差控制图来分析和确认测量系统的统计稳定性，并且针对引起不稳定的原因进行分析和纠正。

5. 测量系统的重复性

重复性是考察量具固有波动大小的度量，是指在相同测量条件下，对同一测量对象进行多次重复测量所产生的波动。重复性波动主要是反映量具本身的波动，记为 EV。这里在"相同测量条件"下进行测量是指同一个操作员，对同一个测量对象的同一部位，放在测量仪器中的同一位置，在较短的时间间隔内进行多次测量。这时，重复性误差的产生只能由测量仪器本身的固有波动引起。合格的测量系统应具有良好的重复性，也就是其重复测量的波动要小。

一般说来，重复性的研究遵从这样的步骤：

（1）要考察测量过程是否稳定，即测量过程是否处于统计控制状态。为此选择若干测量对象，每个测量对象都重复测量相同的次数，建立 R 图，观察其是否受控。若 R 图上出现失控现象，要分析失控原因，并加以纠正。

（2）计算其重复性：

$$\mathrm{EV} = 6\sigma_e$$

式中，σ_e 是测量过程中由于重复测量而引起的标准差。最好能安排专门估计 σ_e 的测量过程，即让同一个操作员，对同一个标准的测量对象，用完全相同的操作规程，在较短的时间间隔内进行多次测量，由这些测量结果可以直接估计出 σ_e。但如果专门估计 σ_e 的测量有困难，则可以直接使用评估测量系统的通用方法，对多个测量对象用多个操作员同时测量，同一个操作员对同一个标准的测量对象至少要重复测量两次以上。这时，可以使用下列简捷估计公式：

$$\hat{\sigma}_e = \frac{\overline{R}}{d_2^*}$$

式中，$\overline{R}$ 是重复测量同一个零件的极差的平均值；d_2^* 的值依赖于两个量：m 及 g，这里，m 是重复测量次数，g 是操作者数 k 与测量对象个数 n 的乘积。可通过表 8-10 查得 d_2^*。

例：某质量改进小组在作测量系统分析时，选择了 3 个操作者，对 20 个零件，各测量了 2 次，测量结果见表 8-11。

表 8-10　$d_2^* = d_2^*(m, g)$ 的数值表

g	m														
	2	3	4	5	6	7	8	9	10	11	12	13	14	15	20
1	1.41	1.91	2.24	2.48	2.67	2.83	2.95	3.08	3.18	3.27	3.35	3.42	3.49	3.55	3.81
2	1.28	1.81	2.15	2.40	2.50	2.77	2.91	3.02	3.13	3.22	3.30	3.38	3.45	3.51	3.77
3	1.23	1.77	2.12	2.38	2.58	2.75	2.89	3.01	3.11	3.21	3.29	3.37	3.43	3.50	3.76
4	1.21	1.75	2.11	2.37	2.57	2.74	2.88	3.00	3.10	3.20	3.28	3.35	3.43	3.49	3.75
5	1.19	1.74	2.10	2.35	2.55	2.73	2.87	2.99	3.10	3.19	3.28	3.35	3.42	3.49	3.75
6	1.18	1.73	2.09	2.35	2.55	2.73	2.87	2.99	3.10	3.19	3.27	3.35	3.42	3.49	3.75
7	1.17	1.73	2.09	2.35	2.55	2.72	2.87	2.99	3.09	3.19	3.27	3.35	3.42	3.48	3.75
8	1.17	1.72	2.08	2.35	2.55	2.72	2.87	2.98	3.09	3.19	3.27	3.35	3.42	3.48	3.74
9	1.15	1.72	2.08	2.34	2.55	2.72	2.86	2.98	3.09	3.18	3.27	3.35	3.42	3.48	3.74
10	1.15	1.72	2.08	2.34	2.55	2.72	2.86	2.98	3.09	3.18	3.27	3.34	3.42	3.48	3.74
11	1.15	1.71	2.08	2.34	2.55	2.72	2.86	2.98	3.09	3.18	3.27	3.34	3.41	3.48	3.74
12	1.15	1.71	2.07	2.34	2.55	2.72	2.86	2.98	3.09	3.18	3.27	3.34	3.41	3.48	3.74
13	1.15	1.71	2.07	2.34	2.55	2.71	2.86	2.98	3.09	3.18	3.27	3.34	3.41	3.48	3.74
14	1.15	1.71	2.07	2.34	2.54	2.71	2.86	2.98	3.08	3.18	3.27	3.34	3.41	3.48	3.74
15	1.15	1.71	2.07	2.34	2.54	2.71	2.86	2.98	3.08	3.18	3.25	3.34	3.41	3.48	3.74
16	1.15	1.71	2.07	2.34	2.54	2.71	2.86	2.98	3.08	3.18	3.26	3.34	3.41	3.48	3.74
20	1.41	1.70	2.07	2.33	2.54	2.71	2.85	2.98	3.08	3.18	3.26	3.34	3.41	3.48	3.74

表 8-11　测量值及有关计算

零件号	第 1 操作者				第 2 操作者				第 3 操作者				零件均值
	测量值				测量值				测量值				
	1	2	$\bar{x}$	R	1	2	$\bar{x}$	R	1	2	$\bar{x}$	R	
1	21	20	20.5	1	20	20	20	0	19	21	20	2	20.2
2	24	23	23.5	1	24	24	24	0	23	24	23.5	1	23.7
3	20	21	20.5	1	19	21	20	2	20	22	21	2	20.5
4	27	27	27	0	28	26	27	2	27	28	27.5	1	27.2
5	19	18	18.5	1	19	18	18.5	1	18	21	19.5	3	18.8
6	23	21	22	2	24	21	22.5	3	23	22	22.5	1	22.3
7	22	21	21.5	1	22	24	23	2	22	20	21	2	21.8
8	19	17	18	2	18	20	19	2	19	18	18.5	1	18.5
9	24	23	23.5	1	25	23	24	2	24	24	24	0	23.8
10	25	23	24	2	25	26	25.5	1	24	25	24.5	1	24.7
11	21	20	20.5	1	20	20	20	0	21	20	20.5	1	20.3

续 表

零件号	第1操作者				第2操作者				第3操作者				零件均值
	测量值				测量值				测量值				
	1	2	$\bar{x}$	R	1	2	$\bar{x}$	R	1	2	$\bar{x}$	R	
12	18	19	18.5	1	17	19	18	2	18	19	18.5	1	18.3
13	23	25	24	2	25	25	25	0	25	25	25	0	24.7
14	24	24	24	0	23	25	24	2	24	25	24.5	1	24.2
15	29	30	29.5	1	30	28	29	2	31	30	30.5	1	29.7
16	25	25	25	0	25	26	25.5	1	25	27	26	2	25.5
17	20	20	20	0	19	20	19.5	1	20	20	20	0	19.8
18	19	21	20	2	19	19	19	0	21	23	22	2	20.3
19	25	26	25.5	1	25	24	24.5	1	25	25	25	0	25
20	19	19	19	0	18	17	17.5	1	19	17	18	2	18.2
	$\bar{\bar{x}}_1 = 22.25$ $\overline{R}_1 = 1.00$				$\bar{\bar{x}}_2 = 22.28$ $\overline{R}_2 = 1.25$				$\bar{\bar{x}}_3 = 22.60$ $\overline{R}_1 = 1.20$				$R_p = 11.5$

该例中，有3名操作者，对20个零件各测量2次，则 $m=2$，$g=3\times 20=60$。此时，$d_2^* = d_2^*(2,\ 60) = 1.128$。

则测量系统的重复性为：

$$\overline{R} = (R_1 + R_2 + R_3)/3 = (1.00 + 1.25 + 1.20)/3 = 1.15$$

$$\hat{\sigma}_e = \frac{\overline{R}}{d_2^*} = \frac{1.15}{1.128} = 1.02$$

$$EV = 6\hat{\sigma}_e = 6\times 1.02 = 6.12$$

6. 测量系统的再现性

再现性也称为复现性，是指不同的操作者使用相同的量具，对相同的零件进行多次测量而产生的波动，再现性主要是度量不同的操作者在测量过程中所产生的波动，即操作人员的差异对测量系统一致性的影响，即由不同的操作人员，用相同的测量仪器，对同一测量对象进行测量时产生的波动，记为AV。

好的测量系统应具有良好的再现性，特别是由不同的操作人员使用同样的测量仪器对同一测量对象测量时的波动要小。一般说来，再现性的研究遵从下列步骤：

（1）假设有 k 名操作者，测量 n 个测量对象，要求每名操作者对每个测量对象重复测量 m 次。记第 i 名操作者的测量数据如下（见表8-12）。

把第 i 名操作者所得的 nm 个测量值的总平均记为 $\bar{\bar{x}}_i$，这样就得到 k 个总平均：

$$\bar{\bar{x}}_1,\ \bar{\bar{x}}_2,\ \cdots,\ \bar{\bar{x}}_k$$

（2）计算操作者间的极差 R_0 与标准差：

$$R_0 = \bar{\bar{x}}_{max} - \bar{\bar{x}}_{min}$$

$$\hat{\sigma}_0 = \frac{R_0}{d_2^*}$$

表 8-12　第 i 名操作者的测量数据表

重复号	零件号			
	1	2	…	n
1	x_{11}	x_{21}	…	x_{n1}
2	x_{12}	x_{22}	…	x_{n2}
⋮	⋮		⋮	
m	x_{1m}	x_{2m}	…	x_{nm}
均值	$\bar{x}_1$	$\bar{x}_2$		$\bar{x}_n$

式中，d_2^* 可查表 8-10，得 $d_2^* = d_2^*(m, g)$。因为只有一个极差 R_0 参与计算，故 $g = 1$，$m = k$。

（3）由于上述标准差 $\hat{\sigma}_0$ 还包含着每名操作者重复测量引起的波动，故需要对标准差 $\hat{\sigma}_0$ 作出修正，此种修正要对相应的方差进行。因为在独立场合方差具有可加性，而标准差不具可加性。

若记重复性中的方差为 $\hat{\sigma}_e^2$，如今每个操作者各测量 nm 次，故方差要缩小 nm 倍，即实际重复性的方差为 $\hat{\sigma}_e^2/nm$。从上述方差中扣除这个重复性方差，即得再现性的方差校正值：

$$\hat{\sigma}_0'^2 = \hat{\sigma}_0^2 - \hat{\sigma}_e^2/mn$$

$$\hat{\sigma}_0' = (\hat{\sigma}_0^2 - \hat{\sigma}_e^2/mn)^{1/2}$$

（4）计算再现性：

$$AV = 6\hat{\sigma}_0' = [(6\hat{\sigma}_0)^2 - (6\hat{\sigma}_E)^2/nm]^{1/2}$$

在上例中，从表 8-11 中可计算得到：$\bar{\bar{x}}_1 = 22.5$，$\bar{\bar{x}}_2 = 22.28$，$\bar{\bar{x}}_3 = 22.60$，因此，$R_0 = 0.35$。又查表 8-10 得 $d_2^*(3, 1) = 1.91$。则测量系统的再现性为：

$$\hat{\sigma}_0 = \frac{R_0}{d_2^*} = \frac{0.35}{1.91} = 0.183$$

$$\hat{\sigma}_0' = (\hat{\sigma}_0^2 - \hat{\sigma}_e^2/mn)^{1/2} = (0.183^2 - 1.02^2/40)^{1/2} = 0.086\,5$$

$$AV = 6\hat{\sigma}_0' = 0.52$$

7. 测量对象间的波动

对测量对象来说，总是存在差异的，如果测量 n 个不同的对象，就可得到 n 个测量值 x_1，x_2，…，x_n，测量对象间的波动亦可用重复测试的数据计算。如果有 n 个测量对象，k 个测量者，每个测量者对每个对象均重复测量 m 次，那么，对这些测量对象可计算得到 n 个均值，即，$\bar{x}_1$，$\bar{x}_2$，…，$\bar{x}_n$

然后计算其极差：

$$R_p = \bar{x}_{\max} - \bar{x}_{\min}$$

则测量对象之间的标准差为：

$$\hat{\sigma}_p = R_p/d_2^*(m, g)$$

测量对象之间的波动 PV 为：

$$PV = 6\hat{\sigma}_p$$

式中，d_2^* 可查表 8-10，$d_2^* = d_2^*(m, g)$，因为只有一个极差 R_p 参与计算，故 $g = 1$，而 $m = n$。

计算上例的测量对象间的波动，这里有 3 名操作者对 20 个零件各重复测量 2 次。这样每个零件被测 6 次，它们的平均值见表 8-11，其极差为：

$R_p = 29.7 - 18.2 = 11.5$

标准差为

$\hat{\sigma}_p = \dfrac{R_p}{d_2^*(20, 1)} = \dfrac{11.5}{3.81} = 3.02$

测量对象间的波动为

$6\hat{\sigma}_p = 6 \times 3.02 = 18.12$

8. 测量过程输出的总波动

在过程输出值的总波动中包括了过程的实际波动和测量系统的波动，测量数据的总方差 σ_T^2 由测量对象的方差 σ_p^2 与测量系统的方差 σ_{ms}^2 组成，面测量系统的方差又由测量者的方差和量具的方差构成，即

$$\sigma_{ms}^2 = \sigma_0^2 + \sigma_{op}^2 + \sigma_e^2$$

式中，σ_{op}^2 是操作员与零件的交互作用方差，所以

$$\sigma_T^2 = \sigma_p^2 + \sigma_{ms}^2 = \sigma_0^2 + \sigma_p^2 + \sigma_{op}^2 + \sigma_e^2$$

对上式两端各乘以$(6)^2$，得

$$(TV)^2 = (PV)^2 + (AV)^2 + (EV)^2$$

式中，TV 称为总波动；PV 为测量对象间的波动。$(AV)^2 + (EV)^2$ 称为量具重复性和再现性波动的平方，有时也直观地记为$(R\&R)^2$，因此有公式：

$$R\&R = \sqrt{(EV)^2 + (AV)^2}$$

常先算出 PV，再算出 TV。如果过程总波动 TV 已知，那么测量对象间的波动 PV 可以由下式求得

$$PV = \sqrt{(TV)^2 - (R\&R)^2}$$

（二）评价标准

测量过程是否有能力准确可靠地反映被测对象的波动，是测量系统分析所关注的主要问题。因此，需要对测量系统的能力作出评价，评价测量系统能力的方法通常有下列两种：

(1) 用测量系统的波动 R&R 与总波动之比来度量，常记为 P/TV。$P/TV = \dfrac{R\&R}{TV} \times 100\%$；

(2) 用测量系统的波动 R&R 与被测对象质量特性的容差之比来度量，通常记 P/T。

$$P/T=\frac{R\&R}{USL-LSL}\times 100\%$$

在评价测量系统的性能时，通常采用的标准见表 8-13。

表 8-13 测量系统能力辨别准则

测量系统能力	说明
(P/TV 且 P/T)≤10%	测量系统能力很好
10%<(P/TV 或 P/T)≤30%	测量系统能力处于临界状态
(P/TV 或 P/T)>30%	测量系统能力不足，必须进行改进

根据这一准则，当 P/TV 且 P/T≤10%时，表明测量系统是有能力的，当 10%<P 或 P/T≤30%时，测量系统能力处于临界状态。当测量对象是重要变量时，则此测量系统不能使用；当测量对象是非重要变量且立即更换测量系统暂时无法实施时，则此测量系统可以勉强使用，当 P/TV 或 P/T>30%时，说明测量系统本身的波动过大，这样的测量系统得到的数据是不可靠的，测量系统必须改进，在最后这种情况下，必须研究测量系统的各种波动源，如果重复性误差比率较小，则说明问题出在再现性上，应有针对性地采取措施减小波动；如果采取措施后，仍不能满足要求，或重复性误差本身已比较大，那就要更换量具，用新的测量系统。

三、属性值数据测量系统分析

当测量结果表示为合格/不合格、通过/不通过，或是不同的级别时，该类测量结果是属性值或计数型数据。当过程输出特性为计数型数据时，应针对这些计数型数据的测量系统进行分析，以保证测量数据的一致性。

（一）属性值测量数据的获得

一般选取 20 个或 20 个以上的零件（合格及不合格品约各占一半），在从事日常检验活动的人员中选择至少 2 个测量者，每个测量者对每个零件重复测量至少 2 次，以决定该零件是否可以接受。显然，重复性是指同一测量者对同一零件不同测量轮数时的一致程度；再现性则是不同测量者对同一零件测量时的一致性。如果已知测量对象的属性，则还可以分析不同测量者相对于标准的吻合程度。

研究检查橡胶管内径的某塞规（通过/不通过），数据见表 8-14。

表 8-14 计数型测量系统的研究

零件号	测量者 A			测量者 B			已知属性或标准	AB 的一致性	整体与标准的一致性
	第一次	第二次	A 的一致性	第一次	第二次	B 的一致性			
1	过	过	√	过	过	√	过	√	√
2	过	过	√	过	过	√	过	√	√
3	不过	过	×	过	过	√	过	×	×
4	不过	不过	√	不过	不过	√	不过	√	√

续 表

零件号	测量者 A			测量者 B			已知属性或标准	AB 的一致性	整体与标准的一致性
	第一次	第二次	A 的一致性	第一次	第二次	B 的一致性			
5	过	过	√	过	过	√	过	√	√
6	过	过	√	过	过	√	过	√	√
7	不过	不过	√	不过	不过	√	不过	√	√
8	不过	不过	√	过	过	√	不过	×	×
9	过	过	√	过	过	√	过	√	√
10	过	过	√	过	过	√	过	√	√
11	不过	不过	√	不过	不过	√	不过	√	√
12	过	过	√	过	过	√	过	√	√
13	过	不过	×	过	过	√	过	×	×
14	不过	不过	√	不过	不过	√	不过	√	√
15	过	过	√	过	过	√	过	√	√
16	过	过	√	过	过	√	过	√	√
17	过	过	√	过	过	√	过	√	√
18	过	过	√	过	过	√	不过	√	×
19	过	过	√	过	过	√	过	√	√
20	不过	不过	√	不过	不过	√	不过	√	√

（二）属性值测量系统一致性分析

（1）操作者各自的一致性分析（重复性）。见表 8-14，操作者 A 测量 20 个零件各 2 次，其中有 2 次不一致，一致性比率为 18/20 = 90%；而操作者 B 则全部一致，一致性比率为 100%。

（2）每个操作者与标准的一致性。操作者 A 的 20 次测量中，有 3 次与标准不一致，一致性比率为 17/20 = 85%；而操作者 B 的 20 次测量中，有 2 次与标准不一致，一致性比率为 18/20 = 90%。

（3）操作者之间的一致性分析（再现性）。在 20 次测量中，A，B 两者完全一致的有 17 次，一致性比率为 17/20 = 85%。

（4）所有测量者与标准的整体比较。从表 8-14 的最后一列可以看出，在 20 次测量过程中，只有 16 次与标准一致，一致性比率为 16/20 = 80%。

至于一致性比率的评价标准，一般要求整体一致性比率在 85%以上。

在属性值数据测量系统的分析，还可以从有效性、漏判率、误判率这三个方面进行判断（见表 8-15）。

有效性:分为测量者的有效性和系统有效性。若测量者对同一被测零件的所有测量结果一致,且与基准一致,则称为有效;测量者的有效性是指有效零件数目与被测零件数目之比。若所有测量者对同一被测零件的所有测量结果一致,且与基准一致,则称为系统有效;系统有效性是指系统有效的零件数目与被测零件数目之比。

漏判率:对每个测量者,将基准为不可接受的零件漏判为可接受的机会百分率。此评价值可为测量者的改进提供机会。

误判率:对每个测量者,将基准为可接受的零件误判为不可接受的机会百分率。此评价值可为测量者的改进提供机会。

表 8-15 计数型数据测量系统的判断标准

判　断	有效性	漏判率	误判率
可接受	≥90%	≤2%	≤5%
接受—需要改进	80%～90%	2%～5%	5%～10%
不可接受	≤80%	≥5%	≥10%

本章小结

产品质量是由生产流程中的各个过程质量来决定的，控制产品质量就是要研究和控制过程质量，过程质量具体表现在过程能力是否满足要求、过程是否受控、测量系统是否满足要求。本章着重研究了过程能力和过程能力指数的内涵，各种情况下过程能力指数的计算方法，过程能力的判定和改善，各种情况下控制图的应用和作图方法，对控制图出现的各种情况进行观察、判定和分析，识别过程的稳定性，预防不合格品的产生，以及保证和提高产品质量。同时，为了得到可靠的测量数据，需要对现有的测量系统进行分析，判断其能力是否满足实际需要。

思考题

1. 什么是过程能力和过程能力指数？过程能力指数的评定标准是什么？

2. 什么是控制图，控制图有何作用，控制图的统计原理是什么？

3. 测量系统分析的指标有哪些，分别代表什么含义？

4. 已知某零件的尺寸为 $50^{+0.3}_{-0.1}$ mm，抽取样本后测定样本均值为 50.05 mm，标准差为 0.061，求该过程的过程能力指数。

5. 某企业加工某种零件，要求该产品的某项特性不得超过 0.05，实测样本算出均值为 0.01 mm，标准差为 0.016，求该过程的过程能力指数。

6. 某工序测得的 125 个数据如表 8-16 所示，试做均值与极差控制图，并判定过程是否处于稳定状态。

表 8-16　某工序测得数据表

样本号	X_1	X_2	X_3	X_4	X_5
1	47	32	44	35	20
2	19	37	31	25	34
3	19	11	16	11	44
4	29	29	42	59	38
5	28	12	45	36	25
6	40	35	11	38	33
7	15	30	12	33	26
8	35	44	32	11	38

续 表

样本号	X_1	X_2	X_3	X_4	X_5
9	27	37	26	20	35
10	23	45	26	37	32
11	28	44	40	31	18
12	31	25	24	32	22
13	22	37	19	47	14
14	37	32	12	38	30
15	25	40	24	50	19
16	7	31	23	18	32
17	38	0	41	40	37
18	35	12	29	48	20
19	31	20	35	24	47
20	12	27	28	40	31
21	52	42	52	24	25
22	20	31	15	3	28
23	29	47	41	32	22
24	28	27	22	32	54
25	42	34	15	29	21

第九章

检验及准入方法与工具

学习要点

- 检验的定义、目的及分类；
- 我国抽样检验的标准体系、术语及分类；
- 计数抽样方案及 OC 函数，计数标准型及调整型抽样检验的原理及程序；
- 计量型抽样检验的概念、原理及其方案设计；
- 散料抽样检验的基本概念及其方案设计；
- PPAP 的概念及其实施过程中的要求和注意事项。

第一节　检验概述

一、检验

（一）检验的定义

检验是为确定产品或服务的各种特性是否合格，测量、检查、测试或量测产品或服务的一种或多种特性，并且与规定要求进行比较的活动。

（二）检验的目的

检验的目的主要有以下两点：

（1）鉴定被检验对象是否符合技术要求，保证检验验收的产品达到规定的质量水平。

（2）提供有关质量信息，以便及时采取措施，提高产品质量。

（三）检验的分类

1. 全数检验

全数检验是对交检的一批产品的所有单位产品进行全部检验，并对每个单位产品做出合格与不合格的判定。

全数检验适用于以下场合：

（1）经检验后合格批中不允许存在不合格品。

（2）单件小批生产。

（3）检验费用低，检验项目少。

2. 抽样检验

抽样检验是按规定的抽样方案，随机从一批产品或过程中抽取少量个体或材料作为样本，对样本进行全数检验，并根据对样本的检验结果对该批产品做出合格或不合格的判定。

如规定抽样方案 $n=50$，$Ac=2$：从一批 $N=1\,000$ 件产品中随机抽取样本 $n=50$，对这 50 件样品全部进行检验，如果样本中没有不合格品，或有 1 件或 2 件不合格品时则判定该批合格；如果样本中有 3 件或 3 件以上不合格品时，则判定该批不合格。

抽样检验主要用于以下场合：

（1）破坏性检验（检验一件破坏一件），必须采用抽样检验。

（2）对连续体的检验，如对布、电线、油的检验等，只能采用抽样检验。

（3）大批量生产与连续交货。

（4）检验费时、费用高。

3. 抽样检验与全数检验的比较

抽样检验与全数检验的比较见表 9-1。

表 9-1　全数检验与抽样检验比较表

项　　目	全数检验	抽样检验
检验对象与目的	检验对象是一件单位产品。 目的是判断每件单位产品是否合格	检验对象是一批产品。 目的是判定整批产品是否合格
应用场合	单件小批产品及重要产品的极重要质量特性的成品检验	大批量生产与连续交货的产品及检验费用高的产品
对质量保证能力	存在错检、漏检，须及时纠正，能保证产品质量	存在生产方风险与使用方风险两种误判，但可限制在允许范围内，能保证产品质量
检验费用	检验费用高	检验费用低

二、抽样检验

（一）我国抽样标准体系

我国对抽样检验的研究起步较晚。20 世纪 60 年代中期开始研制抽检标准，到 20 世纪 70 年代统计抽样技术才由原内机部标准化所引进。1978 年参照 MIL-STD-105D 制定了计数调整型抽样标准 SJ 1288—1978《计数抽样检验程序及抽样表》，抽样检验研究与应用才得以发展。该标准经过一段时间的试用效果很好，1981 年上升为国家标准 GB/T 2828—1981《逐批检查计数抽样程序及抽样表》。同时又根据我国的例行试验的需要，独立制定了 GB/T 2829—1981《周期检查计数抽样程序及抽样表》，并在全国试行，1987 年对这两个标准进行了修订。2003 年国家质量监督检验检疫总局对原 GB/T 2828—1987 又一次作了重要修改，形成了 GB/T 2828.1—2003，2012 年又修订发布 GB/T 2828.1—2012。

目前我国的抽样检验标准体系表如图 9-1 所示。

- 抽样检验
  - 抽样基础
    - 抽样导则：GB/T 13393
    - 抽样方法：GB/T 10111
  - 分立个体
    - 稳定批
      - 连续批
        - 计数：GB/T 2828.1，GB/T 2828.3，GB/T 13264，GB/T 13546
        - 计量：GB/T 6378.1，GB/T 16307
      - 孤立批
        - 计数
          - 单点型
            - 左点
              - 计件
                - 大总体：GB/T 2828.4
                - 小总体：GB/T 2828.11
              - 计点：GB/T 2828.4
            - 右点：GB/T 2829，GB/T 2828.2
          - 两点型
            - 大批：GB/T 13262，GB/T 13546
            - 小批：GB/T 13264
        - 计量
          - 单点型：GB/T 6378.4
          - 两点型：GB/T 8054，GB/T 16307，GB/T 8501
    - 流动批：GB/T 8052
  - 散料
    - 粒度均匀：GB/T 13732 GB/T 22555—2010
    - 粒度不均：GB/T 22555—2010

图 9-1　我国抽样检验标准

抽样检验国家标准如表 9-2 所示。

表 9-2　抽样检验国家标准

序号	标准号	标准名称
1	GB/T 10111—2008	随机数的产生及其在产品质量抽样检验中的应用程序
2	GB/T 13393—2008	验收抽样检验导则
3	GB/T 2828.1—2012	计数抽样检验程序第 1 部分：按接收质量限（*AQL*）检索的逐批检验抽样计划
4	GB/T 2828.2—2008	计数抽样检验程序第 2 部分：按极限质量（LQ）检索的孤立批检验抽样方案
5	GB/T 2828.3—2008	计数抽样检验程序第 3 部分：跳批抽样程序
6	GB/T 2828.4—2008	计数抽样检验程序第 4 部分：声称质量水平的评定程序
7	GB/T 2828.11—2008	计数抽样检验程序第 11 部分：小总体声称质量水平的评定程序
8	GB/T 2829—2002	周期检验计数抽样程序及表
9	GB/T 6378.1—2008	计量抽样检验程序第 1 部分：按接收质量限（*AQL*）检索的对单一质量特性和单个 *AQL* 的逐批检验的一次抽样方案
10	GB/T 6378.4—2008	计量抽样检验程序第 4 部分：对均值的声称质量水平的评定程序
11	GB/T 8051—2008	计数序贯抽样检验方案
12	GB/T 8052—2002	单水平和多水平计数连续抽样检验程序及表
13	GB/T 8054—2008	计量标准型一次抽样检验程序及表
14	GB/T 16306—2008	声称质量水平复检与复验的评定程序
15	GB/T 16307—1996	计量截尾序贯抽样检验程序及抽样表
16	GB/T 13262—2008	不合格品百分数的计数标准型一次抽样检验程序及抽样表
17	GB/T 13264—2008	不合格品百分数的小批计数抽样检验程序及抽样表
18	GB/T 13546—1992	挑选型计数抽样检查程序及抽样表
19	GB/T 13732—2009	粒度均匀散料抽样检验通则
20	GB/T 22555—2010	散料验收抽样检验程序和抽样方案
21	GB/T 16307—1996	计量截尾序贯抽样检验程序及抽样表
22	GB/T 21664—2008	工作抽验方法

（二）抽样检验的基本术语

抽样检验有许多术语，本部分介绍抽样检验中常用术语的概念及定义。

1. 单位产品

可单独描述和考察的事物，称为单位产品。单位产品是为实施抽样检验的需要而划分的基本产品单位。例如，一个有形的实体；定量的材料；一项服务、一次活动或一个过程；一个组织或个人；上述项目的任何组合。

2. 检验批

汇集在一起的一定数量的某种产品、材料或服务，称为“批”。

这里所说的“批”都是交验批或检验批，检验批是提交进行检验的一批产品，也是作为检验对象而汇集起来的一批产品。批分连续批和孤立批。在同一生产过程中连续生产的一系列批，只要人、机器、材料、方法、测量、环境基本相同，一般来说可定为连续批。连续批的统计特征如下：现时的抽样检验结果包含有前后一些批的有关被检质量特性的有用信息。不能定为连续批的批可定为孤立批。例如，单个批、少数的几个批，一系列质量信息相互独立的交验批等。

3. 批量

批量即检验批中单位产品的数量，常用 N 来表示。

4. 不合格与不合格品

未满足要求，称为不合格。通常按不合格的严重程度将其分为：①A 类不合格，认为最被关注的一种类型的不合格，也称致命缺陷。在验收抽样中，将给这种类型的不合格指定一个很小的 AQL 值。②B 类不合格，认为关注程度比 A 类稍低的一种类型的不合格也称严重缺陷。如果存在第三类（C 类）不合格，可以给 B 类不合格指定比 A 类不合格大但比 C 类不合格小的 AQL 值，其余不合格以此类推，C 类不合格也称轻微缺陷。不合格的程度以对产品适用性的影响程度分类。

具有一个或一个以上不合格的产品，称为不合格品。不合格品通常按照不合格的严重程度分类：①A 类不合格品，包含一个或一个以上 A 类不合格，同时还可能包含 B 类和（或）C 类不合格的产品。②B 类不合格品，包含一个或一个以上 B 类不合格，同时还可能包含 C 类不合格，但不包含 A 类不合格的产品。③C 类不合格品，包含一个或一个以上的 C 类不合格，但不包含 A 类和 B 类不合格的产品。

例 9-1 某车间从生产线上随机抽取 1 000 个零件进行检验，发现 5 个产品有 A 类不合格；4 个产品有 B 类不合格；5 个产品有 C 类不合格；2 个产品既有 A 类又有 B 类不合格；3 个产品既有 B 类又有 C 类不合格；则该批产品中各类不合格数和不合格品数如下：

不合格数：	不合格品数：
A 类不合格：7	A 类不合格品：7
B 类不合格：9	B 类不合格品：7
C 类不合格：8	C 类不合格品：5
合计：24	合计：19

5. 批质量

批质量指单个提交检验批产品的质量，通常用 p 表示。由于质量特性值的属性不同，批质量的表示方法也不一样，在计数抽样检验衡量批质量的方法如下：

（1）批不合格品率 p。

批的不合格品数 D 除以批量 N，再乘以 100%，即：

$$p = \frac{D}{N} \times 100\%$$

（2）批不合格品百分数。

批的不合格品数除以批量，再乘以 100，即：

$$100p = \frac{D}{N} \times 100$$

这两种表示方法常用于计件抽样检验。

（3）批每百单位产品不合格数。

批的不合格数 C 除以批量，再乘以 100，即：

$$\frac{C}{N} \times 100$$

这种表示方法常用于计点检验。

例 9-2 一批零件批量为 $N = 10\,000$ 件，已知其中包含的不合格品数为 $D = 20$ 件，则：

$$批不合格品率 = \frac{D \times 100\%}{N} = \frac{20 \times 100\%}{10\,000} = 0.2\%$$

即批中不合格品率为 0.2%，将此数乘以 100，得 0.2，故批不合格品百分数为 0.2。

例 9-3 检验一批产品的外观质量，批量 $N = 2\,000$，其中 10 件每件有两处（个）不合格，则：

$$每百单位产品不合格数 = \frac{批中不合格总数}{批量} \times 100 = \frac{10 \times 2}{2\,000} \times 100 = 1$$

即每百单位产品不合格数为 1。

计量检验衡量批质量的方法有：批中所有单位产品的某个特性的平均值，如电灯泡的平均使用寿命；批中所有单位产品的某个特性的标准差或变异系数等。

6. 过程平均

在规定的时段或生产量内平均的过程质量水平，即一系列初次交检批的平均质量。其表示方法与批质量的表示方法相同，但意义有所不同，过程平均表示的是在稳定的加工过程中一系列批的平均不合格品率，而不是某个交检批的质量。

假设有 k 批产品，其批量分别为 N_1，N_2，…，N_k，经检验，其不合格品数分别为 D_1，D_2，…，D_k，则过程平均为：

$$不合格品百分数\ \bar{P} = \frac{D_1 + D_2 + \cdots + D_k}{N_1 + N_2 + \cdots + N_k} \times 100 \quad (k \geqslant 20)$$

若每批产品不合格数为 C_1，C_2，…，C_k，则过程平均为：

$$每百单位产品不合格数\ \bar{P}=\frac{C_1+C_2+\cdots+C_k}{N_1+N_2+\cdots+N_k}\times100\quad(k\geqslant20)$$

在实际中计算过程平均通常是用样本数据估计。假设从上述批中依次抽取样本量为 n 的 k 个样本，经检验，样本中的不合格品数分别为 d_1，d_2，…，d_k 个，则利用样本估计的过程平均用不合格品百分数表示为：

$$\bar{p}=\frac{d_1+d_2+\cdots+d_k}{n_1+n_2+\cdots+n_k}\times100\quad(k\geqslant20)$$

7. 接收质量限 *AQL*

接收质量限指当一个连续系列批被提交验收抽样时，可允许的最差过程平均质量水平。它是对生产方的过程质量提出的要求，是允许的生产方过程平均的最大值。

8. 极限质量 LQ

对于一个孤立批，为了抽样检验，必须限制在低接收概率的质量水平。它是在抽样检验中对孤立批规定的不应接收的批质量水平的最小值。

（三）抽样检验的分类

抽样检验的方案有很多种，从不同角度可以进行不同的分类。

（1）按产品的质量特性分类，抽样检验方案有下列两类：

① 计数抽样方案。这种抽样方案是为研究单位产品质量特性为计点值（缺陷数）和计件值（不合格品数）而制定的。

② 计量抽样方案。这种抽样方案是为研究单位产品质量特性为计量值（如尺寸、强度等）而制定的。

（2）按检验方案的制定原理分类，抽样检验方案有下列三种类型：

① 标准型抽样方案。这种抽样方案是为保护生产方利益，同时保护使用方利益，预先限制生产方风险 α 和使用方风险 β 的大小，而制定的抽样方案。

② 挑选型抽样方案。这类抽样方案规定，对经检验判断为接收的批，只要替换样本中的不合格品；而对经检验判为拒收的批，必须全检，并将所有不合格品全替换为合格品，故称为挑选型抽样检验。挑选型抽样方案仅适用于连续批产品非破坏性检验的场合。

③ 调整型抽样方案。这类抽样方案适用于连续批产品的交验，它由一组抽样方案（正常方案、加严方案和放宽方案）和一套转移规则组成，并且依据过去的检验资料及时调整方案的宽严，故称为调整型抽样方案。调整型抽样方案可以刺激生产方主动改进产品的质量。

（3）按抽样的程序分类，抽样检验方案分类如下：

① 一次抽样方案。仅需抽取一个样本，便可对批做出接收与否的判断。

② 二次抽样方案。抽样可能分两次进行，对第一个样本检验后，可能有以下三种结论：接收、拒收、继续抽样。只有在第三种结论时，才抽取第二个样本，然后最终作出接收与否的判断。二次抽样方案与一次抽样方案相比较，在两类风险 α、β 相同的情况下，二次抽样方案的平均抽检量小。

③ 多次抽样方案。抽样可能要多次进行，抽样分级的次数越多，平均抽检量越小，但手续越麻烦。所以，通常采用一次或二次抽样方案。

④ 序贯抽样方案。这类抽样方案规定，每次仅抽检一个单位产品，并且每次均有三种可能结论：接收、拒收、继续抽检。可以证明，在进行有限次抽检后，最终可作出接收与否的判断。序贯抽样方案的平均抽检量最小。

第二节　计数型抽样检验

一、计数型抽样方案及函数

（一）计数型抽样方案

计数型抽样方案由样本大小 n 和合格判定数 A 组成。

一次抽样方案是由一组（n；A）组成，是最为常用的抽样方案，其实施程序如图 9-2 所示。二次抽样方案的实施程序见表 9-5。

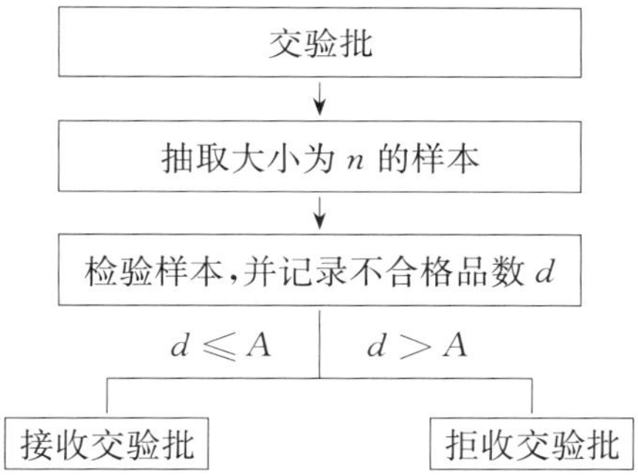

图 9-2　一次抽样方案（n；A）

（二）OC 函数

OC 函数亦称为操作特性函数，它表明不合格品率为 P 的交验批被抽样方案（n；A）判为接收的可能性，其计算公式如下：

$$P_a(p)=P(d\leqslant A)=\sum_{d=0}^{A}C_n^d p^d(1-p)^{n-d} \tag{9-1}$$

一个理想的 OC 函数具有如下性质：

（1）$P_\alpha(0)=1$。当交验批没有不合格品时，应被百分之百地接收。

（2）$P_\alpha(1)=0$。当交验批全部为不合格品时，应被百分之百地拒收。

（3）$P_\alpha(P)$为 P 的减函数。

但实际上，由于抽样检验存在着两类错误，抽样检验很难达到理想状态，因此希望当交验批好于或者等于规定的接收标准，高概率接收，当交验批的不合格品率变大时，被接收的概率应相应减小。OC 函数的示意图形如图 9-3 所示，OC 函数也常被称为 OC 曲线。

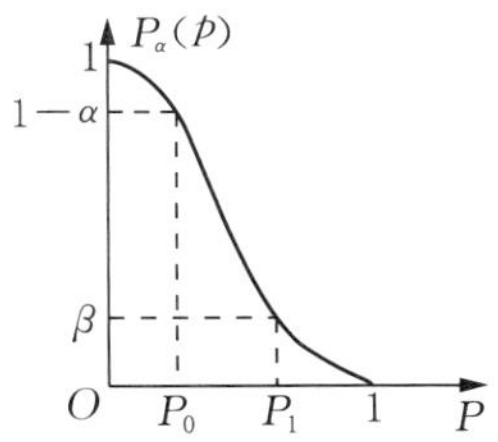

图 9-3　OC 曲线

二、计数标准型抽样检验原理及方案设计(GB/ T 13262—2008)

(一) 制定原理

设交验批的不合格品率为 P，接收上界 P_0 与拒收下界 P_1，则当 $P \leqslant P_0$ 时，交验批为合格批，应予接收。故称 P_0 为接收上界，亦称为可接收的不合格品率。而当 $P \geqslant P_1$ 时，交验批为不合格批，应予拒收。故称 P_1 为拒收下界，或称为允许的极限不合格品率。

标准型抽样方案是在预先限制两类风险 α 和 β 的前提下制定的，依据如图 9-2 所示的 OC 曲线可以看出：

① $P \leqslant P_0$ 时，$P_\alpha(P) \geqslant 1-\alpha$。

② $P \geqslant P_1$ 时，$P_\alpha(P) \leqslant \beta$。

$\dfrac{P_1}{P_0}$被称为抽样方案的灵敏度，反映了抽样方案的鉴别能力。$\dfrac{P_1}{P_0}$越接近于 1，抽样方案的灵敏度越高，鉴别能力越强，但随之样本大小 n 越大。若要求$\dfrac{P_1}{P_0}=1$，则势必导致 n 无限大，也即只能全检，而不存在灵敏度为 1 的抽样方案。

据 OC 函数 $P_\alpha(P)$的递减性，上述要求等价于(n；A)满足下述方程组：

$$\begin{cases} \sum_{d=0}^{A} C_n^d p_0^d (1-P_0)^{n-d} = 1-\alpha \\ \sum_{d=0}^{A} C_n^d p_1^d (1-P_1)^{n-d} = \beta \end{cases} \tag{9-2}$$

于是，只要预先给定 α、β 的大小，即可由式(9-2)求得计数标准型一次方案(n；A)。国家标准 GB/T 13262—2008，正是在 $\alpha \approx 5\%$，$\beta \approx 10\%$的前提下，按式(9-2)制定的。

(二) 制定程序

下面举例说明如何采用国家标准 GB/T 13262—2008，制订计数标准型一次抽样方案。

例 9-4 一批产品交验，规定 $P_0=1\%$，$P_1=10\%$，$\alpha \approx 5\%$，$\beta \approx 10\%$，求标准型一次抽样方案(n；A)。

(1) 查表检索方案。查 GB/T 13262—2008，$P_0=1\%$在 0.901%～1.00%范围内，$P_1=10\%$在 9.01%～10.0%范围内，查得(n；A)=(39；1)。

(2) 求方案(39；1)的 OC 函数。

$$P_\alpha(p)=\sum_{d=0}^{1} C_{39}^d P^d (1-p)^{39-d} = (1-p)^{39} + 39p(1-p)^{38}$$

给定 $P=0$，1%，5%，10%，100%计算 $P_\alpha(p)$，所得结果见表 9-3。

表 9-3 给定 p 值计算 $P_\alpha(p)$

p	0	1%	5%	10%	100%
$P_\alpha(p)$	1	0.94	0.41	0.09	0

由表 9-3 可见，方案(39；1)的两类风险实际值为：

$\alpha = 1 - P_\alpha(0.01) = 1 - 0.94 = 6\%$

$\beta = P_\alpha(0.01) = 9\%$

$P_\alpha(p)$的图形如图 9-4 所示。

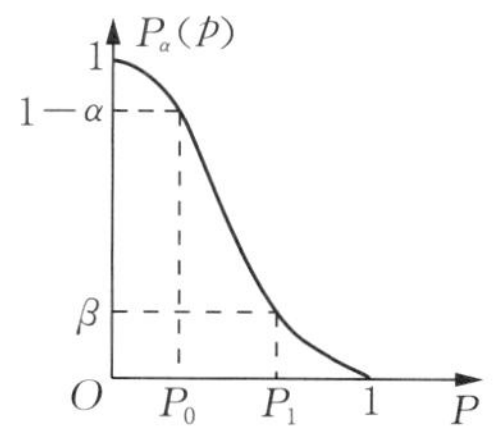

图 9-4　方案(39; 1)的 OC 曲线

例 9-5　(续例 9-4)其他条件与例 9-4 相同,但 $P_1 = 5\%$,求计数标准型一次方案(n; A)。

(1) 查表检索方案。查 GB/T 13262—2008, $P_0 = 1\%$ 在 0.901%～1.00%范围内,$P_1 = 5\%$在 4.51%～5.00%范围内,查得(n; A)=(140; 3)。

(2) 比较方案(140; 3)与方案(39; 1)。方案(140; 3)与方案(39; 1)两类风险基本相同,即 $\alpha \approx 5\%$, $\beta \approx 10\%$。它们的差别在于,方案(140; 3)的鉴别能力强,其灵敏度$\dfrac{p_1}{p_0} = 5$,而方案(39; 1)的灵敏度是 10。但灵敏度的提高导致样本量迅速增大,n 从 39 增大到 140。

最后,可将计数标准型一次抽样方案的制定程序概述如下:①规定单位产品的质量特性;②规定质量特性不合格的分类与不合格品的判断准则;③双方商定 p_0、p_1 与 α、β 的大小;④组成交验批。⑤检索抽样方案(n; A);⑥随机抽取大小为 n 的样本;⑦检验样本,并记录样本中的不合格品数 d;⑧交验批的判断,若 $d \leqslant A$,接收交验批、若 $d > A$,拒收交验批;⑨交验批的处置。

三、计数调整型抽样检验原理及方案设计(GB/ T 2828.1—2012)

(一) 基本概念

计数调整型抽样以不合格品百分数或每百单位产品不合格数为质量指标,接收质量限为质量标准,抽样方案视批质量优劣作放宽或加严检验,根据样本中的不合格品数(不合格数)与判定组比较,判断合格或不合格的抽样检验。

调整型抽样方案对提供交验的连续批进行连续抽验检验时,不采用固定的抽样方案,而是根据交验批的检验结果,按照预先规定的原则对抽样方案的宽严程度进行调整。

(二) 制定原理

1. 确定 *AQL*

确定 *AQL* 是实施 GB/T 2828.1—2012 中的关键,也是难点之一。在合同环境下,当有供需双方时,*AQL* 的大小应由双方协商而定,力求合理,*AQL* 值太大,需求方得不到质量满意的产品,造成使用方风险太大;*AQL* 值过小时,导致生产成本增加,造成生产方风险太大。在非合同环境下,企业也要认真而慎重地选择 *AQL*。

AQL 的确定方法通常有下述几种:

(1) 按使用方要求确定 *AQL*。使用方根据自己的技术要求和经济承受能力,提出可允许的最差过程平均质量水平,即 *AQL* 值。

(2) 据不合格的类别确定 *AOL*。致命或严重不合格会导致生命安全或重大经济损失的,其 *AQL* 应小;相反,一般或轻微不合格的 *AQL* 应大些。A 类不合格的 *AQL* 值应比 B 类不合格的 *AOL* 值小,B 类又比 C 类小。例如,美国海军部规定,致命不合格的 $AQL = 0.1$,轻微不合格的 $AQL = 2.5$。综上所述,确定 *AQL* 值的一般原则是:①超特殊军用品 *AQL*<特

殊军用品 AQL＜一般军用品 AQL；②重要检验项目 AQL＜次要检验项目 AQL；③A 类不合格 AQL＜B 类不合格 AQL＜C 类不合格 AQL；④电气性能 AQL＜力学性能 AQL＜外观质量 AQL；⑤检验项目少 AQL＜检验项目多 AQL。

(3) 根据生产方能力的最大值来确定。当无任何参考资料借鉴时，可以采用“过程平均法”来确定 AQL 值。

① 用全数检验数批产品的质量，取其平均值，即过程平均 $\bar{p}$，在此基础上确定 AQL。此方法是通过实际统计测量数据计算出 AQL 值，是一种很实用的方法。

② 根据历史资料估计产品的过程平均不合格品率 $\bar{p}$，再选择适当的系数 k，由下式计算出产品的 AQL 为：

$$AQL \approx \bar{p} + k\sqrt{\frac{p(1-p)}{\sum_{i=1}^{N} n_i}}$$

式中，$\bar{p}$ 为产品的过程平均不合格品率；N 为批次数，一般 $N=10\sim20$；n 为样本量；k 为系数，$k=2\sim3$。

值得注意的是，AQL 不应取过程平均不合格品率 $\bar{p}$，否则将会导致 $\alpha\approx50\%$，即几乎一半的交验批会被拒收。

(4) 双方协商确定 AQL。根据需方接收和使用一个不合格品所造成的损失费用与供方为检验和剔除一个不合格品所花的费用的比例大小来确定 AQL 值，也称损益平衡法。损益平衡点的计算公式为：

$$\text{损益平衡点}\ f=\frac{\text{检验和剔除一个不合格品所需费用}}{\text{接收和使用一个不合格品造成的损失费用}}\times100\%$$

一般说来，f 越大，则 AQL 值也越大，反之亦然。使用 AQL 时，需注意以下几点：

(1) GB/T 2828.1—2012 中 AQL 共分 26 个等级，从 0.010 到 1 000，前 16 个等级，即 AQL 从 0.010～10 适用于交验批质量水平表示为不合格品百分数的情况，所有 26 个等级均适用于交验批质量水平表示为每百单位产品不合格数的情况。

(2) GB/T 2828.1—2012 中给出的 AQL 值是优先的 AQL 系列。任何产品，如果指定的 AQL 值不是 GB/T 2828.1—2012 表中的数值中的某一个，则不能用该标准的各个表，即 AQL 要标准化。

(3) AQL 是抽样计划的一个参数，不应与描述制造过程操作水平的过程平均相混淆，在 GB/T 2828.1—2012 抽样系统下，为了避免过多的批产品被拒收，要求过程平均比 AQL 更好。

(4) 可以给不合格组(包含 A 类和 B 类不合格)或单个的不合格(只包含某一类不合格)指定不同的 AQL。

2. 规定检验水平

反映批量 N 与样本大小 n 之间的等级对应关系的指标为检验水平。GB/T 2828.1—2012 把检验水平分为七个等级，依次为：S-1、S-2、S-3、S-4、Ⅰ、Ⅱ、Ⅲ。检验水平从低向高选取，抽样比例 n/N 从小到大变化，判断能力也由低向高变化。

S-1～S-4 为特殊检验水平，适用于军品检验或破坏性检验、检验费用高、检验时间特别长的场合。

Ⅰ、Ⅱ、Ⅲ为一般检验水平，适用于一般民品的检验，且常选用一般检验水平Ⅱ。从上可见，检验水平高，样本量增加；样本量大，判断能力高。反之亦然。所以，不要盲目追求高的检验水平，防止增加检验费用。

3. 检索样本大小字码

为简化抽样表，在调整型抽样方案中，样本大小 n 用一组字码表示，而字码的检索取决于批量 N 和检验水平的等级。GB/T 2828.1—2012 的样本大小字码表见表 9-4。

表 9-4 计数调整型抽样字码表（GB/T 2828.1—2012）

批量范围	特殊检验水平				一般检验水平		
	S-1	S-2	S-3	S-4	Ⅰ	Ⅱ	Ⅲ
2～8	A	A	A	A	A	A	B
9～15	A	A	A	A	A	B	C
16～25	A	A	B	B	B	C	D
26～50	A	B	B	C	C	D	E
51～90	B	B	C	C	C	E	F
91～150	B	B	C	D	D	F	G
151～280	B	C	D	E	E	G	H
281～500	B	C	D	E	F	H	J
501～1 200	C	C	E	F	G	J	K
1 201～3 200	C	D	E	G	H	K	L
3 201～10 000	C	D	F	G	J	L	M
10 001～35 000	C	D	F	H	K	M	N
35 001～150 000	D	E	G	J	L	N	P
150 001～500 000	D	E	G	J	M	P	Q
≥500 001	D	E	H	K	N	Q	R

4. 转移规则

调整型抽样方案根据连续交验批的产品质量及时调整方案的宽严。当交验批的质量水平处于 AQL 时，采用正常方案；当交验批质量稳定提高时，采用放宽方案；而当交验批质量明显下降时，则采用加严方案。通过调整方案的宽严可以刺激生产方主动、积极地不断改进质量。GB/T 2828.1—2012 的转移规则和程序如图 9-5 所示。

所谓转移得分是在正常检验情况下，用于确定当前的检验结果是否足以允许转移到放宽检验的一种指示数。

除非负责部门另有规定，在正常检验开始就应计算转移得分。

在正常检验开始时，应将转移得分设定为0，而在检验每个后继的批以后应更新转移得分。

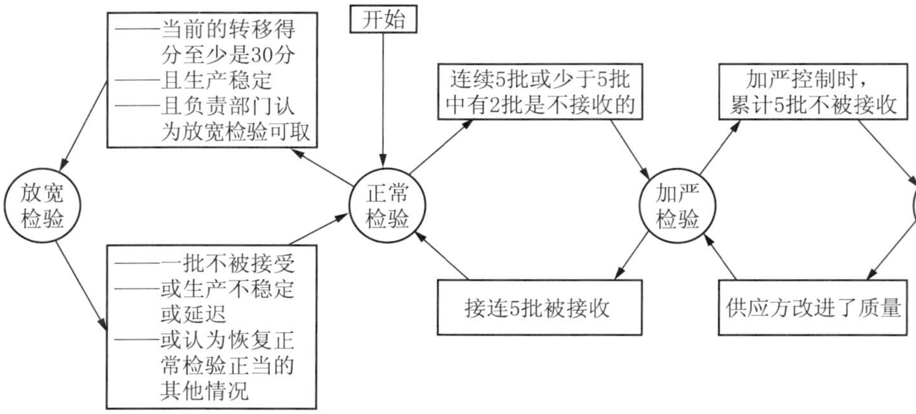

图 9-5 调整型抽样方案的转移规则简图(GB/T 2828.1—2012)

对一次抽样方案，转移得分的评定方法如下：

(1) 当接收数等于或大于2时，如果当 *AQL* 值加严级后该批被接收，则给转移得分加3分；否则，将转移得分重新设定为0。

(2) 当接收数为0或1时，如果该批被接收，则给转移得分加2分；否则，将转移得分重新设定为0。

对二次和多次抽样方案，转移得分的评定方法如下：

(1) 当使用二次抽样方案时，如果该批在检验第一样本后被接收，给转移得分加3分；否则，将转移得分重新设定为0。

(2) 当使用多次抽样方案时，如果该批在检验第一样本或第二样本后被接收，则给转移得分加3分；否则，将转移得分重新设定为0。

转移得分的用法见表9-5。

表 9-5 不固定抽样方案的例子(GB/T 2828.1—2012)(Ⅱ水平，*AQL*＝1.0(%))

批的序号	批量 *N*	样本量字码	样本量 *n*	给定的 *Ac*	接收得分(检验前)	可使用的 *Ac*	不合格品数 *d*	接收性	接收得分(检验后)	转移得分	下一批将执行的检验严格度
1	180	G	32	1/2	5	0	0	A	5	2	继续正常
2	200	G	32	1/2	10	1	1	A	0	4	继续正常
3	250	G	32	1/2	5	0	1	R	0	0	继续正常
4	450	H	50	1	7	1	1	A	0	2	继续正常
5	300	H	50	1	7	1	1	A	0	4	继续正常
6	80	E	13	0	0	0	1	R	0	0	转到加严
7	800	J	80	1	7	1	1	A	0	—	继续加严
8	300	H	50	1/2	5	0	0	A	5	—	继续加严
9	100	F	20	0	5	0	0	A	5	—	继续加严
10	600	J	80	1	12	1	0	A	12	—	继续加严

续 表

批的序号	批量 N	样本量字码	样本量 n	给定的 Ac	接收得分(检验前)	可使用的 Ac	不合格品数 d	接收性	接收得分(检验后)	转移得分	下一批将执行的检验严格度
11	200	G	32	1/3	15	1	1	A	0*	—	恢复正常
12	250	G	32	1/2	5	0	0	A	5	2	继续正常
13	600	J	80	2	12	2	1	A	0	5	继续正常
14	80	E	13	0	0	0	0	A	0	7	继续正常
15	200	G	32	1/2	5	0	0	A	5	9	继续正常
16	500	H	50	1	12	1	0	A	12	11	继续正常
17	100	F	20	1/3	15	1	0	A	15	13	继续正常
18	120	F	20	1/3	18	1	0	A	18	15	继续正常
19	85	E	13	0	18	0	0	A	18	17	继续正常
20	300	H	50	1	25	1	1	A	0	19	继续正常
21	500	H	50	1	7	1	0	A	7	21	继续正常
22	700	J	80	2	14	2	1	A	0	24	继续正常
23	600	J	80	2	7	2	0	A	7	27	继续正常
24	550	J	80	2	14	2	0	A	0*	30	转到放宽
25	500	H	20	1/2	5	0	0	A	5	—	继续放宽

注:A 表示接收;R 表示拒收;* 表示转移后的接收得分。

在每种检验水平(共七种)下,应运用转移规则来要求正常、加严和放宽检验。检验水平的选择与三种检验的严格度完全无关,因此,当正常、加严和放宽检验间进行转移时,已规定的检验水平应保持不变。

GB/T 2828.1—2012 标准的目的是通过批不接收,使供方在经济上和心理上产生压力,促使其将过程平均质量至少保持在和规定的 AQL 同等的水平下,同时给使用方偶尔接收劣质批的风险提供一个上限。

5. 制订抽样方案

一次抽样方案是样本量 n、接收数 Ac 和拒收数 Re 的组合:$[n, Ac, Re]$,一般表示为 $[n, Ac]$。

二次抽样方案是两个样本量,第一样本的接收数 Ac_1 和拒收数 Re_1 及联合样本的接收数 Ac_2 和拒收数 Re_2 的组合:$\begin{bmatrix} n_1 & Ac_1 & Re_1 \\ n_2 & Ac_2 & Re_2 \end{bmatrix}$。

(三) 制定程序

下面举例说明如何采用 GB/T 2828.1—2012 制订计数调整型抽样方案。

例 9-6 已知批量 $N = 1\,000$,交验批质量指标为不合格百分率,取 $AQL = 2.5\%$,采用一般检验水平 II,试制订计数调整型次抽样方案。

(1) 检索样本大小字码。由 $N = 1\,000$,一般检验水平Ⅱ,样本大小字码 J。

(2) 检索一次正常抽检方案。由样本大小字码 J, $AQL = 2.5\%$,查得一次正常抽检方案为(80，5，6)。

(3) 检索一次加严抽检方案。当样本大小字码J，$AQL=2.5\%$，查得一次加严抽检方案为(80，3，4)。

(4) 检索一次放宽抽检方案。由样本大小字码J，$AQL=2.5\%$，查得一次放宽抽检方案为(32，3，4)。

(5) 组成调整型一次抽样方案组。将上述三个方案，连同一套转移规则组成下述的调整型一次抽样方案组，见表9-6。

表9-6 调整型一次抽样方案组

方案宽严	样本大小	Ac，Re	转移规则
正常方案	80	5，6	(略)
加严方案	80	3，4	
放宽方案	32	3，4	

例9-7 (续例9-6)条件同例9-6，试制定计数调整型二次抽样方案。

根据类似的方法，可以求得调整型二次抽样方案组，见表9-7。

表9-7 调整型二次抽样方案组

方案宽严	样本大小	Ac，Re	转移规则
正常方案	$n_1=50$ $n_2=50$	2，5 6，7	(略)
加严方案	$n_1=50$ $n_2=50$	1，3 4，5	
放宽方案	$n_1=20$ $n_2=20$	1，3 4，5	

以二次正常方案(50，50|2，5；6，7)为例，其程序框图如图9-6所示。

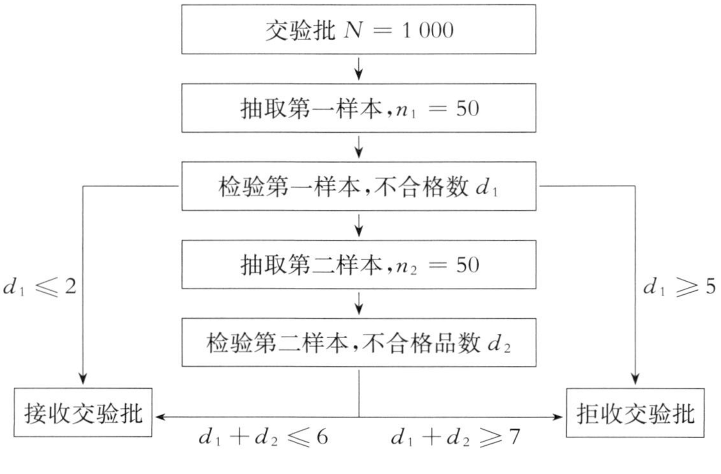

图9-6 (50，50|2，5；6，7)的程序框图

例 9-8 某产品以 200 件组成一个生产批。合同规定执行一次方案组(不执行放宽检验),检验水平Ⅱ,$AQL=2.5$,预计年生产量为 20 000 件,试求批量大小。

(1) $N=200$,由表 9-2 得字码 G,由表 GB/T 2828.1—2012,知正常和加严检验样本量 32,则全年抽检数为:

$$\frac{20\ 000}{200}\times 32=3\ 200(\text{件})$$

(2) 如果两个生产批组成一个交验批,$N=400$,得字码 H,样本量 50,则全年抽检数为:

$$\frac{20\ 000}{400}\times 50=2\ 500(\text{件})$$

(3) 如果三个生产批组成一个交验批,$N=600$,得字码 J,样本量 80,则全年抽检数为:

$$\frac{20\ 000}{600}\times 80=2\ 667(\text{件})$$

例 9-9 尼龙 11 压力管/PA11 管现场实施抽样计划一览表,见表 9-8。

表 9-8 尼龙 11 压力管/PA11 管现场实施抽样计划一览表

<table>
<tr><td>产品名称</td><td colspan="2">尼龙 11 压力管/PA11 管</td><td>备 注</td></tr>
<tr><td>抽样计划
设计因素</td><td colspan="2">质量特征:外径和壁厚
检验方式:计件(不合格品百分数检验)
检验方法:卡尺
批量范围:26~50 根
检查水平:一般Ⅱ
AQL:1.5%
方案类型:一次</td><td></td></tr>
<tr><td>抽样检验方案</td><td>正常转移得分方案
加严
放宽</td><td>(8|0, 1)
(13|0, 1)
(3|0, 1)</td><td></td></tr>
<tr><td>转移规则</td><td colspan="2">转移规则匹配要求:
检验开始:开始检验时,正常检验。
① 当前转移积分至少是 30 分。
② 生产稳定(9.3.3.1 总则):生产过程处于统计控制状态。
③ 负责部门认为放宽检验可取(9.3.3.1 总则):在①,②同时满足时,可放宽检验。
转移得分(9.3.3.2 转移得分):在正常检验开始计算。
④ 1 批不接收。
⑤ 生产不稳定或延迟(9.3.4 放宽转向正常):生产过程未处于统计控制状态或停产 2 班次以上。
⑥ 认为恢复正常检验是正当的其他情况(9.3.4 放宽到正常):当④或⑤任一项出现时,转向正常检验。
在执行正常抽样检验时,如果该批被接受,转移得分加 2 分;否则转移得分重新设为 0</td><td>按照转移规则匹配的要求,对照 GB/T 2828.1 条文制定出适合本产品的转移规则</td></tr>
</table>

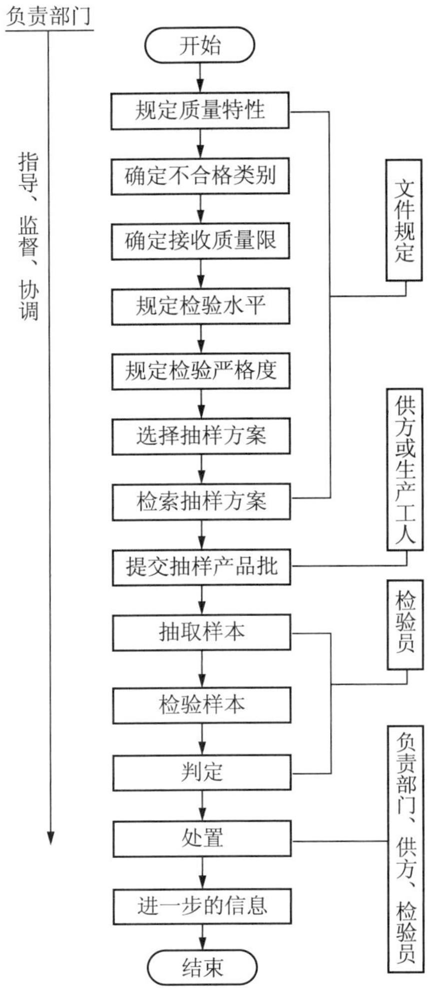

图 9-7　实施 GB/T 2828.1—2012 程序图

计数调整型抽样方案的制定程序图如图 9-7 所示。可描述如下：①规定质量特性：解决检验产品的“什么”的问题。②确定不合格类别：规定质量特性不合格的分类与不合格品的判断准则。③确定 *AQL*：确定 *AQL* 应考虑的因素和方法。④规定检验水平，即确定提交批的批量与样本量的等级对应关系。⑤规定检验严格度，即确定交验批接受检验的宽严程度。⑥选择抽样方案：选择合适的抽样类型。⑦检索抽样方案：由 *AQL* 和样本量字码及确定的抽样方案类型检索抽样方案。⑧提交抽样产品批：企业应对如何组批、如何交验作出规定并形成文件。⑨抽取样本：检验员应按抽样方案规定的样本量，从提交批产品中随机抽取样本。⑩检验样本：检验员根据样本产品图样、技术标准、生产工艺、订货合同对单位产品规定的检验项目逐个对样本进行检验，并累计不合格品总数。⑪判定：对不同抽样方案按照相应的原则作出接收或不接收的判定。⑫处置：对接收批和不接收批作出相应的处置。⑬进一步的信息：到⑫处置这一阶段，实施 GB/T 2828.1—2012 过程完毕，进一步的信息是对检验作进一步深入的研究，获得更多的信息，如研究抽样方案的 *OC* 曲线、研究过程平均、研究平均检查质量及其上限等。

第三节　计量型抽样检验

一、计量型抽样检验的概念

计量型抽样检验是生产和经营管理的重要技术基础，是提高企业素质，保证产品或工程质量，促进技术进步和管理现代化的重要条件，也是有效实行技术监督的必要手段。

现代企业生产过程中，从原材料、燃料进厂验收，生产过程工艺与质量监控，最后到成品检验，需要做大量的各种物理量、几何量、化学量测试。如果把企业生产活动过程看作科学地组织生产过程中人流、物流和信息流相互作用的过程，那么，由计量测试仪器所检测的数据信息，是企业生产信息流的主体，也就是说，可测量的信息量约占整个信息量的 80％以上。

没有准确、一致、可靠的计量检测，组织科学、有效的生产和质量管理也是不可能的。所以，计量型抽样检验(包括测试、化验、分析等工作)是企业生产的重要环节，是保证零部件具有互换性和产品质量的重要手段和方法。

与只记录所检个体是否具有某种特性或属性，如单位产品的合格或不合格的计数方法不同，计量值是指在连续尺度下，测量和记录被检个体的特征值。计量抽样检验是定量的检验从批中随机抽取的样本，利用样本特性值数据计算特定统计量，与判断标准比较，以判断产品批是否可接收。

二、计量型抽样检验的基本原理

在计量抽样检验中，产品特性值 X 是否合格有三种情形：

(1) 给定 X 的上规范限 T_U，如 $X>T_U$，则为不合格品。

(2) 给定 X 的下规范限 T_L，如 $X<T_L$，则为不合格品。

(3) 给定 X 的上、下规范限 T_U、T_L，如 $X>T_U$ 或 $X<T_L$，则为不合格品。

计量抽样检验的判定思想如下：

设 $X\sim N(\mu,\sigma^2)$，则超过上规范限 T_U 的不合格品率：

$$P_U=P(X>T_U)=1-\phi\left(\frac{T_U-\mu}{\sigma}\right)$$

即给定 T_U 后，X 超过 T_U 的不合格品率 P_U 取决于$\frac{T_U-\mu}{\sigma}$。

同样，低于下规范限 T_L 的不合格品率：

$$P_L=P(X<T_L)=1-\phi\left(\frac{\mu-T_L}{\sigma}\right)$$

即给定 T_L 后，X 低于 T_L 的不合格品率 P_L 取决于$\frac{\mu-T_L}{\sigma}$。这里 $\phi(u)$是标准正态分布的累积函数。

式中$\frac{T_U-\mu}{\sigma}$或$\frac{\mu-T_L}{\sigma}$越大，超过上规范限 T_U 的不合格品率 P_U 或低于下规范限 T_L 的不合格品率 P_L 越小，因此可规定一个接收常数 k；

若$\frac{T_U-\mu}{\sigma}$或$\frac{\mu-T_L}{\sigma}\geqslant k$，认为检验批质量水平符合要求，接收批；

若$\frac{T_U-\mu}{\sigma}$或$\frac{\mu-T_L}{\sigma}<k$，认为检验批质量水平不符合要求，不接收批。

在抽样检验中，批质量特性值的均值 μ 和标准差 σ 不一定已知，因此可用样本数据估计总体参数。

当 σ 已知时，令 $Q_U=\frac{T_U-\overline{X}}{\sigma}$，$Q_L=\frac{\overline{X}-T_L}{\sigma}$

当 σ 未知时，令 $Q_U=\frac{T_U-\overline{X}}{s}$，$Q_L=\frac{\overline{X}-T_L}{s}$

注：当 σ 未知，用 s 估计总体参数 σ 时，k 值大小与 σ 已知时不等。

其中 $\overline{X}$ 为样本均值，s 为样本标准差。

由此可知，Q_U 或 $Q_L \geqslant k$ 批接收；Q_U 或 $Q_L < k$ 批不接收。

例 9-10 某种产品的单位产品质量特性值不超过 200 时为合格品，已知 $\sigma=6$，规定 $P_0=1.0(\%)$，$P_1=8.0(\%)$，确定满足要求的计量抽样方案，并对批做出接收性判定。

由问题可知，$T_U=200$，$P_0=1.0(\%)$，$P_1=8.0(\%)$，$\sigma=6$。

由于本例中的交验批不构成连续系列批，因此不能用 GB/T 6378.1 中的抽样方案。此时应用计量标准型抽样方案，适用标准为 GB/T 8054—2008。根据此标准及给定的质量水平 P_0、P_1，可查得：

$n=10$，$k=1.81$

即应采用的抽样方案为[10，1.81]，抽取 10 个单位产品，计算样本均值 $\overline{X}$，若 $Q_U=\dfrac{T_U-\overline{X}}{\sigma}=\dfrac{200-\overline{X}}{6}\geqslant 1.81$，则批接收，若 $Q_U<1.81$，则批不接收。

三、计量型抽样检验的方案设计

（一）计量型抽样检验的程序

计量型抽样检验按检验方式分类，也分为标准型、挑选型和调整型；按其抽取样本的次数分类，可分为一次、二次、序贯抽样。

本书将介绍以均值为质量指标的计量一次标准型抽样检验的方案设计方法。

计量标准型一次抽样检验的方案由样本大小 n 与接收常数 k 组成。抽样检验通过样本来推断产品的批质量是否合格，这不可避免地会犯两类错误：第一类错误是将合格的产品批判断为不合格，导致整批产品拒收，使生产方蒙受损失，称为生产方风险，其风险率用 α 表示。第二类错误是将不合格产品批错误判为合格，在用户验收时得以通过，使用户蒙受损失，称为用户风险，其风险率用 β 表示。

标准型抽样检验是事先确定供需双方的风险率，即事先给定 α 和 β，采用数理统计方法制订供需双方都予以保护的检验方案，进行抽样检验。

设产品的质量指标为 X，有时希望 X 越大越好，例如，材料的强度、零件的寿命等。此时，称 X 具有单侧下规定限，有时则希望 X 越小越好，例如，材料所含的杂质等。此时，称 X 具有单侧上规定限。有时，希望 X 在某个范围内，偏离规定值越小越好，例如，零件的尺寸等。此时，称 X 具有双侧规定限。

我国已制定的计量抽样检验方法标准中常用 3 个标准规定的抽样检验程序，见表 9-9。

表 9-9 计量抽样检验程序表

抽验程序	不合格品率的计量抽样检验程序 GB/T 6378—2008	计量标准型一次抽样检验程序及表 GB/T 8054—2008
1	选择检验方法	选择抽样检验类型
2	规定检验水平	确定抽样检验方式
3	规定可接收质量水平	规定合格质量水平与极限质量水平

续 表

抽验程序	不合格品率的计量抽样检验程序 GB/T 6378—2008	计量标准型一次抽样检验程序及表 GB/T 8054—2008
4	规定抽样方案的严格度	检索抽验方案
5	提交产品	构成检验批与抽取样本
6	检索抽样方案	检验样本与计算结果
7	抽取样本	判断批是否接收
8	检验样本	处理检验批
9	判断批接收与否	
10	处理检验批	

（二）计量型抽样检验的应用

1. 选择检查方法

选择检验方法需选取规格限及确定 S 法和 σ 法。规格限是规定的用于判定单位产品或某计量质量特征是否合格的界限值。利用样本平均值和样本标准差来判断批接收与否的方法叫 S 法。利用样本平均值和过程标准差来判断批接收与否的方法叫做 σ 法。

计量型抽样 S 法和 σ 法有下列三种检验方法：

①上规格限；②下规格限；③双侧规格限，双侧规格限中又分为分立双侧规格限、复合双侧规格限和联合双侧规格限。

单侧或双侧规格限的选取，取决于技术标准、订货合同及有关文件中对计量质量特征规格限的规定。

当需要分别控制超出上规格限和低于下规格限的不合格率时，采用分立双侧规格限；当只需控制总的不合格品率时，采用联合双侧规格限。

一般应从 S 法开始。应用 σ 法，事先要确定过程标准差。

2. 规定检验水平

GB/T 6378.1—2008 规定的检验水平与 GB/T 2828.1—2012 相同。

通常使用检验水平Ⅱ。当允许降低抽样方案对批质量的判别力时，采用检验水平Ⅰ，当需要提高抽样方案对批质量的判别力时，采用检验水平Ⅲ。特殊检验水平 S-1、S-2、S-3 和 S-4，主要用于要求尽量减少样本大小的场合，但将增加误判的风险。

3. 规定可接收质量水平（AQL）

（1）对单侧规格限，只对需要控制的规格限规定接收质量水平 AQL 值。

（2）对分立双侧规格限，应分别对上、下规格限规定可接收质量水平 AQL 值。

（3）对联合双侧规格限，只对上、下规格限规定一个总的可接收质量水平 AQL 值。

（4）对复合双侧规格限，除必须对上、下规格限规定一个总的可接收质量水平 AQL 值外，还要对需控制的某一侧规格限再规定一个可接收质量水平 AQL 值。

在 GB/T 6378.1—2008 中只有单侧规格限和联合双侧规格限的 AQL 的规定。

4. 规定抽样方案的严格度及转移规则

如无特殊规定，开始应使用正常检验抽样方案。在特殊情况下，经责任部门指定，开始也可使用加严检验或放宽检验的抽样方案。

在抽检中，根据产品质量变化情况，采用如下转移规则：

（1）从正常检验到加严检验。当进行正常检验时，若在不多于5批的连续批中有2批经初步检验拒收，则从下批起执行加严检验。

（2）从加严检验到正常检验。当进行加严检验时，若连续5批被接收，则从下一批起执行正常检验。

（3）从正常检验到放宽检验。当执行正常检验时，如能满足下列条件，则可从下一批起执行放宽检验：正常检验中连续10批均接收；如可接收质量水平加严一级后，这些批仍被接收；生产正常，产品质量处于统计受控状态；负责部门同意转到放宽检查。

（4）从放宽检验到正常检验。在进行放宽检验时，如出现下列情况之一，则从下一批起执行正常检验：一批经检验拒收；生产不正常；其他情况认为有必要回到正常检验。

（5）从加严检验到暂停检验。加严检验开始后，如拒收的批数累计到5批时，暂时停止检验。由供货方采取有效改进措施，改善产品质量后，方可恢复抽样检验。原则上应从加严检验开始，不许从放宽检验开始。

5. 检索抽样方案

S 法的数值法程序仅用于单侧规格限和分立双侧规格限情况。

首先根据批量和检查水平，从 GB/T 6378.1—2008 中的 A.1 表查出样本大小字码；然后根据样本大小字码和可接收质量水平，从 GB/T 6378.1—2008 中的 A.2 表查出正常检查抽样方案(n, k)或(n_l, k_l)与(n_U, k_U)。

如是加严检验和放宽检验，则分别从表 2-B 和表 2-C 中查出抽样方案。

对分立双侧规格限的两侧，检索出两个抽样方案的样本大小不同，则取其中大者作为通用的样本大小，而接收常数不变。如 $AQL_L = 0.15\%$，$AQL_U = 0.25\%$，字码为 E，从该标准表3查出正常检验抽样方案为(10，2.24)和(7，2.00)，实际使用(10，2.24)和(10，2.00)这两个抽样方案。

σ 法的数值法程序也适用于单侧规格限及分立双侧规格限情况。

6. 判断批接收与否

抽取大小为 n 的样本，测量其中每个单位产品的计量质量特性值 X，然后计算样本平均值 $\overline{X}$ 和样本标准差 S。

对于单侧上规格限，计算上质量统计量

$$Q_U = \frac{(X_U - \overline{X})}{S}$$

若 $Q_U \geqslant$ 接收常数 K，则接收该批。若 $Q_U <$ 接收常数 K，则拒收该批。

对于单侧下规格限，计算下质量统计量

$$Q_L = \frac{(\overline{X} - X_L)}{S}$$

若 $Q_L \geqslant$ 接收常数 K，则接收该批。若 $Q_L <$ 接收常数 K，则拒收该批。

对于分立双侧规格限，同时计算上、下质量规格限。若 $Q_L \geqslant K_L$，且 $Q_U \geqslant K_U$，则接收该批。若 $Q_L < K_L$，$Q_U < K_U$，则拒收该批。

第四节　散料抽样检验

一、散料抽样检验的术语

自20世纪40年代后期开始，统计方法在散料抽样检验领域中的应用逐年增多，主要应用于对大量原材料诸如煤炭、铁矿石等的抽样。主要目的是以合理的费用准确地估计批平均质量，并在必要时依此来及时调节价格和生产过程。本节根据ISO 10725:2000，MOD标准先对散料抽样检验的术语做一个简单介绍。

（1）验收抽样(acceptance sampling)：根据从批中抽取的一个或多个样本的检验结果来判定是否接收该批的一种抽样检验。

（2）验收检验(acceptance inspection)：确定批或其他一定数量的产品是否可接收的检验。

（3）抽样系统(sampling system)：抽样方案、抽样计划及用于选择适当的抽样方案或抽样计划的准则的组合。

（4）抽样方案(sampling plan)：所使用的样本量及相应批接收准则的组合。

（5）样本量(sample size)：试样或测试单元的总数(在本标准中样本量有多重含义，例如，样本可以是集样中份样的数量或是每批中集样的数量，或是由每个集样得到的试样的数量，或是每个试样的测量值的数量。测量值的数量通常与测试份样的数量相同。另外，本术语应与样本的物理量区分开来，后者表示诸如份样的质量或体积)。

（6）接收准则(acceptability criteria)：用来判断批接收与否的准则。

（7）接收质量限(acceptance quality limit)：对连续批的验收抽样，满意的过程(批)平均的最差值。

（8）不接收质量限(non-acceptance quality limit)：对连续批的验收抽样，不满意的过程(批)平均的最优值。

（9）单侧规范限(one sided specification limit)：批平均的上规范限或下规范限(单侧规范限只规定上规范限或下规范限之一)。

（10）双侧规范限(two-sided specification limits)：批平均的上规范限和下规范限(双侧规范限同时规定上、下规范限)。

（11）散料(bulk material)：其组成部分在宏观水平上难以区分的材料(本标准所指的散料不包括纸卷、线圈、铁板等类似材料，因为很难用规定的抽样程序对其进行检验)。

（12）份样(sampling increment)：用抽样装置一次抽取的一定量的散料。

（13）集样(composite sample)：从批中按实验抽样抽取的两个或以上份样的集合。

（14）试样(test sample)：制备所得的可用于一次或数次测试或分析的样本。

（15）测试分量(test portion)：用于一次测试或分析的试样部分。

（16）接收值(acceptance value)：在计量抽样方案中，样本均值满足接收常数的限定值。

(17) 鉴别区间(discrimination interval):接收质量限与不接收质量限之间的区间。

(18) 极限区间(limiting interval):双侧规范限的情形下,极限区间是上规范限的接收质量限与下规范限的接收质量限间的区间。

(19) 相对标准差(relative standard deviation):标准差与鉴别区间长度的比值。

(20) 重复性(repeatability):重复性条件下的精密度(所谓重复性条件是在同一实验室,由同一操作员使用相同的设备,按相同的测试方法,在短时间内对同一被测对象相互独立进行试验得到独立测试结果的条件)。

(21) 中间精密度(intermediate precision measurement):在中间精密度条件下的精密度。中间精密度条件是在同一实验室,使用相同的测试方法,对同一被测对象,在不同的操作条件(时间、标定、操作者及设备)下获取测试结果的条件。

二、散料抽样检验的原理

(一) 样本的构成

散料的抽样过程一般经过如下步骤:

(1) 从总体的不同部分随机或等距的抽取一定量的样品,组成样本。

(2) 如果需要,将抽得的样品加以破碎和混合。

(3) 把采集到的样本分离出实验室试验用试样。

散料抽样的关键是样本抽取。从散料总体中抽取的样本大小和抽取形式依赖于所采用的仪器、取样方法、材料的构成、性质、条件等因素,这些因素也是引起散料抽样偏差的重要因素。散料本质上的“连续性”允许一个样本中的某些部分融合或混合成一个复合样本。在检验时只对该复合样本进行一次测定,此值即可作为散料的均值估计。从理论上说,这种物理平均和数学平均(对其组成复合样本的各部分进行测定来求平均值)是一致的。

实际中分布绝对均匀的散料是很少的,其或多或少都有一些分层或分离的现象。如经过一段时间的静置,油桶的底部会出现油渣沉积;粒度大小不一的物料经长途运输后,出现分层;高温罐装后随凝固时间不同形成梯度物料。为了降低抽样引起的误差,在抽样时应注意两点:一是要按比例代表各层;二是制备试样的均匀性。当散料总体是由不相同的部分组成,并且这些不相同的部分可能给出被检质量特性的不同结果时,在抽样时就在各个部分都抽样,即分层抽样。而对某一层抽样,可整群或分段抽样。

对散料而言,一般认为散料批或总体是由相互独立的子体或部分组成。有时分装是明显的,如包装散料。有时分装实际并不存在,须通过人为的方法区分出,即用一个想象的网格迭加于散料之上,通过人为的划分来区分出分装。在抽样理论中,分装称为一级单位(primacy unit),而份样则称为二级单位(second unit)。

通常把分装的平均值作为对批均值的估计,而分装的平均值的变异性作为估计批的均值的标准差变异的度量。也就是说,对分装的处理方法类似于前几章所说的“单位产品”。由于散料抽样中存在追加的额外再抽样,所以,所观察的各个检验的总变异应分解为批方差分量。一般由方差分量组成的抽样过程批的总方差模型为:

$$\sigma_T^2 = \sigma_1^2 + \sigma_2^2 + \sigma_3^2 + \sigma_4^2 \tag{9-3}$$

式中：σ_T^2 = 批的总方差；σ_1^2 = 分装间方差；σ_2^2 = 分装间内份样间方差；σ_3^2 = 测试方差；σ_4^2 = 缩分方差。分装间方差 σ_1^2 反映了批的变异性，分装间内份样间方差 σ_2^2 反映了批内抽样的变异性，测试方差 σ_3^2 反映了测试之间的变异，缩分方差 σ_4^2 是指将大样缩减成试样过程中的变异。在公式的最后一项中，还包含了模型中未知的变异，有时也称为随机方差。

当分装不再缩分，或当缩分方差很小时，可以认为 σ_4^2 等于零，从模型中忽略掉。这样，由缩分引起的变异以试验方差的一部分体现出来。

（二）批平均质量的估计

散料抽样经常用于在给定精度下对批的均值作出估计。均值估计时标准差的大小可以由抽样样本量的大小来控制。对批量为 N 的批采取多级抽样时，设从构成的批中抽取的分装样本是 n_1，在一个分装中抽取的份样数是 n_2，而对于每个份样进行 n_3 次试验，则从所有观测值计算出来的样本均值 $\bar{x}$ 的方差 $\sigma_{\bar{x}}^2$ 是：

$$\sigma_{\bar{x}}^2 = \frac{\sigma_1^2}{n_1}\left(1 - \frac{n_1}{N}\right) + \frac{\sigma_2^2}{n_1 * n_2} + \frac{\sigma_3^2}{n_1 * n_2 * n_3} \tag{9-4}$$

式中，σ_1^2 = 分装间方差；σ_2^2 = 分装间内份样间方差；σ_3^2 = 份样的各测试方差。该公式可以用于份样组成情形，也可用于复合样本的情形。

从公式(9-4)样本均值方差的分开表达中，可以看到，对于匀质的流体散料，由于各份样都相等，故 $\sigma_2^2 = 0$。在分层抽样时，如果 $n_1 = N$，则式(9-4)的第一项为零。进一步而言，该式可以用来选择满足要求的抽样数量，即如果给定了各 $\sigma_i^2(i = 1,\ 2,\ 3)$，可以用尝试法找到满足不大于 $\sigma_{\bar{x}}^2$ 的 n_i 各组合，只要对各方差分量 $\sigma_i^2(i = 1,\ 2,\ 3)$，初始估计的数量级没变，具有这种 n_i 抽样量的抽样可以给出令人满意的 $\bar{x}$。

三、散料抽样检验的基本程序和抽样方案(GB/ T 22555—2010)

2010 年 9 月，我国发布了 GB/T 22555—2010《散料验收抽样检验程序和抽样方案》，该标准修改采用了国际标准的 ISO 10725：2000《*Acceptance sampling plans and procedures for the inspection of bulk materials*》。

GB/T 22555—2010 以方差分析为理论基础，在考虑成本因素的条件下，标准主要提供了以单个质量特性的批均值为质量指标的抽样方案和标准验收程序。为满足多个质量特性检验，标准提供了特别检验程序和方案。

（一）主要概念

GB/T 22555—2010 适用于以单个质量特性的批均值作为判定批接收与否的情形。标准中的抽样方案一般适用于连续批，如果标准差满足要求时，孤立批也适用。

1. 标准抽样程序

（1）从一个批中抽取 $2n_1$ 个份样。

（2）按编号将 n_1 个份样混合在一起，构成两个复合样，其中第 1，3，…，$2n_1 - 1$ 个份样组成 1 号复合样，第 2，4，…，$2n_1$ 个份样组成 2 号复合样。

（3）从每个复合样中准备 n_T 个试样，共 $2n_T$ 个试样。

（4）对 $2n_T$ 个试样各进行 n_M 次测试，获得 $2n_T n_M$ 个测试数据。

上述过程如图 9-8 所示。

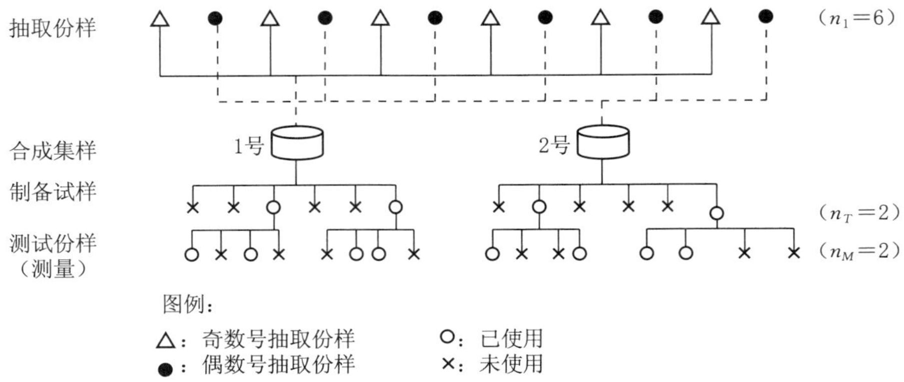

图 9-8　散料抽样程序图

在抽取份样时，一般推荐采用动态抽样方法，即从移动流中获取份样。份样采取时应注意使用适当的仪器，以免取不到大块的材料。在 GB/T 22555—2010 中，采用的是两个复合样，而且每个复合样都能代表整个批，因此组成复合样时应注意顺序：第 1，3，…，$2n_1-1$ 个份样组成 1 号复合样，第 2，4，…，$2n_1$ 个份样组成 2 号复合样。建立试样准备程序时应充分考虑材料的特点，如大块煤缩分后按比例分到试样中液态物料，在充分搅拌后直接从复合样中抽取试样，等等。此外，经济性也是该环节考虑的重要方面。

2. 方差

在上述标准抽样程序中存在份样间方差 σ_1^2，试样方差 σ_T^2（从复合样中抽取试样过程引起的变异）和测试方差 σ_M^2。

3. 成本 C

在相同精度条件下，经济性是选择抽样方案的重要因素。抽样方案总成本 C 由抽取份样的总费用 C_I，准备试样的总费用 C_T 和测试的总费用 C_M 组成，即：

$$C=C_I+C_T+C_M=2n_Ic_I+2n_Tc_T+2n_Tn_Mc_M \tag{9-5}$$

其中，$c_I=\dfrac{C_I}{2n_I}$ 是抽取单个份样的费用；$c_T=\dfrac{C_T}{2n_T}$ 是准备单个试样的费用；$c_M=\dfrac{C_M}{2n_Tn_M}$ 单次测试的费用。

当各项费用不能准确知道时，可先近似假定 $c_I:c_T:c_M$ 的比率，查取抽样方案，在实施 5 批检验后，获得准确的 $c_I:c_T:c_M$ 的比率，再重新查方案实施抽样。如果 $c_I:c_T:c_M$ 比率较难假定时，则可令 $c_I:c_T:c_M=1:1:1$。

4. 接收质量限 m_{Ac} 和拒收质量 m_{Re}

拒收质量限与规格限之间的区间：ISO 标准中推荐考虑使用这个区间值（$m_{Re,L}-L_{SL}$）或（$U_{SL}-m_{Re,U}$）。该区间可用来调节质量限，如当质量限远离满意值时，该区间可以增大，这样使用方风险会减少；如果质量限令人满意，则该区间可以减少到 0 甚至为负数。鉴别区间 D：是接收质量限 m_{Ac} 和拒收质量限 m_{Re} 之间的间隔，在考虑 σ_1^2，σ_T^2 和 σ_M^2 的基础上，指定 D 的大小。当 D 太小时，标准中没有合适的抽样方案可选择，此时接收质量限 m_{Ac} 和拒收质量限 m_{Re} 应重新考虑。在双侧规格下，上区间（$U_{SL}-m_{Re,U}$）与下区间（$m_{Re,L}-L_{SL}$）应该相等。鉴别区间 D 也可用来调节质量限，当质量令人满意时，增大鉴别区间 D 从而降低成本。

接收质量限区间 Δ：在指定的双侧规格限中，接收质量限区间 $\Delta = m_{Ac,U} - m_{Ac,L}$，该值应等于或大于区间 $\delta \times D$，δ 是系数。对于标准差已知的情形下，标准程序取 $\delta = 0.636$；任选程序取 $\delta = 0.566$。当标准差未知的情形下，δ 可从表 9-10 中由 γ_E 索引查得。γ_E 和样本量一起被给出。

表 9-10　双侧规格限 δ 取值(标准差未知)

γ_E	δ	γ_E	δ
3.0～3.9	0.929	6.0～6.9	0.617
4.0～4.9	0.758	7.0～7.9	0.582
5.0～5.9	0.670	≥8.0	0.566

（二）检验程序

本节对散料检验基本程序给出如下程序：①评估标准差；②确定样本量；③抽取和制备样本；④确定接收值；⑤判定批是否接收。

(1) 评估标准差。如果有以往的检验结果可以利用，则标准差 σ，σ_T 和 σ_M 的值可通过确认程序给出的确认和重估程序获取；若没有以往的检验结果可以利用，可通过标准差未确知情形的方法；经生产方和使用方协商同意，也可使用双方都认可的标准差的值。

① 确认程序。当这些程序用于连续系列批时，应逐批检查标准差的稳定性。使用控制图可以很方便地达到这一目的。若检验结果表明标准差不稳定，应采取适当的行动。

此外，各阶段标准差的值也应定期进行重估。除非另有规定，应根据最近连续 10 批的检验结果进行重估，然后，每隔 5 批再进行重估，上述过程不考虑批是否被接收。如果对标准差进行重估，那么样本量 n_M，n_1 和 n_T 也应重新确定。若重估导致了样本量的改变，那么从下一批开始应执行新的抽样方案。

② 标准差未知情形。标准差 σ_1，σ_p 和 σ_M 的值应该参照近期可用的相关数据进行设定，且所使用的标准差的值应得到生产方与使用方的共同认可。

若任一标准差值不稳定，则应该参照近期可用的相关数据将标准差的值定得大一些。

在下面情况下，宜使用由生产方与使用方协商认定的标准差的值：①在开始检验阶段，σ 值的信息不充分；②生产方比使用方知道更多关于标准差的信息；③在检验期间，当 S_C 或 S_T 控制图出现一个失控点时，但随后过程得到改进，并且确信标准差已经减小。

(2) 确定样本量。确定样本量的程序时，因为很难同时得到每一阶的样本量，应遵循下列程序来确定样本量：①确定经济可行的测量次数 n_M；②确定试样标准差 σ_T；③确定相对标准差 d_1 和 d_T；④确定处理单个试样的费用 C_{TM}；⑤确定费用比率 R_C 及费用比率水平；⑥选择一张合适的表来确定经济可行的 d_1 和 d_T 值。

(3) 抽取和制备样本。对于单个的检验批，程序操作如下：①作为规则，在同一时间交付的散料应作为一个检验批；②一个批中抽取 $2n_1$ 个份样；③编号将 n_1 个份样混合在一起，构成两个复合样，其中第 1，3，…，$2n_1 - 1$ 个份样组成 1 号复合样，第 2，4，…，$2n_1$ 个份样组成 2 号复合样；④每个复合样中准备 n_T 个试样，共 $2n_T$ 个试样；⑤$2n_T$ 个试样进行 n_M 次测试，获得 $2n_Tn_M$ 个数据；⑥计算并确定批的可接收性；⑦拒绝批的处置。

(4) 确定接收值。批接收值的确定根据选择程序的不同分两种。

① 标准程序。单侧规格限情况下，对于下规格限 L_{SL} 情形，批的下接收限为：

$$\bar{x}_L = m_{Ac} - \gamma \times D = m_{Ac} - 0.562 \times D$$

对于上规格限 U_{SL} 情形，批的上接收限为：

$$\bar{x}_U = m_{Ac} + \gamma \times D = m_{Ac} + 0.562 \times D$$

对于双侧规格限 L_{SL} 和 U_{SL} 情形，批的上下接收限分别为：

$$\begin{cases} \bar{x}_L = m_{Ac,L} - \gamma \times D = m_{Ac,L} - 0.562 \times D, \\ \bar{x}_U = m_{Ac,U} + \gamma \times D = m_{Ac,U} + 0.562 \times D. \end{cases}$$

② 任选程序(5%风险水平下，且方差未知)。接收常数 $\gamma = 0.5$，$\delta = 0.566$，则：

$$\begin{cases} \bar{x}_L = 0.5(m_{Ac,L} + m_{Re,L}) \\ \bar{x}_U = 0.5(m_{Ac,U} + m_{Re,U}) \end{cases}$$

(5) 判定批是否接收。

① 样本均值。设 x_{ijk} 是对在第 i 个份样的第 j 个样本中进行的第 k 次测试值，则 $2n_T$ 个试样的测试样本均值 $\bar{x}_{ij}$ 可能性从 n_M 次测试中获得：

$$\bar{x}_{ij.} = \frac{1}{n_M}\sum_{k=1}^{nM} x_{ijk}$$

两个复合样的均值 $\bar{x}_{i..}$ 为：

$$\bar{x}_{i..} = \frac{1}{n_T}\sum_{j=1}^{nT} x_{ij.}$$

则批均值 $\bar{x}_{...}$ 为：

$$\bar{x}_{...} = \frac{1}{2}\sum_{i=1}^{2} \bar{x}_{i..}$$

② 批的接收。按以下准则来判定批接收与否。

a. 对单侧下规格限 L_{SL}，当 $\bar{x}_{...} \geqslant \bar{x}_L$，接收该批，当 $\bar{x}_{...} < \bar{x}_L$，拒收该批；

b. 对单侧上规格限 U_{SL}，当 $\bar{x}_{...} \leqslant \bar{x}_U$，接收该批，当 $\bar{x}_{...} > \bar{x}_U$，拒收该批；

c. 对双侧规格限 L_{SL} 和 U_{SL}，当 $\bar{x}_L \leqslant \bar{x}_{...} \leqslant \bar{x}_{\overline{U}}$，接收该批，当 $\bar{x}_{...} < \bar{x}_L$ 或 $\bar{x}_{...} > \bar{x}_U$，则拒绝该批。

第五节　生产件批准程序

一、生产件批准程序概述

企业在向顾客供货时，有时顾客会要求公司提供样品及有关的资料。生产件批准程序(Production Part Approval Process，简称 PPAP)关注的就是如何对这类工作进行规范化管理。

生产件是在生产现场，使用正式工装、量具、过程、材料、操作者、环境和过程参数制造的零部件。

生产件批准程序为企业向顾客提供样品和文件提供了规范性指南。它规定了零部件、服务产品（如维修件等）和散装材料的顾客批准的过程和要求。同时它帮助企业正确地理解顾客的工程设计文件和规范的要求，并按顾客规定的生产节拍进行生产，持续满足顾客的需要。为此，通用、福特、克莱斯勒汽车公司及其他要求供应商实施 PPAP 的企业，要求提供汽车的散装材料、生产材料等生产件或维修件的组织及其供应商，一般都要实施 PPAP。

二、PPAP 过程要求

（一）提交样品的要求

提交的样件必须是从生产现场抽取，使用正式工装、量具、过程、材料、操作者、环境和过程参数制造的零件。母体是 1 h～8 h 的生产量，至少为 300 件（顾客另有书面授权的除外）。

对于散装材料，如果要求提交样品，那么样品的选取必须能够保证代表“稳定的”加工过程。

（二）PPAP 的检验和试验的要求

PPAP 的检验和试验必须由有资格的实验室完成。如果要委托外面的实验室进行检验和试验，则委托实验室必须是国家认可的实验室，即该实验室必须符合 IATF 16949 的有关要求。

如果顾客无特别规定，则用等级 3 作为默认等级，按等级 3 提交。只供应散装材料的公司用等级 1 级作为默认等级，按等级 1 提交（除非顾客另有规定）。提交等级见表 9-15（352 页）。

（三）PPAP 应有的项目和记录要求

企业应有的项目和记录要求见表 9-11，初始过程接受准则见表 9-12。

表 9-11　PPAP 应有的项目和记录要求

序号	名　　称	要　　　求
1	设计记录	零件图样、规范，和/或电子（CAD）数据，用来传送生产一个产品必需的信息，即设计文件
2	授权的工程更改文件	企业必须具有尚未纳入设计记录，但已体现在产品上的任何授权工程更改文件
3	要求的工程批准	在设计记录有规定时，企业必须具有顾客对工程进行批准的证据，即设计记录上必须有顾客的批准签字
4	DEMEA	如果企业（供方）负责设计，则企业应有设计 FMEA
5	过程流程图	
6	PEMEA	
7	尺寸检验结果	企业必须提供设计记录和控制计划要求的尺寸检查结果。企业必须在所测量的零件中指定一件为标准件。尺寸检查结果可记录在“尺寸检查结果表”中，也可记录在表明尺寸检查结果的检查图上

续 表

序号	名 称	要 求
8	材料/性能试验结果的记录	对于设计记录和控制计划中的材料/性能试验，企业必须按要求进行并提供记录
9	初始过程研究	当过程在 PPAP 提交允许的日期之前不能满足接受准则时，企业必须向顾客提交一份纠正措施计划和一份包含 100%检验修改的控制计划，供顾客批准（见表 9-12）
10	MSA 研究资料	
11	证明实验室具备资格的文件	企业必须提供实验室范围和证明实验室具备资格的文件
12	控制计划	在控制计划中，规定用于过程控制的所有控制方法。顾客可要求在提供 PPAP 之前，先行对控制计划进行认可批准
13	零件提交保证书（PSW）	企业一般在完成所有的测量和试验后，完成零件提交保证书（PSW）的填写。PSW 由企业的负责人批准。在 PSW 上要记录零件质量（用 kg 作单位，精确到小数点后 4 位，散装材料除外）
14	外观批准报告（AAR）	如果有外观项目要求，则必须完成该产品/零件的外观批准报告（AAR）
15	散装材料要求检查表	仅适用于散装材料的提供组织
16	样品产品	按顾客的要求和提交要求的规定向顾客提供零件样品
17	标准样品	保存一件标准样品，保存时间与生产件批准文件的保存时间相同
18	检查辅具	在提交 PPAP 时，应同时提交零件特殊装配辅具或部件检查辅具的合格证明资料，包括工装夹具、量具、模具、模板、薄膜图的具体规定
19	顾客的特殊要求	组织必须有与所有适用的顾客特殊要求相符合的记录

表 9-12 初始过程接受准则

研究结果	判定说明
$C_{pk}>1.67$（计量）或 $PPM\leqslant 233$（计数）	该过程目前能满足顾客需求，批准后即可开始生产，并按照控制计划进行
$1.33\leqslant C_{pk}\leqslant 1.67$（计量）或 $233<PPM\leqslant 577$（计数）	该过程目前可被接受，但是可能会要求进行一些改进。与顾客取得联系，并评审研究结果。如果在批量生产开始之前还没有改进，将要求对控制计划进行更改
$C_{pk}<1.33$（计量）或 $PPM>577$（计数）	该过程目前不能满足接受准则，与顾客代表取得联系，对研究结果进行评审

注：1. 过程能力指数 C_{pk} 只能用于稳定的过程。
2. 对于输出满足规范要求且可预测的波形的长期不稳定过程，应使用过程性能指数 Ppk。
3. PPM（每百万零件不合格品数）=（不合格品数÷检验总数）$\times 10^6$。

三、PPAP实施的注意事项

（一）必须提交PPAP的情况

不论顾客是否要求正式提交PPAP，企业都必须根据生产过程的实际情况，及时评审和更新PPAP文件，以反映生产过程的实际情况。企业必须在首批产品发运给顾客前提交PPAP，除非顾客方的负责产品批准的部门放弃了该要求（此时，供方必须取得顾客放弃批准的书面授权），见表9-13。

表9-13 需提交PPAP的情况

需提交PPAP的情况	说明或举例
新的零件或产品（例如，以前未曾提供给某顾客的一种特定的零件、材料或颜色）	对于一种新产品（初次投产）或一种以前批准的产品，又编制了一个新的或修改的产品/零件编号的零件，要求提交新增加到一个产品系列的零件/产品或材料可以使用以前的在相同产品系列中获完全批准的适当的PPAP文件
对以前提交的零件的不符合进行了纠正	对以前提交的零件的不符合进行了纠正后，要重新提交。“不符合”包括以下内容： ① 产品性能不同于顾客要求； ② 尺寸或能力问题； ③ 供应商问题； ④ 零件的完全批准或代替临时性批准等
设计文件、技术规范或材料规范的改变使产品发生了变化	设计文件、技术规范或材料规范的改变使产品发生了变化时，都要求提交
只对散装材料：产品上采用了以前未曾用过的新的过程技术	

（二）由顾客决定提交PPAP的情况

由顾客决定提交PPAP的情况，见表9-14。

表9-14 由顾客决定提交PPAP的情况

由顾客决定提交PPAP的情况	说明或举例
同之前批准的零件或产品相比，用了其他不同的加工方法或材料	例如，在一个偏差（允差）上标明的或设计文件中作为注解包括进去的不同加工方法
使用新的或改进的工装（不包括易损工装）、模具、铸模、模型等，包括附加的或替换用的工装	本要求适用于以其独特的形式或功能，可能影响到最终产品完整性的工装（新的或维修过的）。并不意味着对标准工装（新的或维修过的），如标准测量装置、螺钉旋具（手动或电动）等的描述
在对现有的工装或设备进行翻新或重新布置之后进行生产	是指对工装或机器改造或改进，或改善其能力、性能，或改变它现有的功能。不要和正常的维护、修理或零件更换等相混淆，它不会引起性能上的改变，而且还有维修验证的方法加以保证 重新布置定义：过程流程图（包括新过程的加入）中规定的内容相比，对生产/过程流程的次序进行更改的那些活动 可能要求对生产设备进行微小调整以满足安全要求，如安装防护罩、消除潜在ESD风险，等等

续 表

由顾客决定提交 PPAP 的情况	说明或举例
生产是在工装和设备转移到不同的工厂中或在一个新增的厂址中进行的	生产过程工装和/或设备在一个或多个场地中的建筑或设施间转移
供应商对零件、材料或服务(如热处理、电镀)的更改,从而影响顾客的装配、成型、功能、耐久性或性能的要求	组织负责对供应商的材料和服务进行批准,使其不影响顾客装配、成型、功能、耐久性或性能的要求
在工装停止批量生产达到或超过 12 个月以后重新启用而生产的产品	对于工装停止批量生产达到或超过 12 个月后生产的产品,若该零件一直没有采购订单且现有工装已经停止批量生产达到或超过 12 个月时,要求通知顾客。当该零件是以小批量方式生产时,如维修件或专用车零件则例外。须注意的是,顾客可能对维修零件规定特定的 PPAP
由组织内部制造的或由供应商制造的产品配套零部件,及其制造过程出现更改。这些零部件会影响到销售产品的装配性、成型、功能、性能和/或耐久性。另外,在提交的任何申请,先于供应商达成一致	任何影响顾客要求的装配性、成型、功能、性能和/或耐久性的更改均要通知顾客(关于装配性、成型、功能、性能和/或耐久性的要求应该是在合同评审时达成一致的顾客技术规范的一部分)
仅适用于散装材料:有的供应商提供的具有特殊性的原材料的货源发生了变化。在没有外观规范的情况下,对产品外观属性作了更改。在相同的过程中变更了参数(属已批准的产品的过程 FMEA 以外部分的更改)	通常这些更改对产品的性能有影响
试验/检验方法的更改或新技术的采用(不影响接受准则)	对于试验方法的更改,供方应有证据表明新方法提供的结果与老方法等效

(三) PPAP 需提交的实物和资料

公司应按顾客要求的等级,提交该等级规定的实物和资料,见表 9-15。

表 9-15　PPAP 提交等级以及各等级需提交/保存的实物和资料

PPAP 提交等级以及各等级需提交/保存的实物和资料	提交等级				
	等级 1	等级 2	等级 3	等级 4	等级 5
1. 可销售产品的设计记录	R	S	S	*	R
——对于专利部件/详细资料	R	R	R	*	R
——对于所有其他部件/详细资料	R	S	S	*	R
2. 工程更改文件(如果有)	R	S	S	*	R
3. 顾客工程批准(如果要求)	R	R	S	*	R
4. 设计 FMEA(如果组织负责设计)	R	R	S	*	R
5. 过程流程图	R	R	S	*	R
6. 过程 FMEA	R	R	S	*	R

续 表

PPAP 提交等级以及各等级需提交/保存的实物和资料	提交等级				
	等级 1	等级 2	等级 3	等级 4	等级 5
7. 尺寸结果	R	S	S	*	R
8. 材料、性能试验结果	R	S	S	*	R
9. 初始过程研究	R	R	S	*	R
10. 测量系统分析研究	R	R	S	*	R
11. 实验室具有资格的证明材料	R	S	S	*	R
12. 控制计划	R	R	S	*	R
13. 零件提交保证书	S	S	S	S	R
14. 外观批准报告(AAR)(如果适用)	S	S	S	*	R
15. 散装材料要求检查清单(仅适用于散装材料的 PPAP)	R	R	R	*	R
16. 样品产品	R	S	S	*	R
17. 标准样品	R	R	R	*	R
18. 检查辅具	R	R	R	*	R
19. 符合顾客特殊要求的记录	R	R	S	*	R

注 1:S—组织必须向指定顾客产品批准部门提交,并在适当的场所,包括制造场所,保留一份记录或文件项目的复印件。

R—组织必须在适当的场所,包括制造场所保存,顾客代表有要求时应易于得到。

*—组织必须在适当的场所保存,并在有要求时向顾客提交。

注 2:等级 1,只向顾客提交保证书(对指定的外观项目,还应提供一份外观批准报告)。

等级 2,向顾客提交保证书、产品样品及有限的支持数据。

等级 3,向顾客提交保证书、产品样品及有限的支持数据。

等级 4,提交保证书和顾客规定的其他要求。

等级 5,在组织的制造厂备有保证书、产品样品和完整支持性数据以供评审。

(四) 零件提交的处理结果

生产件提交给顾客后,顾客要把零件提交的处理结果通知提供方。零件提交的处理结果见表 9-16。

表 9-16 零件提交的处理结果

序号	类 别	含 义	处理结果
1	完全批准	满足顾客所有的规范和要求	按顾客要求的批量向顾客发货
2	临时批准	已明确了解影响批准的不合格的根本原因,并已准备了一份顾客同意的改进计划	按规定的数量和时限发货
3	拒 收	提交的样品、文件资料不符合顾客要求	采取改进措施再次提交

(五) PPAP 记录的保存

PPAP 记录的保存期为该零部件在用时间再加一个日历年,即该零部件停产后再加一个日历年。

本章小结

产品检验就是对产品的一个或多个质量特性进行观察，适当时进行测试、试验或度量并将结果同规定要求进行比较以确定合格与否所进行的活动。这项活动需要相关的准入工具来完成。

本章在介绍质量检验基本概念的基础上，结合相关国家标准介绍了计数型抽样检验和计量型抽样检验的基本原理及方案设计。自20世纪40年代后期，统计方法在散料抽样检验领域中的应用逐年增多，主要目的是以合理的费用准确地估计批平均质量，依此来及时调节价格和生产过程。企业在向顾客供货时，有时顾客要求公司提供样品及有关资料，企业可以通过PPAP进行规范化管理。

思考题

1. 阐述质量检验的定义及目的，以及全数检验与抽样检验的区别。
2. 按质量检验方案的制定原理来分类，抽样方案有哪几种类型？
3. 两类风险 α 和 β 分别代表什么？
4. 简述计数标准型一次抽样方案的制定程序。
5. 如何运用计量型抽样检验？
6. 试述散料抽样检验的相关术语及其原理。
7. 简述散料检验基本程序。
8. PPAP在实施过程中包含哪些要求与注意事项？

第十章 质量评价方法与工具

学习要点

◆ 质量评价的内涵和目的；

◆ 符合性评价模型中质量管理体系审核、过程审核、产品审核、分层审核的概念、特征及实施要点；

◆ 成熟度评价方法中克劳士比质量管理成熟度方格、ISO 9004：2018 标准成熟度评价、GB/T 19580 的成熟度评价的目的及方法；

◆ 服务质量评价中的 SERVQUAL 模型分析法、5GAP 模型分析法、神秘顾客评价的目的及方法；

◆ 顾客满意度测量目的、原则及测评过程；

◆ 质量经济性中的质量成本分析、田口质量损失函数的内容及分析方法。

第一节 质量评价概述

一、质量评价的内涵

ISO 9000:2015 标准将质量定义为"客体的一组固有特性满足要求的程度"，这意味着质量是客体满足要求的一种程度，对于某个特定客体而言，在要求已得到确定的情况下，如何准确地确定该事物的固有特性满足要求的程度就涉及质量评价。

质量评价是指应用特定的方法，确定被评价对象（包括体系、过程、产品、服务等）的固有特性满足要求的程度。所应用的方法可能是基于统计技术，也可能是基于某种结构化的评价方法。质量评价的结果可能是分级或定量的，如顾客满意的程度，管理成熟度等，也可能是定性的，如是否满足某个准则的要求，对应的是符合性的评价。

二、质量评价的目的

质量评价的直接目的是确定"满足要求的程度"，这种程度包括对特定准则的符合性，以及通过其他一些定量或定性指标所表征的对满足要求的程度。通过获取质量评价的结果，可以实现以下几个方面的主要目的：

(一) 识别改进方向

通过质量评价,特别是定量的质量评价,可以识别被评价对象相关特性方面的绩效表现,组织可以围绕绩效表现低的那些方面开展改进活动,进而改善整体的绩效结果。

(二) 降低风险

质量评价活动的实施,可以有效识别与要求相关的潜在风险,特别是评价结果显示存在问题或不满足要求的那些方面,通过对问题的整改,可以在一定程度上减少负面结果的发生,客观上起到降低风险的作用。

(三) 做出科学决策

质量评价的结果,可以为进行科学决策提供有力依据,例如,在采购活动中,准入决定的提出、改进领域的确定,等等。

第二节 符合性评价

一、质量管理体系审核

质量管理体系审核是一种典型的符合性质量评价活动,广为人知的是依据 ISO 9001 标准及在汽车行业依据 IATF 16949 标准所开展的质量管理体系审核,站在质量管理方法与工具的角度理解,质量管理体系审核是一种系统性的质量管理评价方法,其结果除了对体系运行的符合性做出判断,还能够为整个质量管理体系的改进提升指明方向。

二、过程审核

除质量管理体系审核之外,在汽车行业,还有一种广泛应用的过程评价方法,即过程审核。过程审核会对产品开发和实现过程及其有效性进行客观分析与评价。汽车行业普遍依照德国汽车工业联合会所发布的手册 VDA6.3 实施过程审核,目前该手册最新版本是 2016 年版。作为一种质量管理评价方法,过程审核对于非汽车行业的组织而言,同样有着广阔的应用空间。

过程审核的整体实施流程与质量管理体系审核基本类似,最主要的区别在于,质量管理体系审核的对象是整个质量管理体系,而过程审核的对象主要集中在特定产品的设计开发过程及其生产过程中,过程审核输出的结论是判定这些过程是否具备满足相关质量要求的能力。

以 VDA6.3(2016 版)为例,过程审核的主要评价内容有如下七个方面:

(1) 潜在(供方)分析(P1)。

(2) 项目管理(P2)。

(3) 产品策划与过程开发(P3)。

(4) 产品和过程开发的实施(P4)。

(5) 供应商管理(P5)。

(6) 过程分析与生产(P6)。

(7) 顾客支持、顾客满意、服务(P7)。

基于 VDA6.3 所实施的过程审核,其实施范围如图 10-1 所示。

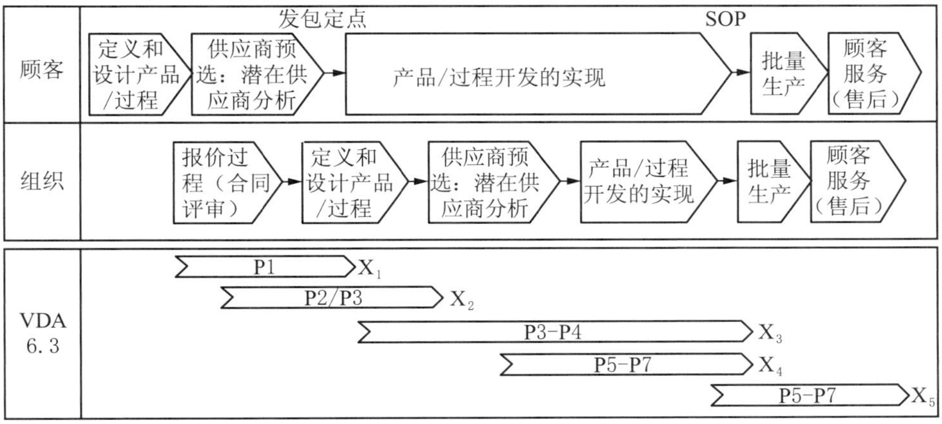

图 10-1 VDA6.3 实施范围示意

基于 VDA6.3 的过程审核与传统的质量管理体系审核另外一个不同之处在于,过程审核是以量化打分的方式来表征符合程度,针对每个评价点,其打分的规则见表 10-1。

表 10-1 VDA6.3 打分规则

分数	对符合要求程度的评定
10	完全符合
8	绝大部分符合,只有微小的偏差
6	部分符合,有较大的偏差
4	小部分符合,有严重的偏差
0	完全不符合

在 VDA6.3 手册中,详细规定了七个评价方面中相关的评价点及评分规则。

三、产品审核

产品审核是由独立于产品开发部门和产品检验部门之外的人员,站在顾客角度,依照产品标准/技术规范、合同或供货协议等准则,对产品所进行的独立质量检查和评价其适用性的活动。与体系或过程审核不同的是,产品审核主要依靠对产品的实测数据(实验室试验和感官评价)或数量化方法而非面谈或提问的方式进行评价。在汽车行业,普遍依照德国汽车工业联合会所发布的手册 VDA6.5 实施产品审核,在本书编写时,该手册的最新版本是 2008 年版。

(一) 产品审核的目的

产品审核的主要目的是通过对产品的客观审核,验证产品是否符合所规定的要求,进而确定产品的质量水平(一般用质量指数 QKZ 来表达)及其变化趋势,即获得产品质量水平的信息，而非判断产品是否合格，这是产品审核与产品检验之间的主要区别之一。通过产品审核，可以提前发现产品缺陷，避免将有缺陷的产品交付给顾客，及时发现质量管理体系上存在的薄弱环节及有关人员操作上的问题，以便采取纠正措施。

（二）产品审核的范围

产品审核的范围主要针对产成品，包括最终检验难度大或容易漏检、发生故障可能造成严重后果的产成品或零部件等，产品审核也可包括外购件、外协件、自制的零部件。

（三）产品审核的时机和内容

1. 产品审核的时机

产品审核一般是在“产品包装之后，运往现场之前”这个阶段进行，也可紧接着产成品的检验和试验之后进行，在某些情况下，也可以从市场上取得产品样本，审核其适用性和对规格的符合性。

2. 产品审核的内容

产品审核主要包括对以下五个方面的检查：

（1）产品质量的测试条件，包括对测试产品的量具和仪器的校准情况、测试环境、测试人员的技能和资格等方面的检查，以保证审核测试的正确性。

（2）产品的主要质量特性，包括产品的主要性能指标、安全性、寿命和可靠性、可维修性等。

（3）产品的结构，包括产品的尺寸、形位公差、零部件的配合情况等。

（4）产品的外观质量，包括对标签或印记的检查、外观的完好性、产品的防护等。

（5）产品的包装质量，包括外包装上的标志、产品与装箱单的一致性、包装情况与技术标准和工艺文件的规定是否符合等。

（四）产品审核的整体实施流程

产品审核的整体实施流程，与质量管理体系审核基本类似，如图 10-2 所示。

四、分层审核

（一）分层审核的起源与内涵

分层审核是戴姆勒、克莱斯勒和通用汽车于 2005 年共同开发的一种质量管理工具，是由组织各层级（包括基层、中层和高层）的管理人员以一定频次（如基层为每天，中层为每周，高层为每月）所实施的一种标准化审核活动。分层审核是用来确定组织内相关操作对要求的符合情况，并持续推进组织实现高水平的过程控制。

（二）分层审核的目的

分层审核的主要目的是在制造系统内部形成逐级审核的流程制度，使整个制造系统执行明确、有效的工艺要求并得到确认审核，从而较大程度地改善制造系统的制造质量。

（三）分层审核的范围及人员分工

分层审核所涵盖范围的重点是与生产相关的过程，例如，装配、搬运等。与其他类型的审核不同之处在于，分层审核是由组织内不同层级的管理人员而非特定、独立的审核员实施。典型的各层级管理人员在分层审核中的分工与做法如下所示。

（1）生产线主管：在每个班次审核某一规定的制造过程、生产线或生产单元。

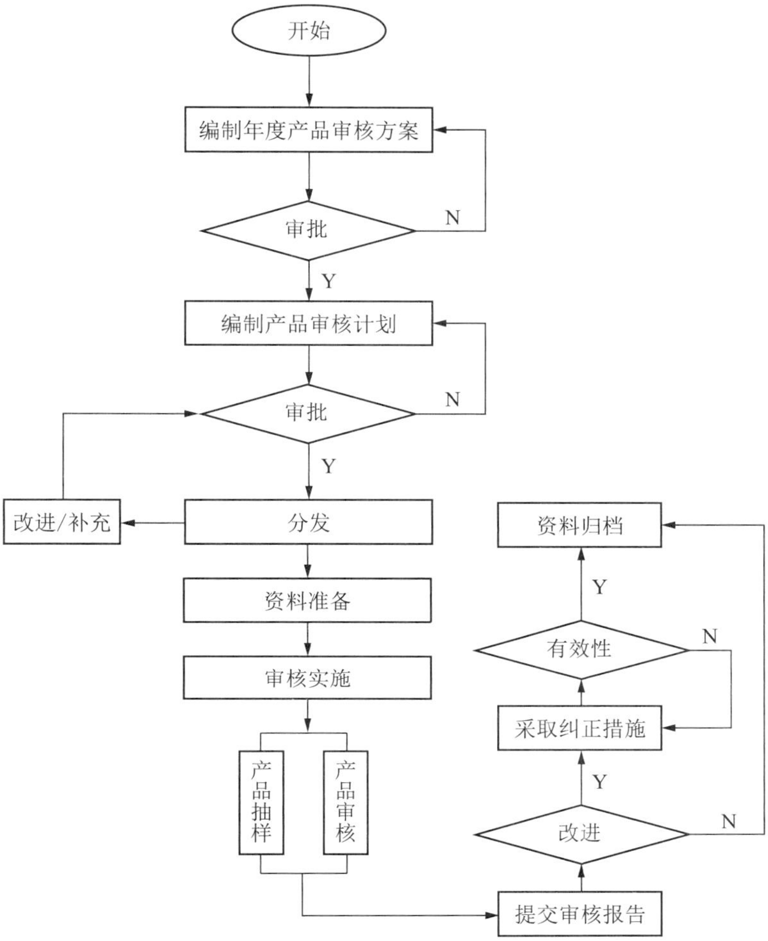

图 10-2　产品审核整体实施流程

（2）中级管理者：每周一次，随机选择及审核一条生产线或部门，并确保其下属的生产线主管已完成相应的审核工作。

（3）高层管理者：每月/季审核一条生产线或部门，并确保其下属的中级管理者已完成相应的审核工作。

（四）分层审核的实施方法

分层审核的实施方法与管理体系审核类似，包括查阅文件、现场观察、面谈提问等方式，一般在审核策划时，会制订检查表，典型的检查表的内容有如下一些方面：

（1）防错验证记录的检查。

（2）一次合格率(FTQ)的跟进、报告及其反应行动。

（3）操作者是否遵从标准化作业指示。

（4）工艺参数是否被正确设定。

（5）操作者已经获得培训/资格。

（6）量具是否被校准。

（7）预防性维护保养是否已完成。

（8）目视辅具是否存在及可用。

(9) 顾客反馈。

公司分层审核检查表示例,见表 10-2。

表 10-2 分层审核检查表示例

<table>
<tr><td>审核时间</td><td>年</td><td>月</td><td>日</td><td>生产班次</td><td colspan="2"></td><td>审核等级</td><td colspan="2">一级</td><td>二级</td><td>三级</td><td colspan="2">四级</td><td>五级</td></tr>
<tr><td>审核等级</td><td colspan="6"></td><td>审核频次</td><td colspan="2">每班次</td><td>每天</td><td>每周</td><td colspan="2">每月</td><td>每季</td></tr>
<tr><td>审核人员</td><td colspan="6"></td><td>审核范围</td><td colspan="2">100%工位</td><td>50%工位</td><td>50%工位</td><td colspan="2">33.33%工位</td><td>50%工位</td></tr>
<tr><td colspan="7">审核对象信息</td><td rowspan="5">审核人员</td><td rowspan="5">班长</td><td rowspan="5">检验员</td><td rowspan="5">质量、制造工程师</td><td rowspan="5">质检部长</td><td rowspan="5">工厂经理</td><td rowspan="5">质量总监</td><td rowspan="5">生产副总</td></tr>
<tr><td>班组</td><td></td><td></td><td></td><td></td><td></td><td></td></tr>
<tr><td>工位</td><td></td><td></td><td></td><td></td><td></td><td></td></tr>
<tr><td>设备名称</td><td></td><td></td><td></td><td></td><td></td><td></td></tr>
<tr><td>操作员工</td><td></td><td></td><td></td><td></td><td></td><td></td></tr>
<tr><td>近期关注的问题(客户的投诉、内部质量问题等)</td><td colspan="14"></td></tr>
</table>

审核内容		审核结果(符合 Y、不符合 N、不适用 NA)								问题描述
1.1	现场是否有近期的顾客抱怨问题清单或者内部通知									
1.2	作业员是否知道当现场再次出现顾客抱怨的问题时,该如何处理									
1.3	零部件是否定置存放									
1.4	防错装置(封样件、缺陷样件等)是否适用									
1.5	操作设备及周围环境是否清洁整理									
1.6	现场工艺文件是否齐全?是否为最新、有效版本?标准要求是否适当? (1) 标准化作业单 (2) 控制计划 (3) 工艺参数卡 (4) 检验指导书 (5) 质量警示卡									

第三节 成熟度的典型评价方法

一、克劳士比质量管理成熟度方格

(一) 起源

菲利浦·克劳士比(1926—2001),1926 年 6 月 18 日出生于西弗吉尼亚州的惠灵市,

1975年担任美国质量学会（ASQ）总裁，曾因对质量运动的杰出贡献荣获ASQ的“爱德华奖”，被美国《时代》杂志誉为“本世纪伟大的管理思想家”。克劳士比的著作《质量免费》（*Quality is Free*），有力推动了世界质量管理的发展。

克劳士比对质量管理发展的主要贡献体现在他所提出的一些基本理念上，包括“零缺陷”“第一次就把事情做对”“关注质量损失成本”等，而这其中，有关质量管理成熟度的概念为组织质量管理的发展指明了方向。

（二）克劳士比质量管理成熟度分级及评价维度

克劳士比对一个组织质量管理成熟度共划分为五个等级，由低到高分别为：

（1）不确定期。

（2）觉醒期。

（3）启蒙期。

（4）理智期。

（5）卓越期。

克劳士比从管理层的认识和态度、质量管理在组织管理中的地位等六个维度分别描述了不同成熟度水平的典型表征，五个水平与六个维度构成了克劳士比质量管理成熟度方格，组织可以“对号入座”，判断自身的质量管理总体上所处的成熟度水平，并可以向更高的成熟度等级努力迈进。该成熟度方格，见表10-3。

表10-3　克劳士比质量管理成熟度方格

评价维度	不确定期	觉醒期	启蒙期	理智期	卓越期
管理层对质量的认识和态度	不理解质量是管理工具，将“质量问题”归咎于质量部门	认识到质量管理或许有价值，但不愿意投入时间和金钱来改进	参加质量改进计划，对质量管理有较多认识，开始支持和协助质量活动	参与质量活动，完全了解质量管理基本原则，并充分认识其个人在持续改进中的角色	认为质量管理是公司管理系统中的基本部分
质量管理在组织管理中的地位	质量是制造部或工程部门的事，组织内可能没有检验部门，比较注重产品的评估和分类	任命强有力的质量负责人，但他的基本任务是使生产顺畅，是生产或其他部门的一部分	质量部门向管理层负责，所有评估结果纳入正式报告，质量经理在公司管理层有一定的地位	质量经理成为公司重要的一员，报告有效的工作情况，采取预防措施，参加与顾客有关的及指派的特别活动	质量经理列席董事会，预防成为基本重点，质量被认为是公司的先导
问题处理	头痛医头、脚痛医脚，无法解决问题，也没有清楚质量标准，组织内各部门互相攻击	组成工作小组来解决重大问题，但没有长远的整体处理问题的策略和方法	建立通畅的纠错活动沟通渠道，公开面对问题，并有计划地加以解决	问题在其发展初期就能发现，所有的部门都接受公开的改进建议，并实施改进行动	除了一些极少的例外，问题都已被预先防止了
质量成本占营业额的比例	不知道多少 实际为20%	报告为3% 实际为18%	报告为8% 实际为12%	报告为6.5% 实际为8%	报告为2.5% 实际为2.5%

续 表

评价维度	不确定期	觉醒期	启蒙期	理智期	卓越期
质量改进活动	没有有组织性的质量活动，也不了解这样的活动	"兴趣所致"时会尝试一些短暂的改进活动	完全了解并落实每一个步骤，执行14个改进步骤	持续实施14个改进步骤，并开始"走向卓越"	质量改进是日常的、持续的活动
公司的质量心态	"不知道为什么我们的质量会有问题"	开始怀疑质量问题频发是否注定是一种常态	经过管理层的承诺和质量改进活动，我们已能发现并解决我们的问题	缺陷预防是我们日常工作的一部分	"我们知道为什么我们会没有质量问题"

二、基于ISO 9004的成熟度评价

（一）ISO 9004:2018标准及附录A简介

2018年4月，ISO组织发布了其最新修订的国际标准ISO 9004:2018《质量管理—组织质量—持续成功指南》。该标准适用于所有类型的组织，从小型初创企业到跨国企业集团，为希望提升组织整体绩效并取得持续成功的管理人员提供了指南。

ISO 9004:2018标准超越了ISO 9001中提出的产品和服务质量管理的理念，注重组织本身的质量，以及满足所有相关利益方的需求和期望，而非仅仅是客户的需求和期望。同时，ISO 9004:2018涵盖了战略、领导能力、资源和流程及有助于取得持久成果的相关内容，为组织通过审视并塑造其自身认同、文化、愿景和价值观，积极提高组织质量提供了框架性指南。

ISO 9004:2018标准在其附录A中设置了质量管理体系成熟度自评工具，该工具基于ISO 9004:2018标准从第五章到第十一章的条款内容开发，设置有从低到高1～5个成熟度等级，ISO 9004:2018从第五章开始，每个子条款（总则除外）在该工具中都列明了不同成熟度等级的典型特征，组织可以应用该工具逐条开展自我评价，以确定自身的成熟度水平并识别改进方向。由于篇幅所限，不能列举该工具的全部内容，现以5.2"有关相关方"和5.3"内外部因素"作为示例加以说明，见表10-4。

表10-4 ISO 9004:2018附录A部分示例

条款	成熟度等级		结论	
	等级	项目	是	结果/备注
5.2 有关相关方	1	相关方，包括他们的需求和期望，以及与之相关联的风险和机遇得到非正式的确定		
	2	满足部分相关方需求的过程已得到建立		
		与相关方建立了非正式的持续关系		
	3	已具备确定有关相关方的过程		
		已建立了确定有关相关方的过程，并考虑到了那些若其需求和期望没有得到满足会对持续成功产生风险的相关方，以及反之会增强持续成功的那些相关方		

续 表

条 款	成熟度等级		结 论	
	等级	项 目	是	结果/备注
5.2 有关相关方	3	有关相关方的需求和期望已得到识别		
		满足相关方需求和期望的过程已得到建立		
	4	评估有关相关方需求和期望重要性的过程已得到建立，并将其用于确定哪些需求和期望需要得到应对		
		关键相关方的需求和期望已得到应对和评审，以至于绩效的改进、对目标和价值观的共识及增强的稳定性在部分与相关方的持续关系中得以实现		
	5	与有关相关方相关的过程和关系已依照所确定的相关需求和期望得到实现。这被作为对持续关系的收益、风险和机遇的部分理解加以实现		
		所有有关利益相关方的需求和期望已得到应对、分析、评价和评审，以至于绩效的提升和可持续，对目标和价值观的共识以及增强的稳定性，包括对来自对持续关系所获得收益的认可得以实现		

（二）ISO 9004:2018 的成熟度自评工具的应用流程

1. 基于拟评估的部分以及下列自评的类型确定自评的范围

（1）基于关键要素的自评。

（2）基于 ISO 9004 的细节要素的自评。

（3）基于 ISO 9004 及其他准则的细节要素的自评。

2. 识别负责自评的人员以及进行自评的时间

3. 确定自评的实施方式

可以团队（跨职能或其他适宜的团队）或个人的方式进行（指定协助者，可有助于该过程的实施）。

4. 识别组织每个过程的成熟度

（1）将组织当前的状况与附表（ISO 9004 中附录 A）中所列明的情况加以对比。

（2）对组织已应用的要素及其成熟度加以标注，例如，可以从等级 1 开始逐级上升直至等级 5，确定最符合当前情况的那个等级。

（3）建立当前的成熟度等级。

5. 将结果汇总成报告

该报告可提供组织随着时间不断进步的记录，并有助于同外部和内部相关方进行信息沟通（在报告中使用图形可有助于结果的沟通）。

6. 评估组织过程当前的绩效并识别改进和/或创新的领域

通过自评过程所识别的机遇以及作为评估结果所制定的措施计划。

三、基于 GB/T 19580 的成熟度评价

（一）GB/T 19580 标准简介

为了引导组织追求卓越，提高产品、服务和发展质量，增强竞争优势，促进组织持续发展，依据《中华人民共和国产品质量法》《质量发展纲要（2011—2020 年）》，原国家质量监督检验检疫总局于 2012 年发布了 GB/T 19580《卓越绩效评价准则》标准以及 GB/Z 19579《卓越绩效评价准则实施指南》两个标准。

《卓越绩效评价准则》标准借鉴了国内外卓越绩效管理的经验和做法，并结合我国企业经营管理的实践，从领导、战略、顾客与市场、资源、过程管理、测量、分析与改进以及结果七个方面规定了组织卓越绩效的评价要求，为组织追求卓越提供了自我评价的准则，也是目前各地进行质量奖评价的主要依据之一。

《卓越绩效评价准则》标准中，各评分章节之间的联系（卓越绩效模型），如图 10-3 所示。

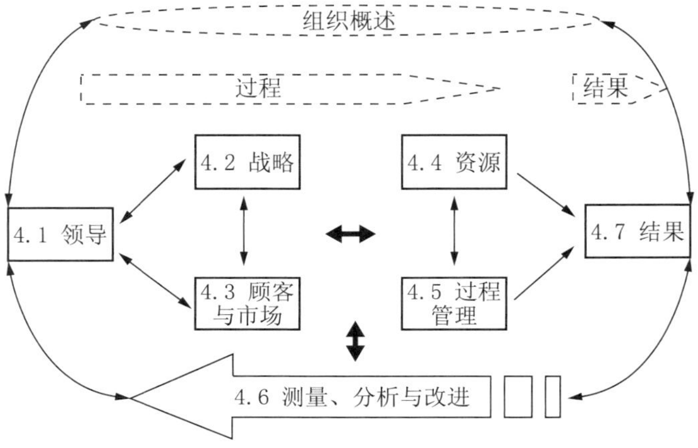

图 10-3　卓越绩效模型

（二）GB/T 19580 标准自我评价方法

应用《卓越绩效评价准则》进行自我评价，其实质是对组织的各相关过程的成熟度及其结果进行评价。特别在与该标准配套的指南标准 GB/Z 19579《卓越绩效评价准则实施指南》中，给出了基于量化打分形式（满分为 1 000 分）的成熟度评价方法，现简要介绍说明如下。

1. 对过程的评价

这里的过程，是指组织针对《卓越绩效评价准则》4.1～4.6 各评分条款要求，所采用的方法及其展开和改进。因此，针对每个过程，围绕 ADLI（方法、展开、学习、整合）四个要素对其成熟度进行评价。

“方法”，主要评价：

（1）适宜性，对标准评分条款要求和组织实际的适宜性。

（2）有效性，是否导致了好的结果。

（3）系统性，可重复性以及基于可靠数据和信息的程度。

“展开”，主要评价：

（1）方法是否持续应用。

（2）方法是否在所有适用的部门应用。

“学习”，主要评价：

（1）通过循环评价和改进，对方法进行不断完善。

（2）鼓励通过创新对方法进行突破性变革。

（3）在各相关部门、过程中分享方法的改进和创新。

“整合”，主要评价：

（1）方法与在组织概述和其他评分条款中确定的组织需要协调一致。

（2）各过程、部门的方法协调一致、融合互补。支持组织使命、愿景和战略目标的实现。

对于每个过程，在《卓越绩效评价准则实施指南》标准中，均给出了五个等级的成熟度，每个等级的成熟度，均有其在 ADLI 这四个方面的典型表征，见表 10-5。

表 10-5　ADLI 四方面典型表征示例(节选)

分　数	过　　　程
0%或 5%	➤ 没有系统的方法；信息是零散、孤立的。（A） ➤ 方法没有展开或略有展开。（D） ➤ 没有改进导向，已有的改进仅是“对问题的被动反应”。（L） ➤ 缺乏协调一致，各个方面或部门各行其是。（I）
10%，15%，20%或 25%	➤ 开始有系统的方法，应对该评分条款的基本要求。（A） ➤ 方法在大多数方面或部门处于展开的早级阶段，阻延了基本要求的实现。（D） ➤ 处于从“对问题的被动反应”到“改进导向”转变的早期阶段。（L） ➤ 主要靠联合解决问题来使方法与其他方面或部门达成协调一致。（I）
30%，35%，40%或 45%	➤ 有系统、有效的方法，应对该评分条款的基本要求。（A） ➤ 方法已得到展开，尽管某些方面或部门的展开尚属早期阶段。（D） ➤ 开始系统地评价和改进关键过程。（L） ➤ 方法与在应对组织概述和其他评分条款时所确定的组织需要初步协调一致。（I）

表中左侧的分数是百分比，在《卓越绩效评价准则》中，每个评分条款均有其满分的分值，在进行成熟度评价时，该评分条款的实际得分，是用满分分值乘以基于 ADLI 所判断的分数百分比得出的。

2. 对结果的评价

《卓越绩效评价准则》标准中，共有以下六个方面的结果需要进行评价，且每个方面的结果都有其各自的满分分值：产品和服务结果；顾客与市场结果；财务结果；资源结果；过程有效性结果；领导方面的结果。

在这六个结果方面，《卓越绩效评价准则实施指南》标准给出了基于 Le-T-C-I（水平-趋势-对比-整合）这四个要素评价组织结果成熟度的方法。

“水平”主要评价组织绩效的当前水平；“趋势”主要评价组织绩效改进的速度（趋势数据的斜率）和组织绩效改进的广度（展开的程度）；“对比”主要评价与适宜的竞争对手或类似组织的对比绩效和与标杆或行业领先者的对比绩效；“整合”主要评价组织结果的测量指标与

在“组织概述”和“过程”评分条款中确定的关键绩效要求即指标相呼应；组织各过程、部门的结果协调一致，支持组织使命、愿景和战略目标的实现。

同样，《卓越绩效评价准则实施指南》标准中，也给出了五个等级的结果的成熟度，见表10-6。

表10-6　Le-T-C-I示例（节选）

分　数	结　　果
0%或5%	（1）没有报告结果，或结果很差。（Le） （2）没有显示趋势的数据，或大多为不良的趋势。（T） （3）没有对比性信息。（C） （4）在对于达成组织使命、愿景和战略目标重要的任何方面，均没有报告结果。（I）
10%，15%，20%或25%	（1）结果很少，在少数方面有一些早期的良好绩效水平。（Le） （2）有一些显示趋势的数据，其中部分呈不良的趋势。（T） （3）没有或有极少对比性信息。（C） （4）在对于达成组织使命、愿景和战略目标重要的少数方面，报告了结果。（I）
30%，35%，40%或45%	（1）在对该评分条款要求重要的一些方面，有良好的绩效水平。（Le） （2）有一些显示趋势的数据，其中多半呈有利的趋势。（T） （3）处于获得对比性信息的早期阶段。（C） （4）在对于达成组织使命、愿景和战略目标重要的多数方面，报告了结果。（I）

表10-6中左侧的分数是百分比，在《卓越绩效评价准则》中，每个结果方面的评分条款均有其满分的分值，在进行成熟度评价时，该评分条款的实际得分，是用满分分值乘以基于Le-T-C-I所判断的分数百分比得出的。

最终，组织可以汇总对过程、结果的成熟度评分结果，得出整体的分值，以表征该组织整体的管理成熟度情况，也可以根据各相关过程与结果的得分情况确定其改进空间。卓越绩效的评价可以由组织自行实施，特别是在申请相关质量奖的评审时，需要提交自评报告，当然，也可以聘请专业的第三方机构依照《卓越绩效评价准则》开展独立、客观的成熟度评价活动。

某公司基于GB/T 19580开展自评的评分表，见表10-7。

表10-7　自评评分表示例（节选）

标准条款	标准内容	初步评价的问题	自我评价	负责部门
4.1 领导 （110分）	用于评价组织高层领导在价值观、发展方向、目标、对顾客及其他相关方的关注、激励员工、创新和学习等方面的作为，以及组织的治理和履行社会责任的情况			
4.1.1 组织的领导	组织应说明高层领导如何确定发展方向、完善组织的治理，以及如何评审组织绩效			

续 表

标准条款	标准内容	初步评价的问题	自我评价	负责部门
4.1.2 高层领导的作用 （50分）	组织应从以下方面说明高层领导的作用： ① 高层领导如何确定和展开组织的价值观、长短期发展方向及绩效目标；如何在绩效目标中均衡地考虑顾客及其他相关方的利益；如何向全体员工、主要的供方和合作伙伴沟通组织的价值观、发展方向和目标；如何确保双向沟通 ② 高层领导如何创造有利于授权、主动参与、创新和快速反应的环境，促进组织学习和员工学习的环境，遵守法律法规的环境；如何恪守经营等道德规范，并影响组织的相关方 ……	组织高层领导如何建立组织的价值观和绩效期望，并组织贯彻 高层领导如何为顾客及相关受益者创造并平衡价值 组织的领导如何为遵守法律法规、恪守诚信经营等行为创造环境 ……		14个部室

第四节　服务质量分析与评价的典型方法

一、SERVQUAL模型分析法

SERVQUAL为服务质量英文“Service Quality”的缩写，SERVQUAL理论是20世纪80年代末由美国的市场营销学家依据全面质量管理（Total Quality Management，TQM）理论在服务行业中提出的一种新的服务质量评价体系，其理论核心是“服务质量差距模型”，即服务质量取决于用户所感知的服务水平与用户所期望的服务水平之间的差别程度，因此又称为“期望—感知”模型，用户的期望是开展优质服务的先决条件，提供优质服务的关键就是要超过用户的期望值。其基本模型为：SERVQUAL分数 = 实际感受分数 - 期望分数。

SERVQUAL将服务质量分为五个层面：有形性、可靠性、响应性、保证性、移情性，每一层面又被细分为若干个问题，通过调查问卷的方式，让用户对每个问题的期望值、实际感受值及最低可接受值进行评分，并由其确立相关的22个具体因素来说明它。然后通过问卷调查、顾客打分和综合计算得出服务质量的分数。研究表明，SERVQUAL是一个评价服务质量和用来决定提高服务质量措施的有效工具。表10-8为SERVQUAL服务质量量表，在具体应用中，组织可以基于SERVQUAL服务质量量表设计调查问卷，基于调查问卷的结果识别服务质量的改进方向。

表 10-8 SERVQUAL 服务质量量表

要素	组成项目
有形性 tangibles	1. 公司是否具有现代化设施
	2. 公司的物理设施是否吸引人
	3. 公司员工的着装是否整洁
	4. 公司与服务有关的附属物是否具有吸引力
可靠性 reliability	5. 公司对顾客所承诺的事情，是否在时限内完成
	6. 顾客遇到困难时，公司是否有帮助解决的热忱
	7. 公司能否在第一次就提供完善的服务
	8. 公司能否在约定的时间内完成服务
	9. 公司能否坚持无错误记录
响应性 responsiveness	10. 公司是否告诉顾客服务开始的时间
	11. 公司员工能否向顾客提供适当的服务
	12. 公司员工是否总是愿意对顾客给予帮助
	13. 员工是否因为太忙而忽略了顾客的需求
保证性 assurance	14. 公司员工的行为是否让顾客感到信任
	15. 顾客对与公司进行交易是否感到安全
	16. 公司员工是否一直礼貌地对待顾客
	17. 公司员工在回答顾客提问时是否有足够的专业知识
移情性 empathy	18. 公司是否会给予顾客特别的关注
	19. 公司是否向顾客提供弹性的交易时间
	20. 公司是否雇用了能对顾客给予特别关注的员工
	21. 公司是否对顾客所在意的事非常重视
	22. 公司员工是否掌握了一些顾客的需求偏好

二、5GAP 模型分析法

5GAP 服务质量差距模型是 20 世纪 80 年代中期到 90 年代初被提出的。5GAP 模型是专门用来分析服务质量问题的根源，依照 5GAP 模型理论，服务的质量问题主要源自以下五个方面的差距：

（1）不了解顾客的期望（差距 1）。

（2）未选择正确的服务设计和标准（差距 2）。

（3）未按标准提供服务（差距 3）。

（4）服务传递与对外承诺不相匹配（差距 4）。

（5）顾客差距（差距 5），即顾客期望与顾客感知的服务之间的差距，这是 5GAP 差距模型的核心，要弥合这一差距，就要对前述四个差距进行弥合。

服务质量差距模型，如图 10-4 所示。

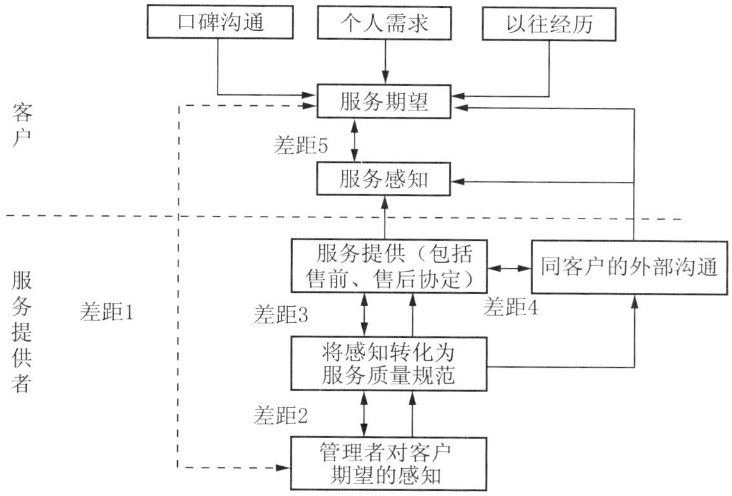

图 10-4　服务质量差距模型

该模型说明了服务质量是如何形成的，模型的上半部涉及与顾客有关的现象，“服务期望”是顾客的以往经历、个人需求以及口碑沟通的函数。另外，也受到企业营销沟通活动的影响。实际经历的服务，在模型中称为服务感知，它是一系列内部决策和内部活动的结果。在服务发生时，管理者对顾客期望的认识，对确定组织所遵循的服务质量标准起到指导作用。

分析和设计服务质量时，这个基本框架说明了必须考虑哪些步骤，然后查出问题的根源。要素之间有五种差异，也就是所谓的质量差距。质量差距是由质量管理的前后不一致造成的。

五个差距及其造成的结果和产生的原因分述如下。

1. 质量感知差距（差距 1）

这个差距指管理者没有深刻地理解服务和服务竞争的特性。产生的原因有以下几点：

（1）对市场研究和需求分析的信息不准确。

（2）对客户的期望解释信息不准确。

（3）没有进行需求分析。

（4）从企业与顾客联系的层次向管理者传递的信息失真或丧失。

（5）臃肿的组织层次阻碍或改变了在顾客联系中所产生的信息。

应对措施各不相同。如果问题是由管理引起，显然应改变管理，或改变对服务竞争特点的认识。相比较，后者一般更合适一些。因为正常情况下没有竞争也就不会产生什么问题，但管理者一旦缺乏对服务竞争本质和需求的理解，则会导致严重的后果。

2. 质量标准差距（差距 2）

这一差距指服务质量标准与管理者对质量期望的认识不一致。原因如下：

（1）计划失误或计划过程不够充分。

(2) 计划管理混乱。

(3) 组织无明确目标。

(4) 服务质量的计划得不到最高管理层的支持。

第一个差距的大小决定计划的成功与否。但是,即使在顾客期望的信息充分和正确的情况下,质量标准的实施计划也会失败。出现这种情况的原因是,最高管理层没有保证服务质量的实现。质量没有被赋予最高优先权。应对的措施自然是改变优先权的排列。今天,在服务竞争中,顾客感知的服务质量是成功的关键因素,因此在管理清单上把质量排在前列是非常必要的。

总之,服务提供者和管理者对服务质量达成共识,缩小质量标准差距,远要比任何严格的目标和计划过程重要得多。

3. 服务交易差距(差距 3)

这一差距指在服务提供和交易过程中员工的行为不符合质量标准,产生的原因如下:

(1) 标准太复杂或太苛刻。

(2) 员工对标准有不同意见,例如,一流服务质量可以有不同的行为。

(3) 标准与现有的企业文化发生冲突。

(4) 服务提供管理混乱。

(5) 内部营销不充分或根本不开展内部营销。

(6) 技术和系统没有按照标准为工作提供便利。

可能出现的问题是多种多样的,通常引起服务交易差距的原因是错综复杂的,很少是一个原因单独起作用,因此不容易找出应对措施。差距原因可粗略分为三类:管理和监督;职员对标准规则的认识和对顾客需要的认识;缺少生产系统和技术的支持。

4. 营销沟通的差距(差距 4)

这一差距指营销沟通行为所做出的承诺与实际提供的服务不一致。产生的原因如下:

(1) 营销沟通计划与服务提供未统一。

(2) 传统的市场营销和服务提供之间缺乏协作。

(3) 营销沟通活动提出一些标准,但组织不能按照这些标准完成工作。

(4) 有故意夸大其词,承诺太多的倾向。

引起这一差距的原因可分为两类:一是外部营销沟通的计划与执行没有与服务提供统一;二是在广告等营销沟通过程中往往存在承诺过多的倾向。

在第一种情况下,应对措施是建立一种使外部营销沟通活动的计划和执行与服务提供统一起来的制度。例如,至少每个重大活动都应该与服务提供行为协调起来,达到下列两个目标:市场沟通中的承诺要更加准确和符合实际;外部营销活动中做出的承诺能够言出必行,避免夸夸其谈所产生的副作用。

在第二种情况下,由于营销沟通存在滥用"最高级的毛病",所以只能通过完善营销沟通的计划加以解决。应对措施可能是更加完善的计划程序,不过管理上严密监督也很有帮助。

5. 感知服务质量差距(差距 5)

这一差距指感知或经历的服务与期望的服务不一样,它会导致以下后果:

(1) 消极的质量评价(劣质)和质量问题。

(2) 口碑不佳。

(3) 对公司形象的消极影响。

(4) 丧失业务。

第五个差距也有可能产生积极的结果,它可能导致相符的质量或过高的质量。感知服务差距产生的原因可能是本部分讨论的众多原因中的一个或者是它们的组合。当然,也有可能是其他未被提到的因素。

三、神秘顾客

(一) 神秘顾客的起源与内涵

神秘顾客调查方法是一种检查现场服务质量的调查工具,最早出现在美国银行与零售业,用来防止员工偷窃行为,在20世纪40年代,"Mystery Shopping"(神秘购物)一词正式出现,部分企业开始使用这种方法评价顾客服务。20世纪90年代,神秘顾客方法在世界范围内得到了广泛的应用。随着麦当劳、肯德基等跨国公司进入中国,这一调查方法也被引入,随后中国移动等部分本土企业也开始用神秘顾客调查方法检查门店的服务质量。

神秘顾客通常由独立第三方的人员担任,神秘顾客调查由通过实际接受服务的方式,在服务现场进行真实的体验活动。神秘顾客一般会针对事前拟好的调查问题,对服务现场和服务活动进行观察和体验评价,同时,神秘顾客也会制造一些测试性情景或问题,例如,人为制造某种紧急的情况,以获取现场服务的有关信息,包括服务环境、服务人员仪态、服务表现、人员业务素质、应急能力等。

(二) 神秘顾客调查方法的作用

基于上述神秘顾客的特点,该方法的作用主要体现在如下三个方面:

1. 评估功能

神秘顾客的首要功能是为委托方客观确定服务过程的整体状况,并对服务的软硬件的各个环节进行评估,系统地找出各个方面所存在的问题。

2. 参考功能

神秘顾客会通过感受和观察委托方的软硬件服务,将相关的服务规范、流程等方面要求与实际执行状况和自身的实际感受三者之间进行比较,从而为服务改进提供参考。

3. 督促功能

神秘顾客的评价结果会转化为相应的改进建议,委托方可以据此有针对性地改进服务。此外,委托方的服务人员会时刻准备着有神秘顾客来调查或评价,更有助于保持一贯的优质服务。

(三) 神秘顾客调查的实施

目前尚未有与神秘顾客调查相关的行业规范或标准的出台,但一般而言,神秘顾客调查方法的实施通常会涉及以下几个方面的内容。

1. 外部环境检查

神秘顾客来到指定的服务现场,在进入门口前会涉及对相关服务标志、秩序与环境状况、橱窗产品摆放、促销海报张挂等情况进行检查。

2. 服务现场检查

神秘顾客进入服务现场,会对服务场所内区域的布局及服务设施、用品配备状况,职员和顾客的比例、服务人员的活动,以及现场卫生、秩序等方面进行检查。

3. 服务过程的体验

神秘顾客一般会随机或按照事前抽样来到相应区域或窗口申办服务、购买产品,检查服务人员的操作处理情况。在此过程中检查评价服务人员的服务态度、服务规范、业务熟练程度以及顾客与服务设备、顾客与服务人员,以及顾客与顾客的互动过程等。

4. 业务测试

在购买产品或申办服务过程中,神秘顾客向服务人员提出产品使用、设备操作、服务流程或服务疑难等问题,或制造某些需要求助的情境。在此过程中检查服务人员的业务知识熟悉程度、业务熟练程度,以及应急或灵活处理能力。

5. 现场服务改进指导

神秘顾客在完成体验和测试后,一般会按照与委托方事先约定的方式,在现场直接向相关负责人反映所存在的问题及改进建议,也可能是汇总所有信息,向委托方进行报告,由委托方完成相应的分析和改进。

(四) 某餐饮公司神秘顾客调查应用案例

1. 基础信息

地点:A 餐饮公司(×××店)。进店时间:202×/×/××14:30;出店时间:15:30。

2. 体验设计

(1) 六位组员分两批在不同的时间进入 A 餐饮公司,观察店内的运行情况。

(2) 观察 A 餐饮公司的新老产品的广告牌的位置和店内的设施条件。

(3) 进行实地购买,与工作人员进行交流,获取信息。先到 A 餐饮公司进行购买,与工作人员进行交流,认真观察工作人员的语言表达能力和专业素质,然后到其竞争对手地方进行询问,并与竞争对手的工作人员进行交谈,将两者进行比较。

(4) 评价促销人员。从其服务形象、业务素质、服务态度方面进行评价。

(5) 观察服务场景。首先进入 A 餐饮公司眼帘的是 A 餐饮公司的广告牌和忙碌的工作人员和三列不长的队伍,工作人员的工作姿势比较规范,服装工整,胸前佩戴胸牌。顾客排到最前在挑选食品时,工作人员一直沉默,当顾客看到广告牌上的×××和×××时,顾客与工作人员对话如下:

顾客:这两种汉堡有什么不一样吗?

工作人员:两种的配料不一样。

顾客:怎么不一样?

工作人员:具体我不太了解,这是厨房方面的工作。

顾客:我看见 B 餐饮公司有×××,两种口味有什么不一样吗?

工作人员:其实两种差不多。

最后我们买了×××和×××,×××实物与图片差距有点大,且邻座的人走后近 10 分钟没人来收拾。

当顾客去 B 餐饮公司时,工作人员微笑地为顾客服务并介绍其新产品,虽然我只买了×××。

(6) 评价指标。环境、服务人员、设施及位置。

体验描述如下:

① 门前三包：门口至道路处为长、店面为宽的区域内有少许垃圾。

② 店内大厅地面干净清洁，但有少许垃圾、脚印。

③ 厕所位置的格局设计不太合理，洗手台出问题没能及时处理。

④ 整体仪容符合公司标准要求。

⑤ 店内温度为人体舒服温度 25 ℃左右，灯光明暗适中、无音乐。

⑥ 店内员工无法流畅地回答关于服务、活动、赠送的提问。

⑦ 整个过程服务人员不积极、不主动。

⑧ 在顾客来到或离开店时，无欢迎声和欢送语。

⑨ 在整个消费过程中，接触到的服务人员很少能微笑和热情地打招呼。

⑩ 前台收银员针对顾客所选的食品没有进行再次的推销。

⑪ 服务人员在工作中没有使用标准用语，没有做到行动敏捷优美。

表现突出的地方：

① 台面、地面、工作台较干净。

② 桌面无油垢，门窗无尘土，厕所无异味纸篓经常清理。

③ 服务人员工作无不当、不雅举动。

④ 服务人员穿着清洁、整齐、熨烫平整的制服上班。

需要改进的地方：

① 厕所的布局不当。

② 没有使用礼貌用语。

③ 服务的态度与工作的效率不高。

（7）建议。

① 应加强对销售人员的培训、提高销售人员的总体素质。工作人员应树立为顾客服务的观念。缩短服务等待时间，积极主动地向顾客介绍其需要的食品。

② 在如今这个快节奏的时代，人们对快餐的需求不断上升，须不断提高产品的质量，制定合理的价格体系，改善卫生情况和菜式口味。

第五节　顾客满意测评

一、概述

顾客满意测评是指通过测量顾客对产品或服务的满意程度，以及决定满意程度的相关因素和行为趋向，利用数学模型进行统计分析得到顾客对某一特定产品或服务的满意程度。通过顾客满意程度信息的获取，为组织改进产品和服务质量、提高经营绩效提供科学依据。

在顾客满意度测评方面，我国于 2009 年先后出台了两个国家标准，分别是 GB/T 19038—2009《顾客满意测评模型和方法指南》以及 GB/T 19039—2009《顾客满意测评通则》，这两个国家标准为进行顾客满意测评所需遵循的原则、基本的模型方法给出了明确的指南。本节内容将重点围绕这两个国家标准的相关内容展开。

二、顾客满意测评

(一) 测评的基本原则

在进行顾客满意测评的策划与实施时,应考虑以下几个方面的原则,以确保测评方法、过程和结果的有效性。

1. 资源充分

应配置充分的资源,包括人力资源用于顾客满意测评,并要对这些资源进行有效和高效的管理。

2. 职责明确

与顾客接触的部门可能有销售、物流、质量等部门,应明确在顾客满意测评中各自的职责、并应为参与顾客满意测评的人员分配相应的职责。

3. 方法适宜

应针对不同情况选择适宜的测评方法,以确保测评过程及结果的有效。

4. 持续实施

应根据需要建立持续测评的机制,以不断提高顾客满意程度。

(二) 测评过程

顾客满意测评,主要包括以下六个步骤。

1. 确定测评范围

(1) 对产品和/或服务顾客满意的全面测评。

(2) 对产品和/或服务的某个方面或某个过程、活动的顾客满意测评,例如,对产品外观、口味、对售后服务的顾客满意测评等。

2. 确定测评指标

根据所确定的测评范围,以及所识别的顾客和顾客需求,确定测评指标模型,模型的典型形式可以用金字塔来表达,最顶层的是综合性的、定量表达的顾客满意度,向下分解为若干层级的分解指标,且每个层级的不同指标均有各自的权重,下一层级的指标与上一层级指标之间有确定的函数关系。

3. 确定测评方法

根据测评的范围、顾客群体、测评模型、拟投入的资源等因素确定适宜的测评方法。

4. 获得测评数据

(1) 确定抽样总体和抽样方法。根据测评的目的、范围、拟投入的资源、测评的时间周期等因素确定抽样的总体,若组织的业务模式是 B2C 形式,一般可以考虑简单随机抽样、分层抽样等方法,若组织的业务模式是 B2B,顾客数量相对较少,则可以考虑简单随机抽样或全部调查,总之,应尽可能确定覆盖性完整的抽样总体,并从中抽取数量充分的、有代表性的样本,此外,在确定样本量时,还要考虑到部分调查问卷可能不会获得反馈的情况。

(2) 确定获得数据的方法。根据测评的范围、拟投入的资源等因素确定数据的搜集方法,例如,电话调查、邮寄、面谈、网络。此外,应综合考虑到调查对象的类型,如个人、组织,调查对象的流动性等因素,例如,物业公司在进行顾客满意测评时,可以利用居住小区居民的相对稳定性，采用面谈或现场发放问卷的方式进行。

(3) 设计问卷。问卷的设计是顾客满意测评的核心环节之一，一般而言，调查问卷包括以下几个方面的内容：

① 标题。

② 问候语。

③ 甄别部分(填写人的信息)。

④ 顾客满意测评的部分。

⑤ 结束语。

若条件允许，在完成问卷设计后，应进行预调查，根据预调查结果对调查问卷的信度和效度进行检验，一般而言，信度和效度系数越大，表明问卷的一致性和有效性越好。

(4) 搜集数据。依照所策划的数据搜集方法进行数据搜集，并对该过程进行控制，以确保数据的质量。

5. 数据处理

(1) 准备数据。对所获得的数据进行检验，剔除不可用的数据。

(2) 确定数据统计分析方法。根据数据的类型及评测目的选择合适的统计方法，例如，描述性统计方法、多元统计方法等。

(3) 统计与分析。得出顾客满意测评结果，并根据需要进行进一步分析，例如，识别对顾客满意度的主要影响因素、改进建议等。

6. 编写测评报告与应用

根据测评结果，汇总和整理相关信息做出报告，并将这些信息传递到相应部门，进行产品和/或服务有针对性的改进。

三、某公司顾客满意度调查方案案例(节选)

(一) 基本背景

S 品牌服装公司成立于 1985 年，是一家中外合资企业。该公司年产服装百万件套，年营业额达到四亿元人民币。随着市场竞争的越来越激烈，S 公司也遇到了市场冲击，企业在自身发展过程中也出现了新的问题和矛盾，所以 S 公司希望能通过一个一定范围内的顾客满意度测评来检测公司在市场中的位置及品牌形象，了解顾客对企业的真实感受和满意度状况，并发掘一些需要改进的方法，摒弃一些不良策略和方法，提升顾客忠诚度，最终提高企业的经营绩效。

(二) 调查的范围及调查对象

本次调查的范围是××市 S 品牌服装的销售店铺；市场调查对象选择 S 品牌服装的现实消费者；样本总数共 400 个。

(三) 调查方法

本次调查采用访问法，在 S 品牌服装的销售店铺内，对消费者进行访问，并通过问卷搜集信息。

(四) 调查内容

(1) 消费者了解服装品牌信息和宣传广告的途径，以及对 S 品牌服装的认知途径。

(2) 顾客满意度测评指标和模型变量的分解，包括产品，价格，渠道，品牌和服务。

① 产品方面：质量、款式、面料、品种、做工、包装。

② 价格方面：价格定位。

③ 销售渠道方面：购买服装场所、购买服装的方便程度、店面档次、卖场环境、促销方式。

④ 品牌形象方面：店员的服务态度、业务水平及专业知识、服饰仪表、宣传、品牌社会认知与社会贡献、品牌形象代言。

⑤ 服务方面：收银、取货、处理顾客抱怨、处理退货。

(3) 人口属性数据，包括性别、年龄、教育、职业、收入等背景资料。

(五) 数据处理和分析

(1) 回收调查问卷、编码及数据录入。

(2) 所用分析软件：SPSS。

(3) 核心结果分析方案。

(六) 顾客对服装品牌的满意度状况

(1) 不同特征的消费者在购买服装时关注价格、款式、面料、品牌各因素的程度。

(2) 消费场所对顾客满意度的影响。在对消费者的购买服装场所进行调查数据分析时，不同特征的消费者经常购买地点的百分比趋势走向。

(七) 市场调查进度安排(略)

整个项目在55个工作日内完成整体调查和报告初稿。

附：S品牌顾客满意度调查问卷

S品牌顾客满意度调查问卷

非常抱歉，耽误您一点时间，为了满足您的需要，也为了S品牌服装更好地满足消费者的需求，使S品牌的产品和服务更感贴近消费者，希望您提供您的真实想法，谢谢您的合作！

请在符合的答案选项上画“√”。

过滤问卷(节选)

1. 您是否购买过S品牌的服装？

A. 是　　B. 否(终止访问)

2. 您在3个月内是否接受过有关服装的市场调查？

A. 是(终止访问)　　B. 否

……

主体问卷(节选)

产品：

1. 您认为S品牌的服装产品的总体质量如何？

A. 很好　B. 较好　C. 一般　D. 较差　E. 很差

2. 您认为S品牌的服装款式时尚性如何？

A. 很时尚　B. 较时尚　C. 一般　D. 时尚性较差　E. 很老土，过时

……

价格：

1. 您认为S服装产品的价位如何？

A. 太高　B. 偏高　C. 适中　D. 较低　E. 很低

2. 在同等质量和服务下，S品牌服装的价格如何？

A. 太高　B. 偏高　C. 适中　D. 较低　E. 很低

……

销售渠道：

1. 您一般购买服装的场所是：

A. 大型商场超市　B. 服装专卖店

C. 小型百货店超市　D. 一般服装店批发市场

E. 地摊

2. 您购买或看到S服装的场所是：

A. 大型商场超市　B. 服装专卖店

C. 小型百货店超市　D. 一般服装店批发市场

E. 地摊

……

品牌形象：

1. 您认为S产品营业员工的服务态度如何？

A. 过于热情　B. 热情　C. 一般　D. 冷淡　E. 很冷淡

2. 您认为S营业人员的业务水平及专业知识如何？

A. 水平很高，知识丰富　B. 还比较高

C. 一般　D. 业务水平较差

E. 没有什么专业知识，水平很差

……

第六节　质量经济性评价方法

一、质量成本

（一）概述

质量成本的概念最初是由美国质量专家A.V.菲根堡姆在20世纪50年代提出来的，克劳士比在其《削减质量成本》一书中，也对质量成本进行了深入详细的阐述。我国曾于1991年12月发布了GB/T 13339—1991《质量成本管理导则》标准。质量成本的核心含义是：将产品/服务保持在规定水平上所需的费用。包括预防成本、鉴定成本、内部损失和外部损失，在某些情况下，还包括外部质量保证成本，例如，应顾客要求所进行的产品检测、认证等方面的费用等。

质量成本概念的引入，为企业高层管理者了解质量问题对企业经济效益的影响，进行质量管理决策提供了重要依据。

（二）质量成本的构成

首先需要明确的是质量成本内在的构成及其含义。质量成本的构成如图10-5所示。

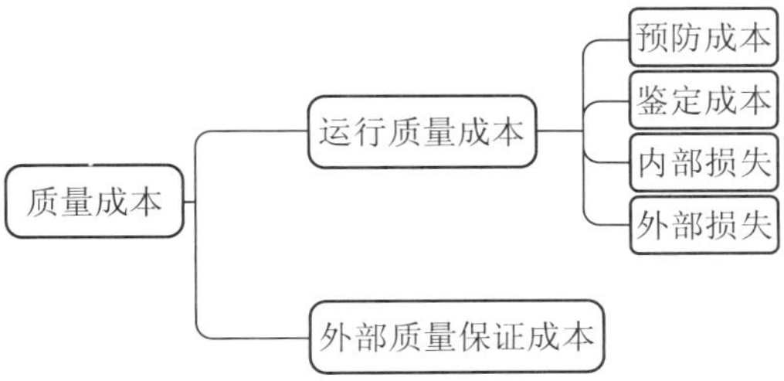

图10-5　质量成本构成

其中,运行质量成本是指企业为保证和提高产品质量而支付的一切费用,以及质量故障所造成的损失费用之和。它又分为四类,即企业内部损失成本、鉴定成本、预防成本和外部损失成本。

1. 内部损失成本

企业内部损失成本是指产品出厂前因不满足规定的质量要求而支付的费用。主要包括:废品损失费用、返修损失费用和复试复验费用、停工损失费用、处理质量缺陷费用、减产损失及产品降级损失费用等。

2. 鉴定成本

鉴定成本是指评定产品是否满足规定的质量水平所需要的费用。主要包括:进货检验费用、工序检验费用、成品检验费用、质量审核费用、保持检验和试验设备精确性的费用、试验和检验损耗费用、存货复试复验费用、质量分级费用、检验仪器折旧费以及计量工具购置费等。

3. 预防成本

预防成本是指用于预防产生不合格品与故障等所需的各种费用。主要包括:质量计划工作费用、质量教育培训费用、新产品评审费用、工序控制费用、质量改进措施费用、质量审核费用、质量管理活动费用、质量奖励费、专职质量管理人员的工资及其附加费等。

4. 外部损失成本

外部损失成本是指成品出厂后因不满足规定的质量要求,导致索赔、修理、更换或信誉损失等而支付的费用。主要包括:申诉受理费用、保修费用、退换产品的损失费用、折旧损失费用和产品责任损失费用等。

外部质量保证成本是指为用户提供所要求的客观证据所支付的费用。主要包括:

(1) 为提供特殊附加的质量保证措施、程序、数据所支付的费用。

(2) 产品的验证试验和评定的费用。

(3) 满足用户要求,进行质量体系认证所发生的费用。

质量成本内部的联系及其与总质量成本之间的关系,如图 10-6 所示。

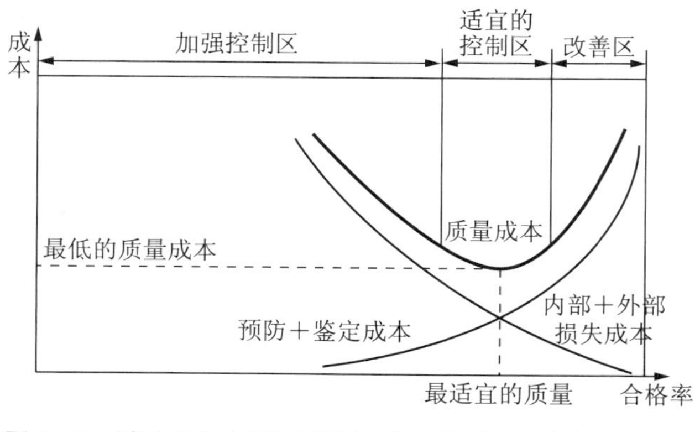

图 10-6 质量成本内部的联系及其与总质量成本之间的关系

通过对图 10-6 的分析,我们可以获得如下几个方面的基本启示:

(1) 存在一个质量成本最低的控制区域。

(2) 适度增加预防成本,可以降低内外部损失。

(3) 降低内外部损失是组织努力的方向。

(三) 质量成本的核算

由于质量成本的测算与确认属于管理会计范畴,与企业日常财务核算的口径并不完全一致,质量成本往往被涵盖于传统会计的科目里,如原材料、工资、管理费用、制造费用等,因此需要对与质量成本相关的财务会计科目当期发生额进行分析,找出其中可归属于质量成本的金额,经汇总,最后得出一定期间内质量成本的发生额及其明细。需要注意的是,有些外部损失并非以现金的方式直接体现,如品牌价值的下降、声誉口碑的降低,等等,这些可以采用合理估计的方式加以核算。

GB/T 13339—1991《质量成本管理导则》标准的附录中给出了财务会计科目归集的参考,该标准目前虽已作废,但可以起到一定的参考作用,部分示例,见表 10-9(节选)。

表 10-9　质量成本费用规范归集明细表节选

附录 A　质量成本费用范围归集明细表

(参考件)

表 A1

二级科目	三级科目	归集内容	费用开支范围	费用来源
一、预防成本	1. 质量培训费	为达到质量要求或改进产品质量的目的,提高职工的质量意识和质量管理的业务水平进行培训所支付的费用	授课人员和培训人员的有关书籍费、文具费、资料费及授课补助费	企业管理费
	2. 质量管理活动费	为推行质量管理所支付的费用和为制定质量政策、计划、目标、编制质量手册,及有关文件等一系列活动所支付的费用,以及质量管理部门的办公费	质量管理协会经费、质量管理咨询诊断费、质量奖励费、QC小组活动费、质量审核费、质量情报费、印刷费、办公费、差旅费及有关的行政费	企业管理费、专用基金、车间经费
	3. 质量改进措施费	为保证或改进产品质量所支付的费用	有关的购置设备、工艺研究、检测手段改进费。包括产品创优、整顿质量的措施费	企业管理费、车间经费
	4. 质量评审费	对本部门、本企业的产品质量审核和质量体系进行评审所支付的费用及新产品评审前进行质量评审所支付的费用	资料费、会议费、办公费及有关费用	企业管理费
	5. 工资及福利基金	从事质量管理人员工资总额及提取的职工福利基金	工资及提取的职工的福利基金	企业管理费、车间经费

(四) 某公司质量成本分析报告案例(节选)

1. 显性质量损失

20××年,事业本部显性质量损失已达到××万元,比上年净增××万元。平均单台质量成本×××元,其中质量损失达到×××元/台。

外部损失占显性质量损失的 70%。显性质量损失构成如图 10-7 所示。

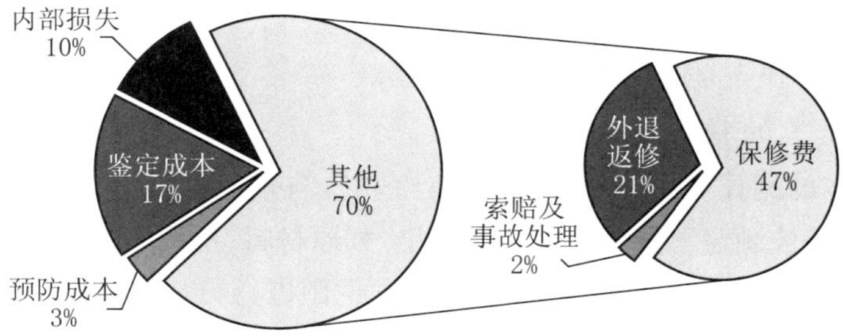

图 10-7　显性质量损失的构成

2. 隐性质量损失

隐性损失是显性质量成本的 2 倍以上——根据隐性质量成本估算模型与估量公式计算可知，××销售年度隐性质量损失合计达 x 亿元，是显性质量成本的 2 倍以上，其中顾客流失所占比例最大。

二、田口质量损失函数

（一）概述

田口玄一认为，即使是合格品（输出质量特性在用户要求的公差范围内），其输出特性的波动仍可给用户和社会造成损失，输出特性越远离其目标值，造成的损失就越大。因此，输出特性应尽量接近其目标值。田口建议用质量损失函数来度量合格品输出特性偏离目标值给用户造成的损失。

田口先生为了阐述其原理，对质量特性在一般分类的基础上作了某些调整，分为计量特性和计数特性，对于计量型特性，分为望目、望小和望大三类特性。

1. 望目特性

设目标值为 m，质量特性 y 围绕目标值 m 波动，希望波动愈小愈好，则 y 就被称为望目特性。例如，加工某一轴件图纸规定 $\phi 10 \pm 0.05$(mm)，加工的轴件的实际直径尺寸 y 就是望目特性，其目标值 $m=10$(mm)。

2. 望小特性

不取负值，希望质量特性 y 越小越好，波动越小越好，则 y 被称为望小特性。比如，测量误差，合金所含的杂质、轴件的不圆度等就属于望小特性。

3. 望大特性

不取负值，希望质量特性 y 越大越好，波动越小越好，则 y 被称为望大特性。比如，零件的强度、灯泡的寿命等均为望大特性。

（二）三类特性的质量损失函数

1. 望目特性的质量损失函数

设产品的质量特性为 y，目标值为 m。当 $y \neq m$ 时，则造成损失，$|y-m|$ 越大，损失越大。相应产品质量特性值 y 的损失为 $L(y)$，若 $L(y)$ 在 $y=m$ 处存在二阶导数，则按泰勒公式有：

$$L(y)=L(m)+\frac{L'(m)}{1!}(y-m)+\frac{L''(m)}{2!}(y-m)^2+\cdots$$

设 $y=m$ 时，$L(y)=0$，即$L(m)=0$，又因为 $L(y)$在 $y=m$ 时有极小值，所以 $L'(m)=0$，再略去二阶以上的高阶项，有：

$$L(y)=K(y-m)^2 \tag{10-1}$$

式中 $K=\dfrac{L''(m)}{2!}$是不依赖于 y 的常数。称式(10-1)表示的函数为质量损失函数，如图 10-8 所示。

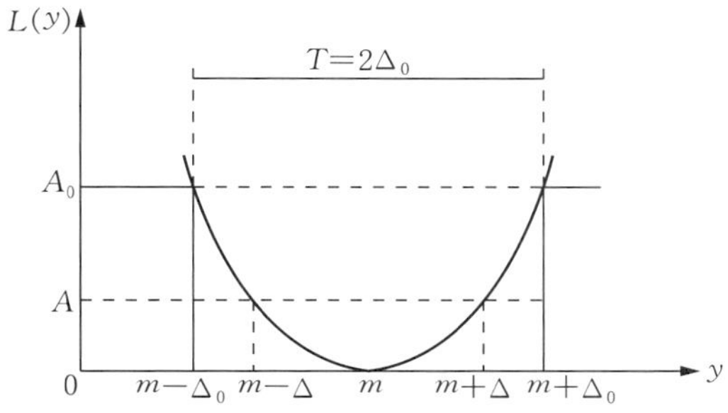

图 10-8 质量损失函数

若有 n 件产品，其质量特性值分别为 y_1，y_2，…，y_n 则此n 件产品的平均质量损失为：

$$\overline{L}(y)=K\left[\frac{1}{n}\sum_{i=1}^{n}(y_i-m)^2\right] \tag{10-2}$$

式(10-1)和式(10-2)说明，由于质量特性值波动所造成的损失与偏离目标值 m 的偏差平方或偏差均方成正比。不仅不合格会造成损失，合格品也会造成损失，质量特性值偏离目标值越远，造成的损失越大。这就是田口先生对于产品质量概念的新观点。

2. 望小特性的质量损失函数

望小特性 y 是不取负值，希望 y 越小越好且波动越小越好的特性。所以它可看作以 0 为目标值，但不能取负值的望目特性。

设 y 为望小特性，由望目特性损失函数的式(10-1)，令 $m=0$，就得到望小特性的损失函数为：

$$L(y)=Ky^2 \qquad y>0 \tag{10-3}$$

式中 K 为比例常数，$K=\dfrac{A}{\Delta^2}=\dfrac{A_0^2}{\Delta_0^2}$

$L(y)$的图形如图 10-9 所示。

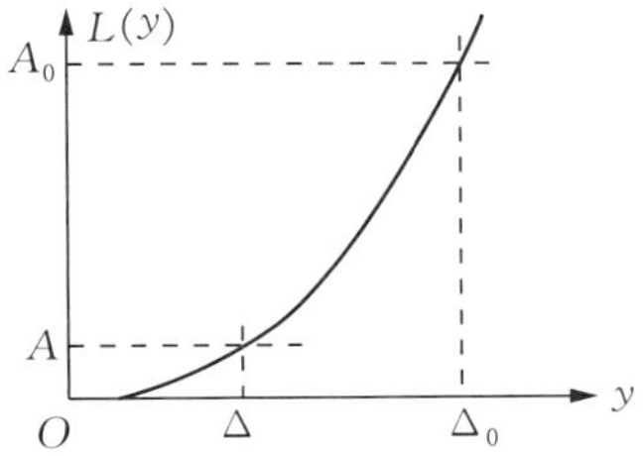

图 10-9 望小特性的损失函数

若有 n 件产品，测得望小特性值为 y_1，y_2，…，y_n，则平均质量损失为：

$$\overline{L}(y)=K\left[\frac{1}{n}\sum_{i=1}^{n}y_i^2\right] \tag{10-4}$$

3. 望大特性的质量损失函数

望大特性 y 是不取负值，希望 y 越大越好，且波动越小越好的特性。望大特性 y 的倒数$\frac{1}{y}$就是望小特性，由望小特性的损失函数式（10-3），可以得到望大特性的损失函数为：

$$L(y)=K\frac{1}{y^2} \tag{10-5}$$

式中 K 为比例常数，$K=A_0\Delta_0^2=A_0\Delta^2$

$L(y)$的图形如图 10-10 所示。

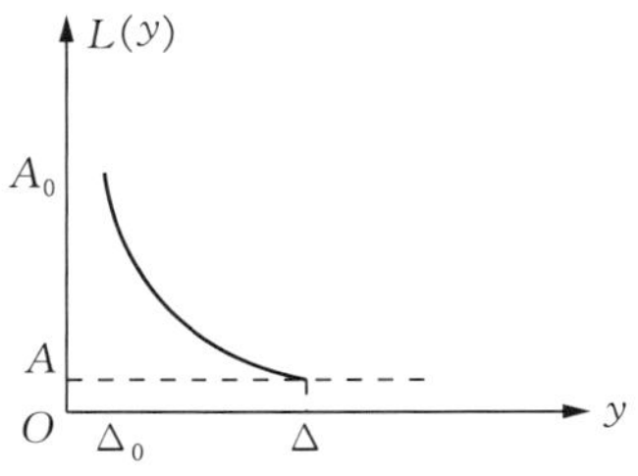

图 10-10 望大特性的损失函数

若有产品，测得望大特性值为 y_1，y_2，…，y_n，则平均质量损失为：

$$\overline{L}(y)=K\left[\frac{1}{n}\sum_{i=1}^{n}\frac{1}{y_i^2}\right] \tag{10-6}$$

本章小结

本章重点介绍与质量评价相关的概念、方法和工具，从质量的定义出发，对质量评价的内涵及其目的进行阐述。

符合性评价中包括质量管理体系审核、过程审核、产品审核，以及分层审核。质量管理体系审核方法是目前采用最为广泛的管理体系评价方法，在很多相关书籍中有详细介绍，本章没有展开，但对过程审核、产品审核和分层审核从审核的概念、特征到主要实施要点进行了介绍。

成熟度评价中介绍了三种典型的成熟度评价方法，包括克劳士比所提出的质量管理成熟度方格、基于最新版 ISO 9004:2018 标准的成熟度评价，以及已被各类质量奖的评选所广泛运用的基于 GB/T 19580 的成熟度评价方法；由于篇幅限制，本部分仅对评价的主要实施要点加以介绍，详细内容可以参考相关的标准及相关参考书。

鉴于服务业在国民经济中的重要性日渐凸显，本章对服务质量评价的典型方法 SERVQUAL 模型分析法、5GAP 模型分析法以及神秘顾客调查方法的起源、内涵、实施要点进行了介绍。

顾客满意度测量方法介绍了测评依据的标准、测评的原则及测评的过程，并对测评问卷的使用给出示例。

质量成本主要介绍了质量成本的概念，质量成本中的预防成本、鉴定成本、内部损失成本及外部损失成本的构成，以及各类成本与质量总成本的关系，对质量成本核算方法进行了介绍并对质量成本报告分别给出了应用案例。田口质量损失函数用质量损失函数来度量合格品输出特性偏离目标值给用户造成的损失，田口将质量特性分为计量特性和计数特性，将计量型特性分为望目、望小和望大三类特性，本章介绍了三类特性的计算方法。

思考题

1. 试述质量管理体系审核、过程审核、产品审核这三者之间的区别。

2. 若某一个组织充分满足了 ISO 9001:2015 标准的要求，该组织质量管理的成熟度更接近克劳士比质量管理成熟度中的哪个阶段？为什么？

3. 试述神秘顾客调查方法的优缺点。

4. 假设你要为一家物业公司设计顾客满意度调查的问卷与方法，你应该调查哪些方面，采用什么样的方法调查？

5. 试述质量成本四个方面彼此之间的关系。

第十一章 质量改进系统方法与工具

学习要点

◆ 质量改进内涵的理解及质量改进方法的分类；
◆ 约束理论的概念和步骤；
◆ 精益生产的起源、内涵、基本原则、应用的工具及实践案例；
◆ 六西格玛的起源与内涵、DMAIC 五阶段、组织、发展情况及实践案例；
◆ 8D、5Why、IS/IS NOT 分析方法、TRIZ 起源与内涵及实施要点；
◆ 最佳实践和 Lesson Learn 的内涵及实施要点，Lesson Learn 卡牌案例。

第一节　概　述

一、质量改进内涵的理解

“改进”是提升绩效的活动，是组织永恒的主题。特别在当今复杂多变的环境中，组织的经营犹如逆水行舟，只有不断寻求和实施有效提升其绩效的方式方法，才能够在激烈的竞争中生存和发展。

改进的对象可以是产品、服务，可以是过程，也可以是整个组织。改进有诸多的类型，例如，渐进式的改进、突破式的改进，有涉及全局性的系统改进，也有仅限定在局部范围内实施的改进，等等。与此同时，改进的实施也涉及诸多工具和方法，包括统计方法、项目管理方法等，改进的实施也离不开与之配套的激励政策和制度的支持。但无论如何，改进都是某种“变化”，任何组织在实施改进之前，都应该明确以下三个问题并找出答案：

（1）要改进什么。

（2）要改进成什么。

（3）如何促成改进的发生。

“改进什么”是指组织实施改进的“发力点”，是改进全部的流程、环节、产品，还是聚焦在某些特定的环节上？该如何选择这些特定的环节？这些都是需要明确的问题，因为组织的资源和时间是有限的，要决定进行改进的领域和方向。

“改进成什么”是指改进的目标，任何改进都需要有明确的目标，例如，提升某个产品的合格率、缩短某种服务等待的时间等。

“如何促成改进的发生”并非指如何实现改进，而指的是如何创造促使改进发生的环境和条件，当所需的环境和条件具备且充分时，改进的发生将是自然而然的事情。

二、质量改进方法

可以说几乎每种质量管理领域的方法与工具都可以用于质量改进，但是一个组织在改进的整体推进中，往往不是采用单一的方法，而是会涉及多种改进的工具和手段，并依据一定的模式，将各类方法嵌入。本章重点介绍系统性改进、结构化改进和改进推广三大类方法及涉及的相关工具。

（一）系统性的质量改进方法与工具

系统化理论是在共同的价值作用下相互关联的诸多因素的集合。在一定规则的引导下，实现统一协调，实现系统的长效化和效能最优。系统性的质量改进方法与工具的重点在于“系统性”，有如下两方面的含义：

1. 改进的效果具有全局性

改进并非仅限于某种局部绩效的提升，而在于整体结果的改变，这意味着此类型的方法与工具是一系列活动的组合，往往涉及组织多个流程与职能。

2. 方法与工具内部活动实施之间关联性、系统性的方法

这些方法的实施往往具有内在的关联性，即先做什么，再做什么，有着相对严格的逻辑顺序，只有这样才能达到预期的效果。这方面的方法有约束理论、精益生产等。

（二）结构化的质量改进方法与工具

结构化方法的基本思想是用系统工程的思想和工程化的方法，按用户至上的原则，结构化、模块化、自上向下地对系统进行分析和设计，结构化的质量改进方法与工具，需要遵循特定的逻辑顺序，以实现其预期目的。如六西格玛、8D、5Why 等方法。

（三）质量改进的推广工具

质量改进活动完成，实现预期结果后，还有一个方面的重要活动需要有效策划和实施，即对改进效果的固化与推广，特别是针对改进活动中所获取经验、知识的推广，能够充分实现改进活动的价值。这方面主要的方法和工具有最佳时间和 Lesson Learn。

第二节　系统性的质量改进方法与工具

本节重点介绍两种典型的系统性质量改进方法与工具——约束理论和精益生产。当然，这些方法并非仅为质量改进而开发，只是当它们被用以质量方面的绩效提升或当它们的运用引发质量方向绩效的提升时，我们将它们归为质量改进的方法和工具。

一、约束理论(TOC)

(一) 概述

约束理论(Theory of Constraints，TOC)，也译为“瓶颈理论”，或被称为制约理论，由以色列物理学家艾利·M.高德拉特(Eliyahu M. Goldratt)博士在20世纪80年代创立。约束理论(TOC)针对组织所面临的问题，提供一系列突破性解决方法，使组织在极短时间内或无需大量额外投资的情况下，达到运营和盈利上的显著改善。很多业界的专家誉之为“简单而有效的常识管理”。

TOC的核心观点是管理者应立足于组织全局，通过聚焦于对制约因素的有效管理，进而实现绩效的大幅度提升。TOC认为组织均可被视为一个系统，任何系统一定存在极少数的(往往只有一个)限制该系统产出的制约因素(否则系统就会有无限的产出)，该制约因素可能是某个设备、人员或其他因素。组织追求的应是整体绩效或系统产出的提升，而要提升整体绩效，管理者必须聚焦于对该制约因素的有效管理，因为制约因素的改善，意味着整体绩效的提升，而其他非制约因素的改善，带来的是局部绩效的提升，不会必然导致整体绩效的提升。

经过几十年的发展，TOC迄今已经发展出完善的方法体系且仍在不断的发展演进之中，为组织的运营管理、项目管理、财务管理等给出了系统的解决方案。TOC的方法体系，如图11-1所示。

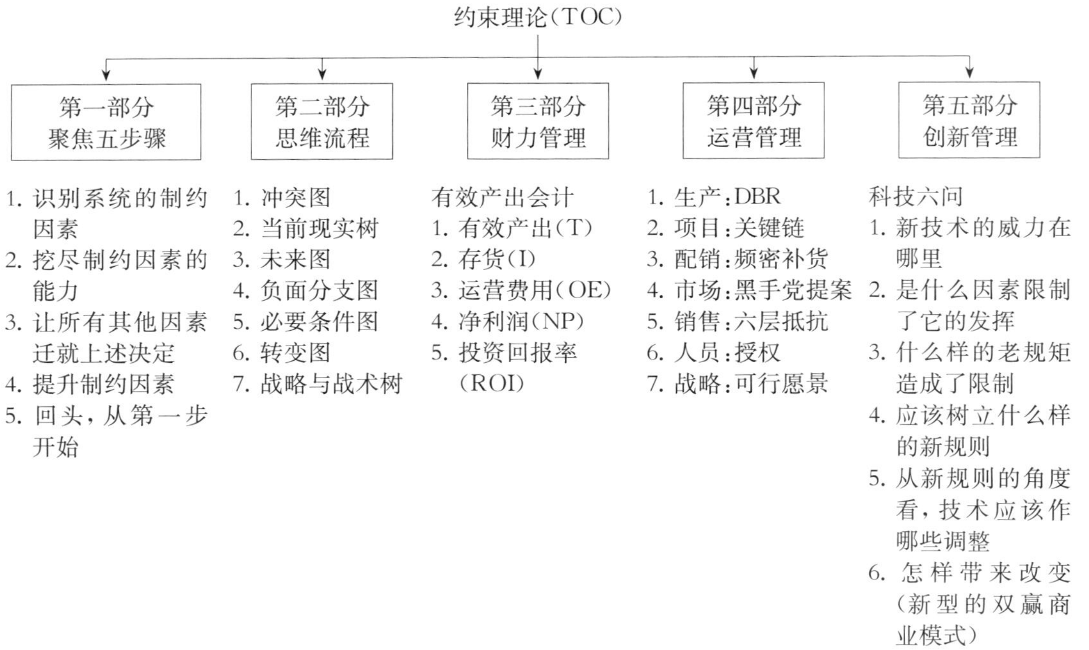

图11-1 约束理论的方法体系

(二) TOC的“聚焦五步骤”

TOC的“聚焦五步骤”方法是非常有效的改进方法。

第一步，识别系统中的制约因素。

任何改进，首先要回答的问题都是“要改进什么”，在约束理论(TOC)看来，这个问题的答案是非常明确的，那就是系统的制约因素。因为制约因素的提升意味着整体绩效的提升，追求局部的绩效是没有意义的，因此，改进活动首先要识别整个系统中的制约因素。当然，如何识别制约因素没有一定之规，但有一个相对简单有效的方法是观察当整个系统的负荷非常低的时候，哪个资源或环节仍处在非常忙碌的状态，那个资源或环节往往是制约因素。

第二步，挖尽制约因素的潜力。

识别出制约因素之后，往往第一反应是想办法解决这个因素，比如，增加设备、人手等，但约束理论（TOC）的观点是先不着急解决制约因素，而是先挖尽这个制约因素的潜力，使其发挥出自身最大的作用。例如，假设某台设备是制约因素，那么这台设备的产能相当于整个系统（工厂）的产能，挖尽这台设备的潜能就包括想办法使这台设备能够每天 24 小时运转，确保由这台设备所加工的物料是合格的。

第三步，所有其他活动服从于第二步的决定，即迁就制约因素。

该步骤的目的是确保制约因素能够在发挥其最大潜能的同时，避免资源上的浪费，因此需要其他活动都要能够迁就或者配合第二步的相关决定。迁就的实施往往会带来产出与成本双方面的优化。例如，在第二步里，决定了作为制约因素的那台设备每天 24 小时运转，而其他设备不是制约因素（产能大于该设备），因此不需要 24 小时运转，作为制约因素的那台设备需要多少就生产多少即可，在这样的操作下，生产环节会比较顺畅且不会有过多的在制品。当然，若想实现“迁就”，就可能涉及工厂原有一系列机制甚至观念上的转变，这需要管理者的决心。

第四步，升级制约因素。

若经过前述三个步骤的实施，系统的产出仍无法满足需求，此时需要做的就是提升制约因素的产能，例如，如果制约因素是某台设备，那么增加该设备的数量就是对这个制约因素的升级。当然，在这种情况下，可能会涉及一定的投资，但系统的产出将会出现大幅度的提升。

第五步，重返第一步，防止惰性成为制约因素。

第四步升级所带来的效果除了能够大幅提升系统的产出，还有一个附加效应，即原来的制约因素因为其能力的提升而不再是制约因素，那么为使组织绩效实现不断提升，应重返聚焦五步骤的第一步，从制约因素的识别开始，不断循环往复。

最后需要说明的是，高德拉特博士并没有针对质量管理领域开发出单独的解决方案或相应工具与方法。约束理论（TOC）认为，产品符合性方面的问题，往往仅是表象，其内在的原因在于组织的运营处在某种冲突之中，例如，生产系统面临的是“保产量”，还是“保质量”的冲突，或者组织的决策者面临的是“保质量”，还是“保成本”的冲突，而这些冲突都是基于一些错误的假设，当假设被移除时，产品符合性方面的问题自然就会减少或消失。

二、精益生产

（一）概述

精益生产起源于日本丰田汽车，是战后日本汽车工业遭到的“资源稀缺”和“多品种、少批量”的市场制约的产物。其核心思想可以用一个词来概括，即“流动性”。通过构建“在需要的时候，按需要的量，生产所需的产品”的拉动式生产方式，缩短从物料到产成品的时间周期，实现最大的流动性，从而有效提升企业的市场竞争力和盈利能力，因此有些管理专家也称精益生产为准时制生产方式。

实施精益生产的效果主要体现以下四个方面：

(1) 生产周期的缩短。

(2) 准时交付能力的提升。

(3) 对市场波动适应性的增强。

(4) 成本的降低。

(二) 精益生产遵循的基本原则

为实现精益生产的四个方面的效果，需要遵循以下几个基本原则，这些也可以被理解为是精益生产的主要特征。

1. 看板机制

在生产环节，由后面的工序通过看板机制向前道工序给出生产的指令，包括需要多少、何时需要的信息，这种方式不仅能够避免错误或过量的生产，也能够提升生产环节的效率。

2. 强调准时

依据顾客需求，在必要的时候生产必要数量的产品。这也是精益生产的核心理念之一。

3. 作业标准化

对生产的每个活动、内容、顺序、时间控制和结果等工作细节制订严格的规范，使作业流程稳定。

4. 努力消除浪费

努力消除过量生产、等待、搬运、库存、不当的过程(工序)、多余的动作、产品不良以及忽视员工创造力等浪费。

5. 消除问题的根本原因

针对生产中所发生的问题，都要重复地问为什么(Why)，通过这种方式，发现和消除隐藏在问题背后的根本原因。

6. 生产平衡化

包括使各生产工序的节拍尽可能保持一致，且与市场需求保持一致，目的是将需求与供应达成平衡，降低库存与生产浪费。

7. 灵活运用“人员和空间”

在流程得到不断改善的情况下，人员和空间都可以得到灵活运用，包括多功能工种的培养。

8. 自动化

这里的自动化，强调人机的最佳结合，而不是单单的用机械代替人力的自动化，自动化是让设备或系统拥有人的“智慧”。当被加工零件或产品出现不良时，设备或系统能即时判断并自动停止。“自动化”的设备或系统，可以达到两个目的：一个是不生产不良品，另一个是可以节省监控设备运行的看护人，既异常发生时的自动停机功能。

9. 弹性改变生产方式

通过快速切换、单元化生产方式等工具，减少生产的批量，提升生产线的柔性，以应对市场需求的波动。

(三) 精益生产所应用的部分方法与工具

1. 5S 与目视管理

5S 是五个日语单词的缩写，即整理(seiri)、整顿(seiton)、清扫(seiso)、清洁(seiketsu)和素养(shitsuke)。5S是创建和保持整洁高效工作场地的过程和方法,可以教育、启发员工养成良好的习惯,而目视管理可以使操作者和管理者在瞬间识别正常和异常状态,能够快速、正确地传递信息。

2. 看板管理

看板可以作为厂内生产管理信息交流的手段。看板卡片包含相当多的信息并且可以反复使用。常用的看板有两种:生产看板和运送看板。

3. 全面生产维护(TPM)

TPM是以全员参与的方式,创建设计优良的设备系统,可以提高现有设备的利用率、安全性,防止故障发生,从而使企业降低成本和全面提高生产效率。

4. 价值流图

价值流图(Value Stream Mapping)是实施精益系统、消除过程浪费的基础与关键点。

5. 生产线平衡

流水线布局不合理,导致生产工人无谓地移动,从而降低生产效率;动作安排不合理、工艺路线不合理,导致工人三番五次地拿起或放下工件。

6. 拉动式生产

拉动生产是以看板管理为手段,采用“取料制”,即后道工序根据“市场”需要进行生产,对本工序在制品短缺的量从前道工序取相同的在制品量,从而形成全过程的拉动控制系统,绝不多生产一件产品。

7. 快速切换

快速切换就是在产线切换或设备更换模具时,去除和减少所有的非增值作业,并将其转变为非停线时间,以尽可能减少停线时间的方法。

由这些工具及其之间的关联所构成的精益生产实施的整体结构图,如图11-2所示。

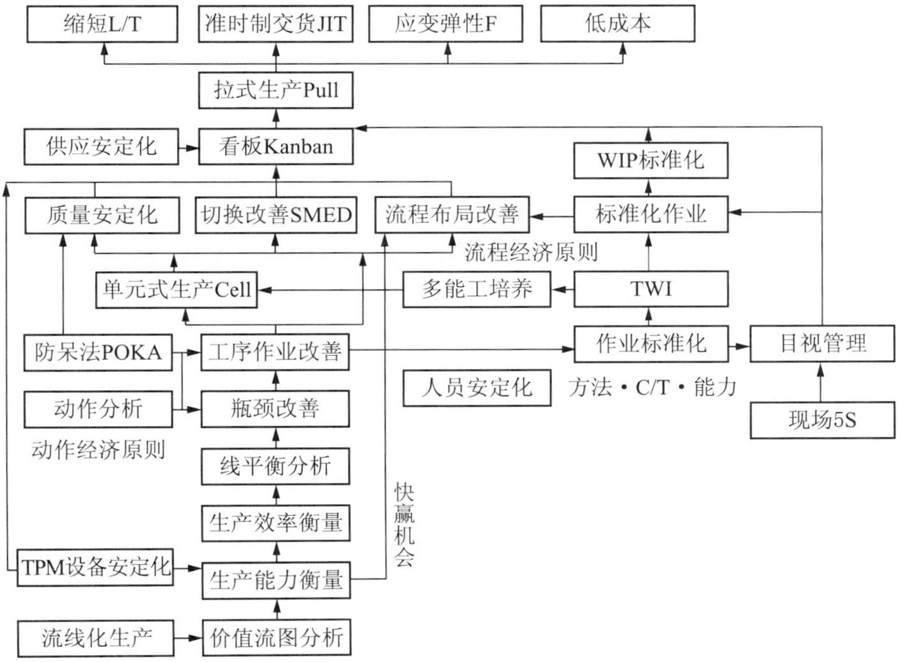

图11-2 精益生产的实施结构图

(四) 精益生产实践案例——丰田精益生产之路与日本第二次奇迹

在日式管理中,精益生产系统扮演了中心角色。丰田汽车公司是精益生产的开拓者,它把产品开发、生产和购买看作一个整体系统。通过优化这一系统,丰田汽车公司同时取得了高水平的质量、高效生产力、及时交货能力及灵活性。

精益生产的由来可以追溯到20世纪30年代丰田汽车公司的建立。丰田生产系统根植于丰田汽车缔造者丰田喜一郎对浪费的极度厌恶,20世纪30年代中期,丰田喜一郎在丰田公司的第一个工厂里贴了一条标语,要求"精益生产"。他解释道:"我所说的'精益生产'并不仅仅指干事情要准时,我是说在数量上必须做到绝对精确。例如,生产不能超额,超额就意味着浪费。"在30年代末设计另一新工厂时,他力求体现自己的设想,命令把零件仓库保持在最低水平,并指示工程师开发能够灵活完成多种不同任务的机器,并且要求机器的配置必须便于工作流程的顺利进行。

丰田喜一郎的许多想法都在战后被日本生产天才大野耐一变成了现实。20世纪40年代后期,当时丰田汽车的生产总监大野耐一采用福特公司的管理方法,如生产标准化和一个使工人成长为多技能工作者的工艺型系统。这一混合系统被丰田汽车公司不断完善,并为当时许多其他日本公司所采用。

大野耐一本来在本田纺织公司工作,1943年丰田汽车公司兼并本田纺织公司时,他转到丰田汽车公司工作。他此前对汽车制造业一无所知,但局外人的视角使他发现了丰田公司汽车厂中的一些效率问题。与丰田喜一郎不同,他没受过大学教育,但与丰田喜一郎一样痛恨浪费现象并且善于发现冗余、低效的做法。

大野耐一根据自己在纺织业中的经历提炼出丰田生产系统的两大支柱之一:自动。在棉纱用尽或遇到其他问题时,丰田自动织机可立即停止运行。第二大支柱与库储储备有关。大野耐一于20世纪40年代末创造出来的这个支柱相当于20世纪30年代丰田喜一郎的"精益生产"思想的复活和实施。

第二次世界大战战后不久,大野耐一从阅读中了解到,美国的超级市场只有在某一货物售出之后才补充进货;他想,这与只有当生产线上的下一站需要零件时工人才应该提供零件道理是一样的。但这个想法却与主流生产系统相左,主流生产系统希望工人生产越快越好,必要时甚至可以把零件堆在下一站的面前。

为了实现新的生产系统,大野耐一使用了一种叫传票卡的工具,传票卡其实是一张卡片,上书所需部件的型号和数量,如果某位工人认为需要更多的部件,他就把卡片递给负责生产该部件的那一站,只有在这个时候,相关人员才能把所需部件组装起来。

1953年,大野耐一成为丰田汽车公司的生产总经理,在这个职位上,他得以在总汽车生产线上试验自己的想法。

1955年,他授予生产线上的工人在出现问题时停止生产线的权力,这在几十年来的世界汽车制造业的传统做法中是个巨变。后来,他又得到丰田英二的鼎力支持,他的想法得以在丰田汽车公司全面推广。到1963年,丰田汽车公司的所有工厂都采用了丰田生产系统,到20世纪60年代中期,丰田的所有一级供应商都被纳入丰田公司生产流程。1973年的世界性石油危机过后,丰田要求所有供应商,不仅仅是一级供应商,都采用丰田生产系统。

在1973年的石油危机前，日本汽车在美国汽车市场上并没有什么影响，但已显露出能够成为竞争威胁的迹象。1964年，丰田汽车公司恢复了对美国的汽车出口，在随后的三年里出口量翻了10倍，达3.9万辆。1967年，美国成为丰田公司的最大出口市场。1975年，丰田取代大众，成为美国最畅销的进口品牌。

1979年的第二次石油危机后，日本汽车在美国的销量迅速飙升。进入20世纪80年代以后，从日本进口的汽车占美国市场销售的所有汽车的20%。更令人吃惊的是，日本汽车占美国进口车总量的67%。1980年，丰田公司在美国市场上销售出70万辆汽车，是其1970年销售额的3.5倍。与此同时，美国本国汽车三巨头在1980年全部亏本。这是1921年后通用汽车公司第一次亏本，而克莱斯勒公司依靠政府的贷款担保才摆脱了困境。更为重要的是，日本于1980年一举超过美国而成为世界上最大的汽车生产国。正如20世纪30年代的纺织业一样，日本人从默默无闻一跃成为世界领袖。丰田家族又一次在这次日本经济奇迹中发挥了关键作用。

（案例来源：邱恒明.丰田精益生产与日本第二次奇迹[J].中国对外贸易，2015(2).）

第三节　结构化的质量改进方法与工具

结构化的质量改进方法与工具典型的有六西格玛、8D、5Why分析法等。

一、六西格玛

（一）概述

六西格玛是20世纪80年代，由美国摩托罗拉公司所开发的质量改进方法，其源于统计原理，是一套系统的、集成的业务改进方法体系，旨在通过严谨的流程和科学的方法实现组织业务流程突破性改进和设计创新，减少变异，消除浪费，提高质量和效率，提升顾客和利益相关方满意的系统化、结构化的业务改进与创新模式。

六西格玛管理在杰克·韦尔奇的推动下，在通用电气公司获得巨大成功，成为该公司提高企业业绩与竞争力的核心管理模式之一。而戴尔、西门子等众多跨国企业多年的实践也证明，六西格玛管理是卓有成效的，能够在提升顾客价值、减少流程波动、降低企业运营成本等方面发挥重要的作用。

（二）六西格玛改进的DMAIC五阶段

六西格玛是以改进项目的形式进行的，每个六西格玛改进项目的实施，都遵循严谨的逻辑顺序，共计为五个阶段，即定义（define）、测量（measure）、分析（analyze）、改进（improve）和控制（control），也被称为DMAIC循环，DMAIC每个阶段都有其特定的目的，且每个阶段的输出是下一个阶段所需的必要输入。同时，每个阶段的实施都会用到特定的一些工具与方法。

1. 定义阶段(D)

定义阶段是六西格玛改进项目的策划与启动阶段，主要涉及界定项目的范围、项目的目标、项目实施团队以及项目实施计划安排等方面的内容。

2. 测量阶段(M)

测量阶段是在项目得到确定后，对拟改进对象(项目 Y)当前的表现水平(也被称为流程基线)加以确定，一般用过程能力或 PPM 等指标来表征，同时验证对项目 Y 的测量系统的可接受性。该阶段的目的是确定当前的水平，从而为后续改进程度的衡量打下基础。

3. 分析阶段(A)

分析阶段是六西格玛改进项目尤为关键的一个阶段，在该阶段，项目团队需要根据项目 Y 和那些潜在影响因素 X 的数据类型，通过搜集数据，运用相应的统计方法，如方差分析、回归分析等，确定起到主要影响作用的关键的少数 X。该阶段也是六西格玛改进项目中，运用工具最多的阶段。

4. 改进阶段(I)

当起到主要影响作用的少数 X 得到确定后，在改进阶段，主要的任务是寻找到这些 X 的优化设定，以尽可能得到最佳的项目 Y。在这个阶段，一般可能会用到实验设计(DOE)这样的方法或工具。

5. 控制阶段(C)

当主要影响因素 X 的优化设定明确，且项目 Y 的最佳水平已获得后，后续所需的活动自然是如何巩固和推广所获得的成果，这是控制阶段的主要任务，在这个阶段可能会涉及相关作业文件的制订或修订、统计过程控制等一系列活动。

(三) 六西格玛推进的组织

在应用六西格玛的组织中，需要有特定的角色来管理和实施六西格玛改进项目，这些角色如图 11-3 所示。

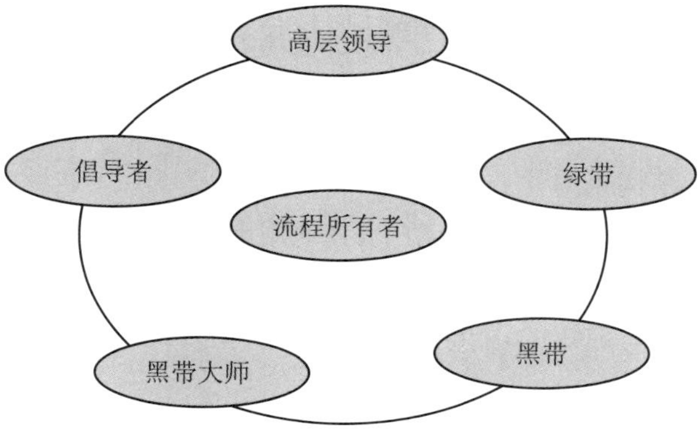

图 11-3 六西格玛中的角色

这些角色的主要作用如下：

(1) 高层领导：类似质量管理体系中的最高管理者，主要负责提供资源，明确六西格玛活动的定位和战略方向。

(2) 倡导者：类似质量管理体系中的管理者代表，是六西格玛活动的主要管理者，负责项目立项审批、实施中的沟通协调等。

(3) 黑带:是组织中实施六西格玛改进项目的中坚力量,一般是专职实施改进项目、拥有相对丰富的六西格玛专业知识和项目管理经验的人员。

(4) 绿带:具备一定程度的六西格玛专业知识,一般是兼职实施或参与黑带主持的改进项目的人员。

(5) 黑带大师:具有非常丰富的六西格玛专业知识和项目管理经验,能够培养、指导黑带的项目实施工作的人员。

(6) 流程所有者:六西格玛项目实施所涉及的流程负责人,在项目实施过程中起到重要的支持作用。

(四) 六西格玛的发展情况

时至今日,六西格玛管理在传统的流程改进基础上,有了一些新的发展领域,包括与精益生产相结合,产生了精益六西格玛;在产品的设计开发领域,有六西格玛设计(DFSS)等,随着六西格玛管理在企业界的不断推广和运用,六西格玛管理的价值将不断体现。我国于2018年3月发布了GB/T 36077—2018《六西格玛管理评价准则》,为我国企业在标准化方面实施六西格玛管理起到了有力推动的作用。

(五) 应用六西格玛方法解决喷漆消耗增加问题——来自福特团队的案例

1. 案例背景

福特汽车公司总部设在美国密歇根州迪尔伯恩市,在全球拥有62家生产工厂,业务涉及汽车和卡车的设计、研发、制造和相关服务,也在维修和汽车配件领域提供服务和相关产品。位于德国萨尔路易斯的汽车运营中心是福特公司在国外的生产基地之一,于1970年投入运营,是福特福克斯车型在欧洲的唯一制造工厂,同时生产Kuga车型。该工厂拥有员工6 500人,实行三班倒制,日产能约1 850辆汽车。

2009年,公司进行了常规指标的评审,福克斯和Kuga车型的车身油漆消耗量被标为红色数据,引起了工厂管理人员的注意。评审以往数据,显示之前的底漆消耗量数据为3.74千克/单位,而当前底漆的消耗量为4.18千克/单位。车身底漆的消耗量增加了,这不仅使得生产成本增加,也增加了溶剂消耗量,导致挥发性有机化合物(VOC)的排放量增加。

在发现需要改进之处后,公司管理人员选择六西格玛工具来解决问题,把该改进项目定为六西格玛黑带项目,这也符合了福特重视“团队高效工作”的策略。

该项目于2009年10月启动。工厂数千名员工中有50多名六西格玛黑带和400多名六西格玛绿带,这为选拔实施项目的质量团队成员提供了坚实的基础。团队领导人马丁·费舍尔是六西格玛黑带,他根据候选人的以下条件来选择项目团队成员:职责、专业知识、负责的工序、沟通技巧和候选人在团队中的互动能力,也根据项目开发、规划、实施和后续工作的需要来选择团队成员。结果来自生产部、维修部、质量部、制造工程部以及供应商的12名成员构成了跨职能团队。

2. 界定

通过应用界定—测量—分析—改进—控制(DMAIC)方法,团队使用供方—输入—过程—输出—顾客(SIPOC)分析方法来确定项目的利益相关方。这种分析方法产生了三个分组:内部客户组、外部客户组、和兼有内部与外部客户的混合客户组。混合客户组不但包括购买汽车的外部客户，还包括如流程负责人的内部顾客。

该项目包括以下三个目标：

（1）降低成本：减少喷漆的消耗量，从而降低生产成本。

（2）提高客户满意度：提高生产过程能力指数，更好地满足顾客需求。

（3）减少对环境的影响：降低溶剂的消耗量，降低挥发性有机化合物的排放。

福特的每个六西格玛黑带项目都以建立标准的项目章程开始，章程内容涉及对项目目标可能产生的影响程度进行评价。该团队根据组织目标和测量指标来预测对组织目标产生的影响。他们认为：降低成本所产生的影响程度很高，每年可以节约 150 万美元；减小百分之 12.7 的缺陷率，可以提升客户满意度；每年降低 5 万千克挥发性有机化合物的排放量，可以改善对环境产生的影响。

3. 测量

表 11-1 中列出了测量环节所使用的多个工具。

表 11-1　测量阶段的主要工具

工具方法	绘制价值流图	头脑风暴法	因果图	统计数据分析	趋势分析
方　式	把油漆使用情况可视化，并把应用设备可视化	自由产生想法	列出头脑风暴法讨论的所有潜在原因	数据搜集和分析	评审油漆的消耗数据来探查历史情况
使用者	客户、生产者、维修者	所有利益相关方	所有利益相关方	需要维修服务的客户和生产管理人员	供应商、最终检验人员、生产者
原　因	用精益生产工具来了解工艺流程	帮助项目团队产生尽可能多的想法	帮助项目团队考虑可能引发问题的所有原因	搜集数据和选择合适的分析方法	展示历史数据来确定相关特性

例如，绘制价值流图作为一个可视化工具，帮助团队了解物料的流动和油漆使用过程。应用统计测量方法来筛选、评价和获取对项目有用的数据。通过头脑风暴法评估所有潜在原因，使用因果图来分析油漆消耗问题的根本原因。下一步工作是建立数据搜集计划，通过聚焦以下六个关键因素来缩小潜在的根本原因范围。这六个关键因素分别为：

（1）每日底漆消耗量。是否与时间或班次有关联。

（2）漆膜厚度。厚度是否增加，如果增加，那么要分析原因。

（3）每台机器（自动喷漆机）的喷漆消耗量。消耗量是否有区别，如果有，是什么原因。

（4）每个油漆工的油漆消耗量。监测消耗量，来检查过程能力指数。

（5）首次合格率。首次合格率低表明需要更多的修补工作，因而导致消耗更多的底漆。

（6）应用设备。检查是否损坏或技术问题。

4. 分析

六西格玛团队实施“5 个为什么”分析法，并对潜在的根本原因进行检验。结果表明上述第一、二、四和第五个因素的影响不明显。而第三个因素——每台机器的喷漆消耗量，尤其是汽车后背门的喷漆机的油漆消耗量增加。通过对第六个因素——应用设备的测试，团队发现了受损的溶剂回收阀门。其他测试还发现，有缺陷的溶剂回收阀门导致了油漆直接从换色器流向回收槽，从而增加了油漆消耗量。正常情况下溶剂回收阀门只在清洗流程中开启，以便清洗溶剂流向回收槽。

5. 改进

团队针对两个潜在的根本原因，利用各种工具来开发解决方案，建立改进措施。采用价值流图和标杆对比有助于寻求阀门监测解决方案。此外，团队检查价值流图时发现，可以变自动化工序为手动方式来喷涂后背门。通过研究和与供应商讨论，团队成员意识到升级应用静电喷漆过程，能让喷涂过程更高效。

选定解决方案后，团队明晰了项目总体目标——提升客户满意度，降低成本，以及减少挥发性有机化合物的排放。

基于分析阶段的结果，团队确定了针对有缺陷的溶剂回收阀门的四个可行的改进活动：用不锈钢阀门代替塑料阀门；建立一个阀门自动检测修复系统；对阀门进行周检；消除溶剂回收工序。

为选定最终的改进活动，团队使用几种主要方法：利用测试来评估不锈钢阀门和塑料阀门；应用先进的技术研发阀门自动检测修复系统；通过头脑风暴法集体讨论和绘制价值流图来评定阀门周检的效果及消除溶剂回收工序的可行性。

团队进行检验，来比较溶剂回收过程中塑料阀门和不锈钢阀门的耐久性，发现不锈钢阀门的耐久性比塑料阀门高 48%。通过集体讨论，分析过程关键环节的价值流图，决定在阀门缺陷率上升到 5%之前就应调换关键阀门。团队通过耐久性测试，确定不同阀门达到 5%缺陷率所需的时间。

检验结果显示将塑料阀门换成不锈钢阀门，既快速、成本又低，工序性能提升了 45%。测试也显示阀门自动检测系统具有不错的性价比，是一种有效的防错装置。鉴于实施阀门的周检成本太高，而且消除溶剂回收工序不符合公司的环境标准要求，因此没有采用这两种解决方案。

针对后背门的喷漆机方面的问题，团队提出了三种可行的解决方法：研发一种新型的清洗程序；将喷涂方式由自动改为手动；升级应用静电喷漆。

测试主要集中在改进现有的清洗程序，把自动改为手动喷漆前后的油漆消耗量进行对比。团队还对升级应用静电喷漆程序进行了成本—效益分析。结果显示应用新的清洗程序前后，并没有太大的差别。但对内部喷涂而言，将其转换成手动方式，预计能够使福特公司节省每单位 0.28 千克的油漆。团队也认为公司升级应用静电喷漆系统的性价比并不高。

确定了解决方案后，团队建立一个三步实施方案如下：

(1) 思考，策划好所有必需的实施活动。

(2) 行动，执行解决方案。

(3) 控制，检查是否正确执行了解决方案。

项目中另一个关键要素是化解利益相关方对解决方案的抵触。这可以通过建立与利益相关方的良好关系，提供信息资料和培训，与利益相关方进行讨论等方式实现。

执行解决方案后，团队实现了每年降低 150 万美元成本的项目预期目标，实际达到了每年降低 200 万美元，见表 11-2。底漆的消耗量从每单位 4.18 千克降至每单位 3.3 千克。

表 11-2 项目实施结果

计　划	目　标	结　果
降低成本	每年降低 150 万美元	每年降低 200 万美元
减少缺陷率	缺陷率降低 127 000 ppm	缺陷率降低 129 000 ppm
减少对环境的影响	每年产生的挥发性有机化合物降低 50 000 kg	每年产生的挥发性有机化合物降低 70 000 kg

6. 控制

新的监测系统和标准运营程序对于工厂维持项目所获的成果至关重要。这个系统实时显示了四个喷漆室具体的油漆消耗量。工厂所有的标准运营程序都是工厂 ISO 9001 质量管理体系的一部分，也是常规审核的部分内容，有助于保证油漆的消耗量保持在规定范围内。总结团队项目的成功归功于较好地应用了六西格玛方法（如：DMAIC）以及良好的团队合作。除了有形的成效，该项目还产生了令人印象深刻的无形成效，包括通过监控系统更全面地掌握工序运作情况，充实了员工的工作，提高了维修工人的士气。

由于该项目取得的良好成效，福特全球六西格玛组织提名该团队申报美国质量协会的国际卓越团队奖（ITEA）。该项目赢得了参加决赛的荣誉资格，团队成员在 2011 年美国质量协会举办的世界质量和改进大会上发表了演讲，介绍了项目成果，展示了团队的力量和整体竞争力。

（案例来源：杜比，璎珊.应用六西格玛方法解决喷漆消耗增加问题——来自福特团队的案例[J].上海质量，2012(5)，有改动）

二、团队导向问题解决法（8D）

（一）起源与内涵

8D 又称团队导向问题解决法，是一种结构化的、利用团队分析问题和解决问题的方法。8D 中的“D”是“Disciplines”的首字母，可以理解为“步骤、方面”的意思。1987 年，福特汽车公司首次正式提出了该方法，并将其广泛运用于自身及其供应链相关问题的解决，现今，8D 方法已成为汽车行业通行的分析和解决问题的方法。

（二）实施方法

8D 方法的实施时机一般是在发现质量问题或顾客投诉之后。虽然 8D 字面的含义是八个步骤，但实际在实施时为九个步骤，具体步骤及其内容如下：

(1) D0：反应措施。

目的：判断所发生的问题是否适合用 8D 方法来解决。若问题比较小或原因很明确，则可以直接采取措施，而不必运用 8D 这种结构化的方法。

关键要点：判断问题的类型、大小、影响范围等。

(2) D1：成立小组。

目的：成立 8D 小组，指定组长。小组成员具备与问题相关的专业知识，有充分的时间和授权，同时，小组成员应具备解决问题和实施纠正措施的能力。

关键要点：成员资格与能力，具备相关专业知识，工作的目标、成员的分工、工作的程序等。

（3）D2：问题描述。

目的：用量化的术语详细说明与该问题有关的内/外部顾客抱怨，如发生了什么问题、问题发生的地点、时间、程度、频率等。

典型的方法：5W3H。

关键要点：搜集和组织所有有关数据以说明问题，将复杂问题细分为单个问题并与顾客取得一致的意见。

（4）D3：实施并验证临时措施。

目的：保证在永久纠正措施实施前，将问题与内外部顾客隔离。

典型方法：FMEA、DOE、PPM。

关键要点：找出和选择最佳的“临时抑制措施”并作好记录。

（5）D4：确定并验证根本原因。

目的：用统计工具列出可以用来解释问题起因的所有潜在原因，将问题说明中提到的造成偏差的一系列事件相互隔离测试并确定产生问题的根本原因。

典型方法：FMEA、PPM、DOE、控制图、5Why 法。

关键要点：评估可能原因列表中的每一个原因，进行验证。

（6）D5：选择并验证永久纠正措施。

目的：对方案进行评审以确定所选的纠正措施的确能够解决问题，同时对其他过程不会有不良影响。

典型方法：FMEA。

关键要点：选择最佳措施，如必要则重新选择并对措施效果进行验证。

（7）D6：实施永久纠正措施。

目的：制订一个实施永久措施的计划，确定过程控制的方法并纳入文件，以确保根本原因的消除。在生产中应用该措施时应监督其长期效果。

典型方法：防错、统计过程控制。

关键要点：执行永久纠正措施。

（8）D7：预防再发生。

目的：修改现有的管理体系文件、操作系统、工作惯例等，以防止同一问题以及类似问题重复发生。

关键要点：选择预防性措施并验证有效性。

（9）D8：小组祝贺。

目的：认可小组的集体努力，对小组工作进行总结并祝贺。

关键要点：有选择的保留重要文档，对小组解决问题做出的贡献给予必要的物质、精神奖励。

三、5Why 分析法

（一）起源与内涵

5Why 分析法，又称“5 问法”，最初由丰田佐吉提出，目前，在丰田汽车及其他行业已得到广泛的运用。5Why 分析法也就是对同一个问题连续以五个“为什么”来进行深入探讨，以追究其根本原因。当然，在实际使用时，也并非仅限定于五次问为什么的探讨，核心目的是从结果着手，沿着因果关系链条，找到根本原因。

完整的 5Why 分析，一般从三个层面来进行：

(1) 问题为什么会发生。

(2) 为什么没有被发现。

(3) 为什么没有从体系上实现预防。

经过对上述每个层面连续五次或更多次的询问探讨，得出最终有关深层次根本原因的结论。

(二) 应用 5Why 需遵循的基本原则

在利用 5Why 进行根本原因分析时，需要注意以下三个基本原则：

(1) 回答的理由是受控的，即对每个“为什么”的回答应基于实际，而不能简单将原因诉诸于类似不可抗力方面的因素。

(2) 询问和回答是在限定的一定的流程范围内，而非没有边际的猜测。

(3) 从回答的结果中，能够找到采取措施的方向，而非抱怨或指责。

四、IS/ IS NOT 分析方法

(一) 起源与内涵

IS/IS NOT 分析方法原本是福特汽车用于 8D 中的一个工具，该工具应用高度结构化和逻辑性的思维流程，识别问题产生的原因，是一个非常强大的分析工具。

“IS/IS NOT 分析”分析的原理是，任何问题都是对原有状况的某种“偏离”，这种偏离一定发生在被发现之前，且任何问题的发生，背后一定存在着某种原因。

(二) 分析步骤

基于 IS/IS NOT 分析原理，应用该方法寻找问题原因的七个步骤，如图 11-4 所示。

描述问题 → IS/IS NOT 分析 → 差异分析 → 变化分析 → 制定对策 → 实施与验证 → 总结与推广

图 11-4　IS/IS NOT 分析步骤

1. 描述问题

对问题加以清晰界定，这是 IS/IS NOT 分析的起点，一般以 5W2H 的方式来进行问题的描述，即：

(1) 谁(who)：谁在抱怨。

(2) 什么(what)：适当且精确识别发生了什么。

(3) 何时(when)：问题何时开始发生。

(4) 何处(where)：在何处/哪个部位发生。

(5) 为什么(why)：已知的解释是什么。

(6) 如何(how)：在什么情况下发生的问题。

(7) 程度(多少)(how many/how much)：问题的程度/数量。

一个应用示例，见表 11-3。

表 11-3　IS/IS NOT 步骤 1 示例

方　面	描　　述
发生了什么 what	1 号滤油机漏油
地点 where	在滤油厂东北角落发现
	出渣槽
时间 when	3 天前
	持续发生，在各工作班次内都有发生
	换班后，油料一进入滤油机时，就会发生
广度(程度) how much/how many	每班漏损 5—10 加仑油
	只有 1 号机组

2. IS/IS NOT 分析

对步骤 1 中 5W2H 中的每一个方面，从“IS”“IS NOT”这两个角度进行分析。”IS”是客观发生的事实，即 5W2H 中的描述，而“IS NOT”是在 5W2H 的每一个方面，可能发生却未发生的情况，例如，某工厂，共有 5 台相同的设备，其中 1 号机器发生了漏油的问题，那么对应的分析是 IS：1 号机器漏油；IS NOT：2—5 号机器漏油，即 1 号机器发生了漏油，而不是与之相同的 2—5 号机器漏油，示例见表 11-4。

表 11-4　IS/IS NOT 分析步骤 2 示例

方面	IS	IS NOT
发生了什么 what	1 号滤油机漏油	“可能发生却未发生”：2—5 号
地点 where	在滤油厂东北角落发现	“可能发生而未发生”：滤油厂其他地方
	在出渣槽发现	“可能发生而未发生”：关闭阀、管路、锁紧装置等
时间 when	3 天前	“可能发生而未发生”：早于 3 天前
	持续发生，在各工作班次内都有发生	“可能发生而未发生”：机组未运转时
	在换班后，油料一进入滤油机时，就会发生	“可能发生而未发生”：油料进入滤油机前
广度 how much/how many	每班漏损 5—10 千克油	“可能发生而未发生”：少于 5 千克或多于 10 千克
	只有 1 号机组	“可能发生而未发生”：2—5 号滤油机

3. 差异分析

从步骤 2 直观地察觉，相同的机器，却只有 1 号机器发生了漏油，这意味着 1 号机器一定与 2—5 号机器之间有什么不同之处。步骤 3 就是逐一识别步骤 2 中对 5W2H 中每一个分析的不同之处，例如，1 号机器与其他机器的区别是密封垫不同，示例见表 11-5。

表 11-5　IS/IS NOT 分析步骤 3 示例

方面	IS	IS NOT	有何特异之处(有何不同?)
发生了什么 what	1 号滤油机漏油	“可能发生而未发生”：2—5 号机组	1 号滤油机与 2—5 号滤油机比较起来，有何不同? 1 号滤油机的垫片为方角形，其他四部机组是圆角形垫片
地点 where	在滤油厂东北角落发现	“可能发生而未发生”：滤油厂其他地方	滤油厂东北角与其他角落有何不同? 此地点最靠近水帮浦，使一号滤油机比其他四部机组受到更大的震动
	在出渣槽发现	“可能发生而未发生”：关闭阀、管路、锁紧装置等	出渣槽与关闭阀、管路、锁紧装置等相比，有何不同? 出渣槽在每日换班时，必须予以打开后，再锁紧
时间 when	3 天前	“可能发生而未发生”：早于 3 天前	3 天前换班与在此之前相比，有何不同? 3 天前换班之前，厂内才刚做过一次每月保养检查
	持续发生，在各工作班次内都有发生	“可能发生而未发生”：机组未运转时	各班作业时间内持续漏油，与机组不运时即不漏油之比较，有何不同? 只有机组在运转中时，油才会在压力下，流过机组内部
	在换班后，油料一进入滤油机时，就会发生	“可能发生而未发生”：油料进入滤油机前	换班开始时刻与其后作业的时段比较，有何不同? 油第一次在压力下进入滤油机
广度 how much/ how many	每班漏损 5—10 千克油	“可能发生而未发生”：少于 5 千克或多于 10 千克	每班漏 5—10 千克，与漏油 5 千克以下或 10 千克以上之比较，有何不同 (没有资料，尚未注意到)
	只有 1 号机组	“可能发生而未发生”：2—5 号滤油机	1 号滤油机与 2—5 号滤油机比较起来，有何不同? 1 号滤油机的垫片为方角形，其他四部机组是圆角形垫片

4. 变化分析

经过步骤 3，识别出了差异，导致问题发生的原因就存在于这些差异之中。第四步就是识别这些差异是何时产生的，要寻找出产生的时间恰恰在问题发生之前，该差异往往是导致这个问题的原因。背后的逻辑是，如果某个差异是原因，那么当这个差异产生/存在时，这个问题就应该出现，很明显，那些一直以来就存在的差异不可能是这个问题的原因，否则这个问题早早就会发生。同时，那些在问题出现之后才产生的差异更不可能是造成这个问题的原因。在本示例中，垫片的更换可能是导致问题发生的原因，见表 11-6。

表 11-6 IS/IS NOT 分析步骤 4 示例

方面	IS	IS NOT	有何特异之处(有何不同?)	有何变化
发生了什么 what	1 号滤油机漏油	“可能发生却未发生”:2—5 号机组	1 号滤油机与 2—5 号滤油机比较起来,有何不同? 1 号滤油机的垫片为方角形,其他四部机组是圆角形垫片	方角的垫片是一种新型的垫片,它是 3 天前每月保养检查时第一次安装的
地点 where	在滤油厂东北角落发现	“可能发生而未发生”:滤油厂其他地方	滤油厂东北角与其他角落有何不同? 此地点最靠近水帮浦,使一号滤油机比其他四部机组受到更大的震动	没有变化,地点及震动程度,多年来一直都是一样的
	在出渣槽发现	“可能发生而未发生”:关闭阀、管路、锁紧装置等	出渣槽与关闭阀、管路、锁紧装置等相比,有何不同? 出渣槽在每日换班时,必须予以打开后,再锁紧	没有变化,多年来每次换班时都要清洗滤油机,并重新摸索
时间 when	3 天前	“可能发生而未发生”:3 天前	3 天前换班与在此之前相比,有何不同? 3 天前换班之前,厂内才刚做过一次每月保养检查	新型的方角垫片,3 天前才第一次装上去(如上所述)
	持续发生,在各工作班次内都有发生	“可能发生而未发生”:机组未运转时	各班作业时间内持续漏油,与机组不运转即不漏油之比较,有何不同? 只有机组在运转中时,油才会在压力下流过机组内部	没变化
	在换班后,油料一进入滤油机时,就会发生	“可能发生而未发生”:油料进入滤油机前	换班开始时刻与其后作业的时段比较,有何不同? 油第一次在压力下进入滤油机	没变化
广度 how much/how many	每班漏损五到十公斤油	“可能发生而未发生”:少于 5 千克或多于 10 千克	每班漏 5—10 千克,与漏油 5 千克以下或 10 千克以上之比较,有何不同 (没有资料,尚未注意到)	不适用
	只有 1 号机组	“可能发生而未发生”:2—5 号滤油机	1 号滤油机与 2—5 号滤油机比较起来,有何不同? 1 号滤油机的垫片为方角形,其他四部机组是圆角形垫片	

当原因锁定之后,剩下的事情是对原因进行验证,并采取应对措施,对措施效果进行验证,以及对经验进行总结与推广,这方面的内容本节不再详细展开。

IS/IS NOT 分析法是基于缜密的逻辑分析和结构化的分析流程,不断排除和锁定导致问题的原因。

五、TRIZ

TRIZ(TRIZ 是拉丁语字首字母缩写,按字面意思翻译过来就是创造式解决问题的方法)。TRIZ 由苏联学者根里奇·阿奇舒勒及他的同事于 1946 年最先提出,最初是通过对近 20 万份专利申请的深入研究,从中归纳和总结出解决发明问题的基本方法,而这些方法可以普遍适用于新出现的发明问题,从而协助人们获得这些发明问题的最有效的解。根里奇·阿奇舒勒和他的TRIZ研究机构50多年来提出了TRIZ系列的多种工具，如冲突矩阵、76标准解答、ARIZ、AFD、物质—场分析、ISQ、DE、8种演化类型、科学效应等。

TRIZ理论认为，现实世界可以用参数来表述，共计48个参数，见表11-7。

表11-7　TRIZ参数表部分示例

1. 运动物体的重量	13. 静止物体的作用时间	25. 物质损失	37. 安全性
2. 静止物体的重量	14. 速度	26. 时间损失	38. 易受伤性
3. 运动物体的长度	15. 力	27. 能量损失	39. 美观
4. 静止物体的长度	16. 运动物体的能量消耗	28. 信息损失	40. 作用于物体的有害因素
5. 运动物体的面积	17. 静止物体的能量消耗	29. 噪音	41. 可制造性
6. 静止物体的面积	18. 功率	30. 有害的发散	42. 制造精度
7. 运动物体的体积	19. 应力或压强	31. 有害的副作用	43. 自动化程度
8. 静止物体的体积	20. 强度	32. 适应性	44. 生产率
9. 形状	21. 结构的稳定性	33. 兼容性或连通性	45. 系统的复杂性
10. 物质的数量	22. 温度	34. 操作的方便性	46. 控制和测量的复杂性
11. 信息的数量	23. 照度	35. 可靠性	47. 测量的难度
12. 运动物体的作用时间	24. 运行效率	36. 易维修性	48. 测量精度

依照TRIZ理论，现实世界中的问题，最终都可以归结到以下两类矛盾中的一类：

第一，技术矛盾。改善某个参数，会牺牲另外一个参数，例如，若提升飞机引擎的马力，势必需要增加引擎的重量。

第二，物理矛盾。对同一个参数，提出不同的要求，例如，对办公桌的要求是结实，则需要更厚一些的桌面，也要求办公桌轻便，则需要更薄一些的桌面，但作为桌面而言，不可能又厚又薄，这就是物理矛盾。

阿奇舒勒和他的同事通过数十年对申请专利的研究，提出了40个解决上述问题的方法，即40个创新原理，包括分离法、抽取法等，这些方法见表11-8。

表11-8　TRIZ 40个创新原理示例

1	分离法	11	事先防范	21	减少有害作用时间	31	多孔材料
2	抽取	12	等势	22	变害为利	32	改变颜色、拟态
3	局部质量	13	反向作用	23	反馈	33	同质性
4	增加不对称性	14	曲率增加	24	借助中介物	34	抛弃或再生
5	组合、合并	15	动态特性	25	自服务	35	物理或化学参数变化
6	多用性	16	未达到或过度的作用	26	复制	36	相变
7	嵌套	17	一维变多维	27	廉价替代品	37	热膨胀
8	重量补偿	18	机械振动	28	机械系统替代	38	加速氧化
9	预先反作用	19	周期性动作	29	气压或液压结构	39	惰性环境
10	预先作用	20	有效作用的连续性	30	柔性壳体或薄膜	40	复合材料

表 11-9 TRIZ 矛盾矩阵表示例

改善的参数	恶化的参数							
	1. 运动物体的质量	2. 静止物体的质量	3. 运动物体的尺寸	4. 静止物体的尺寸	5. 运动物体的面积	6. 静止物体的面积	7. 运动物体的体积	8. 静止物体的体积
1. 运动物体的质量	35，28，31，08，02，03，10	03，19，35，40，01，26，02	17，15，08，35，34，28，29，30，40	15，17，28，12，35，29，30	28，17，29，35，01，31，04	17，28，01，29，35，15，31，04	28，29，07，40，35，31，02	40，35，02，04，07
2. 静止物体的质量	35，03，40，02，31，01，26	35，31，03，13，17，02，40，28	17，04，30，35，03，05	17，35，09，31，13，03，05	17，03，30，07，35，04，14	17，14，03，35，30，04，09，40，13	14，13，03，40，35，05，30	31，35，07，03，13，30
3. 运动物体的尺寸	31，04，17，15，34，08，29，30，01	01，02，17，15，30，04，05	17，01，03，14，04，15	01，17，15，24，13，30	15，17，04，14，01，03，29，30，35	17，03，07，15，01，04，29	17，14，07，04，03，35，13，01，30，02	17，31，03，19，14，04，30
4. 静止物体的尺寸	35，30，31，08，28，29，40，01	35，31，40，02，28，29，04，03	03，01，04，19，17，35	17，35，03，28，14，04，01	03，04，19，17，35，01	17，40，35，10，31，14，04，07	35，30，14，07，15，17	14，35，17，02，04，07，03
5. 运动物体的面积	51，17，03，04，01，18，40，14，30	17，15，03，31，02，04，29，01	14，15，04，18，01，17，30，13	14，17，15，04，13	05，03，15，14，01，04，35，13	17，01，04，03，24，05，02	14，17，07，04，13，01，31，03，18	14，17，07，13，04，31，03，01，18
6. 静止物体的面积	14，31，17，19，04，13，03，12	35，14，31，30，17，04，18	17，19，03，13，01，14	17，14，03，04，07，09，24，13，26	04，31，07，19，15，14，03，13	17，35，03，14，04，01，28，13	17，18，14，07，30，13，26	14，28，26，13，04，35，17
7. 运动物体的体积	31，35，40，02，30，29，26，19	31，40，35，26，02，13，30	01，07，04，35，03，29，15，13，30	07，15，04，03，01，35，19，10	17，04，07，01，31，05，24，36，35	17，14，04，03，31，07，35	35，03，28，01，07，15，10	35，14，28，02，03，24，13
8. 静止物体的体积	31，30，40，35，03，02，04，19	35，40，31，09，14，13，03，04，26	14，30，15，03，04，35，02，19	35，02，30，04，14，08，19，28，26	15，14，04，30，13，03，07，28	14，03，07，04，30，13，15，26，17	14，35，03，13，28，02，30，07	35，03，02，28，21，01，14，04
9. 形状	29，30，03，10，40，08，31，35	15，03，10，21，26，35，40	04，14，29，05，15，13，02，07	17，14，04，13，05，07，31	04，17，05，02，14，32	17，14，05，28，02，32，04	14，04，15，03，07，29，05，13	14，04，07，01，02，35，05，32
10. 物质的数量	35，40，06，18，09，02，31，18	35，40，18，05，02，08	29，03，17，35，14，02，18，36，31	35，31，03，17，14，02，40	15，14，17，31，35，04，30，29，18	17，31，04，18，14，02，40	02，15，28，38，24	35，02，38，25，30，31，01
11. 信息的数量	28，17，13，07，01，35，02	28，26，35，03，02	07，32，13，17，02，03，14	07，32，17，03，02，14	07，17，32，24，03，28	32，02，03，24，17，28	07，19，26，03，32，24，28，02	26，32，03，02，24，28
12. 运动物体的耐久性	15，19，05，08，31，34，35	35，03，31，34，08，04，02	17，08，19，09，35，02，12，24	03，17，12，09，35，02，19，13	17，19，07，08，09，24，13	03，17，09，24，12，19，13	19，10，30，07，14，02，13	10，30，33，12，13，04，02，03

以“分离法”为例，分离法是指：

(1) 将一个物体分成相互独立的部分。

(2) 将一个物体分成若干部分(便于安装和拆卸)。

(3) 提高一个物体的可分离性。

比如，轮船底层有多个独立的密封舱，家具的组合，在票据上打上多个细孔使其既保持完整同时又易于撕开等，都是分离法的体现。

用什么样的方法解决什么样的技术矛盾是一个很实际的问题，阿奇舒勒进一步归纳出“矛盾矩阵表”，见表11-9，只要能够准确归纳出拟解决的问题的本质是哪两个参数之间的矛盾，通过查表，可以得到TRIZ所给出的解，即两个参数交叉的单元格中的数字，这些数字是问题解决方法的编号，可以通过这些方法获得最终的解决方案。

概括来说，应用TRIZ理论解决问题，其基本流程是将待解决的实际问题转化为参数的矛盾，而通过查矛盾矩阵表，得到对应待选的解决问题方法，再通过这些方法的启示，最终确定适宜的问题解决方案。

上述是TRIZ的基本应用，特别是在问题解决方面的应用，并非TRIZ理论的全部。TRIZ理论发展至今，已经形成了丰富的多领域方法体系，包括ARIZ发明问题解决算法、物质—场分析标准解、产品进化理论等，这些方法在创新、发明创造、问题解决等方面都能够发挥巨大的作用。

第四节　质量改进的推广工具

质量改进活动完成并实现预期结果后，对改进效果的固化与推广，特别是针对改进活动中所获取经验、知识的推广，能够充分实现改进活动的价值。这方面主要的工具和方法有最佳实践和Lesson Learn。

一、最佳实践

“最佳实践”是对改进活动所获得的经验、做法进行总结和萃取，将其形成标准化的，可推广实施的操作、流程、规则等，以有效地在整个组织范围内最大化地利用改进过程所创造的价值。

最佳实践本身没有固定的实施流程或步骤，一般而言，最佳实践有着多方面的来源，包括实施改进活动的结果、其他相同或类似领域的已经过验证的做法、相关人员的个人经验等。对于这些来源的信息，需要进行系统的提炼，对其内在的关键要素加以萃取，形成标准化的，可执行的做法、规则，并通过特定渠道加以推广和分享。

需要注意的是，任何“最佳实践”都有其成立的前提，同时，也有时间上的局限性，即在一段时间内成立的最佳实践，随着环境、条件的变化，可能不再有借鉴和推广意义，因此，组织需要定期对所总结和归纳的最佳实践进行适用性的评审，进行必要的变更和调整。

二、Lesson Learn

（一）Lesson Learn 的内涵

Lesson Learn 的中文含义是经验教训，作为一种方法，其内容与“最佳实践”正好相反，是在问题发生后对所获得的经验和教训的总结。其目的是避免相同或类似问题的再次发生。

（二）Lesson Learn 实施的关注点

Lesson Learn 对应 ISO 9001 标准中的纠正措施，很多企业更习惯将与纠正措施有关的活动称为 Lesson Learn。这里不对 ISO 9001 标准相关条款进行解读，就 Lesson Learn 实施中的一些需要关注的要点进行阐述。

1. 经验教训的积累

当问题发生后，很多组织的惯常做法是投入资源将该问题加以解决，但往往忽视了对该问题所获得的经验教训的积累，没有系统地积累经验教训的机制，这导致当类似问题或与之相关的问题发生时，组织需要“从头再来”或依赖特定人员自身的知识与经验来解决问题。

2. 经验教训的“标准化”

虽然组织内所发生的问题种类纷杂，甚至可能看起来彼此没有什么联系，但可以对这些问题所获取的经验教训进行适当的“标准化”，包括进行分类和赋予特定的属性，这样的做法有助于后续的查询，组织内的人员也可以方便地从以往所发生的问题中获得与其所关注事项相关的经验教训等信息。

Lesson Learn 卡片

文件编号：

编制/日期：	产品（编号+产品系列）	类别
		□ HSE □ 质量 □ 其他 □ 维保 □ 物流 □ 制造 □ IE

问题描述		问题表征
发生了什么？		图片
为什么是一个问题？		
何时发生？		
谁发现的？		
哪里发现的？		
如何发现的？		
有多少坏件？		

根本原因是什么
发生原因：
流出原因：
系统性原因：

改变前	改变后
图片	图片
具体文字描述	具体文字描述

我们学到了什么	
项目	方法

对什么文件进行了更新				
文件	Y/N	文件名	修订人	修订时间
D/PFMEA				
设计标准				
控制计划				
维护计划				
作业指导书				
其他（例如，分层审核，过程审核表等）				

可能的应用		
工厂/生产线：		何时：
产品：		何时：
内部共享给谁：		何时：

图 11-5　某公司 Lesson Learn 卡片示例

3. 信息化手段的应用

经验教训属于知识范畴，知识价值的发挥需要有识别、存储、检索查询和应用作为支撑，因此，建立经验教训相关的数据库，对于组织，特别是大型组织而言有实际意义和必要性，在这方面，很多跨国公司的一个最佳实践是建立有关“经验教训”的信息平台，在其全球经营范围内，分享和共同维护该信息平台，可以使此方面知识被最大化地利用。

某公司 Lesson Learn 卡片示例，如图 11-5 所示。

本章小结

PDCA 循环中的关键是改进阶段，对改进概念的理解有利于各类质量管理工具和方法的运用。

整体性、系统性的质量改进方法，包括来自以色列的约束理论以及日本的精益生产。TOC 的核心观点是管理者应立足于组织全局，通过聚焦于对制约因素的有效管理，进而实现绩效的大幅度提升，其聚焦五步骤是强大的质量改进方法。精益生产是对丰田生产方式的研究、应用与发展，特别是制造领域应用广泛，精益生产的思想、原则，以及所用到的工具如 5S 与目视管理、看板管理、全面生产维护（TPM）、价值流图、生产线平衡、拉动式生产等工具在质量改进中会有不同程度的涉及。

结构化的质量改进方法，特别是那些涉及通过一系列工具的组合运用实现改进效果的方法有六西格玛、8D、5Why、IS/IS NOT 分析方法、TRIZ 等。其中六西格玛的基本理论及 DMAIC 五阶段为质量改进提供了清晰的逻辑顺序，通过项目方式推进，实现缩小波动，改进质量的目的，是风靡全球的一种强大的结构化质量改进模式。

为最大化地获得改进所带来的价值，通过改进活动所取得的经验和教训需要固化和推广。最佳实践和 Lesson Learn 这两种方法对组织改进成果，进行知识积累有重要作用。

思考题

1. 结合约束理论的聚焦五步骤，站在产品符合性的角度，试述如何才能有效支持某条生产线实现有效产出（最终能够产出的合格成品）最大化。

2. 精益生产视“等待”为一种浪费，站在约束理论的角度，谁的等待才是真正的浪费？

3. 六西格玛方法适合于改进什么类型的质量问题？为什么？

4. TRIZ 理论中的技术矛盾与物理矛盾的本质区别是什么？

5. 简述最佳实践方法的主要应用价值。

第十二章

质量管理方法与工具的未来展望

学习要点

◆ 质量 4.0 时代；
◆ A（Artificial Intelligence）人工智能化情形下的质量控制技术；
◆ B（Block Chain Technology）区块链技术创新质量控制的方法；
◆ C（Cloud Computing）云计算应用下的质量方法与工具；
◆ D（Big Data）大数据环境下的质量方法与工具；
◆ I（Internet of Things）物联网技术等新业态适用的质量方法与工具；
◆ 质量管理方法与工具面临的挑战。

第一节　质量管理进入 4.0 时代

一、"质量 4.0"概述

质量 1.0 的阶段，是在第一次工业革命之前。当时手工作坊制是主体，质量只是辅助职能。

18 世纪工业革命发生，蒸汽动力机取代人工作业，大批量制造模式推动质量进入 2.0 时代，组织产生了专职检验部门。随着以休哈特为代表的学者将统计质量思想与方法论引入质量控制，质量 2.0 阶段进入繁盛时期。

第二次工业革命以电力和装配线的出现为主要特征，过量制造的产品供大于求，以改进职能为核心的质量 3.0 时代到来。以计算机和工业网自动化为特征的第三次工业革命的到来，推动质量 3.0 时代进入后期，ISO 9000 标准族由要素管理扩展为系统管理，美国抓住第三次工业革命的契机提出了六西格玛管理，将信息化手段与质量管理相结合，系统质量管理思想的形成及以推行卓越绩效模式为核心的波多里奇质量奖的出现使美国的产品质量竞争力得到极大提升。

互联网的出现使交易形式及商业模式发生了颠覆性地改变，第四次工业革命给我们带来了人工智能、区块链、云计算与大数据、物联网等新一代信息化技术，标志着质量 4.0

时代的到来。质量 4.0 是工业 4.0 及互联网思维背景下数字化转型时代追求品质和卓越绩效的战略质量管理模式。工业 4.0 带来的新技术涉及基于网络的数据、空前的建模能力、移动计算、社交网络，以及基础架构和软件服务云计算等。新兴的信息化技术飞速进行着革新，智能化的互联设备也在急剧增加，启用这些新技术的成本急速下降。新兴的技术带来新兴的产业结构及产品，组织的客户也参与产品设计和服务开发的过程中。

二、工业 4.0 与质量 4.0 时代下的质量管理方法与工具的创新

（一）工业 4.0 带来的新技术本身成为创新的质量管理方法与工具

目前，全世界许多国家都在进行与工业 4.0 有关的活动，如美国国家标准技术研究所正在进行的智能生产计划、工业互联网联盟提出的工业互联网、英国建立的互联网技术和创新中心（弹射器中心）、中国制造 2025、“互联网 + ”时代、荷兰的高科技解决方案发展战略及德国超过 20 个高科技研发项目等。

工业 4.0 带来了诸多新型的信息化技术，各项技术的迭代更新速度也是前所未有，过去的 10 年中，人工智能（AI）、大数据、云计算、虚拟现实（VR）、增强现实（AR）、区块链、增材制造（3D 打印）、机器学习（ML）、互联网协议版本 6（IPv6）、信息物理融合系统（CPS）与物联网（IoT）等前沿技术也被质量管理人士拿来应用于提高产品和服务质量，推动组织绩效的持续改进。

（二）工业 4.0 与质量领域的结合助推“质量 4.0”时代中质量管理方法与工具应用方式的巨变

质量管理的标准化方法及过程控制数据的采集、分析及决策均需嵌入 CPS 系统，可以降低协调沟通成本、降低生产计划和管理的时间成本、减少处理时间及减少半成品，达到设备利用最优化，降低生产成本，减少生产的资源投入，以及增加产量，因此积极推动工业 4.0 与质量领域的结合是未来质量管理方法与工具面临的一项新的机遇和挑战。

各种应用程序的开发为我们提供了许多不可思议的新见解和解决方案，质量管理方法与工具迎来了前所未有的机遇，以及改变各主要行业经营方式的无尽力量。整合设备、数据和信息系统的这种爆炸式增长将为质量管理革新奠定基础。目前，全球各地的组织在新一代信息化技术应用的质量提升方面进行了全面的实践并取得了卓有成效的进展。当前，数字化、人工智能、机器人自动化、虚拟现实、物联网等都是质量领域的流行语。

（三）“质量 4.0”工具包及质量 4.0 工具生态系统

美国质量学会在 2018 年最新一期的《质量未来》（*Future of Quality*）中介绍了质量 4.0 工具包（见表 12-1）和质量 4.0 工具生态系统。

鉴于质量专业人员擅长结构化问题解决、数据驱动决策指定以及利用文化变革促进改进，美国质量学会在同期《质量未来》发展报告中将工业 4.0 背景下支持质量管理发展的新技术用质量 4.0 生态系统图表现了各种新兴信息化技术之间的逻辑关系，如图 12-1 所示。

表 12-1 《质量未来》质量 4.0 工具包

项目	第四次工业革命带来了提高质量的新工具和新技术
人工智能	计算机视觉、语言处理、聊天机器人、个人助理、导航、机器人、做出复杂的决定。
大数据	基础设施(如 MapReduce、Hadoop、Hive 和 NoSQL 数据库),更容易访问数据源,无需使用超级计算机就可以管理和分析大型数据集的工具。
区块链	提高交易(资产和信息)的透明度和可审计性,监控条件,促使交易只在质量目标得到满足时才发生。
深度学习	图像分类、复杂模式识别、时间序列预测、文本生成、创建声音和艺术、从真实视频中创建虚拟视频、基于启发式的图像调整。
支持技术	价格合理的传感器和执行器、云计算、开源软件、AR、混合现实、VR、数据流媒体(如 Kafka 和 Storm)、5G 网络、IPv6、物联网。
机器学习	文本分析、推荐系统、垃圾邮件过滤器、欺诈检测、对象分组、预测。
数据科学	将异构数据集合在一起进行预测、执行分类、在大型数据集中查找模式、将大量观察结果减少到最重要的预测变量,并应用可靠的传统技术(如可视化、推理和模拟)生成可行的模型和解决方案。

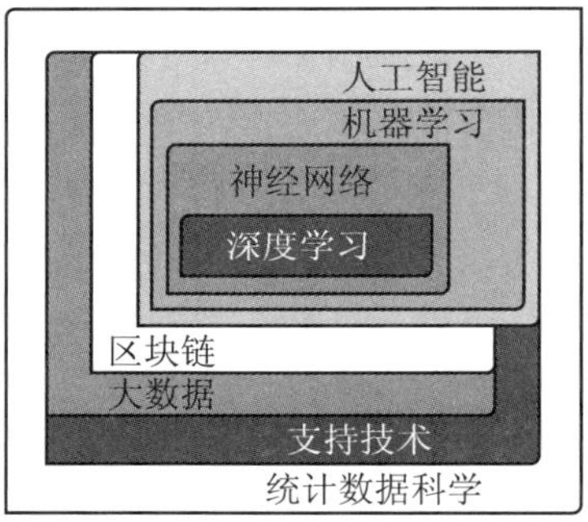

图 12-1 质量 4.0 工具生态系统

三、质量管理方法与工具的发展前瞻论坛

放眼全球,追求卓越绩效的组织在实现发展目标的过程中,均重视方法与工具的运用,并且在不同领域积累成熟的经验。技术飞速发展的新时代不断催生新技术、新方法,传统经典的方法与工具也面临着前所未有的挑战,这已为研究质量问题的学者和国内外大多数企业所认同。从事质量研究和数据分析的机构及专家也针对企业提出的新需求,不断研究各种创新的问题解决方法与工具,与企业一起探索这些工具在组织中的实践与应用。

质量管理方法与工具如何适应这些不断变化的条件并持续改进,组织如何通过新技术的应用促进质量和流程的转变并应对这些挑战,亚太质量组织(APQO)、美国质量学会(ASQ)、欧洲质量组织(EOQ)等国际质量组织每年通过举办质量盛会,汇集世界各地的质量组织和专家,围绕质量的转型、全球标杆管理和最佳实践、大数据和人工智能、领导力升级等议题,通过成功案例的研究,共同探讨质量管理新方法和新技术的应用。

每年都有成千上万的质量人士参加重要的国际质量活动,分享卓越绩效管理的最佳实践案例,进一步拓展他们的专业发展,不断推动质量管理的发展改进。质量管理的新工具、新技术和新的方法体系也在拓展中不断被探讨和创新。技术革新和数字化转型扩大了质量管理新方法衍生的机会，这些新方法也将影响未来质量原则的应用。

第二节　人工智能下的质量控制技术

一、人工智能的基本概念以及对社会的影响

（一）人工智能促进制造业新模式与新业态的形成

人工智能（Artificial Intelligence，AI）是计算机科学的一个分支，是研究、开发用于模拟、延伸和扩展人的智能的理论、方法、技术及应用系统的一门新的技术科学。AI 研究的一个主要目标是研究能以与人类智能相似的方式作出反应的智能机器，使机器能够胜任一些通常需要人类才能完成的复杂工作，人工智能带来的科技产品是人类智慧的“容器”，可以对人的意识、思维的过程进行模拟。该领域的研究包括机器人、语言识别、图像识别、自然语言处理和专家系统等。人工智能是包括十分广泛的科学，它由不同的领域组成，如机器学习，计算机视觉等。

AI 自诞生以来，理论和技术日益成熟，应用领域也不断扩大。随着 AI 时代的到来以及在新一代 AI 技术引领下，制造业的生产技术、组织方式、竞争策略等，都将面临重大调整，为制造业新模式与新业态的形成提供了更多可能。

（二）人工智能促进产品智能化发展

德国弗劳恩霍夫应用研究促进协会生产设备和设计技术研究所总监扬·帕特里克卡普认为，目前，AI 和数字化世界中的未来制造业正面临全球化、区域化和个性化发展趋势，新价值链的复杂性不断增加，数字集成、智能生产，以及信息物理系统（CPS）的建立也成为必然。卡普认为工业 4.0 主要涵盖以下三个方面：其一，人、物、服务及流程的互联网在工业和制造业企业的使用和实现；其二，网络、智能化无处不在，包括人、物、机器和信息系统；其三，增值网络中的横向整合、生产和信息系统的纵向整合、智能分散化、工程数字化一致性、社会技术系统设计。工业 4.0 的过去是产品识别，现在是产品记忆，未来将会是产品智能化，满足于个性化需求。

由此可见，工业 4.0 是利用信息化技术促进产业变革的时代，即智能化时代，其核心是通过信息物理系统，将资源、信息、物品与人相互关联在一起，形成物联网，CPS 对所有生产线、物流和供应商等多线程资源进行统筹管理，实现用户参与产品的个性化设计，并通过虚拟设计、虚拟评估和虚拟制造，把用户需求和用户反馈同生产制造完美地结合起来。

二、人工智能对质量管理工具及方法带来的机遇和挑战

（一）人工智能促进质量专业人才研究重点的转型

2017 年亚太质量组织大会上，菲律宾 Micro Ventures 公司的联合创始人巴姆·阿基诺指出了 AI 时代的到来，在菲律宾将会影响 60％的工作，4 万个工作岗位将被替代，包括电话

销售员、簿记职员、薪酬福利经理、前台接待员、快递员、校对员、电脑专家、市场研究分析师、广告销售人员、零售销售人员等。但是，同时会创造出很多新的工作岗位。技术的发展使得岗位的需求产生变化，工作者必须适应这种转变。这意味着需要调整教育和训练模式，使其足够灵活，从而快速、高效地教授全新的知识和技能，应对未来的挑战。质量专业人才的研究重点从效率、有效性和满意度向持续学习和适应转变，利用质量管理方法与工具的环境及处理和解决问题的手段也将会发生变化。

（二）全球数字化发展趋势影响政府管理质量及测评方法

全球领导力和标杆学习联合公司主管戴尔·威克斯先生针对“引领和管理政府最重要的途径是依靠数字世界的人工智能，还是依赖于积极的市民参与”这个问题，从未来我们面临的全球卓越服务问题是什么，以及如何合理定位数字世界和卓越服务框架在日益完善的政府服务中的角色等角度进行了阐释。全球数字化发展趋势在政府管理中的表现为智能城市、智能地区、智能国家、智能事业。戴尔认为人们日益增长的服务期望是新常态，这与我国十九大提出的人民日益增长的美好生活需要和不平衡不充分的发展之间的现阶段主要矛盾理念不谋而合。他以加拿大的“市民为主服务理念”为例，证明了通过合作和新的可测量的管理工具可以改善政府服务，提高公众信任度，同时也提到了社会进步指数这一测评工具。

（三）机器学习与质量管理方法及工具将进一步交叉融合

机器学习是用数据或以往的经验，以此优化计算机程序的性能标准。机器学习是人工智能的核心，属于人工智能的一个分支。机器学习理论主要是设计和分析一些让计算机可以自动“学习”的算法，即使机器自己理解大量非结构化的数据，利用规律对未知数据进行预测。随着人类对数据信息的搜集、应用、掌控力的提升，“机器学习”在海量数据的支持下攀上了新的高峰。深度学习又是机器学习的一个分支，通过海量的数据进行更有效的训练从而获得更精确的分类或预测，它突破了传统机器学习方法的瓶颈，推动了人工智能领域的快速发展。

人工智能的目的是开发一种拥有智能行为的机器，目前很多大公司都在努力开发这种机器学习技术，让电脑学会人类的行为模式，让机器像人类一样“思考”。机器学习中各式各样的算法和它们所针对的诸多方面注定了机器学习会被广泛应用于改善并保持设计质量和质量生产，进而影响产品的生产和服务的提供。

例如，当要预测某个产品的受众面时，就可以使用决策树算法。先选择一定数量的个体，提取他们的信息，按照训练决策树模型的流程进行操作。这样构建好的决策树模型就可以在我们给予新个体时按照新个体的信息预测出他是否为该产品的受众人群。同时，机器学习还可以被用于风险评估、满意度预测、垃圾信息的过滤乃至人脸识别等方面，为产品和服务质量提升作出探索。

机器学习也是一门多领域交叉学科，涉及概率论、统计学，算法复杂度理论等多门学科，机器学习的核心是数据、算法（模型）、算力（计算机运算能力）。机器学习对数据质量要求也非常高，这些数据需要训练预测模型，预测未来决策。机器学习技术会渗透组织机构，一个预测模型的输出结果将会被各层级使用，从一个层级到另一个层级，甚至跨公司各部门使用，任何一个微小的错误都会在传递中被放大。

机器学习将极大地提升产品质量，因为它可以分析过程参数的内部数据，也可以通过分析技术先进的外部数据并检查他们在目标改进中的适用性，找出更好地解决质量问题的办法。

微软公司在客户服务中很好地使用了机器学习作为质量管理工具。公司每天会收到数千封电子邮件，通过机器扫描文本，将文本最终翻译成英语并识别问题的具体要素。机器会自动将这些要素转换为案例，并将它们传输到代理机构以便进行反馈。更重要的是，机器一边工作的同时，一边“自主学习”，不断提高自己的精确度。可以预见，这种学习模式使其处理问题的能力呈指数增长。

需要指出的是，依靠机器学习进行质量决策需要高质量的数据，机器学习将管理的重点转移到数据管理流程。我们发现和汇总新数据源的速度，对数据质量进行监控、衡量和密切追踪，直接影响到机器学习建立的评价标准。因此质量管理也将会不同程度地与机器学习的各个环节相结合，支持发现质量问题并进行数据的搜集、模型建立、数据跟踪监控等，同时通过机器学习与质量管理方法和工具的融合支持质量故障诊断，改进决策。

第三节　区块链技术创新质量控制的方法

一、区块链技术的基本特征

区块链技术（Block Chain Technology）是一种互联网数据库技术，其基本特征是去中心化、公开透明、难以篡改，是一种安全的新兴互联网技术。区块链以分布式分类账运作，将会记录数据的每个删除或修改动作。随着更多数据（区块）的加入，将建立更长的事件链。区块链技术的迅速发展对质量领域的影响正在日益扩大。

2016 年 12 月 15 日，国务院发布了《关于印发“十三五”国家信息化规划的通知》，将物联网、云计算、大数据、人工智能、机器深度学习、区块链、生物基因工程等列为重点加强的战略性前沿技术。区块链已作为一项新兴领域的技术，已成为国家信息化规划的重要组成部分。

二、基于区块链技术创新的质量控制方法

由于信息存储、保持匿名和防止未授权交易等特点，区块链技术已经快速地被应用在金融交易上。逐渐地，区块链正在被应用于其他行业，例如，医疗行业、保险行业、交通行业、供应链管理和民主投票等。同时，区块链技术的数字足迹防篡改特性也被质量界人士大量应用起来。

用区块链技术建立的质量安全溯源体系，可对产品生产全过程及流通各环节发生的所有质量数据信息的管理和控制系统，实现多向追踪。实现对质量数据信息的搜索查询、采集、分析及汇总。

溯源码按照统一编码规则自动生成，作为产品的唯一身份证明，一物一码，标识于产品或票证上，用于查询产品溯源信息。此外，每笔交易皆附带数字签名，而且永远无法变更或删除。由于区块链去中心化的特性，理论上可防止易受攻击的装置推送假信息及破坏网络

环境。

真正的区块链时代，就是使得我们相互间的数字化信任——质量信任机制建立在数学的基础上。借助将区块链整合至上述及其他产业，即可密切监控产品与服务的质量水平。

三、区块链技术创新质量溯源体系

区块链技术给交易方式带来了革新，每一步对产品的验证和认证都将提供最强的可追溯性，同时提高了供应链的信任度。区块链技术下，企业应从产品生产全过程、流通环节、技术、专业人员配备等方面建设溯源管理体系，体现溯源管理体系完整度、规范性、科学性、准确性、可追溯性。企业溯源管理体系的建设，应该具备采集存储技术先进、数据交换标准规范、标识载体制订规范的特点。区块链实时质量控制图如图 12-2 所示。

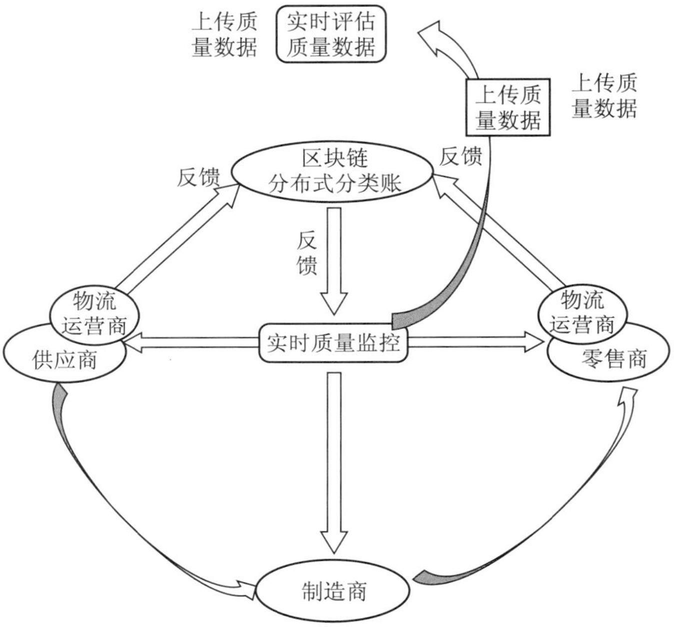

图 12-2　区块链实时质量控制图

企业可根据国家法律法规和自身实际，按照产品的特性和特点，对生产过程进行策划，确定产品溯源单元，并做到结构完整、质量数据信息真实、实时准确、信息规范。产品溯源信息在应用层面应保证终端查询规范和防伪应用规范，设立产品应急召回机制，关注消费者的评价反馈。

选择的溯源机构应能及时完成溯源任务，并报告执行过程中发现的问题或存在的不足，同时能承担溯源风险，并满足溯源机构评价要求，有完善的溯源管理系统，能保证产品溯源数据透明、真实可信，有效防止溯源造假，同时具有产品召回溯源、顾客投诉调查与应急能力、完善的质量溯源系统和二维码质量溯源系统平台，通过数字化平台，全过程记录产品生命周期。

企业产品质量数据信息采集和储存方式应采用先进存储技术，促进各溯源方的系统与数据集成，提高协作效率和数据可信性，鼓励使用区块链等技术创新进行质量溯源，依托区块链技术时，应具有分布式记账、不可篡改、内置智能合约等特性的技术手段，依靠成熟技术平台，配备使用追溯移动应用，实现产品的生产、流通和消费全流程可溯源。企业通过使用区块链技术能够向客户提供完全可追溯、有保证的高质量产品，将使它在竞争中脱颖而出。

第四节　大数据与云计算应用下的质量管理方法与工具

一、大数据的基本特征及载体建设

全球化业务运作需要企业决策者摒弃陈旧的业务模式，建立新型业务模式，建立和驾驭新型业务模式需要的知识，这些知识源于信息，相关的信息取自大数据。

麦肯锡全球研究所对大数据的定义是：一种在获取、存储、管理、分析方面大大超出了传统数据库软件工具能力范围的大规模数据集合。大数据具有海量的数据规模、快速的数据流转、多样的数据类型和价值密度低四大特征。大数据数量多、速度快、类型杂，先进的信息获取技术使数据结构和类型复杂多样，包括定性与定量数据、空间与时间数据等。通过高精度的传感器能获取大量的过程信息，传感器能够实时将数据传输到管理信息系统或信息网络中，数据信息形成信息流。现代计算机技术的发展保证了信息传递的速度与实时性，数据监测能力不断提高。

大数据像互联网、云计算以及物联网等技术一样势必成为人类社会发展的里程碑。大数据既是一种运营模式，也是一种能力，还是一种技术，或是一种数据集合统称。大数据背景下，每个个体都是数据的生产者，企业的每一项业务活动和过程都可以用数据来表示。

二、云计算帮助调取和理解数据

美国国家标准与技术研究院（NIST）对云计算的定义是：云计算是一种按使用量付费的模式，这种模式提供可用的、便捷的、按需的网络访问。用户进入可配置的计算资源共享池（资源包括网络、服务器、存储、应用软件和服务），这些资源能够被快速提取，只需投入很少的管理工作，或与服务供应商进行很少的交互。

互联设备将重塑制造业的说法并不夸张。但是，如果没有大数据分析和云计算平台来帮助理解数据，传感器数据就没有任何用处。强大的数据管理功能使得用户可以在查询业务中选择质量管理所需的数据，获取实时事件流，以便在搜集数据时进行分析，从而避免过多存储数据。与传统数据源一样，物联网数据本身没有价值，但通过数据分析可以得到见解并有助于在采取行动前进行决策。

分析是打开数据宝库的关键。识别隐藏模式、预测未来事件、预测使用情况和成本以及获得洞察的能力，使分析变得无价。这一新的产业革命为产品及其使用方式提供了前所未有的客观数据。没有分析，数据只是一堆数字和字母。统计方法和分析的应用对了解数据和挖掘能够刺激行动的洞察力至关重要。如何利用和分析数据以改进设计、生产和保修操作对工业行业内改进运营和维护至关重要。

三、大数据环境下的质量管理方法与工具发展的趋势

（一）大数据环境促进新技术与统计质量管理方法的结合

大数据所具有的特征导致现有的质量统计技术与方法不能完全适应数据分析的需要，统计学也需要针对大数据的特征，以服务和满足各领域需求为目标，不断创新和发展数据分析方法与理论。因此，建立在统计学基础上的质量管理工具与方法必然需要同步创新，从而促进机器学习、智能算法、数据挖掘等新技术与传统的质量管理方法的结合，成为质量管理方法与工具未来发展的趋势。

（二）合理运用产品和服务过程中产生的大数据提高产品质量监控效果

大数据环境下能搜集到关于过程的各种数据，这些数据与产品质量密切相关。如果能够从数据集合中提取出反映产品质量特性的特征，则能实现对过程的有效监控。大数据过程的监控步骤从一般意义上讲包括四个阶段：传感器、信号、特征、模型。通过传感器搜集大量信号，然后提取信号中所含有的特征信息，并对信息建模用于对过程运行状态及产品质量特性作出判断。

大数据监控流程可以细化为以下步骤。

1. 布置传感器

根据所要搜集的信息，有目的地在过程中布置传感器。充分结合工程技术人员的专业知识，适当选择传感器，为数据搜集与分析打下基础。在技术专家的指导下，做到在正确的位置，用正确的传感器，搜集正确的信息。

2. 提取特征

在对过程所具备的专业知识的基础上，将信号转换为可以量化的变量。采用一些统计特性对信号的特征进行描述，如斜率、频率、峰的高度、峰间距等。除用人工方式进行特征提取外，还可以采用智能算法，如遗传算法、神经网络等。借助计算机的计算能力能够提高精度、节省时间。为验证所创建特征的可用性，通常采用测量适应度函数的方法。

对失效模式进行监控成为大数据环境下的过程监控重要方式。提取失效模式的方法可以采用聚类分析技术，如 K-means 等。例如，半导体制造过程中晶圆上失效图有很大的差异。

3. 创建模型

数据挖掘技术适用于大数据环境下的模型创建。数据挖掘的目的是从大量的数据中提取有价值的相互关系。构建模型是一个学习的过程。通过训练数据集构建“好”与“差”的分类器。用正确决策的最大概率可评估二分型特征分类问题的效果，尤其是当其中一类特征不经常出现的情况。所构建的分类规则应对某些关键特征具有良好的分类效果。对多类分类等复杂的分类问题，仍有很多问题需要研究。

4. 实施决策

为了提高工作效率，有必要开发应用软件将各个阶段的功能模块集成在计算机系统中。通过人机交互的页面，对过程运行特征进行有效监控。例如，某汽车公司开发的电池片超声波焊接过程监控系统。

5. 改善行动

过程监控过程中的决策事实上是对最终产品加工质量的预测。当预测到可能出现问题

时，则有必要立即采取行动进行改善。没有发现问题的产品可以流向下一道工序。怀疑有问题的产品则需要进一步检查与修理。这样的工作能够避免不合格的产品被传递到后续作业，造成不必要的加工、运输、不合格品等浪费。

合理地运用生产过程中产生的大量数据，能够提高产品质量的监控效果。同时，能够降低检验的工作量，将检验的重点放在有可能存在质量缺陷的产品上。

（三）质量管理工具建模与大数据结合管理资产更有价值

Minitab 是现代质量管理统计的领先者，为质量改善、教育和研究应用领域提供统计软件和服务的先导。Minitab 有限公司技术培训专家认为“数据可以使资产更有价值——实验设计（DOE）方法”。用数据和模型解释了如何更有效地使用资产。首先，搜集有效可靠的数据。可运用 R&R 双性分析方法检验获得数据的精确性和准确性。其次，建立资产生命周期预测模型，了解你的资产的有效期限，寻求资产最优储存量。他指出可通过实验设计（DOE）这种经济有效的方法建立不同的模型。用数据告诉你在什么情况下修理你的资产是合理的，在什么情况下应直接舍弃，重新购买一个更为划算。

（四）大数据环境下质量管理方法与技术创新支持质量提升势在必行

利用大数据分析提升质量管理效力是未来质量管理领域一个很好的研究方向。大数据时代不断冲击管理理念和企业管理系统的变革也给质量管理工作带来前所未有的影响，加快研究利用大数据来推动质量管理及控制方法的创新势在必行。随着信息及信息通信技术的发展，全球数据信息量呈指数式增长，移动互联网、社交网络、移动互联、云计算等也促进企业的质量管理变革，通过大数据分析对掌握消费者行为，有利于企业在创新质量管理方法和模式时更加符合消费者利益，把控消费趋势，有效分析数据信息并作出预判，从而改善企业自身生产水平、提升企业经营绩效，这将有助于打造企业核心竞争力。面临“大数据”所带来的挑战，质量管理必须积极面对、顺势而动，抓住大数据时代发展的变革契机，在应对新的市场竞争中顺势更新。如何将大数据有效运用在企业的质量管理中，挖掘隐藏在大数据中有价值的信息，提升企业管理水平，成为摆在业界和学术界面前的一项重要课题。

四、青岛酷特智能股份有限公司基于大数据个性化定制生产模式应用案例

酷特智能个性化定制全过程应用了大数据和物联网等技术。经过多年积累，集团酷特智能平台分析了超过百万条平台客户数据，建成了款式数据库、工艺数据库、版型数据库、BOM 数据库，满足了国内外客户个性化西装设计需求。利用平台可以进行自主设计、系统自动排产，颠覆了人工制版、人工排产的传统方式，研发了将客户服装需求变成产品数据模型的关键技术，订单数据进入互联网流动，为集成设计、柔性生产提供了可能，制成品库存为“零”。

借助云计算技术和 3D 打印逻辑，实现了数据驱动的智能制造模式。客户需求提交后，就在智能平台上形成其数字模型，数据流贯穿设计、生产、营销、配送、管理等过程。员工从云端上获取信息数据，全员在互联网端点上工作。在没有裁员的情况下，生产周期由传统的 20 天以上，缩短为 7 天，打破了“智能工厂 = 无人化”的传统思想，建立了“智能工厂 = 企业每个流程都是数据驱动”的概念和模式，这也是传统企业转型的正确逻辑。

第五节 物联网技术等新业态适用的质量管理方法与工具

一、新业态的产生与未来的行业

随着新技术的发展，信息服务业出现了众多的新业态。新业态是指以新的经营方式、新的经营技术、新的经营手段取代传统的经营方式和技术手段，以及由此创造出不同形式、不同风格、不同商品组合的店铺形态去面向不同的顾客或满足不同的消费需求。最初核心技术产生了包括物联网、社交媒体、云计算、大数据及短程无线通信等新业态，其广度和深度不断拓展、延伸。

世界经济论坛（WEF）《2023 未来就业报告》在接下来的五年（2023—2027），预计将出现23%的结构性就业岗位流失，全球劳动力市场将经历显著变革。全球企业预计创造约 6 900万个新的工作岗位，与此同时，由于技术进步、自动化以及产业结构调整等因素影响，8 300万个工作岗位或将被淘汰。相比之下岗位绝对数量下降了 1 400 万个，相当于目前工作岗位总量的 2%。预测到 2027 年，42%的业务任务将实现自动化。尽管人们对机器取代体力和体力工作的预期有所下降，但推理、沟通和协调——这些对人类来说都具有相对优势的特征，预计在未来将更加自动化。

在技术采用方面，超过 75%的公司希望在未来五年内采用大数据、云计算和人工智能技术。数字平台和应用程序也是受访组织最有可能采用的技术，86%的组织希望在未来五年内将其纳入运营。预计大多数技术对就业将是积极的影响，或将成为就业增长的最大驱动力。

推动技术应用和发展数字化能引发劳动力市场的剧烈波动，但整体上就业岗位的发展态势仍然较为可观。尤为突出的是，自动驾驶和电动汽车行业的人才需求呈现出强劲的增长势头，在 2023 年的热门岗位排行中名列前茅，预计在接下来的五年内增长率将超过 40%。紧随其后的则是人工智能和机器学习专业人才，尽管其增长率可能略低于前者，但仍保持显著上升趋势。同时，环境保护领域的专家预计将以约 35%的增长率快速发展。可持续发展专员、金融科技工程师、各类分析员（包括业务分析师、信息安全分析师和数据分析师）以及数据科学家等职业群体，也将迎来超过 30%的就业岗位增长率。

二、物联网环境下质量管理领域需要的新技能

物联网（Internet of Things，IoT）作为新一代信息技术的重要组成部分异军突起，也是“信息化”时代的重要发展阶段。顾名思义，物联网是物物相连的互联网。物联网正在带来创新，例如，智能工厂，它由网络物理系统操作并通过虚拟模型控制。机器人和人工智能正在以令人难以置信的速度发展，这意味着多年之后的工作将与今天完全不同。

物联网有两层意思：首先，其核心和基础仍然是互联网，是在互联网基础上的延伸和扩展的网络；其二，其用户端延伸和扩展到了任何物品与物品之间，进行信息交换和通信，也就

是物物相息。物联网通过智能感知、识别技术与普适计算等通信感知技术，广泛应用于网络融合中，也因此被称为继计算机、互联网之后世界信息产业发展的第三次浪潮，以知识、技术为核心资源的高新技术服务业成为新经济的重要增长点。

在物联网大发展条件下，在质量管理业务领域需要诸如创造力、复杂问题解决和情商之类的技能。物联网的可能性是无穷无尽的。目前物联网在消费者可穿戴设备和智能家居方面得到了充分的展示，但更直接的影响将出现在产品和服务质量领域。物联网数据本身没有价值，但在识别隐藏模式、预测未来事件、预测使用情况和成本以及从这些数据中获得洞察的能力将有助于重塑制造业。

三、物联网技术促进产品质量和服务质量用途实现

机器和设备传感器有自己的 IP 地址和全天候反馈的功能，通过分析传感器数据，产品质量和服务质量中的某些用途可以实现。

(1) 避免产品性能下降。如果冰箱传感器检测到高于模型额定值的能耗，那么是温度设定得太低了，还是冰箱门每天打开的次数超过了行业标准？通过在线检测、调试，制造商可以给业主发送提示，以减少能源消耗。或者传感器显示温度和使用正常，但是压缩机循环太频繁，通过远程软件更新以缩短压缩机循环周期并向客户发送说明，可以解决此问题。

(2) 降低维修成本和提高服务合同盈利能力。了解每种产品的运行状况，而不仅仅是对其进行保修索赔服务。找出问题是提高质量的关键，如在沙漠中运行的过热卡车或在室外冰冻温度下使用时出现故障的手机。通过连接的设备数据，可以更快、更准确地检测普遍存在的问题，从而主动控制问题并防止客户不满。维修主要是基于“以防万一”的预防理念，但组织并不确切知道某个设备何时可能发生故障，更不用说常规的服务调查能否避免故障的发生。传感器有助于确定正确的维修时间。通过正确分析这些信息，公司可以设计服务合同，提高服务合同盈利能力，为客户省钱。

(3) 避免报废和返工。当数据从生产设备传感器流出时，对其进行分析将允许制造商预测输出变化。在网络化制造环境（又名 M2M）中，机器可以将其输出变化传达给下游设备，下游设备自动进行调整以确保最终产品符合规格。

(4) 超越竞争对手并开发新的商业机会。物联网通过模型、地理位置、气候，以及与产品相关的任何标准了解确切的操作环境和使用概况。传感器嵌入所有出厂的产品中，因此可以更容易地根据用户使用产品的方式、时间、地点和条件等识别新的用户群体。这肯定会带来新的细分市场和新的服务打包功能，作为竞争优势或作为新的收入来源从而为客户创造更多价值。产品的使用与用户的生活方式有何关系决定了产品和服务的竞争力。现在，这种洞察转化为对客户的增值服务，从而提高了客户的忠诚度和效益。

四、物联网技术在质量管理方面的应用案例

(一) 通过物联网等新技术促进物流车队质量改进的案例

第二届中国质量（上海）大会上，国际质量科学院理事长加纳克·梅塔发表了题为“人工智能和物联网，质量管理和客户满意的推动者”的演讲，以物流行业中的车队管理为例介绍

了物联网等新技术对质量改进的帮助。

他认为，质量专业人士即便不懂技术，一样可以谈论质量。加纳克·梅塔以自己的咨询经历为例，说明物联网、大数据、人工智能等都可以将新的技术作为一个很好的促进器进行质量管理，不懂具体技术，质量管理专家一样可以帮助特定行业的技术工程师在日常工作中更好地使用这些技术。

首先就是技术的变革，主要是指人工智能、物联网，以及如何开发新的硬件和软件。从这个角度重新考虑质量，更好地利用新技术在质量管理领域进行创新，将技术革命和质量管理两者结合，为所有人带来更卓越的成果，同时把专注点放在客户上。这是一个大质量的概念，包括安全、交付、成本、人和社会。回到工程师团队的例子，他们所关注的领域是先进的遥感技术和运营的自动化。来自印度的工程师团队自主开发了一些设计和技术，可以通过一些技术手段获得企业实时运营的信息。最初，很多在专业领域工作了五六年的人不信任这些初出茅庐的团队，认为他们根本不知道企业实际的工作运营情况。工程师团队到现场后，花了几个月的时间了解现场的情况。现场管理最困难的一环就是物流管理，工程师团队做了大量调研，了解客户痛点和要求，制作了很多表格搜集消费者的实时数据，并且和消费者一起验证这些数据的正确性，然后开发分析工具，分析数据，以及进行运营管理的自动化，然后提供反馈，检查结果，实现标准化的运行。接着，工程师团队进一步搜集车队的信息并与车队的管理人员进行沟通，开发了一个能够应用到不同车辆的预防性车辆检测系统，并设计了一款可以反馈车辆实时情况的独特硬件，放在不同的车辆上，以便车队管理人员在控制室进行有效管理控制。

通过这套系统，工程师团队实时地检测车辆“健康状况”，包括整个车身的动力传承系统、传动系统、电力系统、引擎控制单元等，有助于了解车辆实时运营情况，如车辆的性能损耗、空转、换挡、超速等情况，还可以做一些预防性的维护措施。物流车队通常拥有数以千计的车辆，通过数据可以了解哪些车运行良好，哪些车出现故障需要维护，还可检测整个燃料供应系统的使用效率。即便车在车库中停着，实际上也会有一些燃料消耗，这说明出现了盗用燃料的情况。这种监测能够帮助车队管理者节约大量的能源，从而确保整个车队燃油的正常使用。

调研发现，这个系统带来了卓越的成效，可以捕捉到很多驾驶员的非常规行为。通过不断的培训、不断的改进，驾驶员的行为不断改善。通过这个实时的车辆跟踪系统，可以了解不同的中心区域的交通情况，以及车队的运行，可以看到实时的仪表盘帮我们做出决策，可以帮我们每天查看驾驶员的驾驶行为，以及违规的情况，每个月自动生成月度报告，非常简易地进行预警。系统实施之后，燃油的整体使用效率得到很大提高，也降低了二氧化碳的排放量。燃油的使用效率提高了5%～20%，特别是长途车辆燃油效率改进得更好，还大大减少了车辆的空转时间(很多时候平均空转时间有10～15分钟)，进一步节省了能源。另外，驾驶员的驾驶行为越来越规范而富有效率，比如说换挡，越来越多的司机使用一挡而不是习惯使用的三挡，这就是一个重要的改进，这也大大延长了整个车辆的使用周期。我们还可以监测超速的行为，监测的数据都可帮助驾驶员提高驾驶能力，改善驾驶行为。

调查发现，检测系统可以提前给驾驶员一些预警和警示。汽车生产商将车辆卖出去后无法再检测车辆和监测驾驶的行为，但是通过遥感技术，他们可以实时检测车辆使用情况。这些生产商现在感到压力很大，之前他们把车卖出去后不需要进一步检测车辆使用情况，但现在却需要实时搜集使用数据。这给我们的启示是:要先了解顾客的需求,通过现场的观察了解顾客的行为和需求,了解车辆的使用情况和产品的性能。了解顾客的需求是非常重要的,如果能了解整个使用过程,那么我们就能够更有效地了解顾客的需求。技术团队开发硬件和软件分析数据,并且通过仪表盘更好地展现数据,这是无法通过人工来实现的。这个技术帮助了我们,而我们如何利用搜集到的信息,帮助我们的顾客克服技术和运营中的问题,持续地进行改进,这就是质量专业人士能够发挥的作用。

目前所面临的问题,是工程技术人员可能只关注技术,但没能抓住重点。管理不仅关注技术,而且涉及人和人的精神层面的问题,如果能够以人为中心,就可以使用新技术来改善质量,让这些新技术帮助我们提供更好的服务。

（二）物联网促进服务能力提高的案例

“上海三菱电梯有限公司电梯物联网远程监视平台的主动服务能力”就是一个很好的例子。

电梯物联网远程监视平台涉及远程故障监视、自动故障报警、维修移动派工、电梯远程终端管理和远程诊断及主动保养维修等主要活动。通过这一平台,可以实现采集信息的综合处理、远程诊断及主动保养维修服务等功能,使维保业务人员与管理人员突破时间和场所的局限,为十万多部电梯提供全天候远程监视和维保服务,促使企业由制造型向制造服务型转型。以现有电梯物联网远程监视平台为基础,追加个性化保养、远程维修、超级电容报表等功能,可以建立以服务为核心的数字化管控体系,实现服务全过程数字管控。2017 年,上海三菱维保综合执行率达到 84.72%,较 2016 年同期提升 6%;自保养电梯突发故障占电梯发生故障的比例从 2016 年的 1.9%降低到 1%;急修人员接到信息后到场的平均时间,从 2016 年的 21 分钟降低到 2018 年的 20.5 分钟;自保养电梯现场维修一次性修复占故障维修比例,从 2016 年的 39.2%提高到 2018 年的 45.1%;技术通知单整改要求 100%传递至一线操作人员。

第六节　质量管理方法与工具面临的挑战

随着时代的发展进步,实体经济与数字经济融合是时代新特征。新的制造与服务模式不断涌现,顾客对产品与服务质量的要求不断变化,对质量管理理论、方法和工具提出了新的挑战。质量管理方法与工具必须适应变化,从质量基本理念、质量分析技术、质量组织制度等多方面不断创新,迎接挑战,为企业创造效益。

一、质量创新

质量创新是以满足顾客需求为目标不断改善产品或服务的过程。以满足顾客需求为出发点,以实现最佳的消费者体验为目标,最终实现企业的效益。

熊彼特曾经提出的创新类型包括产品创新、生产方法创新、市场创新、原材料或半成品创新、产业组织方式创新等。质量创新是将各种创新类型融为一体的新型创新模式，是在生产过程中将与满足顾客需求的创新活动有机地整合在一起以保证创新活动有效性的综合手段。

质量创新是通过技术、管理和文化等各种工具方法，实现固有特性得到持续改进和提高的过程，从而更好地满足消费者的需求，并最终实现更高效益的突破性或持续性创新。

质量创新不仅指产品和服务本身的创新，而且包括与此相关的质量需求创新、质量技术创新、质量制度创新等。不能仅追求技术创新，脱离顾客需求的技术创新，不适应市场需求，必将导致失败。例如，摩托罗拉公司的铱星计划。投资高达 50 亿美元的铱星系统工程将 77 颗通信卫星联系起来，用于保证手机持有者在全球任何地点都能通话。但技术创新周期过长，致使价格实惠的地面发射网占领了市场。对技术创新的过分追求未能给摩托罗拉公司带来预期的收益，而且从某种程度上加速了摩托罗拉公司的衰败。

质量创新是多维度的综合创新，主要内容包括质量理论、质量标准、质量管理制度、质量推进机制等。以质量创新为核心，从质量维度推进供给端结构性改革是优化的途径之一。

质量创新采用立体型多维思维过程，并把创新过程看成一个复杂的相互关联系统。目前 TRIZ 理论是质量创新的重要工具，然而方法仍需完善，仍有必要在现有理论基础上提出新工具。

（1）TRIZ 与现有质量工具的有效集成。如何使 QFD、DOE、六西格玛管理等成熟的质量管理工具有效地与 TRIZ 相结合，相互作用，更好地实现质量创新的目标是未来的研究方向之一。

（2）质量创新时间的缩短。顾客需求变化的速度越来越快，及时发现顾客的需求变化，并以最短的时间完成质量创新工作，将顾客满意的产品迅速投放市场是企业竞争力的体现。尽可能缩短质量创新时间成为工具改进与创新的重点之一。

（3）新型质量创新理论的需要。TRIZ 理论已经提出很多年了，在很多领域有成功的应用。然而随着顾客多样化需求的增加，TRIZ 理论不能完全满足所有质量创新问题的需要。因此，有必要开发更多的质量创新理论，以适应各种各样不同类型的质量创新问题。

二、质量监控

（一）轮廓数据监控

传统的统计过程控制对象是一元或多元数据。然而，随着制造过程复杂性的不断提高，轮廓型数据逐渐成为新的监控对象。轮廓型数据是以曲线的形式表征质量特性。每一条曲线代表一个产品或过程在某个时刻的质量特征，而非一个或多个数据的简单集合。某种药物的剂量与药物反应之间的轮廓曲线如图 12-3 所示。图中的每一条曲线代表一个个体表现出来的特征。药物的反应表现为轮廓形状的变化。对药物反应稳定性的监控表现为对轮廓曲线变化趋势的分析。

目前已经提出了一些轮廓监控的工具和方法，但是仍有很大的研究空间。对以假设受控状态已知的 Phase II 方法的研究较多，而对 Phase I 的研究相对较少。另外，各种不同的应用环境也对轮廓监控提出了新的要求。例如，非线性轮廓、非参数轮廓、自相关轮廓、多轮廓等。

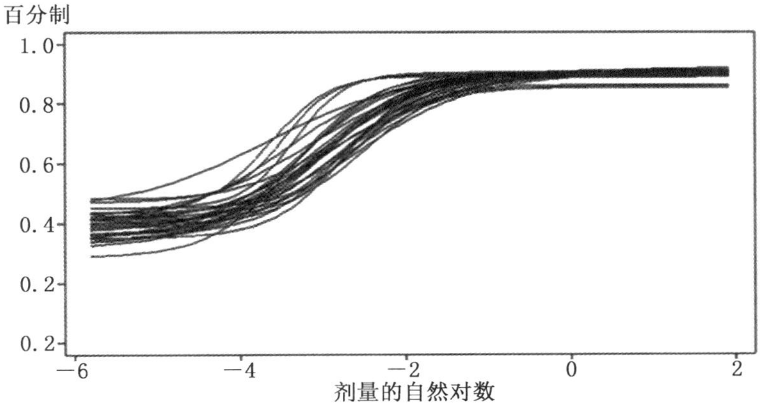

图 12-3 药物的剂量-反应轮廓曲线

未来的基于生物的制造领域，轮廓监控方法有广泛的应用前景，如生物医药、生物燃料、食品添加剂的制造等。生产过程中的轮廓数据能够通过红外线或光谱等方式表现出来。对各个批次的轮廓数据进行有效监控，能够保证最终产品的质量。

（二）图像数据监控

随着过程监测设备的不断改进，对加工过程中产品进行高分辨率图像采集成为可能。产品的图像数据逐渐成为质量特性的一种重要表现形式，成为质量监控的新对象。

图像提取技术已日趋成熟，在食品、药品等领域的制造过程中已经得到广泛应用。然而当前图像数据多用于质量检验，仍缺乏对图像数据统计过程的监控工具与方法。在药品或食品的检验过程中，采集图像数据对产品质量进行检验，以避免不安全的产品给顾客造成严重的伤害。

图像数据监控须先解决图像特征的提取问题。利用图像特征提取的先进方法提取关键特性，再结合数据降维、主成分分析等统计学方法对数据进行处理，使其能够满足统计监控的需要。然后建立统计模型对过程进行监控。

将图像处理技术与统计过程控制技术相结合，对图像数据进行监控，能够将产品质量检验提升为过程质量监控，对提高产品质量将起到推动作用。

三、质量设计

（一）计算机实验设计

随着产品与过程复杂性的不断提高，对真实的对象进行实验设计往往成本太高或耗时太长。因此，运用计算机模型作为物理试验的替代品进行实验设计成为必要。

用数学模型替代物理模型的过程可称为仿真。作为因子的输入代码能够反映在仿真响应的输出上。目前高斯随机过程法与 Kriging 方法是最普遍的。高斯随机过程法采用贝叶斯形式解释实验结果。

对于计算机试验，须对整个实验空间进行描述，故响应曲面通常是非线性的。因此，物理实验中的析因设计被空间填充设计（space-filling design）方法取代。当维度很高时，空间填充设计的难度增高，须要对现有方法进行改进。同时，维度过高也会增加计算时间。寻找模型的替代模型以降低计算时间也是需要研究的问题。

计算机实验在服务业也有应用的可能性，如金融、医疗等。由于系统的复杂性或安全性的问题，无法实施物理实验的领域均可用计算机仿真实验进行分析。离散事件仿真能够对系统瓶颈提供有价值的信息，并改善服务质量，提高服务质量对不可控因子的稳健性等。例如，在患者到达时间的波动下，确保急诊室提供稳定的服务功能。

充分利用仿真建模与实验设计方法，不断开发新工具，提升计算机实验的分析能力是未来的重要任务。

（二）轮廓数据的实验设计优化

传统的实验设计问题没有考虑响应值随时间变化的情况，所研究的是在静态中因子的变化对响应值的影响。当过程的输出表现为一个随时间变化的时间序列时，即在一定的时间间隔内响应值表现为轮廓、曲面或图像。现有的一元或多元的响应曲面法不能完全适用。在这种情况下，实验设计的目的不仅是优化，还有描述曲面的行为特性，并预测响应曲面的变化趋势。

例如，美国空军空中加油机模拟鉴定飞行试验。实验中有多个响应，每个响应是一个时间序列。在不同的时间段内表现为一个曲面。实验设计的目的是理解每个响应的响应曲面随时间变化的规律，建立预测模型并绘制曲面随时间变化的动画。

轮廓数据的实验设计问题在很多应用领域存在，如化工、食品、机械制造等。轮廓数据监控与优化工具的开发将成为质量管理未来的研究重点之一。

四、质量知识管理

随着知识经济时代的到来，知识管理成为企业管理必须重视的重要工具。知识管理协助企业组织或个人，围绕各种来源的知识内容，利用信息技术，实现知识的生产、分享、应用与创新，并在企业与个人、组织运营、客户价值以及经济绩效等诸方面形成知识优势和产生价值的过程。

ISO 9001:2015 版质量管理体系引入了知识管理的内容，这说明质量知识管理已经成为企业必须采用的重要管理手段。

知识管理包括知识开发、知识保存、知识共享、知识利用、知识评价、知识创新等过程。知识管理系统是将上述过程按照一定的相互关系组合而成的一个管理体系。

以上海大众汽车公司的产品质量知识管理为例。该系统的作用是快速解决用户抱怨，降低整车故障率和索赔费用。质量知识管理系统集生产、销售、索赔等各方面数据的搜集、整理、数理统计模型的自动分析计算于一身，全面监控市场各车型各零部件异常质量波动，并预测未来发展趋势。

产品质量知识管理系统可分为三个层面：

第一个层面面向沟通的系统，基于质量分析工作流的概念，通过 Web 服务，它不仅方便了质量分析人员进行问题管理、问题跟踪、问题查询，而且可使企业内部的设计、质保、售后服务等人员能方便快捷地进行信息共享，高效地协同工作。

第二个层面面向流程，它通过应用程序实现自动的数据计算、报表生成、数据查询和数据分析功能。质量分析人员从大量的报表统计工作中解脱出来，从而进行与业务相关的数据分析和故障件实物质量改进工作。

第三个层面面向管理和决策，通过运用各种统计分析技术和数据挖掘技术，实现对关键业务指标进行监控、预测和预警，通过数据导航实现对各个车型的故障率和索赔费用进行宏观把握，通过综合排名给出各个车型、各个零件的风险等级，公司管理者能够实时清楚地了解公司整体市场质量状况，为公司的战略决策、质量行动提供支持，为企业的管理和决策提供科学的依据。

有效的质量知识管理系统能够将质量问题的暴露时间降低一半。提前发出报警能够使企业更早发现质量问题并迅速解决，减少损失。上海大众的质量知识管理系统自零件生产月份开始，只需 2～3 个月就可监控到市场上异常情况的发生。在一定的置信度下，在车辆交付 1～2 个月内即可监控到异常质量问题。仅预测预警功能，每年能为公司节约索赔费用约 180 万元。

在质量知识管理系统发出预警后，系统可对预警时间段进行问题定义、文本分析/挖掘、相关性分析、多因素分析、分布分析、重复修理率分析等，并形成分析报告。

通过该系统，质量分析工程师能够在车辆上市初期 2 周内发现潜在的批量性问题；在 1～2 个月内发现市场上各车型、各零部件的明显质量问题；在 1～2 天内帮助质量分析师定义明确的质量问题，并为质量问题的分析提供正确的解决方向，大大提升质量分析的效率。

各种类型的企业开发适用于本企业的质量知识管理系统，将适用本企业实际情况的质量管理工具集成在系统中，将成为未来质量工具的发展趋势之一。

五、拓展应用领域

质量管理工具的核心作用是通过对数据进行分析，发现知识并进行创新。这种能力在很多领域均能得到应用。一直以来质量工具的应用领域多以传统制造业为主，然而随着知识经济与大数据时代的到来，在很多新的领域，质量管理工具能够发挥作用。

现代服务业组织应用计算机进行排程计划、记账及其他管理活动。运用质量管理的统计工具对数据进行分析，能够为改善服务质量提供有价值的信息，并且有助于有效控制服务过程，保证顾客的消费体验。

卫生保健行业面对急剧上升的成本，需要有效的方法降低成本、提高收益。六西格玛管理已应用于卫生保健领域。

医疗器械行业也是质量管理工具可以发挥作用的领域之一。医疗器械的安全性是社会广泛关注的重要问题。医疗器械故障引起医疗事故的事件不断出现，更加提醒人们需要关注医疗器械的质量问题。质量和可靠性是两个主要问题。实验设计（DOE）、可靠性工程、质量控制方法均能在这一领域发挥作用。从医疗设备的传感器上搜集到的数据，运用统计过程控制（SPC）或其他统计工具能够检测设备自身的健康状况。

SPC 不仅在制造过程中能够用来对质量水平进行监控，也可以用来对系统的运行状况进行监控。例如，在汽车上安装诊断计算机，监控汽车的实时运行状态。在每台汽车上可以同时用一百个以上的控制图并行监控各个部件。通过某些算法综合所有信息，并将结果显示在仪表盘上。适合该特定工况的 SPC 工具仍需研究开发。类似的问题也适用于医疗器械、核反应堆等各种系统的监控问题。因此，对不同应用条件下质量管理工具的开发仍在继续。

公共安全监控问题与制造过程质量监控问题有相似之处。降低错误报警率是国土安全监控的重点。传染病监控是近年来质量管理工具重要的应用领域。对传染病暴发的及时预警,能够挽救大量的生命。如何在现有质量管理工具的基础上结合其他领域的技术,开发出适用于传染病监控的方法仍需深入研究。

生物制药领域也是质量管理工具的应用领域。生物制药过程中的变量很多,变异也很复杂,传统的质量管理工具不能完全适用。

质量管理经过较长的发展历程,在工业化时代形成了许多成熟的工具方法,在制造业得到了充分有效的应用。在非制造业领域中也存在与制造业中类似的问题,如监控、优化等。质量管理工具在非制造业及新兴制造业领域有十分广泛的应用前景。在数字经济时代,面对新领域需要解决的问题,需要对现有的方法进行改进或创新。将质量管理工具的应用领域不断拓展,加强全面质量管理促进智能化生产、个性化定制、网络化协同和服务化延伸新模式发展是未来的质量发展趋势,也是促进智能制造发展的关键。

本章小结

数字化转型、工业 4.0 等都是用来描述颠覆性技术对工作场所、劳动力和市场、组织、服务等带来变化的术语。但通过质量的视角看待以上变革的话题却仍无定论。质量界的国际会议将探讨颠覆性技术对质量功能和整体质量行业的影响作为主题。本章从 A(Artificial Intelligence 人工智能)、B(Block Chain 区块链)、C(Cloud Computing 云计算)、D(Big Data 大数据)、I(Internet of Things 物联网)(简称:ABCDI)等几个方面探讨对经济的影响,并通过与质量管理方法与工具的融合及延伸,对未来的数据采集、建模、故障诊断、质量监控、质量溯源等方面产生的影响进行了叙述,同时对质量管理方法与工具本身的未来进行了展望。

思考题

1. 试述其他新一代信息技术在质量管理方法与工具中的新应用(如在线监测、在线控制、产品全生命周期追溯)。

2. 试述数字孪生对质量管理方法与工具的影响(数字可视化、高级统计、预测分析、机器学习)。

3. 试述运营技术(OT)与信息技术(IT)融合的质量管理新发展(六西格玛、精益生产)。

4. 试述质量管理与方法的 App 开发应用。

5. 试述工业互联网平台建设中质量管理的应用(如边缘处理和计算)。

6. 对于轮廓监控问题,我们要面对一些新的挑战:

(1) 如何从历史轮廓数据中提取受控轮廓的基本特征?

(2) 如何测量实时观测的轮廓与受控轮廓之间的差异?

(3) 如何对轮廓数据建立适合的统计模型?

(4) 轮廓数据的数量要远大于多元数据,如何有效降低计算时间?

(5) 如何对失控状态下的轮廓形状进行合理解释?

附　录

附录一　标准正态分布函数数值表

$$\Phi(x)=\frac{1}{2\pi}\int_{-\infty}^{x}\mathrm{e}^{-\frac{t2}{2}}\mathrm{d}t\,(x>0)$$

x	0.00	0.01	0.02	0.03	0.04	0.05	0.06	0.07	0.08	0.09
0.0	0.500 0	0.504 0	0.508 0	0.512 0	0.516 0	0.519 9	0.523 9	0.527 9	0.531 9	0.535 9
0.1	0.539 8	0.543 8	0.547 8	0.551 7	0.555 7	0.559 6	0.563 6	0.567 5	0.571 4	0.575 3
0.2	0.579 3	0.583 2	0.587 1	0.591 0	0.594 8	0.598 7	0.602 6	0.606 4	0.610 3	0.614 1
0.3	0.617 9	0.621 7	0.625 5	0.629 3	0.633 1	0.636 8	0.640 6	0.644 3	0.648 0	0.651 7
0.4	0.655 4	0.659 1	0.662 8	0.666 4	0.670 0	0.673 6	0.677 2	0.680 8	0.684 4	0.687 9
0.5	0.691 5	0.695 0	0.698 5	0.701 9	0.705 4	0.708 8	0.712 3	0.715 7	0.719 0	0.722 4
0.6	0.725 7	0.729 1	0.732 4	0.735 7	0.738 9	0.742 2	0.745 4	0.748 6	0.751 7	0.754 9
0.7	0.758 0	0.761 1	0.764 2	0.767 3	0.770 3	0.773 4	0.776 4	0.779 4	0.782 3	0.785 2
0.8	0.788 1	0.791 0	0.793 9	0.796 7	0.799 5	0.802 3	0.805 1	0.807 8	0.810 6	0.813 3
0.9	0.815 9	0.818 6	0.821 2	0.823 8	0.826 4	0.828 9	0.831 5	0.834 0	0.836 5	0.838 9
1.0	0.841 3	0.843 8	0.846 1	0.848 5	0.850 8	0.853 1	0.855 4	0.857 7	0.859 9	0.862 1
1.1	0.864 3	0.866 5	0.868 6	0.870 8	0.872 9	0.874 9	0.877 0	0.879 0	0.881 0	0.883 0
1.2	0.884 9	0.886 9	0.888 8	0.890 7	0.892 5	0.894 4	0.896 2	0.898 0	0.899 7	0.901 5
1.3	0.903 2	0.904 9	0.906 6	0.908 2	0.909 9	0.911 5	0.913 1	0.914 7	0.916 2	0.917 7
1.4	0.919 2	0.920 7	0.922 2	0.923 6	0.925 1	0.926 5	0.927 8	0.929 2	0.930 6	0.931 9
1.5	0.933 2	0.934 5	0.935 7	0.937 0	0.938 2	0.939 4	0.940 6	0.941 8	0.943 0	0.944 1
1.6	0.945 2	0.946 3	0.947 4	0.948 4	0.949 5	0.950 5	0.951 5	0.952 5	0.953 5	0.954 5
1.7	0.955 4	0.956 4	0.957 3	0.958 2	0.959 1	0.959 9	0.960 8	0.961 6	0.962 5	0.963 3
1.8	0.964 1	0.964 9	0.965 6	0.966 4	0.967 1	0.967 8	0.968 6	0.969 3	0.970 0	0.970 6
1.9	0.971 3	0.971 9	0.972 6	0.973 2	0.973 8	0.974 4	0.975 0	0.975 6	0.976 1	0.976 7
2.0	0.977 2	0.977 8	0.978 3	0.978 8	0.979 3	0.979 8	0.980 3	0.980 8	0.981 2	0.981 7
2.1	0.982 1	0.982 6	0.983 0	0.983 4	0.983 8	0.984 2	0.984 6	0.985 0	0.985 4	0.985 7
2.2	0.986 1	0.986 4	0.986 8	0.987 1	0.987 5	0.987 8	0.988 1	0.988 4	0.988 7	0.989 0
2.3	0.989 3	0.989 6	0.989 8	0.990 1	0.990 4	0.990 6	0.990 9	0.991 1	0.991 3	0.991 6
2.4	0.991 8	0.992 0	0.992 2	0.992 5	0.992 7	0.992 9	0.993 1	0.993 2	0.993 4	0.993 6
2.5	0.993 8	0.994 0	0.994 1	0.994 3	0.994 5	0.994 6	0.994 8	0.994 9	0.995 1	0.995 2
2.6	0.995 3	0.995 5	0.995 6	0.995 7	0.995 9	0.996 0	0.996 1	0.996 2	0.996 3	0.996 4
2.7	0.996 5	0.996 6	0.996 7	0.996 8	0.996 9	0.997 0	0.997 1	0.997 2	0.997 3	0.997 4
2.8	0.997 4	0.997 5	0.997 6	0.997 7	0.997 7	0.997 8	0.997 9	0.997 9	0.998 0	0.998 1
2.9	0.998 1	0.998 2	0.998 2	0.998 3	0.998 4	0.998 4	0.998 5	0.998 5	0.998 6	0.998 6
3.0	0.998 7	0.998 7	0.998 7	0.998 8	0.998 8	0.998 9	0.998 9	0.998 9	0.999 0	0.999 0
3.2	0.999 3	0.999 3	0.999 4	0.999 4	0.999 4	0.999 4	0.999 4	0.999 5	0.999 5	0.999 5
3.4	0.999 7	0.999 7	0.999 7	0.999 7	0.999 7	0.999 7	0.999 7	0.999 7	0.999 7	0.999 8
3.6	0.999 8	0.999 8	0.999 9	0.999 9	0.999 9	0.999 9	0.999 9	0.999 9	0.999 9	0.999 0
3.8	0.999 9	0.999 9	0.999 9	0.999 9	0.999 9	0.999 9	0.999 9	0.999 9	0.999 9	0.999 0

$\Phi(4.0)=0.999\ 968\ 329$　　$\Phi(5.0)=0.999\ 999\ 713\ 3$　　$\Phi(6.0)=0.999\ 999\ 999\ 0$

附录二 χ^2 分布分位数值表

$$P(\chi^2 \leqslant \chi^2_{1-\alpha}(n)) = 1-\alpha$$

n	α					
	0.995	0.99	0.975	0.95	0.90	0.75
1	—	—	0.001	0.004	0.016	0.102
2	0.010	0.020	0.051	0.103	0.211	0.575
3	0.072	0.115	0.216	0.352	0.584	1.213
4	0.207	0.297	0.484	0.711	1.064	1.923
5	0.412	0.554	0.831	1.145	1.610	2.675
6	0.676	0.872	1.237	1.635	2.204	3.455
7	0.989	1.239	1.690	2.167	2.833	4.255
8	1.344	1.646	2.180	2.733	3.490	5.071
9	1.735	2.088	2.700	3.325	4.168	5.899
10	2.156	2.558	3.247	3.940	4.865	6.737
11	2.603	3.053	3.816	4.575	5.578	7.584
12	3.074	3.571	4.404	5.226	6.304	8.438
13	3.565	4.107	5.009	5.892	7.042	9.299
14	4.075	4.660	5.629	6.571	7.790	10.165
15	4.601	5.229	6.262	7.261	8.547	11.037
16	5.142	5.812	6.908	7.962	9.312	11.912
17	5.697	6.408	7.564	8.672	10.085	12.792
18	6.265	7.015	8.231	9.390	10.865	13.675
19	6.844	7.633	8.907	10.117	11.651	14.562
20	7.434	8.260	9.591	10.851	12.443	15.452
21	8.034	6.897	10.283	11.591	13.240	16.344
22	8.643	9.542	10.982	12.338	14.042	17.240
23	9.260	10.196	11.689	13.091	14.848	18.137
24	9.886	10.856	12.401	13.848	15.659	19.037
25	10.520	11.524	13.120	14.611	16.473	19.939
26	11.160	12.198	13.844	15.379	17.292	20.843
27	11.808	12.879	14.573	16.151	18.114	21.749
28	12.461	13.565	15.308	16.928	18.939	22.657
29	13.121	14.257	16.047	17.708	19.768	23.567
30	13.787	14.954	16.791	18.493	20.599	24.478
31	14.458	15.655	17.539	19.281	21.434	25.390
32	15.134	16.362	18.291	20.072	22.271	26.304
33	15.815	17.074	19.074	20.867	23.110	27.219
34	16.501	17.789	19.806	21.664	23.952	28.136
35	17.192	18.509	20.569	22.465	24.797	29.054
36	17.887	19.233	21.336	23.269	25.643	29.973
37	18.586	19.960	22.106	24.075	26.492	30.893
38	19.289	20.691	22.878	24.884	27.343	31.815
39	19.996	21.426	23.654	25.595	28.196	32.737
40	20.707	22.164	24.433	26.509	29.051	33.660
41	21.421	20.906	25.215	27.326	29.907	34.585
42	22.138	23.650	25.999	28.144	30.765	35.510
43	22.859	24.398	26.785	28.965	31.625	36.436
44	23.584	25.148	27.575	29.787	32.487	37.363
45	24.311	25.901	28.366	30.612	33.350	38.291

续 表

n	α					
	0.25	0.10	0.05	0.025	0.01	0.005
1	1.323	2.706	3.841	5.024	6.635	7.879
2	2.773	4.605	5.991	7.378	9.210	10.597
3	4.108	6.251	7.815	9.343	11.345	12.838
4	5.385	7.779	9.488	11.143	13.277	14.860
5	6.626	9.236	11.071	12.833	15.086	16.750
6	7.841	10.645	12.592	14.449	16.812	18.548
7	9.037	12.017	14.067	16.013	18.475	20.278
8	10.219	13.362	15.507	17.535	20.090	21.955
9	11.389	14.684	16.919	19.023	21.666	23.589
10	12.549	15.987	18.307	20.483	23.209	25.188
11	13.701	17.275	19.675	21.920	24.725	26.757
12	14.845	18.549	21.026	23.337	26.217	28.299
13	15.984	19.812	22.362	24.736	27.688	29.819
14	17.117	21.064	23.685	26.119	29.141	31.319
15	18.245	22.307	24.996	27.488	30.578	32.801
16	19.369	23.542	26.296	28.845	32.000	34.267
17	20.489	24.769	27.587	30.191	33.409	35.718
18	21.605	25.989	28.869	31.526	34.805	37.156
19	22.718	27.204	30.144	32.852	36.191	38.582
20	23.828	28.412	31.410	34.170	37.566	39.997
21	24.935	29.615	32.671	36.479	38.932	41.401
22	26.039	30.813	33.924	36.781	40.289	42.796
23	27.141	32.007	35.172	38.076	41.638	44.181
24	28.241	33.196	36.415	39.364	42.980	45.559
25	29.339	34.382	37.652	40.646	44.314	46.928
26	30.435	35.563	38.885	41.925	45.642	48.290
27	31.528	36.741	40.113	43.134	46.963	49.645
28	32.620	37.916	41.337	44.461	48.278	50.993
29	33.711	39.087	42.557	45.722	49.588	53.336
30	34.800	40.256	43.773	46.979	50.892	53.672
31	35.887	41.422	44.985	48.232	52.191	55.003
32	36.973	42.585	46.194	49.480	53.486	56.328
33	38.058	43.745	47.400	50.725	54.776	57.648
34	39.141	44.903	48.602	51.966	56.061	58.964
35	40.223	46.059	49.802	53.203	57.342	60.275
36	41.304	47.212	50.998	54.437	58.619	61.581
37	42.383	48.363	52.192	55.668	59.892	62.883
38	43.462	49.513	53.384	56.896	61.162	64.181
39	44.539	50.660	54.572	58.120	62.428	65.476
40	45.616	51.805	55.758	59.342	63.691	66.766
41	46.692	52.949	56.942	60.561	64.950	68.053
42	47.766	54.090	58.124	61.777	66.206	69.336
43	48.840	55.230	59.304	62.290	87.459	70.616
44	49.913	56.369	60.481	64.201	68.710	71.893
45	50.985	57.505	61.656	65.410	69.957	73.166

附录三 t 分布分位数值表

$$P(T \leqslant t_{1-\alpha}(n)) = 1-\alpha$$

n	α					
	0.25	0.10	0.05	0.025	0.01	0.005
1	1.000 0	3.077 7	6.313 8	12.706 2	31.820 7	63.657 4
2	0.816 5	1.885 6	2.920 0	4.302 7	6.964 6	9.924 8
3	0.764 9	1.637 7	2.353 4	3.182 4	4.540 7	5.840 9
4	0.740 7	1.533 2	2.131 8	2.776 4	3.746 9	4.604 1
5	0.726 7	1.475 9	2.015 0	2.570 6	3.364 9	4.032 2
6	0.717 6	1.439 8	1.943 2	2.446 9	3.142 7	3.707 4
7	0.711 1	1.414 9	1.894 6	2.364 6	2.998 0	3.499 5
8	0.706 4	1.396 8	1.859 5	2.306 0	2.896 5	3.355 4
9	0.702 7	1.383 0	1.833 1	2.262 2	2.821 4	3.249 8
10	0.699 8	1.372 2	1.812 5	2.228 1	2.763 8	3.169 3
11	0.697 4	1.363 4	1.795 9	2.201 0	2.718 1	3.105 8
12	0.695 5	1.356 2	1.782 3	2.178 8	2.681 0	3.054 5
13	0.693 8	1.350 2	1.770 9	2.160 4	2.650 3	3.012 3
14	0.692 4	1.345 0	1.761 3	2.144 8	2.624 5	2.976 8
15	0.691 2	1.340 6	1.753 1	2.131 5	2.602 5	2.946 7
16	0.690 1	1.336 8	1.745 9	2.119 9	2.583 5	2.920 8
17	0.689 2	1.333 4	1.739 6	2.109 8	2.566 9	2.898 2
18	0.688 4	1.330 4	1.734 1	2.100 9	2.552 4	2.878 4
19	0.687 6	1.327 7	1.729 1	2.093 0	2.539 5	2.860 9
20	0.687 0	1.325 3	1.724 7	2.086 0	2.528 0	2.845 3
21	0.686 4	1.323 2	1.720 7	2.079 6	2.517 7	2.831 4
22	0.685 8	1.321 2	1.717 1	2.073 9	2.508 3	2.818 8
23	0.685 3	1.319 5	1.713 9	2.068 7	2.499 9	2.807 3
24	0.684 8	1.317 8	1.710 9	2.063 9	2.492 2	2.796 9
25	0.684 4	1.316 3	1.708 1	2.059 5	2.485 1	2.787 4
26	0.684 0	1.315 0	1.705 6	2.055 5	2.478 6	2.778 7
27	0.683 7	1.313 7	1.703 3	2.051 8	2.472 7	2.770 7
28	0.683 4	1.312 5	1.701 1	2.048 4	2.467 1	2.763 3
29	0.683 0	1.311 4	1.699 1	2.045 2	2.462 0	2.756 4
30	0.682 8	1.310 4	1.697 3	2.042 3	2.457 3	2.750 0
31	0.682 5	1.309 5	1.695 5	2.039 5	2.452 8	2.744 0
32	0.682 2	1.308 6	1.693 9	2.036 9	2.448 7	2.738 5
33	0.682 0	1.307 7	1.692 4	2.034 5	2.444 8	2.733 3
34	0.681 8	1.307 0	1.690 9	2.032 2	2.441 1	2.728 4
35	0.681 6	1.306 2	1.689 6	2.030 1	2.437 7	2.723 8
36	0.681 4	1.305 5	1.688 3	2.028 1	2.434 5	2.719 5
37	0.681 2	1.304 9	1.687 1	2.026 2	2.431 4	2.715 4
38	0.681 0	1.304 2	1.686 0	2.024 4	2.428 6	2.711 6
39	0.680 8	1.303 6	1.684 9	2.022 7	2.425 8	2.707 9
40	0.680 7	1.303 1	1.683 9	2.021 1	2.423 3	2.704 5
41	0.680 5	1.302 5	1.682 9	2.019 5	2.420 8	2.701 2
42	0.680 4	1.302 0	1.682 0	2.018 1	2.418 5	2.698 1
43	0.680 2	1.301 6	1.681 1	2.016 7	2.416 3	2.695 1
44	0.680 1	1.301 1	1.680 2	2.015 4	2.414 1	2.692 3
45	0.680 0	1.300 6	1.679 4	2.014 1	2.412 1	2.689 6

附录四 F 分布分位数值表

$$P(F \leqslant F_{1-\alpha}(n_1, n_2)) = 1-\alpha$$

(1) $\alpha = 0.10$

n_2	n_1																			
	1	2	3	4	5	6	7	8	9	10	12	14	16	18	20	25	30	60	120	+∞
1	39.86	49.50	53.59	55.83	57.24	58.20	58.91	59.44	59.86	60.19	60.71	61.07	61.35	61.57	61.74	62.05	62.26	62.79	63.06	63.31
2	8.53	9.00	9.16	9.24	9.29	9.33	9.35	9.37	9.38	9.39	9.41	9.42	9.43	9.44	9.44	9.45	9.46	9.47	9.48	9.49
3	5.54	5.46	5.39	5.34	5.31	5.28	5.27	5.25	5.24	5.23	5.22	5.20	5.20	5.19	5.18	5.17	5.17	5.15	5.14	5.13
4	4.54	4.32	4.19	4.11	4.05	4.01	3.98	3.95	3.94	3.92	3.90	3.88	3.86	3.85	3.84	3.83	3.82	3.79	3.78	3.76
5	4.06	3.78	3.62	3.52	3.45	3.40	3.37	3.34	3.32	3.30	3.27	3.25	3.23	3.22	3.21	3.19	3.17	3.14	3.12	3.11
6	3.78	3.46	3.29	3.18	3.11	3.05	3.01	2.98	2.96	2.94	2.90	2.88	2.86	2.85	2.84	2.81	2.80	2.76	2.74	2.72
7	3.59	3.26	3.07	2.96	2.88	2.83	2.78	2.75	2.72	2.70	2.67	2.64	2.62	2.61	2.59	2.57	2.56	2.51	2.49	2.47
8	3.46	3.11	2.92	2.81	2.73	2.67	2.62	2.59	2.56	2.54	2.50	2.48	2.45	2.44	2.42	2.40	2.38	2.34	2.32	2.29
9	3.36	3.01	2.81	2.69	2.61	2.55	2.51	2.47	2.44	2.42	2.38	2.35	2.33	2.31	2.30	2.27	2.25	2.21	2.18	2.16
10	3.29	2.92	2.73	2.61	2.52	2.46	2.41	2.38	2.35	2.32	2.28	2.26	2.23	2.22	2.20	2.17	2.16	2.11	2.08	2.06
12	3.18	2.81	2.61	2.48	2.39	2.33	2.28	2.24	2.21	2.19	2.15	2.12	2.09	2.08	2.06	2.03	2.01	1.96	1.93	1.91
14	3.10	2.73	2.52	2.39	2.31	2.24	2.19	2.15	2.12	2.10	2.05	2.02	2.00	1.98	1.96	1.93	1.91	1.86	1.83	1.80
16	3.05	2.67	2.46	2.33	2.24	2.18	2.13	2.09	2.06	2.03	1.99	1.95	1.93	1.91	1.89	1.86	1.84	1.78	1.75	1.72
18	3.01	2.62	2.42	2.29	2.20	2.13	2.08	2.04	2.00	1.98	1.93	1.90	1.87	1.85	1.84	1.80	1.78	1.72	1.69	1.66
20	2.97	2.59	2.38	2.25	2.16	2.09	2.04	2.00	1.96	1.94	1.89	1.86	1.83	1.81	1.79	1.76	1.74	1.68	1.64	1.61
25	2.92	2.53	2.32	2.18	2.09	2.02	1.97	1.93	1.89	1.87	1.82	1.79	1.76	1.74	1.72	1.68	1.66	1.59	1.56	1.52
30	2.88	2.49	2.28	2.14	2.05	1.98	1.93	1.88	1.85	1.82	1.77	1.74	1.71	1.69	1.67	1.63	1.61	1.54	1.50	1.46
60	2.79	2.39	2.18	2.04	1.95	1.87	1.82	1.77	1.74	1.71	1.66	1.62	1.59	1.56	1.54	1.50	1.48	1.40	1.35	1.30
120	2.75	2.35	2.13	1.99	1.90	1.82	1.77	1.72	1.68	1.65	1.60	1.56	1.53	1.50	1.48	1.44	1.41	1.32	1.26	1.20
+∞	2.71	2.31	2.09	1.95	1.85	1.78	1.72	1.67	1.63	1.60	1.55	1.51	1.47	1.45	1.42	1.38	1.35	1.25	1.18	1.06

（2）$\alpha = 0.05$

续表

n_2	n_1																			
	1	2	3	4	5	6	7	8	9	10	12	14	16	18	20	25	30	60	120	$+\infty$
1	161.45	199.50	215.71	224.58	230.16	233.99	236.77	238.88	240.54	241.88	243.91	245.36	246.46	247.32	248.01	249.26	251.10	252.20	253.25	254.25
2	18.51	19.00	19.16	19.25	19.30	19.33	19.35	19.37	19.38	19.40	19.41	19.42	19.43	19.44	19.45	19.46	19.47	19.48	19.49	19.50
3	10.13	9.55	9.28	9.12	9.01	8.94	8.89	8.85	8.81	8.79	8.74	8.71	8.69	8.67	8.66	8.63	8.62	8.57	8.55	8.53
4	7.71	6.94	6.59	6.39	6.26	6.16	6.09	6.04	6.00	5.96	5.91	5.87	5.84	5.82	5.80	5.77	5.75	5.69	5.66	5.63
5	6.61	5.79	5.41	5.19	5.05	4.95	4.88	4.82	4.77	4.74	4.68	4.64	4.60	4.58	4.56	4.52	4.50	4.43	4.40	4.37
6	5.99	5.14	4.76	4.53	4.39	4.28	4.21	4.15	4.10	4.06	4.00	3.96	3.92	3.90	3.87	3.83	3.81	3.74	3.70	3.67
7	5.59	4.74	4.35	4.12	3.97	3.87	3.79	3.73	3.68	3.64	3.57	3.53	3.49	3.47	3.44	3.40	3.38	3.30	3.27	3.23
8	5.32	4.46	4.07	3.84	3.69	3.58	3.50	3.44	3.39	3.35	3.28	3.24	3.20	3.17	3.15	3.11	3.08	3.01	2.97	2.93
9	5.12	4.26	3.86	3.63	3.48	3.37	3.29	3.23	3.18	3.14	3.07	3.03	2.99	2.96	2.94	2.89	2.86	2.79	2.75	2.71
10	4.96	4.10	3.71	3.48	3.33	3.22	3.14	3.07	3.02	2.98	2.91	2.86	2.83	2.80	2.77	2.73	2.70	2.62	2.58	2.54
12	4.75	3.89	3.49	3.26	3.11	3.00	2.91	2.85	2.80	2.75	2.69	2.64	2.60	2.57	2.54	2.50	2.47	2.38	2.34	2.30
14	4.60	3.74	3.34	3.11	2.96	2.85	2.76	2.70	2.65	2.60	2.53	2.48	2.44	2.41	2.39	2.34	2.31	2.22	2.18	2.13
16	4.49	3.63	3.24	3.01	2.85	2.74	2.66	2.59	2.54	2.49	2.42	2.37	2.33	2.30	2.28	2.23	2.19	2.11	2.06	2.01
18	4.41	3.55	3.16	2.93	2.77	2.66	2.58	2.51	2.46	2.41	2.34	2.29	2.25	2.22	2.19	2.14	2.11	2.02	1.97	1.92
20	4.35	3.49	3.10	2.87	2.71	2.60	2.51	2.45	2.39	2.35	2.28	2.22	2.18	2.15	2.12	2.07	2.04	1.95	1.90	1.85
25	4.24	3.39	2.99	2.76	2.60	2.49	2.40	2.34	2.28	2.24	2.16	2.11	2.07	2.04	2.01	1.96	1.92	1.82	1.77	1.71
30	4.17	3.32	2.92	2.69	2.53	2.42	2.33	2.27	2.21	2.16	2.09	2.04	1.99	1.96	1.93	1.88	1.84	1.74	1.68	1.63
60	4.00	3.15	2.76	2.53	2.37	2.25	2.17	2.10	2.04	1.99	1.92	1.86	1.82	1.78	1.75	1.69	1.65	1.53	1.47	1.39
120	3.92	3.07	2.68	2.45	2.29	2.18	2.09	2.02	1.96	1.91	1.83	1.78	1.73	1.69	1.66	1.60	1.55	1.43	1.35	1.26
$+\infty$	3.85	3.00	2.61	2.38	2.22	2.10	2.01	1.94	1.88	1.84	1.76	1.70	1.65	1.61	1.58	1.51	1.46	1.32	1.23	1.08

(3) $\alpha = 0.025$

续表

n_2	n_1																			
	1	2	3	4	5	6	7	8	9	10	12	14	16	18	20	25	30	60	120	$+\infty$
1	647.79	799.50	864.16	899.58	921.85	937.11	948.22	956.66	963.28	968.63	976.71	982.53	986.92	990.35	993.10	998.08	1 001.41	1 009.80	1 014.02	1 018.00
2	38.51	39.00	39.17	39.25	39.30	39.33	39.36	39.37	39.39	39.40	39.41	39.43	39.44	39.44	39.45	39.46	39.46	39.48	39.49	39.50
3	17.44	16.04	15.44	15.10	14.88	14.73	14.62	14.54	14.47	14.42	14.34	14.28	14.23	14.20	14.17	14.12	14.08	13.99	13.95	13.90
4	12.22	10.65	9.98	9.60	9.36	9.20	9.07	8.98	8.90	8.84	8.75	8.68	8.63	8.59	8.56	8.50	8.46	8.36	8.31	8.26
5	10.01	8.43	7.76	7.39	7.15	6.98	6.85	6.76	6.68	6.62	6.52	6.46	6.40	6.36	6.33	6.27	6.23	6.12	6.07	6.02
6	8.81	7.26	6.60	6.23	5.99	5.82	5.70	5.60	5.52	5.46	5.37	5.30	5.24	5.20	5.17	5.11	5.07	4.96	4.90	4.85
7	8.07	6.54	5.89	5.52	5.29	5.12	4.99	4.90	4.82	4.76	4.67	4.60	4.54	4.50	4.47	4.40	4.36	4.25	4.20	4.15
8	7.57	6.06	5.42	5.05	4.82	4.65	4.53	4.43	4.36	4.30	4.20	4.13	4.08	4.03	4.00	3.94	3.89	3.78	3.73	3.67
9	7.21	5.71	5.08	4.72	4.48	4.32	4.20	4.10	4.03	3.96	3.87	3.80	3.74	3.70	3.67	3.60	3.56	3.45	3.39	3.34
10	6.94	5.46	4.83	4.47	4.24	4.07	3.95	3.85	3.78	3.72	3.62	3.55	3.50	3.45	3.42	3.35	3.31	3.20	3.14	3.08
12	6.55	5.10	4.47	4.12	3.89	3.73	3.61	3.51	3.44	3.37	3.28	3.21	3.15	3.11	3.07	3.01	2.96	2.85	2.79	2.73
14	6.30	4.86	4.24	3.89	3.66	3.50	3.38	3.29	3.21	3.15	3.05	2.98	2.92	2.88	2.84	2.78	2.73	2.61	2.55	2.49
16	6.12	4.69	4.08	3.73	3.50	3.34	3.22	3.12	3.05	2.99	2.89	2.82	2.76	2.72	2.68	2.61	2.57	2.45	2.38	2.32
18	5.98	4.56	3.95	3.61	3.38	3.22	3.10	3.01	2.93	2.87	2.77	2.70	2.64	2.60	2.56	2.49	2.44	2.32	2.26	2.19
20	5.87	4.46	3.86	3.51	3.29	3.13	3.01	2.91	2.84	2.77	2.68	2.60	2.55	2.50	2.46	2.40	2.35	2.22	2.16	2.09
25	5.69	4.29	3.69	3.35	3.13	2.97	2.85	2.75	2.68	2.61	2.51	2.44	2.38	2.34	2.30	2.23	2.18	2.05	1.98	1.91
30	5.57	4.18	3.59	3.25	3.03	2.87	2.75	2.65	2.57	2.51	2.41	2.34	2.28	2.23	2.20	2.12	2.07	1.94	1.87	1.79
60	5.29	3.93	3.34	3.01	2.79	2.63	2.51	2.41	2.33	2.27	2.17	2.09	2.03	1.98	1.94	1.87	1.82	1.67	1.58	1.49
120	5.15	3.80	3.23	2.89	2.67	2.52	2.39	2.30	2.22	2.16	2.05	1.98	1.92	1.87	1.82	1.75	1.69	1.53	1.43	1.32
$+\infty$	5.03	3.70	3.12	2.79	2.57	2.41	2.29	2.20	2.12	2.05	1.95	1.87	1.81	1.76	1.72	1.63	1.57	1.40	1.28	1.09

（4）$\alpha = 0.01$

续 表

n_2	n_1																			
	1	2	3	4	5	6	7	8	9	10	12	14	16	18	20	25	30	60	120	$+\infty$
1	4 052.18	4 999.50	5 403.35	5 624.58	5 763.65	5 858.99	5 928.36	5 981.07	6 022.47	6 055.85	6 106.32	6 142.67	6 170.10	6 191.53	6 208.73	6 239.83	6 260.65	6 313.03	6 339.39	6 364.27
2	98.50	99.00	99.17	99.25	99.30	99.33	99.36	99.37	99.39	99.40	99.42	99.43	99.44	99.44	99.45	99.46	99.47	99.48	99.49	99.50
3	34.12	30.82	29.46	28.71	28.24	27.91	27.67	27.49	27.35	27.23	27.05	26.92	26.83	26.75	26.69	26.58	26.50	26.32	26.22	26.13
4	21.20	18.00	16.69	15.98	15.52	15.21	14.98	14.80	14.66	14.55	14.37	14.25	14.15	14.08	14.02	13.91	13.84	13.65	13.56	13.47
5	16.26	13.27	12.06	11.39	10.97	10.67	10.46	10.29	10.16	10.05	9.89	9.77	9.68	9.61	9.55	9.45	9.38	9.20	9.11	9.03
6	13.75	10.92	9.78	9.15	8.75	8.47	8.26	8.10	7.98	7.87	7.72	7.60	7.52	7.45	7.40	7.30	7.23	7.06	6.97	6.89
7	12.25	9.55	8.45	7.85	7.46	7.19	6.99	6.84	6.72	6.62	6.47	6.36	6.28	6.21	6.16	6.06	5.99	5.82	5.74	5.65
8	11.26	8.65	7.59	7.01	6.63	6.37	6.18	6.03	5.91	5.81	5.67	5.56	5.48	5.41	5.36	5.26	5.20	5.03	4.95	4.86
9	10.56	8.02	6.99	6.42	6.06	5.80	5.61	5.47	5.35	5.26	5.11	5.01	4.92	4.86	4.81	4.71	4.65	4.48	4.40	4.32
10	10.04	7.56	6.55	5.99	5.64	5.39	5.20	5.06	4.94	4.85	4.71	4.60	4.52	4.46	4.41	4.31	4.25	4.08	4.00	3.91
12	9.33	6.93	5.95	5.41	5.06	4.82	4.64	4.50	4.39	4.30	4.16	4.05	3.97	3.91	3.86	3.76	3.70	3.54	3.45	3.37
14	8.86	6.51	5.56	5.04	4.69	4.46	4.28	4.14	4.03	3.94	3.80	3.70	3.62	3.56	3.51	3.41	3.35	3.18	3.09	3.01
16	8.53	6.23	5.29	4.77	4.44	4.20	4.03	3.89	3.78	3.69	3.55	3.45	3.37	3.31	3.26	3.16	3.10	2.93	2.84	2.76
18	8.29	6.01	5.09	4.58	4.25	4.01	3.84	3.71	3.60	3.51	3.37	3.27	3.19	3.13	3.08	2.98	2.92	2.75	2.66	2.57
20	8.10	5.85	4.94	4.43	4.10	3.87	3.70	3.56	3.46	3.37	3.23	3.13	3.05	2.99	2.94	2.84	2.78	2.61	2.52	2.43
25	7.77	5.57	4.68	4.18	3.85	3.63	3.46	3.32	3.22	3.13	2.99	2.89	2.81	2.75	2.70	2.60	2.54	2.36	2.27	2.18
30	7.56	5.39	4.51	4.02	3.70	3.47	3.30	3.17	3.07	2.98	2.84	2.74	2.66	2.60	2.55	2.45	2.39	2.21	2.11	2.01
60	7.08	4.98	4.13	3.65	3.34	3.12	2.95	2.82	2.72	2.63	2.50	2.39	2.31	2.25	2.20	2.10	2.03	1.84	1.73	1.61
120	6.85	4.79	3.95	3.48	3.17	2.96	2.79	2.66	2.56	2.47	2.34	2.23	2.15	2.09	2.03	1.93	1.86	1.66	1.53	1.39
$+\infty$	6.65	4.62	3.79	3.33	3.03	2.81	2.65	2.52	2.42	2.33	2.19	2.09	2.01	1.94	1.89	1.78	1.71	1.48	1.34	1.11

附录五　泊松分布表

$$P(X=m)=\frac{\lambda^m}{m!}e^{-\lambda}$$

m	λ							
	0.1	0.2	0.3	0.4	0.5	0.6	0.7	0.8
0	0.904 837	0.818 731	0.740 818	0.670 320	0.606 531	0.548 812	0.496 585	0.449 329
1	0.090 484	0.163 746	0.222 245	0.268 128	0.303 265	0.329 287	0.347 610	0.359 463
2	0.004 524	0.016 375	0.033 337	0.053 626	0.075 816	0.098 786	0.121 663	0.143 785
3	0.000 151	0.001 092	0.003 334	0.007 150	0.012 636	0.019 757	0.028 388	0.038 343
4	0.000 004	0.000 055	0.000 250	0.000 715	0.001 580	0.002 964	0.004 968	0.007 669
5		0.000 002	0.000 015	0.000 057	0.000 158	0.000 356	0.000 696	0.001 227
6			0.000 001	0.000 004	0.000 013	0.000 036	0.000 081	0.000 164
7					0.000 001	0.000 003	0.000 008	0.000 019
8							0.000 001	0.000 002
9								

m	λ							
	0.9	1.0	1.5	2.0	2.5	3.0	3.5	4.0
0	0.406 570	0.367 879	0.223 130	0.135 335	0.082 085	0.049 787	0.030 197	0.018 316
1	0.365 913	0.367 879	0.334 695	0.270 671	0.205 212	0.149 361	0.105 691	0.073 263
2	0.164 661	0.183 940	0.251 021	0.270 671	0.256 516	0.224 042	0.184 959	0.146 525
3	0.049 398	0.061 313	0.125 511	0.180 447	0.213 763	0.224 042	0.215 785	0.195 367
4	0.011 115	0.015 328	0.047 067	0.090 224	0.133 602	0.168 031	0.188 812	0.195 367
5	0.002 001	0.003 066	0.014 120	0.036 089	0.066 801	0.100 819	0.132 169	0.156 293
6	0.000 300	0.000 511	0.003 530	0.012 030	0.027 834	0.050 409	0.077 098	0.104 196
7	0.000 039	0.000 073	0.000 756	0.003 437	0.009 941	0.021 604	0.038 549	0.059 540
8	0.000 004	0.000 009	0.000 142	0.000 859	0.003 106	0.008 102	0.016 865	0.029 770
9		0.000 001	0.000 024	0.000 191	0.000 863	0.002 701	0.006 559	0.013 231
10			0.000 004	0.000 038	0.000 216	0.000 810	0.002 296	0.005 292
11				0.000 007	0.000 049	0.000 221	0.000 730	0.001 925
12				0.000 001	0.000 010	0.000 055	0.000 213	0.000 642
13					0.000 002	0.000 013	0.000 057	0.000 197
14						0.000 003	0.000 014	0.000 056
15						0.000 001	0.000 003	0.000 015
16							0.000 001	0.000 004
17								0.000 001

附录六　常用正交表

注意：

1. No.表示实验序号，列号表示正交表中列的序号。
2. 交互作用表用来求两列间的两因素交互作用。
3. 在表格设计的形式中用下列记号表示正交表各列的组别。

组	列 号	其中只当 $L_{32}(2^{31})$ 时
1 组	○	1 组和 2 组
2 组	◎	3 组
3 组	⊙	4 组
4 组	●	5 组

（一）$L_4(2^3)$

No.	列 号		
	1	2	3
1	1	1	1
2	1	2	2
3	2	1	2
4	2	2	1
成 分	a	b	a b
	1组	2组	

（二）$L_8(2^7)$

No.	列 号						
	1	2	3	4	5	6	7
1	1	1	1	1	1	1	1
2	1	1	1	2	2	2	2
3	1	2	2	1	1	2	2
4	1	2	2	2	2	1	1
5	2	1	2	1	2	1	2
6	2	1	2	2	1	2	1
7	2	2	1	1	2	2	1
8	2	2	1	2	1	1	2
成 分	a	b	a	c	a	b c	a b c
	1组	2组		3组			

（三）两列间的交互作用表

列	列						
	1	2	3	4	5	6	7
	(1)	3	2	5	4	7	6
		(2)	1	6	7	4	5
			(3)	7	6	5	4
				(4)	1	2	3
					(5)	3	2
						(6)	1
							(7)

（四）$L_{12}(2^{11})$

No.	列										
	1	2	3	4	5	6	7	8	9	10	11
1	1	1	1	1	1	1	1	1	1	1	1
2	1	1	1	1	1	2	2	2	2	2	2
3	1	1	2	2	2	1	1	1	2	2	2
4	1	2	1	2	2	1	2	2	1	1	2
5	1	2	2	1	2	2	1	2	1	2	1
6	1	2	2	2	1	2	2	1	2	1	1
7	2	1	2	2	1	1	2	2	1	2	1
8	2	1	2	1	2	2	2	1	1	1	2
9	2	1	1	2	2	2	1	2	2	1	1
10	2	2	2	1	1	1	1	2	2	1	2
11	2	2	1	2	1	2	1	1	1	2	2
12	2	2	1	1	2	1	2	1	2	2	1
	1	2									

（五）$L_{16}(2^{15})$

No.	列号														
	1	2	3	4	5	6	7	8	9	10	11	12	13	14	15
1	1	1	1	1	1	1	1	1	1	1	1	1	1	1	1
2	1	1	1	1	1	1	1	2	2	2	2	2	2	2	2
3	1	1	1	2	2	2	2	1	1	1	1	2	2	2	2
4	1	1	1	2	2	2	2	2	2	2	2	1	1	1	1
5	1	2	2	1	1	2	2	1	1	2	2	1	1	2	2
6	1	2	2	1	1	2	2	2	2	1	1	2	2	1	1

续 表

No.	列号														
	1	2	3	4	5	6	7	8	9	10	11	12	13	14	15
7	1	2	2	2	2	1	1	1	1	2	2	2	2	1	1
8	1	2	2	2	2	1	1	2	2	1	1	1	1	2	2
9	2	1	2	1	2	1	2	1	2	1	2	1	2	1	2
10	2	1	2	1	2	1	2	2	1	2	1	2	1	2	1
11	2	1	2	2	1	2	1	1	2	1	2	2	1	2	1
12	2	1	2	2	1	2	1	2	1	2	1	1	2	1	2
13	2	2	1	1	2	2	1	1	2	2	1	1	2	2	1
14	2	2	1	1	2	2	1	2	1	1	2	2	1	1	2
15	2	2	1	2	1	1	2	1	2	2	1	2	1	1	2
16	2	2	1	2	1	1	2	2	1	1	2	1	2	2	1
成分	*a*	*b*	*a* *b*	*c*	*a* *c*	*b* *c*	*a* *b* *c*	*d*	*a* *d*	*b* *d*	*a* *b* *d*	*c* *d*	*a* *c* *d*	*b* *c* *d*	*a* *b* *c* *d*
	1组	2组		3组				4组							

(六) 两列间的交互作用表

列	列														
	1	2	3	4	5	6	7	8	9	10	11	12	13	14	15
	(1)	3	2	5	4	7	6	9	8	11	10	13	12	15	14
		(2)	1	6	7	4	5	10	11	8	9	14	15	12	13
			(3)	7	6	5	4	11	10	9	8	15	14	13	12
				(4)	1	2	3	12	13	14	15	8	9	10	11
					(5)	3	2	13	12	15	14	9	8	11	10
						(6)	1	14	15	12	13	10	11	8	9
							(7)	15	14	13	12	11	10	9	8
								(8)	1	2	3	4	5	6	7
									(9)	3	2	5	4	7	6
										(10)	1	6	7	4	5
											(11)	7	6	5	4
												(12)	1	2	3
													(13)	3	2
														(14)	1

（七）$L_{32}(2^{31})$

No.	列号																														
	1	2	3	4	5	6	7	8	9	10	11	12	13	14	15	16	17	18	19	20	21	22	23	24	25	26	27	28	29	30	31
1	1	1	1	1	1	1	1	1	1	1	1	1	1	1	1	1	1	1	1	1	1	1	1	1	1	1	1	1	1	1	1
2	1	1	1	1	1	1	1	1	1	1	1	1	1	1	1	2	2	2	2	2	2	2	2	2	2	2	2	2	2	2	2
3	1	1	1	1	1	1	1	2	2	2	2	2	2	2	2	1	1	1	1	1	1	1	1	2	2	2	2	2	2	2	2
4	1	1	1	1	1	1	1	2	2	2	2	2	2	2	2	2	2	2	2	2	2	2	2	1	1	1	1	1	1	1	1
5	1	1	1	2	2	2	2	1	1	1	1	2	2	2	2	1	1	1	1	2	2	2	2	1	1	1	1	2	2	2	2
6	1	1	1	2	2	2	2	1	1	1	1	2	2	2	2	2	2	2	2	1	1	1	1	2	2	2	2	1	1	1	1
7	1	1	1	2	2	2	2	2	2	2	2	1	1	1	1	1	1	1	1	2	2	2	2	2	2	2	2	1	1	1	1
8	1	1	1	2	2	2	2	2	2	2	2	1	1	1	1	2	2	2	2	1	1	1	1	1	1	1	1	2	2	2	2
9	1	2	2	1	1	2	2	1	1	2	2	1	1	2	2	1	1	2	2	1	1	2	2	1	1	2	2	1	1	2	2
10	1	2	2	1	1	2	2	1	1	2	2	1	1	2	2	2	2	1	1	2	2	1	1	2	2	1	1	2	2	1	1
11	1	2	2	1	1	2	2	2	2	1	1	2	2	1	1	1	1	2	2	1	1	2	2	2	2	1	1	2	2	1	1
12	1	2	2	1	1	2	2	2	2	1	1	2	2	1	1	2	2	1	1	2	2	1	1	1	1	2	2	1	1	2	2
13	1	2	2	2	2	1	1	1	1	2	2	2	2	1	1	1	1	2	2	2	2	1	1	1	1	2	2	2	2	1	1
14	1	2	2	2	2	1	1	1	1	2	2	2	2	1	1	2	2	1	1	1	1	2	2	2	2	1	1	1	1	2	2
15	1	2	2	2	2	1	1	2	2	1	1	1	1	2	2	1	1	2	2	2	2	1	1	2	2	1	1	1	1	2	2
16	1	2	2	2	2	1	1	2	2	1	1	1	1	2	2	2	2	1	1	1	1	2	2	1	1	2	2	2	2	1	1
17	2	1	2	1	2	1	2	1	2	1	2	1	2	1	2	1	2	1	2	1	2	1	2	1	2	1	2	1	2	1	2
18	2	1	2	1	2	1	2	1	2	1	2	1	2	1	2	2	1	2	1	2	1	2	1	2	1	2	1	2	1	2	1
19	2	1	2	1	2	1	2	2	1	2	1	2	1	2	1	1	2	1	2	1	2	1	2	2	1	2	1	2	1	2	1
20	2	1	2	1	2	1	2	2	1	2	1	2	1	2	1	2	1	2	1	2	1	2	1	1	2	1	2	1	2	1	2
21	2	1	2	2	1	2	1	1	2	1	2	2	1	2	1	1	2	1	2	2	1	2	1	1	2	1	2	2	1	2	1
22	2	1	2	2	1	2	1	1	2	1	2	2	1	2	1	2	1	2	1	1	2	1	2	2	1	2	1	1	2	1	2
23	2	1	2	2	1	2	1	2	1	2	1	1	2	1	2	1	2	1	2	2	1	2	1	2	1	2	1	1	2	1	2
24	2	1	2	2	1	2	1	2	1	2	1	1	2	1	2	2	1	2	1	1	2	1	2	1	2	1	2	2	1	2	1
25	2	2	1	1	2	2	1	1	2	2	1	1	2	2	1	1	2	2	1	1	2	2	1	1	2	2	1	1	2	2	1
26	2	2	1	1	2	2	1	1	2	2	1	1	2	2	1	2	1	1	2	2	1	1	2	2	1	1	2	2	1	1	2
27	2	2	1	1	2	2	1	2	1	1	2	2	1	1	2	1	2	2	1	1	2	2	1	2	1	1	2	2	1	1	2
28	2	2	1	1	2	2	1	2	1	1	2	2	1	1	2	2	1	1	2	2	1	1	2	1	2	2	1	1	2	2	1
29	2	2	1	2	1	1	2	1	2	2	1	2	1	1	2	1	2	2	1	2	1	1	2	1	2	2	1	2	1	1	2
30	2	2	1	2	1	1	2	1	2	2	1	2	1	1	2	2	1	1	2	1	2	2	1	2	1	1	2	1	2	2	1
31	2	2	1	2	1	1	2	2	1	1	2	1	2	2	1	1	2	2	1	2	1	1	2	2	1	1	2	1	2	2	1
32	2	2	1	2	1	1	2	2	1	1	2	1	2	2	1	2	1	1	2	1	2	2	1	1	2	2	1	2	1	1	2
成分	a	b	ab	c	ac	bc	abc	d	ad	bd	abd	cd	acd	bcd	$abcd$	e	ae	be	abe	ce	ace	bce	$abce$	de	ade	bde	$abde$	cde	$acde$	$bcde$	$abcde$
	1组	2组			3组							4组													5组						

（八）两列间的交互作用

列	列																														
	1	2	3	4	5	6	7	8	9	10	11	12	13	14	15	16	17	18	19	20	21	22	23	24	25	26	27	28	29	30	31
	(1)	3	2	5	4	7	6	9	8	11	10	13	12	15	14	17	16	19	18	21	20	23	22	25	24	27	26	29	28	31	30
		(2)	1	6	7	4	5	10	11	8	9	14	15	12	13	18	19	16	17	22	23	20	21	26	27	24	25	30	31	28	29
			(3)	7	6	5	4	11	10	9	8	15	14	13	12	19	18	17	16	23	22	21	20	27	26	25	24	31	30	29	28
				(4)	1	2	3	12	13	14	15	8	9	10	11	20	21	22	23	16	17	18	19	28	29	30	31	24	25	26	27
					(5)	3	2	13	12	15	14	9	8	11	10	21	20	23	22	17	16	19	18	29	28	31	30	25	24	27	26
						(6)	1	14	15	12	13	10	11	8	9	22	23	20	21	18	19	16	17	30	31	28	29	26	27	24	25
							(7)	15	14	13	12	11	10	9	8	23	22	21	20	19	18	17	16	31	30	29	28	27	26	25	24
								(8)	1	2	3	4	5	6	7	24	25	26	27	28	29	30	31	16	17	18	19	20	21	22	23
									(9)	3	2	5	4	7	6	25	24	27	26	29	28	31	30	17	16	19	18	21	20	23	22
										(10)	1	6	7	4	5	26	27	24	25	30	31	28	29	18	19	16	17	22	23	20	21
											(11)	7	6	5	4	27	26	25	24	31	30	29	28	19	18	17	16	23	22	21	20
												(12)	1	2	3	28	29	30	31	24	25	26	27	20	21	22	23	16	17	18	19
													(13)	3	2	29	28	31	30	25	24	27	26	21	20	23	22	17	16	19	18
														(14)	1	30	31	28	29	26	27	24	25	22	23	20	21	18	19	16	17
															(15)	31	30	29	28	27	26	25	24	23	22	21	20	19	18	17	16
																(16)	1	2	3	4	5	6	7	8	9	10	11	12	13	14	15
																	(17)	3	2	5	4	7	6	9	8	11	10	13	12	15	14
																		(18)	1	6	7	4	5	10	11	8	9	14	15	12	13
																			(19)	7	6	5	4	11	10	9	8	15	14	13	12
																				(20)	1	2	3	12	13	14	15	8	9	10	11
																					(21)	3	2	13	12	15	14	9	8	11	10
																						(22)	1	14	15	12	13	10	11	8	9
																							(23)	15	14	13	12	11	10	9	8
																								(24)	1	2	3	4	5	6	7
																									(25)	3	2	5	4	7	6
																										(26)	1	6	7	4	5
																											(27)	7	6	5	4
																												(28)	1	2	3
																													(29)	3	2
																														(30)	1

（九）$L_9(3^4)$

No.	列号 1	2	3	4
1	1	1	1	1
2	1	2	2	2
3	1	3	3	3
4	2	1	2	3
5	2	2	3	1
6	2	3	1	2
7	3	1	3	2
8	3	2	1	3
9	3	3	2	1
成分	a	b	a b	a b^2
	1组	2组		

（十）$L_{18}(2^1\times3^7)$

No.	列号 1	2	3	4	5	6	7	8
1	1	1	1	1	1	1	1	1
2	1	1	2	2	2	2	2	2
3	1	1	3	3	3	3	3	3
4	1	2	1	1	2	2	3	3
5	1	2	2	2	3	3	1	1
6	1	2	3	3	1	1	2	2
7	1	3	1	2	1	3	2	3
8	1	3	2	3	2	1	3	1
9	1	3	3	1	3	2	1	2
10	2	1	1	3	3	2	2	1
11	2	1	2	1	1	3	3	2
12	2	1	3	2	2	1	1	3
13	2	2	1	2	3	1	3	2
14	2	2	2	3	1	2	1	3
15	2	2	3	1	2	3	2	1
16	2	3	1	3	2	3	1	2
17	2	3	2	1	3	1	2	3
18	2	3	3	2	1	2	3	1
	1组	2组	3组					

（交互作用不牺牲列而出现，从 1 列和 2 列的二元表求得）。
注：3 水平间的交互作用在剩下的 3 水平列中都各占有一部分。

（十一）$L_{27}(3^{13})$

No.	列号 1	2	3	4	5	6	7	8	9	10	11	12	13
1	1	1	1	1	1	1	1	1	1	1	1	1	1
2	1	1	1	1	2	2	2	2	2	2	2	2	2
3	1	1	1	1	3	3	3	3	3	3	3	3	3
4	1	2	2	2	1	1	1	2	2	2	3	3	3
5	1	2	2	2	2	2	2	3	3	3	1	1	1
6	1	2	2	2	3	3	3	1	1	1	2	2	2
7	1	3	3	3	1	1	1	3	3	3	2	2	2
8	1	3	3	3	2	2	2	1	1	1	3	3	3
9	1	3	3	3	3	3	3	2	2	2	1	1	1
10	2	1	2	3	1	2	3	1	2	3	1	2	3
11	2	1	2	3	2	3	1	2	3	1	2	3	1
12	2	1	2	3	3	1	2	3	1	2	3	1	2
13	2	2	3	1	1	2	3	2	3	1	3	1	2
14	2	2	3	1	2	3	1	3	1	2	1	2	3
15	2	2	3	1	3	1	2	1	2	3	2	3	1

续 表

No.	列号												
	1	2	3	4	5	6	7	8	9	10	11	12	13
16	2	3	1	2	1	2	3	3	1	2	2	3	1
17	2	3	1	2	2	3	1	1	2	3	3	1	2
18	2	3	1	2	3	1	2	2	3	1	1	2	3
19	3	1	3	2	1	3	2	1	3	2	1	3	2
20	3	1	3	2	2	1	3	2	1	3	2	1	3
21	3	1	3	2	3	2	1	3	2	1	3	2	1
22	3	2	1	3	1	3	2	2	1	3	3	2	1
23	3	2	1	3	2	1	3	3	2	1	1	3	2
24	3	2	1	3	3	2	1	1	3	2	2	1	3
25	3	3	2	1	1	3	2	3	2	1	2	1	3
26	3	3	2	1	2	1	3	1	3	2	3	2	1
27	3	3	2	1	3	2	1	2	1	3	1	3	2
成分	a	b	ab	ab^2	c	ac	ac^2	bc	abc	ab^2c^2	bc^2	ab^2c	abc^2
	1组		2组		3组								

（十二）二列间的交互作用表（$L_{27}(3^{13})$）

列	列												
	1	2	3	4	5	6	7	8	9	10	11	12	13
		3	2	2	6	5	5	9	8	8	12	11	11
	(1)	4	4	3	7	7	6	10	10	9	13	13	12
			1	1	8	9	10	5	6	7	5	6	7
		(2)	4	3	11	12	13	11	12	13	8	9	10
				1	9	10	8	7	5	6	6	7	5
			(3)	2	13	11	12	12	13	11	10	8	9
					10	8	9	6	7	5	7	5	6
				(4)	12	13	11	13	11	12	9	10	8
						1	1	2	3	4	2	4	3
					(5)	7	6	11	13	12	8	10	9
							1	4	2	3	3	2	4
						(6)	5	13	12	11	10	9	8
								3	4	2	4	3	2
							(7)	12	11	13	9	8	10
									1	1	2	3	4
								(8)	10	9	5	7	6
										1	4	2	3
									(9)	8	7	6	5
											3	4	2
										(10)	6	5	7
												1	1
											(11)	13	12
													1
												(12)	11

（十三）$L_{36}(2^{11}\times3^{12})$

No.	列																										
	1	2	3	4	5	6	7	8	9	10	11	12	13	14	15	16	17	18	19	20	21	22	23	1′	2′	3′	4′
1	1	1	1	1	1	1	1	1	1	1	1	1	1	1	1	1	1	1	1	1	1	1	1	1	1	1	1
2	1	1	1	1	1	1	1	1	1	1	1	2	2	2	2	2	2	2	2	2	2	2	2	1	1	1	1
3	1	1	1	1	1	1	1	1	1	1	1	3	3	3	3	3	3	3	3	3	3	3	3	1	1	1	1
4	1	1	1	1	1	2	2	2	2	2	2	1	1	1	1	2	2	2	2	3	3	3	3	1	2	2	1
5	1	1	1	1	1	2	2	2	2	2	2	2	2	2	2	3	3	3	3	1	1	1	1	1	2	2	1
6	1	1	1	1	1	2	2	2	2	2	2	3	3	3	3	1	1	1	1	2	2	2	2	1	2	2	1
7	1	1	2	2	2	1	1	1	2	2	2	1	1	2	3	1	2	3	3	1	2	2	3	2	1	2	1
8	1	1	2	2	2	1	1	1	2	2	2	2	2	3	1	2	3	1	1	2	3	3	1	2	1	2	1
9	1	1	2	2	2	1	1	1	2	2	2	3	3	1	2	3	1	2	2	3	1	1	2	2	1	2	1
10	1	2	1	2	2	1	2	2	1	1	2	1	1	3	2	1	3	2	3	2	1	3	2	2	2	1	1
11	1	2	1	2	2	1	2	2	1	1	2	2	2	1	3	2	1	3	1	3	2	1	3	2	2	1	1
12	1	2	1	2	2	1	2	2	1	1	2	3	3	2	1	3	2	1	2	1	3	2	1	2	2	1	1
13	1	2	2	1	2	2	1	2	1	2	1	1	2	3	1	3	2	1	3	3	2	1	2	1	1	1	2
14	1	2	2	1	2	2	1	2	1	2	1	2	3	1	2	1	3	2	1	1	3	2	3	1	1	1	2
15	1	2	2	1	2	2	1	2	1	2	1	3	1	2	3	2	1	3	2	2	1	3	1	1	1	1	2
16	1	2	2	2	1	2	2	1	2	1	1	1	2	3	2	1	1	3	2	3	3	2	1	1	2	2	2
17	1	2	2	2	1	2	2	1	2	1	1	2	3	1	3	2	2	1	3	1	1	3	2	1	2	2	2
18	1	2	2	2	1	2	2	1	2	1	1	3	1	2	1	3	3	2	1	2	2	1	3	1	2	2	2
19	2	1	2	2	1	1	2	2	1	2	1	1	2	1	3	3	3	1	2	2	1	2	3	2	1	2	2
20	2	1	2	2	1	1	2	2	1	2	1	2	3	2	1	1	1	2	3	3	2	3	1	2	1	2	2
21	2	1	2	2	1	1	2	2	1	2	1	3	1	3	2	2	2	3	1	1	3	1	2	2	1	2	2
22	2	1	2	1	2	2	2	1	1	1	2	1	2	2	3	3	1	2	1	1	3	3	2	2	2	1	2
23	2	1	2	1	2	2	2	1	1	1	2	2	3	3	1	1	2	3	2	2	1	1	3	2	2	1	2
24	2	1	2	1	2	2	2	1	1	1	2	3	1	1	2	2	3	1	3	3	2	2	1	2	2	1	2
25	2	1	1	2	2	2	1	2	2	1	1	1	3	2	1	2	3	3	1	3	1	2	2	1	1	1	3
26	2	1	1	2	2	2	1	2	2	1	1	2	1	3	2	3	1	1	2	1	2	3	3	1	1	1	3
27	2	1	1	2	2	2	1	2	2	1	1	3	2	1	3	1	2	2	3	2	3	1	1	1	1	1	3
28	2	2	2	1	1	1	1	2	2	1	2	1	3	2	2	2	1	1	3	2	3	1	3	1	2	2	3
29	2	2	2	1	1	1	1	2	2	1	2	2	1	3	3	3	2	2	1	3	1	2	1	1	2	2	3
30	2	2	2	1	1	1	1	2	2	1	2	3	2	1	1	1	3	3	2	1	2	3	2	1	2	2	3
31	2	2	1	2	1	2	1	1	1	2	2	1	3	3	3	2	3	2	2	1	2	1	1	2	1	2	3
32	2	2	1	2	1	2	1	1	1	2	2	2	1	1	1	3	1	3	3	2	3	2	2	2	1	2	3
33	2	2	1	2	1	2	1	1	1	2	2	3	2	2	2	1	2	1	1	3	1	3	3	2	1	2	3
34	2	2	1	1	2	1	2	1	2	2	1	1	3	1	2	3	2	3	1	2	2	3	1	2	2	1	3
35	2	2	1	1	2	1	2	1	2	2	1	2	1	2	3	1	3	1	2	3	3	1	2	2	2	1	3
36	2	2	1	1	2	1	2	1	2	2	1	3	2	3	1	2	1	2	3	1	1	2	3	2	2	1	3
	1					2												3									

注：

(1) 用 1′, 2′, 3′, 4′取代 1, 2, … ,11 例,就成为 $L_{36}(2^3\times3^{13})$。

(2) $L_{36}(2^{11}\times3^{12})$中,因为交互作用与其他列不正交,所以最好应避免求这种交互作用的安排。

(3) 这里表示的只是 $L_{36}(2^3\times3^{13})$形式的表格设计。

主要参考文献

[1] 朱兰 J M.朱兰质量手册:通向绩效的全面指南[M].7 版.焦叔斌,译.北京:中国人民大学出版社,2022.

[2] 韩之俊,许前,钟晓芳.质量管理[M].4 版.北京:科学出版社,2017.

[3] 盛骤,谢式千,潘承毅.概率论与数理统计[M].4 版.北京:高等教育出版社,2008.

[4] 于献忠.质量专业理论与实务(中级)[M].北京:中国人事出版社,2003.

[5]《健壮设计手册》编委会.健壮设计手册[M].北京:国防工业出版社,2002.

[6] 何桢.六西格玛管理[M].3 版.北京:中国人民大学出版社,2014.

[7] 李卫红,杨练根.质量统计技术[M].2 版.北京:中国质检出版社,2012.

[8] 梁国明.ISO 9000 族标准常用统计技术方法 43 种[M].2 版.北京:中国标准出版社,2011.

[9] 伍爱.质量管理学[M].3 版.广州:暨南大学出版社,2019.

[10] 张智勇.基础质量管理工具[M].广州:广东科学技术出版社,2004.

[11] 张公绪,孙静.新编质量管理学[M].2 版.北京:高等教育出版社,2003.

[12] 陈泓冰.标杆兴国:从对标到创标[M].北京.现代出版社,2016.

[13] 罗伯特·卡普兰,戴维·诺顿.战略中心型组织:平衡计分卡的制胜方略[M].北京:北京联合公司,2017.

[14] 方圆标志认证集团有限公司.2015 版 ISO 9001 质量管理体系内审员培训教程[M].北京:中国质检出版社,2016.

[15] 国家质量监督检验检疫总局质量司,中国标准化研究院.2012 版《卓越绩效评价准则》国家标准理解与实施[M].北京:中国质检出版社,2012.

[16] 沃泽尔 M.什么是业务流程管理[M].姜胜,译.北京:电子工业出版社,2017.

[17] 王玉荣,葛新红.流程管理[M].5 版.北京:北京大学出版社,2016.

[18] 李素鹏.ISO 风险管理标准全解[M].北京.人民邮电出版社.2012.

[19] 李素鹏.风险矩阵在企业风险管理中的应用:详解风险矩阵评估方法[M].北京:人民邮电出版社.2013.

[20] 美国项目管理协会.项目管理知识体系指南[M].3 版.卢有杰,王勇,译.北京:电子工业出版社,2005.

[21] 美国项目管理协会.工作分解结构(WBS)实施标准[M].2 版.强茂山，陈平，译.北京：电子工业出版社，2015.

[22] 谢建华.ISO/TS 16949 五大技术工具最新应用实务[M].北京：中国经济出版社，2014.

[23] 张智勇.ISO/TS 16949 五大工具最新版一本通[M].北京：机械工业出版社，2013.

[24] 陈宝江.质量管理与工程[M].北京：北京大学出版社，2009.

[25] 邵家骏.质量功能展开[M].北京：机械工业出版社，2004.

[26] 熊伟.质量功能展开：从理论到实践[M].北京：科学出版社，2009.

[27] 蒙哥马利.实验设计与分析[M].6 版.傅珏生，张健，王振羽，等，译.北京：人民邮电出版社，2009.

[28] 博特 K R，博特 A K.世界级质量管理工具[M].2 版.遇今，石柱，译.北京：中国人民大学出版社，2004.

[29] 埃贝灵.可靠性与维修性工程概论[M].康锐，李瑞莹，王乃超，等，译.北京：清华大学出版社，2010.

[30] 艾沙耶德.可靠性工程[M].2 版.杨舟，译.北京：电子工业出版社，2013.

[31] 谢绍峰，张增照，聂国健.可靠性设计[M].北京：电子工业出版社，2015.

[32] 洪生伟.质量工程学[M].北京：机械工业出版社，2007.

[33] 张玉柱.GB/T 2828.1—2012《计数抽样检验程序第 1 部分：按接收质量限(AQL)检索的逐批检验抽样计划》理解与实施[M].北京：中国质检出版社，2012.

[34] 信海红.抽样检验技术[M].北京：中国质检出版社，2015.

[35] 寇洪财.新版抽样检验国家标准实用手册[M].北京：中国标准出版社，2005.

[36] 克劳士比 P B.质量免费[M].杨钢，林海，译.太原：山西教育出版社，2011.